Sport in der gymnasialen Oberstufe

Edition Schulsport Band 33

Jörn Meyer

Sport in der GYMNASIALEN OBERSTUFE

Schulbuch

Meyer & Meyer Verlag

Herausgeber der Edition Schulsport:
Dr. Heinz Aschebrock & Dr. h. c. Rolf-Peter Pack

Danksagung

Ein besonderer Dank gilt meinen Eltern für die zahlreichen Stunden des Korrigierens und die vielen kritischen Anmerkungen sowie meinem basketball- und sportverrückten Freund Theo, der mich mit seinem großen Sachverstand maßgeblich inspiriert hat.

Darüber hinaus möchte ich mich bei meiner Kollegin Rike bedanken, die mit ihren zahlreichen Abbildungen maßgeblich zur Veredelung dieses Buches beigetragen hat.

Ebenso fühle ich mich den beiden Herausgebern, Herrn Dr. Aschebrock und Herrn Dr. h. c. Pack, zu Dank verpflichtet, da sie mir die Möglichkeit eröffnet haben, das vorliegende Schulbuch „Sport in der gymnasialen Oberstufe" zu entwickeln.

Zu guter Letzt möchte ich Herrn Rip danken, der mich bei der Erstellung dieses Buches kompetent und geduldig unterstützt hat.

Sport in der gymnasialen Oberstufe
Edition Schulsport Band 33
Bibliografische Information der Deutschen Bibliothek
Die Deutsche Bibliothek verzeichnet diese Publikation in der Deutschen Nationalbibliografie; detaillierte bibliografische Details sind im Internet über <http://dnb.ddb.de> abrufbar.

Auckland, Beirut, Dubai, Hägendorf, Hongkong, Indianapolis, Kairo, Kapstadt,
Manila, Maidenhead, Neu-Delhi, Singapur, Sydney, Teheran, Wien
Member of the World Sport Publishers' Association (WSPA)
Gesamtherstellung: Print Consult GmbH, München
ISBN 978-3-8403-7515-6
E-Mail: verlag@m-m-sports.com
www.dersportverlag.de

INHALT

VORWORT ... 12

TEIL I: EINFÜHRUNG ... 14

WELCHEN NEUWERT HAT DIESES SCHULBUCH? ... 17

LEKTION 1: WAS IST SPORT? ... 22
1.1 Zur Definition des Sportbegriffs ... 24
1.2 Sportmodelle ... 26
1.3 Sinnrichtungen von Sport ... 31
1.4 Rückblick ... 34
1.5 Prüfungsvorbereitung ... 34

TEIL II: BEWEGUNGSSTRUKTUR UND BEWEGUNGSLERNEN ... 36

ERKUNDUNGEN ... 39

LEKTION 2: WELCHE ROLLE SPIELT BEWEGUNG IM SPORT? ... 42
2.1 Grundbegriffe der Bewegungslehre und -wissenschaft ... 44
2.2 Betrachtungsweisen bei der Analyse sportlicher Bewegungen ... 48
2.3 Anwendungsfelder in der Sportwissenschaft ... 53
2.4 Rückblick ... 55
2.5 Prüfungsvorbereitung ... 55

LEKTION 3: WIE WERDEN BEWEGUNGEN IM SPORT ANALYSIERT? ... 58
3.1 Entstehung und Optimierung einer sportlichen Bewegung ... 60
3.2 Biomechanische Bewegungsanalyse ... 65
3.3 Morphologische Bewegungsanalyse ... 83
3.4 Funktionale Bewegungsanalyse ... 89
3.5 Rückblick ... 92
3.6 Prüfungsvorbereitung ... 93

LEKTION 4: WIE WERDEN BEWEGUNGEN VOM KÖRPER GESTEUERT? 96
4.1 Grundbegriffe der Sportmotorik 98
4.2 Sensomotorische Systeme 100
4.3 Kognitive und dynamische Systeme 110
4.4 Rückblick 113
4.5 Prüfungsvorbereitung 115

LEKTION 5: WELCHE BEDEUTUNG HAT DIE KOORDINATION IM SPORT? 116
5.1 Koordination und Technik 118
5.2 Koordinationsmodelle 119
5.3 Sporartübergreifende Koordinationsschulung 128
5.4 Rückblick 133
5.5 Prüfungsvorbereitung 134

LEKTION 6: WIE WERDEN FERTIGKEITEN IM SPORT GELERNT UND GELEHRT? 136
6.1 Phasen sportmotorischen Lernens 138
6.2 Ganzheitsmethode versus Teillernmethode 144
6.3 Neulernen geschlossener Fertigkeiten 146
6.4 Rückblick 158
6.5 Prüfungsvorbereitung 158

TEIL III: BEWEGUNGSGESTALTUNG 160

ERKUNDUNGEN 163

LEKTION 7: WIE WERDEN BEWEGUNGEN GESTALTET? 164
7.1 Bewegung gestalten und Bewegungsgestaltung 166
7.2 Gestalten können – Gestaltungsfähigkeit entwickeln 169
7.3 Gestalten und Gestaltung bewerten 175
7.4 Rückblick 179
7.5 Prüfungsvorbereitung 180

LEKTION 8: WIE UNTERSCHEIDEN SICH IM TANZEN CHOREOGRAFIE UND IMPROVISATION? ... 182
8.1 Choreografie und Improvisation – Gegensatzpaar oder Synonyme? ... 184
8.2 Vermittlung von tänzerischer Choreografie und Tanzimprovisation ... 191
8.3 Rückblick ... 196
8.4 Prüfungsvorbereitung ... 197

TEIL IV: WAGNIS UND VERANTWORTUNG ... 198

ERKUNDUNGEN ... 201

LEKTION 9: WIE HÄNGEN WAGNIS, RISIKO UND TRENDS IM SPORT ZUSAMMEN? ... 204
9.1 Begriffliche Abgrenzungen von Wagnis und Risiko ... 206
9.2 Chancen und Grenzen sportlicher Wagnisse ... 207
9.3 Motive und Motivation im Risikosport ... 211
9.4 Trendsportarten: Vom sportlichen Trend zum Massenphänomen ... 219
9.5 Rückblick ... 222
9.6 Prüfungsvorbereitung ... 223

LEKTION 10: WAS MOTIVIERT MENSCHEN ZUM SPORTTREIBEN? ... 226
10.1 Motive für sportliche Aktivität ... 228
10.2 Motivation als prozessbezogenes Ergebnis von Motivanregung ... 235
10.3 Motivation als Produkt von Person und Situation ... 237
10.4 Rückblick ... 241
10.5 Prüfungsvorbereitung ... 242

TEIL V: LEISTUNG ... 244

ERKUNDUNGEN ... 246

LEKTION 11: WIE HÄNGEN LEISTUNG, TRAINING UND WETTKAMPF IM SPORT ZUSAMMEN? ... 250
11.1 Leistung und Leisten im Sport ... 252
11.2 Training und Wettkampf als Gegenstände der Trainingslehre ... 259
11.3 Wechselbeziehung zwischen Leistung, Training und Wettkampf ... 262
11.4 Rückblick ... 264
11.5 Prüfungsvorbereitung ... 265

LEKTION 12: WELCHE BIOLOGISCHEN GESETZMÄSSIGKEITEN BESTIMMEN SPORTLICHES TRAINING? ... 266
12.1 Allgemeine Gesetze zur biologischen Anpassung durch Training ... 268
12.2 Trainingsprinzipien ... 280
12.3 Rückblick ... 284
12.4 Prüfungsvorbereitung ... 285

LEKTION 13: WIE ENTSTEHT AUSDAUER? ... 286
13.1 Grundbegriffe ... 288
13.2 Energiebereitstellung bei Ausdauerbelastungen ... 292
13.3 Kriterien zur Messung der Ausdauerleistungsfähigkeit ... 304
13.4 Steuerung der Intensität bei Ausdauerbelastungen ... 309
13.5 Biologische Anpassungen durch Ausdauertraining ... 313
13.6 Methoden und Inhalte von Ausdauertraining ... 317
13.7 Rückblick ... 328
13.8 Prüfungsvorbereitung ... 330

LEKTION 14: WAS MACHT EIN GUTES KRAFTTRAINING AUS? ... 332
14.1 Grundbegriffe ... 334
14.2 Auswirkung von Krafttraining auf das neuromuskuläre System ... 343
14.3 Methoden und Inhalte von Krafttraining ... 346
14.4 Rückblick ... 364
14.5 Prüfungsvorbereitung ... 366

LEKTION 15: WIE KANN DIE SCHNELLIGKEIT VERBESSERT WERDEN? 368
15.1 Grundbegriffe 373
15.2 Methoden und Inhalte von Schnelligkeitstraining 374
15.3 Rückblick 380
15.4 Prüfungsvorbereitung 380

LEKTION 16: WELCHE WIRKUNGEN ERZIELT EIN TRAINING DER BEWEGLICHKEIT? 386
16.1 Grundbegriffe 384
16.2 Biologische Grundlagen von Beweglichkeitstraining 385
16.3 Methoden und Inhalte von Beweglichkeitstraining 392
16.4 Rückblick 397
16.5 Prüfungsvorbereitung 398

LEKTION 17: WIE WERDEN SPORTLICHE LEISTUNGEN GEMESSEN? 400
17.1 Grundlagen 402
17.2 Ausdauertests 404
17.3 Krafttests 412
17.4 Schnelligkeitstests 415
17.5 Beweglichkeitstests 417
17.6 FOSS-Test: Sportmotorischer Test der NRW-Sportschulen 418
17.7 Rückblick 422
17.8 Prüfungsvorbereitung 423

LEKTION 18: WAS MOTIVIERT MENSCHEN ZU SPORTLICHEN LEISTUNGEN? 426
18.1 Leistungsmotiviertes Handeln 428
18.2 Modelle zur Erklärung leistungsmotivierten Handelns 431
18.3 Rückblick 441
18.4 Prüfungsvorbereitung 443

TEIL VI: KOOPERATION UND KONKURRENZ 444

ERKUNDUNGEN 447

LEKTION 19: WIE ERFOLGT DAS LERNEN UND LEHREN VON SPORTSPIELEN? 448

19.1 Spielen und sportliches Wettkämpfen 450
19.2 Konzepte zur Vermittlung großer Spiele 455
19.3 Rückblick 470
19.4 Prüfungsvorbereitung 471

LEKTION 20: WANN IST SPORT AGGRESSIV UND UNFAIR? 472

20.1 Aggression und Aggressivität 474
20.2 Entstehung von Aggression im Sport 480
20.3 Fairness im Sport 488
20.4 Aggressionsvermeidung und Fairnesserziehung im Sport 500
20.5 Rückblick 505
20.6 Prüfungsvorbereitung 506

TEIL VII: GESUNDHEIT 508

ERKUNDUNGEN 511

LEKTION 21: WAS BEDEUTET GESUNDHEIT? 514

21.1 Gesundheitsbegriff 516
21.2 Gesundheitsmodelle 517
21.3 Rückblick 532
21.4 Prüfungsvorbereitung 533

LEKTION 22: INWIEFERN IST SPORT GESUND? 536

22.1 Wirkungszusammenhänge von Sport und Gesundheit 538
22.2 Fitness und Fitnesstraining im Kontext von Sport und Gesundheit 550
22.3 Rückblick 555
22.4 Prüfungsvorbereitung 556

LEKTION 23: WELCHE ROLLE SPIELT DOPING IM SPORT? ... 558
23.1 Definition von Doping ... 560
23.2 Wirkung von Doping auf den Organismus und die Psyche ... 563
23.3 Begründungen für das Dopingverbot im Wettkampfsport ... 569
23.4 Soziologische Erklärungsansätze für Doping ... 573
23.5 Rückblick ... 575
23.6 Prüfungsvorbereitung ... 576

ZUSATZINFORMATIONSMATERIAL ... 578

OPERATORENLISTE ... 586

STICHWORTVERZEICHNIS ... 588

BILDNACHWEIS ... 600

VORWORT DER HERAUSGEBER DER „EDITION SCHULSPORT"

Das Schulbuch ist ein wichtiges Hilfsmittel für die Unterstützung des Unterrichts und hat in vielen Fächern der gymnasialen Oberstufe eine lange Tradition. Eine Ausnahme bilden Schulbücher für das Fach Sport in der gymnasialen Oberstufe. In diesem Fach gibt es keine lange Tradition und zugleich einen Mangel an zeitgemäßen Schulbüchern. Dieses Defizit hängt insbesondere damit zusammen, dass das Fach Sport im Zuge der grundlegenden Reform der gymnasialen Oberstufe durch die Kultusministerkonferenz im Jahr 1972 zwar als prinzipiell gleichwertiges Fach im Kanon aller Fächer anerkannt wurde, diese Anerkennung jedoch nach wie vor in der Sportwissenschaft und in der Schulverwaltung kontrovers diskutiert und in den verschiedenen Bundesländern unterschiedlich bewertet und umgesetzt wird. So ist das Fach Sport z. B. in etwa der Hälfte der Bundesländer zurzeit nicht als 4. Abiturprüfungsfach zugelassen. Auch die Konzepte und die Organisation des Leistungsfachs Sport in der gymnasialen Oberstufe unterscheiden sich von Bundesland zu Bundesland erheblich. Additive Konzepte eines sportpraktischen Unterrichts an der Sportstätte auf der einen Seite und eines Theorieunterrichts im Klassenraum auf der anderen Seite stehen neben verschiedenen Modellen mit einer starken Theorie-Praxis-Verknüpfung.

Angesichts dieser heterogenen Entwicklung ist der Versuch, ein Schulbuch für das Fach Sport in der gymnasialen Oberstufe zu erarbeiten, das zu möglichst vielen Unterrichtskonzepten und Organisationsmodellen passt und von möglichst vielen Sportlehrkräften als wirksame Unterstützung ihres Unterrichts empfunden und eingesetzt wird, eine große Herausforderung. Ein zeitgemäßes Schulbuch für das Fach Sport in der gymnasialen Oberstufe, das den sportdidaktischen und oberstufendidaktischen Ansprüchen entspricht, muss vor allem den für das Bewegungsfach Sport unerlässlichen Theorie-Praxis-Bezug anregen und herstellen und ein reflektiertes sportpraktisches Handeln im Sportunterricht unterstützen. Diese Anforderung wird zurzeit unter dem Label „Reflektierte Praxis" in der Sportdidaktik facettenreich, auch im Kontext der Professionalisierung von Sportlehrkräften, diskutiert.

Jörn Meyer, der Autor dieses Schulbuchs, hat sich der hier skizzierten Herausforderung gestellt. Bei der Bewältigung dieser anspruchsvollen Aufgabe ist er nicht abbilddidaktisch vorgegangen, indem er sich an den sportwissenschaftlichen Teildisziplinen orientiert hat. Er wählte vielmehr einen handlungs- und problemfeldorientierten Zugang , wobei er sich sowohl an den Pädagogischen Perspektiven eines erziehenden Sportunterrichts, als auch an den aktuellen kompetenzorientierten Standards der curricularen Vorgaben für das Fach Sport in der gymnasialen Oberstufe orientiert hat. Mit diesem Ansatz kann das vorliegende Schulbuch insbesondere die handlungs- und problemfeldorientierten Konzepte und Modelle eines guten Sportunterrichts in der gymnasialen Oberstufe wirksam unterstützen.

Den Schülerinnen und Schülern wird durch dieses Schulbuch ein motivierender Zugang zur Bearbeitung eines großen Spektrums von Theorie- und Problemfeldern im gesellschaftlichen Handlungsfeld Sport eröffnet. Die zum Download bzw. zum Erwerb angebotenen Ergänzungsmaterialien bieten ihnen darüber hinaus interessante Möglichkeiten zum selbständigen Arbeiten. Den Sportlehrkräften bieten die ergänzenden Materialien vielfältige Planungsalternativen für ihren Unterricht.

Wir hoffen, dass dieses Buch von möglichst vielen Lehrkräften in allen Bundesländern zur Unterstützung eines zeitgemäßen oberstufenspezifischen Sportunterrichts eingesetzt wird. Vor allem aber wünschen wir uns, dass möglichst viele Schülerinnen und Schüler dieses Buch mit Interesse bearbeiten. Dabei soll es die Erschließung eines mehrperspektivischen sportfachlichen Zugangs zur wissenschaftspropädeutischen Bildung fördern und zur Selbstverwirklichung in sozialer Verantwortung im gesellschaftlichen Handlungsfeld Bewegung, Spiel und Sport beitragen.

Heinz Aschebrock **Rolf-Peter Pack**

TEIL I

EINFÜHRUNG

WELCHEN NEUWERT HAT DIESES SCHULBUCH? 17

LEKTION 1:
WAS IST SPORT? 22

WELCHEN NEUWERT HAT DIESES SCHULBUCH?

Bei meinen zahlreichen Sportlehrerfortbildungen wurde bundeslandübergreifend immer wieder der Wunsch nach einem Schulbuch für das Fach Sport für die Sekundarstufe II geäußert, das alle inhaltlichen Theoriebereiche eines Grund- und Leistungskurses Sport berücksichtigt. Neben der inhaltlichen Vollständigkeit sollte ein entsprechendes Schulbuch den Unterrichtsstoff verstärkt aus dem Erfahrungswissen der Schüler heraus darbieten, ohne dabei die wissenschaftliche Tiefe zu verlieren. Darüber hinaus wurde eine Nachfrage nach erprobten Anregungen und Hilfen für eine praxisorientierte Gestaltung des theoretischen Unterrichts geäußert.

Motiviert von diesen Wünschen und dem hohen Interesse an allen Facetten des Fachs Sport, habe ich mich vor drei Jahren auf den ambitionierten Weg gemacht, ein derartiges Schulbuch zu entwickeln. Ausgehend von Begriffen und Modellen des Sports und den sechs **Sinnrichtungen von Sport**, werden in diesem Schulbuch alle zentralen Theoriebereiche eines Grund- und Leistungskurses Sport in der gymnasialen Oberstufe beleuchtet.

STRUKTUR DES BUCHS

Die Struktur des Buchs orientiert sich dabei an den **Inhaltsfeldern des Sports** und ist in sieben Teile – jeder Teil wird farblich abgehoben – mit insgesamt 23 Lektionen eingeteilt:

Teil I: Einführung
Teil II: Bewegungsstruktur und Bewegungslernen
Teil III: Bewegungsgestaltung
Teil IV: Wagnis und Verantwortung
Teil V: Leistung
Teil VI: Kooperation und Konkurrenz
Teil VII: Gesundheit

Teil I behandelt neben diesen konzeptionellen Hinweisen übergreifende Aspekte zu Begriffen, Modellen und Sinnrichtungen von Sport und wendet sich der zentralen Frage zu, was unter Sport verstanden wird **(Lektion 1: Was ist Sport?)**.

Teil II orientiert sich am Innen- und Außenaspekt einer sportlichen Bewegung und ist an Lern- und Lehrprozessen von sportlichen Bewegungen interessiert. **Teil II** ist folgendermaßen gegliedert:

Lektion 2: Welche Rolle spielt Bewegung im Sport?
Lektion 3: Wie werden Bewegungen im Sport analysiert?
Lektion 4: Wie werden Bewegungen vom Körper gesteuert?
Lektion 5: Welche Bedeutung hat Koordination im Sport?
Lektion 6: Wie werden Fertigkeiten im Sport gelernt und gelehrt?

Teil III setzt sich mit der Gestaltung von Bewegung als Prozess und Ergebnis auseinander und vereint Aspekte des geplanten und spontanen Formgebens von Tanzbewegungen:

Lektion 7: Wie werden Bewegungen gestaltet?
Lektion 8: Wie unterscheiden sich im Tanzen Choreografie und Improvisation?

In **Teil IV** werden zentrale sportliche Trends und die Begriffe **Wagnis** und **Risiko** in sportlichen Handlungssituationen betrachtet, bevor allgemeiner Motive und Motivation für sportliche Aktivität dargestellt werden:

Lektion 9: Wie hängen Wagnis, Risiko und Trends im Sport zusammen?
Lektion 10: Was motiviert Menschen zum Sporttreiben?

Teil V setzt sich, ausgehend von Begriffen und Modellen der Leistung im Sport und unter Berücksichtigung anatomisch-physiologischer und trainingswissenschaftlicher Grundlagen, mit zentralen Aspekten des Konditionstrainings sowie der Leistungsmotivation im Sport auseinander:

Lektion 11: Wie hängen Leistung, Training und Wettkampf zusammen?
Lektion 12: Welche biologischen Gesetzmäßigkeiten bestimmen sportliches Training?
Lektion 13: Wie entsteht Ausdauer?
Lektion 14: Was macht ein gutes Krafttraining aus?
Lektion 15: Wie kann die Schnelligkeit verbessert werden?
Lektion 16: Welche Wirkungen erzielt ein Training der Beweglichkeit?
Lektion 17: Wie werden sportliche Leistungen gemessen?
Lektion 18: Was motiviert Menschen zu sportlichen Leistungen?

In Teil VI spiegelt sich wider, wie Spielen und insbesondere das Spielen von Sportspielen gelernt und gelehrt wird und welche Rolle Aggression und Fairness in sportlichen Wettkämpfen einnehmen:

Lektion 19: Wie erfolgt das Lernen und Lehren von Sportspielen?
Lektion 20: Wann ist Sport aggressiv und unfair?

Teil VII des Schulbuchs durchleuchtet Begriffe und Modelle von Gesundheit und diskutiert Chancen und Risiken von Sport für eine gesunde Lebensführung:

Lektion 21: Was bedeutet Gesundheit?
Lektion 22: Inwiefern ist Sport gesund?
Lektion 23: Welche Rolle spielt Doping im Sport?

STRUKTUR EINER LEKTION

Jede Lektion ist angelehnt an folgende Struktur:

1. **Inhaltsverzeichnis der Lektion**
2. **Darbietung des Unterrichtsstoffs**
3. **Rückblick**
4. **Prüfungsvorbereitung**

Innerhalb einer Lektion werden die zentralen Aussagen meist zu Beginn eines Unterkapitels farblich hervorgehoben. Zahlreiche **Anwendungsaufgaben** ermöglichen einen vertieften Zugang zum Unterrichtsgegenstand. Am Ende eines Kapitels findet immer ein **Rückblick** auf die wichtigsten Aussagen statt. Im Abschnitt **Prüfungsvorbereitung** ermöglichen Kontrollfragen und Prüfungsaufgaben eine optimale Vorbereitung auf Klausuren und mündliche Prüfungen.

STRUKTUR DER TEILE II BIS VII

Zu Beginn der Teile II bis VII werden **Erkundungsaufträge** angegeben, die eine schülerorientierte Erarbeitung des Unterrichtsstoffs der einzelnen Lektionen ermöglichen sollen. Am Ende des Buchs befinden sich Online-Verweise zu **Zusatzinformationen**. Diese Informationstexte im PDF-Format eignen sich beispielsweise als Ausgangsbasis für die Erstellung einer Facharbeit. Neben den Zusatzinformationen werden am Ende des Buchs auch entsprechende **Literaturempfehlungen** abgegeben.

ARBEITSBLÄTTER, ZUSATZINFORMATIONEN, PRÄSENTATIONEN UND LITERATURANGABEN ONLINE ABRUFBAR

Bei einigen Aufgaben zum Text ist ein QR-Code angegeben, der auf ein **kostenlos** herunterladbares Arbeitsblatt im PDF-Format **(mit Lösungen)** verweist. Es stehen folgende Arbeitsblätter **kostenfrei** zum Download bereit:

Biomechanische Prinzipien erproben und begründen

Bewegungssteuerung und -regelung des Korblegers

Erproben des Modells der koordinativen Fähigkeiten

Morphologisch-koordinative Analyse des Basketballsprungwurfs

Variation und Kombination von Tanzbewegungen

Warum treibe ich Sport?

Bezugsnormen sportlicher Leistung im Fechten

Allgemeine Gesetze zur biologischen Anpassung durch Training

Anaerobe Schwelle und Laktat-Leistungs-Kurven

Auswirkung von Krafttraining auf das Nerv-Muskel-System

Aggressionstheorien

Salutogenese- und Pathogenesemodell im Vergleich

Dopingmittel

Die übrigen durch QR-Code erreichbaren Arbeitsblätter im PDF-Format können **kostenpflichtig** heruntergeladen werden. Die Arbeitsblätter eignen sich für den Einsatz in der Sporthalle und dienen als motivierende Vorbereitung auf Klausuren und das Sportabitur.

Neben diesen Arbeitsblättern sind auch weiterführende **Informationstexte** zu einzelnen Themenbereichen kostenfrei abrufbar:

Taktik-Spiel-Konzept im Basketball

Darüber hinaus wird im Downloadbereich für jede Lektion zur visuellen Darbietung eine **kostenpflichtige Power-Point-Präsentation** angeboten. Die Präsentationsdateien zu den Lektionen 1, 3 und 12 sind **kostenfrei** herunterladbar.

Präsentation von Lektion 1

Präsentation von Lektion 3

Präsentation von Lektion 12

Aus Gründen der Übersichtlichkeit können die im Schulbuch verwendeten **Literatur- und Quellenangaben** online abgerufen werden:

Literaturangaben

Zu beachten ist, dass die Abkürzung „IQ" auf Internetquellen verweist, die ebenfalls in den Literaturangaben aufgeführt sind.

LEKTION 1: WAS IST SPORT?

1.1	ZUR DEFINITION DES SPORTBEGRIFFS	24
1.2	SPORTMODELLE	26
1.3	SINNRICHTUNGEN VON SPORT	31
1.4	RÜCKBLICK	34
1.5	PRÜFUNGSVORBEREITUNG	34

LEKTION 1: WAS IST SPORT?

1.1 ZUR DEFINITION DES SPORTBEGRIFFS

Ist Pantomime Sport?

Bericht eines Sportlehrers: „Am Ende einer Sportstunde zur Pantomime fragte der Referendar den 11er-Sportkurs, was die gerade absolvierte Unterrichtsstunde mit Sport zu tun habe. Ein durchaus interessierter Schüler meldete sich zu Wort und antwortete gewitzt: ‚Das ist eine gute Frage! Das habe ich mich auch die ganze Zeit gefragt.' Auf die kluge Gegenfrage des Referendars, warum Pantomime denn für ihn kein Sport sei, erwiderte der Schüler freundlich, aber bestimmt: ‚Na ja, ich habe nicht geschwitzt, und anstrengend war es auch nicht!' Die gleiche Frage hat in meiner 6er-Sportklasse zu einer Flut von interessanten Antworten geführt:

- ‚Man muss die Bewegungen in der Pantomime sehr exakt ausführen. Sonst erkennt man nicht, was man darstellt. Das ist genauso wie beim Fechten, ohne Genauigkeit lande ich keinen Treffer.'
- ‚Wir haben gut im Team arbeiten müssen. Das ist im Handball auch so.'
- ‚Pantomime macht mir viel Spaß. Es war lustig, mit anderen eine Präsentation zu entwickeln und zu sehen, welche tollen Ideen wir hatten.'
- ‚Ob Pantomime Sport ist, kann ich nicht sagen, aber es war eine schöne Abwechslung zu sonst.'
- ‚Am Anfang war ich skeptisch, aber am Ende war es gar nicht so schlimm. Mit Sport hat das aber nichts zu tun. Mir fehlt dabei der Leistungsgedanke.'"

Arbeiten Sie auf der Basis der Argumente heraus, inwiefern Pantomime „Sport" darstellt. Finden Sie weitere Pro- und Contra-Argumente.

▶ Aufgrund ihres unterschiedlichen Zugangs zum Sport als integrativer Wissenschaft sind die begrifflichen Festlegungen von Sport recht unterschiedlich. Der „klassische" Sport zeichnet sich durch körperliche Bewegung, Leistungsprinzip, eine sportliche Norm und eine zweckfreie und unproduktive Eigenwelt aus.

Abb. 1.1: Die Sportwissenschaft ist eine integrative Wissenschaft.

Das Wort **Sport** stammt aus dem Englischen und leitet sich aus dem englischen Wort „disport" ab, das mit „Zeitvertreib, Zerstreuung, Vergnügen, Spiel" übersetzt werden kann. „Seit Beginn des 20. Jahrhunderts hat sich Sport zu einem umgangssprachlichen, weltweit gebrauchten Begriff entwickelt. Eine präzise oder gar eindeutige begriffliche Abgrenzung lässt sich deshalb nicht vornehmen" (Prohl & Röthig, 2003, S. 493).

Dem widerspricht der Sportwissenschaftler Tiedemann (2015). Auf seiner Homepage plädiert er für das Aufstellen einer Sportdefinition, da „jeder Wissenschaftler einen möglichst klaren Begriff vom Gegenstand seiner Wissenschaft haben und ihn in seinen Veröffentlichungen erläutern" können muss. Er definiert Sport folgendermaßen:

„Sport ist ein kulturelles Tätigkeitsfeld, in dem Menschen sich freiwillig in eine Beziehung zu anderen Menschen begeben mit der bewussten Absicht, ihre Fähigkeiten und Fertigkeiten insbesondere im Gebiet der Bewegungskunst zu entwickeln und sich mit diesen anderen Menschen auf Grundlage der gesellschaftlich akzeptierten ethischen Werte nach selbstgesetzten oder übernommenen Regeln zu vergleichen."

Die Sportmediziner Hollmann und Strüder (2012, S. 128) definieren Sport aus medizinischer Sicht als muskuläre Beanspruchung mit Wettkampfcharakter oder mit dem Ziel einer herausragenden persönlichen Leistung.

Für die deutschen Sportsoziologen Heinemann (1986; 1998; 2007) und Grieswelle (1978) zählen folgende Aspekte zu den wichtigsten Elementen des klassischen Sports: Sport ist körperliche Bewegung, Sport unterliegt dem Leistungsprinzip, Sport ist durch soziale Normen geregelt, Sport bildet eine Eigenwelt und Sport findet in Vereinen statt.

Die zahlreichen wissenschaftlichen Arbeiten im Bereich Sport als eine integrative Wissenschaft zeigen, dass die entsprechenden Wissenschaftler unter dem Begriff **Sport** recht unterschiedliche Bedeutungen verknüpfen. Dies verwundert nicht, da z. B. Sportsoziologen und Sportmediziner einen ganz spezifischen und damit auch unterschiedlichen Blick auf Sport haben. Trotzdem wird im Folgenden dargestellt, wie verschiedene Sportmodelle analytisch betrachtet werden können.

Bewerten Sie die vorliegenden Standpunkte und Definitionen zum Sportbegriff.

Außerirdische besuchen die Erde

Was ist Sport?

Sport oder nicht Sport?

1.2 SPORTMODELLE

▶ Im Sport lassen sich unterschiedliche Sportmodelle mit verschiedenen Konstruktionsmustern (körperliche Bewegung, Regelwerk, Wettkampforientierung und Unproduktivität) unterscheiden. Auf der Basis dieser Unterscheidungskategorien haben sich als Ausdruck der Individualisierungsprozesse in der modernen Gesellschaft fünf Modelle herausgebildet: traditioneller Wettkampfsport, professioneller Showsport, expressives Sportmodell, funktionalistisches Sportmodell und traditionelle Spiel- und Sportkultur. Die Übergänge der fünf dargestellten Modelle sind fließend und müssen ständig aktuellen Entwicklungen angepasst werden.

Heinemann (2007) hat einen Ordnungsversuch verschiedener Sportmodelle vorgenommen. Er geht davon aus, dass „Sport" ein soziales Konstrukt ist, das sich aus vier konstitutiven Elementen zusammensetzt, aus denen sich je nach Gewichtung verschiedene Sportmodelle ableiten lassen:

1. **körperliche Bewegung** (Umgang mit dem Körper auf der Grundlage von Fähigkeiten, Fertigkeiten und Kenntnissen);
2. **Wettkampf** (Leistungsvergleich unter chancengleichen Startbedingungen);
3. **sportartspezifisches Regelwerk** (sozial organisierte Umgangsformen);
4. **Unproduktivität** (sportliche Handlungen zielen auf die Erstellung von Produkten und Werken wie in der Kunst oder im Arbeitsleben).

Auf der Basis dieser vier Konstruktionselemente lassen sich verschiedene Modelle als typische Ausprägungsformen des Sports unterscheiden. Tab. 1.1 beschreibt die Ausdifferenzierung verschiedener Modelle.

Tab. 1.1: Ausdifferenzierung verschiedener Sportmodelle: + = gegeben, 0 = bedingt gegeben, – = nicht gegeben (modifiziert nach Heinemann, 2007, S. 57)

	Körperliche Bewegung	Leistungsprinzip	Normen, Regelwerk	Eigenwelt, unproduktiv
Traditioneller Wettkampfsport (z. B. Skisport)	+	+	+	+
Professioneller Showsport (z. B. Profifußball)	+	+	+	–
Expressives Sportmodell (z. B. Freeclimbing)	+	0	–	+
Funktionalistisches Sportmodell (z. B. Yoga)	+	0	–	–
Traditionelle Spiel-/Sportkultur (z. B. spanische Castellers)	+	0	0	+

TRADITIONELLES SPORTMODELL

Im traditionellen Sportmodell werden alle vier Konstitutionsebenen repräsentiert, da auf unterschiedlichen Leistungsebenen (Breitensport, Leistungssport, Spitzensport) in regelgebundenen Sportarten bestimmte Leistungsziele in sportlicher Konkurrenz erreicht werden. Der Sieger wird in einem fairen Wettkampf ermittelt. In diesem Modell ist „Sport" unproduktiv und wird durch Vereine und Verbände organisiert. Er steht nicht unter Nützlichkeitserwägungen und existenziellen Zwängen. Sport wird zum Selbstzweck betrieben. Dieses Sportmodell geht letztlich auf die im 18. und 19. Jahrhundert entwickelten Grundsätze des modernen Sports (insbesondere des englischen Sports) zurück. In diesem Sportmodell spiegelt sich aber auch die olympische Idee „schneller, höher, stärker" („citius, altius, fortius") wider.

PROFESSIONELLES SHOWMODELL

Das Modell des professionellen Showsports stimmt bis auf den Aspekt der Unproduktivität mit dem traditionellen Wettkampfmodell überein. Allerdings ist der Berufssport nicht zweckfrei. Der Sport wird Teil eines Unterhaltungsprogramms und unterliegt kommerziellen Interessen. Nicht nur die Sportler, auch das Kampfgericht, Funktionäre und das Trainerpersonal sind Teil des Profisports. Die Zuschauer tragen durch ihre Besuche in den Sportstätten und als Konsumenten von Sportprodukten zur Kommerzialisierung des Sports bei. In Deutschland entwickelte sich der Profisport insbesondere im Zuge des Ausbaus der Kabelnetze in den 1980er-Jahren und der damit verbundenen Kommerzialisierung des Fernsehens. Verbunden mit der Entwicklung des Sports hat sich z. B. Ende des letzten Jahrtausends an der deutschen Sporthochschule in Köln (DSHS Köln) der Zweig der Sportökonomie gegründet.

EXPRESSIVES SPORTMODELL

Im expressiven Sportmodell wird der Sport als eine unproduktive Bewegungsaktivität gesehen, die zwar Leistungselemente enthält, aber weniger auf die Leistungssteigerung und den Leistungsvergleich ausgerichtet ist. Der Wert liegt häufig im freudvollen Erleben der sportlichen Bewegung, wie es für den **Freizeitsport** und die **Trendsportarten** kennzeichnend ist.

Dabei umfasst der **Freizeitsport** den Alltagssport, Alternativsport, Ausgleichssport, Breitensport, Erholungssport, Familiensport, Fitnessbewegung, Gesundheitssport, Lifetimesport, Massensport, Rekreationssport, Sozialsport, Urlaubssport, Volkssport (Dieckert, 2003).

Bei den **Trendsportarten** gib es keine einheitliche Definition (vgl. Lektion 9: Wie hängen Wagnis, Risiko und Trends im Sport zusammen?). Während Balz (1995) die Trendsportarten, in Anlehnung an die Sinnperspektiven von Kurz, in Fitnesssportarten, meditative Bewegungskulturen, Risikosportarten, Gleichgewichtssportarten, Teamsportarten und expressive Sportarten einteilt, findet bei Schwier (2002) eine Unterteilung in Fitnesssportarten, Funsportarten und Risikosportarten statt. Söll (2011) untergliedert Trendsportarten in Natursportarten oder Outdooraktivitäten (z. B. Snowboardfahren, Windsurfen), Trendvarianten etablierter Sportarten mit geringen Umweltansprüchen (z. B. Streetball, Beachvolleyball) und sportliche Aktivitäten, die sich in dieser Hinsicht ambivalent verhalten (z. B. Sportklettern, Inlineskating).

FUNKTIONALISTISCHES SPORTMODELL

Im funktionalistischen Sportmodell wird der Sport instrumentell betrachtet. Der Sinn der sportlichen Aktivitäten leitet sich besonders aus bestimmten, auf den Körper bezogenen Funktionen ab. Die Körperbildung im Fitnessstudio, die Entspannung beim Yoga, gehören genauso zur Angebotspalette wie der Walking-Kurs für Senioren. Eine besonders erfolgreiche Variante in diesem instrumentellen Modell stellt der Gesundheitssport dar (vgl. Lektion 21). Der Sport wird dabei gesundheitsfördernd zur Prävention und Rehabilitation eingesetzt. Der Gesundheitssport zielt insgesamt auf eine Stärkung der physischen und psychosozialen Ressourcen, die Menschen in die Lage versetzen, auf Anforderungen und Stresssituationen mit einer hohen Leistungs- und Widerstandfähigkeit zu reagieren sowie das persönliche Befinden und die soziale Einbindung selbst zu beeinflussen.

TRADITIONELLE SPIEL- UND SPORTKULTUR

Heinemann (2007) zufolge ist in den letzten Jahren ein Aufwärtstrend des Modells der traditionellen Spiel- und Sportkulturen beobachtbar. Als mögliche Ursachen nennt der Sportsoziologe u. a. den Wert der jeweiligen Sportart als Touristenattraktion, lokale Identifikation oder die Rückbesinnung auf die Wurzeln der eigenen Kultur – bedingt u. a. durch das Entstehen einer globalen Kultur. Ein Beispiel für eine traditionelle Sportkultur sind die katalonischen Castellers und der katalanische Volkstanz Sardana. Die katalonischen Castellers bauen Menschenpyramiden in die Höhe und sind wie der katalanische Volkstanz Sardana wichtige Symbole für die eigenständige Kultur und für die Zusammengehörigkeit Kataloniens.

Konstituierende Elemente von Sport

PYRAMIDENMODELL

Die Organisationsstruktur des Profisports und des traditionellen Wettkampfsports wird in der Literatur durch das **Pyramidenmodell** des Sports beschrieben (vgl. Abb. 1.2). Dieses einheitliche Sportmodell legt eine breite, sportartenbezogene Förderung nahe, aus der leistungsstarke Athleten hervorgehen, die wiederum als Vorbild motivierend für die breite Basis wirken, Sport zu treiben. Im Tennis z. B. kam es in den 1980er-Jahren zu einem „Boris-Becker-Boom", dessen Wimbledon-Erfolg in Deutschland nachweislich zu einem enormen Zuwachs an Tennisspielerinnen und -spielern führte.

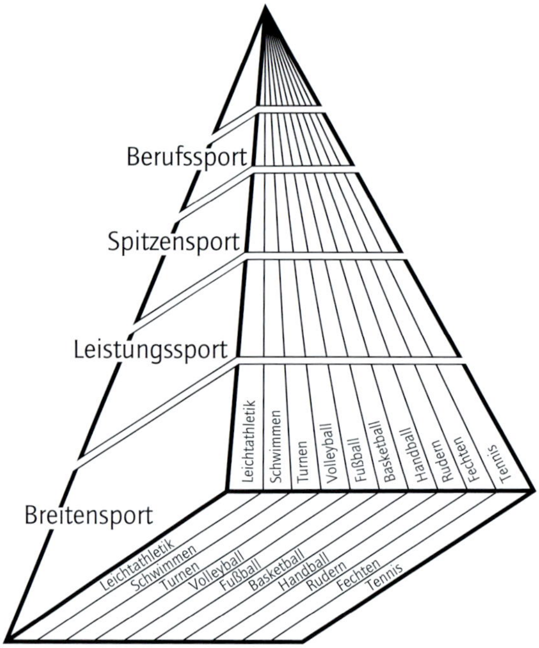

Abb. 1.2: Pyramidenmodell (modifiziert nach Prohl & Scheid, 2012, S. 57)

Im Zuge der Abkehr vom Leistungssport und der Hinwendung zum Freizeitsport in den 1970er-Jahren gab es aber auch zahlreiche Gegenstimmen. Dieckert (1974, S. 75) stellte die Funktionalität des Pyramidenmodells infrage:

„Die Pyramidentheorie und die Vorbildfunktion des Spitzensports sind mehr als fragwürdig [. . .]. Sind etwa die Millionen alten Menschen jenseits des biologischen Leistungsalters als Reservoir, als breite Basis des Leistungssports anzusehen? Animieren etwa ein 8,90-m-Sprung, der Fosbury-Flop, die Artistik im Kunstturnen [. . .] den normalen Bürger zum Nacheifern und damit zum Frustrationserlebnis der eigenen Stümperhaftigkeit?"

Bewerten Sie die Aussage von Dieckert kritisch.

DIFFERENZIERTES SPORTMODELL

Mit der Infragestellung des Pyramidenmodells mit dem Breitensport als Basis entwickelte sich in den 1970er-Jahren eine „Zweisäulentheorie" (Dieckert, 2003, S. 205), die neben dem Hochleistungssport gleichberechtigt den Freizeitsport etabliert. In Anlehnung an Lamprecht und Stamm (2002) lässt sich im modernen Sportverständnis eine Überlappung der fünf Sportmodelle ausmachen. Die Sportart Volleyball kann je nach persönlicher Ausrichtung beispielsweise als Freizeit-, Wettkampf- oder Profisport betrieben werden (vgl. Abb. 1.3).

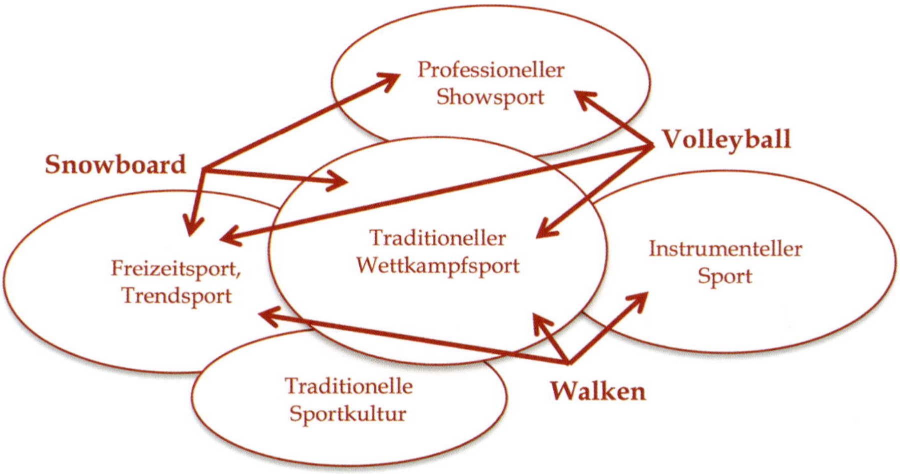

Abb. 1.3: Verortung verschiedener Sportarten in einem differenzierten Sportmodell (modifiziert nach Lamprecht & Stamm, 2002, S. 57)

Für Lamprecht und Stamm (2002) ist aufgrund ihrer jeweils unterschiedlichen Basis zukünftig eine Entkopplung der Sportbereiche denkbar. Ferner wenden sie ein, dass eine analytische Betrachtung der fünf Modelle nicht die Entwicklungen innerhalb einer Sportart berücksichtigt. Die anfänglichen Outdoorvarianten Beachvolleyball und Snowboardfahren sind mittlerweile beliebte olympische Sportarten geworden. Die Modelle müssen daher ständig den zukünftigen Entwicklungen des modernen Sports angepasst werden.

Stimmen Sie der These einer zukünftigen Entkopplung der Sportbereiche im differenzierten Sportmodell zu? Begründen Sie Ihren Standpunkt.

1.3 SINNRICHTUNGEN VON SPORT

Aus der Innenperspektive können die Menschen aufgrund eigener Interpretationen sportlichen Handlungen einen subjektiven Sinn zuordnen. Welche sportlichen Handlungen sind jedoch aus der Außenperspektive gut, richtig und allgemein empfehlenswert? Aus der Sicht der Sportpädagogik verbindet sich deshalb die Frage nach dem Sinn sportlicher Handlungen mit der Frage, inwieweit das Sporttreiben generell zu pädagogisch vertretbaren Entwicklungs-, Lern- und Bildungsprozessen beitragen kann. Nach Beantwortung dieser Fragen kann geklärt werden, durch welche spezifischen Inhalte und Formen des Sports diese Prozesse erreicht werden können.

Der Sportwissenschaftler Kurz (1986) befragte tausende Schüler aller Altersklassen, warum sie Sport treiben und welchen speziellen Sinn sie mit ihrer sportlichen Aktivität verbinden. Die Auswertung aller Antworten ergab sechs verschiedene **Sinnrichtungen von Sport**:

1. Eindruck, Erlebnis, Sensation,
2. Ausdruck, Ästhetik, Gestaltung,
3. Spannung, Dramatik, Abenteuer,
4. Leistung, Aktivierung und Selbstbewusstsein,
5. Miteinander, Geselligkeit, Gemeinschaft sowie
6. Körperlichkeit, Fitness, Gesundheit.

Diese sechs Sinnrichtungen sind Grundlage für die sechs pädagogischen Perspektiven des Schulsports in NRW, aus denen sich die sechs Inhaltsfelder von Sport (z. B. Bewegungsstruktur und Bewegungslernen, Bewegungsgestaltung, Wagnis und Verantwortung usw.) ableiten. Auf der Basis dieser Sinnrichtung arbeitete Kurz (1986) folgende sportliche Motive heraus:

1. Man möchte den Reiz, die Sensationen, die Lust genießen, die in den Bewegungen selbst liegen können **(„Bewegungsmotiv")**.
2. Man möchte Bewegungen so ausführen können, dass sie einem selbst und anderen gekonnt, kunstvoll, beeindruckend, schön u. Ä. erscheinen **(„ästhetischer Reiz")**.
3. Man sucht Situationen mit einem ungewissen Ausgang, die Spannung, Risiko und Abenteuer bieten **(„Spielmotiv")**.
4. Man will sich etwas vornehmen, etwas abverlangen, sich an Aufgaben messen und mit anderen vergleichen; man will seine Möglichkeiten und Grenzen erkennen, die Anerkennung anderer und ein Bewusstsein des eigenen Wertes bekommen **(„Leistungsmotiv")**.
5. Man sucht das Zusammensein mit anderen, das Gefühl von menschlicher Nähe und Geborgenheit **(„Anschlussmotiv")**.
6. Man sucht den körperlichen Ausgleich, die möglichst umfassende körperliche Beanspruchung und das aus ihr hervorgehende Wohlbefinden. Man erwartet davon auch positive Wirkungen auf die Gesundheit und die Figur **(„Gesundheitsmotiv")**.

Folgende Tab. 1.2 veranschaulicht den Zusammenhang von Sinnrichtungen, pädagogischen Perspektiven, Inhaltsfeldern von Sport und Motiven für das Sporttreiben.

Tab. 1.2: Zusammenhang von Sinnrichtungen von Sport, pädagogischen Perspektiven, Inhaltsfeldern von Sport sowie sportlichen Motiven

Sinnrichtung	Pädagogische Perspektive	Inhaltsfelder von Sport	Motive für Sporttreiben
Eindruck, Erlebnis, Sensation	Wahrnehmungsfähigkeit verbessern, Bewegungserfahrung erweitern (A)	Bewegungsstruktur und Bewegungslernen (a)	„Bewegungsmotiv"
Ausdruck, Ästhetik, Gestaltung	Sich körperlich ausdrücken, Bewegungen gestalten (B)	Bewegungsgestaltung (b)	„Ästhetischer Reiz"
Spannung, Dramatik, Abenteuer	Etwas wagen und verantworten (C)	Wagnis und Verantwortung (c)	„Spielmotiv"
Leistung, Aktivierung und Selbstbewusstsein	Das Leisten erfahren, verstehen und einschätzen (D)	Leistung (d)	„Leistungsmotiv"
Miteinander, Geselligkeit, Gemeinschaft	Kooperieren, wettkämpfen, sich verständigen (E)	Kooperation und Konkurrenz (e)	„Anschlussmotiv"
Körperlichkeit, Fitness, Gesundheit	Gesundheit fördern, Gesundheitsbewusstsein entwickeln (F)	Gesundheit (f)	„Gesundheitsmotiv"

Die Struktur dieses Buchs orientiert sich mit den Teilen „Bewegungsstruktur und Bewegungslernen", „Bewegungsgestaltung", „Wagnis und Verantwortung", „Leistung", „Kooperation und Konkurrenz" und „Gesundheit" an den Inhaltsfeldern von Sport.

1.4 RÜCKBLICK

Begriffe von Sport

- Bei der Definition von Sport ergibt sich aufgrund der zahlreichen Disziplinen der Sportwissenschaft kein einheitliches Bild. Der „klassische" Sport zeichnet sich durch die Elemente der sportlichen Bewegung, der Leistungsorientierung, der sportlichen Norm sowie der unproduktiven Eigenwelt aus.

Sportmodelle

- Sportmodelle können durch die Konstruktionsmerkmale Bewegung, Leistung, Wettkampf/Regeln und Unproduktivität unterschieden werden. Eine Sportart Volleyball kann in unterschiedlichen Sportmodellen verortet werden: Volleyball kann als Wettkampfsport, Profisport oder als Freizeitsport betrieben werden. Das sportartbezogene Pyramidenmodell (Breitensport – Leistungssport – Spitzensport – Berufssport) scheint die aktuelle sportliche Wirklichkeit nur teilweise abzubilden und kann exakter beschrieben werden durch ein differenziertes Sportmodell aus den sich überlagernden Bereichen Freizeitsport/Trendsport, traditioneller Wettkampfsport, professioneller Showsport, instrumenteller Sport und traditionelle Sportkultur.

Sinnrichtungen von Sport

- Auf der Basis einer umfangreichen Befragung von Schülern nach dem Grund ihres Sporttreibens durch den Sportwissenschaftler Dietrich Kurz kristallisieren sich sechs Sinnperspektiven von Sport heraus, die eng mit den Motiven für Sporttreiben zusammenhängen: Bewegungsmotiv, ästhetischer Reiz, Spielmotiv, Leistungsmotiv, Anschlussmotiv, Gesundheitsmotiv. Daraus lassen sich die sechs Inhaltsfelder von Sport ableiten: Bewegungsstruktur und Bewegungslernen, Bewegungsgestaltung, Wagnis und Verantwortung, Leistung, Kooperation und Konkurrenz, Gesundheit.

1.5 PRÜFUNGSVORBEREITUNG

Kontrollfragen

1. Stellen Sie eine eigene Definition von Sport auf.
2. Geben Sie Argumente für und gegen eine Sportdefinition an.
3. Wie lauten die vier konstitutiven Elemente von Sport im Modell von Heinemann?
4. Nennen Sie die fünf Sportmodelle nach Heinemann.
5. Geben Sie für jedes Modell nach Heinemann ein sportliches Beispiel an.

6. Wie unterscheiden sich Wettkampfsport und professioneller Showsport?
7. Nennen Sie fünf Sportbereiche des Freizeitsports.
8. Vergleichen Sie das Pyramiden- und das Zweisäulenmodell.
9. Erklären Sie das differenzierte Sportmodell nach Lamprecht und Stamm.
10. Geben Sie die sechs pädagogischen Perspektiven sowie Inhaltsfelder von Sport an.
11. Erläutern Sie, wie Kurz die Sinnrichtungen von Sport hergeleitet hat.
12. Erklären Sie den Zusammenhang zwischen Sinnrichtung von Sport, pädagogischen Perspektiven und Inhaltsfeldern von Sport sowie Motiven für das Sporttreiben.

Prüfungsaufgaben

Klettern

Klettern ist eine Fortbewegungsart, die heutzutage hauptsächlich als Sport und Freizeitbeschäftigung am Fels oder in der Halle in unterschiedlichen Varianten betrieben wird. Zumeist werden dabei im Fels bestimmte Kletterrouten durchklettert. Üblicherweise wird der Kletternde von seinem Kletterpartner mit einem Seil gegen Absturz gesichert. Während beim alpinen Klettern das Erreichen des Gipfels im Vordergrund steht, akzentuiert das Sportklettern das Überwinden hoher technischer Schwierigkeiten auf kurzen Strecken.

a) **Beschreiben** Sie das differenzierte Sportmodell nach Lamprecht und Stamm unter besonderer Berücksichtigung der vier konstitutiven Elemente von Sport.
b) **Ordnen** Sie das Klettern begründend in das differenzierte Sportmodell **ein**.
c) **Erklären** Sie am Beispiel des Klettersports, dass der heutige Sport durch das Pyramidenmodell nur unzureichend beschrieben werden kann.
d) **Erörtern** Sie unter besonderer Berücksichtigung der sechs pädagogischen Perspektiven, ob Klettern in die Schulsportcurricula aufgenommen werden sollte.

TEIL II

BEWEGUNGSSTRUKTUR UND BEWEGUNGSLERNEN

ERKUNDUNGEN 39

LEKTION 2:
WELCHE ROLLE SPIELT BEWEGUNG IM SPORT? 42

LEKTION 3:
WIE WERDEN BEWEGUNGEN IM SPORT ANALYSIERT? 58

LEKTION 4:
WIE WERDEN BEWEGUNGEN VOM KÖRPER GESTEUERT? 96

LEKTION 5:
WELCHE BEDEUTUNG HAT DIE KOORDINATION IM SPORT? 116

LEKTION 6:
WIE WERDEN FERTIGKEITEN IM SPORT GELERNT UND GELEHRT? 136

ERKUNDUNGEN

LEKTION 2: WELCHE ROLLE SPIELT BEWEGUNG IM SPORT?

Was ist Koordination?

Wie technisch anspruchsvoll ist eine Sportart?

LEKTION 3: WIE WERDEN BEWEGUNGEN IM SPORT ANALYSIERT?

Warum springt man mit dem Rücken über die Latte?

1968 überraschte der Hochspringer Richard Fosbury mit einer neuen Hochsprungtechnik. Er sprang als erster Hochspringer mit dem Rücken über die Latte. Bis dahin galt der schräge Tauchwälzer als die „optimale" Sprungtechnik (vgl. Abb. 3.1 in Kap. 3.1).

Warum ist es günstig, mit dem Rücken über die Latte zu springen? Kennen Sie weitere Beispiele von Bewegungstechniken, die sich als besonders effektiv herausgestellt haben? Überlegen Sie, wie eine Bewegungsfertigkeit entsteht und wie sie optimiert werden kann.

Der „optimale" Strecksprung

Ausholbewegungen

In vielen sportlichen Bewegungen kommen Ausholbewegungen vor. Nennen Sie möglichst viele Beispiele. Was ist charakteristisch für eine Ausholbewegung? Welche Funktion haben Ausholbewegungen? Kennen Sie Bewegungen, bei denen Ausholbewegungen absichtlich verkürzt oder unterdrückt werden?

Bewegungsstruktur des Golfabschlags

LEKTION 4: WIE WERDEN BEWEGUNGEN VOM KÖRPER GESTEUERT?

Lenkung eines Autos und Bewegungskoordination

Erklären Sie, wie menschliche Bewegungen koordiniert und kontrolliert werden können. Verwenden Sie dazu das Bild zur Lenkung eines Autos. Wie wird beim Autofahren sichergestellt, dass das Auto in die gewünschte Richtung fahren kann? Wie erfolgt dies bei der menschlichen Bewegung?

Bedeutung der Wahrnehmungsanalysatoren im Sport

Beurteilen Sie Ihre Sportart in Bezug auf die fünf Wahrnehmungsanalysatoren: Hören, Sehen, Fühlen, Bewegungsempfinden, Gleichgewicht (vgl. Tab. 4.1 in Kap. 4.2). Schreiben Sie dazu stichwortartig auf, welche Informationen aufgenommen werden und überlegen Sie, welche Analysatoren in Ihrer Sportart zentral sind.

Laufen und Gehen

Beobachten Sie zu zweit, bei welcher Geschwindigkeit (in Meter pro Sekunde) Sie vom Gehen (immer mindestens ein Bein hat Bodenkontakt) zum Laufen wechseln. Steigern Sie bewusst alle 20 m die Geschwindigkeit. Wiederholen Sie das gleiche Experiment, indem Sie vom schnellen Laufen die Geschwindigkeit reduzieren, bis Sie zum stabilen Gehen kommen. Was stellen Sie fest?

LEKTION 5: WELCHE BEDEUTUNG HAT DIE KOORDINATION IM SPORT?

Erproben des Modells der koordinativen Fähigkeiten (kostenfrei)

Koordinations-Anforderungs-Regler-Modell

Die herunterladbaren Arbeitsblätter beschäftigen sich mit folgenden Aspekten:

- Koordinative Anforderungen von Bewegungsaufgaben
- Druckbedingungen bei Bewegungsaufgaben untersuchen
- Informationsanforderungen bei Bewegungsaufgaben untersuchen
- Einzelne Druckbedingungen und Informationsanforderungen erhöhen

LEKTION 6: WIE WERDEN FERTIGKEITEN IM SPORT GELERNT UND GELEHRT?

Beherrschen von Fertigkeiten, von außen und innen betrachtet

Sammeln Sie sportliche Fertigkeiten, die Sie besonders gut, mittelmäßig gut oder schlecht beherrschen. Wie wird der Unterschied für einen Beobachter von außen sichtbar, wie aus Ihrer subjektiven Innensicht?

Ganzheits- oder Teillernmethode? Das ist hier die Frage

Stellen Sie sich vor, Sie müssten einem Kind eine neue sportliche Bewegung beibringen. Welche Bewegungen würden Sie als Ganzes vermitteln, welche in Teilen? Begründen Sie Ihre Entscheidung.

LEKTION 2
WELCHE ROLLE SPIELT BEWEGUNG IM SPORT?

2.1 GRUNDBEGRIFFE DER BEWEGUNGSLEHRE UND -WISSENSCHAFT 44

2.2 BETRACHTUNGSWEISEN BEI DER ANALYSE SPORTLICHER BEWEGUNGEN 48

2.3 ANWENDUNGSFELDER IN DER SPORTWISSENSCHAFT 53

2.4 RÜCKBLICK 55

2.5 PRÜFUNGSVORBEREITUNG 55

LEKTION 2: WELCHE ROLLE SPIELT BEWEGUNG IM SPORT?

2.1 GRUNDBEGRIFFE DER BEWEGUNGSLEHRE UND -WISSENSCHAFT

BEWEGUNG UND MOTORIK

Bewegung ist als der zentrale Gegenstand der Bewegungslehre bzw. Bewegungswissenschaft mehrdeutig zu verstehen. Bei Aristoteles (384-322 v. Chr.) bedeutet „Bewegung" in sehr allgemeiner Form „Veränderung". Begriffe aus dem allgemeinen Sprachgebrauch, wie „Friedensbewegung", „Studentenbewegung", „Emanzipationsbewegung", „Frauenbewegung" oder „Umweltbewegung", weisen alle auf dieses Verständnis von Bewegung hin. Der englische Naturforscher Isaac Newton (1643-1727) bezog „Bewegung" auf die Perspektive der Mechanik als Teildisziplin der Physik. „Bewegung" bedeutete für ihn die Ortveränderung der Masse. Diese Vorstellung hat sich bis heute gehalten.

- **Mechanisch** betrachtet, ist **Bewegung** die Ortsveränderung von Masse.

Die Bewegungslehre geht mit ihrer Definition über das rein physikalische, von außen beobachtbare Verständnis von „Bewegung" hinaus und ergänzt einen Innenaspekt von Bewegung. Dabei verwendet sie den Begriff **Motorik**. In Anlehnung an Oliver et al. (2013, S. 18) erhält man folgende Festlegungen:

- **Motorik** umfasst alle zum Organismus gehörenden Teilsysteme und -prozesse, welche die mechanisch verstandene Bewegung des Menschen auslösen und kontrollieren.

Die Unterscheidung von mechanisch verstandener Bewegung und Motorik kann am Beispiel des Patellarsehnenreflexes dargestellt werden. Aus einer Sitzposition mit herabhängenden Oberschenkeln wird beim Schlagen auf die Sehne des Oberschenkelstreckers eine Streckbewegung des Knies beobachtet (mechanische Seite der Bewegung), die durch den sogenannten *Muskelspindelreflex* (motorische Seite der Bewegung) erklärt werden kann (vgl. Kap. 16.2).

- Mechanisch verstandene **Bewegung** (als Ortsveränderung von Masse) und **Motorik** beschreiben zusammen den Gegenstandsbereich der Bewegungswissenschaft und der Bewegungslehre.

Abb. 2.1: Bewegung zweifach gedeutet: als übergreifender und physikalisch verstandener Gegenstand der Bewegungslehre (Oliver et al., 2013, S. 19)

AUSSEN- UND INNENASPEKT VON BEWEGUNG

▶ Sportliche Bewegungen können mithilfe der Biomechanik **als Außenaspekt von Bewegungen** von außen beobachtet, beschrieben, begründet und optimiert werden. Die Motorikforschung untersucht den **Innenaspekt von Bewegungen**, der sich auf innere Prozesse einer sportlichen Bewegung bezieht.

Die Bewegungslehre kann Bewegungen aus der Sicht eines Beobachters (von außen) oder aus der Perspektive des Sportlers (von innen) betrachten. In Analogie zu den beiden Begriffen „Bewegung" (im physikalischen Sinne) und „Motorik" unterscheidet man daher zwischen einem Innen- und Außenaspekt von Bewegungen.

Werden Bewegungen von außen betrachtet **(Außenaspekt von Bewegungen)**, stehen z. B. folgende Fragen im Vordergrund: Wie lässt sich die sportliche Bewegung strukturieren und beschreiben? Welche mechanischen und biologischen Voraussetzungen gibt es? Was ist eine zweckmäßige sportliche Technik? Zur Beantwortung der obigen Fragen dienen Beobachtungen, Bewegungsanalysen, Vergleiche und das Anwenden physikalischer und biologischer Erkenntnisse.

Bei der Untersuchung der internen Bewegungssteuerung **(Innenaspekt von Bewegungen)** ist der Mensch als wahrnehmendes, denkendes und handelndes Wesen Ausgangspunkt folgender Fragestellungen: Welche Prozesse laufen in dem sich bewegenden Sportler ab? Wie werden Bewegungen gelernt, gesteuert und reguliert?

Als Untersuchungsmethoden bei der Betrachtung des Innenaspekts von Bewegungen werden Gesetzmäßigkeiten der Bewegungskoordination, der Neurophysiologie und der Handlungspsychologie herangezogen. Abb. 2.2 fasst die Gegenstände und Methoden von Innen- und Außenaspekt von Bewegungen zusammen.

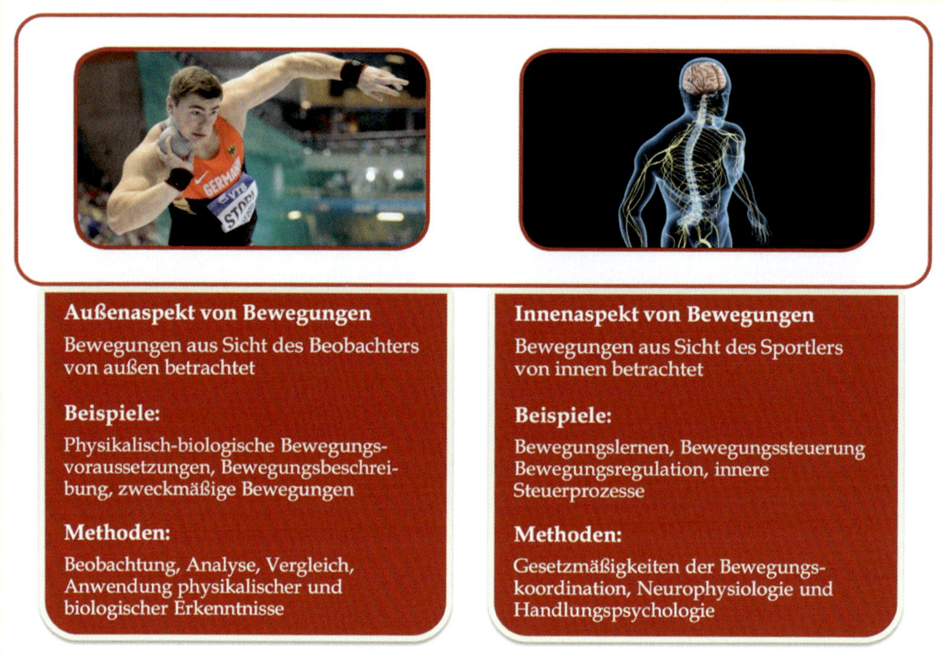

Abb. 2.2: Innen- und Außenaspekt von Bewegungen

KOORDINATIVE FÄHIGKEITEN UND SPORTMOTORISCHE FERTIGKEITEN

Die Begriffe „sportmotorische Fertigkeiten" und „koordinative Fähigkeiten" sind Schlüsselbegriffe der Bewegungslehre. Beide Begriffe stehen in einer engen Wechselbeziehung zueinander. Oliver et al. (2013, S. 146) geben folgende Definitionen ab:

- **Koordinative Fähigkeiten** sind relativ verfestigte, allgemeine koordinative Leistungsvoraussetzungen für die Bewältigung motorischer Aufgaben. **Sportmotorische Fertigkeiten** sind dagegen gelernte Bewegungs- und Koordinationsmuster zur Lösung spezifischer motorischer Aufgaben.

Die koordinativen Fähigkeiten stellen neben den konditionellen Fähigkeiten Kraft, Schnelligkeit, Ausdauer und Beweglichkeit einen zentralen Gegenstandsbereich der Bewegungs- und Trainingslehre dar. Im Vergleich zu den sportmotorischen Fertigkeiten werden die koordinativen Fähigkeiten als stabiler und allgemeiner angesehen. So wird angenommen, dass sich z. B. die Gleichgewichtsfähigkeit positiv auswirkt auf sportmotorische Fertigkeiten beim Turnen oder beim Windsurfen. Hirtz (2014) nennt im Modell der koordinativen Fähigkeiten neben der **Gleichgewichtsfähigkeit** sechs weitere koordinative Fähigkeiten: **Rhythmisierungsfähigkeit, Kopplungsfähigkeit, Reaktionsfähigkeit, Umstellungsfähigkeit, kinästhetische Differenzierungsfähigkeit** und **Orientierungsfähigkeit** (vgl. Kap. 5.2).

Beispiel: Beim Korbleger aus dem Dribbling benötigt der Sportler für das rhythmische Dribbling ein hohes Maß an Rhythmisierungs- und Kopplungsfähigkeit (Wie koordiniere ich Dribbelfrequenz und Fußarbeit?). Erhöht der Basketballer das Tempo und die Entfernung zum Korb, spielt zusätzlich die kinästhetische Differenzierungsfähigkeit (Mit welchem Krafteinsatz führe ich die Bewegung aus?) eine besondere Rolle. Wird der Korbleger unter Gegnerdruck ausgeführt, benötigt ein Spieler auch Reaktions- (Wann ziehe ich durch?), Umstellungs- und Orientierungsfähigkeit (Was mache ich, wenn die Schneise zum Korb plötzlich von einem Gegner versperrt wird?).

Hinsichtlich der Beeinflussbarkeit der koordinativen Fähigkeiten ist sich die Bewegungswissenschaft uneinig. Während Schmidt und Lee (2013) davon ausgehen, dass koordinative Fähigkeiten genetisch angelegt sind und nicht durch Lernprozesse zu beeinflussen sind, geht Hirtz (2014) von einer grundsätzlichen Trainierbarkeit der koordinativen Fähigkeiten aus.

Neumaier (2009) stellt in seinem Koordinations-Anforderungs-Regler-Modell ebenfalls eine Verbindung her zwischen sportmotorischen Fertigkeiten und Koordination (vgl. Kap. 5.2). In seinem **KAR-Modell** werden Bewegungsaufgaben bzw. sportmotorische Fertigkeiten auf bestimmte **Druckbedingungen** (Präzisionsdruck, Zeitdruck, Komplexitätsdruck, Situationsdruck, Belastungsdruck) und **Informationsanforderungen** (optisch, akustisch, taktil, kinästhetisch und vestibulär) analysiert. Durch Veränderung dieser Druckbedingungen und Informationsanforderungen können Bewegungsaufgaben im Lernprozess koordinativ einfacher oder anspruchsvoller gestaltet werden (vgl. Kap. 5.3).

Beispiele:

- Der Komplexitätsdruck wird beim Kugelstoßen im Vergleich zum Laufen hoch sein, da dort viele Teilbewegungen von unteren und oberen Extremitäten optimal aufeinander abgestimmt sein müssen.
- Im Gegensatz zum Sprint wird beim Tempodribbling im Basketball die optische Informationsanforderung wesentlich höher sein, da gegnerische Verteidiger das Dribbling beeinflussen können.
- Im Turnen kann der psychische Belastungsdruck bei Turnbewegungen durch Hilfe- und Sicherheitsstellungen gesenkt werden.

2.2 BETRACHTUNGSWEISEN BEI DER ANALYSE SPORTLICHER BEWEGUNGEN

Bei der Analyse der menschlichen Motorik können unterschiedliche Betrachtungsweisen zur Darstellung von menschlichen Bewegungen und sportartspezifischen Fertigkeiten herangezogen werden. Die Betrachtungsweise kann dabei **biomechanisch, morphologisch, funktional, anatomisch-physiologisch, psychologisch** oder **soziokulturell** sein.

BIOMECHANISCHE BETRACHTUNGSWEISE

▶ Die Biomechanik untersucht Gesetzmäßigkeiten bei der Lageveränderung des Sportlers.

Die **biomechanische Betrachtungsweise** bezieht sich schwerpunktmäßig auf mechanische Gesetze aus der Physik. Dabei werden einerseits Kräfte, Beschleunigungen und Winkelgeschwindigkeiten erfasst, welche im Muskel- und Skelettsystem bzw. bei sportlichen Bewegungen des Rumpfs oder der Extremitäten auftreten (innere Biomechanik). Andererseits werden Kräfte beschrieben, die von außen auf den Menschen einwirken (äußere Biomechanik). Methoden der biomechanischen Bewegungsdarstellung können die Kinematografie (räumlich-zeitliche Darstellung von Bewegungsparametern mithilfe von Bilderfolgen, vgl. Abb. 2.3) und die Dynamografie (Gesamtheit aller Verfahren zur Bestimmung der bei der Bewegung auftretenden Kräfte) sein.

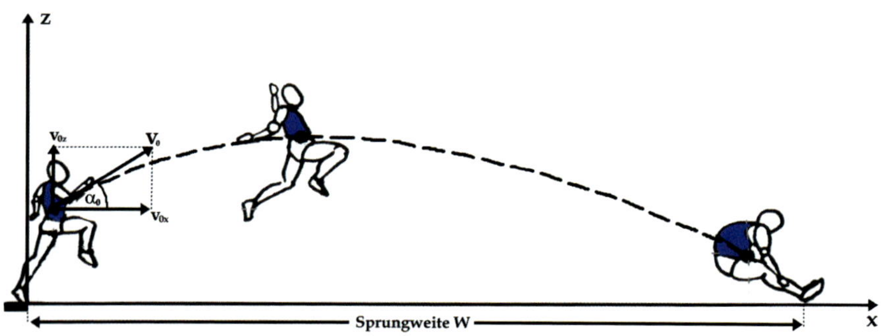

Abb. 2.3: Sprungweite, Teilweiten, Höhen- und Geschwindigkeitsmerkmale im Weitsprung (modifiziert nach Jonath et al., 1995a, S. 105).

> Geben Sie die Bedeutung der in Abb. 2.5 dargestellten Bewegungsparameter an.

In Kap. 3.2 werden zentrale Aspekte einer biomechanischen Bewegungsanalyse dargestellt, deren Kenntnisse wichtige Hinweise für die qualitative und quantitative Beurteilung von Bewegungen liefern.

MORPHOLOGISCHE BETRACHTUNGSWEISE

▶ Eine Bewegung im Sport kann morphologisch nach ihrer Phasenstruktur analysiert werden.

Morphologie ist die Lehre der äußerlich wahrnehmbaren Form oder Gestalt eines Sachverhalts. Die morphologische Betrachtungsweise der Bewegungslehre bezieht sich daher auf den Außenaspekt sportlicher Bewegungen. Bewegungen werden exakt beschrieben, es werden Begründungen und Handlungsanweisen zur Bewegungsausführungen abgegeben und auf der Basis einer Fehleranalyse genaue Korrekturhinweise gegeben. Dabei können die Gesamtbewegung oder Einzelaspekte der Bewegung betrachtet werden (vgl. Abb. 2.4).

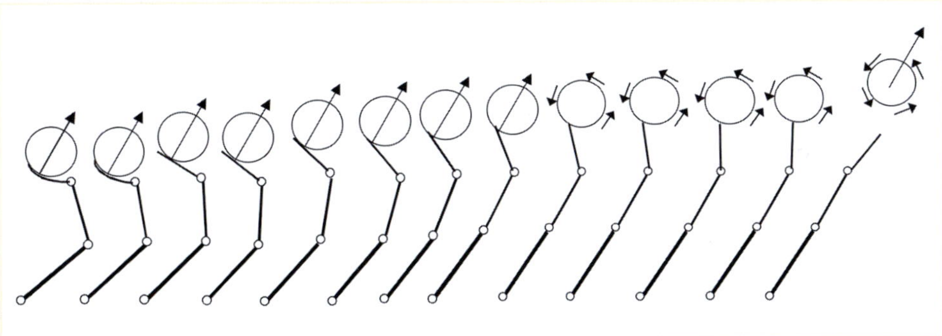

Abb. 2.4: Arm-Hand- und Ball-Hand-Führung beim Positionswurf im Basketball

Der Weitsprung kann morphologisch nach seinem zeitlichen Verlauf in Phasen unterteilt werden. Durch einen maximal schnellen Anlauf wird ein optimaler Absprung vorbereitet. Der Absprung erfolgt nach vorne oben, sodass nach den Gesetzen der Physik eine möglich große Flugweite erzielt werden kann. Am Ende der Flugphase werden Hände und Beine klappmesserartig nach vorne gebracht, um eine optimale Landung zu ermöglichen. Der Ablauf des Weitsprungs weist somit eine dreiphasige Struktur aus Vorbereitungsphase, Hauptphase und Endphase auf (vgl. Abb. 2.5).

Abb. 2.5: Phasenstruktur beim Weitsprung mit der Laufsprungtechnik (modifiziert nach Jonath et al., 1995a, S. 108-109)

Phasenstruktur einer Bewegung

- Welche Bedeutung hat die Vorbereitungsphase für eine sportliche Bewegung?
- Geben Sie Beispiele aus dem Sport an.
- Welche Funktion erfüllt die Endphase einer Bewegungsfertigkeit?
- Wie könnte die Hauptphase einer sportlichen Bewegung definiert werden?
- Kennen Sie sportliche Bewegungen, bei denen es keine dreiphasige Struktur gibt?

Die morphologische Betrachtungsweise ist eine in der Praxis unverzichtbare Komponente der qualitativen Bewegungsbeurteilung. Die morphologische Bewegungsanalyse orientiert sich am Phasenmodell von Meinel und Schnabel (1977) und an morphologischen Bewegungsmerkmalen, auf die in Kap. 3.3 näher eingegangen wird.

FUNKTIONALE BETRACHTUNGSWEISE

▶ Eine sportliche Bewegung kann zur Lösung einer Bewegungsaufgabe dienen und erfüllt somit bestimmte Funktionen, die im **funktionalen Analyseansatz** besonders zur Kategorisierung von Bewegungsverwandtschaften herangezogen werden können.

Bewegungen können **funktional** betrachtet werden, wenn man einer Bewegung und einem Bewegungsverhalten eine Bedeutung zuweist, wobei die zugrunde liegende Absicht entscheidend ist. Bewegungsvollzüge sind demnach immer unter dem Aspekt der Problem- und Aufgabenlösung zu betrachten. Sie erfüllen stets einen bestimmten Zweck und haben eine zielorientierte Funktion (Göhner, 1992, S. 124-125).

Je nach Umgebungsbedingungen, Geräteeigenschaften, Bewegungszielen, Regelbedingungen und Stimmungslage ist ein situationsabhängiges unterschiedliches Bewegungsverhalten zu erwarten. Bei einem verärgerten Sportler kann es aufgrund eines erhöhten Muskeltonus, im Gegensatz zu einem konzentrierten Sportler, zu koordinativen Fehlsteuerungen kommen, die den Bewegungserfolg erheblich einschränken können.

Die funktionale Betrachtungsweise beschäftigt sich darüber hinaus auch damit, Bewegungen zu systematisieren und Bewegungsverwandtschaften zu erkennen. Zum Beispiel kommen Kippbewegungen nicht nur beim Boden-, Reck- oder Barrenturnen vor, sondern treten auch beim Stabhochsprung beim Übergang vom Aufrollen zum Strecken zum Stab auf (vgl. Abb. 2.6).

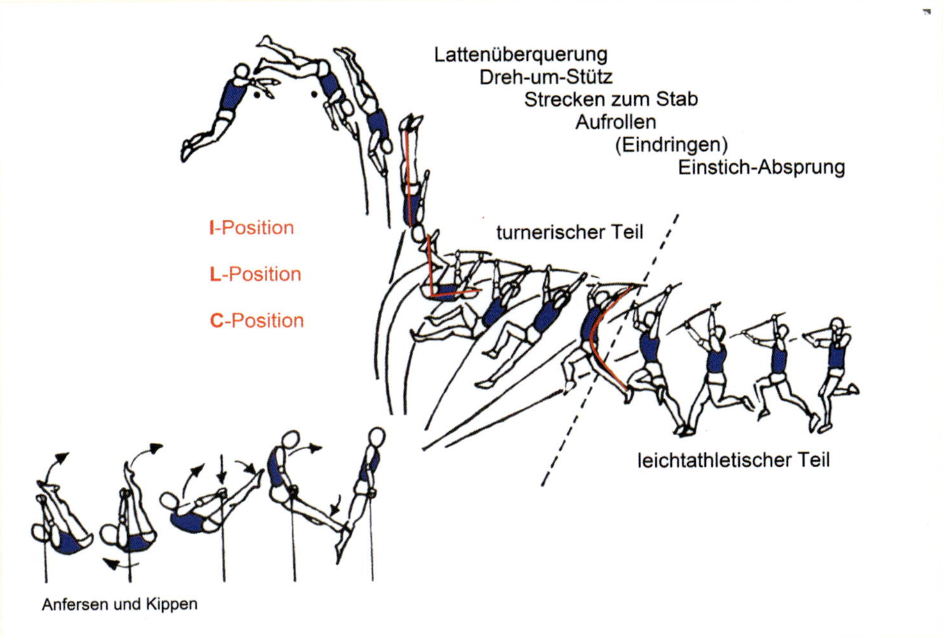

Abb. 2.6: Im turnerischen Teil des Stabhochsprungs erfolgt nach dem Aufrollen beim Strecken zum Stab eine Kippbewegung der Hüfte. Diese Kippbewegung spielt auch bei der Kippe vorlings am Reck eine zentrale Rolle (modifiziert nach Strüder et al., 2013, S. 614).

Kap. 3.4 setzt sich im Rahmen einer funktionalen Betrachtungsweise mit der funktionalen Bewegungsanalyse nach Göhner (1979) auseinander.

ANATOMISCH-PHYSIOLOGISCHE BETRACHTUNGSWEISE

▶ Eine **anatomisch-physiologische Betrachtungsweise** von Sportbewegungen untersucht, inwiefern das neuromuskuläre System für das Funktionieren einer Bewegung verantwortlich gemacht werden kann.

Die **anatomisch-physiologische Betrachtungsweise** untersucht den Einfluss spezieller Muskeln (Anatomie) für das Funktionieren einer Bewegung unter besonderer Berücksichtigung neuromuskulärer Prozesse (Physiologie). Dabei werden Belastungsgrenzen und Maßnahmen zur Vorbeugung von Verletzungen und Unfällen hergeleitet. Diese Betrachtungsweise spielt eine wichtige Rolle in der Prävention von degenerativen Herz-Kreislauf- oder andere Bewegungsmangelerkrankungen. In der Rehabilitation trägt sie zur Optimierung von speziellen Bewegungsprogrammen bei.

Beispiel: Das richtige körpernahe Heben entlastet die Bandscheiben und verringert die Gefahr eines Bandscheinvorfalls, bei dem der Gallertkern auf den Nervenkanal im Rückenmark drückt (vgl. Abb. 2.7).

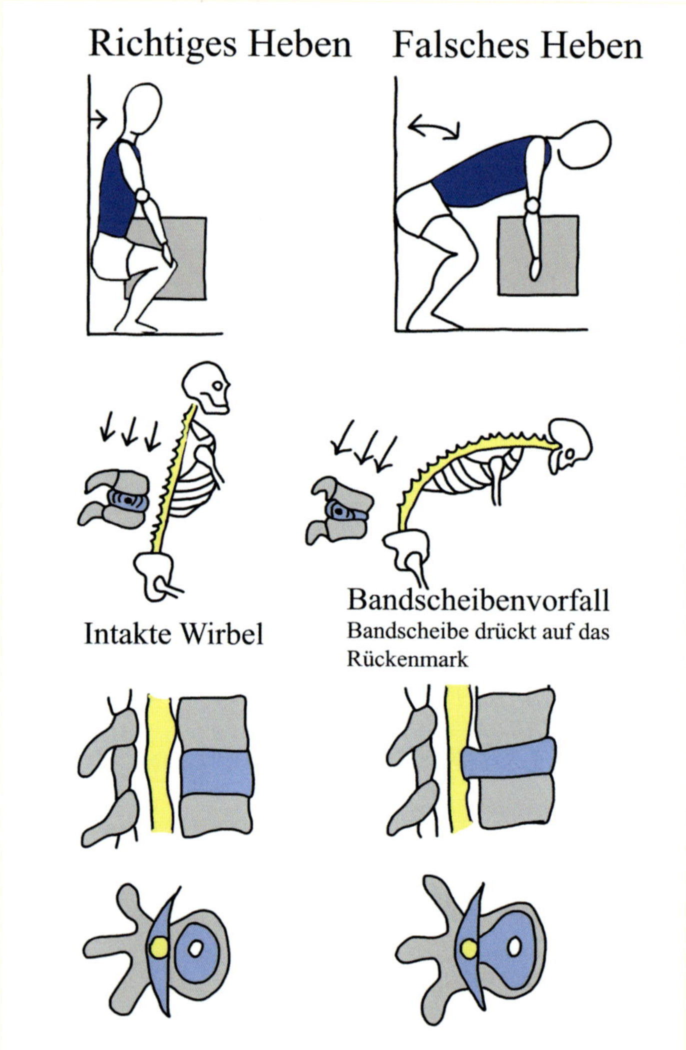

Abb. 2.7: Beispiel für richtiges und falsches Heben und die hieraus resultierenden Bandscheibenfehlbelastungen (modifiziert nach Boeckh-Behrens & Buskies, 2002, S. 255)

GESELLSCHAFTSWISSENSCHAFTLICHE BETRACHTUNGSWEISE

▶ Während eine **psychologische** Bewegungsanalyse ihr Interesse auf psychische Einflussfaktoren richtet, konzentriert sich die **soziokulturelle** Betrachtungsweise auf soziokulturelle Entwicklungen von sportlichen Bewegungen.

Im Zentrum der **psychologischen Betrachtungsweise** stehen psychische Faktoren, die Bewegungen beeinflussen können. Dazu zählen Funktionen wie Bewegungswahrnehmung, Bewegungsempfinden, Bewegungsgedächtnis, Emotion, Kognition und Motivation. Bewegungen lassen aus psychologischer Sicht auch Rückschlüsse zu auf den Charakter und den aktuellen seelischen Zustand einer Person. Zum Beispiel kann sich Unsicherheit in einer geduckten und Selbstsicherheit in einer aufrechten Körperhaltung widerspiegeln. Die Wechselbeziehung zwischen Bewegung bzw. Sport und Psyche findet vor allem in der Therapie psychisch Kranker Anwendung.

Die **soziokulturelle Betrachtungsweise** setzt sich mit der Beeinflussung der Bewegung durch die Gesellschaft auseinander. Die individuelle Bewegung wird hier im Kontext der Umwelt, Erziehung und der ethnischen Herkunft betrachtet. Dabei können geschlechtsspezifische Bewegungsweisen, Veränderungen im Bewegungsverhalten von Kindern und Jugendlichen oder auch Aspekte der interkulturellen Bewegungserziehung diskutiert werden.

2.3 ANWENDUNGSFELDER IN DER SPORTWISSENSCHAFT

Sport ist Bewegung, und diese Bewegungen verlaufen immer zielgerichtet. Dabei spielt es keine Rolle, ob die Bewegung zum Spaß ausgeführt wird oder ob es sich um eine sportliche Höchstleistung handelt. Die Bandbreite der **Analysemöglichkeiten** ist recht umfangreich:

- exakte Bewegungsbeschreibung durch Bilder, Videos, Filme etc.;
- Einteilung einer Bewegung in Teilphasen;
- Untersuchung der Funktionsbedeutung von Bewegungsphasen;
- Erstellen von Qualitätsmerkmalen einer Bewegung;
- Entwickeln zweckmäßiger Bewegungen zur Lösung eines Bewegungsproblems;
- In-Relation-Setzen von biologischen Körpereigenarten und physikalischen Prinzipien;
- Analyse innerer Prozesse der Bewegungskoordination (Nervensystem, Muskulatur);
- Beantwortung von Fragen zum richtigen und fehlerhaften Bewegungslernen;
- Erstellen von Vorschlägen für Lehr-/Lernprozesse.

Aus diesen Analysemöglichkeiten leitet sich eine Reihe von praktischen sportwissenschaftlichen **Anwendungsfeldern** ab, mit denen wir uns im Rahmen der Bewegungslehre auseinandersetzen:

- **Bewegungsanalyse:** Bewegungen können im Rahmen einer Bewegungsanalyse beobachtet, beschrieben und begründet werden, um so zu einer Bewegungsoptimierung beizutragen (vgl. Lektion 3: Wie werden Bewegungen im Sport analysiert?).
- **Motorisches Lernen:** Durch Betrachtung neuromuskulärer Steuerungsprozesse kann das motorische Lernen besser verstanden werden (vgl. Lektion 4: Wie werden Bewegungen vom Körper gesteuert?).
- **Koordinationsschulung:** Druckbedingungen und Informationsanforderungen tragen dazu bei, dass das koordinative Anforderungsniveau einer Bewegungsaufgabe verändert werden kann (vgl. Lektion 5: Welche Bedeutung hat Koordination im Sport?).
- **Lernen und Lehren sportmotorischer Fertigkeiten:** Lernprozesse müssen geplant, strukturiert und an die Bedürfnisse des Lernenden angepasst werden (vgl. Lektion 6: Wie werden Fertigkeiten im Sport gelernt und gelehrt?).
- **Gestaltung und Gestalten von Bewegungen:** Im Prozess der Formgebung von Bewegungen spielt beim Choreografieren und Improvisieren das Variieren und Kombinieren von Bewegungen eine zentrale Rolle (vgl. Lektion 7: Wie werden Bewegungen gestaltet? und Lektion 8: Wie unterscheiden sich im Tanzen Choreografie und Improvisation?).
- **Sportspielvermittlung:** Die Vermittlung großer Spiele ist ein wichtiger Bestandteil der Bewegungslehre, da neben der Spielidee komplexe Spielhandlungen erlernt werden müssen (vgl. Lektion 19: Wie lernt und lehrt man das Spielen im Sport?).

Man erkennt, dass die Bewegungslehre nicht nur im Inhaltsfeld „Bewegungsstruktur und Bewegungslernen" eine zentrale Rolle spielt, sondern auch bei der Bewegungsgestaltung, dem Spielen, Leisten und Wettkämpfen. Selbst im Gesundheitssport besitzt eine ausgeprägte Koordination gerade für ältere Menschen eine wichtige Bedeutung.

2.4 RÜCKBLICK

Grundbegriffe der Bewegungslehre und -wissenschaft

- Mechanisch verstandene **Bewegung** und **Motorik** beschreiben zusammen den Gegenstandsbereich der Bewegungswissenschaft und der Bewegungslehre.
- **Außenaspekt von Bewegung:** Die Bewegungslehre und die Bewegungswissenschaft analysieren sportliche Bewegungen einerseits von außen, z. B. nach biomechanischen Gesetzmäßigkeiten, morphologisch nach ihrem Phasenverlauf oder funktional im Hinblick auf eine optimale Verlaufsform zur Lösung einer Bewegungsaufgabe.
- **Innenaspekt von Bewegung:** Andererseits können Bewegungen von innen betrachtet werden, um besser zu verstehen, wie Bewegungsabläufe gelernt, gefestigt und optimiert werden können.
- **Koordinative Fähigkeiten** beschreiben allgemeine koordinative Leistungsvoraussetzungen für die Bewältigung motorischer Aufgaben.
- Unter **sportmotorischen Fertigkeiten** versteht man dagegen gelernte Bewegungsmuster zur Lösung spezifischer motorischer Aufgaben.
- Durch Verändern von **Druckbedingungen** und **Informationsanforderungen** lassen sich Bewegungsaufgaben im koordinativen Anforderungsniveau verändern.

Betrachtungsweisen bei der Analyse sportlicher Bewegungen

Die Betrachtungsweise bei der Analyse sportlicher Bewegungen kann **biomechanisch, morphologisch, funktional, anatomisch-physiologisch, psychologisch** oder **soziokulturell** sein.

Anwendungsfelder in der Sportwissenschaft

Die **Anwendungsfelder der sportlichen Bewegung** reichen von der Bewegungsanalyse, der Sportmotorik, der sportlichen Koordination über die Bewegungsgestaltung bis hin zum Training der Koordination und Technik sowie bis zur Sportspielvermittlung.

2.5 PRÜFUNGSVORBEREITUNG

Kontrollfragen

1. Geben Sie möglichst viele Disziplinen der Bewegungslehre an.
2. Was ist der Unterschied von Bewegungslehre und Bewegungswissenschaft?
3. Definieren Sie die Begriffe Bewegung und Motorik.
4. Erläutern Sie den Unterschied von Bewegung und Motorik an einem Beispiel.

5. Geben Sie Beispiele für den Außenaspekt von Bewegungen an.
6. Durch welche Methoden kann der Innenaspekt von Bewegungen analysiert werden?
7. Welche Aufgabe hat die Biomechanik?
8. Wie unterscheiden sich morphologische und funktionale Betrachtungsweise?
9. Wie lauten die Druckbedingungen einer Bewegungsaufgabe?
10. Was sind Informationsanforderungen?
11. Nennen Sie Sportanwendungsfelder der sportlichen Bewegung.

Prüfungsaufgaben

Rückstoßtechnik im Kugelstoßen

In der folgenden Bilderreihe wird die Rückstoßtechnik des Kugelstoßes dargestellt.

Abb. 2.8: Bilderfolge zur Rückstoßtechnik beim Kugelstoßen (modifiziert nach Jonath et al., 1995b, S. 62-63)

a) **Beschreiben** Sie die Phasenstruktur (Vorbereitungs-, Haupt- und Endphase) der Rückstoßtechnik und **geben** Sie die Funktion der Teilphasen **an**.

b) **Stellen** Sie die Lehrweise zur Einführung dieser Bewegung unter besonderer Berücksichtigung des Sicherheitsaspektes und der Organisation **dar**.

c) **Untersuchen** Sie die Rückstoßtechnik in Bezug auf die Höhe der Druckbedingungen und die dafür besonders benötigten koordinativen Fähigkeiten.

ING

LEKTION 3
WIE WERDEN BEWEGUNGEN IM SPORT ANALYSIERT?

3.1	ENTSTEHUNG UND OPTIMIERUNG EINER SPORTLICHEN BEWEGUNG	60
3.2	BIOMECHANISCHE BEWEGUNGSANALYSE	65
3.3	MORPHOLOGISCHE BEWEGUNGSANALYSE	83
3.4	FUNKTIONALE BEWEGUNGSANALYSE	89
3.5	RÜCKBLICK	92
3.6	PRÜFUNGSVORBEREITUNG	93

LEKTION 3: WIE WERDEN BEWEGUNGEN IM SPORT ANALYSIERT?

3.1 ENTSTEHUNG UND OPTIMIERUNG EINER SPORTLICHEN BEWEGUNG

▶ Der Ausgangspunkt für eine zweckmäßige Bewegungsfertigkeit ist aus der sportlichen Praxis heraus ein Erprobungsprozess durch Aktive und Trainer. Die Theorie analysiert anschließend diese Bewegung durch Beobachten, Beschreiben und Begründen einer optimalen Verlaufsform und trägt insgesamt durch Rückführung in die sportliche Praxis zu einer Bewegungsoptimierung bei. Aber: Die Theorie kann den Aktiven und Trainern manchen Irrweg ersparen, befreit sie aber nicht vom suchenden Lernen.

Jede sportliche Fertigkeit ist das Produkt eines Sportlers, aber auch der Zusammenarbeit von Sportlern und Trainern. Sie versuchen, gemeinsam eine größere Effektivität in ihrer Disziplin zu erreichen. Dies gilt für alle Sportarten und insbesondere für die Sportarten, die ein großes Repertoire an komplizierten Fertigkeiten beinhalten.

Als **Beispiel** für diese Überlegung könnte der sogenannte *Fosburyflop* in der Leichtathletik angeführt werden. Die Fachwelt wurde bei den Olympischen Spielen 1968 in Mexiko von der hohen Wirksamkeit dieser Hochsprungtechnik überrascht. Der Amerikaner Fosbury übersprang dort 2,24 m und gewann die Goldmedaille. Die Fachwissenschaftler haben die Effektivität des Sprungs ausführlich biomechanisch analysiert (Strüder et al., 2013, S. 557-575 oder Jonath et al., 1995, S. 306-339). Die Ergebnisse lieferten eine Begründung für die Zweckmäßigkeit des Flopsprungs und führten zu einer Verfeinerung der Flopbewegung. Die Folge: Es kam zu einer sprunghaften Leistungssteigerung im Bereich des Hochsprungs (vgl. Abb. 3.1). Die Trainer, Lehrer und Aktiven bedienen sich dieser Entwicklung und versuchen, dadurch ihren Wissenshorizont zu erweitern.

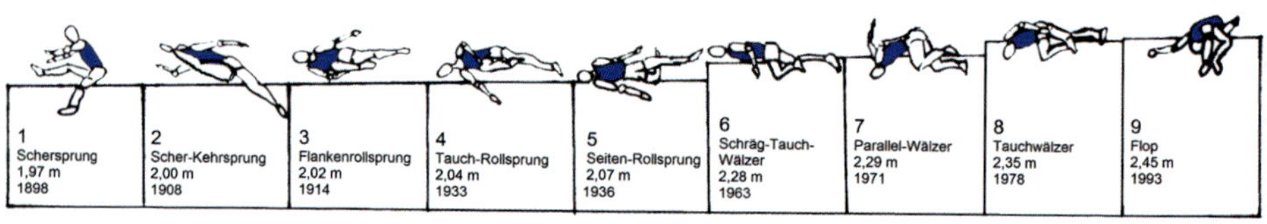

Abb. 3.1: Entwicklung im Hochsprung der Männer (Jonath et al., 1995, S. 244-245)

Wilke (1994, S. 10) beschreibt diese Entwicklung als ein „Wechselverhältnis von theoretisierender Praxis und praktizierender Theorie im Sport". Dieses Wechselverhältnis böte einerseits den planerischen Ansatz zur Weiterentwicklung einer Bewegungsfertigkeit, andererseits diene es dem Sportler dazu, sein gesamtes Bewegungshandeln unter diesen Orientierungslinien zu überprüfen und zu verändern. Der Entwicklungsprozess einer Bewegungsfertigkeit von der Praxis zur Theorie und zurück zur Praxis kann durch drei Säulen veranschaulicht werden (vgl. Abb. 3.2).

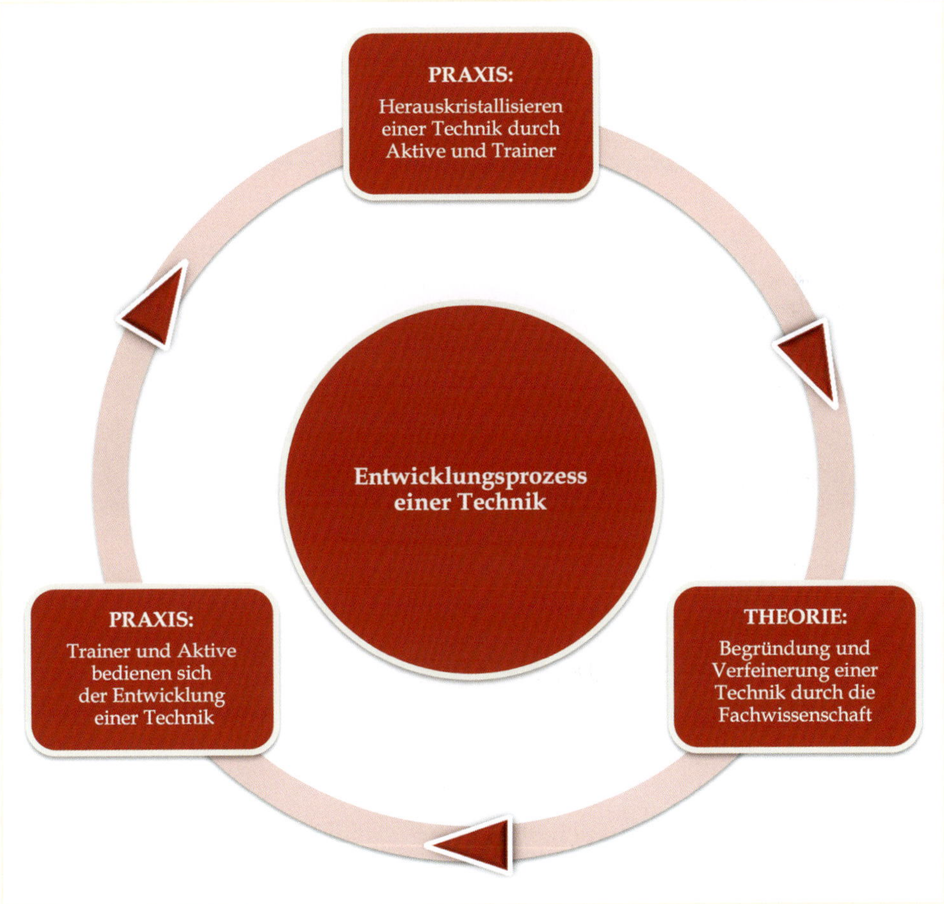

Abb. 3.2: Entwicklungsprozess einer Bewegungsfertigkeit (Meyer, 2000, S. 7)

Die erste Säule steht für das Herauskristallisieren einer Bewegungsfertigkeit durch die Sportler, Trainer und Lehrer. Die zweite Säule beinhaltet die Begründung und die Verfeinerung eines Bewegungsablaufs durch die Fachwissenschaft. Durch die dritte Säule soll repräsentiert werden, dass sich die an der Sache arbeitenden Akteure der Verfeinerung einer Bewegungsfertigkeit bedienen, indem sie den durch die Fachwissenschaft präzise beschriebenen und begründeten Bewegungsablauf in die Praxis umsetzen. Dieser Entwicklungsprozess setzt sich nun spiralförmig nach oben fort, sodass die Bewegungsfertigkeit bei jedem „Durchlauf" der drei Säulen ein höheres Niveau erreicht. Es ist denkbar, dass dieser Prozess nach endlich vielen „Durchläufen" endet und in einem „optimalen" Bewegungsablauf mündet.

*Abb. 3.3: Die vier **B**-Aspekte zur Vervollkommnung einer Bewegung: **B**eobachten, **B**eschreiben und **B**egründen der jeweiligen Bewegungsfertigkeit, bevor die **B**ewegungsoptimierung stattfindet (angelehnt an Nitsch, 1994, aus Meyer, 2000, S. 8).*

Soll eine Technik optimiert werden, muss diese zunächst genau beobachtet werden. Dabei kann eine beobachtende Analyse helfen, „Inhalte eines Bewegungsablaufs möglichst umfassend bzw. hinreichend genau ermitteln zu können" (Göhner, 1987, S. 21). Doch eine exakte Beobachtung und eine anschließende Beschreibung der Bewegung reicht nicht aus, um die entsprechende Fertigkeit zu optimieren. Dazu bedarf es einer Optimierungsanalyse, die sich „auf die Beschreibung und Erklärung jener Verlaufsformen" richtet, die „die besten Leistungen erwarten lassen" (Göhner, 1987, S. 21). Zur Optimierung einer Bewegungsfertigkeit muss eine Bewegung zuerst präzise **b**eobachtet, dann genau **b**eschrieben und die optimale Verlaufsform schließlich exakt **b**egründet werden (**B**-Aspekte zur Optimierung einer Bewegung, vgl. Abb. 3.3).

Als ein klassisches **Beispiel** ist in diesem Zusammenhang die Anwendung des hydrodynamischen Lifts im Kraulschwimmen zu nennen (vgl. Abb. 3.4). Counsilman (1982) ordnet dabei dem räumlichen Verlauf des Armzugs und der Handposition unter Wasser bestimmte Funktionen zu, die durch physikalische Gesetzmäßigkeiten begründet werden. Aufgrund dieser Zuordnung kann Counsilman (1982) dann bestimmte Raumbahnen (s-förmiger Unterwasserzug) und bestimmte Handgelenkpositionen als besonders antriebsgünstig herausstellen. Zu Beginn des Optimierungsprozesses der Kraulbewegung stand ein genaues Beobachten und Beschreiben einer Schwimmbewegung, die durch probierende Auseinandersetzung mit dem Wasser entstanden ist. Erst im Anschluss wurde auf der Basis biomechanischer Überlegungen eine Vervollkommnung der Kraulbewegung erreicht.

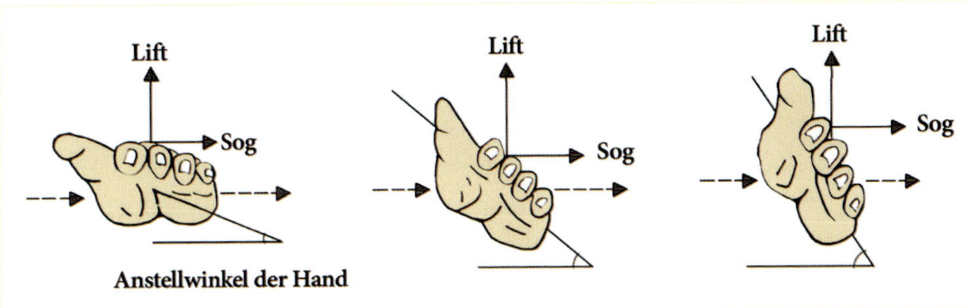

Abb. 3.4: Ansicht der Handkanten des Schwimmers: Die Wechselwirkung von Lift- und Sogkraft bei drei unterschiedlichen Anstellwinkeln der Hand (IQ-3.1). Ein Anstellwinkel von ca. 36° hat sich als optimal herausgestellt (modifiziert nach Wilke, 1994, S. 29).

Eine Optimierungsanalyse kann mit unterschiedlichen wissenschaftlichen Ansätzen und Verfahren durchgeführt werden. In der Biomechanik wird modelltheoretisch und empirisch-analytisch gearbeitet, wobei technologisch hochwertige Messverfahren eingesetzt werden. Die Vervollkommnung einer Bewegung kann, wie bei den Überlegungen zum hydrodynamischen Lift, durch theoriegeleitete Interpretationen oder Plausibilitätsbetrachtungen, auf der Grundlage biomathematischer Modellbildung oder unter Anwendung biomechanischer Messmethoden, erfolgen.

Dabei ist jedoch zu bedenken, dass „sowohl fortschreitende Einsicht in sportmotorische Zusammenhänge als auch differenzierende Wahrnehmung von Bewegungen nicht unabhängig vom Ausprägungsgrad eigener motorischer Erfahrung gesehen werden können" (Wilke, 1994, S. 10). Allerdings ersparen Ergebnisse sportwissenschaftlicher Arbeiten dem Sportler bei der Suche nach einer für ihn optimalen Bewegung manchen Irrweg. Trotz nachlesbarer Erkenntnisse soll man zusätzlich im „suchenden Lernen" (Wilke, 1994, S. 10) andere Bewegungsmuster erproben, denn

- die verfügbaren sportwissenschaftlichen Erkenntnisse reichen noch nicht aus, um einen komplexen Bewegungsablauf vollständig zu erfassen und insgesamt in Bewegungsanleitungen umzusetzen;
- die motorische Lernfähigkeit ist insofern beschränkt, als sie die gleichzeitige Aufnahme und Anwendung aller bis jetzt schon bekannten Technikmerkmale nicht zulässt;
- das unterschiedliche körperlich-nervliche Bedingungsgefüge jedes einzelnen Sportlers verlangt individuelle Größenveränderungen der verschiedenen Technikmerkmale.

In dem dargestellten Entstehungs- und Optimierungsprozess nehmen Bewegungsanalysen eine zentrale Rolle ein. Nach Oliver et al. (2013, S. 23) versteht man unter einer **Bewegungsanalyse** im Sport:

▶ Die **Bewegungsanalyse** zerlegt sportliche Bewegungen in Bestandteile und untersucht deren Beziehungen.

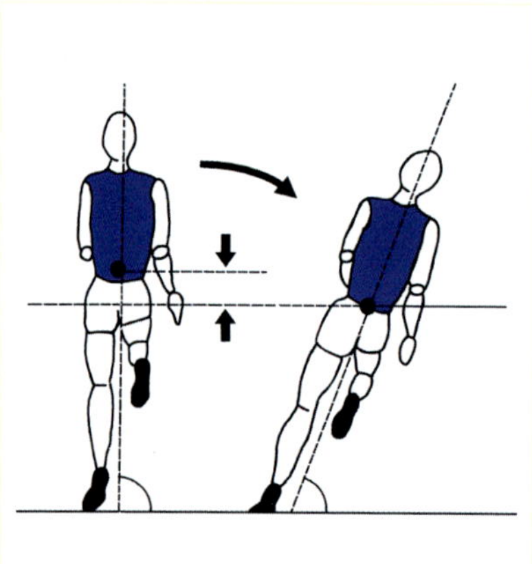

Abb. 3.5: KSP-Absenkung durch Innenlage im Anlauf ermöglicht einen längeren Beschleunigungsweg zum Absprung hin (modifiziert nach Strüder et al., 2013, S. 561).

Beispiel: Beim Flopsprung erfolgt eine Unterteilung in eine Anlauf-, Absprung-, Flug- und Landungsphase. Dabei hat z. B. eine Absenkung des Körperschwerpunkts durch eine Körperinnenlage vor dem Absprung die Funktion, den Beschleunigungsweg zum Absprung zu verlängern. Dies bedeutet gleichzeitig, dass ein bogenförmiger Anlauf günstiger zu sein scheint als ein geradliniger (vgl. Abb. 3.5).

In Abhängigkeit von der Zielstellung oder der zugrunde liegenden wissenschaftlichen Disziplin können höchst unterschiedliche Analysen von Bewegungen durchgeführt werden. Im Folgenden werden drei Hauptansätze dargestellt:

1. biomechanische Bewegungsanalyse (Kap. 3.2);
2. morphologische Bewegungsanalyse (Kap. 3.3);
3. funktionale Bewegungsanalyse (Kap. 3.4).

3.2 BIOMECHANISCHE BEWEGUNGSANALYSE

▶ Die **Biomechanik** des Sports ist die wissenschaftliche Disziplin, die die sportliche Bewegung unter Verwendung von Begriffen, Methoden und Gesetzmäßigkeiten der Mechanik beschreibt und erklärt (Ballreich, 1988, S. 2).

Der Begriff **Biomechanik** setzt sich zusammen aus „Bios" (griechisch: Leben) und „Mechanik" als Teildisziplin der Physik. Kurz: Die Biomechanik im Sport befasst sich mit mechanischen Aspekten lebender Systeme im Sport.

Beispiel: Die Biomechanik hat im Bereich des Hochsprungs dazu beigetragen, dass die Hochsprungtechnik sich immer weiter verfeinert hat. So lässt sich feststellen, dass die Technik der Weltklassespringer zwischen den beiden Polen Speed- und Powerflop liegt (vgl. Tab. 3.1). In allen Technikvarianten des Flopsprungs wird besonders aus gesundheitlicher Sicht gefordert, dass der Absprungfuß in Laufrichtung aufgesetzt wird, da es sonst – wie beim Hochspringer Eike Onnen geschehen – zu Torsionsverletzungen wie Fußbrüchen kommen kann (vgl. Strüder et al., 2013, S. 563).

Tab. 3.1: Unterschiede zwischen Speed- und Powerflop (aus Strüder et al., 2013, S. 562)

Parameter	Speedflop	Powerflop
Körperbau	Kleiner und leichter	Größer und schwerer
Anlauflänge	Eher länger	Eher kürzer
Anlaufgeschwindigkeit	Höher	Geringer
Kurvenradius	Größer	Kleiner
KSP-Absenkung vor dem Absprung	Geringer	Größer
Abstand Absprungfuß von der Latte	Größer	Kleiner
Bodenkontaktzeit beim Absprung	Kürzer	Länger
Minimaler Kniegelenkwinkel	Größer	Kleiner
Einsatz der Schwungelemente	Enger	Weiträumiger
Absprungwinkel	Flacher	Steiler

BIOMECHANISCHE MERKMALE

▶ Die **Biomechanik** beschreibt Orts-, Geschwindigkeits- und Beschleunigungsveränderungen der bewegten Masse im Raum (Kinematik) und untersucht auf der Basis der Newton-Axiome die Wirkung von Kräften (Dynamik).

Die Mechanik in der Physik kann unterteilt werden in die Kinematik und in die Dynamik. Während sich die **Kinematik** mit räumlich-zeitlichen Bewegungsmerkmalen auseinandersetzt, untersucht die **Dynamik** die Kräfte, die als Ursache für jede Änderung des Bewegungszustandes anzusehen sind. Die **Dynamik** kann weiter ausdifferenziert werden in **Kinetik** und **Statik**. Die **Kinetik** betrachtet Kräfte, die zu Ortsveränderungen führen. Die **Statik** befasst sich mit ruhenden Körpern, bei denen sich die einwirkenden Kräfte im Gleichgewicht befinden.

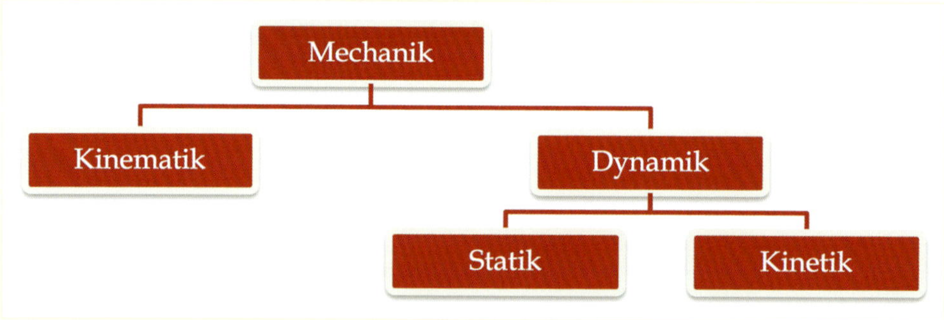

Abb. 3.6: Die Unterkategorien der Mechanik

Sowohl in der Kinematik als auch in der Dynamik werden zwei Arten der Fortbewegung unterschieden: **Translations- und Rotationsbewegungen**.

▶ **Translationsbewegungen** (Linearbewegungen) sind linear fortschreitende Bewegungen. **Rotationsbewegungen** beschreiben Drehbewegungen eines Körpers.

Beispiele:

- Ein Skifahrer fährt linear fortschreitend (translatorisch) den Hang hinunter.
- Felge aus dem Stütz in den Handstand: Beim Felgen erfolgt zuerst eine Rotationsbewegung rückwärts und dann eine Translationsbewegung in den Handstand (Abb. 3.7).
- Beim Turmspringen mit Schrauben- und Saltobewegungen werden Translations- und Rotationsbewegungen kombiniert.

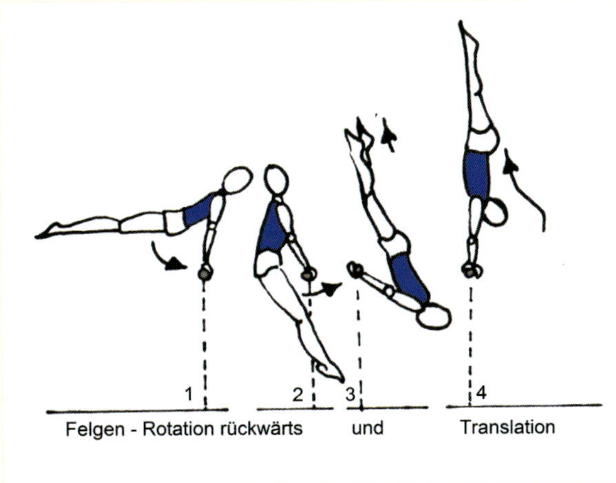

Abb. 3.7: Bei der Felge aus dem Stütz in den Handstand erfolgt beim Felgen erst eine Rotationsbewegung rückwärts und dann eine Translationsbewegung in den Handstand (modifiziert nach Gerling, 2011, S. 229).

In der folgenden Tab. 3.2 werden die mechanischen Größen von Translations- und Rotationsbewegungen mit den dazugehörigen Einheiten und Zeichen dargestellt.

Tab. 3.2: Kinematische und dynamische Größen im Überblick

Kinematische Merkmale bei Translationsbewegungen			Kinematische Merkmale bei Rotationsbewegungen		
Merkmal	Zeichen/Formel	Einheit	Merkmal	Zeichen/Formel	Einheit
Länge	s	m	Winkel	φ	°
Geschwindigkeit	$v = \frac{s}{t}$	$\frac{m}{s}$	W-geschwindigkeit	$\omega = \frac{\varphi}{t}$	$\frac{°}{s}$
Beschleunigung	$a = \frac{v}{t}$	$\frac{m}{s^2}$	W-beschleunigung	$a = \frac{\omega}{t}$	$\frac{°}{s^2}$
Dynamische Merkmale bei Translationsbewegungen			**Dynamische Merkmale bei Rotationsbewegungen**		
Merkmal	Zeichen/Formel	Einheit	Merkmal	Zeichen/Formel	Einheit
Masse	m	kg	Drehwiderstand	$J = m \cdot r^2$	$kg \cdot m^2$
Kraft	$F = m \cdot a$	N	Drehmoment	$M = F \cdot r$	N m
Impuls	$p = m \cdot v$	kg	Drehimpuls	$L = J \cdot \omega$	$\frac{kg \cdot m^2}{s}$
Kraftstoß	$\Delta p = m \cdot \Delta v = \Delta F \cdot \Delta t$	N s	Drehmomentenstoß	$\Delta L = J \cdot \Delta\omega = \Delta M \cdot \Delta t$	$N \cdot m \cdot s$

Translation und Rotation

Grundbegriffe der Biomechanik

Körperschwerpunkt

Detaillierte Informationen zur Bedeutung biomechanischer Merkmale für sportliche Bewegungen sind unter Zusatzinformationsmaterial ab S. 578 per QR-Code erreichbar.

BIOMECHANISCHE PRINZIPIEN

Die zur Lösung einer Bewegungsaufgabe eingesetzten sportlichen Techniken können danach bewertet werden, wie zweckmäßig sie zur Erreichung des Bewegungsziels sind. Will ein Basketballer einen Freiwurf versenken, sollte er nach Einnahme der Grundstellung Ausholbewegungen (Gegenbewegungen durch Beugen der Arme und Beine) möglichst unterdrücken, um einen zielgenauen Abwurf zu ermöglichen (vgl. Kritikos & Meyer, 2004).

Dagegen wird ein Speerwerfer den Speer möglichst weit zurückführen, um den Beschleunigungsweg im Hinblick auf eine möglichst hohe Abfluggeschwindigkeit zu erhöhen. Die biomechanische Zweckmäßigkeit einer sportlichen Technik kann mithilfe von grundlegenden Gesetzmäßigkeiten und Erkenntnissen bewertet werden. In den obigen Beispielen beeinflusst die Zielsetzung der Aufgabe (Zielgenauigkeit beim Freiwurf versus maximale Abfluggeschwindigkeit beim Speerwurf) die Gestaltung des Beschleunigungswegs.

▶ Sportartunspezifische allgemeingültige Erkenntnisse und Gesetzmäßigkeiten, die zur Bewertung der biomechanischen Zweckmäßigkeit einer sportlichen Technik herangezogen werden, heißen **biomechanische Prinzipien**.

Neben biomechanischen Prinzipien können auch die Technikleitbilder von Spitzensportlern, die Lernzeit zum Aneignen der sportlichen Technik und die Belastungsverträglichkeit als Kriterien für die Zweckmäßigkeit einer sportlichen Technik herangezogen werden (Wick, 2013, S. 137). Eine zweckdienliche Technik im Sport muss stets auch individuelle biomechanische Voraussetzungen und Eigenschaften (Größe, Hebel- und Kraftverhältnisse) berücksichtigen.

▶ **Merksatz:** Eine sportliche Technik kann nur dann optimal sein, wenn sie aus biomechanischer Sicht zweckmäßig ist und gleichzeitig das Niveau der individuellen biomechanischen Voraussetzungen und Eigenschaften möglichst hoch ist.

In Anlehnung an Hochmuth (1981), Wick (2013) und Oliver et al. (2013) lassen sich sieben biomechanische Prinzipien nennen, die seit der Einführung durch Hochmuth 1967 heftig diskutiert und bis 1981 dahin gehend modifiziert wurden, dass ihre Aussagen sich nur auf bestimmte Gruppen strukturverwandter Bewegungsabläufe oder Zielstellungen beziehen:

1. Prinzip des optimalen Beschleunigungswegs,
2. Prinzip der optimalen Tendenz im Beschleunigungsverlauf,
3. Prinzip der Anfangskraft,
4. Prinzip der zeitlichen und räumlichen Koordination von Einzelimpulsen,
5. Prinzip der Impulserhaltung,
6. Prinzip der Gegenwirkung sowie
7. Prinzip der Kinetion und Modulation.

(1) Prinzip des optimalen Beschleunigungswegs

▶ Das **Prinzip des optimalen Beschleunigungswegs** beschreibt die optimale Länge des Beschleunigungswegs in Abhängigkeit von den Winkelstellungen der Körperteile und den zeitlichen Bedingungen der jeweiligen sportlichen Bewegung, mit dem Ziel, eine maximale Endgeschwindigkeit zu erreichen. Der geometrische Verlauf des Beschleunigungswegs sollte **geradlinig** (z. B. Rückstoßtechnik im Kugelstoßen, Anlauf im Weitsprung) oder **stetig gekrümmt** bzw. **kreisförmig** (z. B. Hammerwurf, Drehstoßtechnik im Kugelstoßen) sein.

Beim Kugelstoßen mit der Rückstoßtechnik unterstützt der geradlinige Beschleunigungsweg – im Gegensatz zu Hoch-tief-Bewegungen bei Anfängern – eine möglichst hohe Abfluggeschwindigkeit der Kugel. Im Gegensatz dazu bewegt sich der Hammer beim Hammerwurf während der drei Umdrehungen auf einem stetig gekrümmten, spiralförmigen Beschleunigungsweg.

▶ Zur **Optimierung des Beschleunigungswegs** können folgende sportliche Verhaltensweisen beitragen:

- **Anlauf** (z. B. beim Weitsprung);
- **KSP-Senkung** (z. B. beim Kugelstoßen oder beim Kniebeugen im Gewichtheben);
- **Verwringung** (z. B. beim Diskuswurf läuft die Schulterachse der Hüftachse voraus);
- **Bogenspannung** (z. B. beim Speerwurf und Handballwurf, vgl. Abb. 3.8).

Abb. 3.8: Eine Bogenspannung des Körpers liefert eine wichtige Vorspannung für den anschließenden Wurf bzw. Stoß, da durch die Auflösung der Bogenspannung die Abwurfgeschwindigkeit maximiert wird (Prinzip der Anfangskraft) (links: modifiziert nach Strüder et al., 2013, S. 658).

Allerdings muss die Ausholbewegung und damit der Beschleunigungsweg nicht maximal sein, wie das Beispiel des Strecksprungs zeigt. Eine zu starke Beugestellung verhindert einen optimalen Vordehnungsgrad des vierköpfigen Schenkelstreckers (M. quadriceps femoris) und damit die optimale Überlappung der kontraktilen Filamente Aktin und Myosin (vgl. Kap. 4.2 und Abb. 3.9).

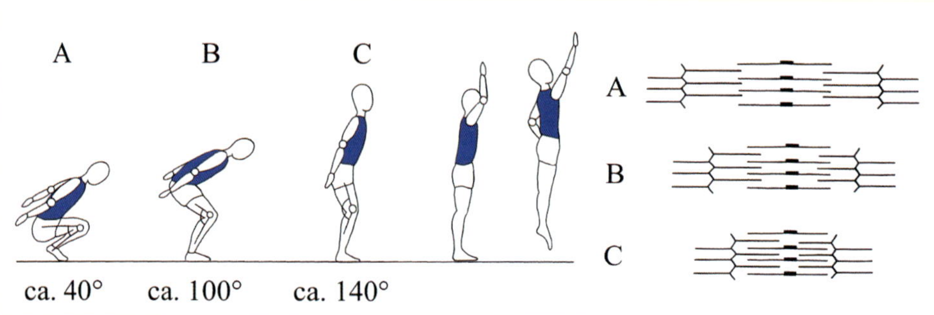

Abb. 3.9: Durchführung eines Strecksprungs bei unterschiedlichen Kniebeugewinkeln mit korrespondierenden Überlappungszuständen der kontraktilen Filamente Myosin und Aktin des Oberschenkelstreckers (modifiziert nach Weineck et al., 2009, S. 62)

Darüber hinaus liegen bei einer sehr niedrigen Winkelstellung **ungünstige Hebelverhältnisse** vor (vgl. Abb. 3.10). Der Winkel zwischen Fuß und Unterschenkel, Unterschenkel und Oberschenkel sowie Oberschenkel und Rumpf wird so klein, dass z. B. die Drehachse des Kniegelenks wesentlich weiter von der Schwerkraftlinie entfernt liegt als bei größeren Winkelstellungen. Deshalb sind bei einer tiefen Ausgangsstellung für eine gleich große, senkrecht nach oben gerichtete Beschleunigungskraft größere Zugspannungen in der beteiligten Muskulatur notwendig als bei einer höheren Ausgangsposition.

Abb. 3.10: Ungünstigere Hebelverhältnisse bei einer niedrigeren Ausgangsstellung durch Vergrößern der Lastarme in Bezug auf das Kniegelenk und die Schwerkraftlinie: Bei einer tieferen Stellung müssen größere Zugspannungen für einen Sprung senkrecht nach oben aufgewendet werden (modifiziert nach Weineck et al., 2009, S. 62).

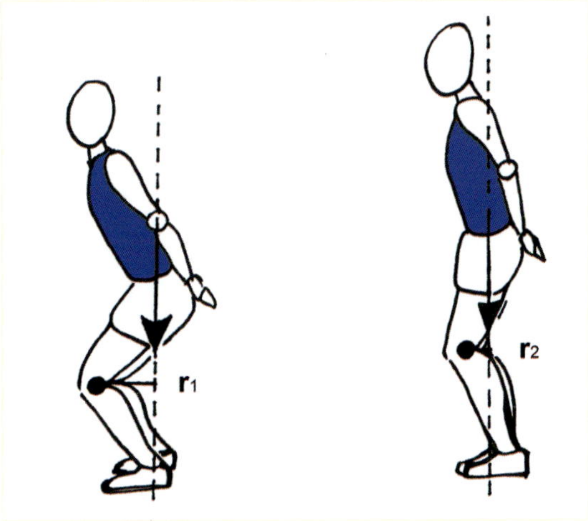

Dies hat zur Folge, dass die Beschleunigungskräfte trotz des längeren Beschleunigungsverlaufs zu stark abnehmen und es insgesamt zu einer geringeren Endgeschwindigkeit kommt.

▶ **Merksatz:** Ein optimal langer Beschleunigungsweg ist nicht zwangsläufig ein maximal langer Weg der Beschleunigung.

(2) Prinzip der optimalen Tendenz im Beschleunigungsverlauf

▶ Das **Prinzip der optimalen Tendenz im Beschleunigungsverlauf** beschreibt verschiedene Beschleunigungs-Zeit-Verläufe für unterschiedliche Zielstellungen der sportlichen Bewegung. Dabei unterscheidet man zwischen sportlichen Bewegungen mit **abfallender** (z. B. Boxschlag, Fechtstoß, Tischtennisschlag) und **ansteigender Beschleunigungstendenz** (z. B. Würfe, Sprünge, Stöße). Erstere benötigen den maximalen Kraftstoß zu Beginn, Letztere am Ende des Beschleunigungswegs.

Soll ein Beschleunigungsweg in kürzester Zeit zurückgelegt werden, müssen die größten Beschleunigungskräfte zu Beginn der sportlichen Bewegung wirksam sein. Eine **abfallende Tendenz im Beschleunigungsverlauf** hat man bei sportlichen Bewegungen im Boxen, Fechten, Karate, aber auch beim Schlagen im Tennis und Tischtennis. Bei der „Geraden" im Boxen kommt es zwar auch darauf an, dass die Faust mit ihrer Masse im Ziel eine möglichst große Geschwindigkeit erreicht, um eine entsprechende Wirkung zu erzielen. Wichtiger ist hier allerdings vor allem auch die Zeitdauer des Schlags, die möglichst gering gehalten werden muss, um dem Gegner ein Ausweichen unmöglich zu machen.

Soll bei einem vorgegebenen Beschleunigungsweg die höchste Endgeschwindigkeit erreicht werden, müssen die größten Beschleunigungskräfte erst am Ende wirken. Eine

ansteigende Tendenz im Beschleunigungsverlauf einer sportlichen Bewegung beobachtet man bei allen Würfen, Sprüngen und Stößen in der Leichtathletik, aber auch bei Würfen im Basketball und Handball.

Der Unterschied in der Tendenz im Beschleunigungsverlauf kann sehr gut auch am 100-m-Sprint und am Anlauf beim Weitsprung verdeutlicht werden. Während beim 100-m-Sprint vom Start an eine maximale Beschleunigung mit abnehmender Tendenz vorliegt, ist dies beim Anlauf im Weitsprung gerade umgekehrt.

(3) Prinzip der Anfangskraft

▶ Bei einer Beuge- und Streckbewegung mit sofortiger Bewegungsumkehr ist durch das Abbremsen der Beugebewegung zu Beginn der Streckbewegung eine positive **Anfangskraft** für die Beschleunigung vorhanden (z. B. Rückführung des Speers bei direkter Bewegungsumkehr).

Eine Bewegung, mit der eine hohe Endgeschwindigkeit erreicht werden soll, muss durch eine entgegengesetzte Bewegung **(Ausholbewegungen)** eingeleitet werden. Durch das Abbremsen der Gegenbewegung ist bereits zu Beginn der Zielbewegung eine Kraft für den nachfolgenden Beschleunigungsverlauf vorhanden, wenn der Übergang fließend ohne Unterbrechung erfolgt. Der Kraftstoß wird insgesamt größer.

Beispiel: Beim Speerwurf unterstützt das Zurücknehmen des Speers und die anschließende fließende Abwurfbewegung das Erreichen einer maximalen Endgeschwindigkeit.

Bei sportlichen Bewegungen, wie dem Freiwurf im Basketball oder dem Dartswurf, bei denen keine maximale Endgeschwindigkeit erreicht werden muss, kann es zwecks Zielgenauigkeit zu einer Unterdrückung der Ausholbewegungen kommen (vgl. Prinzip der Kinetion und Modulation).

▶ **Merksatz:** Ein Strecksprung mit optimaler Ausholbewegung der Beine wird bei sonst gleicher Bewegungsausführung eine bessere Sprunghöhe erzielen als ein Strecksprung ohne Auftaktbewegung.

Am **Beispiel** des sogenannten **Counter Movement Jumps (CMJ)**, der zur Überprüfung der konzentrischen Sprungkraft eingesetzt wird, soll das Prinzip der Anfangskraft erläutert werden. Bei dieser Sprungbewegung springt der Sportler nach einer Ausholbewegung in den Beinen ohne Armeinsatz (die Hände befinden sich auf dem Rücken) senkrecht nach oben.

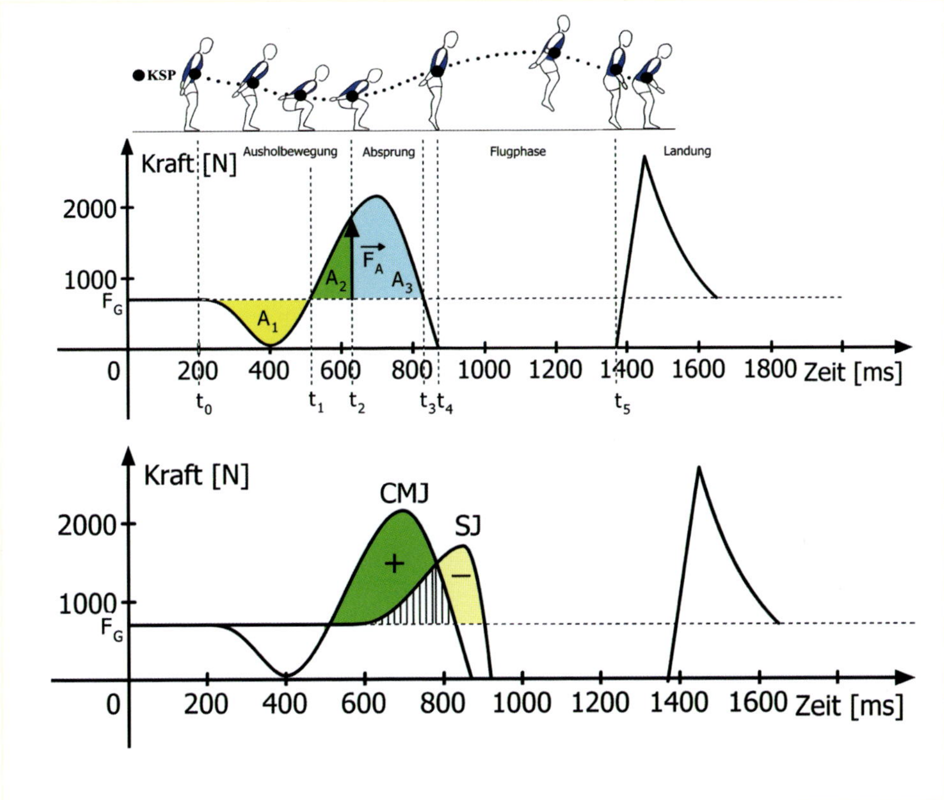

Abb. 3.11: Oben: Kraft-Zeit-Kurve beim Counter Movement Jump: Der negative, nach unten gerichtete Kraftstoß A_1 bei der Ausholbewegung der Beine erzeugt durch den nach oben gerichteten Bremsstoß A_2 eine Vorspannung und eine damit verbundene Anfangskraft F_A, die bei fließendem Übergang von der Beuge- zur Streckbewegung den Beschleunigungsstoß A_3 und damit die Sprungkraft unterstützt. Unten: Die positive Kraftstoßbilanz ist beim CMJ aufgrund des Bremskraftstoßes deutlich höher als beim SJ. Dabei ist F_G die Gewichtskraft des Sportlers (modifiziert nach Weineck et al., 2009, S. 64-65)

Mithilfe des Kraft-Zeit-Verlaufs kann der Kraftstoß als Fläche unterhalb der **Kraft-Zeit-Kurve** bestimmt werden. Je größer der Flächeninhalt ist, desto größer ist der Kraftstoß bzw. die Absprunggeschwindigkeit. Um den Kraft-Zeit-Verlauf bestimmen zu können, führt der Sportler den Bewegungsablauf auf einer Kraftmessplatte oder einer einfachen Personenwaage aus. Dabei kommt es durch das Absenken des KSP zunächst zu einer Druckentlastung der Kraftmessplatte, da die Stützkraft abfällt. Es ergibt sich, bezogen auf die Gewichtskraft, ein negativer Kraftstoß A_1. Die Ausholbewegung des Sprungs wird nun vom Zeitpunkt t_1 bis t_2 durch nach oben gerichtete Muskelkräfte abgebremst.

Es entsteht ein positiver, nach oben gerichteter Bremskraftstoß A_2, der betragsmäßig genauso groß ist wie der nach unten gerichtete negative Kraftstoß A_1. Damit existiert in der tiefsten Lage des KSP bereits eine positive, nach oben gerichtete Anfangskraft F_A. Bei guter Bewegungsausführung und einem fließenden Übergang von Ausholbewegung zur Streckbewegung steigt die Kraft-Zeit-Kurve weiter an, was zu einer größeren Absprunggeschwindigkeit, verbunden mit einer größeren Sprunghöhe, führt. Die Fläche A_3, welche die Kraft-Zeit-Kurve und die Gerade $y = F_G$ (Gewichtslinie) einschließt, entspricht dem Beschleunigungsstoß der Bewegung.

Ohne Ausholbewegung der Beine wäre die Anfangskraft F_A null. Es würde in diesem Fall keine zusätzliche Unterstützung der Absprunggeschwindigkeit und eine damit verbundene Sprunghöhe stattfinden. Einen Strecksprung ohne Ausholbewegungen nennt man **Squat Jump (SJ)**. Abb. 3.11 stellt die Kraft-Zeit-Kurven des CMJ und SJ im Vergleich dar.

Für die optimale Ausführung eines CMJ soll der Sportler zwar eine große Anfangskraft entwickeln. Er soll jedoch nicht schon beim Abbremsen, sondern erst in der Absprungphase sein Kraftmaximum einsetzen. Die Größe der Anfangskraft ist für jeden Sportler optimal zu gestalten, nicht maximal. Ob die Gegenbewegung, das Beugen, sehr weit oder weniger weit ausgeführt wird, ist von der Leistungsfähigkeit des Sportlers abhängig.

Das Prinzip der Anfangskraft kann **physiologisch** durch den folgenden Mechanismus beschrieben werden:

Durch das Abbremsen der Ausholbewegung wird die Arbeitsmuskulatur abrupt vorgedehnt. Einerseits wird durch die Dehnung der elastischen Komponenten von Muskeln und Sehnen kinetische Energie gespeichert, die den nachfolgenden Beschleunigungskraftstoß vergrößert. Andererseits wird durch die plötzliche Dehnung des Arbeitsmuskels über die Muskelspindeln der Muskeldehnungsreflex ausgelöst, der in der Folge zu einer zusätzlichen Innervation ansonsten nicht aktiver Muskelfasern der Arbeitsmuskulatur und einer damit verbundenen, schnelleren Kraftentwicklung bei anschließender Kontraktion führt (vgl. Kap. 4.2 und Kap. 16.2).

▶ **Beachten Sie:** Zu starke Ausholbewegungen können aufgrund des übermäßigen Einsatzes von Muskelkräften für den Bremskraftstoß die Höhe des Beschleunigungskraftstoßes und damit die sportliche Leistungsfähigkeit absenken.

Detaillierte Informationen zu Kraft-Zeit-Kurven bei sportlichen Grundsprüngen CMJ, SJ und **Drop Jump (DJ)**, bei dem von einer erhöhten Ebene mit direkter Bewegungsumkehr gelandet und abgesprungen wird, findet man unter Zusatzinformationsmaterial ab S. 578.

(4) Prinzip der zeitlichen und räumlichen Koordination von Einzelimpulsen

▶ Das **Prinzip der zeitlichen und räumlichen Koordination von Einzelimpulsen** besagt, dass die durch verschiedene Teilbewegungen produzierten Beschleunigungskraftstöße einer sportlichen Bewegung optimal zeitlich und räumlich aufeinander abgestimmt sein müssen. So muss z. B. im Hochsprung der Krafteinsatz von Sprungbein, Schwungbein und Armeinsatz zeitlich und räumlich aufeinander abgestimmt sein.

Beim Prinzip der zeitlichen und räumlichen Koordination der Teilimpulse können zwei Arten von sportlichen Bewegungen unterschieden werden. Einerseits sind dies sportliche Bewegungen, bei denen nur ein Körperteil maximal beschleunigt. Dies sind z. B. Würfe im Handball und Basketball oder Torschüsse im Fußball. Andererseits gibt es sportliche Bewegungen, bei denen der gesamte Körper maximal beschleunigt werden muss. Hierbei handelt es sich um maximale Sprünge in die Höhe und in die Weite. In beiden Fällen müssen zeitliche und räumliche Aspekte berücksichtigt werden.

Zeitliche Aspekte

Beim **Handballschlagwurf** kommt es zu einer maximalen Beschleunigung des Balls nur dann, wenn die Geschwindigkeitsmaxima aller beteiligten Kraftimpulse aus der Hüft-, der Schulter-, der Ellbogen-, Handgelenk- und Fingerstreckung nicht gleichzeitig erfolgen, sondern zeitlich aufeinander abgestimmt sind. Die Körperteilbewegungen müssen in einer fließenden Bewegung nacheinander erfolgen, sodass es möglich ist, die Körperteilimpulse durch Abbremsen auf den nächsten Körperteil zu übertragen. Pausen und Verzögerungen in der Impulsübertragung mindern den resultierenden Endimpuls. Ausgehend aus der Wurfauslage mit Stemmstellung, erfolgt die Impulsübertragung fließend in folgenden zeitlichen Etappen:

- Streckung des hinteren Beins;
- Bogenspannung des Rumpfs mit zugehöriger Verwringung der Hüfte;
- Nach-vorne-Bringen der Schulter;
- schlagartige Streckung des Arms (Peitschenbewegung);
- Streckung des Ellbogen- und Handgelenks sowie der Finger;
- Abwurf mit maximaler Endgeschwindigkeit.

Sollte der Schlagwurf aus dem Anlauf erfolgen, hat das vordere Bein die Funktion, die Vorwärtsbewegung abzubremsen. Hier wird das Prinzip der Gegenwirkung deutlich. Der durch das Abstoppen mit dem vorderen Bein erzeugte Bremskraftstoß wirkt dem nach vorne gerichteten, horizontalen Kraftimpuls durch den Anlauf entgegen und stabilisiert den Werfer für den zielgenauen Schlagwurf auf das Tor oder zu einem Mitspieler.

Beim **Counter Movement Jump** kann die Sprunghöhe deutlich erhöht werden, wenn die Beinstreckung durch einen nach oben gerichteten Armschwung unterstützt wird. Allerdings können die Beschleunigungskraftstöße aus Armschwung und Beinstreckung nicht einfach addiert werden, da sie sich gegenseitig beeinflussen. Hochmuth (1981) gelangte zu folgenden Aussagen zum Armschwung beim Counter Movement Jump:

- **Armschwung zeitlich vor Streckbewegung der Beine:** Für den Counter Movement Jump mit Armschwung („jump and reach") sollte der aufwärts gerichtete Beschleunigungskraftstoß der Armschwungbewegung eine optimale Zeitspanne vor dem Beschleunigungsstoß der Streckbewegung erfolgen. Dies führt zu einer Verlängerung der Beschleunigungskraftstoßdauer der Streckbewegung und damit zu einer vergrößerten Endgeschwindigkeit.
- **10 % Sprungzuwachs durch koordinierten Armschwung:** Bei optimaler zeitlicher Koordination der Absprung- und der Armschwungbewegung eines Counter Movement Jumps mit Armschwung beträgt der positive Effekt der Armschwungbewegung gegenüber dem Counter Movement Jump ohne Armschwung etwa 10 %.

Räumliche Aspekte

Beim **Hochsprung** in der Leichtathletik müssen z. B. die Geschwindigkeitsvektoren von Sprung- und Schwungbein sowie von den Armen möglichst in die gleiche Richtung zeigen, damit so der gesamte Körper beim Absprung eine maximale Endgeschwindigkeit erreichen kann (vgl. Abb. 3.12). Allerdings sind aufgrund anatomischer Gegebenheiten des menschlichen Körpers gleichgerichtete Geschwindigkeitsvektoren einzelner Teilbewegungen meist nur näherungsweise möglich, da alle Bewegungen der Extremitäten Rotationsbewegungen um Gelenke sind.

Abb. 3.12: Flugphase beim Flop: Zu Beginn der Flugphase kurz nach dem Absprung zeigen die Geschwindigkeitsvektoren von Sprungbein, Schwungbein und Armen in die gleiche Richtung (modifiziert nach Strüder et al., 2013, S. 568).

(5) Prinzip der Impulserhaltung

▶ Bei Drehbewegungen kann aufgrund der großen Beweglichkeit des menschlichen Körpers der Drehwiderstand kurzfristig verändert und damit die Drehgeschwindigkeit gesteuert werden. Das Prinzip der Impulserhaltung nutzen z. B. Eiskunstläufer bei Pirouetten, Reckturner bei der Riesenfelge oder Turmspringer bei einem Mehrfachsalto aus.

Abb. 3.13: Links: Größe des Drehwiderstands J bei gehockter und fast gestreckter Körperhaltung. Eine Reduzierung auf mehr als ein Drittel bedeutet eine Zunahme der Drehgeschwindigkeit um mehr als das Dreifache (Hochmuth, 1981, S. 197). Rechts: Veränderung der Körperhaltung beim anderthalbfachen Auerbachsalto mit halber Schraube. Durch Anhocken wird eine Beschleunigung der Drehung hervorgerufen, die vor dem Eintauchen ins Wasser durch Streckung des Körpers wieder verlangsamt wird (modifiziert nach Donskoi, 1975, S. 236).

Bei Pirouetten im Eiskunstlauf wird der Drehwiderstand durch Heranführen der Arme an die Drehachse reduziert, sodass sich die Drehgeschwindigkeit entsprechend erhöht. Bei der Riesenfelge am Reck beugt der Turner in der Aufschwungphase leicht die Hüfte und nähert den KSP an die Drehachse (Reckstange) an. Dies bedeutet eine Verringerung des Drehwiderstands und eine Steigerung der Drehgeschwindigkeit in dieser Phase der Bewegung. Dadurch kann die Riesenfelge mehrmals hintereinander durchgeführt werden, wobei von Riesenfelge zu Riesenfelge eine stark zunehmende Drehgeschwindigkeit erfolgt, wie sie zur Vorbereitung von Abgängen notwendig ist.

- Im Vergleich zum gestreckten Salto vorwärts reduziert sich der Drehwiderstand beim gehockten Salto vorwärts auf etwa ein Drittel, was eine Verdreifachung der Drehgeschwindigkeit bedeutet (Hochmuth, 1981).

Beim Wasserspringen wird die Reduzierung der Drehgeschwindigkeit ausgenutzt. Der Wasserspringer muss durch die Veränderung der Körperhaltung während des Sprungs die Drehgeschwindigkeit so verändern, dass er mit geringster Geschwindigkeit eintaucht. So ist eine Bedingung für ein kontrolliertes, spritzfreies Eintauchen erfüllt.

(6) Prinzip der Gegenwirkung

- Zu einer Wirkung besteht immer eine entgegengesetzt gerichtete und gleich große Gegenwirkung. Das **Prinzip der Gegenwirkung** entspricht dem dritten Axiom von Newton („actio et reactio") und erfolgt insbesondere im Fall des Bodenkontakts zur Erhaltung des Gleichgewichts (z. B. beim Laufen), zur Optimierung des Beschleunigungsverlaufs und zur Erhöhung der Zielgenauigkeit (z. B. beim Handballschlagwurf). Im Fall eines frei bewegten Systems sind durch Bewegungen der Körperteile zueinander zweckmäßige Körperhaltungen für den Flug und die Landung zu erreichen (z. B. Klappmesserhaltung zur Landungsoptimierung im Weitsprung).

Beim Prinzip der Gegenwirkung lassen sich zwei Möglichkeiten unterscheiden. Einerseits kann der Körper in **Kontakt mit dem Boden** sein, andererseits kann er als **frei bewegtes System** betrachtet werden. Am Beispiel des Weitsprungs wird das Prinzip der Gegenwirkung in beiden Möglichkeiten beschrieben.

Beim **Anlauf** ermöglicht ein Verdrehen von Unter- und Oberkörper und der zur Beinarbeit gegenseitigen Armarbeit, dass die Muskelkräfte beim Abstoßen sowohl mit dem linken als auch mit dem rechten Bein etwa in der gleichen Ebene liegen und keine Gesamtdrehung des Gesamtkörpers entsteht. Zur Unterstützung der Sprintbewegung werden von den Weitspringern Spikes getragen, um nach Möglichkeit die horizontalen Kräfte gegen den Boden auszunutzen.

Der **Absprung** beim Weitsprung gliedert sich in die drei Phasen: Sprungauslage – Amortisation – Absprungstreckung (Abb. 3.14). Dabei wirkt die Körperbeschleunigung in die entgegengesetzte Richtung der Kraftwirkung, die in der Sprungauslage nach vorne unten, in der Amortisationsphase senkrecht nach unten und in der Absprungstreckung nach hinten unten läuft. Während die Beinstrecker in der Amortisationsphase exzentrisch kontrahieren, erfolgt in der Absprungstreckung eine konzentrische Arbeitsweise der Beinstreckerkette. Unterstützt wird die Beinstreckung durch einen koordinierten Armschwung (Prinzip der optimalen Koordination der Teilimpulse). Beim Weitsprung erreicht das Schwungbein nach dem Absprung eine kurze Zeit vor den Armen sein

Geschwindigkeitsmaximum (Jonath et al., 1995). Neben der optimalen Koordination der Teilbewegungen wird durch den Bremskraftstoß in der Amortisationsphase bereits eine Anfangskraft erzeugt, die eine anschließende Sprungstreckung unterstützt.

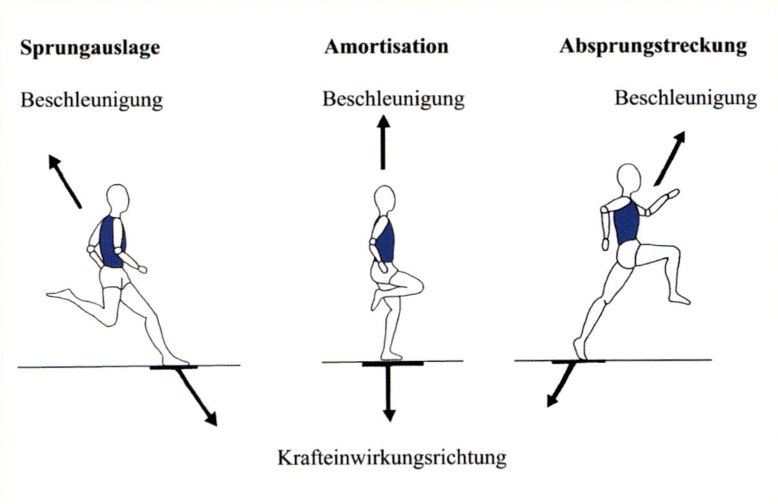

Abb. 3.14: Prinzip der Gegenwirkung in der Sprungauslage – Amortisation – Absprungstreckung bei Sprungbewegungen (modifiziert nach Jonath et al., 1995, S. 69-70)

Nach dem Absprung fungiert der Körper als frei bewegtes System. Die parabelförmige Flugbahn des KSP ist dabei festgelegt und von außen nicht zu beeinflussen, solange keine äußeren Kräfte auf den Körper wirken. Die biomechanischen Gegebenheiten des menschlichen Körpers erlauben während der **Flugphase** Bewegungen, die zur Leistungsoptimierung ausgeführt werden können. Der Weitspringer kann durch ein Nach-vorne-Bringen der Arme und des Oberkörpers eine Klappmesserhaltung erzeugen, die nach dem Gegenwirkungsprinzip ein stärkeres Anheben der Beine, verbunden mit einer größeren Sprungweite, ermöglicht. Abb. 3.15 verdeutlicht das Gegenwirkungsprinzip bei der Landungsvorbereitung im Weitsprung.

Das Prinzip der Gegenwirkung erfüllt, neben den beschriebenen Aspekten **„Erhaltung des Gleichgewichts"** und **„Sprungweitenoptimierung"**, weitere leistungssteigernde Funktionen.

Beim **Handballschlagwurf** wird für die Ausholbewegung die Wurfarmschulter zurückgenommen. Um eine Rotation des gesamten Rumpfs um die Längsachse zu verhindern, wird die Hüfte entgegengesetzt nach vorne gedreht. Die entstehende Verwringung führt zu einem **verbesserten Beschleunigungsverlauf**, da der Beschleunigungsweg verlängert wird und durch die Vorspannung der am Wurf beteiligten Muskulatur eine höhere

Anfangskraft erzeugt wird. Darüber hinaus wird durch die Stabilisierung der Wurfauslage des Handballschlagwurfs eine **Erhöhung der Zielgenauigkeit** ermöglicht.

Abb. 3.15: Prinzip der Gegenwirkung bei der Landungsvorbereitung im Weitsprung: unterschiedliche Sprungweiten in Abhängigkeit von der jeweiligen Landetechnik. Blau = guter Springer; weißer Springer = schlechter Springer (modifiziert nach Weineck et al., 2009, S. 70)

(7) Prinzip der Kinetion und Modulation

- Im Ablauf einer zielgerichteten sportlichen Bewegung in aufrechter Körperhaltung (z. B. im Handball, Volleyball und Basketball) besorgen im Wesentlichen die kräftigen Muskeln der unteren Extremitäten und der Hüfte die Antriebsenergie **(Kinetion)**, während die feinmotorischen Muskeln der Hand und der Finger die Energie auf das gewünschte Maß abstimmen **(Modulation)**.

Der Zusammenhang von dynamischer Antriebsbewegung und der Abstimmung einer präzisen Zielbewegung findet sich in Techniken aus dem Basketball, Volleyball und Handball wieder. Dabei haben die starken Muskeln des Beckens und der Beine die Aufgabe, die zur Ausführung der Bewegung notwendige Energie zu erzeugen. Diese Aufgabe heißt **Kinetion** der Bewegung, die beteiligten Muskeln heißen **Kinetoren**. Nachdem die von den größeren Muskeln des Beckens und der Beine erzeugte Energie auf die Schulter und Arme übertragen wurde, haben die relativ schwachen und feinmotorisch ausgerichteten Muskeln der Hand die Aufgabe, die Energie auf das gewünschte Maß abzustimmen, zu modulieren. Die Aufgabe heißt dementsprechend **Modulation**, die beteiligten Muskeln heißen **Modulatoren**.

So wird beim **Handballschlagwurf** durch den Anlauf, das Zurücknehmen der Schulter und eine Verwringung der Hüfte eine möglichst hohe Antriebsenergie erzeugt, die über ein Nach-vorne-Bringen der Schulter und eine Armstreckung für die zielgenaue Wurfbewegung verwendet wird.

Kinetion und Modulation

Biomechanische Prinzipien erproben und begründen (kostenfrei)

Diagramme in der Biomechanik interpretieren

BIOMECHANISCHE PRINZIPIEN BEIM BASKETBALLSPRUNGWURF

Beim **Basketballsprungwurf aus der Ballannahme** erfolgt nach dem Einspringen und der Annahme des Balls ein schulterbreites Stoppen in der Basketballgrundstellung (Bilder 1-3). Hierbei wird der KSP abgesenkt. Ein beidbeiniger explosiver Absprung wird eingeleitet und unterstützt durch ein schwungvolles Hochführen des Balls in die Wurfauslage vorne über dem Kopf (Bilder 3-7). Durch Umsetzen der horizontalen Anlauf- in eine maximal mögliche vertikale Absprunggeschwindigkeit soll eine möglichst hohe Sprunghöhe erreicht werden. Kurz vor Erreichen des toten Punkts beginnt die Wurfphase. Dabei wird unmittelbar vor der Armstreckung das Handgelenk nachgedrückt, sodass der Ball zielgenau in Richtung Korb geworfen wird. Die Wurfbewegung erfolgt im toten Punkt, da dort die vertikale Geschwindigkeit des KSP null ist. Eine stabile Landung an der Absprungstelle verhindert Verletzungen oder ein Offensivfoul (Bild 9).

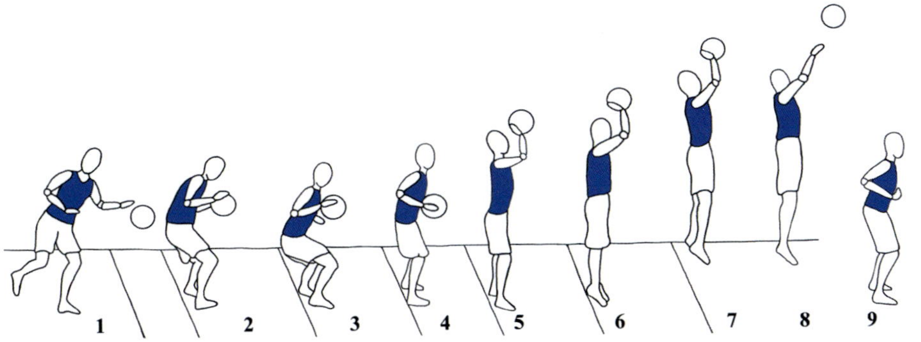

Abb. 3.16: Der Basketballsprungwurf aus der Ballannahme (modifiziert nach Kritikos & Meyer, 2004, S. 28)

Prinzip des optimalen Beschleunigungswegs: Durch eine Körperschwerpunktsenkung beim Stoppen nach der Ballannahme wird ein optimaler Beschleunigungsweg für den maximalen Sprung vorbereitet (Bilder 2 und 3).

Prinzip der Anfangskraft und Prinzip der Gegenwirkung: In der Phase des Stoppens kommt es durch ein Absenken des KSP zu einem nach oben gerichteten Bremskraftstoß, der als Anfangskraft der Gewichtskraft des Werfers entgegenwirkt und den nachfolgenden Absprung unterstützt (Bild 3).

Prinzip der optimalen räumlich-zeitlichen Koordination der Teilimpulse: Nach Abbremsen der Ausholbewegung (KSP-Senkung, Bild 3) erfolgt ein fließender Übergang zur Sprungphase, die durch ein schwunghaftes Hochziehen des Balls eingeleitet wird (Bilder 4-7). Kurz vor Erreichen des „toten" Punkts schließt sich in einer fließenden Bewegung die Abwurfbewegung an (Bilder 7 und 8). Denn im höchsten Punkt ist die horizontale Geschwindigkeit des KSP null, sodass keine „störende" Komponente für die Abfluggeschwindigkeit des Balls erzeugt wird (Hinweis: „Sprung-Wurf" nicht „Wurf-Sprung", vgl. Abb. 3.17).

Abb. 3.17: Eine störende, nach unten oder nach oben gerichtete Geschwindigkeitskomponente $\vec{V}_S$ muss durch eine entsprechende Geschwindigkeitskomponente $\vec{V}_A$ der Ball-Hand-Führung koordinativ ausgeglichen werden, damit der Wurf in eine günstige Abwurfrichtung des Vektors der Abwurfgeschwindigkeit $\vec{V}_0$ erfolgen kann.

Prinzip der Kinetion und Modulation: Die Muskeln des Körperrumpfs und der Beine sorgen für die Antriebsenergie des Sprungs, die Muskeln der Arme und Hände sind für die zielgenaue Wurfbewegung verantwortlich.

Prinzip der optimalen Tendenz im Beschleunigungsverlauf: Bei der Abwurfbewegung (Bilder 7 und 8) muss zum Abwurfzeitpunkt die größte Abwurfgeschwindigkeit erreicht werden, sodass insgesamt eine positive Tendenz vorliegt.

Relevanz für die Praxis

- Nur bei einem dynamisch-flachen Einspringen und optimaler Senkung des KSP (Kniebeugung bei ca. 100°) kann unter Ausnutzung der Bremskraft (Anfangskraft) sowie einer flüssigen Überleitung zur Sprungbewegung eine maximale Sprunghöhe erreicht werden.
- Die Wurfbewegung sollte kurz vor Erreichen des „toten" Punkts erfolgen, da hier keine störende senkrechte Geschwindigkeitskomponente (Geschwindigkeit des KSP ist im höchsten Punkt null) durch die Ball-Hand-Führung ausgeglichen werden muss.

3.3 MORPHOLOGISCHE BEWEGUNGSANALYSE

- Die **morphologische Bewegungsanalyse** zerlegt sportliche Bewegungsabläufe in von außen wahrnehmbare Merkmale der äußeren Form oder Gestalt und untersucht deren Beziehung.

Anders als bei der biomechanischen Analyse, bei der Aussagen über die Qualität einer Bewegung etwa mithilfe einer Kraftmessplatte und über die Messung des vertikalen Kraft-Zeit-Verlaufs getroffen werden, verlässt sich die morphologische Bewegungsanalyse auf die Wahrnehmungen des Trainers oder Lehrers. Da in vielen Trainingssituationen keine biomechanischen Messinstrumente zur Verfügung stehen, wird in der sportlichen Praxis meist auf eine von außen beobachtete Erfassung der Bewegungsmerkmale einer sportlichen Technik zurückgegriffen. Die Bewegungsmerkmale dienen dazu, die Aufmerksamkeit der Trainer oder Lehrer bei der Beobachtung der sportlichen Technik eines Sportlers oder Schülers auf das Wesentliche der Bewegung zu lenken.

Nach Schnabel (2014) lassen sich neun Bewegungsmerkmale benennen:

1. Struktur sportlicher Bewegungsakte,
2. Bewegungsrhythmus,
3. Bewegungskopplung,
4. Bewegungsfluss,
5. Bewegungspräzision,
6. Bewegungskonstanz,
7. Bewegungsstärke,
8. Bewegungstempo sowie
9. Bewegungsumfang.

An dieser Stelle wird ausführlich nur auf das erste Bewegungsmerkmal eingegangen. Detaillierte Hinweise zum Bewegungsrhythmus und zur Bewegungskopplung sind unter Zusatzinformationsmaterial ab S. 578 per QR-Code zu erreichen.

STRUKTUR SPORTLICHER BEWEGUNGSAKTE

Unter **Struktur** wird allgemein der Aufbau von Objekten oder Erscheinungen in Natur und Gesellschaft aus einer Reihe miteinander wechselseitig verbundener Bestandteile und die Art dieser Verknüpfung verstanden. Durch Analyse der Struktur eines Objekts wird es als **System** gekennzeichnet und von anderen Systemen abgehoben (Schnabel, 2014, S. 75).

Überträgt man den Systemgedanken auf die sportliche Bewegung, stellt die Struktur dieser Bewegung das Ergebnis einer Bewegungsanalyse dar. Es leuchtet ein, dass es nicht nur eine Struktur einer sportlichen Bewegung geben kann, sondern mehrere, deren Ermittlung jeweils von der Zielsetzung der Bewegungsanalyse abhängt.

Streicher (1973) verdeutlichte diesen Sachverhalt metaphorisch. Ein Zoologe, der am Bau eines Tieres interessiert ist, zerlegt das Tier anders als die Köchin, die für alle Gäste eine gleiche Portion zubereiten möchte. Der einfache Schlusssprung aus dem Hochstand ist nichts anderes als ein einfaches Strecken der Beine. Betrachtet man den Schlusssprung allerdings beim Skispringen, so muss er an das Tempo und die äußeren Bedingungen angeglichen werden. Auch beim Turnen und Wasserspringen muss der „einfache" Schlusssprung an die sportartspezifischen Gegebenheiten angepasst werden.

▶ Die Elemente der morphologischen Grundstruktur sportlicher Bewegungen sind die Vorbereitungsphase, die Hauptphase und die Endphase. In der **Hauptphase** soll die gestellte Bewegungsaufgabe direkt gelöst werden. Die vorherige **Vorbereitungsphase** soll die Hauptphase optimal vorbereiten. In der **Endphase** soll der Sportler aus einer am Ende der Hauptphase meist labilen Position in eine stabile Gleichgewichtslage gebracht werden.

Der **Handstütz-Sprungüberschlag seitwärts** kann in die Teilabschnitte Anlauf, Ansprung, Absprung, erste Flugphase, Stütz, zweite Flugphase und Landung unterteilt werden (vgl. Abb. 3.18). Dabei gehören Anlauf und Ansprung zur Vorbereitungsphase, da durch einen schnellen Anlauf und ein intensives Anspringen in das Sprungbrett der Erfolg eines Sprungs maßgeblich vorbereitet wird. Absprung, ersten Flugphase, Stütz und zweite Flugphase stellen die Hauptphase dar, da diese Teile als Lösen der eigentlichen Bewegungsaufgabe gedeutet werden können. Die Endphase der Turnbewegung ist die Landung, da der Turner durch sie in eine stabile Position zurückgeführt wird.

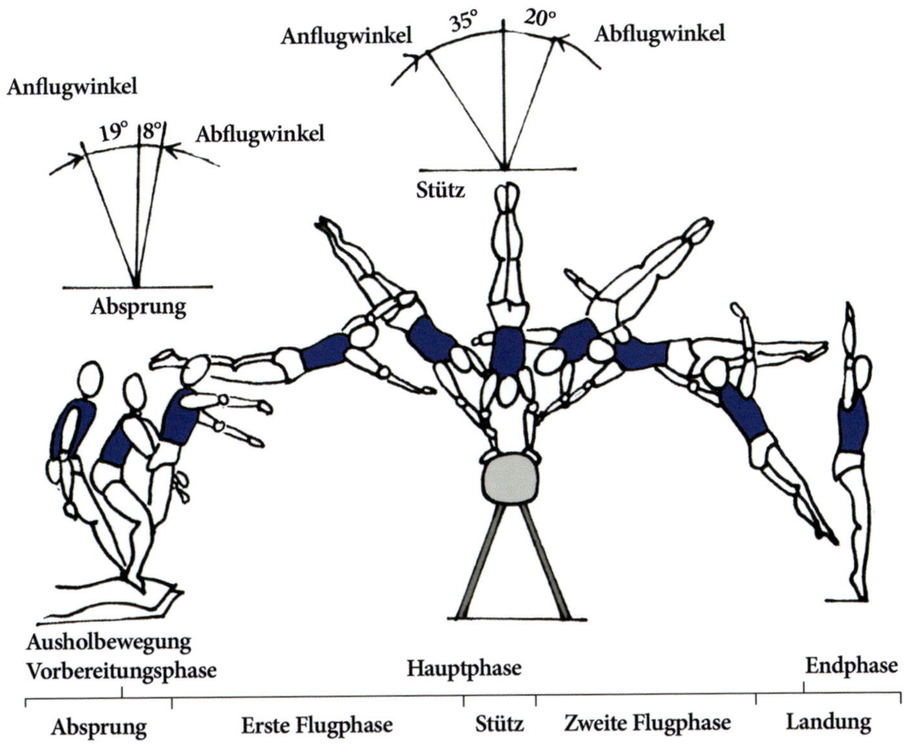

Abb. 3.18: Pferdsprung (ohne Anlauf und Ansprung): Handstütz-Sprungüberschlag seitwärts in seinem zeitlichen Verlauf (modifiziert nach Schnabel, 2014, S. 81)

Die oben dargestellte Drei-Phasen-Struktur kann in Abhängigkeit von bestimmten Gruppen sportlicher Bewegungen variiert und abgewandelt werden. Schnabel (2014) unterscheidet dabei zwischen azyklischen und zyklischen Bewegungen:

- Eine **azyklische Bewegung** ist ein Bewegungsakt, bei dem der Bewegungszweck durch nur eine Hauptphase erreichbar ist (z. B. Kugelstoßen, Gewichtheben, alle Würfe und Sprünge). Demgegenüber baut sich eine **zyklische Bewegung** aus vielen Einzelzyklen der gleichen Grundstruktur auf, weil der Bewegungszweck nur durch diese zyklische Grundstruktur erreichbar ist (z. B. Laufen, Klettern, Schwimmen, Rudern, Radfahren).

Bei einer **azyklischen Bewegung** lässt sich eine deutliche **Dreigliederung** in Vorbereitungsphase – Hauptphase – Endphase erkennen. In der Vorbereitungsphase werden optimale Voraussetzungen für die erfolgreiche und ökonomische Ausführung der anschließenden Hauptphase geschaffen. Ausholbewegungen der Arme und Beine sind charakteristisch für die Vorbereitungsphase. Die Hauptphase hat die Funktion, die eigentliche Aufgabe des jeweiligen Bewegungsakts zu lösen. Die Endphase soll den Körper aus einem labilen in einen statischen Zustand zurückführen.

- **Unterdrückung von Ausholbewegungen:** Vor allem bei den Sportspielen können taktische Erfordernisse, Wettkampfbestimmungen oder technikspezifische Besonderheiten gerade bei Zielwurfbewegungen die Grundstruktur insofern modifizieren, als die Ausholbewegung weitgehend unterdrückt und der Beschleunigungsweg verkürzt wird.

Beispiel: Beim Positionswurf im Basketball finden aus der Grundstellung heraus möglichst keine Ausholbewegungen der Arme und Beine statt, um zusätzliche Fehlerpotenziale im Hinblick auf einen zielgenauen Abwurf zu vermeiden (vgl. Zusatzinformationstext „Biomechanische Analyse des Positionswurfs" im Zusatzinformationsmaterial). Das Unterdrücken der Ausholbewegungen hat darüber hinaus den Vorteil, dass der Werfer den Ball schneller abwerfen kann und der Wurf vom Verteidiger schwieriger geblockt werden kann.

> Geben Sie weitere Beispiele von sportlichen Bewegungen an, bei denen die Ausholbewegung unterdrückt bzw. der Beschleunigungsweg verkürzt wird.

Bei **zyklischen Bewegungen**, die meist mehrfach hintereinander ausgeführt werden, findet eine Phasenverschmelzung statt. Die End- und Vorbereitungsphase geht direkt ineinander über. Es liegt dann eine **Zweiphasigkeit** mit jeweils einer Hauptphase und einer Zwischenphase vor.

Am Beispiel des **leichtathletischen Laufs** wird die Struktur einer zyklischen Bewegung dargestellt. Abb. 3.19 zeigt, dass die Hauptphase beim Sprint mit dem Abdruck vom Boden nach dem hinteren Stütz (Bilder 1-3) beginnt und die nachfolgende Flugphase beinhaltet (Bilder 3-9). In der Flugphase wird unterschieden zwischen einer hinteren Schwungphase, bei der das Stützbein entspannt durchschwingt und einer vorderen Schwungphase, bei der ein Kniehub stattfindet (Kniehubphase). Die vordere Stützphase beendet die Flugphase (Bild 9, Amortisationsphase). Mit dem Bodenfassen beginnt zunächst ein bremsender Kraftstoß (Bild 10), der den im letzten Teil der Flugphase fallenden Körper abfängt. Damit wird gleichzeitig eine Ausholbewegung ausgeführt und das Schwungbein auf die Höhe des stützenden Beins herangeführt, eine Bewegung, die Endphase und Vorbereitungsphase zusammenfasst. Die Phase des vorderen Stützes ist relativ kurz und wird als Zwischenphase bezeichnet.

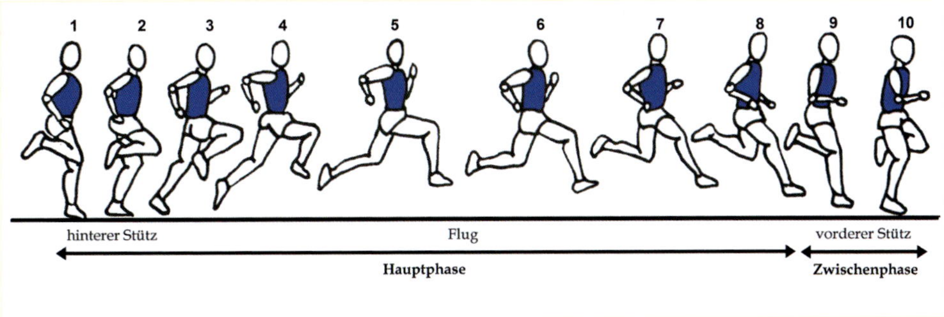

Abb. 3.19: Struktur der leichtathletischen Laufbewegung (hier Sprint) (modifiziert nach Strüder et al., 2013, S. 174)

▶ **Merksatz:** Während azyklische Bewegungen durch eine Dreigliederung mit Vorbereitungs-, Haupt- und Endphase charakterisiert sind, zeichnen sich zyklische Bewegungen durch eine Zwei-Phasen-Struktur aus, bei der End- und Vorbereitungsphase miteinander verschmelzen.

Zyklische und azyklische Bewegungen

EIN- UND MEHRDIMENSIONALE BEWEGUNGSMERKMALE

In folgender Tab. 3.3 werden die übrigen acht Bewegungsmerkmale dargestellt:

Tab. 3.3: Eindimensionale Bewegungsmerkmale (nach Oliver et al., 2013, S. 83-84)

Merkmal	Bewegungsaspekt	Beispiel
Bewegungsrhythmus	Zeitlich-dynamische Ordnung einer sportlichen Bewegung	Fünf-Schritt-Rhythmus zwischen den Hürden beim Hürdenlauf
Bewegungskopplung	Räumlich-zeitliche und dynamische Kopplung von Teilbewegungen	Erst die Beine, dann die Hüfte und zum Schluss die Arme strecken (Kugelstoßen)
Bewegungsfluss	Grad der Kontinuität des Ablaufs einer sportlichen Bewegung	Ein schlechter Bewegungsfluss ist bei ungeübten Wurfbewegungen vom Anlauf zum Abwurf zu erkennen.

Merkmal	Bewegungsaspekt	Beispiel
Bewegungspräzision	Grad der Übereinstimmung einer sportlichen Bewegung mit dem geplanten Verlauf oder Ziel	Beim Wasserspringen ist eine gute Verlaufspräzision, beim Basketballwurf eine hohe Zielpräzision notwendig.
Bewegungskonstanz	Grad der Übereinstimmung von wiederholten sportlichen Bewegungen	Bewegungskonstanz ist beim Freiwurf im Basketball im Hinblick auf eine hohe Trefferquote von Vorteil.
Bewegungsstärke	Krafteinsatz bei sportlichen Bewegungen	Bei einer Flanke im Fußball ist die richtige Bewegungsstärke in Form des Krafteinsatzes des Schussbeins leistungsbestimmend.
Bewegungsumfang	Räumliche Ausdehnung oder Amplitude einer sportlichen Bewegung	Der Bewegungsumfang beim Handballwurf wird durch die Weite der Ausholbewegung bestimmt.
Bewegungstempo	Schnelligkeit und Frequenz sportlicher Bewegungen oder Teilbewegungen	Beim Radfahren spielt die Trittfrequenz, beim Rudern die Schlagfrequenz eine zentrale Rolle.

Die Struktur, der Bewegungsrhythmus und die Bewegungskopplung stellen komplexe morphologische Bewegungsmerkmale dar, da sie jeweils mehrere Aspekte sportlicher Bewegungen beschreiben. Die übrigen Bewegungsmerkmale beziehen sich jeweils nur auf einen Aspekt der Bewegung.

BEWEGUNGSHARMONIE

▶ Liegt ein ausgewogenes Verhältnis in der Ausprägung aller Bewegungsmerkmale vor, so spricht man von **Bewegungsharmonie** (Schnabel, 2014, S. 140).

Bewegungsharmonie liegt dann vor, wenn innerhalb einer Bewegung die oben genannten Bewegungsmerkmale in einem ästhetisch ausgewogenen Verhältnis berücksichtigt werden. Bewegungsharmonie ist jedoch kein Bewegungsmerkmal wie die bereits genannten Merkmale, sondern ist im Wesentlichen eine ästhetische Kategorie. Darum ist ihr Einbezug in die Bewegungsbeurteilung für Sportarten wie Turnen, Eiskunstlauf oder rhythmische Sportgymnastik erforderlich. In Teil III wird im Rahmen der Gestaltung von Bewegungen vertiefend auf die Bewegungsharmonie eingegangen.

Schnabel (2014, S. 143) hebt die Bedeutung der Bewegungsharmonie auch für die allgemeine Bewegungsschulung und das Techniktraining hervor: Das Merkmal Bewegungsharmonie hat dort vor allem aufdeckende Bedeutung, „denn gestörte Harmonie weist zumeist auf koordinative Unvollkommenheiten hin, die sich bei genauer Betrachtung in der Ausprägung eines oder mehrerer Bewegungsmerkmale feststellen und weiter präzisieren lassen".

Bewegungsmerkmale

3.4 FUNKTIONALE BEWEGUNGSANALYSE

▶ **Funktionales Bewegungsverständnis** im Sinne Göhners (1979; 1987) liegt vor, wenn eine sportliche Bewegung als Lösungsmöglichkeit einer Bewegungsaufgabe angesehen wird, bei der unter gegebenen Rahmenbedingungen bestimmte Bewegungsziele zu erreichen sind.

Der funktionale Analyseansatz betrachtet sportliche Bewegungen nicht als real ausgeführte Bewegungen und analysiert sie nach ihrem zeitlichen Ablauf, sondern sieht die Bewegung im Sport als Lösung einer Bewegungsaufgabe an und ist dabei besonders an einer (theoretischen) optimalen Verlaufsform zur Lösung dieser Bewegungsaufgabe interessiert. Die Zielstellung der funktionalen Bewegungsanalyse ist vorwiegend eine unterrichtspraktische, sodass sie auch als **Lehrstoffanalyse** bezeichnet wird.

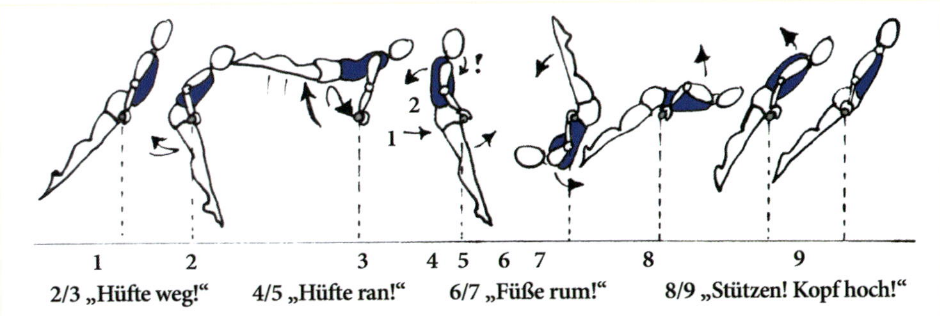

Abb. 3.20: Hüftumschwung vorlings rückwärts (modifiziert nach Gerling, 2011, S. 155)

Beim Hüftumschwung vorlings rückwärts sollen Beine und Hüfte eigentlich vorschriftsmäßig gestreckt sein (vgl. Abb. 3.20). Die Beine könnten aber auch angehockt werden, wenn man sich über die Haltungsvorschriften im Turnen hinwegsetzt. Die Funktion der

Hockbewegung kann im Verringern des Drehwiderstands und damit in einer höheren Winkelgeschwindigkeit gesehen werden. Einige Kinder werden diese Bewegung nur unter dieser erleichterten Voraussetzung turnen können. Funktionales Bewegungsverständnis bedeutet hier, dass die Funktion des Anhockens der Beine mit der Zielstellung (turnerische oder nicht turnerische Ausführung) in Beziehung gesetzt wird.

In Kap. 2.2 wurde eine Analogie zwischen der Kippbewegung im Turnen und beim Stabhochsprung dargestellt. Nennen Sie weitere sportliche Bewegungen, die zur Lösung von Bewegungsaufgaben aus verschiedenen Sportarten von Bedeutung sind.

Beim Speerwurf sind die vorbereitenden Aktionen der Speerrückführung, des Stemmschritts, der Bogenspannung sowie die Hauptaktion der Speerrückführung als Teillösungen der Aufgabe zu analysieren, einen Speer unter gegebenen Regelbedingungen möglichst weit zu werfen. Durch diese Aussage werden bereits die konstitutiven Elemente der funktionalen Bewegungsanalyse deutlich: das Bewegungsziel, das Gerät, die Regeln und differenzierte Aktionen, die bezüglich der Aufgabenlösung unterschiedlich gewichtet sind.

Göhners Ansatz unterscheidet zwei Ebenen der funktionalen Analyse. Auf einer ersten Ebene werden Aufgabenbedingungen systematisiert und zu einer Grundstruktur einer Bewegungsaufgabe zusammengefasst. Die zweite Ebene beschreibt auf der Basis der Aufgabenbedingungen einzelne Bewegungsphasen als Funktion der Aufgabenlösung.

Hinsichtlich der Gliederung von sportlichen Bewegungen unterscheidet Göhner (1992) zwischen Haupt- und Hilfsfunktionsphasen.

- **Hauptfunktionsphasen** sind funktional unabhängig, indem sie nur mit dem Bewegungsziel in Verbindung stehen, nicht aber auf andere Funktionsphasen verweisen. **Hilfsfunktionsphasen** sind hingegen funktional abhängig, d. h., ihre Funktion steht stets im Zusammenhang mit anderen Funktionsphasen.

Beispiele:

- Im **Hochsprung** besteht die Hauptfunktionsphase allein im Überqueren der Latte. Alle anderen Teilphasen (Anlauf, Absprung und Landung) ordnen sich dieser Phase unter, während das Überqueren der Latte allein auf das Bewegungsziel (einbeinig ein möglichst hohes Hindernis zu überspringen) hinweist.
- Bei der **Kippe aus dem Streckhang am Reck** (vgl. Abb. 3.21) besteht die Hauptfunktionsphase aus dem Annähern des Körpers an die Drehachse, während das Erreichen der Kipphangposition und das Erreichen der ausgelenkten Hanglage vorbereitende Funktionen besitzen (vorbereitende Hilfsfunktionsphase). Das Umsetzen des Obergriffs und ein Fixieren der Handgelenke unterstützt die Gesamtbewegung (unterstützende Hilfsfunktionsphase). Das Absichern der erreichten Schwunghöhe besitzt überleitende Funktion (überleitende Hilfsfunktionsphase).

Abb. 3.21: Kippe aus dem Streckhang am Reck (modifiziert nach Gerling, 2011, S. 230)

Detaillierte Informationen zu Göhners Analyseansatz sowie zu einer umfassenden Bewegungsanalyse zum Positionswurf im Basketball, die sich biomechanischer, morphologischer und funktionaler Analysekriterien bedient, sind unter Zusatzinformationsmaterial ab S. 578 per QR-Code zu erreichen.

3.5 RÜCKBLICK

Entstehung und Optimierung von Bewegungen

- Die Entstehung und Optimierung von Bewegungen im Sport erfolgt im Wechselverhältnis von Praxis und Theorie: Zuerst erproben der Aktive und Trainer eine sportliche Bewegungsform, die dann unter Zuhilfenahme der Wissenschaft durch Beobachten, Beschreiben und Begründen optimiert werden kann.

Biomechanische Bewegungsanalyse

- Die **Biomechanik** untersucht Gesetzmäßigkeiten der Mechanik bei sportlichen Bewegungen. Dabei betrachtet die **Kinematik** räumlich-zeitliche Bewegungsmerkmale. Die **Dynamik** bezieht die Masse mit ein und beschreibt die Wirkung von Kräften. Die Biomechanik unterscheidet zwei Bewegungsformen: **Translationsbewegungen** und **Rotationsbewegungen**.
- Allgemeingültige und sportartenunabhängige Erkenntnisse der Biomechanik werden durch **biomechanische Prinzipien** beschrieben: Prinzip des optimalen Beschleunigungswegs, Prinzip der optimalen Tendenz im Beschleunigungsverlauf, Prinzip der Anfangskraft, Prinzip der Koordination von Einzelimpulsen, Prinzip der Impulserhaltung, Prinzip der Gegenwirkung und das Prinzip der Kinetion und Modulation.
- Es gilt folgender wichtiger **Merksatz**: Eine sportliche Bewegung kann nur dann optimal sein, wenn sie im Sinne der Biomechanik zweckmäßig ist.

Morphologische Bewegungsanalyse

- Die **morphologische Bewegungsanalyse** zerlegt die sportliche Bewegung in von außen wahrnehmbare **Bewegungsmerkmale**. Das sind: Struktur, Bewegungsrhythmus, Bewegungskopplung, Bewegungsfluss, Bewegungspräzision, Bewegungskonstanz, Bewegungsstärke, Bewegungstempo, Bewegungsumfang.
- Bei **azyklischen Bewegungen** erfolgt eine Dreigliederung der Phasenstruktur in **Vorbereitungsphase – Hauptphase – Endphase**. Bei **zyklischen Bewegungen** erfolgt eine Phasenverschmelzung von Endphase und Vorbereitungsphase, sodass es hier zu einer Zweigliederung **Hauptphase – Zwischenphase** kommt.

Funktionale Bewegungsanalyse

- Bei der **funktionalen Bewegungsanalyse** wird eine sportliche Bewegung als das Lösen einer Bewegungsaufgabe angesehen, bei der unter gegebenen Rahmenbedingungen bestimmte Bewegungsziele erreicht werden sollen.

- Die Bewegungsaufgabe wird nach Funktionsphasen analysiert: Die **Hauptfunktionsphasen** sind funktional unabhängig, die **Hilfsfunktionsphasen** können vorbereitend, unterstützend und überleitend sein.

3.6 PRÜFUNGSVORBEREITUNG

Kontrollfragen

1. Beschreiben Sie den Prozess der Optimierung einer Bewegungsfertigkeit.
2. Wie lauten die vier B-Aspekte zur Vervollkommnung einer Bewegung?
3. Warum sind Begründungen zur Funktionalität einer Bewegung wichtig?
4. Was ist eine Bewegungsanalyse?
5. Was bedeutet Biomechanik?
6. Geben Sie die Untersuchungsziele der Biomechanik an.
7. Was sind Translations- und Rotationsbewegungen? Geben Sie sportliche Beispiele an.
8. Was ist der Unterschied zwischen Kinematik und Dynamik?
9. Was entspricht bei Rotationsbewegungen der Masse, der Kraft und dem Impuls?
10. Was ist ein biomechanisches Prinzip?
11. Wie hängen Biomechanik und Optimierung eines Bewegungsablaufs zusammen?
12. Welche Möglichkeiten gibt es, den Beschleunigungsverlauf zu optimieren?
13. Erklären Sie das Prinzip des optimalen Beschleunigungsverlaufs an zwei Beispielen.
14. Was besagt das Prinzip der Anfangskraft?
15. Erläutern Sie das Prinzip der Koordination von Teilbewegungen an einem Beispiel.
16. Was besagt das Prinzip der Impulserhaltung?
17. Beschreiben Sie das Prinzip der Gegenwirkung.
18. Wo im Sport ist das Prinzip der Kinetion und Modulation wichtig?
19. Was ist eine morphologische Bewegungsanalyse?
20. Erklären Sie den Unterschied von zyklischer und azyklischer Bewegung.
21. Wie sieht die Phasenstruktur einer azyklischen Bewegung aus?
22. Was bedeutet Phasenverschmelzung?
23. Welche Funktionen haben Vorbereitungs-, Haupt- und Endphase?
24. Beschreiben Sie an einem sportlichen Beispiel den Bewegungsrhythmus.
25. Was ist das Ziel der funktionalen Bewegungsanalyse?
26. Erläutern Sie den Unterschied zwischen „Hauptfunktionsphase" und „Hauptphase".
27. Was sind Hauptphase und Hauptfunktionsphase beim Hochsprung?

Prüfungsaufgaben

Handballsprungwurf

Stellen Sie anhand der Bildreihe in Abb. 3.22 die Phasenstruktur des Handballsprungwurfs sowie die Funktionen der einzelnen Teilphasen dar und erläutern Sie anschließend anhand des Sprungwurfs zwei biomechanische Prinzipien.

Abb. 3.22: Bewegungsablauf des Sprungwurfs mit zwei Auftaktschritten (modifiziert nach Zentralabitur NRW, 2013)

Biomechanische Analyse des Basketballpositionswurfs

Wurf- und Stoßbewegungen

DKB

LEKTION 4
WIE WERDEN BEWEGUNGEN VOM KÖRPER GESTEUERT?

4.1 GRUNDBEGRIFFE DER SPORTMOTORIK 98
4.2 SENSOMOTORISCHE SYSTEME 100
4.3 KOGNITIVE UND DYNAMISCHE SYSTEME 110
4.4 RÜCKBLICK 113
4.4 PRÜFUNGSVORBEREITUNG 115

LEKTION 4: WIE WERDEN BEWEGUNGEN VOM KÖRPER GESTEUERT?

4.1 GRUNDBEGRIFFE DER SPORTMOTORIK

SPORTMOTORIK, MOTORISCHE KONTROLLE UND FREIHEITSGRADEPROBLEM

▶ Die **Sportmotorik** setzt sich auseinander mit Teilsystemen und Teilprozessen, die Bewegungen im Sport auslösen und kontrollieren.

Gegenüber dem Begriff der „Motorik" (vgl. Kap. 2.1) schränkt der Zusatz „Sport" den Gegenstandsbereich auf den Sport ein. Im Zusammenhang mit dem Begriff der Sportmotorik werden häufig die Begriffe „motorische Kontrolle" und „Koordination" (vgl. Lektion 5) gebraucht.

▶ **Motorische Kontrolle** bezieht sich auf die Aufgabe dieser Teilsysteme und -prozesse, die **Freiheitsgrade** unseres Körpers zu **kontrollieren**. Das **Freiheitsgradeproblem** stellt bis heute eine große Herausforderung für die Motorikforschung dar.

Der russische Physiologe Nikolai Bernstein (1897-1966) wollte herausfinden, wie es gelingt, die vielen, an einer Bewegung beteiligten Muskeln bezüglich des Kontraktionsbeginns (t_0) sowie ihrer Kontraktionsdauer (Δt) und der Stärke der Kontraktion (I) so exakt zu kontrollieren, dass insgesamt eine koordinierte Bewegung entsteht. Dieses Problem verschärft sich, wenn man bedenkt, dass 792 Muskeln des Menschen unabhängig voneinander im Sinne der drei obigen Größen t_0, Δt und I agieren sollen.

Beispiel: Ein einfaches technisches Beispiel wie die Lenkung von Fahrzeugen veranschaulicht die Bedeutung der motorischen Kontrolle. Bei allen Fortbewegungsobjekten ist nur ein Teil der Räder lenkbar. Wäre dies nicht der Fall, würde allein das Geradeausfahren große Probleme bereiten.

EVA-PRINZIP UND COMPUTERMETAPHER

▶ Alle Vorgänge im ZNS erfolgen auf der Basis der Informationsverarbeitung nach dem **EVA-Prinzip** (**E**ingabe – **V**erarbeitung – **A**usgabe).

Wenn man zur Erklärung der motorischen Kontrolle auf kognitive Ansätze zurückgreift, wird der Sportler als ein informationsumsetzendes System charakterisiert. Er nimmt kontinuierlich Meldungen aus der Umwelt und von seinem eigenen (sich bewegenden) Körper auf, führt wie ein Computer komplizierte Zusammenfassungen und Verrechnungen durch und wählt schließlich angemessene motorische Handlungen aus. Der Sportler greift dabei auf sogenannte *Bewegungsentwürfe* im Gehirn zurück. Roth (1998, S. 29) vergleicht dies in Anlehnung an Schmidt (1998, S. 209) mit dem Abrufen einer Schallplatte:

„Im ZNS sind – wie in einer Musikbox oder einem Warenhausregal – so etwas wie Bewegungsplatten gelagert. Sie können bei Bedarf jederzeit aufgelegt und abgespielt werden. Ergebnis dieses Abspielens sind absteigende Informationen oder motorische Kommandos. Über sie steuert die ‚Schallplatte' die Skelettmuskulatur, so dass eine in Raum und Zeit geordnete Bewegung entsteht. Den Muskeln und Gliedmaßen kommt in diesem Bild die Rolle der ausführenden Organe – die Lautsprecherboxen – zu, die die auf Schallplatte eingeprägten Bewegungsinformationen umzusetzen haben."

Abb. 4.1: Der Sportler kann im Umgang mit seinen Programmen mit einem Discjockey verglichen werden: Im ZNS sind, wie in einer Musikbox, so etwas wie Schallplatten gelagert. Sie können bei Bedarf jederzeit aufgelegt und abgespielt werden. Ergebnis dieses Abspielens sind motorische Kommandos. Über sie steuert die Schallplatte die Skelettmuskulatur (Musikboxen), sodass eine in Raum und Zeit geordnete Bewegung entsteht (modifiziert nach Roth, 1998, S. 29).

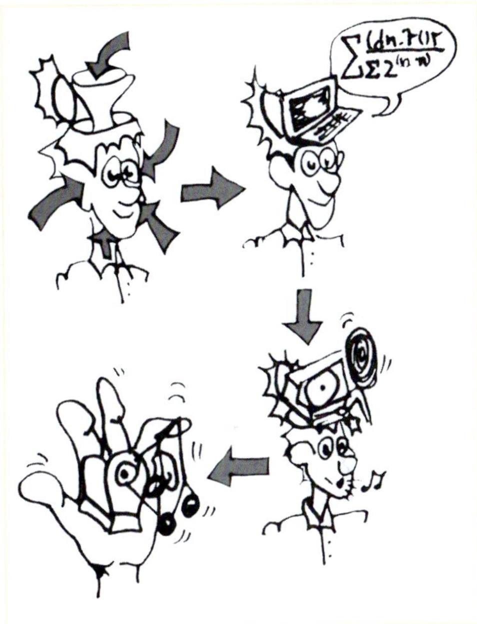

In Analogie zu einem Computer besitzt die menschliche Informationsverarbeitung eine eingeschränkte Verarbeitungskapazität. Bei einem Computer wird dieses Problem beim Laden sehr komplexer Programme deutlich. Ohne Heraufsetzen des Arbeitsspeichers benötigt der Computer längere Ladezeiten als bei weniger komplexen Programmen. Die Länge der „Ladezeiten" lässt sich aus **motorische Gesetzen** ableiten (Hicksches und Fittsches Gesetz, vgl. Zusatzinformationsmaterial ab S. 578).

Beispiel (Fehlstart beim 100-m-Sprint): Kapazitätsgrenzen in Bezug auf die Verarbeitungsgeschwindigkeit zeigen sich beim Start im 100-m-Sprint. Hier wird im Regelwerk der Leichtathletik sogar explizit davon ausgegangen, dass eine solche Begrenzung besteht. Da Startzeiten unter 100 ms nicht auf einer tatsächlichen Verarbeitung beruhen können, wird ein Versuch, bei dem schon 95 ms nach dem Startschuss ein überschwelliger Druck auf den Startblock registriert wird, als Fehlstart gewertet.

Bei der Veranschaulichung der motorischen Kontrolle mithilfe der Informationsverarbeitung wird auf das sogenannte *EVA-Prinzip* zurückgegriffen. Sinneszellen nehmen Reize aus der Umwelt auf und leiten die darin enthaltenen Informationen über sensorische Nerven in Form von Aktionspotenzialen ins ZNS. Dies entspricht in Analogie zu einem Computer der **Informationseingabe**. Im ZNS werden die eingehenden Informationen erkannt, bewertet, gespeichert und manchmal auch mit gespeicherten Informationen verglichen: Die Informationen werden somit **verarbeitet**. Als Ergebnis der Informationsverarbeitung erfolgt oft eine sichtbare und messbare Reaktion. Im Falle von Bewegungen oder Bewegungsfolgen werden im ZNS motorische Nerven aktiviert, deren Aktionspotenziale von den Muskeln in Kontraktion umgesetzt werden. Die Reaktion ist also das Ergebnis einer **Informationsausgabe** des ZNS. Dieses einfache Wirkungsprinzip wird in Abb. 4.2 dargestellt.

Abb. 4.2: Informationsverarbeitung nach dem EVA-Prinzip

EMERGENZ KOORDINIERTER BEWEGUNGEN

Nicht alle Bewegungen im Sport können mithilfe der Informationsverarbeitung erklärt werden. Es gibt koordinierte Bewegungen, die sich selbst organisieren. Vorgänge der **Selbstorganisation** koordinierter Bewegungen nennt man **Emergenz**.

Beispiel: Erhöht man beim Gehen kontinuierlich die Laufgeschwindigkeit, wird man ab einer bestimmten Geschwindigkeit automatisch zum Laufen übergehen. Diese Übergangsgeschwindigkeit ist eine andere, wenn man vom Laufen zum Gehen übergeht. Da der Übergang vom Laufen zum Gehen und umgekehrt automatisch erfolgt, scheint eine Erklärung mithilfe der Informationsverarbeitung schwer vorstellbar.

4.2 SENSOMOTORISCHE SYSTEME

BEGRIFFSBESTIMMUNG

- **Sensorische Systeme** haben die Funktion, **Informationen** über körperäußere und körperinnere Prozesse sowie Relationen zur Umwelt **aufzunehmen** und in unterschiedlichen Instanzen zu **verarbeiten** (Oliver et al., 2013, S. 101).

▶ **Motorische Systeme** haben die Funktion, Bewegungen des Körpers zu **starten**, **auszuführen**, die Ausführung zu **überwachen**, das Ergebnis zu **bewerten** und die Ausführungsvorschriften dieser Prozesse zu **speichern** (Oliver et al., 2013, S. 112).

Während sensorische Systeme über Nervenzellen Signale aufnehmen und verarbeiten, sind motorische Systeme Funktionsgefüge, die eine Verbindung von zentralem Nervensystem und Muskel schaffen. Über efferente (zum Muskel führende) Nervenbahnen werden dabei Aktionspotenziale vom ZNS an den Muskel weitergeleitet.

Sensorische und motorische Systeme sind in ihrer Funktion für die sportliche Bewegung unzertrennlich miteinander verbunden. So sind für die Überwachung der Bewegungsausführung und die Ergebnisbewertung auch Wahrnehmungsanalysatoren notwendig.

Beispiel: Ein Basketballer fühlt beim Abwurf eines Freiwurfs sehr genau, ob die aus einer Körperstreckung von unten nach oben entwickelten Kraftimpulse optimal auf den Ball übertragen wurden und der Ball in den Korb fällt. Meist erreicht ein derartiger Wurf sein Ziel sogar ohne Ringberührung (engl. „swish" für „sausen"). Der kinästhetische und taktile Analysator (beim Abwurf) sowie der auditive und visuelle Analysator (beim „Swish") gibt Rückmeldung über den Erfolg des Bewegungsablaufs. Auch der vestibuläre Analysator erkennt sehr genau, ob die nach vorne oben ausgerichtete Streckung der Extremitäten so koordiniert wurde, dass der Spieler nach dem Abwurf nicht übertritt und in eine stabile Position zurückkehrt.

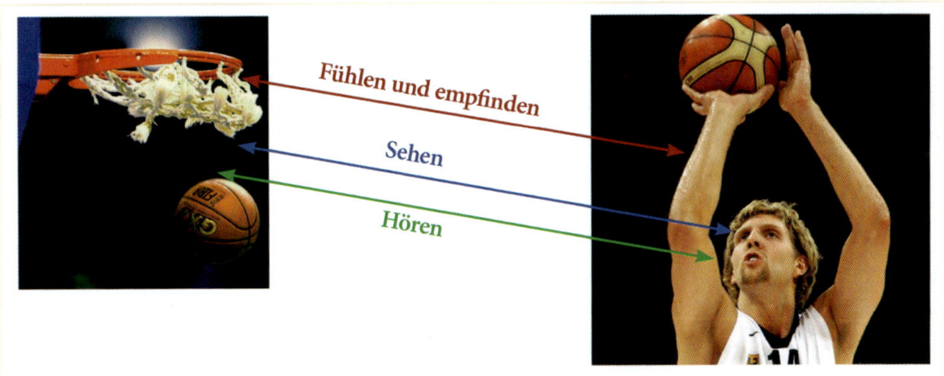

Abb. 4.3: Die Wahrnehmungsanalysatoren geben vor, während und nach Erreichen des Balls im Korb Rückmeldung über einen erfolgreichen Wurf. Dabei ist ein „Swish", bei dem der Ball ohne Ring- und Brettberührung in den Korb fällt, Ausdruck einer sehr präzisen Wurftechnik.

Im Folgenden werden die wichtigsten sensomotorischen Systeme vorgestellt. Dazu zählen Wahrnehmungsanalysatoren, die Muskelkontraktion, der Reflex sowie die Stütz- und Zielmotorik.

WAHRNEHMUNGSANALYSATOREN

▶ **Wahrnehmungsanalysatoren** ermöglichen es dem Sportler, beim Ausführen sportlicher Bewegungen, Informationen zum Gleichgewicht und zum Bewegungsempfinden sowie auditive, visuelle und taktile Informationen aufzunehmen und zu verarbeiten.

Je effektiver ein Sportler in der Lage ist, seine eigene Bewegung sowie die Umweltsituation analysierend zu erfassen, desto besser wird er sich auf veränderte Gegebenheiten einstellen und die Bewegungsaufgaben im Rahmen seiner individuellen Möglichkeiten motorisch lösen können. Die Informationsaufnahme und -aufbereitung wird durch sogenannte *Wahrnehmungsanalysatoren* gewährleistet. Zu einem **Wahrnehmungsanalysator** gehören:

- spezifische Rezeptoren (Sinnesorgane, die Informationen aufnehmen);
- afferente (= zum Zentralnervensystem hinführende) Nervenbahnen sowie
- sensorische Zentren in verschiedenen Hirngebieten.

Propriozeptoren und Exterozeptoren

Für die motorische Kontrolle sind im Wesentlichen fünf Analysatoren hinsichtlich Gleichgewicht, Bewegungsempfinden, Sehen, Hören und Tasten wichtig. Dabei unterscheidet man zwischen **Propriozeptoren** (von lateinisch „proprius" = „eigen" und „recipere" = „aufnehmen"), die sich auf das Bewegungsempfinden und den Gleichgewichtssinn beziehen. Wichtige Propriozeptoren sind z. B. die Muskelspindeln (Längenkontrollsystem, Kap. 16.2), die Sehnenspindeln (Spannungskontrollsystem, vgl. Kap. 16.2) und das Gleichgewichtsorgan im Innenohr. Die **Exterozeptoren** (von lateinisch „exter" = „außen befindlich" und „recipere" = „aufnehmen") nehmen von außen kommende Signale auf und beziehen sich auf das Sehen, Hören und Fühlen.

Diese fünf Wahrnehmungsanalysatoren beeinflussen ganz wesentlich die Güte eines Bewegungsablaufs und wirken meist eng zusammen bzw. ergänzen sich. Die Bedeutung der einzelnen Analysatoren kann dabei von Sportart zu Sportart stark differieren. Die Leistungsfähigkeit der verschiedenen Analysatoren bestimmt die Qualität der koordinativen Fähigkeiten entscheidend mit. Tab. 4.1 stellt die Wahrnehmungsaspekte der fünf Wahrnehmungsanalysatoren mit sportlichen Bewegungsbeispielen dar, bei denen ein Analysator besonders benötigt wird.

Tab. 4.1: Arten von Wahrnehmungsanalysatoren (nach Schnabel, 2014)

Analysator	Propriozeptoren		Exterozeptoren		
	Vestibulär Gleichgewicht	Kinästhetisch Bewegungs-empfinden	Optisch Sehen	Akustisch Hören	Taktil Fühlen
Aspekt	Lage-veränderung Orientierung Beschleunigung Haltungs-stabilität	Muskelspannung Gelenkstellung Körperraumlage	Helligkeit Farbe Form	Lautstärke Tonhöhe Geräusche	Temperatur Objektgröße Objektform Objekt-oberfläche
Beispiel	Abstoppen, Richtungs- und Tempowechsel, Balancieren	Basketballwürfe aus unter-schiedlichen Entfernungen, Saltobewegung im Turnen	Peripheres Sehen im Sportspiel	Tanzen	Werfen mit Leder- oder Gummi-basketball

Detaillierte Informationen zu den Wahrnehmungsanalysatoren des Menschen und der Bedeutung für die sportliche Praxis sind unter Zusatzinformationsmaterial ab S. 578 per QR-Code zu erreichen.

> Finden Sie weitere Beispiel im Sport, bei denen jeweils ein Analysator besonders wichtig ist für die Bewegungsausführung.

Herausragende Bedeutung des kinästhetischen Analysators

▶ Der **kinästhetische Analysator** hängt mit allen anderen sensorischen Systemen am engsten zusammen und ist daher von zentraler Bedeutung für die Beherrschung hochkomplexer Bewegungen im Sport.

Der kinästhetische Analysator ist in seiner Funktion enger mit allen anderen Analysatoren verbunden, als diese untereinander. Das erklärt sich daraus, dass jeder motorische Vorgang kinästhetische Signale auslöst. Die Aufnahme und richtige Verarbeitung dieser Signale ist deshalb zentral für die Beherrschung hochkomplexer Bewegungen. Eine besonders enge Beziehung besteht zwischen dem kinästhetischen und dem optischen Analysator. Die Bedeutung der visuellen Information ist für viele sportliche Bewegungsabläufe deshalb so groß, weil damit verbundene gespeicherte kinästhetische Informationen – und in gewissem Maße auch taktile und vestibuläre Informationen – aktiviert werden. Der optische Analysator hat gleichsam die Bewegungserfahrung von diesen Analysatoren mit übernommen (Schnabel, 2014, S. 48-52).

MUSKELKONTRAKTION

▶ Körperbewegungen entstehen durch Muskelverkürzungen **(Muskelkontraktionen)**.

Aufbau eines Skelettmuskels

Ein Skelettmuskel besteht aus einem **Muskelbauch**, der aus Muskelfaserbündeln besteht. Diese Bündel setzen sich aus vielen **Muskelfasern (Muskelzellen)** zusammen. Wie Röhren dicht aneinandergelegt, bilden viele Muskelfasern den Skelettmuskel. Muskelfasern können bis zu 18 cm lang und etwa 1 mm stark sein. Eine Muskelfaser wiederum besteht aus mehreren hundert bis 1.000 parallel verlaufenden Fibrillen, den **Myofibrillen**. Die Myofibrillen schließlich setzen sich aus Tausenden von **Muskelfilamenten** zusammen.

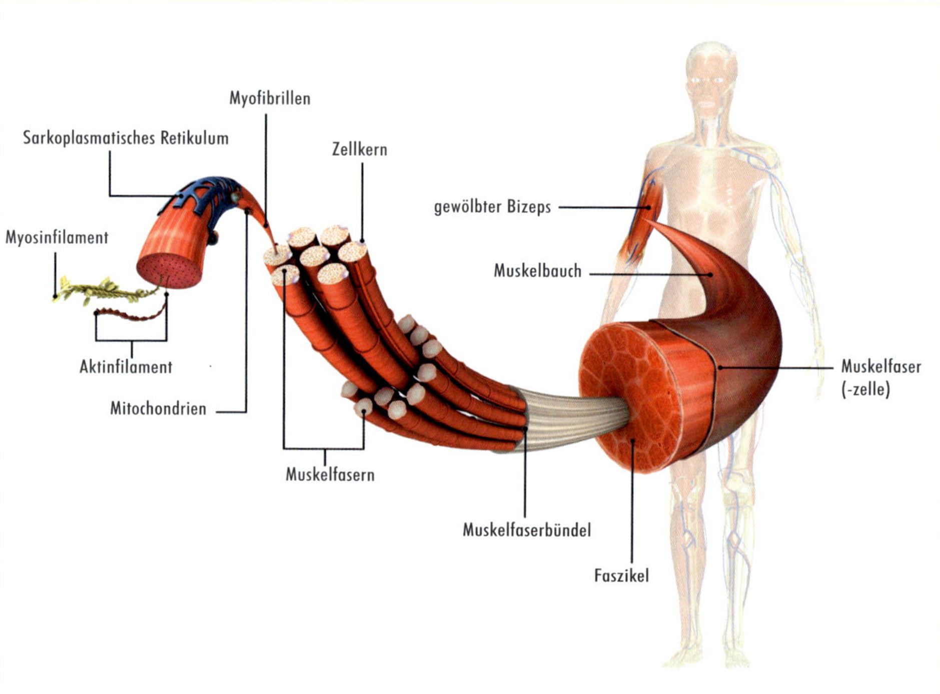

Abb. 4.4: Aufbau der quer gestreiften Skelettmuskulatur des Oberarmbeugers (modifiziert nach Hohmann et al., 2010, S. 66)

Dabei handelt es sich um Eiweißstrukturen, die nach ihren Proteinbestandteilen in zwei Gruppen eingeteilt werden: dünne **Aktinfilamente** und dicke **Myosinfilamente** (vgl. Abb. 4.4). Myosin- und dünne Aktinfilamente können bei einer Innervation der Muskelfasern so ineinandergleiten, dass sich die Sarkomerlänge verkürzt. Dadurch, dass viele Sarkomere hintereinandergeschaltet sind (die Verkürzung eines Sarkomers liegt bei 10^{-9} m), werden Muskelkontraktionen zur Ausführung von Körperbewegungen ermöglicht.

Ablauf einer Muskelkontraktion

Die **Muskelkontraktion** läuft nach der anerkannten Theorie der Filamentgleittheorie ab, bei der die Myosin- und Aktinfilamente bei einer Längenänderung der Muskelfaser aneinander vorbeigleiten. Bei der Muskelkontraktion werden die Aktinfilamente in die Myosinzwischenräume hineingezogen, sie „gleiten" quasi hinein. Der in Abb. 4.5 dargestellte **Querbrückenzyklus** gibt modellhaft eine Erklärung für das Hineingleiten der Aktinfäden in die Myosinzwischenräume.

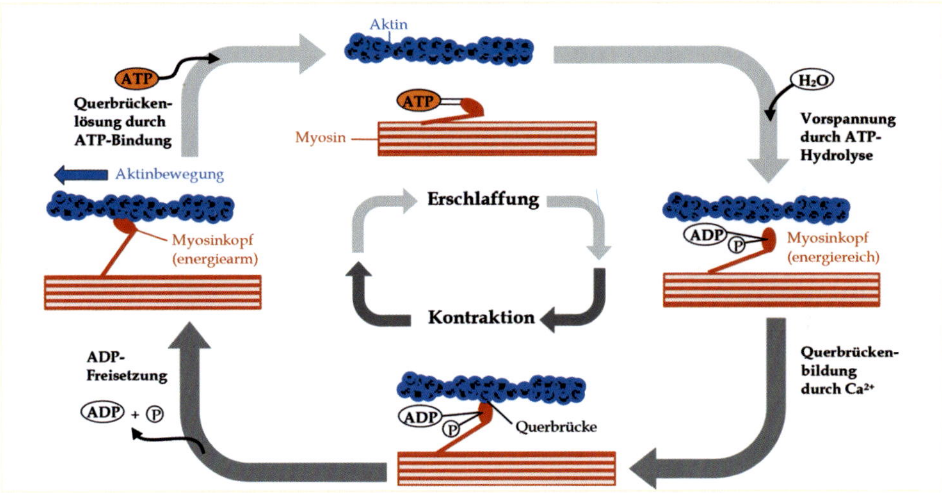

Abb. 4.5: Der Querbrückenzyklus (modifiziert nach Weber, 2008, S. 111)

Im Anfangsstadium sind die Myosinköpfe fest mit den Aktinfäden verbunden. Durch Anlagerung von ATP (Adenosintriphosphat = universeller Brennstoff der Muskelzelle, vgl. Kap. 13.2) und unter Mitwirkung von Kalzium löst sich der Myosinkopf vom Aktinfaden. Die ATP-Spaltung führt zur Verspannung des Myosinkopfs, was mit dem Spannen einer Feder vergleichbar ist. Das Kalzium bewirkt eine feste Querbrückenbildung durch Anheftung des Myosinkopfs an das benachbarte Aktinmolekül. Durch Freisetzung von Phosphat und ADP wird die Verspannung in mechanische Energie umgesetzt, vergleichbar dem Loslassen einer gespannten Feder oder einem „Ruderschlag". Der Myosinkopf kippt dabei von 90 ° auf ca. 45 °. Damit ist der Anfangszustand wieder erreicht.

Auslösen einer Muskelkontraktion durch Nervenimpulse

▶ Das Funktionsgefüge aus Nervenzelle (Motoneuron), Nervenbahnen (Motoaxone) und innervierten Muskelfasern heißt **motorische Einheit**. Die von einer Nervenzelle versorgten Muskelfasern treten immer gemeinsam in Aktion.

Die Kontraktion der Skelettmuskelfasern wird durch Nervenimpulse ausgelöst. Mehrere Muskelfasern werden durch eine motorische Nervenzelle (Motoneuron) kontrolliert (innerviert). Die motorische Nervenzelle bildet zusammen mit den von ihr innervierten Muskelfasern sowie den dazugehörigen efferenten (zu den Muskeln führenden) leitenden Nervenfasern (Motoaxone) eine motorische Einheit. Jedes im Rückenmark befindliche Motoneuron versorgt über schnell leitende Motoaxone mehrere Muskelfasern eines Muskels (vgl. Abb. 4.6). Dabei treten die von einer einzelnen Nervenzelle versorgten Muskelfasern immer gemeinsam in Aktion.

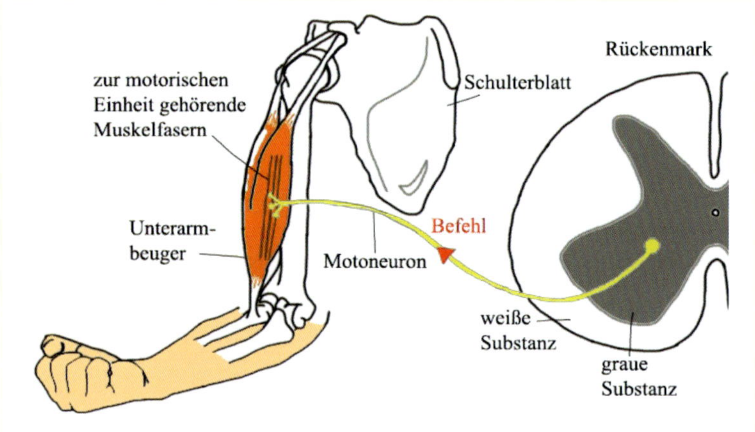

Abb. 4.6: Das Funktionsgefüge aus Motoneuron, Nervenfasern und innervierten Muskelfasern nennt man motorische Einheit (modifiziert nach Weber, 2008, S. 443).

▶ **Beachten Sie:** Die verschiedenen motorischen Einheiten eines Muskels arbeiten niemals alle gleichzeitig, sondern phasenverschoben, wodurch es zur gleichmäßigen Kontraktion des gesamten Muskels kommt.

Feinkoordination eines Muskels

▶ Je feinmotorischer ein Muskel agieren muss, desto weniger Muskelfasern werden von einer Nervenzelle versorgt.

Jeder Muskel besteht aus vielen motorischen Einheiten. In den Muskeln, die sehr feine und präzise abgestufte Bewegungen ausführen, werden nur etwa 5-10 Muskelzellen von einer motorischen Nervenzelle kontrolliert, wodurch die besonders feine und genaue Abstufung der Bewegungen ermöglicht wird.

Demgegenüber ist die Zahlenverteilung in den Muskeln mit gröberen Aufgaben anders. Hier werden durch den Impuls einer Nervenzelle über 1.000 Muskelzellen auf einmal innerviert. Dadurch ist die gleichzeitig mögliche Spannungsentwicklung im Muskel natürlich größer, aber die fein abgestufte Kontrolle des Nervensystems über die Muskelbewegung entsprechend wesentlich geringer.

Beispiel: Die Anzahl der motorischen Einheiten pro Muskel und der Muskelfaser pro motorische Einheit hängt von der spezifischen Aufgabe des Muskels ab. So besitzt der äußere Augenmuskel ca. 2.000 und der M. biceps brachii (Oberarmbeuger) 1.000 motorische Einheiten. Beim Augenmuskel ist die Anzahl der Muskelfasern pro motorischer Einheit sehr gering (ca. 10) im Gegensatz zum Oberarmbeuger mit ca. 1.000 Muskelfasern pro motorischer Einheit. Dies bedeutet, dass die Kraft pro motorische Einheit beim Augenmuskel sehr gering und beim Oberarmbeuger sehr groß ist. Der Augenmuskel kann also sehr viel feinmotorischer arbeiten als der M. biceps brachii (vgl. Tab. 4.2).

Tab. 4.2: Fein abgestufte und grob abgestufte Muskeln

	Augenmuskel	Oberarmbeuger
Anzahl der motorischen Einheiten	Ca. 2.000	Ca. 1.000
Anzahl der Muskelfasern	Ca. 20.000	Ca. 1.000.000
Anzahl der Muskelfasern pro motorischer Einheit	Ca. 10	Ca. 1.000
Art der Bewegung	Fein abgestuft	Grob abgestuft

REFLEX

▶ Ein **Reflex** ist die einfachste Form eines koordinierten motorischen Prozesses. Ein Reflex stellt eine festgeschriebene motorische Reaktion auf äußere Einflüsse dar.

Aus dem Alltag sind zahlreiche Reflexe bekannt. Der Lidschlussreflex bei einer schnellen Annäherung von Objekten, der Patellarsehnenreflex bei Dehnung des Oberschenkelstreckers durch einen Schlag auf die Patellarsehne oder Beugereflexe bei schmerzhaften Bewegungen, wie das Berühren einer heißen Herdplatte. Alle Reflexe bestehen aus fünf Komponenten, die zusammen den **Reflexbogen** bilden (vgl. Abb. 4.7): Rezeptor, afferente (zum Reflexzentrum führende) Nervenfasern, Reflexzentrum, efferente (vom Reflexzentrum wegführende) Nervenfasern, Effektor (reagierender Muskel).

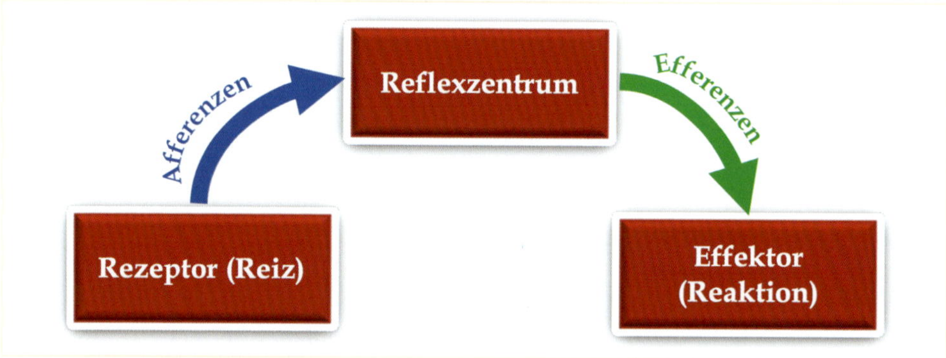

Abb. 4.7: Reflexbogen

▶ Die Funktion des **Dehnungsreflexes** liegt in der Längenstabilisierung des betreffenden Muskels.

Der Dehnungsreflex ist in der Sportmotorik von besonderer Bedeutung. Die Rezeptoren dieses Reflexes sind die Muskelspindeln (vgl. Kap. 16.2). Über afferente Nervenbahnen werden die zuständigen Motoneurone im Rückenmark aktiviert (Reflexzentrum). Entladungen der Motoneurone führen über efferente Nervenbahnen zu einer Kontraktion des Muskels, dessen Muskellänge vorher zugenommen hat.

Beispiel: Tritt man am Strand auf eine Scherbe, wird ein kombinierter Beuge- und gekreuzter Streckreflex ausgelöst. Der Beugereflex führt zu einer Kontraktion der gleichseitigen Beugemuskeln und zu einer Hemmung der Streckmuskeln der gleichen Seite. Der Fuß wird reflektorisch hochgezogen. Da durch diese Aktion die Standsicherheit dramatisch verschlechtert wird, sind zusätzliche Aktionen notwendig. Der gekreuzte Streckreflex führt zu einer zusätzlichen Aktivierung der gegenseitigen Streckmuskulatur und zur Hemmung der entsprechenden Beugemuskeln. Das gegenseitige Bein erfährt eine Streckung. Dies führt zu Stabilisierung des Standes.

STÜTZ- UND ZIELMOTORIK

▶ Die aufrechte Haltung des Menschen bedarf der ständigen Regulation der Kontraktionskraft der Beine und des Rumpfs. Der hierfür verantwortliche Teil der Motorik heißt **Stützmotorik**.

Bei vielen Haltebewegungen wirken verschiedene Muskelgruppen zusammen, um das Gleichgewicht eines Menschen zu sichern. Diese Haltebewegungen werden durch die sogenannte *Stützmotorik* erledigt.

Beispiel: Man steht normal auf beiden Fußsohlen und bekommt die Aufgabe, in den Hochzehenstand zu wechseln. Direkt notwendig hierfür wäre die Kontraktion der Wadenmuskulatur, die zu einer Streckung der Fußgelenke und damit zur Einnahme des Hochzehenstandes führt. Da die Standfläche nun jedoch plötzlich vor der senkrechten Projektion des KSP liegt, fällt man zurück. Zur Lösung dieser Aufgabe ist als Vorbereitung eine relativ zur Unterstützungsfläche vorwärts gerichtete Bewegung des Körpers notwendig. Es handelt sich um eine leichte Vorwärtsrotation um die Fußgelenke, die durch Kontraktion der Schienbeinmuskulatur bewirkt wird.

▶ Unter **Zielmotorik** werden diejenigen motorischen Teilsysteme und Teilprozesse verstanden, die für die Steuerung geplanter Bewegungen zuständig sind.

Während Reflexe meist ohne Mitwirkung des Gehirns ablaufen, ist für das Ausführen von willkürlichen Bewegungen das Gehirn von zentraler Bedeutung. Dabei spielen aber nicht nur die bereits oben beschriebenen Areale der Großhirnrinde eine Rolle. Die Planung, Ausführung und Kontrolle von Bewegungsabläufen ist eine komplexe Aufgabe, zu der zahlreiche Hirnareale beitragen. In folgender Tab. 4.3 werden die an einer willkürlichen Bewegung beteiligten Hirnstrukturen unter Angabe ihrer Funktionen für den Bewegungsablauf genannt.

Tab. 4.3: Ablauf einer Bewegungshandlung unter Angabe der beteiligten anatomischen Strukturen (modifiziert nach Weineck, 2010, S. 98; Weber, 2008, S. 447)

Beteiligte Hirnstruktur		Funktion
„Gefühlshirn" und Stirnlappen	↓	Handlungsabsicht für das Ermitteln . . .
Assoziative Rindenfelder	↓	. . . eines Bewegungsplans, . . .
Basalganglien und Kleinhirn	↓	. . . der überprüft wird, um als Bewegungsprogramm den . . .
Motorische Rindenfelder	↓	. . . motorischen Rindenfeldern zur Umsetzung zugeführt zu werden. Über efferente Nervenbahnen gelangen die Bewegungsprogramme . . .
Hirnstamm	↓	. . . bei angepasster Stützmotorik (ggf. durch für die Zielmotorik notwendige Ausgleichsbewegungen) über den Hirnstamm . . .
Rückenmark	↓	. . . und aktivieren im Rückenmark die Motoneurone, die . . .
Skelettmuskulatur	↓	. . . durch Rekrutierung und Frequenzierung der motorischen Einheiten eines Muskels zur Kontraktion der Muskeln beitragen.

4.3 KOGNITIVE UND DYNAMISCHE SYSTEME

Prozesse der **motorischen Kontrolle** können je nach Blickrichtung u. a. durch kognitive Informationsverarbeitungsansätze oder durch dynamische Systeme modelliert werden. Während die **kognitiven Ansätze** auf die Computermetapher zurückgreifen und Bewegungskontrolle mithilfe von **Bewegungsprogrammen** erklärt wird, sehen Anhänger **systemdynamischer Ansätze** die Kontrolle von Bewegungen im Zusammenhang von **Selbstorganisation**.

INFORMATIONSVERARBEITUNG UND MOTORISCHE PROGRAMME

In der Theorie des Motorikforschers Richard Schmidt (1975) kontrollieren Motorikprogramme eine ganze Klasse von Bewegungen. Solche generalisierten Motorikprogramme haben feste und variable Eigenschaften:

- Ein **generalisiertes motorisches Programm (GMP)** steuert eine ganze Klasse von Bewegungen und ist gekennzeichnet durch bewegungsübergreifende, konstante Merkmale **(Invarianten)** und bewegungsspezifische, variable Komponenten **(Parameter)**.

Beispielsweise könnte ein GMP die Gesamtheit der Oberarmwürfe steuern. Die Würfe können zwar schneller oder langsamer und mit weniger oder mehr Kraft ausgeführt werden, die Grundstruktur bleibt aber immer die Gleiche. Insgesamt ergeben sich drei Invarianten eines GMPs:

- **Invarianten eines GMPs** sind: Reihenfolge der Teilbewegungen **(„order of events")**, zeitliche Relation von Teilbewegungen oder Muskelkontraktionen **(„phasing")**, Relation von Muskelkräften, die bei den Teilbewegungen wirken **(„relative force")**.

In Abhängigkeit von situativen Bedingungen können variable Merkmale aufgeschaltet werden:

- **Variable Parameter eines GMPs** sind: Gesamtdauer einer Bewegung **(„overall duration")**, eingesetzte Gesamtkraft **(„overall force")**, spezifische Muskelauswahl **(„muscle selection")**.

Die Aussagen der GMP können durch experimentelle Befunde gestützt werden. Im Hinblick auf das Bewegungslernen und insbesondere auf das Neulernen von Bewegungen stellen Invarianten und Parameter von GMP wichtige Aspekte im methodischen Lernprozess dar (vgl. Kap. 6.3).

Beispiel: GMP des Positions- und Sprungwurfs

- Alle Druckwürfe im Basketball können durch ein GMP kontrolliert werden.

Beim Positionswurf im Basketball könnte eine solche Klasse von Bewegungen, die von einem GMP kontrolliert wird, vorliegen. Obwohl der Wurf aus unterschiedlichen Distanzen ausgeführt werden könnte, ist nur ein GMP notwendig. Der Wurf wird an verschiedene Entfernungen angepasst, indem in der aktuellen Situation der Parameter „overall force" ausgewählt wird. Eine höhere Kraftstoßentwicklung kann z. B. über ein verstärktes Nach-vorne-Drücken der Schulter unterstützt werden („muscle selection").

Die Invarianten bleiben dagegen bei allen Würfen über die verschiedenen Wurfdistanzen konstant. Die Hauptphase der Positionswurfbewegung beginnt (ohne Ausholbewegungen) mit der Impulsübertragung von unten nach oben möglichst nah an den Abwurfpunkt in Abwurfrichtung heran („Stoßphase") und endet mit abschließendem Nachdrücken des Handgelenks („Wurfphase"). Die Konstanz von „order of events" bedeutet, dass die Reihenfolge der Teilbewegungen gleichbleibt. Die Konstanz von „phasing" beinhaltet, dass die zeitliche Relation von Stoß- und Wurfphase über unterschiedliche Distanzen die Gleiche bleibt. Konstanz von „relative forces" heißt hier, dass die Relation von Stoß- und Wurfkraft konstant bleibt.

Ebenso könnte ein GMP, welches nur aus der Arm-Hand- und Ball-Hand-Führung des Positionswurfs besteht, auf die Situation des Sprungwurfs übertragen werden. Hier fällt die Entwicklung der Kraftstöße aus den unteren Extremitäten möglichst in Abwurfrichtung weg, sodass beim Sprungwurf ein verstärkter Bewegungsimpuls durch die Arm-Hand- und Ball-Hand-Führung erzeugt werden muss.

Abb. 4.8: Sprungwurf und Positionswurf haben eine identische Arm-Hand- und Ball-Hand-Führung, könnten also durch das gleiche GMP gesteuert werden.

Zu den Begrifflichkeiten Stoß- und Wurfphase beim Positionswurf und beim Sprungwurf im Basketball sowie zu exakten Beschreibungen der beiden Wurfarten sei auf das Kap. 3.2 und den Zusatzinformationstext („Biomechanische Analyse des Positionswurfes im Basketball") unter das Zusatzinformationsmaterial verwiesen.

Geben Sie weitere generalisierte motorische Programme an, die eine ganze Gruppe von Bewegungen steuern. Wie lauten die dazugehörigen Invarianten und Parameter?

SELBSTORGANISATION SPORTLICHER BEWEGUNGEN

Hebt man einen Arm nach oben und lässt ihn fallen, stellt sich eine Pendelbewegung ein, die nur schwer mit motorischen Programmen beschreibbar ist. Vielmehr liefert die Physik Erklärungsansätze mithilfe der Pendelgesetze. Auch der Patellarsehnenreflex erweckt nicht den Eindruck, dass das Hochschnellen des Beins eine kontrollierte Bewegung darstellt. In Tierexperimenten konnte man zeigen, dass Katzen, denen man den Hirnstamm komplett durchtrennt hat, trotzdem in der Lage sind, Schrittbewegungen zu koordinieren, obwohl keine Verbindung mehr vom Großhirn zum Rückenmark besteht. Auch der in Kap. 4.1 beschriebene Übergang vom Laufen zum Gehen und umgekehrt verweist auf die Emergenz sportlicher Bewegungen. Daher gilt folgender Merksatz:

▶ Es gibt sich selbst organisierende Bewegungsvorgänge im Sport, die mithilfe von motorischen Programmen nicht zu erklären sind.

Ausführliche sportbezogene Informationen zu Informationsverarbeitungsansätzen und Vorgängen der Selbstorganisation im Sport sind unter Zusatzinformationsmaterial ab S. 578 per QR-Code zu erreichen.

4.4 RÜCKBLICK

Grundbegriffe der Sportmotorik

- **Sportmotorik** setzt sich auseinander mit Teilsystemen und Teilprozessen, die Bewegungen im Sport auslösen und kontrollieren. Darüber hinaus ist die Sportmotorik an kurzfristigen Adaptionsvorgängen und mittel- und langfristigen Lernprozessen interessiert. Das **Freiheitsgradeproblem** stellt ein Grundproblem der Sportmotorik dar. Bewegungskontrolle kann mithilfe der **Informationsverarbeitung (EVA-Prinzip)** oder durch **dynamische Systeme** beschrieben werden **(Emergenz)**.

Sensomotorische Systeme

- Die wichtigsten Teilprozesse und Teilsysteme der Sportmotorik sind die **sensomotorischen Systeme**. Während sensorische Systeme Informationen über körperäußere und körperinnere Prozesse aufnehmen und verarbeiten, stehen die motorischen Systeme mit dem Start, Ausführen und Überwachen sowie der Speicherung und Bewertung von Bewegungen im Zusammenhang.

Tab. 4.4: Funktionen und Eigenschaften sensomotorischer Systeme

Sensorische Systeme sorgen für die Aufnahme und Verarbeitung von Informationen		
Wahrnehmungsanalysator	**„Hauptzentrale"**	**Motorische Hauptfunktion**
Vestibulär	Bogengänge (Rotation) und Maculaorgane (Translation) im Innenohr	Sicherung der Haltungskontrolle
Kinästhetisch	Muskelspindeln	Kontrolle über den Stellungs-, Kraft- sowie Muskel- und Körpersinn (Bewegungsempfinden)
Optisch	Netzhaut im Auge	Optische Aufnahme räumlich-zeitlicher Informationen (z. B. Sicherung des fünffachen Blicks)
Auditiv	Schallleitungsapparat im Innenohr	Unterstützung des Bewegungsvollzugs
Taktil	Rezeptoren der Haut	Sicherung des Bewegungsgefühls
Zusammenwirken der Analysatoren: Der kinästhetische Analysator hängt mit allen anderen Systemen am engsten zusammen und ist daher zentral für die Beherrschung komplexer Bewegungen im Sport.		

Motorische Systeme sorgen für das Starten und Ausführen einer Bewegung sowie für die Überwachung der Bewegungsausführung und die Bewertung und Speicherung des Bewegungsergebnisses	
Teilsystem bzw. -prozess	**Motorische Hauptfunktion**
Muskelkontraktion durch Verkürzung von Muskelfasern	Erzeugung von Körperbewegungen
Reflexe bestehen aus einem Reflexbogen: Reizaufnahme durch den Rezeptor, zum ZNS führende Afferenzen, vom ZNS zum Effektor (= Muskel) führende Efferenzen und resultierende Muskelreaktion.	Ausführen schneller Routineaufgaben, die kein langes Nachdenken erfordern dürfen
Stützmotorik	Gleichgewichtssicherung
Zielmotorik	Steuerung geplanter Bewegungen

Kognitive und dynamische Systeme

- Während die kognitiven Ansätze Bewegungskontrolle mithilfe von **generalisierten motorischen Programmen** erklären, sehen Anhänger systemdynamischer Ansätze die Kontrolle von Bewegungen im Zusammenhang von **Selbstorganisation** (vgl. Tab. 4.5).

Tab. 4.5: Kognitive und systemdynamische Erklärungsansätze zur motorischen Kontrolle

Kognitive und systemdynamische Ansätze der motorischen Kontrolle	
Ansatz	**Kernaussagen**
Kognitiv	• Die Erklärung des Ablaufs sportlicher Bewegungen erfolgt mithilfe der **Informationsverarbeitung**, die nach dem technischen **Vorbild eines Computers** modelliert wird. • Die Bewegungskontrolle wird durch **generalisierte motorische Programme (GMP)** erklärt. • Ein GMP besteht aus je drei **Invarianten** und variablen **Parametern**.
Systemdynamisch	• Das Bewegungslernen erfolgt **selbstorganisiert** durch **Verändern von** aufgabenbezogenen **Randbedingungen**.

4.5 PRÜFUNGSVORBEREITUNG

Kontrollfragen

1. Was ist das Freiheitsgradeproblem?
2. Erklären Sie das EVA-Prinzip.
3. Was sind Propriozeptoren?
4. Was bedeuten Exterozeptoren?
5. Beschreiben Sie die Aufgabe des vestibulären Systems.
6. Welche Bedeutung hat der kinästhetische Analysator für sportliche Bewegungen?
7. Was sind motorische Systeme?
8. Beschreiben Sie den Aufbau eines Muskels und den Ablauf einer Muskelkontraktion.

Prüfungsaufgaben

Bedeutung von Wahrnehmungsanalysatoren in Gleichgewichtssituation

a) **Erläutern** Sie, welche Muskulatur für das Einhalten des Gleichgewichts bei der Standwaage oder dem einbeinigen Stand sorgt.

b) **Beschreiben** Sie unter Angabe der beteiligten Muskeln zwei weitere Übungen, bei denen das Gleichgewicht gehalten werden muss.

c) **Erläutern** Sie an zwei sportlichen Beispielen, dass eine enge Verbindung der fünf Wahrnehmungsanalysatoren besteht und der kinästhetische Analysator eine dominante Rolle bei der Informationsaufnahme und -verarbeitung einnimmt.

Bewegungssteuerung und -regelung des Korblegers (kostenfrei)

Analysieren Sie den Korbleger aus einem Dribbling auf Invarianten und variable Parameter eines möglichen generalisierten motorischen Programms. Betrachten Sie nur den Teilablauf nach dem letzten rhythmischen Dribbling. [Tipp: Überlegen Sie sich zunächst, aus welchen Grundelementen ein Korbleger aus dem Dribbling besteht.]

Abb. 4.9: Korbleger aus dem Dribbling

LEKTION 5
WELCHE BEDEUTUNG HAT DIE KOORDINATION IM SPORT?

5.1	KOORDINATION UND TECHNIK	118
5.2	KOORDINATIONSMODELLE	119
5.3	SPORTARTÜBERGREIFENDE KOORDINATIONSSCHULUNG	128
5.4	RÜCKBLICK	133
5.5	PRÜFUNGSVORBEREITUNG	134

LEKTION 5: WELCHE BEDEUTUNG HAT DIE KOORDINATION IM SPORT?

5.1 KOORDINATION UND TECHNIK

Der Begriff „Koordination" stammt vom Lateinischen „cum ordo" ab und bedeutet „mit Ordnung" (Vele, 1989, S. 32). In der trainingswissenschaftlichen Literatur finden sich zahlreiche Definitionen für Koordination. Hollmann und Strüder (2009, S. 140) definieren Koordination aus sportmedizinischer Sicht:

▶ „**Koordination** ist das Zusammenwirken von Zentralnervensystem und Skelettmuskulatur innerhalb eines gezielten Bewegungsablaufs."

In Anlehnung an Daugs et al. (1999, S. 13-36) soll die Bedeutung der Koordination ein einfaches technisches **Beispiel** verdeutlichen: Man stelle sich vor, an einem Auto wäre jedes der vier Räder unabhängig voneinander lenkbar. Schon das Geradeausfahren würde erhebliche Probleme bereiten. Noch schwieriger wäre das Rückwärtseinparken. Das Problem wird technisch dadurch gelöst, dass einerseits die beiden Hinterräder nicht lenkbar sind und andererseits die Vorderräder direkt miteinander gekoppelt sind. Auf diese Weise wird die Anzahl der Freiheitsgrade stark eingeschränkt.

Wenn Koordination im Sinne einer Leistungskomponente betrachtet wird, verwenden Hohmann et al. (2010, S. 105-106) folgende Definition:

▶ „**Koordination** ist eine Sammelbezeichnung für eine Reihe von koordinativen Fähigkeiten."

Im Bereich der Sportspiele lässt sich mit Voigt und Westphal (1995, S. 7) Koordination sehr offen formulieren:

▶ „Wir verstehen unter **Koordination im Sportspiel** das Zusammenwirken von gezielter Informationsaufnahme, der geistigen Verarbeitung der Information und der darauffolgenden nervösen Steuerung mit anschließender muskulärer Ausführung."

Die sportliche Technik hängt eng mit der Koordination zusammen. Bösing et al. (2012, S. 82) verstehen unter Technik:

▶ **Technik** meint eine „konkrete und sportspezifische Bewegungshandlung zur Lösung einer Bewegungsaufgabe".

Koordination und Technik sind zwei Seiten einer Medaille hinsichtlich des Erwerbs allgemeiner und spezieller Bewegungsfertigkeiten. Das eine ist „ohne das andere nur begrenzt effektiv" (Steinhöfer, 2008, S. 300).

In der Literatur finden sich zahlreiche Modelle zur Koordination im Sport. Dabei handelt es sich um fähigkeitsorientierte, fertigkeitsorientierte und gemischte Modellansätze (vgl. Abb. 5.1). Im Folgenden wird ein fähigkeits- und ein fertigkeitsorientierter Modellansatz vorgestellt. Ergänzende Informationen zu gemischten Koordinationsmodellen finden sich in Kap. 19.2 („integrative Sportspielvermittlung") sowie im Zusatzinformationsmaterial.

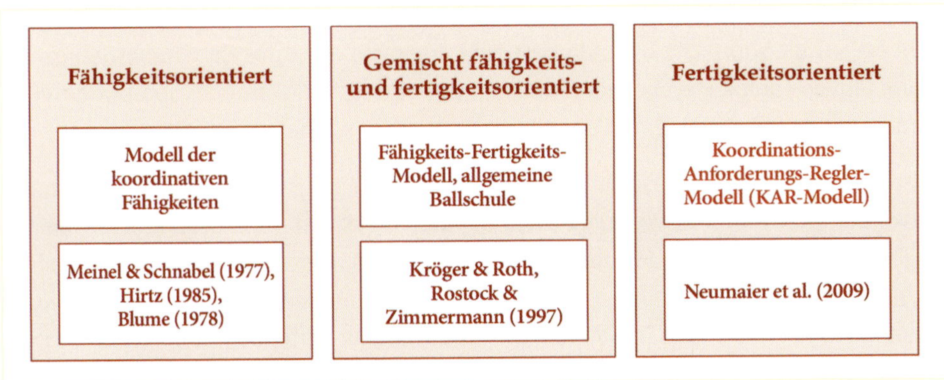

Abb. 5.1: Modelle zur Bewegungskoordination

5.2 KOORDINATIONSMODELLE

MODELL DER KOORDINATIVEN FÄHIGKEITEN

▶ Im **Modell der koordinativen Fähigkeiten** werden sieben koordinative Fähigkeiten unterschieden, die als koordinative Leistungsvoraussetzungen für sportliche Fertigkeiten angesehen werden: Kopplungs-, Differenzierungs-, Gleichgewichts-, Orientierungs-, Rhythmisierungs-, Reaktions- und Umstellungsfähigkeit. Das beste koordinative Lernalter liegt zwischen sieben und 12 Jahren. Die Tragfähigkeit des Modells wird in der wissenschaftlichen Forschung kritisch gesehen.

Koordinative Leistungsvoraussetzung für sportliche Bewegungsfertigkeiten

Man geht davon aus, dass eine frühzeitige und vor allem vielseitige Schulung von allgemeinen koordinativen Fähigkeiten eine wichtige Basis für das spätere Erlernen von sportartspezifischen Bewegungsfertigkeiten (Techniken) ist. Die Befürworter des Modells der koordinativen Fähigkeiten erwarten durch ein fähigkeitsorientiertes Schulen übergreifender Bewegungsqualitäten, wie Reagieren, Orientieren, Umstellen, Differenzieren,

Rhythmisieren, Bewegungskoppeln und der Gleichgewichtsfähigkeit, positive Effekte für ein schnelles und sicheres Erlernen von Bewegungsformen und Bewegungstechniken (vgl. Lektion 6).

▶ **Merksatz:** Eine umfassende und vielseitig orientierte Grundausbildung im Grundschulbereich verlangt ein spielerisches Schulen vielfältiger Bewegungsformen, welche die breite Palette der koordinativen Fähigkeiten berücksichtigt.

Koordinative Fähigkeiten bewirken, dass die Impulse innerhalb eines Bewegungsablaufs zeitlich, stärke- und umfangmäßig aufeinander abgestimmt werden und die entsprechenden Muskeln erreichen. Dabei ist zu bedenken, dass eine einzelne koordinative Fähigkeit nicht isoliert die sportliche Leistung bestimmt. Vielmehr muss das Beziehungsgefüge der koordinativen Fähigkeiten bei der jeweiligen Bewegungsfertigkeit oder Sportart gesehen werden. Oft besteht auch eine Verbindung zu den konditionellen Fähigkeiten.

Beispiel: Beweglichkeit beschreibt als konditionelle Fähigkeit die Dehnfähigkeit der Muskulatur sowie die Schwingungsweite der Gelenksysteme (vgl. Lektion 16). Die Beweglichkeit, die auch mit **Flexibilität** bezeichnet wird, hat durch die Gelenkmobilität konstitutionelle Aspekte, durch die Kraft der Muskulatur energetisch-konditionelle Komponenten und durch das Zusammenspiel von Muskeln (intermuskuläre Koordination) sowie neuromuskuläre Abläufe innerhalb eines Muskels (intramuskuläre Koordination) koordinative Merkmale.

Koordinative Grundfähigkeiten

Hirtz (1985) unterscheidet zunächst drei **koordinative Grundfähigkeiten**: die Steuerungsfähigkeit, die Adaptionsfähigkeit und die motorische Lernfähigkeit. Die **Steuerungsfähigkeit** beschreibt die Fähigkeit, Bewegungen auch bei hohen Koordinationsanforderungen im Hinblick auf das Lösen der Bewegungsaufgabe genau zu steuern. Dies sind: Kopplungs-, Differenzierungs-, Gleichgewichts-, Orientierungs- und Rhythmisierungsfähigkeit. Die **Adaptionsfähigkeit** meint die Fähigkeit, sich ungewohnten und schnell wechselnden Bedingungen und Aufgaben anzupassen und die Bewegungen zweckmäßig umzustellen. Hierzu zählen Gleichgewichts-, Orientierungs-, Rhythmisierungs-, Reaktions- und Umstellungsfähigkeit. Insgesamt tragen die sieben Fähigkeiten zur **motorischen Lernfähigkeit** bei, unter der das sichere und schnelle Erlernen von Bewegungsformen zu verstehen ist. Abb. 5.2 stellt den Zusammenhang von koordinativen Grundfähigkeiten und den sieben koordinativen Fähigkeiten dar.

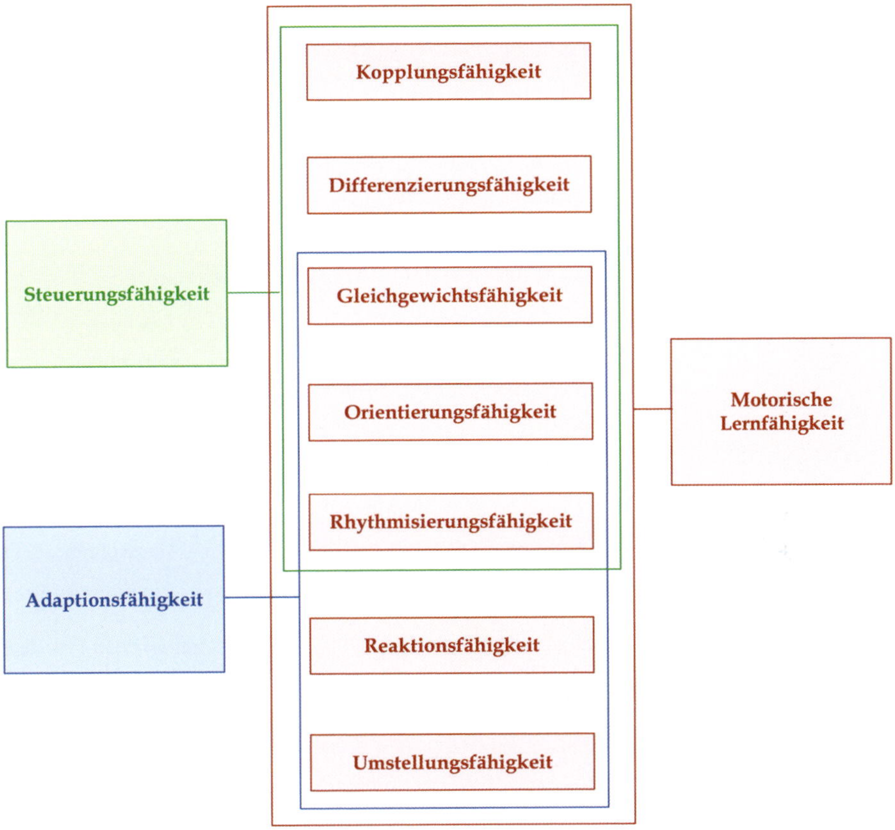

Abb. 5.2: Koordinative Grundfähigkeiten und koordinative Fähigkeiten (modifiziert nach Blume, 1978; Hirtz, 1985)

In Tab. 5.1 werden in Anlehnung an Hirtz (2014), Blume (1978) und Hirtz (1985) sieben grundlegende koordinative Fähigkeiten dargestellt und mit praktischen Beispielen aus verschiedenen Sportbereichen unterlegt.

Tab. 5.1: Definition und Beispiele zu den sieben koordinativen Fähigkeiten

Fähigkeit	Definition	Beispiele
Differenzierungs-fähigkeit	Fähigkeit zum Erreichen einer hohen Feinabstimmung einzelner Bewegungsphasen und Teilkörperbewegungen, die in großer Bewegungsgenauigkeit und Bewegungs-ökonomie zum Ausdruck kommt.	Ballgefühl, Schneegefühl, Wassergefühl
Reaktions-fähigkeit	Fähigkeit zur schnellen Einleitung und Ausführung zweckmäßiger motorischer Aktionen auf Signale.	Antritte, Täuschungen, Richtungswechsel, Sprünge, leichtathletische Sprints
Kopplungs-fähigkeit	Fähigkeit, Teilkörperbewegungen bzgl. eines bestimmten Handlungsziels räumlich, zeitlich und dynamisch aufeinander abzustimmen.	Kraulschwimmen, Hochsprung, Sprungwurf
Orientierungs-fähigkeit	Fähigkeit zur Bestimmung und zielangepassten Veränderung der Lage und Bewegung des Körpers im Raum.	Kopfball beim Fußball, Kemper-Trick im Handball, Tipp-in im Basketball, Timing, peripheres Sehen
Gleichgewichts-fähigkeit	Fähigkeit, den gesamten Körper im Gleichgewichtszustand zu halten oder während und nach umfangreichen Körperverlagerungen diesen Zustand beizubehalten oder wiederherzustellen.	Balancieren, Einradfahren, Rebound im Basketball, Stoppen, Gegnerkontakt
Rhythmisierungs-fähigkeit	Fähigkeit, einen von außen vorgegebenen Rhythmus zu erfassen und motorisch umzusetzen. Außerdem die Fähigkeit, einen verinnerlichten Rhythmus einer Bewegung in der eigenen Bewegungstätigkeit zu realisieren.	Tanzsportarten, Ballett, Dribbling, Diskuswurf
Umstellungs-fähigkeit	Fähigkeit, während des Handlungsvollzugs das Handlungsprogramm veränderten Umgebungsbedingungen anzupassen oder ein neues und adäquates Handlungsprogramm zu starten.	Kooperation mit Mitspielern in Mannschaftsspielen, Anpassung an Gegner

Sensible Phasen im Bereich der koordinativen Fähigkeiten

▶ Die koordinativen Fähigkeiten lassen sich besonders gut im Kindesalter schulen.

Die koordinativen Fähigkeiten sind nicht angeboren, sie müssen erlernt, gefestigt und weiterentwickelt werden. Zwischen dem siebten und 12. Lebensjahr ist eine besondere Lernfähigkeit (**sensible Phase**, vgl. Kap. 12.1: „Gesetz der Trainierbarkeit") im Bereich der koordinativen Fähigkeiten gegeben. Der Grund dafür ist die in diesem Alter beschleunigte Ausreifung grundlegender Funktionen des Zentralnervensystems sowie der Analysatoren. Hinzu kommen biologische Reifungsprozesse im Zusammenhang mit einem starken Bewegungsbedürfnis.

▶ **Beachten Sie:** Ein „Verpassen" einer sensiblen Phase kann dazu führen, dass das Ansteuern bestimmter Leistungsfaktoren zu einem späteren Zeitpunkt mit viel mehr Aufwand verbunden ist.

Das **Fähigkeitsmodell** nach Hirtz (2014) geht davon aus, dass eine Verbesserung der koordinativen Leistungsvoraussetzungen einer Person positiven Einfluss auf das Beherrschen von sportartspezifischen Fertigkeiten hat. Dieses Modell findet besonders im Schulsport, in der allgemeinen Grundausbildung und in der allgemeinen Übungsleiterausbildung eine breite Akzeptanz. Allerdings kann in Anlehnung an Steinhöfer (2008) festgestellt werden:

- Die Tragfähigkeit des Konzepts der koordinativen Fähigkeiten wird in der wissenschaftlichen Forschung zunehmend angezweifelt.

KOORDINATIONS-ANFORDERUNGS-REGLER-MODELL (KAR-MODELL)

▶ Koordinative Anforderungen von Bewegungsaufgaben können einerseits durch **Anforderungen an die Informationssysteme** (optisch, taktil, akustisch, kinästhetisch, vestibulär) und andererseits durch bestimmte **Druckbedingungen**, wie Präzisions-, Zeit-, Komplexitäts-, Situations- und Belastungsdruck, gekennzeichnet werden. **Koordinations-Anforderungs-Regler** geben für jede Bewegungsaufgabe die Ausprägung der Informationsanforderungen und der Druckbedingungen an. Eine **praktische Relevanz** des KAR-Modells liegt in der Möglichkeit, zahlreiche Koordinationsübungen zu entwickeln, indem sicher beherrschte Bewegungsabläufe durch Veränderung der Druckbedingungen und der Informationsanforderungen variiert werden.

Unterschiedliche Bewegungsaufgaben erfordern unterschiedliche koordinative Anforderungen. Ein Basketballwurf besitzt sicherlich eine andere koordinative Anforderung als der Hochsprung in der Leichtathletik oder der Smash im Badminton. Eine Möglichkeit, diese verschiedenen koordinativen Anforderungen zu analysieren, stellt das Modell nach

Neumaier et al. (2009) dar. Dieses Strukturmodell besteht aus zwei Teilen, den „Informationsbedingungen" und den „Druckbedingungen" (vgl. Abb. 5.3).

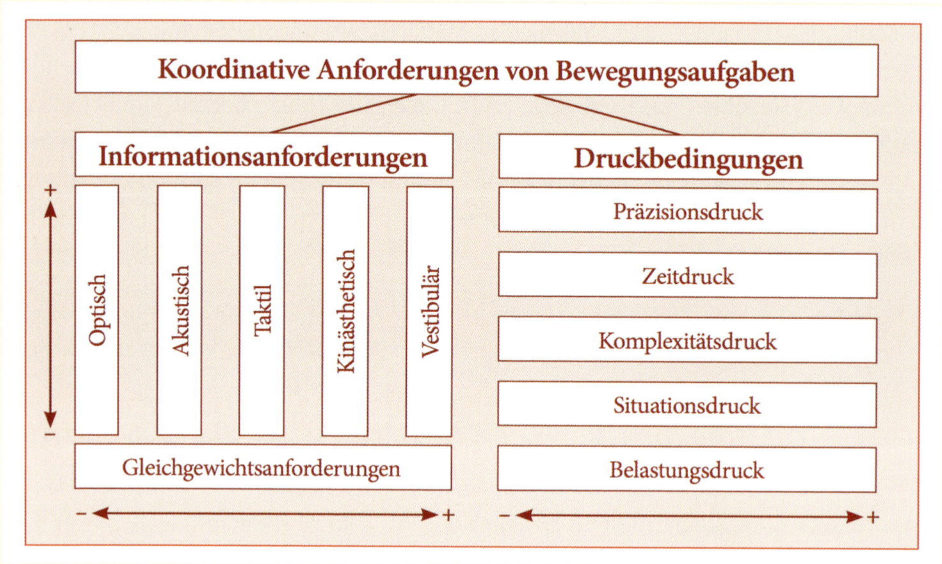

Abb. 5.3: Informationsanforderungen und Druckbedingungen bei Bewegungsaufgaben (modifiziert nach Neumaier et al., 2009, S. 11)

Die linke Seite enthält die (afferenten = Teil der Nervenzellen, über die Signale zufließen, vgl. Kap. 4.2) **Informationsanforderungen**, die mit der Bewegungsaufgabe verbunden sind. Sie beschreiben die Anforderung hinsichtlich der Informationsverarbeitung aus verschiedenen Sinnesorganen bzw. Analysatoren (akustisch, optisch, kinästhetisch, vestibulär, taktil) einschließlich der integrativen Sinnesleistung zur Bewältigung von Gleichgewichtsaufgaben.

Die rechte Seite listet die charakteristischen **Druckbedingungen** auf, die sich aus der Zielstellung der Bewegungsaufgabe und der zur Bewältigung der Bewegungsaufgabe einzusetzenden Bewegungen in Verbindung mit den äußeren und inneren Ausführungsbedingungen ergeben.

Die folgende Tab. 5.2 enthält eine Beschreibung der Druckbedingungen sowie eine typische Bewegungsaufgabe mit einer entsprechend hohen Druckbedingung.

Tab. 5.2: Beschreibung von Druckbedingungen und typische Beispiele für eine hohe Druckbedingung (Neumaier et al., 2009, S. 11)

Druck-bedingung	Beschreibung	Typisches Beispiel für eine hohe Druckbedingung
Präzisions-druck	Anforderungen hinsichtlich der Bewegungs-genauigkeit (Verlaufs- und Ergebnisgenauigkeit)	Freiwurf
Zeitdruck	Anforderung hinsichtlich verfügbarer Bewegungszeit und/oder der zu erreichenden Bewegungsgeschwindigkeit	100-m-Sprint
Komplexitäts-druck	Anforderungen hinsichtlich der gleichzeitig ablaufenden und/oder aufeinanderfolgenden Bewegungsanteile sowie des Umfangs der dabei einzusetzenden Muskelgruppen	Kugelstoß
Situations-druck	Anforderungen hinsichtlich der Variabilität und der Komplexität der Umgebungs- und Situationsbedingungen	Orientierungslauf
Belastungs-druck	Anforderungen hinsichtlich der physisch-konditionellen und der psychischen Belastungsbedingungen	400-m-Hürden

Zur Analyse und Variation einer Bewegungsaufgabe kann nach Neumaier et al. (2009, S. 10-13) jede einzelne Anforderungskategorie in ihrer Ausprägung geregelt werden. Man spricht daher auch von **Koordinations-Anforderungs-Reglern (KAR)** und insgesamt auch von dem **KAR-Modell**. Die Höhe der Reglerstellung zwischen den Polen „hoch" (+ oder maximal) und „niedrig" (– oder minimal) entspricht dem Bedeutungs- bzw. Schwierigkeitsgrad der entsprechenden Kategorie. Allerdings lässt sich der Schwierigkeitsgrad einer Bewegung nicht allein aufgrund der Reglerstellung einer einzigen Anforderungskategorie darstellen. Sie hängt nämlich wesentlich von der „Reglerkonstellation" ab. Aus der Gesamtkonstellation der Reglerstellung ergibt sich das koordinative Anforderungsprofil einer Bewegungsaufgabe.

Die einzelnen Druckbedingungen können für differenzierte Analysen in verschiedene Teilaspekte aufgespalten werden. Zum Beispiel kann der Komplexitätsdruck in die Simultankoordination (K_1), die Sukzessivkoordination (K_2) und die Muskelauswahl (K_3) unterteilt werden. Ebenso lässt sich der Situationsdruck in Situationskomplexität (S_1) und Situationsvariabilität (S_2) und der Belastungsdruck in physische Beanspruchung (B_1) und psychische Beanspruchung (B_2) ausdifferenzieren (Neumaier et al., 2009, S. 12).

Am Beispiel des **Tempodribblings im Fußball** analysieren Neumaier et al. (2009, S. 85-91) eine Reglerkonstellation hinsichtlich Informationsanforderungen und Druckbedingungen. Die nachfolgenden Tab. 5.3 beschreibt und begründet jeweils die Ausprägung eines Reglers.

Tab. 5.3: Informationsanforderungen und Druckbedingungen des Tempodribblings im Fußball (Neumaier et al., 2009, S. 58-91)

Tempodribblings im Fußball	
Analysator	**Ausprägung und Begründung**
o = optisch	**Mittel bis hoch:** peripheres Sehen zur Gegner- und Ballkontrolle sowie zur Raumorientierung für Bewegungsrichtung und Vorbereitung des Abspiels
a = akustisch	**Gering:** Eigen- und Gegnergeräusche kaum relevant
t = taktil	**Mittel:** Nutzung von Druckwahrnehmung an Füßen für das Laufen und zur Ballkontrolle
k = kinästhetisch	**Mittel:** optimale Krafteinsätze der Anpassung von Laufbewegung und Ballkontrolle
v = vestibulär	**Gering bis mittel:** geringe Geschwindigkeits- und Richtungsänderungen bei hoher Bewegungsdynamik
G = Gleichgewicht	**Mittel bis hoch:** integrative Sinnesleistung beim Laufen

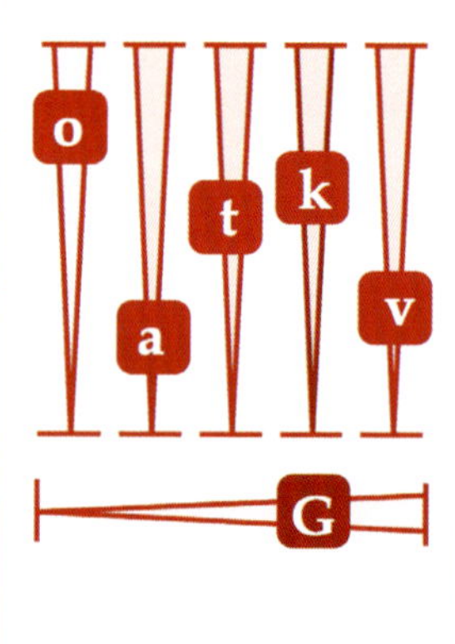

Tempodribblings im Fußball	
Druckbedinung	**Ausprägung und Begründung**
P = Präzisionsdruck	**Mittel:** selbstbestimmtes Balltreiben mit Rhythmisierung; räumlich-zeitliche Feinabstimmung von Schrittlänge und Schrittfrequenz an die Ballbewegung
Z = Zeitdruck	**Gering bis mittel:** submaximale Laufgeschwindigkeit mit zeitlicher Anpassung zum selbst vorgelegten Ball
K_1 = Komplexitätsdruck bei Simultankoordination	**Mittel:** bezüglich aufgabenbezogene Simultankoordination von Laufbewegung und Balltreiben. **Gering:** bezogen auf Teilkörperkoordination beim Laufen
K_2 = Komplexitätsdruck bei Sukzessivkoordination	**Mittel:** bewegungsbezogene, aufeinander abgestimmte Hintereinanderausführung von Laufen und Ballstoßen
K_3 = Komplexitätsdruck bei Muskelauswahl	**Mittel:** Beteiligung großer Muskelgruppen bei der Ausführung des Tempodribblings
S_1 = Situationskomplexität	**Gering:** hier ist nur ein Mitspieler beteiligt, der von einem Gegenspieler verfolgt wird.
S_2 = Situationsvariabilität	**Gering:** bezüglich Umgebungsbedingungen (hier: gute Platzbeschaffenheit)
B_1 = physische Belastung	**Hoch:** hohe Schnellkrafteinsätze der Beinmuskulatur
B_2 = psychische Belastung	**Hoch:** hoher Willenseinsatz und hohe Konzentration bei geringem Risiko des Misslingens der Bewegung (Dribbling), aber höheres Risiko bei Erfüllung der Gesamtaufgabe (erfolgreiches und genaues Abspiel oder beim Torschuss)

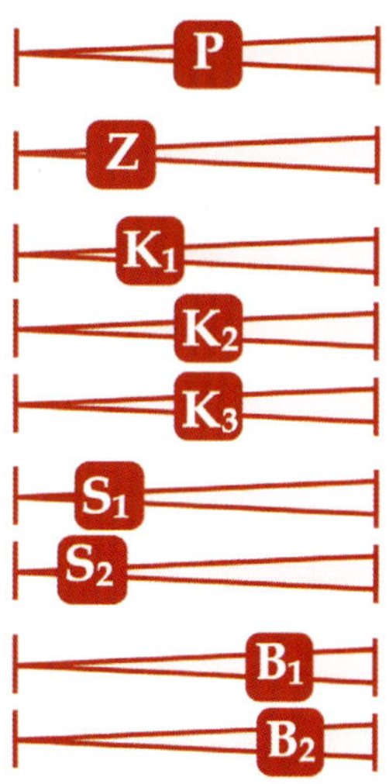

Eine wichtige **praktische Relevanz** des KAR-Modells liegt darin, dass Übungen zur Schulung der Koordination mithilfe der Variationsprinzipien abgeleitet und konkretisiert werden können. Beherrschte Bewegungsformen werden mithilfe der Informationsanforderungen und Druckbedingungen variiert und erschwert. In Kap. 5.3 wird ausführlich auf methodische Aspekte zum Schulen der koordinativen Fähigkeiten eingegangen.

Beispiel: Die elementare Fertigkeit „Laufen" kann variiert werden durch Veränderung der Informationsanforderungen (z. B. mit geschlossenen Augen laufen, rückwärts laufen) und der Druckbedingungen (z. B. auf Zeit laufen, auf unterschiedlichen Untergründen laufen, mit Zusatzgewichten laufen, Treppen laufen). So entsteht eine breite Palette von variablen und abwechslungsreichen Koordinationsübungen zum Laufen.

Eine kritische Analyse der aktuellen Koordinationsmodelle kann im Zusatzinformationsmaterial eingesehen werden.

5.3 SPORARTÜBERGREIFENDE KOORDINATIONSSCHULUNG

METHODISCHE GRUNDFORMEL

- Koordinationsschulung ergibt sich durch ein Variieren der Informationsanforderungen und Druckbedingungen bei einfachen und beherrschten Fertigkeiten. Dabei ist zu beachten, dass Koordinationsübungen in erholtem Zustand und in allen Altersstufen stattfinden sollten.

Beim Lehren der allgemeinen koordinativen Leistungsvoraussetzungen ergibt sich die Umkehrung der Logik des Lehrens von sportlichen Fertigkeiten. Zur Erinnerung: Wenn man komplexe sportliche Bewegungen vermitteln will, muss man systematische Vereinfachungsstrategien einsetzen, die im Laufe des Lernprozesses sukzessive abgebaut werden. Im Lehrprozess genereller Komponenten ist dies genau andersherum. Will man unter vielfältigen efferenten und afferenten Anforderungen mit zusätzlichen Druckbedingungen üben lassen, dann müssen die spezifischen Fertigkeitsanforderungen zunächst niedrig gehalten werden. Die entscheidenden „Zutaten" einer Koordinationsschulung sind sicher beherrschte motorische Fertigkeiten, die in Anlehnung an das KAR-Modell von Neumaier et al. (2009) informationell-variabel mit den Druckbedingungen „gewürzt" werden.

Die entsprechende Grundformel für die Koordinationsschulung lautet:

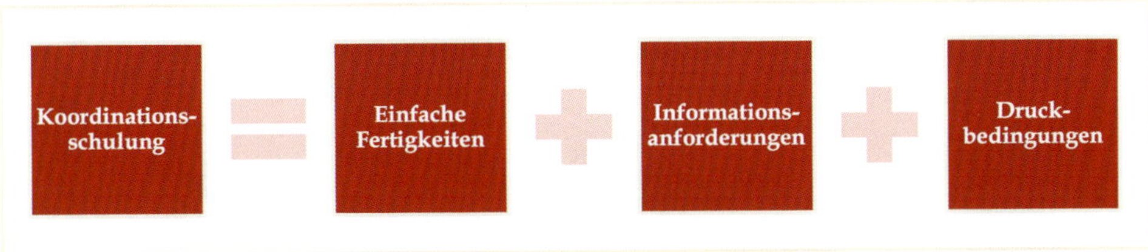

Abb. 5.4: Methodische Grundformel der Koordinationsschulung (Roth, 2007, S. 92; Neumaier et al., 2009)

Koordinationsübungen nach dieser methodischen Grundformel sollten auf allen Altersstufen ein fester Bestandteil des Sportunterrichts sein. Koordinationsübungen eignen sich besonders als Aufwärmprogramm oder im Hauptteil einer Sportstunde, da im erholten Zustand die Steuerungsprozesse optimal geschult werden können.

ÜBUNGSBEISPIELE

Bei der Gestaltung eines allgemeinen und sportartübergreifenden Koordinationstrainings können einfache motorische Fertigkeiten gemäß der Grundformel durch Veränderung der Druckbedingungen und Informationsanforderungen variiert werden. Zu diesen **elementaren motorischen Fertigkeiten** zählen in Anlehnung an Roth (2007, S. 93) z. B.:

Armkreisen, Aufschwünge, Fallen, Federn, Gehen, Gleiten, Galopp, Hüpfen, Köpfen, Kriechen, Laufen, Prellen, Rollen, Schaukeln, Schieben, Schießen, Schlagen, Schweben, Schwingen, Springen, Stoßen, Stützen, Umschwünge, Wälzen, Werfen und Ziehen.

Geeignete Organisationsformen sind hierbei u. a. Einzel- und Partnerübungen, Parcours, Hindernisläufe, Koordinationszirkel, Lauf- oder Staffelspiele. Der Fantasie des Sportlehrers und der Schüler beim Erfinden neuer Formen werden kaum Grenzen gesetzt. Generell gilt: Die Schulung der Koordination muss abwechslungsreich sein und vor allem Freude bereiten.

Eine vielseitig orientierte, sportartübergreifende Koordinationsschulung kann Geräte wie Kästen, Bänke, Bälle, Turngeräte, Matten und die Spontanität sowie die Ideen der Kinder mit einbeziehen. **Vielseitig konzipierte Hindernisparcours** können z. B. elementare Fertigkeiten wie das Gehen, Laufen, Springen, Rollen, Klettern, Prellen und Werfen beinhalten, die komplexe Anforderungen an die Wahrnehmungsanalysatoren und die Druckbedingungen induzieren. In Anlehnung an Kosel (1992, S. 117) werden neun Koordinationsstationen eines vielseitig orientierten Hindernisparcours dargestellt, die nacheinander durchlaufen werden können (vgl. Abb. 5.5).

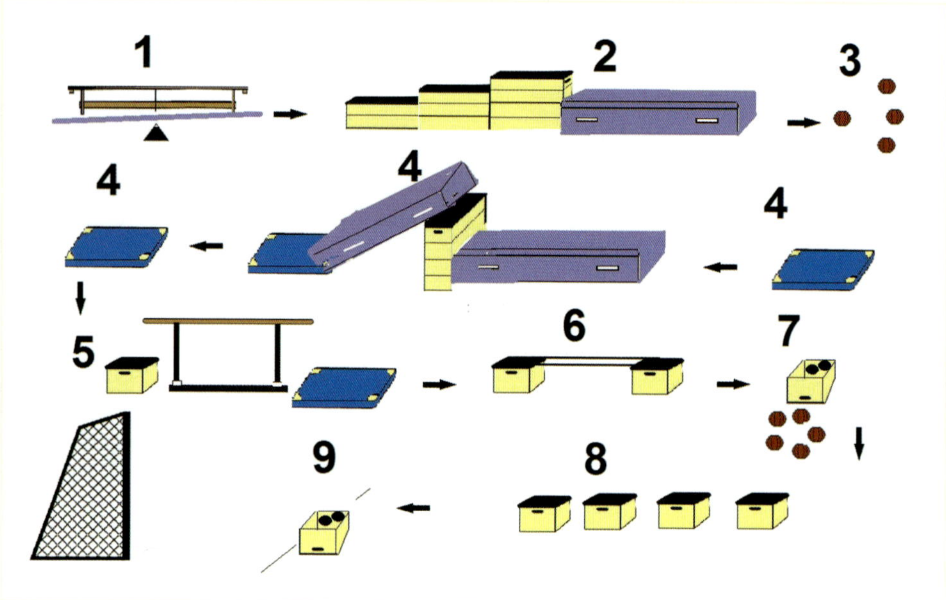

Abb. 5.5: Vielseitige, sportartübergreifende Koordinationsschulung. 1: Balancieren über eine Wippe; 2: Kastentreppe überlaufen und Mattengraben überspringen; 3: Lauf auf vorgegebenen Wegen und Medizinbälle mit der Hand berühren; 4: Rollen über verschiedene Matten; 5: Klettern über Barrenholme; 6: Balancieren auf der Reckstange und Ball bewegen; 7: Ball in jedem Reifen prellen; 8: Überspringen der (kleinen) Kästen; 9: Werfen auf Zielscheiben (modifiziert nach Kosel, 1992, S. 117 in Roth, 2007, S. 93)

Entwickeln Sie einen vielseitig orientierten Hindernisparcours unter besonderer Berücksichtigung ausgewählter elementarer Fertigkeiten und der methodischen Grundregel für die Schulung der Koordination.

Natürlich sind innerhalb der Koordinationsschulung auch vorübergehende Schwerpunktsetzungen und koordinative Profilbildungen möglich. In den drei nachfolgenden Beispielen wird jeweils einer der drei Summanden der Grundformel **konstant** gehalten, während die anderen beiden Summanden **variiert** werden:

Beispiel 1: Koordinationsschulung mit einer Elementarfertigkeit (hier das Laufen) bei variablen Druckbedingungen und Informationsanforderungen (vgl. Abb. 5.6).

Abb. 5.6: Koordinationsschulung zum Laufen (modifiziert nach Roth, 2007, S. 94)

Entwickeln Sie unter Berücksichtigung der Grundregel Koordinationsübungen zum Werfen (Springen, Rollen).

Beispiel 2: Koordinationsschulung mit dem Akzent eines Wahrnehmungsanalysators (hier vestibulärer Analysator) bei variablen elementaren Fertigkeiten und Informationsanforderungen (vgl. Abb. 5.7).

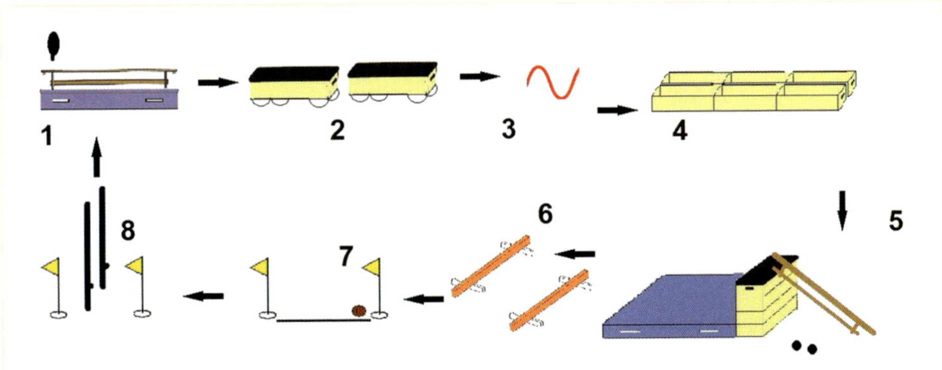

Abb. 5.7: Koordinationsschulung mit Schwerpunkt auf vestibulären Informationsanforderungen. 1: Balancieren und Luftballon in der Luft halten; 2: Kastenoberteile auf Medizinbällen – Balancieren; 3: Über ein Tau balancieren; 4: Auf den Längskanten der umgedrehten Kastenteile balancieren; 5: Mit zwei Bällen die schräg gestellte Bank hinaufbalancieren; 6: Balancieren über zwei unterschiedlich hohe umgedrehte Bänke; 7: Medizinball in Hochhalte, einbeinig auf einer Linie hüpfen; 8: Auf Stelzen laufen (modifiziert nach Roth & Schubert, 1994, S. 36 in Roth, 2007, S. 94)

> Analysieren Sie die acht Übungen aus Abb. 5.7 auf die variierenden Bewegungsfertigkeiten und Druckbedingungen. Entwickeln Sie unter Berücksichtigung der Grundregel Koordinationsübungen mit dem Akzent eines anderen Wahrnehmungsanalysators (taktil, optisch, akustisch, kinästhetisch).

Beispiel 3: Koordinationsschulung mit Akzent auf einer Druckbedingung (hier Komplexitätsdruck bei Simultankoordination) bei variablen Elementarfertigkeiten und Druckbedingungen (vgl. Tab. 5.4).

Tab. 5.4: Koordinationsschulung mit Schwerpunkt auf Komplexitätsdruck bei Simultankoordination (aus Roth, 2007, S. 95)

Ball hochwerfen und nach der Körperdrehung um die Längsachse wieder fangen, gleichzeitiges entgegengesetztes Armkreisen.
An der Wand entlanggehen mit gleichzeitigem Überkreuzen der Hände und seitlichem Heranziehen der Füße.
Über die Turnbank balancieren und dabei einen Ball prellen.
Balancieren auf umgedrehten Bänken mit gleichzeitigem Hochwerfen und Fangen eines Balls.
Bewegungen eines ballprellenden Partners nachvollziehen, z. B. sich hinsetzen und wieder aufstehen, durch die Beine, im Seitgalopp.
Luftballons zu entsprechender Musik hochhalten.
Schwingen am Tau mit Zusatzaufgaben, z. B. Hütchen vom Boden aufsammeln, Medizinbälle mit den Füßen wegschlagen.

> Analysieren Sie die sieben Übungen aus Tab. 5.4 auf die variierenden Bewegungsfertigkeiten und Informationsanforderungen. Entwickeln Sie nach dem gleichen Prinzip allgemeine Koordinationsübungen mit einem Akzent auf einer anderen Druckbedingung (Präzisionsdruck, Situationsdruck, Belastungsdruck, Zeitdruck).

Ausblick: In Kap. 19.2 („Integrative Sportspielvermittlung") wird die Schulung der Koordination aus der Perspektive der Sportspielvermittlung analysiert.

5.4 RÜCKBLICK

Koordinationsbegriff

Nach Steinhöfer (2008, S. 98) lässt sich zusammenfassend festhalten:

- **Koordination** ist zu verstehen als Konstrukt aus sporttechnischen Fertigkeiten und allgemeinen koordinativen Fähigkeiten auf der Grundlage energetisch-konditioneller Leistungsvoraussetzungen, und zwar unter Einbeziehung der Analysatoren und Druckbedingungen. Ziel ist die Optimierung unterschiedlicher spezifischer Bewegungsqualitäten.
- **Koordination als wichtige Basis für weiteres sportmotorisches Lernen:** Je breiter und vielseitiger die koordinative Schulung ausfällt, umso günstiger sind die Voraussetzungen – auch noch im Erwachsenenalter –, schwierige Techniken zu lernen und sich taktisch neuen Aufgaben zu stellen. Kinder müssen nicht alle Techniken beherrschen, vielmehr benötigen sie die Voraussetzungen zum Erwerb, zur Festigung und Anwendung.

Koordinationsmodelle

- Das **Modell der koordinativen Fähigkeiten** unterscheidet Kopplungs-, Differenzierungs-, Gleichgewichts-, Orientierungs-, Rhythmisierungs-, Reaktions- und Umstellungsfähigkeit.
- Das fertigkeitsorientierte **KAR-Modell** analysiert Bewegungsaufgaben hinsichtlich ihrer Informationsanforderungen und Druckbedingungen.

Schulung der Koordination

- Die **Grundformel zur Koordinationsschulung** lautet: Koordinationsschulung gleich elementare Bewegungsfertigkeit plus variable Informationsanforderungen plus variable Druckbedingungen.

5.5 PRÜFUNGSVORBEREITUNG

Kontrollfragen

1. Wie ist Koordination im Sport definiert?
2. Was bedeutet Technik im Sport?
3. Nennen Sie die koordinativen Fähigkeiten! Geben Sie jeweils ein passendes Beispiel an.
4. Was ist Differenzierungsfähigkeit? Erklären Sie dies an einem Beispiel.
5. Welche koordinativen Fähigkeiten braucht ein Basketballer in besonderem Maße?
6. Wie ist das koordinative Anforderungsprofil eines Hochspringers?
7. Was ist eine sensible Phase?
8. Wann und warum lassen sich koordinative Fähigkeiten besonders gut trainieren?
9. Erklären Sie die beiden koordinativen Anforderungsbereiche von Bewegungen.
10. Beschreiben Sie die Koordinations-Anforderungs-Regler (KAR).
11. Geben Sie möglichst viele Elementarfertigkeiten an.
12. Nennen Sie die Grundformel für die Koordinationsschulung.
13. Geben Sie Übungsbeispiele für eine vielseitig orientierte Koordinationsschulung an.

Prüfungsaufgaben

Morphologisch-koordinative Analyse des Basketballsprungwurfs (kostenfrei)

a) **Stellen** Sie die Phasenstruktur des Basketballsprungwurfs aus der Ballannahme sowie die Funktionen der Teilphasen dar (vgl. Bilderreihe in Abb. 3.16).

b) **Analysieren** Sie den Basketballsprungwurf aus der Ballannahme (mit Verteidiger) unter Verwendung des Modells der koordinativen Fähigkeiten sowie des KAR-Modells auf sein koordinatives Anforderungsprofil.

Bewegungsaufgaben mit hoher Druckbedingung finden

Geben Sie pro Druckbedingung jeweils drei Bewegungsaufgaben **an**, bei der die entsprechende Druckbedingung besonders hoch ist.

KAR für den Kurzsprint

Entwickeln Sie einen KAR für den Kurzsprint, den Diskuswurf, das Verhindern einer Ballannahme sowie eines direkten Torschusses im Fußball.

Geben Sie Bewegungsaufgaben mit hohem Präzisions-, Zeit- und Belastungsdruck **an**.

LEKTION 6
WIE WERDEN FERTIGKEITEN IM SPORT GELERNT UND GELEHRT?

6.1	PHASEN SPORTMOTORISCHEN LERNENS	138
6.2	GANZHEITSMETHODE VERSUS TEILLERNMETHODE	144
6.3	NEULERNEN GESCHLOSSENER FERTIGKEITEN	146
6.4	RÜCKBLICK	158
6.5	PRÜFUNGSVORBEREITUNG	158

LEKTION 6: WIE WERDEN FERTIGKEITEN IM SPORT GELERNT UND GELEHRT?

6.1 PHASEN SPORTMOTORISCHEN LERNENS

SPORTMOTORISCHES LERNEN

- **Sportmotorisches Lernen** ist eine umgebungsbezogene, relativ überdauernde Ausbildung und Korrektur von sportmotorischem Gedächtnisbesitz (Oliver et al., 2013, S. 153).

Lernen ist ein wesentliches Phänomen lebender Organismen und bezeichnet den lebens- und überlebensnotwendigen Vorgang der Aneignung von wiederholbaren Bewegungsmustern, Wissen und Fähigkeiten, mit deren Hilfe wir unsere jeweilige Umwelt erschließen, uns unsere eigene (Lebens-)Welt und unser Selbst aufbauen und um die Anforderungen beider Welten bewältigen zu können. Bezogen auf das Lernen einer neuer sportlichen Fertigkeit, handelt es sich um das grundsätzlich umgebungsbezogene Aneignen und die Korrektur von sportmotorisch wichtigem Gedächtnisbesitz.

Sportmotorisches Lernen ist ein Prozess, der zu einem Ergebnis, hier der sportmotorischen Verhaltensänderung, führt. Dieses Ergebnis, die sportmotorische Verhaltensänderung, ist das eigentliche Ziel des sportmotorischen Lernens. Im Gegensatz zum Ergebnis ist der sportmotorische Lernprozess nicht beobachtbar. Lehrer, Trainer und Übungsleiter können also nur vom Ergebnis auf den Prozess schließen. Dabei ist zu beachten, dass aufgrund von Angst und Ermüdung die Realisierung einer sportmotorischen Fertigkeit verhindert werden kann, obwohl ein Sportler sich diese Fertigkeit im sportmotorischen Lernprozess bereits angeeignet hat. Darüber hinaus ist sportmotorisches Lernen umweltbedingt und darf nicht auf Reifungsprozesse oder Wachstum im Sinne der Vergrößerung von Körperbaumerkmalen zurückgeführt werden.

Die sportmotorischen Lernleistungen als Aneignung und Korrektur von sportmotorischem Gedächtnisbesitz sind ein zeitlich relativ überdauernder Prozess. Über die Länge der Zeitspanne gibt es in der Motorikforschung kein einheitliches Bild (Oliver et al., 2013). Kurzfristige Verhaltensänderungen, die unter dem Einfluss von Emotionen, einer besonders hohen Motivation oder Medikamenten beobachtbar sind und nach Beendigung dieses Einflusses wieder verschwinden, werden nicht als Ergebnis eines sportmotorischen Lernprozesses verstanden. Ausführliche Informationen zum sportmotorischen Lernen und dem Gedächtnis findet man unter Zusatzinformationsmaterial ab S. 578.

LERNPHASENMODELL NACH MEINEL UND SCHNABEL

In der Literatur findet man eine Vielzahl von Charakterisierungen verschiedener Phasen motorischer Lernprozesse. Die in der Regel zwei- bis dreiphasigen Modelle beschreiben Entwicklungen im Hinblick auf das Verhalten (Bewegungsergebnis und Bewegungsausführung) sowie bezüglich der Codierung im Gedächtnis und der damit verbundenen Automatisierung der motorischen Kontrollprozesse.

Eine im deutschsprachigen Raum weit verbreitete Systematik von Lernphasen geht auf Meinel und Schnabel (1977) zurück. Sie beziehen sowohl die Innenperspektive einer Bewegungsfertigkeit im Sinne der Informationsverarbeitung und Automatisierung als auch die von außen beobachtbaren Bewegungsmerkmale mit in ihr Modell ein.

▶ Meinel und Schnabel (1977) unterscheiden auf der Basis des Informationsansatzes der motorischen Kontrolle drei Phasen des motorischen Lernens: **Entwicklung der Grobkoordination, Entwicklung der Feinkoordination, Stabilisierung der Feinkoordination und Ausprägung der variablen Verfügbarkeit**. Während in der Phase der Grobkoordination das Neulernen stattfindet, wird eine Bewegung in den nachfolgenden Phasen automatisiert und stabilisiert.

Meinel und Schnabel (1977) beschreiben im Entwicklungsprozess beim Erlernen einer neuen Bewegungsfertigkeit, wie dem Positionswurf im Basketball, drei Lernphasen:

- Erste Phase: Entwickeln der Grobkoordination.
- Zweite Phase: Entwickeln der Feinkoordination.
- Dritte Phase: Stabilisieren der Feinkoordination und Ausprägung der variablen Verfügbarkeit.

Die drei Lernphasen sind dabei aufeinander aufbauend, nicht umkehrbar und gehen dabei fließend ineinander über. Die Phasengliederung des Lernprozesses orientiert sich an von außen beobachtbaren (morphologischen) Aspekten der Bewegungskoordination, wobei sich in jeder Phase charakteristische Veränderungen ergeben.

Entwickeln der Grobkoordination

▶ Die erste Lernphase reicht vom Erfassen der neuen Lernaufgabe bis zur Realisierung der Bewegung unter günstigen Bedingungen.

Nach dem Erfassen der Lernaufgabe und einer groben Vorstellung des zu lernenden Bewegungsablaufs kommt es zu den ersten Bewegungsversuchen. Die Aufgabenstellung kann dabei nur bei günstigen Ausgangsbedingungen und voller Konzentration auf den Bewegungsablauf ausgeführt werden. Die Bewegungsausführung entspricht der Grundstruktur der sportlichen Bewegung, sodass sie auch als solche erkennbar ist.

In der Phase der Grobkoordination sind die Merkmale einer koordinierten Bewegung schwach ausgeprägt, und es besteht insgesamt eine schlechte Bewegungsökonomie. Die Bewegung wirkt verkrampft, unpräzise, wenig flüssig und vielfach fehlerhaft. Räumlich-zeitliche Bewegungsparameter sind schlecht koordiniert, der Krafteinsatz ist unpräzise. Hinsichtlich der Bewegungsmerkmale ergibt sich insgesamt in der Phase der Grobkoordination das in Tab. 6.1 dargestellte Bild.

Tab. 6.1: Ausprägung der Bewegungsmerkmale in der Phase der Grobkoordination

Bewegungsmerkmal	Ausprägung in der Phase der Grobkoordination
Bewegungskopplung	Teilbewegungen sind in ihrer zeitlichen Abfolge oft fehlerhaft aufeinander abgestimmt.
Bewegungsrhythmus	Durch übermäßigen Krafteinsatz, einen Muskeleinsatz zum falschen Zeitpunkt oder ein falsches Wechselspiel von Anspannung und Entspannung wirkt die Bewegung verkrampft.
Bewegungsfluss	Der Bewegungsfluss ist noch mangelhaft ausgebildet. Die Übergänge zwischen den Bewegungsphasen sind oft nicht fließend, sondern stockend.
Bewegungspräzision	Im Bewegungsvollzug besteht eine gering ausgeprägte Bewegungspräzision.
Bewegungskonstanz	Es besteht eine geringe Bewegungskonstanz bei der Bewegungsausführung.
Bewegungsstärke	Es erfolgt oft ein übermäßiger und teilweise falscher Krafteinsatz.
Bewegungsumfang	Der Sportler führt unzweckmäßige Ausholbewegungen (zu geringer Bewegungsumfang), teilweise aber auch zu großräumige Bewegungen aus.
Bewegungstempo	Die Bewegungsführung ist oft zu hastig, stellenweise aber auch zu langsam.

Beschreiben Sie anhand von sportlichen Beispielen die Bewegungsmerkmale in der Phase der Grobkoordination.

Die sportmotorische Kontrolle ist durch eine mangelhafte Informationsaufnahme und eine unzureichende Informationsverarbeitung gekennzeichnet. Vor allem das propriozeptive System (Gleichgewicht und Bewegungsempfinden) kann die Informationen nur sehr unvollständig aufnehmen und verarbeiten. Die Speicherung von generalisierten motorischen Programmen erfolgt unvollkommen.

Aufgrund der bisher dargestellten Beschreibungen zur Grobkoordination lässt sich folgern, dass die Lernaufgabe verbal und optisch präzise gestellt werden muss. Günstige und konstante Übungsbedingungen (z. B. erleichterte Gerätebedingungen, Hilfestellungen) erleichtern dabei den Lernprozess. Fehlerkorrekturen sollten sparsam und effektiv eingesetzt werden. In der Phase der Grobkoordination sollte eine „Informationsflut" unbedingt vermieden werden.

Entwickeln der Feinkoordination

▶ Die zweite Phase im Lernprozess erstreckt sich vom Stadium der Grobkoordination bis zur annähernd fehlerfreien Ausführung der Bewegung.

In der Phase der Feinkoordination erfolgt eine kontinuierliche Verbesserung des Bewegungsablaufs. Dabei stabilisieren sich vor allem die räumlich-zeitlichen und die dynamischen Bewegungsparameter.

Die Bewegungsmerkmale weisen eine hohe Präzision und Konstanz auf. Die Bewegungen werden zunehmend flüssiger, die intermuskuläre Koordination verbessert sich und die Kraftdosierung erfolgt exakter. Unter gewohnten Bedingungen kann die Bewegung annähernd fehlerfrei ausgeführt werden, unter ungewohnten und erschwerten Bedingungen kommt es zu Bewegungsmängeln.

Die Informationsaufnahme und -verarbeitung wird erweitert, was vor allem mit einer verbesserten Wirksamkeit der propriozeptiven Wahrnehmungsanalysatoren einhergeht. Die Speicherung von generalisierten motorischen Programmen wird optimiert.

Im Lernprozess müssen nun viele Wiederholungen mit hoher Konzentration erfolgen. Innere und äußere Rückmeldungen werden nun bewegungsoptimierend verarbeitet, sodass Rückmeldungen und Korrekturen immer besser in den Lernprozess integriert werden und insgesamt zu einem verbesserten Bewegungsgefühl führen. Die Bewegungssteuerung zeichnet sich durch eine hohe Konstanz und Präzision aus, die durch verbalisierende Informationen weiter optimiert werden kann.

Stabilisieren der Feinkoordination und Ausprägung der variablen Verfügbarkeit

▶ Der Lernverlauf von der Feinkoordination bis zur sicheren Bewegungsausführung auch unter ungewohnten und schwierigen Bedingungen beschreibt die dritte Phase im Lernverlauf einer sportlichen Bewegung.

In der Phase der stabilisierten Feinkoordination und variablen Verfügbarkeit **(Feinstkoordination)** findet eine weitere Bewegungsverbesserung statt, da selbst auf hohem Niveau weiteres Lernen erforderlich ist, um eine Bewegung auch bei schwierigen und ungewohnten Bedingungen präzise ausführen zu können.

Die erlernte Fertigkeit kann in der dritten Lernphase des Entwicklungsprozesses auch unter wechselnden Bedingungen (z. B. im Wettkampf) sicher angewendet werden. Der Sportler ist in der Lage, seine Aufmerksamkeit völlig von der Bewegungsausführung zu lösen. Es besteht dabei eine sehr hohe Bewegungspräzision und Bewegungskonstanz, auch wenn sich der Sportler in einem ermüdeten Zustand befindet, großer Gegnerdruck besteht oder psychische Druckbedingungen hinzukommen.

Die Informationsaufnahme und -verarbeitung wird immer weiter optimiert, ebenso die Programmierung. Das Bewegungsempfinden ist von hoher Genauigkeit geprägt. Daher können bewusste Fehlerkorrekturen mit Zusatzinformationen erfolgen. Das Training der sportlichen Bewegung erfolgt unter sportartspezifischen variierenden Wettkampfbedingungen mit einem hohen psychischen und physischen Belastungsdruck.

Für den **praktischen Übungsprozess** beim Erlernen einer Bewegungsfertigkeit ergeben sich die folgenden wichtigen Hinweise:

Tab. 6.2: Praktische Hinweise beim Erlernen von Fertigkeiten

Phase	Hinweise
Grobkoordination	• Verbale und visuelle Hinweise schaffen eine konkrete Bewegungsvorstellung. Koordinative Vorübungen erleichtern den Einstieg in die Grobkoordination.
Feinkoordination	• Fehlerfreies Üben erfolgt unter konstanten Bedingungen. Hinweise zum Bewegungsempfinden unterstützen den Lernprozess.
Feinstkoordination	• Üben erfolgt unter variablen und schwierigen Bedingungen. Es erfolgt ein Erweitern der variablen Programmparameter.

Beispiel: Lernphasenmodell, angewendet auf den Positionswurf im Basketball

Beim Neulernen des Positionswurfs im Basketball erkennt man beim Übenden oft einen abgehackten Bewegungsablauf. Die durch die Beine und den Rumpf erzeugten Impulse werden durch unvollständige Bewegungen (z. B. fehlende Armstreckung) oder einen falschen Bewegungsrhythmus (z. B. zu frühes Nachdrücken des Handgelenks) nur unzureichend in Abwurfrichtung übertragen. Als Ergebnis ist oft ein nicht geradliniger und zu flacher Wurf zu beobachten. Des Weiteren ist der Bewegungsumfang mangelhaft ausgeprägt. Der Übende verliert durch Ausholbewegungen der Beine und Arme an Bewegungspräzision, da der Abwurfpunkt nicht genau getroffen wird.

Im Lernprozess des Positionswurfs im Basketball könnte sich der Übergang von der Grobkoordination zur Feinkoordination u. a. dadurch auszeichnen, dass der Übende einen Wurf unter einfachen Bedingungen (z. B. mittlere Wurfentfernung, ohne Gegner- und Zeitdruck) technisch korrekt ausführen kann (richtige Grundstellung und Bewegungsausführung mit nicht zu flacher Flugbahn möglichst ohne seitliche Winkelabweichung).

Schafft der Werfer eine technisch stabile Bewegungsausführung auch unter Berücksichtigung kleinerer Stressfaktoren (z. B. 10 Freiwürfe in Folge treffen, fünf Mitteldistanzwürfe hintereinander in zwei Minuten treffen), könnte sich der Übende, in der Übergangsphase von der Entwicklung der Feinkoordination zur Stabilisierung der Feinkoordination und Ausprägung der variablen Verfügbarkeit befinden.

Nun könnten in der Phase der variablen Verfügbarkeit Druckbedingungen erhöht werden (vgl. Kap. 5.2). Durch Einbinden eines Verteidigers (z. B. Würfe gegen eine Verteidigerhand) könnte der Präzisions- und Belastungsdruck erhöht werden. Der Komplexitätsdruck könnte gesteigert werden durch das Ausführen von Wettkampfwurftechniken (z. B. Sprungwurf aus dem Dribbling). Der Belastungsdruck wird angehoben, wenn eine bestimmte Trefferzahl pro Minute erreicht werden muss.

Lernphasen nach Meinel und Schnabel

6.2 GANZHEITSMETHODE VERSUS TEILLERNMETHODE

Lernstrategie eines Weltklassehochspringers

Im August 1985 sprang Igor Paklin im Hochsprung mit 2,41 m Weltrekord. Als relativ kleiner Hochspringer (1,91 m) zeichnet er sich durch eine sehr hohe Anlaufgeschwindigkeit aus. Befragt nach seiner Trainingsstrategie und wie er zu diesen Leistungen komme, antwortete er: „Durch Harmonie. Ich bemühe mich, alle Elemente des Sprungs harmonisch miteinander zu verbinden." Sein Trainer forderte nicht so sehr das Feilen an einzelnen Sprungelementen, sondern vor allem die Beherrschung des Sprungs in seiner Gesamtheit. Wenn dem Sprung eine richtige Konzeption zugrunde liege, dann würde alles Überflüssige von selbst entfallen (zitiert aus Loosch & Rosinski, 2011, S. 76).

Bewerten Sie die Aussage von Igor Paklin und seines Trainers und übertragen Sie diese auf Techniken in Ihrer Sportart.

▶ Bei der **Teillernmethode** (analytisch-synthetische Methode) werden einzelne Teile der Gesamtbewegung isoliert geübt. Nachdem die Einzelteile beherrscht werden, erfolgt die Zusammensetzung zur Gesamtbewegung (Zielübung). Bei der **Ganzheitsmethode** erfolgt von Beginn an das Einüben der Bewegung in ihrer Gesamtstruktur. Als „Zwischenmethode" springt die **Ganz-Teil-Ganz-Methode** im Lernprozess von der Gesamtstruktur einer Bewegung zu einzelnen Bewegungsteilen und dann wieder zurück zur Gesamtbewegung.

Die Frage, ob eine sportliche Fertigkeit ganzheitlich oder in Teile zergliedert gelehrt werden soll, ist ein zentrales Problem in der sportlichen Praxis. Hierbei geht es stets um eine Effektivierung des motorischen Lernprozesses in seinen verschiedenen Parametern (z. B. Geschwindigkeit, Stabilität, Zeitpunkt im Lernprozess). Allgemein kann man in Anlehnung an Loosch und Rosinski (2011, S. 76) vier Aspekte hervorheben, die das Anwenden einer **Teillernmethode** sinnvoll erscheinen lassen:

- hohe Komplexität und Kompliziertheit der Bewegung;
- Auffrischen von Gedächtnisinhalten durch das Üben bestimmter Bewegungsabschnitte, die durch das Üben der Gesamtbewegung selten abgefordert werden;
- Ausloten von biomechanischen Grenzbereichen für einzelne Bewegungsphasen;
- verbesserte Trainingsökonomie durch Nutzung vereinfachter Technikumgebungen beim Teillernen (z. B. Stationsbetrieb).

Verschiedene empirische Studien belegen zwar eindeutig, dass die **Ganzheitsmethode** der Teillernmethode überlegen ist. Allerdings ist die Teillernmethode bei z. T. sehr komplexen Bewegungsstrukturen im Sport die einzige Möglichkeit, um eine Fertigkeit zu erwerben. Dann sollte jedoch im motorischen Lernprozess immer wieder auf den ganzheitlichen Vollzug zurückgegriffen werden.

Trotz der Vorteile der Teillernmethode sei noch auf spezielle Nachteile dieser Lehrmethode hingewiesen (Loosch & Rosinski, 2011, S. 77):

- Die Teillernmethode erfordert eine Klassifizierung der einzelnen Phasen einer Gesamtbewegung. Dies geschieht meist morphologisch und stimmt u. U. nicht mit der subjektiven Bewegungsvorstellung des Sportlers überein.
- Teillernen kann das Timing in der Gesamtkoordination beeinträchtigen. Durch zu intensives Üben von einzelnen Phasen könnten „Bewegungspausen" zwischen den Bewegungsteilen „einprogrammiert" werden, sodass der Bewegungsablauf vom Sportler nicht mehr als harmonische Einheit gesehen wird.
- Das Prinzip der funktionellen Variabilität von Teilbewegungen oder einzelnen Parametern muss beachtet werden. Das heißt, dass Abweichungen in einzelnen Bewegungsbestandteilen durch andere Abschnitte ausgeglichen werden können. Diese eigenständige Leistung des motorischen Systems, die nur im ganzheitlichen Vollzug möglich ist, muss entsprechend geschult werden.
- Techniken im Sport werden vom Sportler in einer subjektiven Geschlossenheit wahrgenommen, die sich durch emotionale Begleitphänomene ausdrücken können. Diese begleitenden Emotionen können dem Sportler schon vor Beendigung einer Bewegung wichtige Informationen über das Gelingen geben. Auch ein qualifiziertes Bewegungsgefühl ist an den ganzheitlichen Bewegungsvollzug gebunden.

Als eine dritte Methode ist in der Trainingspraxis die **Ganz-Teil-Ganz-Methode** zu finden. Diese Methode startet zunächst mit dem Darbieten der Gesamtbewegung und schult anschließend solche Bewegungsbestandteile, die noch nicht richtig erlernt worden sind. Anschließend findet eine Rückführung in die Gesamtbewegung statt. Diese Methode erfreut sich einer großen Beliebtheit, da jeder Teilnehmer sein Lerntempo bestimmen kann. Motorisch begabte Sportler können relativ schnell ins Anwendungstraining (mit Steigerung von Druckbedingungen) einsteigen, wobei Übende mit Bewegungsschwierigkeiten durch Einüben von Teilbewegungen in ihrem Lernprozess unterstützt werden können.

Beispiel: So kann der Druckwurfkorbleger im Basketball ganzheitlich vermittelt werden. Einige Schüler werden diesen Wurf von der rechten Seite (bei Rechtshändern) auf Anhieb schaffen. Sie könnten den Korbleger von der linken Seite erproben. Bei den anderen Schülern müsste z. B. das rhythmische Dribbling verbessert werden oder der einhändige Abwurf nach einem einbeinigen Absprung durch entsprechende Übungen geschult werden.

▶ Merkregeln:

- Lehren Sie so weit wie möglich ganzheitlich.
- Komplexbewegungen sollten mithilfe der Teillernmethode geschult werden.
- Bei Bewegungen mittlerer Komplexität eignet sich die Ganz-Teil-Ganz-Methode.

> Nennen Sie möglichst viele sportliche Fertigkeiten, die eher ganzheitlich eingeführt werden sollten und solche, die durch die Teillernmethode zu erlernen sind. Begründen Sie Ihre Entscheidungen. Geben Sie Beispiele für eine Ganz-Teil-Ganz-Methode an.

6.3 NEULERNEN GESCHLOSSENER FERTIGKEITEN

Betrachtet man den Term $2 \cdot 2 + 3{,}7 + 14{,}3 + \frac{1}{4} \cdot \frac{2}{9}$ und möchte seinen Wert bestimmen, wird kein Mathematiklehrplan einem Schulanfänger eine Lösung ganzheitlich darbieten. Denn er muss zunächst die Techniken des Addierens und Multiplizierens beherrschen, einschließlich der „taktischen" Vorrangregel „Punktrechnung geht vor Strichrechnung", und dies an einfachen Beispielen im Zahlenraum der natürlichen Zahlen trainieren. Erst dann wird der Zahlenraum erweitert auf die ganzen und die rationalen Zahlen. Nicht anders lernen Kinder Begriffsbedeutungen, Fremdsprachen, Instrumente und komplexe Bewegungsabläufe im Sport. Die generelle und bereichsübergreifende Logik lautet:

▶ Der überforderte Schüler wird dadurch unterstützt, dass der Schwierigkeitsgrad der Aufgabenstellung in sinnvoller und wirksamer Weise reduziert wird. Er übt zunächst vereinfachte Probleme, die nach angemessener Zeit zur Gesamtaufgabe aufgeschaltet bzw. erweitert werden (Roth, 2007).

Daher stellen sich beim Neulernen komplexer sportmotorischer Fertigkeiten zwei zentrale Fragen:

1. Welche Vereinfachungsstrategien für motorische Fertigkeiten gibt es?
2. Wie ist die Reihung der Lernschritte zu gestalten, also der Weg von den Teilzielen hin zum Ziel?

In Lektion 5 wurde bereits dargestellt, wie die Koordination räumlich-zeitlich geordneter motorischer Aktionen funktioniert und was erlernt werden muss, um zuvor nicht beherrschte Bewegungsmuster auszuführen. Aus dem Blickwinkel der Informationsverarbeitung kann das Erlernen genormter Fertigkeiten als Aneignung von sogenannten **generalisierten motorischen Programmen (GMP)** gesehen werden. In ihnen sind die strukturellen, fertigkeitsspezifischen **Invarianten** (Reihenfolge und zeitliche Relation von

Teilbewegungen, Relation der Muskelkräfte) festgeschrieben, nicht aber die **variablen**, austauschbaren **Bewegungsparameter** (Gesamtdauer der Bewegung, eingesetzte Gesamtkraft, spezifische Muskelauswahl). Detaillierte Informationen zum Informationsansatz findet man unter Zusatzinformationsmaterial sowie in Kap. 4.3.

VEREINFACHUNGSSTRATEGIEN – METHODISCHE PRINZIPIEN

Beim Neulernen komplexer motorischer Bewegungen kann der Anfänger vielen Überforderungen ausgesetzt sein. Zu den Überforderungsaspekten zählen in der Sprache der Informationsverarbeitung die Programmlänge, die Programmbreite und die Parameteranforderungen.

Erster Überforderungsaspekt: Programmlänge
Vereinfachungsstrategie: Prinzip der Verkürzung der Programmlänge

Die Gesamtbewegung ist zu „lang". Es sind zu viele nacheinander ablaufende Bestandteile zu bewältigen. Die angemessene Antwort lautet, dass das motorische Programm in kleine Abschnitte geteilt werden muss. Die Bandbreite der Beispiele ist groß und reicht von der Kippwendetechnik im Kraulschwimmen (z. B. Beginn mit dem einfachen Abstoßen) über Lehrwege für Anläufe im Turnen (z. B. Einstiege beim Kastensprung mit dem Prellfedern) bis hin zu leichtathletischen Sprung-, Wurf- und Stoßtechniken (z. B. wird beim Speerwurf zunächst aus dem Stand geworfen).

Abb. 6.1: Prinzip der Programmlängenverkürzung (modifiziert nach Roth, 2007, S. 32)

Das Prinzip der **Programmlängenverkürzung** kann allerdings nur mit Einschränkung verwendet werden, was in folgender Einsatzregel deutlich wird:

- **Programmlängenverkürzungen** sind dann lernwirksam, wenn die Zieltechnik durch gut isolierbare, nacheinander zu realisierende Bewegungsbestandteile gekennzeichnet ist. Bei engen Wechselwirkungen und Verzahnungen von sukzessiv aufeinanderfolgenden Einzelabschnitten ist von ihrer Trennung abzuraten (Roth, 2007).

Nennen Sie sportliche Fertigkeiten, bei denen Sie bei der methodischen Einführung keine Programmlängenverkürzung vornehmen würden. Begründen Sie Ihre Entscheidung.

Die obige Einsatzregel macht unmittelbar deutlich, dass zyklische Bewegungen, wie das Laufen, Radfahren und Schwimmen, mit ihrer Phasenverschmelzung von Haupt- und Zwischenphase nicht durch eine Programmlängenverkürzung vereinfacht werden können. Aber auch bei azyklischen Bewegungen sind keinesfalls immer die Voraussetzungen für eine sinnvolle Programmlängenverkürzung gegeben. Dies gilt offensichtlich für solche Bewegungen, die in ihrer Ausführung nicht mehr gebremst werden können (z. B. Salti, Schrauben beim Wasserspringen).

In der Literatur wird aber teilweise auch von scheinbar offensichtlichen Programmlängenverkürzungen abgeraten. Grosser und Neumaier (1982, S. 100) geben auf der Basis von Untersuchungsdaten beim Kugelstoßen zu bedenken, dass durch ein verstärktes Stoßen aus dem Stand die Programminvarianten zu stark von den strukturellen Merkmalen der Zielbewegung (O'Brien-Technik, Rückstoßtechnik) abweichen. Fehler beim verkürzten Abschnitt des Stoßens aus dem Stand müssten u. U. durch aufwendige Umlernprozesse beseitigt werden. Sie empfehlen daher zur Vereinfachung, die wegzulassenden Elemente durch einfachere Bewegungen zu ersetzen: Bezogen auf den Kugelstoß, könnte das Stoßen aus dem Angehen statt dem Angleiten erfolgen.

Zweiter Überforderungsaspekt: Programmbreite Vereinfachungsstrategien: Prinzip der Verringerung der Programmbreite; Prinzip der Invariantenunterstützung.

Wenn die Gesamtbewegung zu „breit" ist und zu viele Elemente simultan koordiniert werden müssen, könnte eine Vereinfachungsstrategie darin liegen, die Breite des motorischen Programms zu verringern. Bei polyzentrischen Bewegungselementen aus dem Jazztanz können zu Beginn die Koordinationsmöglichkeiten der Zentren Kopf, Schulter, Brustkorb, Becken, Arme, Beine jeweils unabhängig voneinander trainiert werden. Auch beim Positionswurf im Basketball können Verringerungen der Programmbreite hilfreich sein, um bestimmte Elemente zu betonen. So wird durch das sitzende Werfen von einem Kasten die Arm-Hand- und Ball-Hand-Führung betont.

Hinsichtlich der Bewertung der **Verringerung der Programmbreite** gilt eine vergleichbare Merkregel wie bei der Programmlängenverkürzung:

- **Reduktionen der Programmbreite** sind dann lernwirksam, wenn die Zieltechnik durch gut isolierbare, gleichzeitig auszuführende Bewegungsbestandteile gekennzeichnet ist. Bei engen Wechselwirkungen und Verzahnungen der simultan zu koordinierenden Aktivitäten ist von ihrer Trennung abzuraten (Roth, 2007).

Eine enge Verzahnung von Teilbewegungen findet man z. B. bei zyklischen Bewegungen, wie dem Paddeln, Rudern und Radfahren. Hier gibt es keine horizontalen Schnittstellen, sodass eine Bewegungstrennung beim Neulernen wenig sinnvoll ist. Zerlegungsmöglichkeiten bestehen dagegen, wenn Teilbewegungen einer Fertigkeit asynchron ablaufen. Gemeint sind hier vor allem die Schwimmtechniken. So wird z. B. die Kraulbewegung durch ein isoliertes Einüben der Arm- und Beinbewegung mit Unterstützung von Schwimmbrett oder Pull Buoy vereinfacht. Abb. 6.2 veranschaulicht die Verkürzung der Programmlänge und die Verringerung der Programmbreite mithilfe von Kreisen und Halbkreisen.

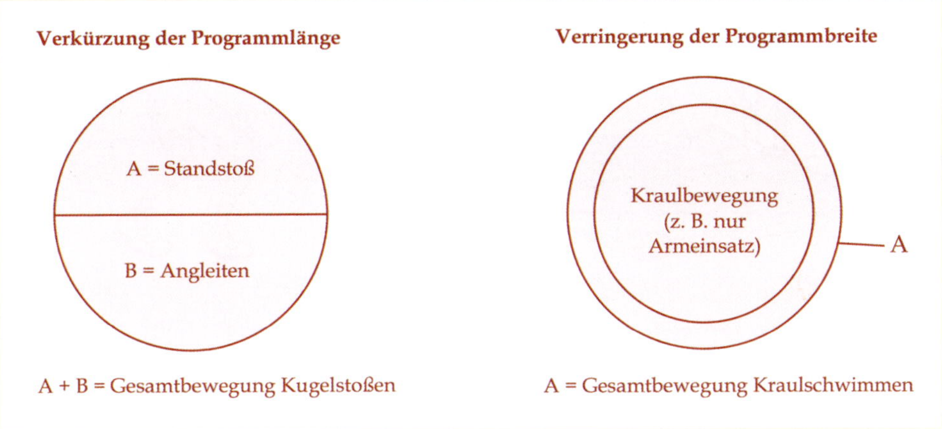

Abb. 6.2: Während bei einer Verkürzung der Programmlänge Bewegungsbestandteile (Halbkreis) zum Ganzen (Kreis) zusammengesetzt werden, findet bei der Verringerung der Programmbreite (kleiner Kreis) eine Aufschaltung von gleichzeitig ablaufenden Bewegungsbestandteilen zur Gesamtbewegung (großer Kreis) statt.

Nennen Sie sportliche Fertigkeiten, bei denen Sie bei der methodischen Einführung keine Programmbreitenverringerung vornehmen würden. Begründen Sie Ihre Entscheidung.

▶ Unter **Invariantenunterstützung** versteht man Ausführungshilfen für strukturelle Merkmale einer Bewegung. Dies können Rhythmus-, Orientierungsvorgaben, bewegungsführende Hilfen oder Ausführungshilfen zur Verringerung des Präzisionsdrucks sein.

Der zweite Aspekt beim Überforderungsaspekt der Programmbreite wird mit dem Begriff **Invariantenunterstützung** beschrieben. Darunter versteht man Ausführungshilfen für die strukturellen Bewegungsmerkmale einer Bewegung. Bekannte **Beispiele** sind: Rhythmusvorgaben (akustisch), Orientierungsvorgaben (visuell), bewegungsführende Hilfen (taktil, kinästhetisch), Ausführungshilfen zur Erhöhung der Fehlertoleranz.

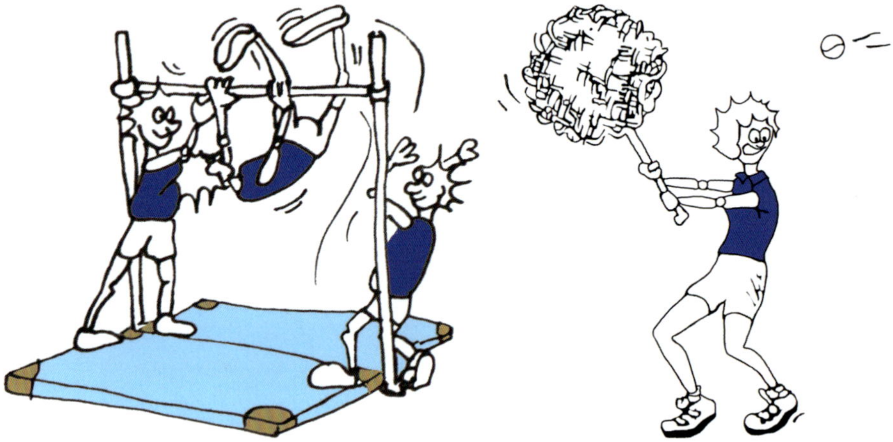

Abb. 6.3: Prinzip der Invariantenunterstützung (modifiziert nach Roth, 2007, S. 34)

Während akustische Rhythmusvorgaben den zeitlich-dynamischen Ablauf einer Bewegung z. B. durch Zuruf unterstützen, betreffen visuelle Orientierungshilfen die räumlich-zeitliche Ablaufgenauigkeit einer Bewegung (z. B. Markierungshilfen). Unter bewegungsführenden Hilfen versteht man sowohl die Hilfestellungen beim Gerätturnen als auch Lernformen zum Bewusstmachen bestimmter Winkelstellungen und zur Verlagerung von Körperteilen. Ausführungshilfen zur Erhöhung der Fehlertoleranz verringern die Präzisionsanforderungen (Präzisionsdruck) einer Bewegung.

Nennen Sie möglichst viele Beispiele für eine Invariantenunterstützung. Kennen Sie Beispiele, bei denen von einer Invariantenunterstützung abzuraten ist?

Dritter Überforderungsaspekt: Parameteranforderung
Vereinfachungsstrategie: Prinzip der Parameterveränderung

Eine große Schwierigkeit besteht beim Neulernen von Bewegungen darin, dass die festen Bewegungsdetails eines generalisierten Programms zwar gut zu erlernen sind, aber das Einüben der variablen Parameter große Anforderungen darstellt. Typische **Überforderungsparameter** sind: zu hohe Ablaufgeschwindigkeit, Bewegungsdauer oder Kraftanforderungen.

Zur Verringerung der Ablaufgeschwindigkeit kann den Schülern geholfen werden, wenn zu Beginn Bewegungen langsamer geübt werden:

- Der Anlauf beim Speerwurf wird beispielsweise zunächst mit einer Gehbewegung statt einer Laufbewegung geschult. Die Drehbewegung beim Diskuswurf wird zu Beginn in Zeitlupe durchgeführt.

Zu beachten ist, dass es durch die Bewegungsausführung in Zeitlupe nicht zu einem Zerfall der grundlegenden Programmstrukturen kommt. Gerade Kippbewegungen im Turnen können nur in einem sehr geringen Ausmaß zeitlich gedehnt werden.

Abb. 6.4: Prinzip der Veränderung der Programmparameter (links: Slow-Motion-Üben; rechts: Üben mit leichteren Sportgeräten) (modifiziert nach Roth, 2007, S. 36)

> Nennen Sie Bewegungen, die zeitlich gedehnt werden können und solche, bei denen dies nur sehr schwer möglich ist.

Falls die zu kurze Bewegungsdauer ein Problem bei der Bewältigung der Bewegungsaufgabe darstellt, kann der Bewegungsumfang bei gleicher Ausführungsgeschwindigkeit durch **Gerätehilfen** vergrößert werden:

- Im Turnen und in der Leichtathletik können **erhöhte Absprungstellen** dazu beitragen, die Flugphase zu verlängern und so den Zeitdruck bei der Koordination von Teilbewegungen reduzieren.

Sind die Kraftanforderungen beim Ausführen einer Bewegung zu groß, kann die Intensität der Krafteinsätze verringert werden:

- Im Kugelstoßen kann zu Beginn des Lernprozesses mit **leichteren Kugeln** gestoßen werden. Beim Hürdenlauf in der Leichtathletik oder beim Kastensprung im Turnen wird die **Höhe der Hindernisse** den Kraftfähigkeiten der Übenden angepasst. Die Gesamtdauer kann bei statischen Elementen aus dem Turnen (z. B. Kreuzhang) verkürzt werden oder die Kraftanforderung **durch Partnerhilfe** erleichtert werden.

> Nennen Sie möglichst viele Beispiele für eine Vereinfachung der Parameteranforderung durch Parameterveränderung.

Neben den bisher genannten Vereinfachungsstrategien, die sich auf die Länge, die Breite und die Parameter eines Programms beziehen, kann ein weiterer Überforderungsaspekt die **Angst vor Verletzung** oder **Blamage** sein. Hier können Sicherheitsvorkehrungen, eine empathische Ansprache oder auch Entspannungstechniken helfen, vorhandene Angstbarrieren abzubauen. Die folgende Tab. 6.3 gibt einen zusammenfassenden Überblick zu den genannten Vereinfachungsstrategien.

Tab. 6.3: Überforderungsaspekte und Vereinfachungsstrategien (modifiziert nach Roth, 2007, S. 36; IQ-6.1)

Überforderungsaspekt	Vereinfachungsstrategie	Anwendungsfelder
Programmlänge	Prinzip der Programmlängenverkürzung	(Azyklische) Fertigkeiten mit vielen hintereinandergeschalteten, wechselwirkungsarmen Elementen (z. B. Speerwurf, Kastensprung).
Programmbreite	• Prinzip der verringerten Programmbreite • Prinzip der Invariantenunterstützung	Fertigkeiten mit vielen, gleichzeitig auszuführenden Elementen: • Asynchrone zyklische Bewegungen (z. B. Arm- und Beinbewegungen bei Schwimmtechniken). • Bewegungen mit hohen räumlichen, zeitlichen und dynamischen Präzisionsanforderungen • (z. B. bei Turnbewegungen).
Parameteranforderung	Prinzip der Parameterveränderung	Fertigkeiten mit • hoher Bewegungsgeschwindigkeit (z. B. beim Speerwurf); • kurzer Bewegungszeit (z. B. Sprünge im Turnen); • hohen dynamischen Anforderungen (z. B. bei Würfen und Stößen in der Leichtathletik).
Angst	Sicherheitsvorkehrungen und systematische Desensibilisierung	Bewegungen mit ungewissem Ausgang

▶ **Merksatz:** Beim Erlernen neuer Bewegungen ist immer auch zu überprüfen, ob die allgemeinen koordinativen und konditionellen Voraussetzungen erfüllt sind, um die komplexen Bewegungsmuster einer Fertigkeit zu erlernen.

Roth (2007, S. 36-37) weist darauf hin, dass nicht alle Schwierigkeiten beim Neulernen durch die oben genannten Vereinfachungsstrategien beseitigt werden können. Bei einer methodischen Einführung einer Bewegungsfertigkeit sind immer auch die koordinativen und konditionellen Voraussetzungen zu beachten: Beispielsweise wird das Erlernen des Handstützüberschlags am Boden erschwert oder verhindert, wenn es dem Übenden an der notwendigen Stützkraft im Bereich der oberen Extremitäten mangelt und eine gute Rumpfbeweglichkeit fehlt.

REIHUNG DER LEHRSCHRITTE – METHODISCHE ÜBUNGSREIHEN

Nach den Überlegungen zur Vereinfachung komplexer Sportbewegungen soll nun geklärt werden, wie der Weg von den Vorübungen zur Zielübung zu gestalten ist. Allgemein kann festgehalten werden, dass im Verlauf des Lernprozesses die Erleichterungen schrittweise zurückgenommen werden müssen. Es gelten dabei die allgemein bekannten und akzeptierten methodischen Grundsätze „vom Leichten zum Schweren", „vom Einfachen zum Komplexen", vom „Bekannten zum Unbekannten" und vom „Sicheren zum Risikoreichen". Die konkreten Lernwege, in denen die Vereinfachungsprinzipien und ihre Rücknahme fertigkeitsspezifisch festgeschrieben sind, heißen **methodische Übungsreihen** (MÜR) und basieren meist auf einer bewährten und verallgemeinerten Praxiserfahrung.

▶ **Methodische Übungsreihen (MÜR)** sind nach methodischen Grundsätzen geordnete Übungsfolgen, die zur Erlernung einer bestimmten motorischen Fertigkeit (Zielübung) oder zur Aneignung eines bestimmten Ausprägungsgrades motorischer Eigenschaften führen sollen. **Allgemeine methodische Grundsätze** sind dabei: „vom Leichten zum Schweren", „vom Einfachen zum Komplexen", „vom Bekannten zum Unbekannten" und „vom Sicheren zum Risikoreichen" (Grössing, 2007, S. 214).

Den Beginn von MÜR stellen oft vorbereitende Übungen und Vorübungen dar. Sie schaffen wichtige koordinative und konditionelle Lernvoraussetzungen für das Erlernen der Zielübung.

▶ Unter dem Begriff der **Vorübung** wird eine Übungsform verstanden, die dabei helfen soll, bewegungsverwandte Fertigkeiten und vielfältige Variationen derselben einzuüben mit dem Ziel der Annäherung an die Zielübung. Dagegen zielt eine **vorbereitende Übung** auf das Erlernen grundlegender Fertigkeiten und den Erwerb grundlegender Fähigkeiten, die für die zu erlernende Fertigkeit unabdingbar sind.

Im Lernprozess zum Neulernen des Speerwurfs wäre das Werfen verschiedener Wurfgeräte aus der Schrittstellung, dem Angehen oder dem Drei-Schritt-Rhythmus eine Vorübung für den Speerwurf, da die Bewegung bewegungsverwandt zur Zielübung ist. Ballspiele mit Wurfmöglichkeiten, Zielwürfe auf einen Medizinball oder Wurfmehrkämpfe zielen auf die Verbesserung allgemeiner koordinativer und konditioneller speerwurfspezifischer Fähigkeiten und wären somit als vorbereitende Formen zu bezeichnen. Der **methodische Dreischritt** von vorbereitenden Übungen (Formen), Vorübungen und Zielübung ist ein zentrales Charakteristikum von MÜR (vgl. Abb. 6.5).

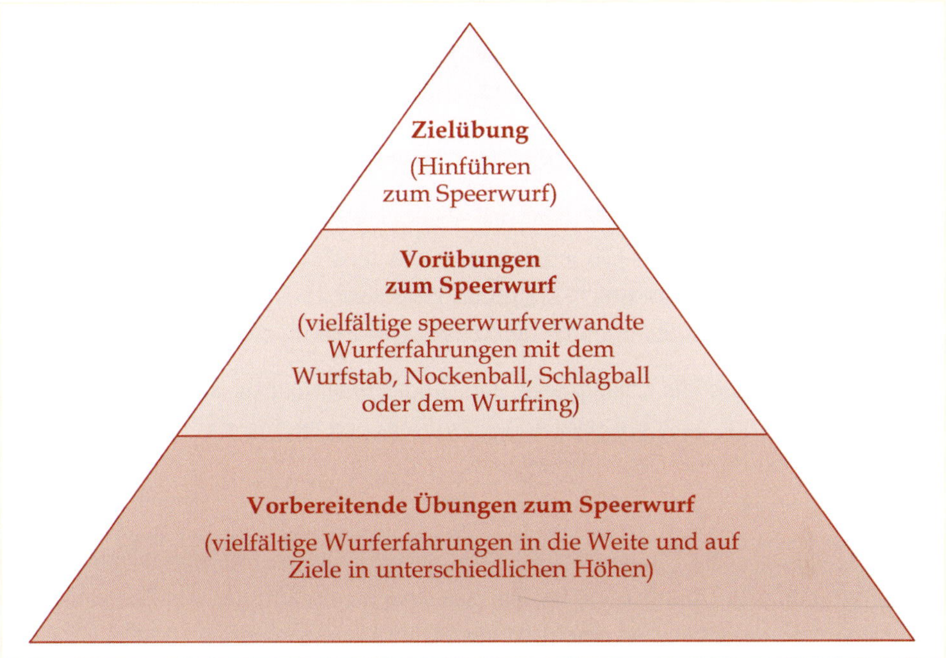

Abb. 6.5: Methodischer Dreischritt bei methodischen Übungsreihen (IQ-6.1)

Ein **Beispiel für eine methodische Übungsreihe zum Erlernen des Speerwurfs** macht den besonders komplexen Einsatz von Erleichterungsstrategien deutlich. Nach dem Beherrschen des Schlagballweitwurfs und dem Werfen mit Hilfsgeräten (Gummiring und -stab sowie Nockenball) sowie dem Erlernen von Griff- und Trageweise des Speers und Würfen aus der Schrittstellung und der Wurfauslage könnte sich das Werfen aus dem Zweier-, Dreier- und Fünferrhythmus mit einer zwischengeschalteten Übung zur Speerrückführung bis hin zur Zielübung anschließen.

In der Literatur findet man eine Vielzahl von derartigen MÜR. Die Mehrheit dieser MÜR lässt sich zu drei Haupttypen zusammenfassen:

1. serielle Übungsreihen (der Aufbau „von vorne nach hinten");
2. funktionale Übungsreihen (der Aufbau „von der Mitte nach außen");
3. programmierte Übungsreihen (der „empirisch überprüfte, kleinschrittige" Aufbau).

Serielle Übungsreihen

Eine **serielle Übungsreihe** bedient sich des Prinzips der Programmlängenverkürzung und vermittelt eine Zielübung durch Aufschalten von Teilbewegungen nach räumlich-zeitlichen Aspekten.

Beispiel: Eine serielle Übungsreihe zum Korbleger schult zunächst das rhythmische Dribbling und verbindet dies nacheinander mit dem Stoppen und Werfen bis hin zur Gesamtbewegung.

Funktionale Übungsreihen

Eine **funktionale Übungsreihe** bedient sich ebenfalls des Prinzips der Programmlängenverkürzung. Die zu übenden Elemente sind genau die Funktionsphasen der Zielbewegung. Die funktionale Übungsreihe startet bei der unabhängigen Hauptfunktionsphase, die im weiteren Übungsverlauf durch die abhängigen Phasen ergänzt wird.

Beispiel: Eine funktionale Übungsreihe zum Kugelstoßen startet mit dem Stoßen aus der Stoßauslage (ggf. auch mit zwei Angehschritten) und ergänzt das Angleiten aus der Grundstellung bis hin zur Gesamtbewegung.

Programmierte Übungsreihen

Eine **programmierte Übungsreihe** besteht aus einer kleinschrittigen Abfolge von Übungen, die sich an logischen und empirisch gestützten Kriterien orientieren.

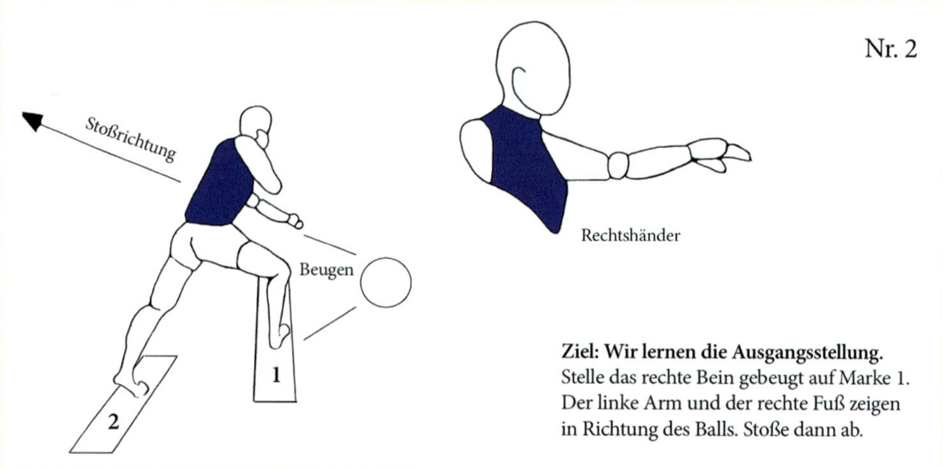

Abb. 6.6: „Programmierte Lernkarte Nr. 2 zum Standstoß für Rechtshänder: Wir lernen die Ausgangsstellung" (modifiziert nach Wollny, 2012, S. 192 in Anlehnung an Kruber & Fuchs: 1978, S. 55 (Hofmann: Programmiertes Lehren und Lernen im Sportunterricht: Kugelstoß, Ballwurf, Speerwurf, Diskuswurf)).

Beispiel: Für den Bereich der Leichtathletik werden von Kruber und Fuchs (1978) programmierte Lernkarten angeboten:

Lernkarte 1: Standstoß: Wir lernen, die Kugel zu halten.
Lernkarte 2: Standstoß: Wir lernen die Ausgangsstellung (vgl. Abb. 6.6).
Lernkarte 3: Standstoß: Wir lernen die Beinstreckung.
Lernkarte 4: Standstoß: Wir lernen die Rumpfdrehung.
Lernkarte 5: Stoßen aus dem Angleiten: Wir lernen das Rückwärtsrutschen.
Lernkarte 6: Stoßen aus dem Angleiten: Wir verbessern die Kugelstoßbewegung.

Theorie-Praxis-Verknüpfung – MÜR zum Basketballsprungwurf

Informationen zur **Vermittlung offener Fertigkeiten**, zum **Automatisieren und Stabilisieren sportlicher Fertigkeiten** sowie Hinweise zur **Fertigkeitsvermittlung im Kontext systemdynamischer Ansätze** sind unter Zusatzinformationsmaterial ab S. 578 per QR-Code erreichbar.

6.4 RÜCKBLICK

Phasen sportmotorischen Lernens

- **Sportmotorisches Lernen** ist eine umgebungsbezogene, relativ überdauernde Ausbil-dung und Korrektur von sportmotorischem Gedächtnisbesitz.
- Ein motorischer Lernprozess zeichnet sich durch von außen beobachtbare **Veränderungen** der **Bewegungsausführung** und des **Bewegungsergebnisses** aus. Aus der Innenperspektive betrachtet, findet eine **Automatisierung der Kontrollprozesse** statt.
- Das dreistufige Lernphasenmodell unterscheidet die **Phasen der Grobkoordination, Feinkoordination** sowie der **stabilisierten Feinkoordination und der variablen Verfügbarkeit**. Im Verlauf dieser Lernphasen kommt es zu einer Optimierung der Bewegungszielerreichung und zu einer verbesserten Bewegungsgüte sowie zu einer ökonomischeren Informationsverarbeitung und Programmierung von Bewegungsprogrammen.

Ganzheits- versus Teillernmethode

- Beim Lernen sportmotorischer Fertigkeiten stehen für weniger komplexe Techniken die **Ganzheits-** bzw. für komplizierte Bewegungsabläufe die **Teillernmethode** zur Verfügung.

Neulernen von geschlossenen Bewegungsfertigkeiten

- **Vereinfachungsstrategien** beim Neulernen sportlicher Fertigkeiten sind Verkürzungen der Programmlänge, die Reduktion der Programmbreite sowie die Veränderung der Bewegungsparameter.
- Eine **methodische Übungsreihe (MÜR)** wird durch einen **methodischen Dreischritt** aus vorbereitenden Übungen, Vorübungen und Zielübung festgelegt.
- Das Neulernen geschlossener Bewegungen erfolgt aus der Sicht von Informationsverarbeitungsansätzen vor allem durch **serielle MÜR**, **funktionale MÜR** oder **programmierte MÜR**.

6.5 PRÜFUNGSVORBEREITUNG

Kontrollfragen

1. Was ist sportmotorisches Lernen?
2. Nennen Sie die Phasen des dreistufigen Lernphasenmodells von Meinel und Schnabel.
3. Was lässt sich aus dem Lernphasenmodell für den Übungsprozess ableiten?
4. Erklären Sie, was man unter einer Ganzheitsmethode versteht.
5. Wann wendet man beim Neulernen von Bewegungen die Teillernmethode an?

6. Was sind die Vorteile der Ganz-Teil-Ganz-Methode?
7. Was ist eine methodische Übungsreihe?
8. Nennen Sie die drei methodischen Grundsätze.
9. Was bedeutet der methodische Dreischritt?
10. Wie lauten die vier Vereinfachungsstrategien?
11. Welche Funktionen haben die Vereinfachungsstrategien?
12. Erklären Sie den Unterschied zwischen einer seriellen und funktionalen MÜR.
13. Was bedeutet programmiertes Lernen?

Prüfungsaufgaben

Handstütz-Sprungüberschlag am Pferd

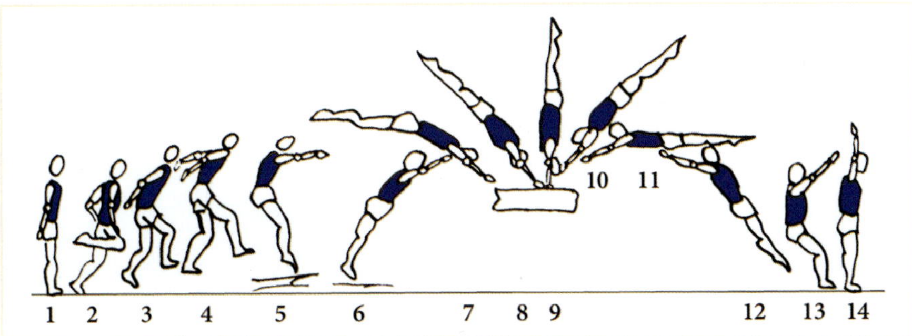

Abb. 6.7: Handstütz-Sprungüberschlag am Pferd

a) **Beschreiben** Sie anhand der obigen Bildreihe den Bewegungsablauf des Handstütz-Sprungüberschlags und **stellen** Sie ausführlich dessen Phasenstruktur sowie die Funktionen der einzelnen Teilphasen **dar**.
b) **Entwickeln** Sie begründet eine methodische Übungsreihe zum Erlernen des Handstütz-Sprungüberschlags am Sprungpferd unter Berücksichtigung methodischer Aspekte von Lehr- und Lernwegen.

MÜR zum Handballsprungwurf

Entwickeln Sie vor dem Hintergrund von Methoden zur Gestaltung von Lehr- und Lernwegen einen begründeten Weg zur Vermittlung des Handballsprungwurfs.

TEIL III

BEWEGUNGSGESTALTUNG

ERKUNDUNGEN 163

LEKTION 7:
WIE WERDEN BEWEGUNGEN GESTALTET 164

LEKTION 8:
WIE UNTERSCHEIDEN SICH IM TANZEN
CHOREOGRAFIE UND IMPROVISATION? 182

Flowbereich

ERKUNDUNGEN

LEKTION 7: WIE WERDEN BEWEGUNGEN GESTALTET?

Gestalten und Gestaltung im Sport

Beispiel 1: Beim Landesfinale im Mädchenfußball bat der betreuende Lehrer seine Fußballerinnen, ein schönes Motiv für die Schulhomepage darzustellen. (vgl. Abb. 7.E.1 links).

Beispiel 2: Drei Mädchen eines Literaturkurses präsentieren eine Figur.

Beispiel 3: Sieben Grundschulkinder haben die Aufgabe, ihren Eltern ein frohes neues Jahr 2014 zu wünschen (vgl. Abb. 7.E.1 rechts).

Beispiel 4: In einer Sportstunde zum Basketball handeln die Schüler die Spielregeln aus, damit ein freudvolleres Miteinanderspielen entsteht.

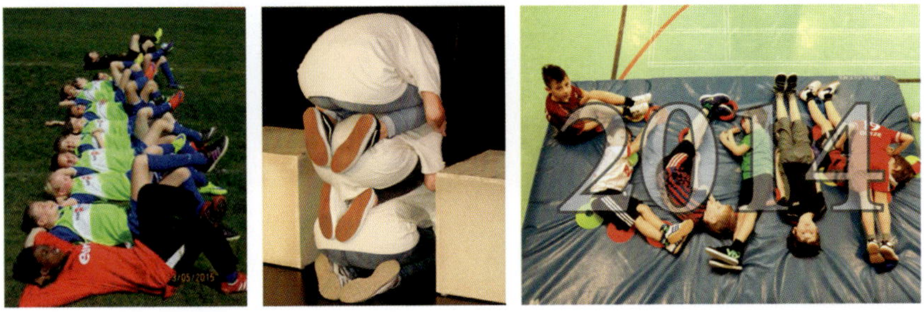

Abb. 7.E.1: Gestaltungsergebnisse von Kindern zu unterschiedlichen Gestaltungsabsichten

Arbeiten Sie mithilfe der vier Beispiele heraus, was im Sport unter **Gestaltung** und **Gestalten** verstanden werden kann. Fallen Ihnen weitere Situationen ein?

LEKTION 8: WIE UNTERSCHEIDEN SICH IM TANZEN CHOREOGRAFIE UND IMPROVISATION?

Komposition und Improvisation – Definitionen eines Musikers

LEKTION 7: WIE WERDEN BEWEGUNGEN GESTALTET?

7.1 BEWEGUNG GESTALTEN UND BEWEGUNGSGESTALTUNG 166

7.2 GESTALTEN KÖNNEN – GESTALTUNGSFÄHIGKEIT ENTWICKELN 169

7.3 GESTALTEN UND GESTALTUNG BEWERTEN 175

7.4 RÜCKBLICK 179

7.5 PRÜFUNGSVORBEREITUNG 180

LEKTION 7: WIE WERDEN BEWEGUNGEN GESTALTET?

7.1 BEWEGUNG GESTALTEN UND BEWEGUNGSGESTALTUNG

GESTALTUNG ALS PROZESS UND ERGEBNIS EINES GESTALTUNGSPROZESSES

▶ Eine **Bewegung gestalten**, beschreibt den Prozess, einer Bewegung bewusst eine spezifische Form zu geben. **Gestaltung** in seiner substantivischen Form kann **sowohl** den **Prozess als auch** ein (vorläufiges) **Ergebnis** eines Gestaltungsprozesses bedeuten.

Ein Turner zeigt komplizierte Salto- und Schraubenbewegungen, die auf faszinierende Weise in einer Bewegungsgestaltung des Bodenturnens geturnt werden. Wettkampfrichter beurteilen dabei die Form der Bewegung nach festgeschriebenen normierten Kriterien. Auch eine Tanzgruppe gestaltet ihre Bewegungen, ausgehend von einer Musik, durch Ausprobieren von Bewegungen, die zum Stil der Musik passen und von den Gruppenteilnehmern ausgeführt werden können. Während der Turner bestimmten Bewegungen eine spezielle, meist vorgegebene Form gibt, d. h. bewusst bestimmte Bewegungen gestaltet, erfolgt der Gestaltungsprozess bei der Tanzgruppe reaktiv und spontan in Bezug zum Stil der Musik. Bewegungsgestaltung kann dabei sowohl als Ergebnis als auch als Prozess betrachtet werden.

Cabrera-Rivas (2010) sieht das Gestalten von Bewegung als ein universales Phänomen, das dem menschlichen Bedürfnis entgegenkommt, spezifische Lebensbedingungen und Lebenserfahrungen, Empfindungen, Neigungen zu formen und auszudrücken. Das damit einhergehende Mitteilungsbedürfnis macht das Gestalten zu einem kulturstiftenden Prozess.

Detaillierte Informationen zum Phänomen des Gestaltens sind unter Zusatzinformationsmaterial ab S. 578 per QR-Code abrufbar.

FACETTEN DES GESTALTENS

▶ Der Kontext (z. B. schulisch oder außerschulisch), die situativen Gegebenheiten (z. B. räumliche und materielle), die Gestaltungsabsicht (Motive und Vorhaben) sowie die persönlichen Dispositionen der gestaltenden Akteure bestimmen, in welcher Weise sich folgende Facetten der Bewegungsgestaltung zeigen: Gestalten als ästhetisches Verhalten; Gestalten als expressives Hervorbringen; Gestalten als kompositorisches Ergebnis; Gestalten als performatives Präsentsein.

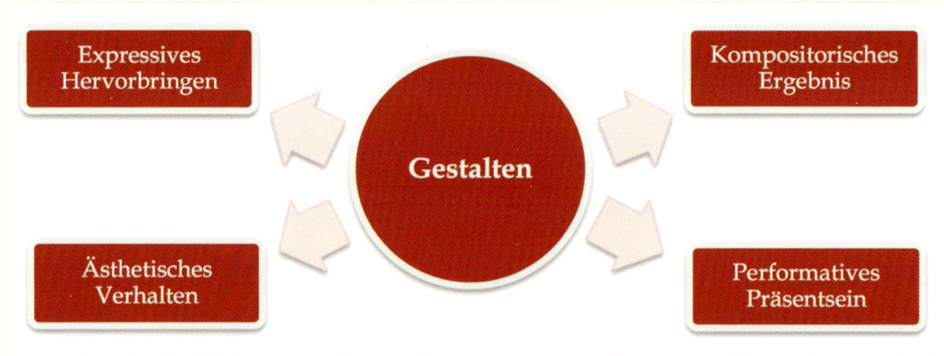

Abb. 7.1 Facetten des Gestaltens (nach Klinge & Schütte, 2013, S. 603)

Gestalten als ästhetisches Verhalten

Das Wort „ästhetisch" geht auf das griechische Wort **aisthesis** zurück und bedeutet zunächst einmal „Wahrnehmung" oder „Empfindung": Wahrnehmung der Welt, der unmittelbaren Umgebung, des sozialen Umfeldes, der eigenen sinnlichen Verfassung.

Beim Ästhetischen im Sport geht es nicht nur um Gestaltung im Sinne einer „schönen Darbietung", sondern auch um die persönliche Auseinandersetzung mit Wahrgenommenem, um die individuelle Verarbeitung der subjektiv wahrgenommenen Welt. Für den Schulsport ist die Dimension des Ästhetischen neben der Gymnastik im Tanz von besonderer didaktischer Relevanz. Im Tanz kann eine Person die eigene sinnliche Wahrnehmung und die individuelle Gestaltungsfähigkeit verbessern. Gerade im Tanz kann ein Mensch in den gestalteten Bewegungen das hervorbringen, was ihn bewegt und was ihm widerfahren ist. Gestaltete Bewegungen sind daher das sichtbare Ergebnis reflexiver Auseinandersetzung mit sich und seiner Umgebung.

Gestalten als expressives Hervorbringen

In Anlehnung an Grupe (1982) wird grundlegend zwischen einer ausdrückend-expressiven und einer rituell-darstellenden Dimension von Bewegung unterschieden.

Die **ausdrückend-expressive Dimension** bezieht sich auf Stimmungen, Einstellungen und Gefühle, die der Mensch über Bewegung, vor allem Gestik und Mimik, zum Ausdruck bringt. Sie umfasst die persönliche Ausstrahlung einer Person, aber auch den bewusst hergestellten Ausdruck, der für Stimmungen und Gefühle stehen kann. Im Tanz und im Bewegungstheater können Stimmungen in einer körperlichen Haltung und Bewegung absichtsvoll zum Ausdruck gebracht werden. Dabei werden Stilmittel der Übertreibung, Verlangsamung oder Verfremdung für die Darstellung einer Emotion oder Idee eingesetzt. Die Darstellung kann unterschiedliche Wirkung beim Zuschauer erzielen: ihn mitreißen, ihn aufwühlen und nachdenklich machen oder auch ihn unterhalten und zum Lachen bringen.

> Stellen Sie als Gruppe ein Gefühl dar. Nutzen Sie die Stilmittel Übertreibung, Verlangsamung oder Verfremdung. Für welches Gefühl eignet sich welches Stilmittel?

Bewegungsgestaltung kann auch eine **rituell-darstellende Funktion** haben. Diese Funktion bezieht sich auf Bewegungen, die bestimmte sozialisierte und damit festgelegte Bedeutungen haben. Das Händegeben zwischen Turnern bei der Begrüßung, das Abklatschen nach einem Schmetterschlag im Volleyball oder das Verbeugen eines Judokas sind einige Beispiele für Bewegungen mit rituell-darstellender Funktion.

> Kennen Sie weitere gestalterische Rituale im Sport?

Gestalten als kompositorisches Ergebnis

Wenn Kinder mit dem Gummitwist springen, setzen sie einzelne Sprünge zu einer sogenannten *Probe* zusammen. Die Sprungfolge wird geübt und mit neuen, schwierigeren Sprungvarianten ergänzt. Auch Schüler, Sportstudierende und professionelle Choreografen entwickeln auf diese Weise Kompositionen. In allen Fällen geht es um das Formen einer komplexen Gestalt aus einzelnen Figuren. In einer Bewegungsgestalt sind die Formen und Strukturen festgelegt. Das Ganze kann aber variabel gehalten werden.

Neben dem Begriff **Komposition** (lat. „componere" = zusammenstellen; vgl. Infoblock) wird insbesondere in vielen kompositorischen Sportarten der Begriff **Choreografie** verwendet. Er setzt sich zusammen aus dem Griechischen „choros" („Tanz") und „graphein" („schreiben") und kann wörtlich mit „Tanzschrift" übersetzt werden. Systematisch kann man Choreografie mit zwei Kategorien festhalten (Lampert, 2007, S. 31):

- Choreografie als Aufzeichnungssystem;
- Choreografie als tänzerische Komposition.

Wird Choreografie als **Aufzeichnungssystem** gedeutet, werden mit ihr Haltungen, Stellungen, Einzel- und Gruppenbewegungen und Richtungen im Zusammenhang tänzerischer Bewegungsfolgen mit eigens dafür erfundenen Symbolen und grafischen Systemen niedergeschrieben. In der zweiten Deutung wird Choreografie als **tänzerische Komposition** verstanden (vgl. Kap. 8.1). Die synonyme Bedeutung von Choreografie und Komposition hat sich über den Tanzbereich hinaus auf viele andere kompositorische Sportarten ausgedehnt:

▶ **Choreografie** bzw. **Komposition** kann als das „Endprodukt eines Gestaltungsprozesses" angesehen werden (Meusel & Wieser, 1995, S. 13).

Im Wettkampfsport kompositorischer Sportarten folgt eine Komposition anderen Vorgaben als im Bewegungstheater oder im Crossoversport (vgl. Prüfungsaufgaben). Nicht zuletzt kann das Kriterium des Zufalls eine Rolle in einer Komposition von Gestaltungen spielen. Gerade Zufälle können der Anlass für improvisierte, gestaltete Bewegungen sein.

Gestalten als performatives Präsentsein

Straßenartisten, Jongleure oder Akrobaten zeigen mitunter keine einstudierten Darbietungen mit vorher festgelegter Bewegungsgestaltung, sondern eher spontan entstehende Aufführungen. Durch situative und raumzeitliche Gegebenheiten und unter Einbeziehung der Zuschauer entstehen flüchtige, in ihren Formen und Abläufen nicht wiederholbare Inszenierungen. Über ästhetisches Verhalten, expressives Hervorbringen und kompositorisches Formgeben hinaus vollzieht sich Gestaltungshandeln als performatives Präsentsein. Begrifflich geht performatives Handeln auf das englische Verb **to perform** zurück und bezeichnet eine gegenwartsbezogene Aktivität, die unmittelbar darauf abzielt, auf andere Personen eine Wirkung zu erzielen. Performative Präsenz beschreibt daher die Fähigkeit des gestaltenden Akteurs, sich seines Körpers und der verinnerlichten Bewegungsmuster und Rituale bewusst zu sein und diese spontan, flüchtig und unvorhersehbar nach außen wirken zu lassen.

Performative Präsenz steht in engem Zusammenhang zur **Improvisation** (vgl. Lektion 8), einer Spielart, bei der es darum geht, aus dem Moment heraus seinen Körper zu bewegen. Jede Bewegung existiert nur in dem Augenblick, in dem sie ausgedrückt wird. Im Bereich des Tanzes spricht man von **Tanzimprovisation**, im Theaterbereich wird der Begriff **Improvisationstheater** verwendet.

7.2 GESTALTEN KÖNNEN – GESTALTUNGSFÄHIGKEIT ENTWICKELN

GESTALTUNGSFÄHIGKEIT

▶ **Gestaltungsfähigkeit** beschreibt den kreativen, vom Alltagsdruck befreiten Aspekt des Umgangs mit sich stellenden bzw. gestellten Aufgaben (Klinge & Schütte, 2013, S. 611).

Wie im vorangegangenen Kapitel dargestellt wurde, zeigt Gestalten von Bewegungen unterschiedliche Facetten und damit vielfältige Deutungsabsichten. Die Fähigkeit, mit Bewegungen gestalterisch umgehen zu können, kann aus diesem Grund nicht definitorisch bestimmt werden. Im Gestaltenkönnen zeigt sich vielmehr die Art und Weise eines konstruktiven, individuellen Umgangs mit ästhetischen Erfahrungen, Verunsicherungen sowie den sich stellenden Problemen oder eingeforderten Aufgaben.

Aufgabenstellungen zur Steigerung der Gestaltungsfähigkeit folgen einer bestimmten Idee, deren Ausgang noch offen ist und deren Realisierung vielfältig sein kann. Im Bereich des kompositorischen Wettkampfsports sind die Wettkampfbestimmungen und Regeln als Aufgabenstellungen zu verstehen, die den Sportler herausfordern, eine Kür zu entwickeln, die den individuellen Voraussetzungen und ästhetischen Vorstellungen entspricht. In Trendsportarten wie dem Skate- oder dem Snowboardfahren können Bewegungstricks der Ausgangspunkt für eine spannende und beeindruckende Bewegungsgestaltung sein. In Gestaltungsprodukten kompositorischer Sportarten, stilgebundener und ungebundener Tanzdarbietungen, innovativer Crossoveraktivitäten oder gestalterischer Trendsportarten lassen sich Gestaltungsanlässe erkennen, die Ursprung für eine bestimmte Gestaltungsabsicht und für die Wirkungen sind, die das Produkt bei den Zuschauern hinterlässt.

Bemerkung: In Kap. 21.2 wird im Rahmen der Gesundheitsförderung im Sport der Begriff „individuelle Gestaltungsfähigkeit" verwendet. Dort bedeutet er die Fähigkeit eines Menschen, Wünsche und Stärken mit persönlichen Anforderungen in Einklang zu bringen.

WIRKUNGSABSICHTEN

- In Anlehnung an Klinge (2010) und Klinge und Schütte (2013, S. 611) kann bei Gestaltungsprozessen als Ausgangspunkt eines Gestaltungsprozesses zwischen folgenden sechs **Wirkungsabsichten** unterschieden werden: normierte Präsentation, kurzweilige Unterhaltung, spannendes Ereignis, humorvolle Darstellung, widerständige Vieldeutigkeit sowie provozierende Beteiligung.

Der Ausgangspunkt für eine Bewegungsgestaltung ist immer eine Absicht, ein Gestaltungsmotiv, ein Anlass. Aus dieser Absicht entwickelt sich allmählich und meist auf Umwegen eine Form, die Erfahrungen der Gestaltenden zum Ausdruck bringt. Der Beobachter kann die entstandene Form beobachten, interpretieren, verstehen oder bewerten. Mithilfe der gewählten Darstellungs- und Gestaltungsmittel entsteht eine gewisse Kongruenz zwischen Absicht und Wirkung.

Im Bereich von Bewegung, Spiel, Sport und Tanz reichen die Absichten vom Wunsch, gestalterische Normen zu bedienen, einen Eindruck beim Zuschauer hinterlassen zu wollen, die Zuschauerwahrnehmung besonders anzusprechen und ihren Gewohnheiten nachzukommen, bis hin zur Absicht, Erwartungshaltungen zu brechen, Wahrnehmungsgewohnheiten aufzustöbern, zu verunsichern sowie andere zum Selbst- und Mitgestalten zu provozieren.

Die nachfolgende Tab. 7.1 stellt die Hauptmerkmale der sechs **Wirkungsabsichten** unter Berücksichtigung möglicher Anwendungsbereiche im Sport dar.

Tab. 7.1: Wirkungsabsichten bei Gestaltungsprozessen (in Anlehnung an Klinge & Schütte, 2013)

Wirkungsabsicht	Hauptmerkmale	Anwendungsbereiche
Normierte Präsentation	Vorgaben und Vorbilder, Regeln und Normen der Sportart bestimmen die Gestaltung. Individueller Gestaltungsspielraum ist gering. Hohe Kongruenz zwischen Gestaltungsabsicht und Gestaltungswirkung.	Wettkampfsport kompositorischer Sportarten wie Kunstturnen, Eiskunstlauf, Turniertanz, rhythmische Sportgymnastik.
Kurzweilige Unterhaltung	Die Gestaltung zielt auf kurzweilige Unterhaltung und Vergnügen. Die Show und das Ereignis stehen im Vordergrund und lassen einen hohen individuellen Gestaltungsspielraum zu.	Jazzdance, Video-Clip-Dancing, Folkloretänze, Schaulaufen auf dem Eis oder Vorführungen auf Turnfesten.
Spannendes Ereignis	Überraschende und ungewohnte Bewegungsabläufe und -einfälle ermöglichen ein intensives Zuschauermiterleben. Individuelle Fertigkeiten, Bewegungsgeschick und Originalität stehen im Vordergrund der Gestaltung.	Akrobatik, Verbindungen aus Zirkus, Tanz und Theater, Breakdance, Skateboarding, Parkouring, Freerunning, Tricking oder Biking.
Humorvolle Darstellung	Im Mittelpunkt der Gestaltung steht das humorvolle Darstellen und die Unterhaltung durch Witz und Komik. Alltags- und Sportbewegungen werden in neue, ungewohnte Kontexte gesetzt.	Bewegungstheater, clowneske, skurrile Darbietungen im Sinne von Comedy, wie z. B. Showeinlagen beim Trampolinturnen.
Widerständige Vieldeutigkeit	Die Absicht des Gestaltenden wird bewusst verfremdet und ist nicht sofort erkennbar. Durch bewusste Brechung der Erwartungshaltung wird der Sinn erst im Nacherleben des Gesamteindrucks erschlossen.	Tanztheater, Ausdruckstanz, zeitgenössischer Tanz, wie Post Modern Dance, New Dance, Performance Dance.
Provozierende Beteiligung	Die Gestaltung beabsichtigt zunächst passive Zuschauer am Gestaltungsprozess zu beteiligen. Die Akteure nutzen die Zuschauer dabei für die Entstehung und Fortentwicklung ihrer Aktionen.	Zeitgenössischer und performativer Tanz, Tanz- und Bewegungstheater, Straßen- und Improvisationstheater.

GESTALTUNGSPRINZIPIEN

▶ **Gestaltungsprinzipien** rufen eine gestalterische Auseinandersetzung hervor und sind verantwortlich dafür, dass Bewegungen inszeniert werden. Dazu zählen das Sich-ähnlich-Machen und Nachmachen, das Ausgrenzen und Reduzieren, das Rhythmisieren, das Kontrastieren und Polarisieren sowie das Verändern und Verfremden.

Abb. 7.2: Gestaltungsprinzipien (nach Klinge & Schütte, 2013)

Sich-ähnlich-Machen und Nachmachen

Nachmachen und **Anpassen** sind grundsätzliche Möglichkeiten eines Menschen, die in seiner Entwicklung vom Kind zum Erwachsenen dazu beitragen, sowohl gewünschte als auch ungewünschte Verhaltensweisen mimisch und gestisch nachzuahmen. Gegebenheiten der sozialen Welt werden dabei an die eigenen Bedürfnisse und Voraussetzungen angepasst. Dieser Anpassungsprozess erfolgt nicht ohne Widerstände, da die ungewohnten Fertigkeiten oder Bewegungshandlungen zunächst auch verunsichern können. Beispiele für intrinsisch motiviertes Lernen durch Nachahmen zeigen sich in Situationen, in denen sich Kinder auf der Basis von YouTube®-Videos komplizierte Bewegungsmuster aus dem Tanzen, Turnen oder dem Basketball aneignen. Eine moderne Sportpädagogik erfährt eine enorme Bereicherung, wenn sie derartige Bewegungsanpassungen systematisch in ihre Unterrichtsüberlegungen miteinbezieht.

Ausgrenzen und Reduzieren

Entwickeln Sie Möglichkeiten einer Bewegungsgestaltung zu zweit, zu dritt oder zu viert, bei der stets eine bestimmte Anzahl von Füßen und Händen den Boden berühren muss. Gibt es Zahlenkombinationen von Fuß- und Händeanzahl, die leichter und solche, die schwerer fallen? Begründen Sie.

Um nicht von der Fülle der Wahrnehmungsmöglichkeiten überfordert zu werden, sind Wahrnehmungsprozesse eines Menschen immer selektiv. **Ausgrenzen** und **Reduzieren** berücksichtigt dieses Prinzip, sich auf Teile des großen Ganzen zu beschränken. Die Aufmerksamkeit soll auf einen begrenzten Ausschnitt gelenkt werden, um den Blick für das Ganze zu schärfen. Je klarer und je begrenzter die Einschränkungen sind, desto leichter fällt die gestalterische Auseinandersetzung mit einer Gestaltungsabsicht. Ein Beispiel für eine derartige Reduzierung ist eine Bewegungsfolge zu zweit, bei der nur zwei Füße und eine Hand den Boden berühren sollen.

Rhythmisieren

Rhythmisieren bedeutet, von Rhythmen, Musik oder Bewegungen ergriffen zu werden, sich auf Schwingungen eines Rhythmus einzulassen und ihn sinnlich zu erfahren (vgl. Kap. 3.3). Allerdings bedeutet Rhythmisieren nicht nur die Aufnahme eines bestimmten Rhythmus, sondern immer auch das Distanzieren von „pathischen Zwängen" (Bräuer, 1988, S. 66), um seinen eigenen Körperrhythmus zu finden. Neben körpereigenen Rhythmen, wie Puls, Herzschlag und Atmung, bieten Rhythmen der unmittelbaren Umgebung mögliche Zugänge für die Umsetzung von Gestaltungsabsichten.

Kontrastieren und Polarisieren

Kontrastierungen und **Polarisierungen** ermöglichen ein Durchkreuzen von Gewohntem und Wahrnehmungserwartungen. Durch Gegensätze, wie schnelle und langsame Bewegungen, männliche und weibliche Gesten, Bewegungen mit großer und mit kleiner Schwingungsweite oder durch die Kontrastierung von verschiedenen Tanzrichtungen, werden Wahrnehmungsgewohnheiten durchbrochen. Das Prinzip des Kontrastierens eröffnet die Möglichkeit, vermeintlich Bekanntes oder Gewohntes hervorzuheben oder bisher noch nicht wahrgenommene Facetten von Bekanntem zu akzentuieren.

Verändern und Verfremden

In ähnlicher Weise wie das Prinzip der Kontrastierung wirkt das Prinzip **Verändern und Verfremden**. Bereits kleinste Änderungen gewohnter Erfahrungen betonen schon längst

Bekanntes. Das verfremdete Vertraute wird vom Beobachter mit anderen Augen wahrgenommen und eröffnet neue Wahrnehmungsperspektiven. Veränderungen und Verfremdungen fordern uns heraus, zu begreifen, was Bekanntes und was Fremdes ist und wie sich daraus das Eigene entwickeln kann. Im Bereich der Sportspiele können kleine Veränderungen von Raumregeln dazu führen, dass ein bekanntes Spiel neu oder anders gestaltet werden kann.

Wirkungsabsicht und Gestaltungsprinzipien

GESTALTUNGSPARAMETER

▶ **Gestaltungsparameter** bzw. **Gestaltungskriterien** kennzeichnen die Möglichkeiten von Bewegungshandlungen im Raum, in der Zeit, im Einsatz der Kraft, im Hinblick auf Gruppenbezüge sowie bezüglich des formalen Aufbaus. Mit ihnen werden Gestaltungsabsichten deutlich gemacht. Sie bilden damit die entscheidende Hilfe für die choreografische Arbeit sowie für die Analyse, das Verstehen und Beurteilen der Gestaltungsprodukte.

Abb. 7.3: Gestaltungsparameter bzw. Gestaltungskriterien (Klinge & Schütte, 2013, S. 616)

Allen Gestaltungsanlässen bzw. Gestaltungsprinzipien ist gemeinsam, dass sie Widerstände erzeugen, die von allen Beteiligten verarbeitet werden können. Durch Orientierung an den Faktoren Raum, Zeit, Form, Kraft bzw. Dynamik und durch die Beschränkung auf einzelne Bestandteile kann eine Fülle von Ideen, unklaren Gestaltungsabsichten und vagen Vorstellungen geordnet und strukturiert werden. Erst mithilfe dieser sogenannten **Gestaltungsparameter** bzw. **Gestaltungskriterien** können Aufgabenstellungen konkretisiert werden, denn sie legen fest, in welchen Hinsichten – räumlich, zeitlich, dynamisch, formal oder sozial – Bewegungen gefunden, verändert und gestaltet werden können. Der Begriff „Gestaltungsparameter" betont dabei die Funktion der Faktoren Raum, Zeit, Dynamik und Form als Hilfsgrößen und vermeidet einen eher wertenden Begriffsinhalt, der mit dem synonym verwendeten Begriff „Gestaltungskriterium" verbunden wird. Gestaltungsparameter bzw. Gestaltungskriterien bilden eine entscheidende Hilfe für die choreografische Arbeit sowie für die Analyse und das Beurteilen von Gestaltungsprodukten und Choreografien.

Bewegungsmerkmale, Bewegungsharmonie, Gestaltungsprinzipien, Gestaltungskriterien

7.3 GESTALTEN UND GESTALTUNG BEWERTEN

▶ Gestaltungsprodukte können mithilfe der vier Bewertungsstufen „erkennbare Wirkungsabsicht", „passende Gestaltungsprinzipien", „stimmige Gestaltungsparameter und weitere Mittel" sowie mithilfe der „Bewegungsqualität" bewertet werden. Bei der Bewertung werden stets die Zielsetzung des Unterrichtsvorhabens, die Vermittlungsweise sowie individuelle Voraussetzungen und das soziale Bindungsgefüge mitberücksichtigt.

Die weit verbreitete Überzeugung, dass Gestaltungsprodukte nicht objektiv bewertet werden können, gehört wohl zu einer der Ursachen, warum Tanzen, Darstellen und Gestalten bzw. Gymnastik/Tanz in der Schule kaum oder sogar gar nicht angeboten wird. Im Vergleich zu anderen sportlichen Inhaltsfeldern ist das Gestalten eine höchst individuelle und persönliche Angelegenheit, die das Bewerten nicht leicht macht. Darüber hinaus ist Darstellen und Gestalten in unserer Bewegungskultur nicht nur subjektiven, sondern auch gesellschaftlichen und kulturellen Geschmacksurteilen ausgesetzt. Prägte in den 1970er- und 1980er-Jahren etwa die Stilikone John Travolta die Tanzszene, sind heute lässige Bewegungen aus dem Hip-Hop nach dem Vorbild der MTV-Videoclips stilprägend.

Trotz der aufgezeigten Problemfelder sind Bewertungen von Tanz- oder Gestaltungsleistungen unerlässlich und müssen bei Lern- und Bildungsprozessen mitgedacht werden. Bewertungen im Bereich Bewegungsgestaltung erfüllen die wichtige pädagogische Aufgabe, die individuelle gestalterische Leistung einer Person transparent und sichtbar zu machen. Die gezeigte Leistung ist zugleich auch immer ein Produkt der Vermittlungsleistung des Unterrichtenden. In Anlehnung an Klinge (2010) wird für das Gestalten im Sportunterricht ein gestuftes Bewertungsverfahren mit drei **Bezugsebenen** vorgestellt:

- **Erste Bezugsebene: Zielsetzung eines Unterrichtsvorhabens**
- **Zweite Bezugsebene: Vermittlungsweise**
- **Dritte Bezugsebene: Individuelle Voraussetzungen und soziales Beziehungsgefüge**

Auf der **ersten Bezugsebene** werden die Ziele des Unterrichtsvorhabens festgezurrt. Neben einer Verbesserung der Wahrnehmungs- und Gestaltungsfähigkeit, die sich in der Erforschung der eigenen Gestaltungspotenziale sowie in der Auseinandersetzung mit bereits gesammelten Gestaltungserfahrungen äußert, orientiert sich die Zielsetzung der Unterrichtssequenz immer auch an der Gestaltungsabsicht der Darbietung.

In unmittelbarem Zusammenhang zur Zielsetzung steht die Art und Weise der vorherigen **Vermittlung** von Inhalten und damit von Erfahrungswegen, wie die Lernenden an die Gestaltungen herangeführt wurden und welches gestalterische Rüstzeug sie dabei erworben haben. Das Rüstzeug im Bereich Gestalten umfasst zum einen auf der motorischen Ebene insbesondere Art und Umfang der Bewegungskompetenzen und zum anderen die dazugehörigen choreografischen Fertigkeiten und Fähigkeiten. Sie zeigen sich im Umgang mit den Gestaltungsprinzipien und Gestaltungsparametern in deren Beziehung zur Gestaltungsabsicht.

Auf der **dritten Ebene** sind die individuellen gestalterischen Vorkenntnisse und die sozialen Beziehungsstrukturen in der Lerngruppe zu berücksichtigen. Sie sind nicht als eigenes Kriterium zu verstehen, sondern liefern eine relativierende Komponente.

Vor dem Hintergrund der drei Bezugsebenen ist das „Primat der Gestaltungsabsicht" (Klinge, 2010) und die Stimmigkeit der eingesetzten Mittel in Bezug auf die ausgewählte Gestaltungsabsicht für die Überprüfung der Gestaltungsfähigkeit entscheidend. Die Bewertung von Gestaltung kann in Anlehnung an Klinge (2010) in vier **Bewertungsstufen** erfolgen:

- **Stufe 1:** Die Gestaltungsabsicht ist erkennbar (Note: ausreichend).
- **Stufe 2:** Darüber hinaus wurden Gestaltungsprinzipien und -parameter der Absicht entsprechend sinnvoll ausgesucht (Note: befriedigend).
- **Stufe 3:** Darüber hinaus ist der Umgang mit den gestalterischen Elementen spannend und originell (dramaturgischer Spannungsbogen, kreative Einfälle, überraschend, beeindruckend) (Note: gut).

- **Stufe 4:** Die Ausführung ist darüber hinaus sehr gut (Präsenz, Bewegungsfähigkeit, Einsatz und Umgang mit technischen Mitteln) (Note: sehr gut).

Folgende Fragen helfen bei der **Bewertung eines Gestaltungsprodukts**:

- Welche Gestaltungsabsicht ist erkennbar?
- Mit welchen Gestaltungsprinzipien wurde gearbeitet? Stimmt die Umsetzung mit der Gestaltungsabsicht überein? Hätten weniger oder mehr Gestaltungsprinzipien das Ergebnis interessanter gemacht? Womit hätte die Gestaltungsabsicht deutlich hervorgehoben werden können?
- In welcher Weise wurden Gestaltungsparameter (Raum, Zeit, Dynamik, Form) und weitere Mittel (Requisiten, Bühne, Licht) berücksichtigt? Wurden sie im Sinne der Gestaltungsabsicht stimmig eingesetzt?
- Wodurch überzeugt das Stück besonders (Präsenz, Mimik, Originalität, Bewegungskönnen)? Was sind seine Stärken? Woran müsste noch gearbeitet werden?

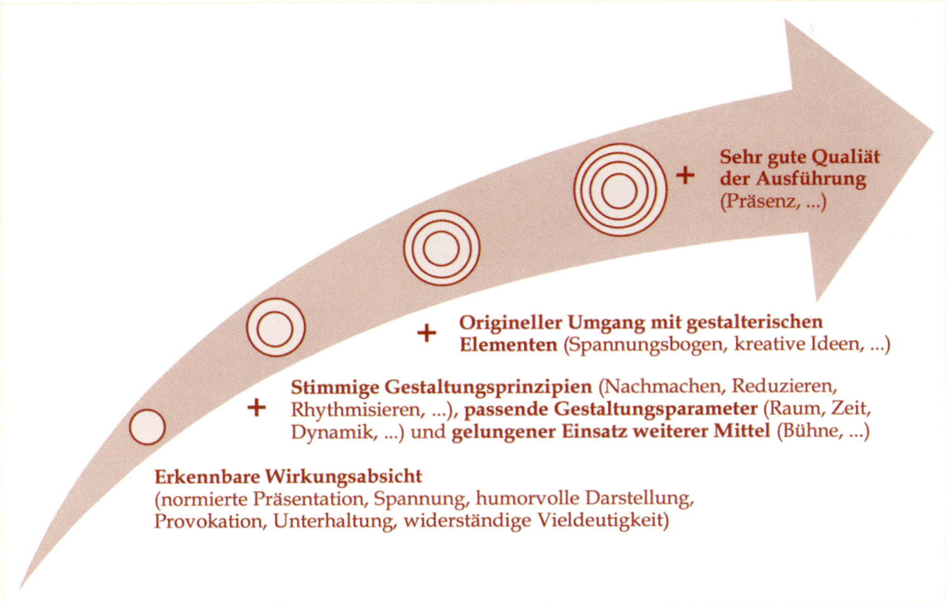

Abb. 7.4: Gestaltungsprozess und Stufung der Bewertung eines Gestaltungsprozesses (in Anlehnung an Klinge, 2010)

Abb. 7.4 beschreibt einen gelungenen Gestaltungsprozess mit seinen vier Entwicklungsstufen von der Wirkungsabsicht über stimmige Gestaltungsprinzipien, passende Gestaltungsparameter und den angemessenen Einsatz weiterer Mittel sowie den originellen und spannenden Einsatz der gestalterischen Elemente bis hin zur sehr guten Ausführungsqualität. Der obige Vorschlag zur Bewertung eines Gestaltungsprozesses orientiert sich genau an diesen vier Gestaltungsstufen. Diese vier Stufen werden allerdings vom Gestaltenden meist nicht linear durchlaufen, da Gestaltungsprozesse stets auch Vorgänge des Verwerfens und Erprobens neuer Ideen beinhalten. So können im Verlauf eines Gestaltungsprozesses entwickelte Bewegungskombinationen neue Perspektiven auf Wirkungsabsicht, Gestaltungsprinzipien und Gestaltungsparameter eröffnen.

Entwickeln, erproben und präsentieren Sie in einer Kleingruppe eine provozierende und humorvolle Choreografie einer Alltagssituation unter Verwendung geeigneter Gestaltungsprinzipien und weiterer Mittel. Entwerfen Sie darüber hinaus einen Bewertungsbogen für Ihre szenische Darstellung.

7.4 RÜCKBLICK

Bewegung gestalten und Bewegungsgestaltung

- Das **Gestalten** einer Bewegung meint den Prozess, einer Bewegung bewusst eine Form zu geben. **Bewegungsgestaltung** kann sowohl prozess- wie auch ergebnisorientiert betrachtet werden.
- Gestalten besitzt unterschiedliche **Gestaltungsfacetten** und kann sich als ästhetisches Verhalten, kompositorisches Ergebnis, ästhetisches Verhalten und performatives Präsentsein äußern.
- **Choreografie** und **Komposition** sind im Bereich der kompositorischen Sportarten synonyme Begriffe und beinhalten das Endprodukt eines Gestaltungsprozesses.

Gestalten können – Gestaltungsfähigkeit entwickeln

- **Gestaltungsfähigkeit** beschreibt den kreativen, vom Alltagsdruck befreiten Aspekt des Umgangs mit gestellten Aufgaben.
- Die **Wirkungsabsicht** stellt den Ausgangspunkt eines Gestaltungsprozesses dar. Man unterscheidet dabei zwischen normierter Präsentation, kurzweiliger Unterhaltung, spannendem Ereignis, humorvoller Darstellung, widerständiger Vieldeutigkeit und provozierender Beteiligung.
- **Gestaltungsprinzipien** rufen eine gestalterische Auseinandersetzung mit den Wirkungsabsichten hervor. Gestaltungsprinzipien sind das Verändern und Verfremden, Sich-ähnlich-Machen und Nachmachen, Ausgrenzen und Reduzieren, Rhythmisieren sowie Kontrastieren und Polarisieren.
- **Gestaltungsparameter** bzw. **Gestaltungskriterien** kennzeichnen die Gestaltungsmöglichkeiten im Raum, im Krafteinsatz, in der Zeit und im Hinblick auf Gruppenbezüge und den formalen Aufbau.

Gestalten und Gestaltung bewerten

- Das **Bewerten** von Gestaltungsprodukten berücksichtigt als **Bezugsebenen** die Zielsetzung des Unterrichtsvorhabens, die Vermittlungsweise, individuelle Voraussetzungen und soziale Beziehungsgefüge. Der Bewertungsprozess lehnt sich an vier **Bewertungsstufen** an: erkennbare Wirkungsabsicht, stimmige Gestaltungsprinzipien, passende Gestaltungsparameter und den gelungenen Einsatz weiterer Mittel sowie an den originellen Einsatz der Gestaltungselemente und an die Qualität der Bewegungsausführung.

7.5 PRÜFUNGSVORBEREITUNG

Kontrollfragen

1. Was bedeuten die Begriffe Bewegungsgestaltung und Gestalten von Bewegung?
2. Welche Facetten können sich beim Gestalten von Bewegung entfalten?
3. Was versteht man unter Crossoversport? Nennen Sie Beispiele.
4. Was bedeutet der Begriff Komposition in der Tanzpädagogik?
5. Beschreiben Sie den Begriff Gestaltungsfähigkeit.
6. Welche Wirkungsabsichten können mit dem Gestalten verfolgt werden?
7. Wie kann Gestaltungsfähigkeit entwickelt werden?
8. Nennen Sie die Gestaltungsprinzipien.
9. Was sind Gestaltungsparameter und welche Bedeutung haben sie?
10. Welche Probleme bringt das Bewerten von Gestaltungsprodukten mit sich?
11. Nennen Sie die vier Bewertungsstufen für die Bewertung von Gestaltungsprodukten.

Prüfungsaufgaben

Crossoversport und Beachvolleyball

Im „Crossoversport" werden Bewegungselemente verschiedener Sportarten oder Sportaktivitäten systematisch oder zufällig miteinander kombiniert, vermischt, verändert und neu definiert. Ein „Crossover" kann auch durch Kombination von Spielregeln, Umgebungsbedingungen, Spielgeräten und Bewegungsformen erfolgen (Brandl-Bredenbeck & Pfleger, 2007).

a) **Erläutern** Sie, warum Beachvolleyball als Crossoversport gesehen werden kann und **erklären** Sie, inwiefern bei der Entwicklung von Beachvolleyball Gestaltungsprozesse eine Rolle gespielt haben könnten.

Die bekannteste Angriffstechnik im Beachvolleyball ist der „Pokeshot" (englisch: poke = Stoß, Schubs), bei dem man den Ball mit den mittleren Knöcheln zweier oder mehrerer Finger über das Netz stößt. Diese Technik ist im Gegensatz zum Lob erlaubt, da sie eine geringere Ballkontrolle bietet.

b) **Analysieren** Sie den „Pokeshot" auf sein koordinatives Anforderungsprofil (Druckbedingungen, Informationsanforderungen).

Crossover und Crossoversport

a) **Geben** Sie weitere Beispiele für „Crossoversport" **an**.

b) **Entwickeln** Sie für Ihre eigene „Crossoversportart" eine Gruppenkomposition.

c) **Erklären** Sie an Beispielen, wie ein „Crossover" zu neuen Bewegungen geführt hat.

LEKTION 8: WIE UNTERSCHEIDEN SICH IM TANZEN CHOREOGRAFIE UND IMPROVISATION?

8.1 CHOREOGRAFIE UND IMPROVISATION – GEGENSATZPAAR ODER SYNONYME? 184

8.2 VERMITTLUNG VON TÄNZERISCHER CHOREOGRAFIE UND TANZIMPROVISATION 191

8.3 RÜCKBLICK 196

8.4 PRÜFUNGSVORBEREITUNG 197

LEKTION 8: WIE UNTERSCHEIDEN SICH IM TANZEN CHOREOGRAFIE UND IMPROVISATION?

8.1 CHOREOGRAFIE UND IMPROVISATION – GEGENSATZPAAR ODER SYNONYME?

CHOREOGRAFIE ALS GEPLANTE, FESTGELEGTE UND WIEDERHOLBARE RAUMSCHRIFT

▶ **Choreografie** ist eine geplante, festgelegte und wiederholbare Raumschrift sowie ein festgelegter Tanzrhythmus. Sie bringt eine Idee, eine Emotion oder ein Thema zum Ausdruck (Lampert, 2007, S. 34; Hessloehl, 2014, S. 2).

Bereits in Kap. 7.2 wurden Choreografie und Komposition gleichbedeutend verwendet. Die tänzerische Komposition besteht aus einer Auswahl von Bewegungen und Positionen, die vom Choreografen zusammengestellt und von den Tänzern ausgeführt werden und einen inhaltlichen und formalen Zusammenhang aufweisen und in ihrem abgesprochenen Ablauf beliebig wiederholbar sind (Jeschke, 1990, S. 149).

Die **Wiederholbarkeit** stellt ein zentrales Kriterium der Choreografie dar und beschreibt den Versuch der exakten Nachahmung des Vorherigen. Jedoch zeigt sich, dass selbst die exakteste Nachahmung immer auch Differenzen und Verschiebungen zum Vorherigen aufweist. Brandstetter (2000, S. 126) spricht daher in diesem Zusammenhang von einem Wiederholungsprozess von „ähnlicher Unähnlichkeit". Trotz dieser „ähnlichen Unähnlichkeit" in der Wiederholung ist der choreografierte Tanz insofern wiederholbar, da eine Fixierung der Choreografie im Gedächtnis stattgefunden hat. Daher wird die Choreografie manchmal auch als „memoriale Komposition" (Feist, 1997, S. 24) bezeichnet.

Die Gedächtnisleistung eines Tänzers bezieht sich auf das Abspeichern und Abrufen der tänzerischen Raumschrift, die aus der tänzerischen Bewegungsabfolge im Raum entsteht. Der Tänzer „liest" in der Phase der Bewegungsausführung die abgespeicherte Raumschrift aus der Erinnerung „ab" und hinterlässt imaginäre Bewegungsspuren. Dabei kann zwischen einer Mikro-Raumschrift und einer Makro-Raumschrift unterschieden werden. Die **Mikro-Raumschrift** bezieht sich auf die Raumwege der Körperteile im Bereich der nach Laban (1991, S. 21) benannten „Kinesphäre" (vgl. Abb. 8.1). Die **Makro-Raumschrift** bezeichnet dagegen die Bodenwege und die Raumordnung (Formation) und wie die Tanzkörper sich im Verhältnis zum Raum bewegen (Laben, 1988, S. 138).

Abb. 8.1: „Die Kinesphäre ist die Raumkugel um den Körper, deren Peripherie mit locker gestreckten Gliedmaßen erreicht werden kann, ohne daß man den Platz verläßt, [. . .] Wenn wir uns über die Begrenzung der eigenen Kinesphäre hinausbewegen, schaffen wir einen neuen Standort und tragen die Kinesphäre an einen neuen Ort. Natürlich verlassen wir niemals unsere Raumkugel, sondern tragen sie wie eine Aura immer mit uns" (modifiziert nach Laban, 1991, S. 21).

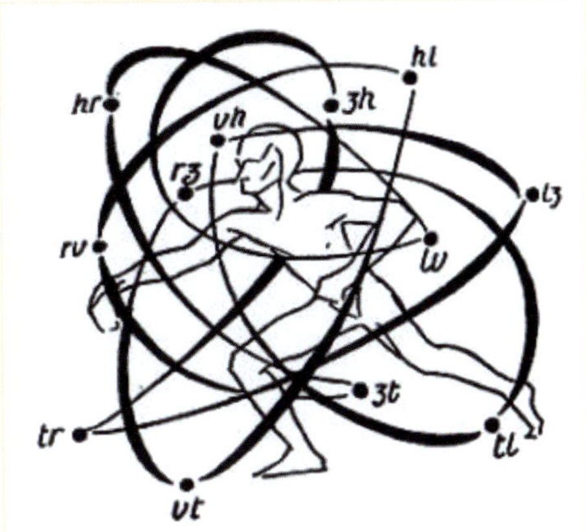

Ein weiterer Parameter, der in der Choreografie festgelegt wird, ist der **Rhythmus** der Bewegung (vgl. Kap. 7.2 und Kap. 3.3). Der Rhythmus gliedert den zeitlichen Verlauf und die zeitlichen Verhältnisse der Bewegung. Insbesondere in der klassischen Choreografie wird versucht, die Betonung der Musik auf die Bewegung zu übertragen. Allerdings ist es in den seltensten Fällen möglich, konsequent zum Rhythmus der Musik zu tanzen. Es geht hier vielmehr darum, den Rhythmus des Tanzens zu verfolgen und durch kontrapunktische Entgegensetzungen zur Musik Spannung im Verhältnis von Musik und Tanz zu erzeugen.

GEGENÜBERSTELLUNG VON CHOREOGRAFIE UND IMPROVISATION

Nachdem in Kap. 8.1 die tänzerische Choreografie als geplante, im Raum und der Zeit fixierte und wiederholbare Raumschrift sowie als ein Tanzrhythmus beschrieben worden ist, wird im Folgenden Improvisation und deren Wechselbeziehung zur Choreografie analysiert.

Choreografie und Improvisation als Gegensatzpaar oder Synonym?

In einer ersten Annäherung scheinen beide Begriff gegensätzlich zu sein. Choreografie wird dabei als Gegenmodell zur Improvisation verstanden. Wenn ein Tanz umgangssprachlich „choreografiert" wird, meint dies, dass ein Tanz vorher festgelegt wurde. Die Choreografie kann dann als das Ergebnis eines geplanten Gestaltungsprozesses gesehen werden. Wenn der Tanz als „improvisiert" bezeichnet wird, heißt dies, dass der Tanz spontan ohne Vorbereitung frei erfunden wurde. Bei näherer Betrachtung stellt sich das Verhältnis von Choreografie und Improvisation wesentlich komplexer dar.

Viele Choreografen arbeiten mit der Improvisation als erster Stufe im Arbeitsprozess. Auf der Basis bekannter Bewegungsmuster werden Bewegungskombinationen gefunden, die vom Choreografen bzw. vom Tanzenden aufgenommen, verändert und ergänzt werden. Bei der Improvisation geht es hier lediglich um die spontane Auswahl und Zusammenstellung von bekannten und erlernten Bewegungsmustern. Improvisation dient als Werkzeug für die Entwicklung einer Choreografie. Findet aber Improvisation auf der Bühne als konkurrierende Kunstform zur Choreografie statt (z. B. „Improvisational Dance Performance"), so können die Begriffe „Improvisation" und „Choreografie" auch als Gegensatz verstanden werden.

Die nachfolgende Tab. 8.1 beschreibt zentrale Merkmale von Improvisation und Choreografie. Diese Kriterienpaare lassen in einer ersten Betrachtung einen gegensätzlichen Charakter des Begriffspaars „Improvisation/Choreografie" vermuten.

Tab. 8.1: Merkmale von Improvisation und Choreografie

Improvisation	Choreografie
Spontanität	Vorbereitung
Offenheit	Geschlossenheit
Unvorhersehbarkeit	Vorhersehbarkeit
Unwiederholbarkeit	Wiederholbarkeit
Zulassen von Fehlern	Vermeiden von Fehlern
Spiel	Übung
Spontane Erinnerung	Erlernte Erinnerung

Bei genauerer Analyse erkennt man jedoch eine Überlappung der beiden Begriffe und damit eine Auflösung der Gegensätzlichkeit. Choreografie beinhaltet immer improvisatorische Aspekte und umgekehrt. Diese Wechselbeziehung soll im Folgenden dargestellt werden.

Spielen und Üben in choreografischen und improvisierten Prozessen

Wurde in der bisherigen Unterscheidung eine weitgehend gegensätzliche Begriffsbestimmung von Improvisation und Choreografie vorgenommen, scheint der Aspekt des Spielerischen zunächst die Gegensätzlichkeit zu festigen. Denn das Spielen ist als (zweck-)freie, intuitive und aus der Freude gewonnene Tätigkeit vornehmlich mit dem Improvisationsbegriff verbunden und steht dem wiederholten Üben entgegen. Auch in den Sportspielen wird innerhalb der Spielregeln improvisiert und es geht dabei vor allem um das Reagieren auf unvorhersehbare Ereignisse.

Jedoch kann das spielerische Element auch der Choreografie zugeordnet werden, wenn dort im Akt des Choreografierens als veränderbarer Prozess verschiedene Möglichkeiten „durchgespielt" werden und so auch der Aspekt der Spontanität mit einbezogen wird. Während beim Spielen im Sportspiel im Rahmen einer vorgegebenen (Spiel-)Kultur und eines Spielumfeldes eine Spielwelt aufgebaut wird sowie das Spielgeschehen und sein Spannungsverlauf bestimmt wird (Hagedorn, 1996, S. 306), erfolgt der Gestaltungsprozess in einer Choreografie sowohl durch die reflektierte als auch spontane Zusammensetzung und Variation von kompositorischen Elementen mit dem Ziel einer spannenden, interessanten und ansprechenden Darbietung.

Üben bezeichnet nach Hagedorn (1996, S. 306) „das Überlernen von Gelerntem durch gezielte, mehrfache Wiederholung und die systematische Veränderung der Bedingungen, unter denen gelernt wurde, um das Gelernte zu sichern, zu stabilisieren und in unterschiedlichen Anforderungssituationen verfügbar zu machen". Da in der Improvisation unvorhersehbare Ereignisse geschehen, können bestimmte Abläufe nicht eingeübt werden. Bei der Choreografie hingegen werden Bewegungsabläufe wiederholt ausgeführt und sollen für eine Sicherheit beim Gestaltenden sorgen. Choreografie möchte die Wahrscheinlichkeit von unvorhersehbaren Ereignissen durch intensive Übung minimieren. Ein Fehler erscheint in der Choreografie als Unfall, der vermieden werden sollte. In der Improvisation dagegen können Fehler keine Fehler sein. Hier geht es darum, Unfälle aufzufangen und spontan in die Komposition einzubauen. Lampert (2007, S. 36) meint:

▶ In der Improvisation geht es „um ein beherrschtes Scheitern".

Doch auch dieses „beherrschte Scheitern" unterliegt einem ausgiebigen Übungsprozess, da spontanes Handeln auf der Basis der beherrschten Bewegungsmuster und deren Variationen sowie des individuellen Habitus erfolgt.

Vorbereitung und Planung beim Choreografieren und Improvisieren

Wie bereits oben beschrieben, benutzen Choreografen im Gestaltungsprozess von Choreografien immer auch Elemente des Spontanen. Improvisation kann beispielsweise als Einstieg in einen Gestaltungsprozess wichtige Gestaltungsanregungen geben. Sowohl in der Choreografie als auch in der Improvisation wechseln sich entdeckende und ausführende Vorgänge ab. Allerdings finden in einer Improvisation beide Vorgänge **zeitgleich** statt, während in einer Choreografie Entdecken und Ausführen **nacheinander** ablaufen. Dieses zeitliche Nacheinander erleichtert in einer Choreografie den Aspekt der Strukturierung und Planung.

Doch auch in der Improvisation spielen vorbereitende Elemente und kompositorische Techniken eine Rolle. Bei der **strukturierten Improvisation** werden im Vorfeld Entscheidungen getroffen, die sich aus einem bestimmten Plan für die Struktur des Gestaltungsprozesses ableiten. In der **offenen Improvisation** liegt kein Plan vor. Der Gestaltungsprozess erfolgt ohne vorherige Absprachen aus dem Stegreif. Es handelt sich bei der offenen Improvisation zwar um unvorbereitetes Handeln, aber dennoch um vorbereitete Körper. Es sind trainierte und tänzerisch ausgebildete Körper, die ein Repertoire an Bewegungsmustern in sich tragen. Zwar ist das Spontane und Zufällige in offenen Improvisationen ein wichtiger Aspekt, die Improvisation basiert jedoch auf persönlichen Erfahrungen des Gestaltenden. Für die Tänzerin und den Tänzer kommen in der Improvisation individuelle Tanzmuster und Tanzcodes zum Vorschein, die aus den Bewegungsgewohnheiten des Tanzenden entstammen. Damit wird in der Praxis ein weiterer Widerspruch zur wörtlichen Bedeutung von Improvisation deutlich. Sowohl Choreografie als auch Improvisation beinhalten den Aspekt der Vorbereitung und der Planung.

Improvisation und Choreografie im Zusammenhang mit Zeit und Erinnerung

Für den Betrachter von außen ist nicht erkennbar, ob etwa ein Tanz choreografiert oder improvisiert ist. Dieses Wissen besitzen nur die Ausführenden. Dies ist der entscheidende Unterschied zwischen Choreografie und Improvisation. Aus der Perspektive der Ausführenden besteht eine unterschiedliche Zeitaufwendung im kreativen Schaffensprozess. Während die Choreografie durch Wiederholen von bestimmten Bewegungsabläufen und deren Variationen in einem zeitintensiven Übungsprozess entwickelt wird, entspricht die aufgewendete Zeit für die Improvisation – abgesehen von körperlicher Vorbereitung oder strukturierter Planung – immer der Darbietungszeit.

Dies bedeutet, dass Zeit in der Choreografie vom Ausführenden anders wahrgenommen wird wie in der Improvisation. Improvisation verlangt vom Improvisierenden, dass er vorläufige Bewegungsantworten akzeptiert und, darauf aufbauend, seinen Gestaltungsprozess weiterentwickelt. Die Entscheidungszeit ist dabei kurz, die Bewegungsantwort erfolgt spontan. Dagegen verlangt die Choreografie als festgelegte Komposition, dass der Gestaltende durch Wiederholung den festgelegten Bewegungsablauf verinnerlicht. Der Zeit für Entscheidungs- und Änderungsprozesse sind keine grundsätzlichen Grenzen gesetzt. Vorher strukturierte und festgelegte Abläufe können beliebig verändert, weiterentwickelt und optimiert werden.

Bergson (1991) zieht zur Beschreibung der beiden Begriffe Choreografie und Improvisation zwei Formen des Gedächtnisses heran: „erlernte" und „spontane Erinnerung". Dies bedeutet für das Tanzen einer festgelegten Choreografie, dass Erinnerung durch Wiederholung bestimmter Bewegungsmuster erlernt wird. Für das Tanzen einer Improvisation ist die Erinnerung spontan und schafft, im Gegensatz zur erlernten Erinnerung, vordergründig zunächst keine Gewohnheiten. Vergleichbar mit einem auswendig gelernten Gedicht, wird bei der auswendig gelernten Choreografie das Erlernte immer unpersönlicher. Durch Wiederholung wird die Choreografie automatisiert, ein individueller Formgebungswille steht nicht mehr im Vordergrund. Dagegen steht bei der Improvisation jede Erinnerung für sich, die Formung wird von Moment zu Moment neu entschieden. Die persönliche Entscheidung und die individuelle Form werden dabei bewusst kontrolliert.

Bergson (1991) macht allerdings trotz der Gegensätze beider Gedächtnisformen deutlich, dass beide Formen zusammenhängen und sich gegenseitig stützen. Sobald der Tänzer die spontane Erinnerung in die Tat umsetzt, ist sie bereits erlernt. Spontane Erinnerung wird durch mehrfache Ausführung zu erlernter Erinnerung und schafft damit Gewohnheiten. Durch Tätigkeit, durch mehrfache Ausführung von Improvisation, entstehen erlernte Erinnerungen.

▶ **Merksatz:** Improvisation und Choreografie sind nicht grundsätzlich als Gegensatzpaare zu sehen: Improvisation als spontaner Gestaltungsprozess besitzt in Stufen immer auch Aspekte der Vorbereitung und Planung, des Übens und Trainierens sowie der erlernten Erinnerung.

ZUM BEGRIFF DER TANZIMPROVISATION

Aspekte der tänzerischen Improvisation

Die bisherigen Überlegungen lassen den Schluss zu, dass eine Dichotomie (Gegensätzlichkeit) des Begriffspaars Improvisation/Choreografie weitgehend aufgehoben werden kann. Dennoch konnte auch ein klarer Unterschied im Bereich der Zeitaufwendung und Entscheidungszeit sowie der Art der Erinnerung ausgemacht werden. Bezogen auf den Tanz, machen die Form der getanzten Improvisation folgende Aspekte aus (Lampert, 2007, S. 142):

- Tanzimprovisation beinhaltet körperliche Vorbereitung des individuellen tänzerischen Erscheinungsbildes.
- Improvisation führt zur Veränderung des tänzerischen Habitus.
- Tanzimprovisation kann als ständiges Fallenlassen und Stabilisieren zwischen Unbekanntem und Bekanntem in Form eines emergenten Vorgangs gesehen werden.
- Tanzimprovisation führt zu neuartigen Bewegungen durch Erneuerung des Alten und Neukombination bekannter Bewegungen.

Die Ausführung der tänzerischen Improvisation führt beim Tänzer immer zu einer Aktualisierung des tänzerischen Erscheinungsbildes. Eine Aktualisierung des tänzerischen Habitus soll dabei stets eine Veränderung miteinschließen. Daher handelt es sich beim tänzerischen Improvisieren nicht um ein reines Nachahmen von Bewegungen, sondern um eine Erweiterung des tänzerischen Repertoires.

Die ständige Aktualisierung des tänzerischen Habitus gelingt besonders beim ergebnisoffenen Umgang mit dem Zufälligen. In zufälligen und unvorhersehbaren Situationen wird das gewohnte Bewegungsrepertoire zunächst destabilisiert. Dieses Destabilisieren provoziert beim improvisierenden Tänzer neue Bewegungsformen, die dazu führen sollen, die Tanzsituation zu stabilisieren und einen „Schwebezustand" zu erreichen. Anschließend erfolgt ein erneutes Fallenlassen in das Unbekannte, um durch Veränderung und Erweiterung des Bewegungsrepertoires zum nächsten „Wellenumbruch" zu gelangen. Dieses ständige Fallenlassen und anschließende Stabilisieren erfolgt in einer wellenförmigen Bewegung zwischen Destabilisieren und Stabilisieren und führt insgesamt zu einer Erweiterung des tänzerischen Bewegungsrepertoires (vgl. Abb. 8.2).

Beispiel: Das einfache Gehen kann als ein fortwährendes Fallen und Auffangen angesehen werden. Dies wird durch die amerikanische Performancekünstlerin Laurie Andersen folgendermaßen beschrieben: „Du gehst [. . .] und du merkst es nicht immer, aber du fällst ständig. Mit jedem Schritt [. . .] fällst du. Du fällst ein kleines Stückchen vorwärts und fängst dich wieder. Du fällst immer wieder und fängst dich im Fallen auf. Und auf diese Weise gehst und fällst du gleichzeitig" (zitiert nach Brandstetter, 2000, S. 122).

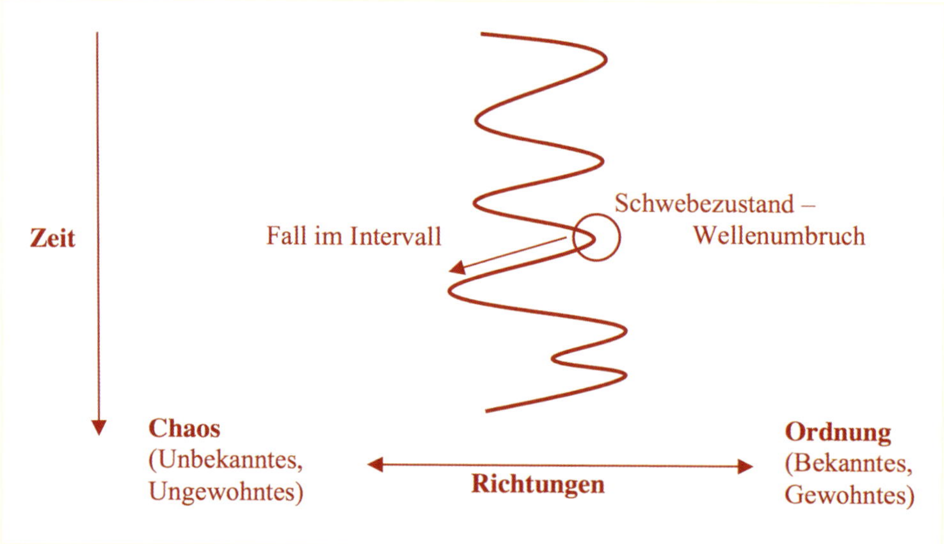

Abb. 8.2: Improvisatorische Bewegung in Form einer Welle (modifiziert nach Lamprecht, 2007, S. 136)

Improvisation ermöglicht eine Veränderung und Erweiterung des Bewegungsrepertoires. Diese Veränderung zeigt sich in neuartigen Bewegungsformen, die einerseits durch eine vorhersehbare Erneuerung des Alten hervorgerufen werden können und andererseits durch emergente Vorgänge erzeugt werden, die etwas nicht vorhersehbares Neuartiges durch Kombination bekannter Elemente erzeugen.

Improvisation in gestalterischen Sportsituationen

Ein „kreativer" Basketballspieler kann während eines Spiels nur dann spontan improvisieren, wenn er über ein hohes Maß an basketballspezifischen Fertigkeiten und Fähigkeiten sowie über eine ausgeprägte Individualtaktik verfügt. Auch für einen Tänzer ist die tänzerische Ausbildung des Körpers die Basis für eine gelungene tänzerische Improvisation. Würde man den Begriff der Individualtaktik eines Spielsportlers – als die Fähigkeit zur Anwendung einer Handlungsvariabilität, deren Ausgang von einer hohen Effektivität geprägt ist – auf das Tanzen übertragen, könnte man dort von der Fähigkeit eines Tänzers sprechen, tänzerisch zu improvisieren (vgl. Tab. 8.2). Diese Analogie macht deutlich, dass die Überlegungen zur tänzerischen Improvisation auf andere gestalterische Sportsituationen übertragen werden könnten.

Tab. 8.2: Mögliche Analogie beim Tanzen und im Spielsport

Tanzen	Spielsport
Tanztechnisch geformter Körper mit der Ausbildung eines **tänzerischen Habitus** als Voraussetzung für die tänzerische Improvisationsfähigkeit.	**Spielsportspezifische koordinative, technische, konditionelle Ausbildung** als Grundlage für eine ausgeprägte sportspielspezifische Individualtaktik.
Tänzerische Improvisationsfähigkeit: Fähigkeit zur spontanen Kombination tänzerischen Bewegungsmaterials, dessen Ausführung das tänzerische Erscheinungsbild aktualisiert und damit verändert.	**Spielsportspezifische Individualtaktik:** Fähigkeit zur Anwendung einer sportspielspezifischen Handlungsvariabilität, deren Ausgang von einer hohen Effektivität in dem jeweiligen Sportspiel geprägt ist.

8.2 VERMITTLUNG VON TÄNZERISCHER CHOREOGRAFIE UND TANZIMPROVISATION

In diesem Kapitel werden richtungsweisende methodische Hinweise zur Vermittlung von tänzerischer Choreografie und Tanzimprovisation gegeben. Detaillierte Informationen zur Vermittlungsweise von Choreografie und Improvisation im Tanzen sind unter Zusatzinformationsmaterial ab S. 578 per QR-Code zu finden.

CHOREOGRAFISCHER PROZESS IM TANZEN

- Im choreografischen Prozess werden, auf der Basis einer Wirkungsabsicht, Bewegungen entwickelt, variiert und kombiniert und zu einer Endform erstellt.

Wie in Kap. 8.1 bereits erläutert wurde, beschreibt eine tänzerische Choreografie eine in Raum und Zeit fixierte, geplante und wiederholbare Bewegungsabfolge, die eine Idee, Emotion oder Absicht zum Ausdruck bringt. In Anlehnung an Hessloehl (2014) kann tänzerische Choreografie als vierstufiger Prozess dargestellt werden. Ausgehend von einer Gestaltungsabsicht, werden zunächst Bewegungen entwickelt, dann variiert und kombiniert, bevor sie zu einer Endform zusammengesetzt werden.

In einer anfänglichen Reflexionsphase soll mit W-Fragen geklärt werden, welche Gestaltungsabsicht die Choreografie verfolgen möchte. Mögliche Fragen sind: Wozu? Wer? Wo? Wann? Für wen? Wie? Was? In dieser Phase geht es vor allem darum, den Arbeitsrahmen zu schaffen. Dabei muss allen Beteiligten bewusst sein, dass Antworten auf einige Fragen sich im Laufe des nachfolgenden und aus drei Etappen bestehenden Gestaltungsprozesses ändern können.

Auf der Basis der Gestaltungsabsicht werden in der nächsten Etappe aufgrund eines oder mehrerer Impulse neue Bewegungen kreiert. Diese Bewegungen werden anschließend variiert und kombiniert. Am Ende der letzten Etappe steht die Umsetzung der tänzerischen Choreografie. Die nachfolgende Abb. 8.3 stellt einen choreografischen Prozess mit den wichtigsten Aspekten der einzelnen Stufen dar.

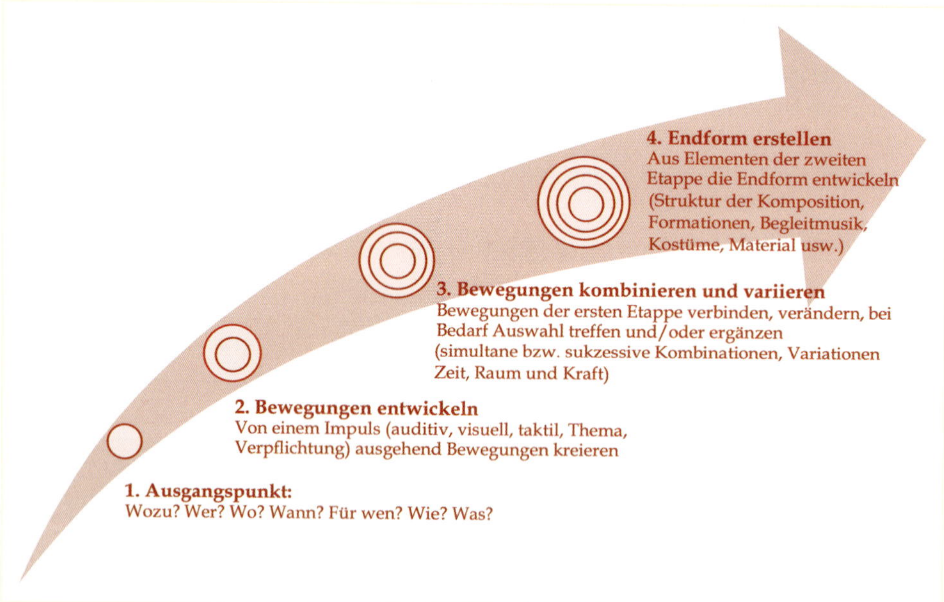

Abb. 8.3: Choreografischer Prozess (modifiziert nach Hessloehl, 2014, S. 2)

ANEIGNUNG KOMBINATORISCHER FÄHIGKEITEN UND VON IMPROVISATIONSGRADEN

▶ Auf Basis der Neun-Punkte-Technik werden sowohl fünf kombinatorische Fähigkeiten (Responsivität, Problemlösen, schnelles Denken und Tanzen sowie Imagination) als auch fünf Improvisationsgrade (Imitation, Interpretation, Verkettung, geplante und ungeplante Improvisation) geschult.

Der Vermittlungsprozess von Tanzimprovisation unterscheidet zwischen der Aneignung von kombinatorischen Fähigkeiten und Improvisationsgraden, die mithilfe der Neun-Punkte-Technik zu einem Vermittlungskonzept für tänzerische Improvisation zusammengesetzt werden können.

Kunst der Kombinatorik

Der Begriff **Kombinatorik** stammt aus der Mathematik und meint die Lehre von den verschiedenen Möglichkeiten, gegebene Dinge oder Elemente anzuordnen. Die Kunst der Kombinatorik ist gleichzusetzen mit der Fähigkeit zum tänzerischen Improvisieren bei einer Live-Performance. Dabei werden folgende fünf Fähigkeiten geschult:

- als Tanzender ein reagierender Körper zu sein (Responsivität);
- kombinatorische Probleme zu lösen (Problemlösen);
- schnell zu denken und zu antizipieren (schnelles Denken);
- schnell zu tanzen und Risiko einzugehen (schnelles Tanzen);
- Einsatz von bildlichen Vorstellungen (Imagination).

Improvisationsgrade und Improvisationstechniken

Improvisation kann mithilfe von fünf **Improvisationsgraden** weiter ausdifferenziert werden: Imitation, Interpretation, Verkettung, geplante Improvisation, ungeplante Improvisation. Diese Improvisationsgrade können auf einer Skala zwischen den Polen „Imitation" (Improvisationsgrad 1) und „ungeplante Improvisation" (Improvisationsgrad 10) angeordnet werden.

Jedem Improvisationsgrad kann ein **Planungsgrad** zugeordnet werden, sodass eine zweite parallele Skala mit den Polen „offene Planung" (Planungsgrad 1) und „geschlossene Planung" (Planungsgrad 10) entsteht. So lässt eine Choreografie mit einer fest vorgegebenen und geplanten Abfolge von Bewegungsmustern (Imitation) keinen Raum für Improvisation und besitzt daher den Improvisationsgrad 1 und den Planungsgrad 10. Dagegen hat die ungeplante Improvisation einen hohen Improvisationsgrad mit niedrigem Planungsgrad, da dort Planung nicht vorgesehen ist. Improvisationsgrade werden also daran gemessen, wie stark oder weniger stark Improvisation im Voraus geplant oder nicht geplant ist.

Improvisation geht mit einer Veränderung des Bewegungsrepertoires einher. Je stärker ein Tänzer improvisiert, desto mehr bietet das Unvorhersehbare und Zufällige Raum für das Neukombinieren bekannter Bewegungsmuster zu neuen (emergenten) Bewegungsabläufen.

Anhand der Verbindung von Planung, Improvisation und Veränderung kann das Potenzial von Veränderung herausgefunden werden und entsprechende Bewegungsaufgaben bzw. **Improvisationstechniken** können (Spiegeln, Variation, Improvisation mit festgelegtem Merkmal, Improvisation durch komplexe Strukturvorgaben, passives Geschehenlassen) zur Übung des entsprechenden Improvisationsgrades formuliert werden.

Tab. 8.3 gibt einen Überblick über die Improvisationsgrade und die dazugehörigen Improvisationstechniken. Anhand des Planungsgrades und des dazugehörigen Improvisationsgrades lässt sich auch der **Veränderungsgrad** a bis f des Bewegungsrepertoires ablesen.

Tab. 8.3: Improvisationsgrade und Vermittlungstechniken (nach Lampert, 2007)

	Improvisationsgrad	Planungsgrad	Veränderungsgrad	Improvisationstechnik
Imitation	1 (minimal)	10 (maximal)	a (sehr gering)	Spiegelung
Interpretation	2-3	8-9	b (gering)	Variation
Verkettung	3-4	7-8	c (gering)	Improvisation mit festgelegtem Material
Geplante Improvisation	5-6	5-6	d (hoch)	Komplexe Strukturvorgaben
Ungeplante Improvisation	10 (maximal)	1 (minimal)	e, f (gering bis sehr gering)	Passives Geschehenlassen

Hauptziele im Vermittlungsprozess der Tanzimprovisation sind die ganzheitliche Körperwahrnehmung und das vollständige Sich-gehen-Lassen, ein Zustand, der allgemein als **Flow** bekannt ist und in dem sich Zeit und Raum vollständig auflösen (vgl. Kap. 9.3).

Neun-Punkte-Technik

Als Bewegungsbasis für die Kunst der Kombinatorik in Verbindung mit den Improvisationsgraden und den dazugehörigen Improvisationstechniken dient die sogenannte **Neun-Punkte-Technik** (Laban, 1998). Diese Technik wurde für professionelle Tänzer entwickelt, eignet sich aber auch für den Unterricht mit Laien. Bei dieser Technik handelt es sich um ein 27 Punkte umfassendes Raummodell, in das sich der Tänzer einfügt. Die Tänzer lernen, sich auf vielfältige Weise im Raum zu positionieren und zu bewegen. Dabei stellt sich der Tänzer ein Gerüst von 26 Punkten um sich herum vor (der 27. Punkt befindet sich in der Mitte des Körpers). Dieses Gerüst trägt der Tänzer stets mit sich herum. Um die Schwierigkeit des Behaltens von 27 Punkten zu reduzieren, werden die 27 Punkte auf drei Ebenen mit neun Punkten verteilt (vgl. Abb. 8.4). Die Idee des Würfels bleibt jedoch erhalten. Der Würfel kann verkleinert und vergrößert werden, sich um verschiedene Körperteile positionieren und in alle Richtungen verschoben werden. Daher kann der Würfel beispielsweise auch außerhalb des Tänzers stehen und den Tanzenden im Rahmen einer Improvisation „nachjagen".

Abb. 8.4: Die Abbildung zeigt das Gerüst der drei Ebenen mit jeweils neun Punkten auf einer Ebene. Die Anordnung der Zahlen ist nicht wesentlich. Wichtig ist die Anzahl der Punkte (modifiziert nach Lampert, 2007 und Laban, 1998).

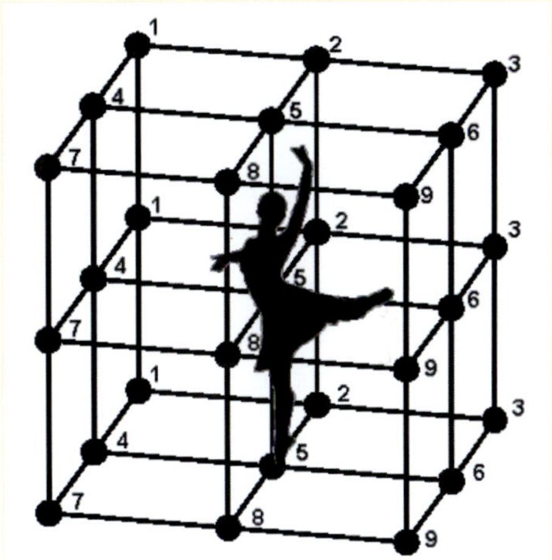

Improvisationsgrade und KAR-Modell

Stellen Sie Zusammenhänge her zwischen Improvisationsgraden und dem KAR-Modell von Neumaier aus Kap. 5.2.

8.3 RÜCKBLICK

Choreografie und Improvisation – Gegensatzpaar oder Synonyme?

- Bei einer **tänzerischen Choreografie** handelt es sich um eine geplante, vorher festgelegte und stets wiederholbare Raumschrift, die eine bestimmte Idee, Emotion oder thematische Richtung verfolgt.
- Die **Improvisation hat** als spontane Bewältigung von gestalterischen Aufgaben in Stufen auch **Gemeinsamkeiten mit der Choreografie** und kann nicht als dichotomer Begriff zur tänzerischen Choreografie gesehen werden. Improvisation enthält immer auch Elemente des Übens und Trainierens, der Vorbereitung und Planung sowie der erlernten Erinnerung.
- Die **Tanzimprovisation** zeichnen vier Aspekte aus: körperliche Vorbereitung des tänzerischen Erscheinungsbildes (Habitus), Veränderung des tänzerischen Habitus, ständiges Fallenlassen und Stabilisieren zwischen Unbekanntem und Bekanntem, Entwickeln neuartiger Bewegungen.

Vermittlung von tänzerischer Choreografie und Tanzimprovisation

- Ein Vermittlungsprozess einer tänzerischen Choreografie kann in vier Etappen erfolgen:
  (1) Festlegung des Ausgangspunkts einer Choreografie,
  (2) neue Bewegungsformen auf der Basis des Ausgangspunkts durch geeignete Impulse entwickeln,
  (3) die neuen Bewegungen zu einer Komposition kombinieren und variieren,
  (4) auf der Basis der entwickelten Kompositionen die endgültige Form entwickeln.
- Bei der Vermittlung von Tanzimprovisation werden auf der Basis der Neun-Punkte-Technik sowohl fünf kombinatorische Fähigkeiten (Responsivität, Problemlösen, schnelles Denken und Tanzen sowie Imagination) als auch die fünf Improvisationsgrade (Imitation, Interpretation, Verkettung, geplante und ungeplante Improvisation) geschult.

8.4 PRÜFUNGSVORBEREITUNG

Kontrollfragen

1. Was ist tänzerische Choreografie?
2. Nennen Sie Merkmale von Improvisation und Choreografie?
3. Inwiefern haben Improvisation und Choreografie Elemente des Spielens und Übens?
4. Was bedeutet „Improvisation ist beherrschtes Scheitern"?
5. Welche Rolle spielen Vorbereitung und Planung bei einer Improvisation?
6. Was ist der Unterschied zwischen spontaner und erlernter Erinnerung?
7. Warum hat Improvisation auch Aspekte der erlernten Erinnerung?
8. Wie lauten die vier Hauptaspekte von Tanzimprovisation?
9. Was bedeutet Emergenz?
10. Nennen Sie vier Stufen in einem choreografischen Prozess.
11. Geben Sie die fünf Kombinationsfähigkeiten für die Tanzimprovisation an.
12. Wie lauten die fünf Improvisationsgrade? Wodurch unterscheiden sie sich?
13. Erläutern Sie die Neun-Punkte-Technik.

Prüfungsaufgaben

Emergenz

„Unter Emergenz versteht man, dass in einem weitgehend kausalen Ablauf durch das Zusammentreten von Bausteinen völlig neue, und zwar unvorhersehbare neue, nie dagewesene Eigenschaften zutage kommen. [. . .] Das Vorliegen von Emergenz ist über den Nachweis zu führen, dass die neuen Qualitäten in den Konstituenten, in den Bauteilen, die das Neue zusammensetzen, auch in Spuren nicht vorkommen" (Riedl, 2000, S. 11).

Vergleichen Sie die Bedeutung der Emergenz für sportliche Bewegungen aus Lektion 4 und improvisatorische Vorgänge.

Variation und Kombination von Tanzbewegungen (kostenfrei)

a) **Beschreiben** Sie die Begriffe „Bewegungskombination" und „Bewegungsvariation" im Tanzen und deren Beziehung zur „Bewegungsharmonie".
b) **Erklären** Sie, inwiefern die koordinativen Anforderungen (Druckbedingungen, Informationsanforderung) bei der Variation und Kombination tänzerischer Bewegungen beeinflusst werden.

TEIL IV

WAGNIS UND VERANTWORTUNG

ERKUNDUNGEN 201

LEKTION 9:
WIE HÄNGEN WAGNIS, RISIKO
UND TRENDS IM SPORT ZUSAMMEN? 204

LEKTION 10:
WAS MOTIVIERT MENSCHEN
ZUM SPORTTREIBEN? 226

ERKUNDUNGEN

LEKTION 9: WIE HÄNGEN WAGNIS, RISIKO UND TRENDS IM SPORT ZUSAMMEN?

Was ist Risiko, Wagnis, Abenteuer und Erlebnis?

Geben Sie Definitionen ab zu den Begriffen **Risiko, Wagnis, Abenteuer** und **Erlebnis**. Beziehen Sie die Begriffe auch auf sportliche Situationen. Recherchieren Sie anschließend im Internet nach deren Bedeutungen und vergleichen Sie diese mit Ihren eigenen Definitionen.

„Voll krass, das müsst ihr auch mal machen!"

Im Rahmen einer Unterrichtsreihe zum Splashdiving sollen die Schüler einer siebten Hauptschulklasse aus einem vorgegebenen Katalog von fünf relativ einfachen Sprüngen drei Sprünge auswählen, die sie sich zunächst aneignen und in den folgenden Stunden wahlweise vom Startblock oder vom 1-m-Brett vorzeigen. Weil das Springen vom 1-m-Brett einigen Jungen und Mädchen aber zu einfach erscheint, bitten sie den Sportlehrer, dass sie vom 3-m-Brett springen dürfen. Der Sportlehrer hat die Schüler in der Stunde beobachtet und sich vergewissert, dass die fragenden Schüler die drei Sprünge recht sicher springen können, und erlaubt ihnen am Stundenende das Springen vom 3-m-Brett. Anstatt sich einzuspringen, gibt der erste Springer, Orkan, mächtig Gas: Er federt ein paar Mal in die Höhe und springt den „Ripper", bei dem man fußwärts mit viel Körperspannung und leicht in Rücklage eine Wasserfontäne erzeugt. Allerdings kommt Orkan beim Absprung zu weit in Rücklage, gibt in der Luft seine Körperspannung auf, rudert wild mit den Armen und trifft eher sitzend auf die Wasseroberfläche. Die Fontäne, die dieser Sprung erzeugt, ist beachtlich. Während sich der Sportlehrer Gedanken über mögliche Blessuren von Orkan macht, taucht dieser schon wieder auf, lacht und schreit seinen wartenden Mitschülern zu, dass sie ihm diesen Sprung nachmachen sollen (aus Neumann, 2013, S. 87).

Hat der Lehrer aus Ihrer Sicht richtig reagiert? Wie würden Sie als Lehrer in gleicher Situation handeln? Begründen Sie Ihre Entscheidung. Was könnten Inhalte einer anschließenden Reflexionsphase sein?

Begriffe, mit denen Sportler einen Flow beschreiben

Sportler beschreiben den Flow ganz unterschiedlich. Die folgenden Ausdrücke wurden in Anlehnung an Csikszentmihalyi und Jackson (2000, S. 20) kreiert: in sich versunken, absolutes Wohlbefinden, Fokus, entrückt, völlige Hingabe, gelassen, wie ferngesteuert, alles passt zusammen, aufgedreht, fit statt platt, Konzentration, leichtfüßig und locker, ideal, unschlagbar, alles klappt, alles andere ist egal, Schwerelosigkeit, in Spitzenform, optimales Tempo, fließend, optimale Einstellung, ohne Anstrengung, in Kontrolle, stark, Ruhe und Selbstvertrauen, schwebend, hellwach, völlige Kontrolle.

Beschreiben Sie Situationen, in denen sich bei Ihnen ein Flow-Erleben eingestellt hat. Hatten Sie solche Situationen auch im Sport? Welche Begriffe beschreiben Ihren Flow?

LEKTION 10: WAS MOTIVIERT MENSCHEN ZUM SPORTTREIBEN?

Was treibt Profi-Klettersportler an?

Auf der Domain des Bergsportausrüsters Petzl finden sich Aussagen einiger Profisportler aus dem Klettern (IQ-10.1). Arbeiten Sie aus den folgenden Aussagen die Motive heraus, welche die Sportler zum Klettern antreiben.

„Mein Leben ist ein einziges Streben nach körperlichem und seelischem Wohlbefinden in einer natürlichen Umgebung und mit enthusiastischen Menschen, die Energie auf andere übertragen. In fröhlicher und gut gelaunter Atmosphäre teile ich gerne schöne Geschichten auf Fotos oder in Filmen mit anderen. [. . .]. Klettern ist die natürlichste Bewegungsart. Dank meines Sports lebe ich in den schönsten Flecken der Erde, um immer wieder etwas Neues zu entdecken. Ich bin süchtig nach Klettern." (Antony Lamiche)

„Tag für Tag überwinde ich mein Handicap. Es ist wunderbar. Das Resultat ist jedenfalls umwerfend. Ich danke dem Klettersport. Ich wurde, so hieß es anfangs, mit dem Rubinstein-Taybi-Syndrom (genetisch bedingte Erkrankung, die mit moderater geistiger Behinderung und körperlichen Missbildungen einhergeht) geboren. Mittlerweile hat sich die Diagnose geändert, es soll etwas anderes sein, eine mutierende Krankheit, sagen sie in Erwartung der offiziellen Analysen." (Philippe Ribière)

„Ich bin sehr gesellig und die Menschen um mich herum sind mir wirklich wichtig. Ich kann nicht zu einem Wettkampf gehen, nur um zu gewinnen und alles andere zu vergessen. Bei einem guten Wettkampf entwickelt sich eine positive Dynamik zwischen den Teilnehmern, Veranstaltern und Zuschauern. Das Ziel eines Wettkampfs ist normalerweise, den anderen zu schlagen und als Sieger aus dem Wettkampf hervorzugehen. Da ich eine starke Achtung für die anderen empfinde, ihnen dabei helfe, besser zu werden oder sogar an meiner Stelle zu gewinnen, stehe ich vor einem gewissen Widerspruch." (Said Belhaj)

„In der freien Natur sein und zu klettern gehört für mich einfach zum Leben. Anfangs kletterte ich in Routen ohne Bohrhaken. Ich machte schnell Fortschritte und hatte Schwierigkeiten, Routen im traditionellen Stil zu finden. Heute gibt mir das Sportklettern die Möglichkeit, meine körperliche Kraft auf die Probe zu stellen und gleichzeitig nicht darauf zu verzichten, mit Freunden im Freien zu sein." (Steve McClure)

„Als Sport beinhaltet das Klettern [. . .] die großartige Chance, jenseits der körperlichen Leistung eine fantastische Natur zu erleben, in interessante Länder zu reisen, mit Freunden im Café herumzuhängen und sich nicht von Trainern oder Offiziellen sagen lassen zu müssen, was man zu tun hat. Insofern wird der Sport auch zu einem Lebensstil." (Wolfgang Güllich)

Warum treibe ich Sport? (Selbstbeobachtungsbogen) (kostenfrei)

LEKTION 9
WIE HÄNGEN WAGNIS, RISIKO UND TRENDS IM SPORT ZUSAMMEN?

9.1	BEGRIFFLICHE ABGRENZUNGEN VON WAGNIS UND RISIKO	206
9.2	CHANCEN UND GRENZEN SPORTLICHER WAGNISSE	207
9.3	MOTIVE UND MOTIVATION IM RISIKOSPORT	211
9.4	TRENDSPORTARTEN: VOM SPORTLICHEN TREND ZUM MASSENPHÄNOMEN	219
9.5	RÜCKBLICK	222
9.6	PRÜFUNGSVORBEREITUNG	223

LEKTION 9: WIE HÄNGEN WAGNIS, RISIKO UND TRENDS IM SPORT ZUSAMMEN?

9.1 BEGRIFFLICHE ABGRENZUNGEN VON WAGNIS UND RISIKO

Die Begriffe **Risiko** und **Wagnis** tauchen gleichermaßen im Kontext des Sports auf und sind zunächst der alltäglichen Erfahrungswirklichkeit entnommen. Neumann (1999) hat sich in unterschiedlichen Veröffentlichungen insbesondere mit dem Begriff „Wagnis" auseinandergesetzt, weshalb im Folgenden immer wieder Bezug auf den Pädagogikprofessor genommen wird.

▶ Als **Wagnis** bezeichnet Neumann (1999) das selbstständige und bewusste Aufsuchen und Akzeptieren einer unsicheren Situation, die mithilfe der eigenen Fähigkeiten gemeistert wird.

Das Wagnis ist ein bewusstes und freiwilliges Herangehen an ein Hindernis. „Sich wagen" im Sport heißt also, eine individuell reizvolle Bewegungsaufgabe mit unsicherem Ausgang bewusst einzugehen und mit eigenen motorischen Möglichkeiten zu bewältigen.

▶ **Risiko** lässt sich mathematisch-naturwissenschaftlich beschreiben als das Produkt aus Eintrittswahrscheinlichkeit und Schadenshöhe eines bestimmten Ereignisses mit der Möglichkeit negativer Folgen.

Aufgrund der scheinbar objektiven Situationsbeschreibung des Risikobegriffs wird die subjektive Seite einer Risikohandlung weitgehend vernachlässigt. Schon vorab scheint die Wahrscheinlichkeit, mit der eine Person in einer unsicheren Handlung scheitert, festgelegt zu sein.

In den vergangenen Jahren hat sich in der sportwissenschaftlichen Forschung der Risiko- und Wagnisbegriff durchgesetzt, wobei der Risikobegriff eher sportpsychologisch und sportsoziologisch und der Wagnisbegriff verstärkt sportpädagogisch betrachtet wird. In Anlehnung an Krieger und Roschmann (2011) gilt (vgl. Abb. 9.1):

▶ **Merksatz:** Der Risikobegriff betrachtet das Handeln in unsicheren Situationen eher von der objektiven Seite, während der Wagnisbegriff die subjektiven Aspekte des Handelns in Situationen mit unsicherem Ausgang betont.

Abb. 9.1: Wagnis- und Risikobegriff im Sport

Im Kontext von Wagnis und Risiko werden auch die beiden Begriffe „Abenteuer" und „Erlebnis" verwendet. **Abenteuer** meint meist länger andauernde Unternehmungen mit unsicheren situativen Zusammenhängen. Das **Erlebnis** ist ein Ereignis im Leben eines Menschen, das sich vom Alltagserleben des Erlebenden so sehr unterscheidet, dass es ihm lange im Gedächtnis bleibt. Der Erlebnisbegriff im Sport ist in der Regel positiv besetzt, bleibt aber im Vergleich zu den anderen Begriffen eher breit und unscharf, da Erlebnissituationen nicht immer mit Unsicherheit und Spannung in Verbindung stehen.

9.2 CHANCEN UND GRENZEN SPORTLICHER WAGNISSE

Wagnissport betont das individuelle und reflexionsbedürftige Handeln in ausgangsoffenen sportlichen Situationen in einem bedrohlichen Kontext, die durch individuelles motorisches Können aufgelöst werden können. Während bei früheren erlebnispädagogischen Ansätzen der Bewährungsgedanke oder das Erlebnishafte pädagogisch im Vordergrund stand, wird bei Neumann (2013) das Prozesshafte einer Wagnissituation in den Vordergrund gerückt. Ein idealtypischer Handlungsverlauf des Wagens beinhaltet das Aufsuchen, das Aushalten und Auflösen eines Wagnisses.

PHASEN EINER WAGNISSITUATION: AUFSUCHEN, AUSHALTEN UND AUFLÖSEN

Bewegungswagnisse ergeben sich aus einer bewussten Absicht der Wagenden, einer bestimmten Wagnissituation nachzugehen. Das Aufsuchen einer Wagnissituation beinhaltet den Entschluss einer Person, in einer Bewegungssituation auf gewagte Art und Weise zu handeln. Im unterrichtlichen Kontext muss eine wagende Person für die Gefahren und

Risiken sensibilisiert werden. Wagnisse dürfen nicht von außen erzwungen werden, sondern müssen in einem individuellen Prozess des Abwägens erfolgen. Im Sportunterricht reflektieren die Wagenden beispielsweise Möglichkeiten eines Umbaus von Gerätelandschaften, damit der Geräteaufbau für die Beteiligten zum Wagnis wird.

Manche Wagnissituationen können nicht mehr gestoppt werden, wenn sie einmal in Gang gesetzt worden sind. Zum Beispiel muss nach dem Absprung vom Sprungbrett das Fliegen und Landen ausgehalten werden. Auch in einem Klettergarten ist der Kletternde an einer schwierigen Stelle des Parcours gezwungen, die unsichere Klettersituation und die damit verbundenen Ängste auszuhalten. Dafür müssen die wagenden Personen schrittweise an die Wagnissituationen herangeführt werden. Bezogen auf das Springen, bedeutet dies, dass Sprünge aus einer niedrigen Entfernung sowie das Fliegen unter Körperspannung und das sichere Landen im Wasser sicher beherrscht werden sollten, bevor das Springen vom Sprungturm erfolgt. Ebenso sollte in einem Klettergarten der kletternden Person die Möglichkeit gegeben werden, zunächst einfachere Kletteraktivitäten in einer niedrigeren Höhe zu bewältigen, bevor Kletterhöhe und Schwierigkeitsgrad erhöht werden. Das Aushalten bezieht sich auf vorhandene oder auszubildende motorische, emotionale, kognitive und soziale Fähigkeiten.

Jedes Wagnis hat ein Ende. Damit dieses Wagnis nicht einfach im Raum stehen bleibt, bedarf es einer Nachbetrachtung. Die Wagenden bekommen die Möglichkeit, über ihre Gefühle und Gedanken in und nach einer Wagnissituation zu sprechen. Darauf aufbauend, können alle Beteiligten über Wagnisgrenzen und den Stand des eigenen Könnens reflektieren.

Abb. 9.2: Handlungsverlauf in sportlichen Wagnissituationen

DOPPELTE AMBIVALENZ SPORTLICHER WAGNISSE

Neumann (2003) beschreibt eine doppelte Ambivalenz des Gelingens und Misslingens sportlicher Wagnisse, die in der folgenden Tab. 9.1 dargestellt wird.

Tab. 9.1: Doppelte Ambivalenz: Sonnen- und Schattenseiten des Gelingens und Misslingens sportlicher Wagnisse. Zur Vorbeugung potenzieller Schattenseiten und zur Aufklärung über häufig unbedachte Folgen des sportlichen Wagnisses sollten im Unterrichtsgeschehen regelmäßig Reflexionsphasen eingeschoben werden (in Anlehnung an Neumann, 2013, S. 88).

Gelingen sportlicher Wagnisse		Misslingen sportlicher Wagnisse	
Sonnenseite	**Schattenseite**	**Sonnenseite**	**Schattenseite**
Starke Selbstwirksamkeitserfahrung und intensive Selbstvergewisserung	Identitätsauflösung: z. B. Ankämpfen gegen Naturgewalten	Kontrollerfahrung trotz Scheitern	Erleben von Inkompetenz und Selbstverunsicherung
Gestärktes Selbstbewusstsein, Selbstwertgefühl und Selbstvertrauen	Leichtfertiger oder unverantwortlicher Einsatz des Körpers	Akzeptanz des Scheiterns und Anreiz zur Wiederholung	Beschädigung des Selbstwertgefühls
Legitime Form der Selbstermächtigung	Gelernte Sorglosigkeit	Nutzung des Scheiterns zum Aufbau eines realistischen Selbstbildes	Aufbau eines unrealistischen und negativen Selbstbildes
Positives Selbsterleben	Steigerungsspirale	Positives Erleben (Angstlust)	Negatives Erleben (Angst)
Risikominderung durch partnerschaftliches Vertrauen und durch Verantwortungsübernahme	Gladiatorenkomponente: gewagt wird, weil andere zuschauen, auch wenn die eigene Kompetenz nicht ausreicht.	Verantwortungsübernahme Dritter und erfülltes Vertrauen	Verantwortungslosigkeit Dritter und enttäuschtes Vertrauen

Zur Veranschaulichung verwendet er das Bild der Sonnen- und Schattenseite. Sowohl beim Gelingen als auch beim Misslingen einer sportlichen Wagnissituation entstehen pädagogisch wertvolle positive und negative Interpretationsmöglichkeiten. Ein erfolgreich absolviertes sportliches Wagnis kann einerseits als Stärkung des Selbstbewusstseins gedeutet werden, andererseits auch den Übermut einer Person und das Eingehen zu großer Risiken festigen. Beim Scheitern der gleichen Aktion kann das Scheitern eine wichtige Grenzerfahrung beim Wagenden hervorrufen oder auch als Unfähigkeit erlebt werden. Jede dieser Möglichkeiten bedarf einer Reflexion durch den Beteiligten. Die Zuschreibung des entsprechenden Handlungsergebnisses hängt in hohem Maße von der Art der Zuweisung („Attribution", vgl. Kap. 18.2) ab. Eine Person mit verstärkt selbstwertdienlicher und erfolgszuversichtlicher Attribution wird eher die positiven Aspekte des Gelingens und Misslingens von Wagnissituationen suchen, während Personen mit vorzugsweise selbstwertabwertenden oder misserfolgsängstlichen Zuschreibungen dem Gelingen und Scheitern die „Schattenseiten" von Wagnissituationen zuordnen.

DIDAKTISCHE HINWEISE FÜR DEN SPORTUNTERRICHT

Auf der Basis der Überlegungen zum Gelingen und Misslingen sportlicher Wagnissituationen erfolgt eine unterrichtliche Planung des Unterrichts. Um die Schüler mit der Ambivalenz von Wagnissport vertraut und darin handlungsfähig zu machen, ist es notwendig, dass die Wagenden an geeigneten Beispielen verschiedene Einsichten gewinnen und entsprechende Handlungsvollzüge erreichen können. Nach Neumann und Katzer (2010) ergeben sich folgende Aspekte:

- **Beim Wagen zählt das eigene Können!**
- **Gladiatorenkomponente ausschließen!**
- **Anforderungen von Wagnissen richtig einschätzen!**
- **Misslungene Wagnisse richtig einordnen!**

Das Gelingen einer Wagnissituation darf kein Glück oder Zufall sein, sondern muss auf eigenes Können zurückzuführen sein. Gerade wagende Personen mit hoher Misserfolgsängstlichkeit müssen im Fall eines Wagniserfolgs bestärkt werden, den Erfolg auf internal-stabile Faktoren (z. B. eigenes Können) zurückzuführen (vgl. Kap. 18.2). Wichtig für den Sportunterricht ist, dass Wagnissituationen einen angemessenen Kompetenzbezug aufweisen.

Den Lehrpersonen muss bewusst sein, dass für einige Wagende der Präsentationseffekt von so hoher Wichtigkeit ist, dass sie bestimmte Wagnissituationen auch bei unzureichendem Können eingehen. Die leichtsinnige Befriedigung sozialer Anerkennung muss präventiv mit den Schülern besprochen werden. Den Wagenden muss unmissverständlich klargemacht werden, dass es im Sportunterricht nicht um individuelle sportliche Mutproben geht, sondern um ein Erlernen einer verantwortungsvollen und realistischen Einschätzung der eigenen Fähigkeiten. Dazu zählt auch die Einsicht, bestimmte sportliche Wagnisse nicht einzugehen.

Ein Wagnisangebot in der Schule muss die Heterogenität von Gruppen berücksichtigen und potenzielle Steigerungsmöglichkeiten immer mitberücksichtigen. Steigerungen sind in verschiedene Richtungen möglich: Steigerung des Wagnisniveaus (z. B. Wahl einer schweren Sprungfigur), Steigerung der Wagniskomplexität (z. B. Sicherheitsaspekte vertiefen) und der Wagnismenge (z. B. Wechseln vom Stationsbetrieb zu einem Run beim Le Parkour).

Wenn in Wagnissituationen die individuellen Fähigkeiten und Fertigkeiten eines Wagenden herausgefordert und getestet werden sollen, muss es auch die Möglichkeit geben, dass der Übende scheitert. Die Wagenden müssen auf die Möglichkeit des Misslingens hingewiesen werden, wobei im Schulsport keine ernsthaften Verletzungen aufgrund misslungener Wagnisse auftreten dürfen. Der Sicherheitsaspekt hat dabei stets oberste Priorität!

Die pädagogischen Ziele, die mit der Wagnisperspektive verfolgt werden, müssen langfristig angebahnt werden. Ein realistisch-optimistisches Selbstbild oder eine realistische individuelle Gefahreneinschätzung kann nicht im Rahmen eines einmaligen Unterrichtsvorhabens erreicht werden.

Stellen Sie eine Verbindung her von Wagnisvermittlung im Schulsport und dem KAR-Modell nach Neumaier (vgl. Kap. 5.2).

9.3 MOTIVE UND MOTIVATION IM RISIKOSPORT

KENNZEICHEN VON RISIKOSPORT

Kennen Sie die folgenden Risikosportarten: Basejumping, Canyoning, Freeclimbing, Paragliding, Rafting, Skyting, Kiteskying, Snowbiking, Wakeboarding? Recherchieren Sie ggf. im Internet. Kennen Sie weitere Risikosportarten? Was machen für Sie Risikosportarten aus?

Der Risikobegriff aus Kap. 9.1 wurde definiert als das Produkt aus Eintrittswahrscheinlichkeit und Schadenshöhe eines bestimmten Ereignisses mit der Möglichkeit negativer Folgen. Überträgt man diese mathematisch-naturwissenschaftlich orientierte Definition auf die Ausübung riskanter sportlicher Aktivitäten, könnte eine weite Beschreibung von Risikosportarten solche Sportarten einschließen, die bei Fehlern während der Ausübung die körperliche Unversehrtheit bedrohen. Diese Definition müsste allerdings insofern kritisch betrachtet werden, da nicht klar ist, was Fehler sind und der Begriff der körperlichen Unversehrtheit schwer zu bestimmen ist. Darüber hinaus wird der psychologische Aspekt unterschiedlicher Tätigkeiten einer Risikosportart völlig ausgeblendet.

Kuhn und Todt (2003) unterscheiden in Anlehnung an Aufmuth (1983) Extrem-Risikosport und Risikosport als Breitenphänomen. **Extrem-Risikosport** wird dabei durch folgende Merkmale gekennzeichnet:

- äußerste physisch-psychische Beanspruchung über einen längeren Zeitraum hinweg;
- ein objektiv vorhandenes und subjektiv empfundenes, erhöhtes Lebensrisiko;
- die Meisterung der Gefährdung durch besondere Geschicklichkeit und
- eine Grundhaltung des inneren Engagiertseins (Leidenschaft, Besessenheit).

Risikosport als Breitenphänomen könnte in Abgrenzung zum Extrem-Risikosport durch folgende Charakterisierungen beschrieben werden:

- Die körperliche Beanspruchung ist eher moderat und ist zeitlich begrenzt.
- Es besteht subjektiv empfunden kein erhöhtes Lebensrisiko.
- Die Gefährdung kann ohne größere Geschicklichkeit gemeistert werden und
- die Grundhaltung kann mit „Neugier" und „Neigung" beschrieben werden.

MOTIVE FÜR DAS BETREIBEN VON RISIKOSPORT

> Haben Sie schon einmal einen Risikosport betrieben? Was hat Sie angetrieben? Was könnte andere Menschen dazu antreiben?

▶ **Motive** für das Betreiben von Risikosport sind vor allem:
- Angstlust,
- Reizsuchverhalten,
- Risikointeresse,
- Leistungsmotiv sowie
- Wunsch nach positiven Emotionen.

Motive treiben den Menschen an, wie ein Motor ein Auto zum Fahren bringt. Doch warum betreiben Menschen risikobezogene Sportarten und gehen dabei teilweise ein hohes Lebensrisiko ein? Es kann als ein Grundbedürfnis der Menschheit angesehen werden, dass ein Mensch ein wagendes und neugieriges Wesen ist, das Neues und Unsicheres sucht. Die Suche nach intensiven Reizen, einem Flow-Erlebnis, nach Grenzsituationen, außergewöhnlichen Emotionszuständen sowie nach Selbstbestätigung und Selbsterprobung lässt sich durch individuelle Motive wie „Angstlust" und „Reizsuchverhalten" erklären.

Angstlust – Lust auf Aufregung und Nervenkitzel

Angstlust (engl.: **thrill**) wird u. a. mit Sportarten in Verbindung gebracht, die entweder große Geschwindigkeiten aufweisen (z. B. Rennsport) oder zu Grenzsituationen führen (z. B. Klettern). Sportliche Aktivitäten, in denen Angstlust verspürt wird, beinhalten eine objektive äußere Gefahr, müssen vom Sportler freiwillig betrieben werden und werden von ihm mit einer hohen Wahrscheinlichkeit bewältigt. Doch reagieren Menschen unterschiedlich in Angst-Lust-Situationen. Während einige Personen Vergnügen darin finden, die Sicherheit aufzugeben und sich Nervenkitzel und Abenteuer auszusetzen, scheuen andere davor zurück, die Sicherheitszone zu verlassen und erleben dabei gefahrvolle Situationen mit Unbehagen und Angst (Allmer, 1995).

Apter (1992) gibt in seiner **Reversionstheorie** eine Erklärung für die Angstlust. Nach dieser Theorie wechselt jeder Mensch zwischen der Suche nach Aufregung und Vermeidung von Angst hin und her („reversal theory"). Die in einer Situation erlebte (zunehmende) Erregung kann vom Individuum als **Aufregung** (positiv, angenehm) oder **Angst** (negativ, unangenehm) interpretiert werden. Abnehmende Erregung kann gleichermaßen als angenehme **Entspannung** oder als unangenehme **Langeweile** aufgefasst werden. Die gleiche Situation kann bei einer Person Lust (Nervenkitzel) und bei einer anderen Person Unlust (Angst) bzw. Entspannung oder Langeweile hervorrufen (vgl. Abb. 9.3).

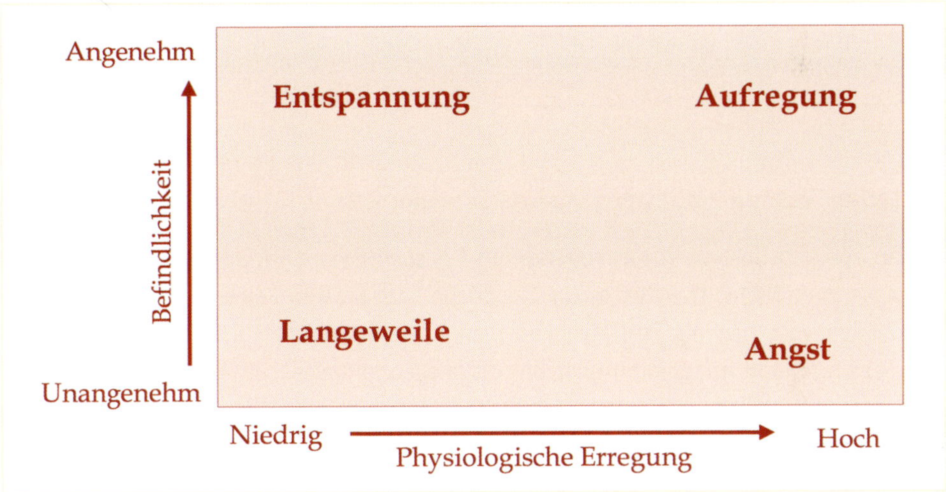

Abb. 9.3: Zusammenhang zwischen Befindlichkeit und physiologischer Erregung (nach Apter, 1992)

Jede Aktivität im Leben spielt sich nach Apter (1992) innerhalb von drei Zonen ab: innerhalb der **Sicherheitszone**, der **Gefahrenzone** oder der **Traumazone** (vgl. Abb. 9.4). Diese Zonen sind völlig subjektiv. Bei der Suche nach Aufregung meint das Individuum, einen schützenden Rahmen zu haben. Bei der Vermeidung von Angst hat das Individuum das Gefühl, dass dieser schützende Rahmen fehlt. Um Nervenkitzel zu verspüren, benötigt man eine Risikosituation und das Gefühl eines schützenden Rahmens. Der Unterschied zwischen Abenteuerlustigen und den meisten Menschen besteht darin, dass Erstere größeres Vertrauen in die Dinge haben, die ihnen Sicherheit versprechen (vgl. auch Kohärenzgefühl in Kap. 20.3). Sie haben einen stabileren schützenden Rahmen.

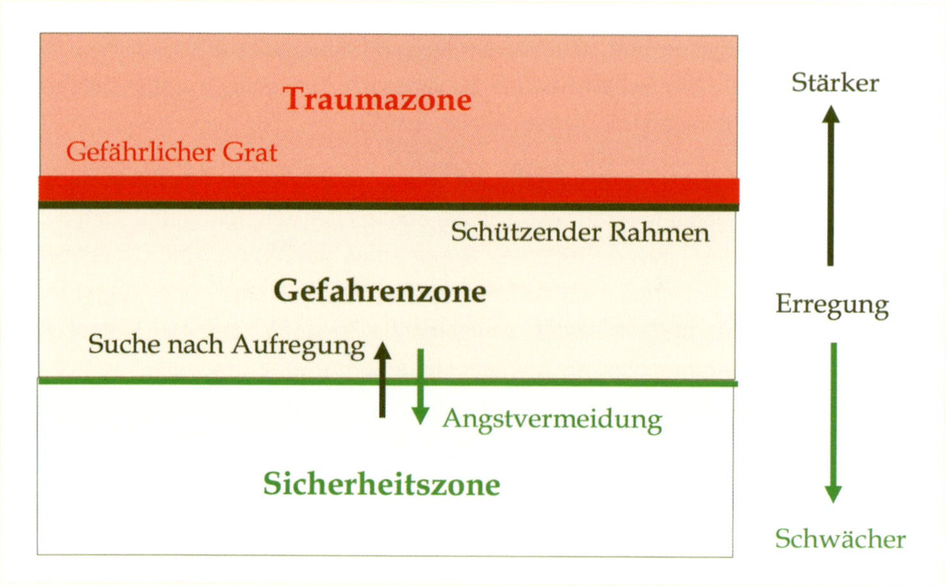

Abb. 9.4: Reversionstheorie (nach Apter, 1992)

Sensation Seeking – auf der Suche nach neuen Reizen

Neben der Angstlust stellt das sogenannte *Reizsuchverhalten* (engl.: sensation-seeking) einen weiteren Motivationsfaktor dar. Die Suche nach starken Reizen und stimulierenden Erlebnissen wird hier als Persönlichkeitsmerkmal angesehen. Ein ausgeprägtes Sensation-Seeking-Motiv findet man eher bei tätigkeitsorientierten als bei zweckorientierten Menschen. Für tätigkeitsorientierte Menschen liegt die Quelle des Anreizes im Vollzug der Tätigkeit selbst. Diese Menschen investieren sehr viel Geld, Zeit und ein hohes Maß an Anstrengung, um kostenintensiven Sportarten, wie dem Drachenfliegen oder dem Skifahren, nachzugehen, ohne dass ein Zweck erkennbar ist, der außerhalb dieser Tätigkeit liegt (Krieger & Roschmann, 2011; Apter, 1992).

Personen, die Risikosportarten betreiben, weisen wesentlich höhere Sensation-Seeking-Werte auf als Sportabstinente. Bei mäßig riskanten Sportarten (z. B. Rugby, Ringen) sind die Unterschiede zu Kontrollgruppen wesentlich geringer, bei risikoarmen Sportarten lassen sich gar keine Unterschiede zu Nichtsportlern ausmachen (Rheinberg & Vollmeyer, 2012, S. 171).

Aber leider sind nicht alle Personen mit hohen Werten auf der Sensation-Seeking-Skala aktive Risikosportler. Mithilfe der Skala kann man keine Vorhersagen über ein eventuelles Engagement im Risikosport treffen. Zwar findet man im Bereich des Erlebnissports fast ausschließlich Personen mit hohen Sensation-Seeking-Werten, zur Erklärung von Risikosportinteresse müssen jedoch weitere Faktoren berücksichtigt werden.

Zusammenhang von Risikosportinteresse und Motiven des Sporttreibens

Als Motive für das Interesse an Risikosport stehen, neben dem dominanten Risikomotiv („Nervenkitzel suchen"), leistungsthematische Motive („etwas leisten wollen"), Glückszustände erleben wollen, der Wunsch nach körperlicher Beanspruchung („sich körperlich verausgaben wollen") und auch das kathartische Motiv („Probleme vergessen können") mit der Risikosportaktivität in Verbindung (Kuhn, 2001). Neben dem Risiko scheint somit unter anderem das Leistungsmotiv und der Wunsch, spezifische emotionale Erlebnisse zu wiederholen, mit dem Risikosport assoziiert zu sein. Abb. 9.5 stellt den Zusammenhang von unterschiedlichen Motiven im Sport und dem Risikosportinteresse einer Person dar.

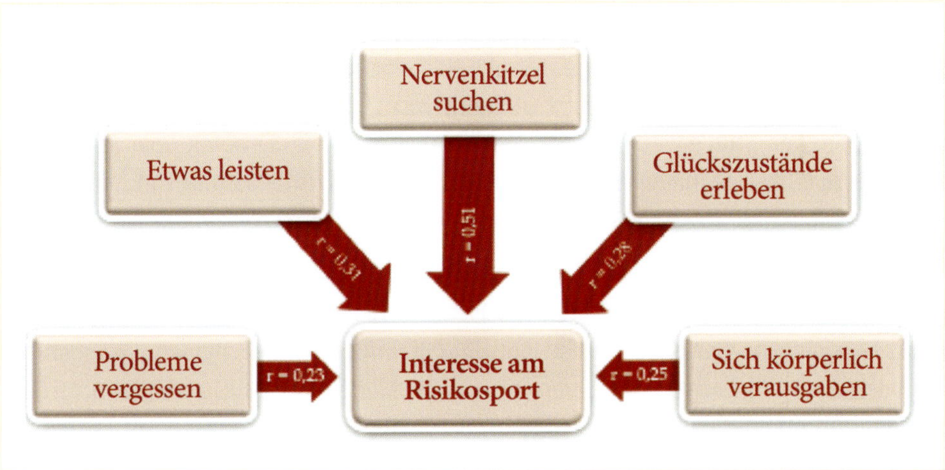

Abb. 9.5: Korrelationen zwischen unterschiedlichen Motiven des Sporttreibens und Interesse am Risikosport (nach Kuhn, 2001)

ANREIZE RISKANTER SPORTAKTIVITÄTEN

- Neben den genannten Motiven beeinflussen die nachfolgenden drei **Anreize**, die sogenannte **Anreiztrias**, die Motivation des Risikosportlers:
  1. Kompetenzerleben,
  2. Bedrohungswahrnehmung sowie
  3. Genuss ungewöhnlicher Bewegungszustände.

Rheinberg und Vollmeyer (2012) beschreiben drei zentrale Anreizkomponenten, die mit dem Namen „Anreiztrias" beschrieben werden. **Kompetenzerleben** beschreibt die „Erfahrungen mit der eigenen Kompetenz in vitalen Anforderungssituationen" (wir wollen uns beweisen und zeigen, was wir können, was verbunden ist mit Anerkennung und Stolz). Erregende **Bedrohungswahrnehmung** trägt zur Erlebnisintensivierung bei und entspricht im Wesentlichen dem obigen Sensation Seeking (wir wagen nicht, obwohl, sondern weil es gefährlich ist, und schätzen diese besonderen emotionalen Zustände). Der **Genuss ungewöhnlicher Bewegungszustände** betont die Vestibulärkomponente von risikosportlicher Aktivität (Gleichgewicht, Schwindel, Geschwindigkeit, Höhen, Tiefen usw.).

ERKLÄRUNG VON MOTIVIERTEM RISIKOVERHALTEN

▶ Mit dem **Flow-Konzept** und dem **Risikowahlmodell** lassen sich motivationale Prozesse im Risikosport erklären.

Im Gegensatz zu einem Motiv, das eine feste persönlichkeitsmerkmalähnliche Bereitschaft darstellt, meint Motivation einen aktuellen Prozess, der sich aus dem Zusammenwirken von personalen Motiven und umweltbezogenen Anreizen ergibt (vgl. Kap. 10.3). Um im Bild des Autos (Mensch) zu bleiben, welches durch einen Motor (Motiv) angetrieben wird, beschreibt Motivation die aktuelle Fahrweise des Autos (gleichmäßig, schnell, langsam, überhaupt nicht), die stark abhängt von Umweltbedingungen (Anreize), wie dem Wetter, den Straßenverhältnissen, den finanziellen Möglichkeiten oder auch äußeren Zwängen. Im Zusammenhang mit der Beschreibung und Erklärung von motiviertem Risikoverhalten findet sich neben dem Risikowahlmodell von Atkinson das Flow-Konzept von Csikszentmihalyi (1975).

Die Kernaussage des **Risikowahlmodells** ist, dass eine mittelschwere Aufgabe für erfolgszuversichtliche Personen höchst motivierend wirkt, während misserfolgsängstliche Personen eher sehr leichte oder extrem schwierige Aufgaben aufsuchen (vgl. Kap. 18.2). So kann ein erfolgszuversichtlicher Risikosportler die objektive Schwierigkeit selbst gestellter Aufgaben immer weiter steigern.

Im **Flow-Konzept** finden sich in Anlehnung an Rheinberg und Vollmeyer (2012, S. 154) folgende sechs **Komponenten des Flow-Erlebens**:

1. **Optimale Beanspruchung:** Es besteht eine optimale Passung zwischen eigenen Fähigkeit und Situationsanforderungen. Man fühlt sich optimal beansprucht und hat trotz hoher Anforderung das sichere Gefühl, das Geschehen noch unter Kontrolle zu haben.
2. **Klare Handlungsanforderungen und Rückmeldungen:** Handlungsanforderungen und Rückmeldungen werden als klar und interpretationsfrei erlebt, sodass man jederzeit und ohne nachzudenken, weiß, was jetzt als richtig zu tun ist.
3. **Flüssige und glatte Handlungsabläufe:** Der Handlungsablauf wird als glatt erlebt. Ein Schritt geht flüssig in den nächsten über, als liefe das Geschehen gleitend wie aus einer inneren Logik (aus dieser Komponente rührt wohl die Bezeichnung „Flow").

4. **Zwanglose Konzentration:** Man muss sich nicht willentlich konzentrieren, vielmehr kommt die Konzentration wie von selbst, ganz so wie die Atmung. Es kommt zur Ausblendung aller Kognitionen, die nicht unmittelbar auf die Ausführungsregulation gerichtet sind.
5. **Verändertes Zeitgefühl:** Das Zeiterleben ist stark beeinträchtigt. Man vergisst die Zeit und weiß nicht, wie lange man schon dabei ist. Stunden vergehen wie Minuten.
6. **Verschmelzung von Selbst und Tätigkeit:** Man erlebt sich selbst nicht mehr abgehoben von der Tätigkeit, sondern man geht gänzlich in der eigenen Aktivität auf.

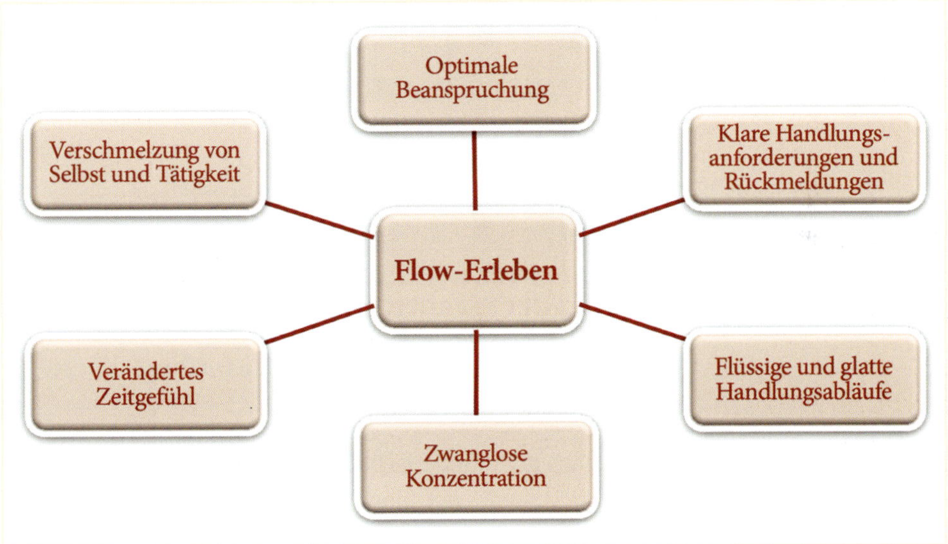

Abb. 9.6: Komponenten des Flow-Erlebens (nach Csikszentmihalyi, 1975 und 2010)

Doch wie kommt es zu einem Flow-Erleben? Zu einer optimalen Erfahrung kommt es dann, wenn ein Gleichgewicht besteht zwischen den wahrgenommenen Situationsanforderungen und mitgebrachten Handlungskompetenzen. Dieses Gleichgewicht ist allerdings nicht absolut zu sehen, sondern hängt von den aktuell wahrgenommenen Situationsanforderungen und den zur Verfügung stehenden Fähigkeiten und Fertigkeiten ab. Es geht somit um einen Spannungszustand zwischen Herausforderungen und eigenen Fähigkeiten. Werden die Herausforderungen als zu groß wahrgenommen, lösen sie beim Individuum Angst und Unsicherheit aus. Die Person ist nicht in der Lage, die Aufgabe mit den zur Verfügung stehenden Mitteln zu lösen. Ist ein Individuum dagegen unterfordert, sinkt der Spannungszustand schließlich unter eine Schwelle ab. Die Aufgabe wird von der Person nicht als Herausforderung angesehen, sie löst bei ihr das Gefühl von Langeweile aus.

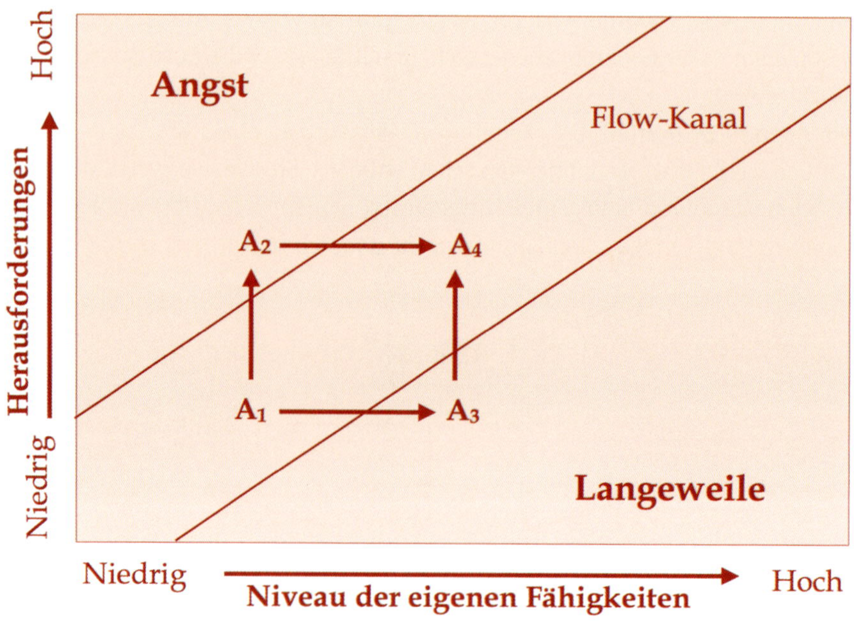

Abb. 9.7: Optimale Erfahrung (modifiziert nach Csikzentmihalyi, 2010, S. 107)

Beispiel (vgl. Abb. 9.7): Eine talentierte Anfängerfechterin (Der Buchstabe A in Abb. 9.7 und im folgenden Text steht für Anfängerin, der Index für die Fechtsituation) hat ihren Fechtpass bekommen und ficht gegen andere Mädchen, die sie alle besiegen kann. Die Fechterin (A_1) empfindet viel Freude in den Gefechten und blickt zuversichtlich auf ihren ersten Wettkampf. Dort trifft sie (A_2) in der ersten Runde direkt auf eine starke Gegnerin. Es fällt ihr schwer, Treffer zu setzen und die Angriffe abzuwehren. Es stellt sich Nervosität und Unsicherheit ein. Nach der Niederlage ist sie enttäuscht, nimmt sich aber vor, intensiver zu trainieren und besser zu werden. In den nachfolgenden Lektionen mit ihrem Trainer verbessert die Fechterin ihre Beinarbeit und Technik. In den Trainingseinheiten gewinnt sie (A_3) die Gefechte gegen die gleichaltrigen Fechterinnen so locker, dass sich Langeweile bei dem Mädchen breitmacht. Der Trainer reagiert darauf, indem er sie gegen ältere Fechterinnen fechten lässt. Im ersten Kampf gegen ein zwei Jahre älteres Mädchen wächst die junge Fechterin (A_4) über sich hinaus und setzt sich knapp durch. Glücklich fällt sie ihren Eltern nach dem Training in die Arme und berichtet vom Erlebten.

▶ Merksatz: Eine optimale Erfahrung liegt vor, wenn ein Gleichgewicht vorliegt zwischen wahrgenommenen Situationsanforderungen und eigenen Handlungskompetenzen.

Übertragen Sie das obige Fechtbeispiel auf eine Situation im Risikosport.

9.4 TRENDSPORTARTEN: VOM SPORTLICHEN TREND ZUM MASSENPHÄNOMEN

SPORTLICHE TRENDS ZWISCHEN AUTHENTIZITÄT UND KOMMERZIALISIERUNG

Trends beschreiben eine besonders tief greifende und nachhaltige Entwicklung. Dabei lassen sich in der Suche nach Authentizität, Konsumismus und Eventorientierung drei zentrale gesellschaftliche Trends ausmachen, die auch auf den Sport übertragen werden können (Schildmacher, 1998). Dort münden sportliche Trends in Trendsportarten. Die Beliebtheit von Trendsportarten wird als Werbeträger genutzt, um Produkten oder Firmen einen authentischen und attraktiven Anstrich zu verleihen. Für den Sport haben Trends weitreichende Konsequenzen, denn sie verändern die traditionellen Strukturen des Sporttreibens. Deutlich wird diese Entwicklung beispielsweise im Mitgliederrückgang traditioneller und wettkampforientierter Sportarten sowie an einer Neuausrichtung des Sportunterrichts.

Nennen Sie möglichst viele Firmen, die sich besonders für den Sport engagieren. Für welchen Sportbereich engagieren sich diese Unternehmen? Bewerten Sie das Engagement kritisch unter Abwägung von Pro- und Contra-Argumenten.

Medien und Kommerzialisierung

ZUM BEGRIFF DER TRENDSPORTART

Trendsport steht für Innovation und Erneuerung und ist als Gegenentwurf zu traditionellen Sportarten zu sehen. Trendsport steht aber auch für die jugendliche Freiheit, sich so zu bewegen, wie man es gerade für richtig hält und wie es zum eigenen „Style" passt. Normierte, verschulte und vorgegebene Bewegungsmuster treten im Trendsport zugunsten nicht normierter, spontaner und kreativer Bewegungen zurück. Die Schweizer Sportsoziologen Lamprecht und Stamm (2002, S. 107) sehen daher in den Trendsportarten „Gegenbewegungen" zu den traditionellen Sportarten. Ihre Definition bezieht Elemente des traditionellen Sports mit ein:

- „Als zentrales Element vieler Trendsportarten erscheint zunächst, dass sie sich als Gegenbewegung verstehen. Bei Trendsportarten handelt es sich nicht nur einfach um neue Bewegungsformen mit neuen Sportgeräten, Trendsportarten propagieren auch ein Sportverständnis, das quer zum traditionellen Sportbegriff steht. Statt Leistung wird Spaß proklamiert, an die Stelle der Vereine und Verbände tritt die informelle Gruppe, [. . .]."

Nennen Sie möglichst viele Trendsportarten. Was sind Merkmale dieser Sportarten? Wie verändern sich etwa Bewegungen, wenn sie in neuen Trendvarianten traditioneller Sportarten wie dem Streetball oder Beachvolleyball ausgeführt werden? Berücksichtigen Sie in Ihren Überlegungen auch das KAR-Modell nach Neumaier (vgl. Kap. 5.2).

ENTWICKLUNGSPHASEN SPORTLICHER TRENDS: VON DER ERFINDUNG ZUR MARKTSÄTTIGUNG

Obwohl jede Trendsportart ihre eigene Geschichte hat, lassen sich gewisse Etappen in einem Entwicklungsprozess eines sportlichen Trends herausnehmen, die auf eine gewisse Regelmäßigkeit hindeuten. Das Entwicklungsmuster von Trendsportarten weist in der Tat große Ähnlichkeit mit wirtschafts- und sozialwissenschaftlichen Innovations- und Produktionszyklen auf. Im Zentrum solcher Modelle steht der Versuch, die längerfristige Dynamik von Wirtschaftswachstum und möglicher Krisen auf der Grundlage des Auftauchens neuer Produkte zu erklären.

Analog zu den Innovations- und Produktionszyklen lassen sich in Anlehnung an Lamprecht und Stamm (2002) auch bei Trendsportarten fünf verschiedene Phasen unterscheiden (vgl. Abb. 9.8). Die erste Phase bezieht sich auf die Erfindung **(Invention)** durch einige Pioniere der neuen Sportart, die durch die Phase der **Innovation** abgelöst wird. In dieser Phase verlässt die neue Sportart oder Erfindung den engsten Kreis der Pioniere und besetzt lokal begrenzte Marktnischen. Die entsprechenden Güter werden in begrenzter Anzahl hergestellt und beschränken sich auf eine kleine Nutzergruppe. Die Phase der **Entfaltung und des Wachstums** wird dadurch eingeleitet, dass ein überregionaler Markt mit der innovativen Sportausrüstung der neuen Sportart konfrontiert wird. Die Erfindung wird weiterentwickelt und geht gereift in Massenproduktion. Der Phase der **Reife und Diffusion** schließt sich die Phase der **Marktsättigung** an. Die neue Sportart hat sich schließlich als „normale" Sportart etabliert.

Abb. 9.8: Entwicklungsphasen von Trendsportarten

Informieren Sie sich im Internet über den Entwicklungsverlauf von Trendsportarten und zeichnen Sie den Prozess von der Invention bis zur Marktsättigung nach.

Trends im Freizeitsport

Schildmacher (1998) nennt fünf Entwicklungsschritte im Freizeitsport:

- vom Indoorsport zur Outdoorvariante;
- vom normierten zum nicht normierten Sport;
- vom großen Mannschaftssport zum kleinen Gruppensport;
- vom geschützten zum risikoreichen Sport;
- vom verbindlichen zum unverbindlichen Sport.

Suchen Sie nach Beispielen für diese Trends in der Sportentwicklung in Ihrem privaten Umfeld. Können Sie diese These so bestätigen oder muss sie modifiziert werden?

Weitere detaillierte Informationen zu sportlichen Trends und Trendsportarten sowie zu Möglichkeiten der Einbeziehung dieser im schulischen Rahmen sind im Zusatzinformationsmaterial ab S. 578 per QR-Code erreichen.

9.5 RÜCKBLICK

Was bedeuten Wagnis und Risiko?

- **Wagnis im Sport** betont die subjektive Ausrichtung des Handelns und wird verstanden als das Aufsuchen und Aushalten von unsicheren Situationen sowie das Auflösen mithilfe individueller motorischer Mittel. **Risiko im Sport** akzentuiert eine objektive Handlungsperspektive und meint das Produkt aus Erfolgswahrscheinlichkeit und Schadenshöhe bei sportlichen Aktivitäten mit der Möglichkeit körperlicher und seelischer Schädigung.

Chancen und Grenzen von Wagnissport

- Eine Wagnisaktion im Sport durchläuft die drei Phasen Aufsuchen, Aushalten und Auflösen. Dabei besteht eine doppelte pädagogische Ambivalenz beim Gelingen und Misslingen sportlicher Wagnisse. Beispielsweise kann Scheitern als Inkompetenz erlebt werden oder als Kontrollerfahrung. Ebenso kann Gelingen gelernte Sorglosigkeit oder im positiven Falle Selbstermächtigung bedeuten. Beim Wagen zählt das eigene Können. Die Gladiatorenkomponente sollte ausgeschlossen werden, damit Anforderungen von Wagnissen und misslungene Wagnisse von allen Beteiligten richtig eingeschätzt werden.

Motive und Motivation im Risikosport

- Im **Risikosport** besteht ein objektiv erhöhtes Lebensrisiko sowie eine länger andauernde intensive physische und psychische Belastung. Die sportliche Tätigkeit im Risikosport verlangt von den Sportlern vor allem Neugier und Neigung und manchmal auch Leidenschaft und gewisse physisch-psychische Voraussetzungen.
- Als zentrale **Motive für Risikoerleben und Risikoverhalten** können die Angstlust oder das Reizsuchverhalten genannt werden. Allerdings steht auch das Leistungsmotiv und vor allem die Suche nach Nervenkitzel eng mit dem Interesse am Risikosport in Verbindung.
- **Äußere Anreize riskanter Sportaktivitäten** sind Kompetenzerleben, erregende Bedrohungswahrnehmung und der Genuss ungewöhnlicher Bewegungszustände.
- **Motiviertes Verhalten** kann vor allem durch **Flow-Erleben** und das **Risikowahlmodell** erklärt werden. In beiden Modellen wird das Niveau der eigenen Fähigkeiten mit der Aufgabenschwierigkeit in Verbindung gebracht.

Sportliche Trends und Trendsportarten

- Suche nach Authentizität, Konsumismus und Eventorientierung können als gesellschaftliche Trends auf den Sport übertragen werden und in Trendsportarten münden. Trendsport kann als Gegenbewegung zum traditionellen Sport verstanden werden: Motive wie Leistung und Wettkampf werden durch die Perspektiven des spontanen Bewegens, des Wagens und durch das Spaßmotiv abgelöst, die informelle Gruppe tritt an die Stelle des Vereins: Die Entwicklung von Trendsportarten gleicht wirtschaftlichen Innovations- und Produktionszyklen.

9.6 PRÜFUNGSVORBEREITUNG

Kontrollfragen

1. Was ist der Unterschied zwischen Risiko und Wagnis?
2. Was bedeutet Abenteuer?
3. Was versteht man unter Erlebnis?
4. Wie lauten die Phasen in einer Wagnissituation?
5. Erklären Sie die drei Phasen einer Wagnissituation an zwei sportlichen Beispielen.
6. Was versteht Neumann unter Sonnen- und Schattenseite sportlicher Wagnisse?
7. Warum spricht Neumann von einer doppelten Ambivalenz?
8. Nennen Sie die vier Hinweise für Wagnissituationen im Sportunterricht.
9. Erläutern Sie den Begriff Gladiatorenkomponente.
10. Wie lässt sich Risikosport charakterisieren?
11. Was versteht man unter Angstlust? Erläutern Sie dies an einem Beispiel.
12. Was bedeutet Sensation Seeking? Geben Sie ein Beispiel aus dem Sport an.
13. Geben Sie die Anreiztrias an.
14. Nennen Sie die sechs Komponenten des Flow-Erlebens.
15. Was sind die zentralen sportlichen Trends?
16. Geben Sie eine Definition des Begriffs Trendsportarten an.
17. Beschreiben Sie den Entwicklungsprozess einer Trendsportart.
18. Nennen Sie möglichst viele Trendsportarten.

Prüfungsaufgaben

Risiko und Wagnis beim Klettern mit und ohne Sicherung

a) **Stellen** Sie die Begriffe Risiko und Wagnis im Sport **dar**.
b) **Arbeiten** Sie aus den folgenden Aussagen eines Internetforums (leicht modifiziert nach Krieger und Roschmann, 2011, S. 233) die Positionen der Kletterer und deren Motive für das Klettern mit und ohne Sicherung **heraus**. Berücksichtigen Sie dabei die in a) verwendeten Risiko- und Wagnisbegriffe.

Eintrag 1: „Wenn ich eine Tour solo ohne Sicherung klettere, muss das nicht unbedingt heißen, dass ich damit ein höheres Risiko eingehe, als wenn ich mit Seil und Metallwaren die Tour klettere."

Eintrag 2: „Das gilt dann aber doch nur für Touren, die klettertechnisch deutlich unter deinem normalen Leistungsniveau liegen. Und das wird dann doch eher langweilig."

Eintrag 3: „Ich habe den Eindruck, ihr habt eine falsche Vorstellung vom Freesolo-Klettern. Es existiert auch eine persönliche Leistungsgrenze fürs Freesolo, die gar nicht unbedingt so weit von der mit Seil entfernt liegen muss. Außerdem gibt es in richtigen Klettergebieten auch genügend Wege, deren Durchsteigung mit Seil sich nicht so gravierend von einem Freesolo unterscheidet. Dass dies langweilig wäre, ist mir noch nie aufgefallen. Es ist allerdings ganz normal und auch kaum aus der Welt zu schaffen, dass Laien (in Bezug auf Freesolo) eine völlig unsinnige Vorstellung vom Risiko solcher Betätigung hegen. Im Sinne der Vermarktung solcher Unternehmungen wird diese unsinnige Fehleinschätzung durch einige pervertierte Kletterschausteller auch bewusst genährt."

Flow-Zustand von Roger Federer

Der Tennisspieler Roger Federer beschrieb den Zustand des Flows folgendermaßen: „Mein Schläger schien die direkte Verlängerung meines Arms zu sein, und trotz der weißen Begrenzungslinien hatte der Platz in meinen Augen eine unglaubliche Weite. Ich war mir absolut sicher, dass ich mit dem nächsten Schlag den Ball praktisch an jede Stelle im gegnerischen Feld platzieren konnte. Dabei hatte ich immer genügend Zeit, um mir die Ecke auszusuchen und den Schlag technisch vorzubereiten. Die Ausholbewegung, der Schlag und der Flug des Balles waren dann eigentlich nur noch das Resultat meiner Gedanken! So entstand eine Art Rhythmus in meinen Schlägen, der mein Tennis automatisch, fast schon spielerisch leicht werden ließ, ohne dass ich das Gefühl hatte, mich übermäßig anstrengen zu müssen."

Stellen Sie die sechs Komponenten des Flow-Konzepts **dar** und **begründen** Sie auf der Basis des obigen Zitates von Roger Federer, dass er sich vermutlich in einem Flow-Zustand befunden hat.

Beachvolleyball und Volleyball im Vergleich

a) In den letzten Jahren hat sich Beachvolleyball zu einem sehr beliebten Freizeitsport entwickelt. **Erläutern** Sie, welche Faktoren zur Popularisierung des Beachvolleyballs beitragen konnten.
b) **Erörtern** Sie mögliche Gründe für das relativ geringe Medieninteresse am Volleyballsport im Vergleich zum Beachvolleyballsport.

Risikosport und pädagogische Perspektiven

Erörtern Sie, inwiefern Risikosport in den Curricula des Schulsports berücksichtigt werden sollte. Beziehen Sie dabei auch die sechs pädagogischen Perspektiven mit ein.

LEKTION 10
WAS MOTIVIERT MENSCHEN ZUM SPORTTREIBEN?

10.1 MOTIVE FÜR SPORTLICHE AKTIVITÄT 228

10.2 MOTIVATION ALS PROZESSBEZOGENES ERGEBNIS VON MOTIVANREGUNG 235

10.3 MOTIVATION ALS PRODUKT VON PERSON UND SITUATION 237

10.4 RÜCKBLICK 241

10.5 PRÜFUNGSVORBEREITUNG 242

LEKTION 10: WAS MOTIVIERT MENSCHEN ZUM SPORTTREIBEN?

10.1 MOTIVE FÜR SPORTLICHE AKTIVITÄT

MOTIVBEGRIFF

Motive als generelle, zeitstabile und individuelle Persönlichkeitsmerkmale

Wenn verschiedene Personen in gleichen Situationen unterschiedlich handeln, dann liegt die Vermutung nahe, dass sie „objektiv gleiche" Situationen im Blick auf ihre Handlungsziele unterschiedlich interpretieren und bewerten. Die gleiche Person kann auch in unterschiedlichen Situationen gleich handeln. Dann kann man davon ausgehen, dass die individuelle Bewertung der Situationen immer gleich ausfiel. Wer solchen Annahmen folgt, geht davon aus, dass „in" der Person Dispositionen (überdauernde Persönlichkeitseigenschaften) gegeben sind, Situationen in individueller Weise zu bewerten und dementsprechend zu handeln. Diese überdauernden Persönlichkeitsdimensionen für situationsüberdauerndes, zeitlich überdauerndes und individuelles Handeln werden **Motive** genannt. Kurz gesagt, sind Motive Gründe, etwas zu tun („Beweggründe").

▶ **Motive** sind aus dem Verhalten und den sprachlichen Äußerungen erschlossene Bereitschaften, sich in situationsüberdauernder (genereller), zeitlich überdauernder (zeitstabiler) und persönlichkeitsspezifischer (individueller) Weise in einer gegebenen Situation so und nicht anders zielgerichtet zu verhalten (Gabler, 2004, S. 205).

Man kann ein Motiv mit einem Motor vergleichen, der ein Auto antreibt. So, wie der Motor das Auto bewegt, so bewegen Motive den Menschen. Um aber ein Motiv auszulösen, ist ein Bedürfnis oder Defizit nötig. Dieses Defizit oder Bedürfnis funktioniert wie eine Zündkerze, die dem Motor die nötige Startenergie gibt, um ihn in Bewegung zu setzen. Der Motor setzt nun Energie frei, um ein Ziel zu erreichen. Durch das Erreichen des Ziels kann das auslösende Bedürfnis befriedigt werden. Je wichtiger uns ein Ziel ist, desto mehr Energie wird freigesetzt.

Motive als hypothetische Konstrukte

Motive sind allerdings nicht direkt beobachtbar. Sie sind als hypothetische Konstrukte gedankliche Hilfskonstruktionen zur Aufklärung der nicht beobachtbaren Bedingungen, die zwischen den beobachtbaren Bedingungen der Situation und dem beobachtbaren Handeln der Person als „intervenierende Variablen" in dieser Situation handlungssteuernd sind (Gabler, 2004, S. 206). Motive können also nur anhand des Verhaltens und der jeweiligen Situation abgelesen werden.

Beispiel: Dass ein Schüler im Sportunterricht einen Übungsauftrag („Schaffe in zwei Minuten möglichst viele Treffer in Folge.") gewissenhaft umsetzt, auch wenn viele Mitschüler diese Aufgabe unmotiviert erledigen, könnte auf ein ausgeprägtes Leistungsmotiv des Schülers hindeuten. Dagegen könnte das gleiche Verhalten eines vorher unmotivierten Schülers bei einem Teamwettbewerb auf ein ausgeprägtes Anschlussmotiv hindeuten.

Übertragung des Motivbegriffs auf sportliche Grundsituationen

Motive im Sport werden nach Gabler (2002, S. 13) als „persönlichkeitsspezifische Wertungsdispositionen, die auf sportliche Situationen gerichtet sind, verstanden". Um eine Unübersichtlichkeit und Beliebigkeit beim Aufsuchen und Kategorisieren solcher Situationen zu vermeiden, soll nach „Grundsituationen im Sport gefragt werden, zu denen relativ viele Personen überdauernde, generelle und individuelle Wertungsdispositionen besitzen. Grundsituationen sind häufig wiederkehrende Situationen, mit denen man konfrontiert wird oder die man aufsucht und zu denen man aufgrund der Erfahrungen, die man in und mit ihnen macht, stabile Bewertungssysteme entwickelt. Solche Grundsituationen im Sport sind z. B. Leistung, Anschluss, Hilfe, Spiel und Aggression."

MERKMALE ZUR KLASSIFIZIERUNG SPORTLICHER MOTIVE

Gabler (2002, S. 14-15) kategorisiert Motive im Sport zunächst danach, ob sich die sportliche Aktivität im Wesentlichen bezieht

- auf das Sporttreiben selbst,
- auf das Ergebnis des Sporttreibens,
- auf das Sporttreiben als Mittel für weitere Zwecke und zum anderen,
- ob sie in erster Linie direkt auf die eigene Person bezogen („ichbezogen"),
- oder ob auch andere Personen dabei eingeschlossen sind („im sozialen Kontext").

Ein **Beispiel** (aus Gabler, 2002, S. 15) für die Unterscheidung ichbezogener Motive: Ein Sporttreibender sucht Befriedigung darin, sich zu bewegen und körperlich aktiv zu sein. Einem anderen genügt nicht allein das Sich-Bewegen und körperliche Aktivsein im Sport; er ist erst dann befriedigt, wenn er durch seine körperliche Aktivität auch ein bestimmtes

Leistungsziel erreichen kann. Ein dritter schließlich betreibt Sport vor allem aus gesundheitlichen Gründen, weil ihm dies dafür als ein besonders geeignetes Mittel erscheint.

In Tab. 10.1 werden die fünf Unterscheidungskategorien genutzt, um Merkmale zur Klassierung von Motiven im Sport dazustellen. Dabei wird unterschieden zwischen ichbezogenen Motiven und Motiven im sozialen Kontext. Ferner wird differenziert nach der Beziehung eines Motives zur sportlichen Aktivität selbst, zum Ergebnis des Sporttreibens und zum Sporttreiben als Mittel für weitere Zwecke.

Tab. 10.1: Merkmale zur Klassierung von Motiven im Sport (nach Gabler, 2002, S. 14)

	Ichbezogen	Im sozialen Kontext
Bezogen auf das Sporttreiben selbst	Bewegung, körperliche Aktivität u. a.	Soziale Interaktion
Bezogen auf das Ergebnis des Sporttreibens	Leistung als Selbstbestätigung	Leistung als Fremdbestätigung u. a.
Bezogen auf das Sporttreiben als Mittel für weitere Zwecke	Gesundheit u. a.	Kontakt, Geselligkeit u. a.

Beispiele für unterschiedliche Motive im Sport

- Jan macht es Spaß, mit seinen Kumpels Fußball zu spielen. An dem anschließenden Kneipenbesuch nimmt er selten teil.
- Um Kontakte zu knüpfen, meldet sich Frauke in einem Sportverein an und wählt ein Sportangebot aus, das Frauen in ihrem Alter besuchen.
- Ulrike hatte einen schweren Bandscheibenvorfall. Sie meldet sich über den Stadtsportbund bei einem Rücktraining für Frauen an.
- Peter geht alle zwei Tage ins Fitnessstudio, um einen ästhetischen Körper zu formen und besser bei den Mädchen anzukommen. Ferner möchte er sich mit seiner besseren Fitness besser beim Handball durchsetzen.

Ordnen Sie die folgenden Beispiele in das obige Raster ein.

Innerhalb jeder dieser Gruppierungen lässt sich nun eine Reihe weiterer Situationen aufzeigen, die im Sport immer wieder wirksam werden und denen Motive zuzuordnen sind. Tab. 10.2 beschreibt die weitere Ausdifferenzierung von Grundsituationen im Sport.

Tab. 10.2: Klassifizierung und Vielfalt der Motive im Sport (modifiziert nach Gabler, 2002, S. 17)

	Ichbezogen	Im sozialen Kontext
Bezogen auf das Sporttreiben selbst	• Bewegung, körperliche Aktivität • Freude an Bewegungsformen • Ästhetische Erfahrungen • Bewegungsempfindungen • Selbsterfahrung, Selbsterkenntnis • Askese, körperliche Herausforderung, Selbstüberwindung • Spiel • Risiko, Abenteuer, Spannung	• Soziale Interaktion
Bezogen auf das Ergebnis des Sporttreibens	• Leistung als Selbstbestätigung und sachbezogener Erfolg • Leistung als Selbstbestätigung und subjektbezogener Erfolg • Leistung als Selbstbestätigung und sozialbezogener Erfolg	• Leistung als Präsentation • Leistung als Fremdbestätigung und soziale Anerkennung • Leistung als Prestige • Leistung als Macht
Bezogen auf das Sporttreiben als Mittel für weitere Zwecke	• Gesundheit • Fitness, körperliche Tüchtigkeit • Aussehen, Eitelkeit • Entspannung, Zerstreuung • Kompensation (Ausgleich) • Naturerlebnis • Freizeitgestaltung • Materielle Gewinne	• Kontakt, Anschluss • Geselligkeit, Kameradschaft • Aggression • Sozialer Aufstieg • Ideologie

In der folgenden Tab. 10.3 werden zur Verdeutlichung der einzelnen Motive Zitate von verschiedenen Sportlerinnen und Sportlern sowie von Personen angegeben. Dieses Menschen treiben nur gelegentlich Sport und sind in unterschiedlichen Sportarten und sportlichen Aktivitäten aktiv.

Tab. 10.3: Zitate zu sportlichen Motiven (modifiziert nach Gabler, 2002, S. 16-19)

Motiv	Zitat
1. Bewegung, körperliche Aktivität	*„Es macht Spaß, einfach so zu laufen."*
2. Freude an Sportbewegungsformen	*„Und dann so ein satter Schmetterball." (Tennis)*
3. Ästhetische Erfahrungen	*„Ich möchte Harmonie in der Bewegung erreichen." (Gymnastik)*
4. Bewegungsempfindungen	*„Den Körper in lautloser Stille spüren." (Tauchen)*
5. Selbsterfahrung, Selbsterkenntnis	*„Im Jazztanz kann ich mein Selbst zum Ausdruck bringen."*
6. Askese, Selbstüberwindung	*„Ich stehe es durch."; „Den inneren Schweinehund überwinden . . ."*
7. Spiel	*„Das Spielen selbst macht mir eigentlich am meisten Spaß."*
8. Risiko, Abenteuer, Spannung	*„Ein Drachenflug ist nie wie der andere."*
9. Soziale Interaktion	*„Mir macht das Laufen vor allem in der Gruppe Spaß."*
10. Leistung als Selbstbestätigung und sachbezogener Erfolg	*„Es gelingt ja prima"; „Es genügt mir, wenn ich es lerne, den Hang ohne Sturz hinunterzukommen."*
11. Leistung als Selbstbestätigung und subjektbezogener Erfolg	*„Ich möchte in diesem Jahr erstmalig unter vier Stunden kommen."; „Hauptsache, ich kann mich verbessern." (bei den Bundesjugendspielen)*
12. Leistung als Selbstbestätigung und sozialbezogener Erfolg	*„Wenn ich heute mit den anderen nicht mitkomme, dann höre ich auf."; „Dem habe ich's aber gezeigt."*
13. Leistung als Präsentation	*„Das haben die hoffentlich gefilmt."*
14. Leistung als Fremdbestätigung und soziale Anerkennung	*Da staunt ihr, was?"; „So, nun bin ich gespannt, ob mein Trainer endlich zufrieden ist"; „So müssten mich einmal meine Freunde sehen . . ."*
15. Leistung als Prestige	*„Zur Auswahl zu gehören, ist schon ein feines Gefühl."*

Motiv	Zitat
16. Leistung als Macht	*„Als Mannschaftsführer kann man seinen Einfluss am besten ausüben."*
17. Gesundheit	*„Das Laufen hat mir der Arzt verschrieben."*
18. Fitness, körperliche Tüchtigkeit	*„Mein morgendlicher Waldlauf hält mich für den ganzen Tag fit."*
19. Aussehen, Eitelkeit	*„Eine sportliche Figur wirkt eben schön."*
20. Entspannung, Zerstreuung	*„Ein bisschen Tennis spielen ist eine schöne Abwechslung vom Alltag."*
21. Kompensation (Ausgleich)	*„Dabei kann ich am besten meine Wut auslassen."*
22. Naturerlebnis	*„Beim Waldlauf atme ich den kräftigen Duft der Tannen ein."*
23. Freizeitgestaltung	*„Ich betreibe Basketball als reine Freizeitbeschäftigung."*
24. Materielle Gewinne	*„Die Sporthilfe übt auf mich einen ziemlichen Anreiz aus."*
25. Kontakt, Anschluss	*„Durch den Sport habe ich viele Leute kennengelernt."*
26. Geselligkeit, Kameradschaft	*„Nach dem Sporttreiben sitzen wir meistens gemütlich zusammen."*
27. Aggression	*„Nimm ihn von Anfang an so hart wie möglich, dann kannst du ihm den Schneid abkaufen."*
28. Sozialer Aufstieg	*„Wäre ich nicht zufällig als Balljunge zum Tennis gekommen, ich hätte meine heutige Stellung nie erreicht."*
29. Ideologie	*„Mit meinen Leistungen kann ich auch die Leistungen unserer sozialistischen Gesellschaft sichtbar machen."*

Konstruieren Sie möglichst viele sportliche Beispiele, die Sie dann in das Klassifizierungsraster einordnen. Wo würden Sie sich einordnen?

Motive für sportliche Aktivität

HAUPTMOTIVE DER MOTIVATIONSFORSCHUNG

Gabler (2002, S. 20) weist darauf hin, dass in der Psychologie und speziell in der Sportpsychologie bis jetzt nur wenige Grundsituationen und Motive im Sinne hypothetischer Konstrukte begrifflich und theoretisch genau bestimmt sowie empirisch überprüft worden seien. Der Sportpsychologe zählt zu den wenigen (mehr oder weniger elaborierten) Motiven das **Aggressions-, Angst-, Fairness-, Hilfe-, Leistungs- und Machtmotiv**. Inwiefern zum Beispiel auch das **Gesundheitsmotiv** aus psychologischer Sicht eine eigenständige Motivklasse darstellt, ist bisher umstritten, „vielmehr wird davon ausgegangen, dass einem gesundheitsorientierten Sporttreiben verschiedene Motive zugrunde liegen" (Beckmann et al., 2009, S. 534).

Abele und Brehm (1990) schlagen 15 Motive vor, die für sportliche Freizeitaktivitäten relevant sind. Diese lassen sich 10 Bereichen zuordnen:

1. Gesundheit und Fitness,
2. Wohlbefinden (Spaß/Wohlbefinden; Entspannen/Stress ausgleichen),
3. Aussehen (sportliche Figur, Gewichtsreduktion),
4. Leistung (Anstrengung/Belasten; Leistungsverbesserung; Vergleich/Wettkampf),
5. Körpererfahrung,
6. Gemeinschaftserleben,
7. Kontakte (Bekanntschaften pflegen; neue Bekanntschaften machen),
8. Spannung und Neues beim Sport erleben,
9. Ästhetik der sportlichen Aktivität sowie
10. Selbstpräsentation.

Wo würden Sie die Motive für Risikosport (u. a. „Angstlust" „Reizsuchverhalten") einordnen, die Sie in Kap. 9.3 kennengelernt haben? Begründen Sie Ihre Entscheidung.

Die „Big Three" der Motivationsforschung (nach Scheffler, 2009, S. 31)

- **Leistungsmotiv:** Wunsch nach Herausforderung durch anregende, komplexe, schwierige, aber lösbare Aufgaben. Affektiver Kern ist Neugier und Stolz.
- **Anschlussmotiv:** Wunsch nach Zugehörigkeit in einem sozialen Netz, nach Gemeinschaft, Geselligkeit und Geborgenheit. Affektiver Kern ist die Liebe.
- **Machtmotiv:** Wunsch nach Einfluss auf und Kontrolle über andere, nach Autonomie und Entscheidungsspielraum. Affektiver Kern ist die Selbstbehauptung und Stärke.

Arbeiten Sie aus Tab. 10.3 begründend heraus, welche der „Big Three" für Ihr Sporttreiben besonders wichtig ist.

10.2 MOTIVATION ALS PROZESSBEZOGENES ERGEBNIS VON MOTIVANREGUNG

MOTIVATION UND MOTIVTENDENZEN

▶ Den Prozess der Motivanregung bezeichnet man mit **Motivierung**, das Ergebnis dieser Motivierung heißt **Motivation** (Gabler, 2004, S. 206).

Der Prozess der Anregungen von bestimmten Motiven nennt man Motivierung. Z. B. könnte ein Basketballtrainer mit der Aufgabe: „Wer schafft in zwei Minuten die meisten Treffer in Folge?", das Leistungsmotiv seiner Spieler anregen und sie zu einer hohen Anstrengungsbereitschaft im Wurftraining motivieren. Das Ergebnis dieser Motivierung nennt man Motivation. In unserem Beispiel strengen sich die Spieler bei der Wurfübung an, denn jeder möchte die größte Serie erreichen, um zu demonstrieren, dass er in die erste Fünf gehört. Die Spieler zeigen also eine hohe Motivation beim Wurftraining.

Was uns nun zu einem bestimmten Handeln motiviert, das sind die Anreizwerte der vorweggenommenen Folgen des voraussichtlichen Ergebnisses eigener Handlungen, persönlicher Präferenzen und deren Wechselwirkung. Werden die Folgen der Handlung als positiv eingeschätzt, wird eine Person die Folgen auskosten. Umgekehrt werden Folgen gemieden, wenn die Folgen negative Anreizwerte für den Handelnden haben. Da Handlungen aber zum Ziel oder nicht zum Ziel führen können, gibt es innerhalb der Motivation zwei unterschiedliche Komponenten, sogenannte *Motivtendenzen*, nämlich die „Hoffnung auf etwas" (z. B. Erfolg) und die „Furcht vor etwas" (z. B. Misserfolg).

Tab. 10.4: Mögliche Motivtendenzen (nach Schmalt & Heckhausen, 2010, S. 218)

Motiv	Motivtendenz H (Hoffnung auf ...)	Motivtendenz F (Furcht vor ...)
Leistung	... Erfolg	... Misserfolg
Anschluss	... Anschluss	... Zurückweisung
Macht	... Zuwachs an eigenen Machtquellen ... Ausübung eigener Macht	... Zuwachs an eigenen Machtquellen ... Verlust eigener Machtquellen ... Ausübung eigener Macht ... Gegenmacht des anderen ... Erfolglosigkeit des eigenen Machtverhaltens

Beispiel: Personen, die ein hohes Maß an Hoffnung auf einen Erfolg haben, wählen Aufgaben aus, die reizvoll, aber lösbar sind. So gelangen sie mit kleinen Schritten an ihre persönliche Leistungsgrenze. Dagegen neigen misserfolgsängstliche Personen zu solchen Aufgaben, die entweder sehr leicht („das schafft ja jeder") oder viel zu schwer sind („ich habe doch gleich gesagt, dass die Aufgabe zu schwer ist"). Sie verfestigen so ihre Furcht vor Misserfolg.

Übertragen Sie das Beispiel auf sportliche Handlungssituationen. Geben Sie auch Beispiele für Motivtendenzen von Macht- und Anschlussmotiven an. Wie schätzen Sie Ihre Leistungsmotivtendenz ein? Geben Sie Beispiele an.

ABLAUF EINES MOTIVATIONSPROZESSES

Die Prozesse, welche die Motivation ausmachen, umfassen Kognitionen und Emotionen (vgl. Information unter Zusatzinformationsmaterial). Sie werden häufig in Prozessmodellen dargestellt.

Gabler (2004, S. 206) beschreibt die Prozesse von Motivation folgendermaßen: Wird ein Motivsystem (z. B. das Leistungsmotiv) durch situative Umweltbedingungen angeregt (1) – kommt es also zur Motivierung –, dann führt dies zum Motiviertsein (2). Die Person wird sich z. B. überlegen, ob sie das Leistungsziel erreichen kann (Kognitionen), dabei können sich Hoffnungen oder Befürchtungen einstellen (Emotionen). Die Person antizipiert die möglichen Folgen der Handlung. Entscheidet sie sich, ihre Intentionen zu realisieren, führt dies zur Handlung (3), in diesem Fall zur Leistungshandlung. In der darauf folgenden Interpretationsphase (4) werden Handlungsausführungen und Handlungsfolgen im Blick auf die Intention bewertet (Kognitionen), was zu emotionalen Reaktionen (z. B. Freude über den Erfolg oder Enttäuschung über den Misserfolg) führen kann. Diese Erfahrungen beeinflussen zukünftige Motivierungsprozesse (5). Auf der anderen Seite können durch die Handlung und ihre Folgen auch die situativen Bedingungen (z. B. der Sportlehrer, die Zuschauer) beeinflusst werden (6).

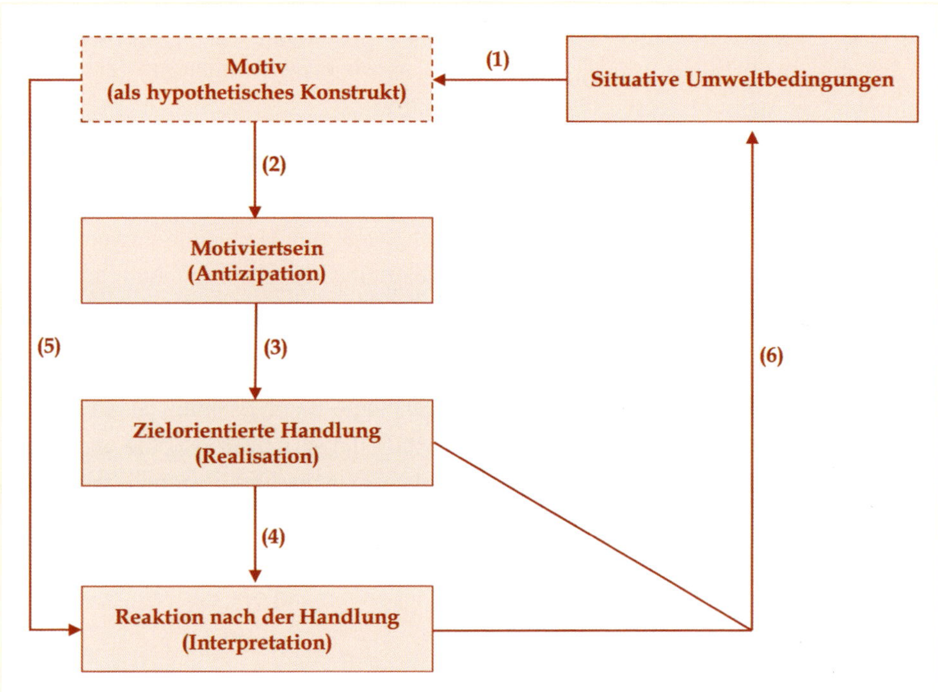

Abb. 10.1: Grundschema zur exemplarischen Darstellung des Ablaufs von Motivationsprozessen (modifiziert nach Gabler 2004, S. 207)

Erklären Sie den Ablauf eines Motivationsprozesses (vgl. Abb. 10.1) an einem selbst gewählten Beispiel aus dem Sport.

10.3 MOTIVATION ALS PRODUKT VON PERSON UND SITUATION

Bei der Erklärung von motiviertem Verhalten wird schnell deutlich, dass eine rein personenbezogene Betrachtung wichtige Aspekte außer Acht lässt. Eine Frage macht dies deutlich: „Gibt es nur Diebe und Nichtdiebe, oder ist es nicht auch gerade die Gelegenheit, die Diebe macht?" (Heckhausen & Heckhausen, 2010, S. 5). Dass eine rein personale Betrachtung der Motivation zu kurz greift, macht folgende Definition für Motivation nach Rheinberg und Vollmeyer (2012, S. 16) deutlich:

▶ **Motivation** ist eine „aktivierende Ausrichtung des momentanen Leistungsvollzugs auf einen positiv bewerteten Zielzustand".

Damit sind die wesentlichen Grundelemente eines Motivationszustandes aufgeführt. Einerseits ist dies ein (positiv oder negativ bewerteter) Zielzustand, andererseits eine aus der Bewertung des Zielzustandes resultierende aktivierende Ausrichtung (aktivierend meint, dass die zentralnervöse Erregung gesteigert wird).

Bei einem positiv bewerteten Zielzustand ist die aktivierende Ausrichtung aufsuchend (Auslösung von Vorfreude). Wird der Zielzustand negativ bewertet, ist die aktivierende Ausrichtung meidend (Auslösung von Angst). Der Anreiz zum Handeln geht vom Zielzustand aus. Wahrgenommene oder erwartete Objekte und Ereignisse mit Anreizcharakter regen Handeln an und geben ihm zugleich Richtung. Es sind nach dieser Vorstellung also Anreize, die unser Handeln leiten.

Wie Abb. 10.2 zeigt, vertritt die Motivationspsychologie darüber hinaus einen interaktionistischen Ansatz, indem sie davon ausgeht, dass die situativen Aspekte von Anreiz und Erwartung in Wechselwirkung mit Persönlichkeitseigenschaften stehen. Bei diesen personenseitigen Bestimmungsgrößen der Motivation handelt es sich um die Motive, die im Zusammenwirken mit den potenziellen Anreizen sogenannte *Affekte* (spontane Gemütserregungen) auslösen, welche die aktuelle Motivation und das Handeln bestimmen.

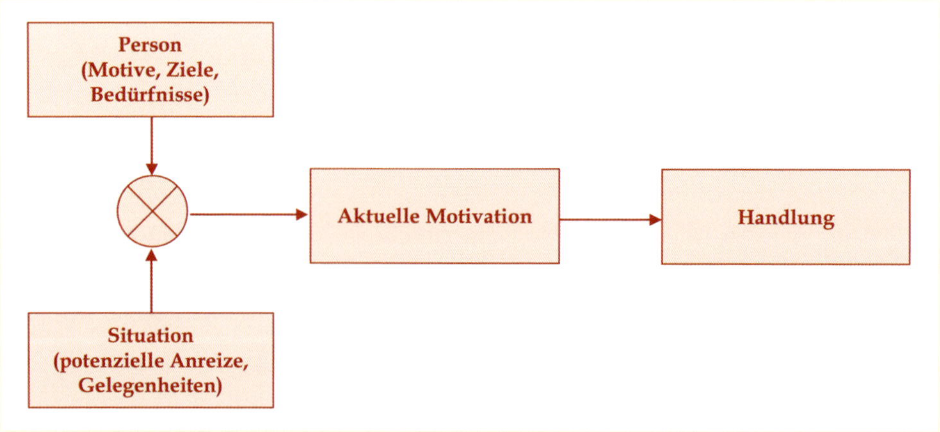

Abb. 10.2: Situations- und personenbezogene Faktoren beeinflussen das Handeln (modifiziert nach Rheinberg & Vollmeyer, 2012, S. 70)

IMPLIZITE UND EXPLIZITE MOTIVE

Auf der personalen Seite des Grundmodells der Motivationsforschung finden sich Bedürfnisse sowie explizite und implizite Motive. Zu den Bedürfnissen zählen z. B. physiologische Grundbedürfnisse wie Hunger und Durst.

▶ **Explizite Motive** beinhalten „bewusste, sprachlich repräsentierte Selbstbilder, Werte und Ziele, die sich eine Person selbst zuschreibt". **Implizite Motive** sind „in der Kindheit gelernte, emotional getönte Präferenzen (habituelle Bereitschaften), sich immer wieder mit bestimmten Anreizen auseinander zu setzen" (Heckhausen & Heckhausen, 2010, S. 5 und McClelland et al., 1989).

Implizite und explizite Motive stimmen häufig nicht überein, denn der Einzelne kann von sich selbst und den eigenen Beweggründen Vorstellungen haben, die mit den unbewussten Vorlieben und Gewohnheiten nicht übereinstimmen. Im günstigsten Fall arbeiten implizite und explizite Motive zusammen, indem die impliziten Motive in spezifische, den situativen Gelegenheiten angepasste Zielsetzungen umgewandelt werden. Dies ist allerdings nicht der Regelfall. Häufig stehen implizite und explizite Motive im Konflikt zueinander mit manchmal höchst ungünstigen Folgen für die eigene Handlungseffizienz und das subjektive Wohlbefinden.

ANREIZE UND ERWARTUNGEN

▶ Alles, was Situationen an Positivem oder Negativem einem Individuum verheißen oder andeuten, wird als **Anreiz** bezeichnet.

Anreize haben einen Aufforderungscharakter zu einem entsprechenden Handeln. Dabei können die Anreize an die Handlungstätigkeit selbst, an das Handlungsergebnis und an verschiedene Arten von Handlungsfolgen geknüpft sein.

▶ Dabei rühren **intrinsische Anreize** aus einer Tätigkeit oder aus dem Ergebnis dieser Tätigkeit her. Die Folgen von Handlung und Ergebnis, wie etwa die Annäherung an langfristige Ziele, die Selbst- und Fremdbewertung und die materielle Belohnung, sind **extrinsische Anreize** (Heckhausen & Heckhausen, 2010, S. 6).

Beispiel: Ein Profifußballer, der trotz Gehaltskürzungen seine Topleistung abrufen möchte, könnte das Abrufen einer guten Leistung als intrinsischen Anreiz verstehen. Dem Fußballer macht es Spaß, seine Topleistung abzurufen und ein Tor zu erzielen. Bei einem anderen Profi könnte aber auch der fehlende extrinsische Anreiz „Gehalt" dazu führen, dass er aus Protest auf ein Auflaufen verzichtet. Wir erkennen, dass situative Anreize eng mit Motiven für das Sporttreiben verbunden sind. Steht beim ersten Profi das Motiv „Leistung" im Vordergrund, könnte beim zweiten Profi das „Machtmotiv" handlungsbestimmend sein.

In Abb. 10.3 wird dargestellt, dass Situationen sich danach unterscheiden können, wie ausgeprägt und in welcher Konstellation Situations-Ergebnis-Erwartungen, Handlungs-Ergebnis-Erwartungen und Handlungs-Folgen-Erwartungen vorliegen. Bei einer hohen Situations-Ergebnis-Erwartung (d. h., eine Situation führt auch ohne Handeln von selbst zu einem Ergebnis) gibt es wenig Anreiz zum Handeln. Warum soll ich mich in einem Spiel besonders anstrengen, wenn ich weiß, dass das Spiel auch mit weniger Anstrengung deutlich gewonnen wird? Liegt aber eine geringe Situations-Ergebnis-Erwartung, kombiniert mit einer hohen Handlungs-Ergebnis-Erwartung, vor, ist der Handlungsanreiz hoch, umso mehr, wenn auch günstige Ergebnis-Folgen-Erwartungen vorliegen.

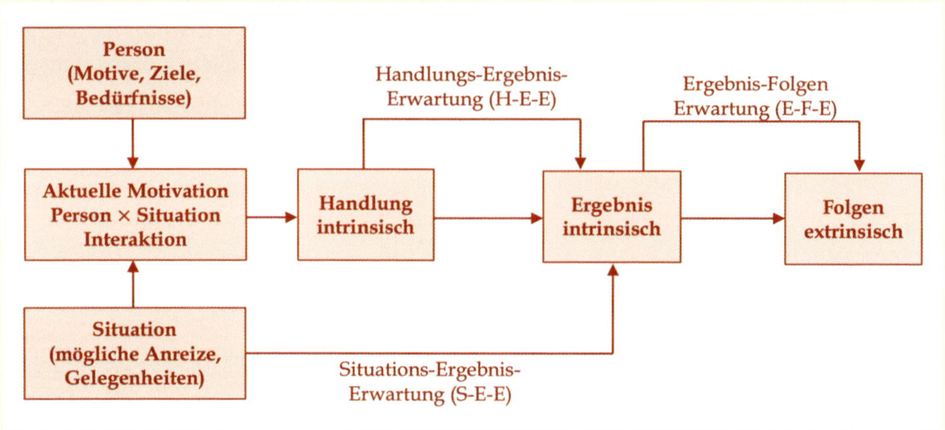

Abb. 10.3: Determinanten motivierten Handelns: Überblicksmodell mit ergebnis- und folgenbezogenen Erwartungen (modifiziert nach Conzelmann et al., 2013, S. 278)

Beispiel: Eine Fußballmannschaft tritt gegen eine Mannschaft an, gegen die sie in der Hinrunde deutlich gewonnen hat, die aber seitdem kein Spiel mehr verloren hat. Sollte das Spiel gewonnen werden, kann anschließend der Aufstieg gefeiert werden. Die Situations-Ergebnis-Erwartung ist für die Spieler in diesem Fall niedrig, da ohne besondere Anstrengung das Spiel verloren werden könnte. Die Mannschaft ist sich aber sicher, das Spiel gewinnen zu können, da die andere Mannschaft bereits geschlagen wurde. Daher liegt zugleich eine hohe Handlungs-Ergebnis-Erwartung vor. Unterstützt wird der hohe Handlungsreiz durch die Bedeutung des Spiels für einen möglichen Aufstieg. Hier ist zusätzlich auch eine hohe Ergebnis-Folgen-Erwartung festzustellen. Die Siegesserie der gegnerischen Mannschaft seit ihrer Niederlage im Hinspiel sowie die Tatsache, gegen diese Mannschaft bereits gewonnen zu haben, stellen intrinsische Anreize dar. Die Aussicht auf einen möglichen Aufstieg kann als extrinsischer Anreiz verstanden werden.

10.4 RÜCKBLICK

Motive im Sport

- **Motive** sind aus dem Verhalten und den sprachlichen Äußerungen erschlossene Bereitschaften, sich in situationsüberdauernder, zeitlich überdauernder und persönlichkeitsspezifischer Weise in sportlichen Situationen so und nicht anders zielgerichtet zu verhalten.
- **Motive im Sport** können sich ichbezogen oder im sozialen Kontext äußern. Dabei können sie sich auf das Sporttreiben selbst (z. B. Bewegung, körperliche Aktivität), auf das Ergebnis des Sporttreibens (z. B. Leistung als Selbstbestätigung) beziehen oder auf das Sporttreiben als Mittel für weitere Zwecke beziehen (z. B. Gesundheit).
- Die **Hauptmotive der Motivationsforschung** sind **Leistungsmotiv** (Wunsch nach Herausforderung durch anregende, komplexe, schwierige, aber lösbare Aufgaben), **Machtmotiv** (Wunsch nach Einfluss auf und Kontrolle über andere, nach Autonomie und Entscheidungsspielraum) und **Anschlussmotiv** (Wunsch nach Zugehörigkeit in einem sozialen Netz, nach Gemeinschaft, Geselligkeit und Geborgenheit).

Motivation im Sport

- **Motivation** kann als aktuelles, prozessbezogenes **Ergebnis von Motivanregung** verstanden werden oder als **Produkt von personalen** (Motiven, Bedürfnissen) und **situativen Bestimmungsgrößen** (Gelegenheiten, potenziellen Anreizen). Affekte bestimmen maßgeblich Motivation und Handeln.
- **Implizite Motive** sind in der Kindheit gelernte, habituelle Bereitschaften, während **explizite Motive** bewusste, sprachlich repräsentierte Selbstbilder beinhalten, die sich eine Person selbst zuschreibt.
- Alles, was einer Situation Positives oder Negatives zuschreibt, wird **Anreiz** genannt. **Intrinsische Anreize** rühren aus einer Tätigkeit oder dem Ergebnis der Tätigkeit her. **Extrinsische Anreize** beziehen sich auf die Folgen von Handlung und Ergebnis (z. B. Belohnung, Selbst- und Fremdbewertung, Annäherung an langfristige Ziele).

10.5 PRÜFUNGSVORBEREITUNG

Kontrollfragen

1. Was ist ein Motiv im Sport?
2. Wie lauten die Merkmale zur Klassifizierung sportlicher Motive nach Gabler?
3. Geben Sie möglichst viele Motive im Sport an.
4. Was sind Motivtendenzen? Was sind explizite und implizite Motive?
5. Erklären Sie die Begriffe Motivierung und Motivation nach Gabler.
6. Beschreiben Sie den Ablauf eines Motivationsprozesses nach Gabler.
7. Was ist ein Anreiz? Wie unterscheiden sich intrinsischer und extrinsischer Anreiz?
8. Beschreiben Sie das Überblicksmodell zu den Determinanten motivierten Handelns.

Prüfungsaufgaben

Motive zweier Jugendhandballer

Was treibt Dirk Nowitzki an, Basketball zu spielen?

Freeriding

Motive eines Pärchens für sportliche Aktivität

Silke und Jörg, beide Anfang 20, befinden sich in einem dreiwöchigen Urlaub am Meer in Italien.

Jörg trainiert seit längerer Zeit seine Ausdauer über Strecken zwischen 5.000 m und 10.000 m. Zwei- bis dreimal in der Woche nimmt er sich die Zeit dafür, manchmal auch mit Überwindung, vor allem, wenn es regnerisch, kalt oder zu heiß ist. Er ist jedoch konsequent, da er seine Ausdauerleistungsfähigkeit auch im Hinblick auf das Wettkampfziel verbessern will, im bald anstehenden Marathon klar unter vier Stunden zu laufen. Außerdem geht er auch davon aus, dass das Laufen für ihn gesundheitsförderlich ist. Auch im Urlaub setzt er sein Training durch Läufe im Hinterland fort, läuft, wie zu Hause, allein, da seine Freundin keine Lust auf diese Urlaubsgestaltung hat.

Stattdessen geht Silke längere Strecken am Strand entlang und hat sich bereits Gruppen angeschlossen, die regelmäßig am Strand Volleyball spielen. Je nach Lust und Laune spielt sie mit. Sie hat viel Spaß am Spiel und freut sich über gelungene Aktionen und natürlich auch über den Sieg ihrer Mannschaft. Sie findet es gut, mit anderen gemeinsam Sport zu treiben und viele Leute kennenzulernen. Da sie sportlich ist, nutzt sie weitere Sportmöglichkeiten, die sie am Strand oder im Meer durchführen kann, wie Boccia, Surfen oder Wasserskifahren. Letzteres hatte sie bisher noch nicht ausprobiert. Sie hat versucht, Jörg davon zu überzeugen, dass er im Urlaub auch an seinen Spaß und an Entspannung denken sollte, aber der bleibt bei seinem Trainingsplan und zieht alleine seine Läufe konsequent und pflichtbewusst durch.

Arbeiten Sie anhand des oben dargestellten Verhaltens von Silke und Jörg deren jeweilige Motive für sportliche Aktivität **heraus.** **Entwickeln** Sie, darauf aufbauend, einen begründeten Vorschlag für ein gemeinsames Sporttreiben des Paares im Urlaub.

TEIL V

LEISTUNG

ERKUNDUNGEN 246

LEKTION 11: WIE HÄNGEN LEISTUNG, TRAINING UND WETTKAMPF IM SPORT ZUSAMMEN? 250

LEKTION 12: WELCHE BIOLOGISCHEN GESETMÄSSIGKEITEN BESTIMMEN SPORTLICHES TRAINING? 266

LEKTION 13: WIE ENTSTEHT AUSDAUER? 286

LEKTION 14: WAS MACHT EIN GUTES KRAFTTRAINING AUS? 332

LEKTION 15: WIE KANN DIE SCHNELLIGKEIT VERBESSERT WERDEN? 368

LEKTION 16: WELCHE WIRKUNGEN ERZIELT EIN TRAINING DER BEWEGLICHKEIT? 382

LEKTION 17: WIE WERDEN SPORTLICHE LEISTUNGEN GEMESSEN? 400

LEKTION 18: WAS MOTIVIERT MENSCHEN ZU SPORTLICHEN LEISTUNGEN? 426

ERKUNDUNGEN

LEKTION 11: WIE HÄNGEN LEISTUNG, TRAINING UND WETTKAMPF IM SPORT ZUSAMMEN?

Was bedeutet das Leisten im Sport?

Diskutieren Sie in der Gruppe, was „Leisten im Sport" für Sie bedeutet. Stellen Sie dazu eine Mindmap auf. Vergleichen Sie anschließend Ihre Ergebnisse mit den Aussagen des nachfolgenden Abschnitts.

Perspektiven des Leistens

Leistung kann individuell (im Vergleich zur bisher erreichten Leistung), sozial (in Bezug zur Leistung anderer Personen) oder sachlich (bezogen auf den Gütemaßstab einer gestellten Aufgabe) betrachtet und bewertet werden. Nennen Sie Anwendungsfelder, bei denen die jeweilige Bezugsnorm im Vordergrund steht.

Bedeutung der Kondition für die sportliche Leistung

Lernen, Üben, Trainieren und sportliche Leistungsfähigkeit

LEKTION 12: WELCHE BIOLOGISCHEN GESETZMÄSSIGKEITEN BESTIMMT SPORTLICHES TRAINING?

Körperliche Veränderungen durch Training

Was wird in den acht anfänglichen Beispielen aus Kap. 12.1 trainiert? Zu welchen körperlichen Veränderungen kommt es in den Beispielen?

Allgemeine Gesetze zur biologischen Anpassung durch Training (kostenfrei)

LEKTION 13: WIE VERBESSERT MAN DIE AUSDAUER?

Aerobe und anaerobe Energiegewinnung im Leichtathletiklauf

Steuerung der Belastungsintensität im Ausdauerbereich

LEKTION 14: WAS MACHT EIN GUTES KRAFTTRAINING AUS?

Kraft- oder Ausdauersportler?

Krafttraining in der Praxis

LEKTION 15: WIE TRAINIERT MAN DIE SCHNELLIGKEIT?

Bedeutung der Schnelligkeit im Sport

Nennen Sie möglichst viele Situationen im Sport, in denen Schnelligkeit benötigt wird. In welchen Situationen spielt neben der Schnelligkeit auch die Ausdauer bzw. die Kraft eine Rolle? Kennen Sie Begriffe, mit denen man ausdrückt, dass eine Bewegung mit einer hohen Schnelligkeit ausgeführt wird? Welchen Zusammenhang sehen Sie zwischen Schnelligkeit und Kraft?

LEKTION 16: WIE WIRD MAN BEWEGLICHER?

Beweglichkeit im und durch Sport

Beweglichkeit setzt sich zusammen aus Muskeldehnfähigkeit und Gelenkigkeit.

a) Welche Sportarten benötigen ein hohes Maß an Beweglichkeit, welche sind weniger abhängig vom Beweglichkeitsniveau eines Sportlers? Welche Bedeutung hat die Beweglichkeit in Ihrer Sportart?

b) Stellen Sie begründend Zusammenhänge von Beweglichkeit und den bisherigen konditionellen Fähigkeiten sowie der Koordination her.
c) Erläutern Sie, warum die Beweglichkeit aus Sicht der Gesundheitsförderung und Krankheitsprävention eine zentrale Rolle einnimmt.

LEKTION 17: WIE WERDEN SPORTLICHE LEISTUNGEN GEMESSEN?

Hauptgütekriterien bei sportmotorischen Tests

Conconi-Test

LEKTION 18: WAS MOTIVIERT MENSCHEN ZU SPORTLICHEN LEISTUNGEN?

Siegertyp

Sammeln Sie in Ihrer Gruppe Begriffe, die Ihnen zum Begriff „Siegertyp" einfallen. Erstellen Sie anschließend eine Mindmap.

Leistungsmotiviertes Handeln

965

LEKTION 11
WIE HÄNGEN LEISTUNG, TRAINING UND WETTKAMPF IM SPORT ZUSAMMEN?

11.1 LEISTUNG UND LEISTEN IM SPORT 252

11.2 TRAINING UND WETTKAMPF ALS GEGENSTÄNDE DER TRAININGSLEHRE 259

11.3 WECHSELBEZIEHUNG ZWISCHEN LEISTUNG, TRAINING UND WETTKAMPF 262

11.4 RÜCKBLICK 264

11.5 PRÜFUNGSVORBEREITUNG 265

LEKTION 11: WIE HÄNGEN LEISTUNG, TRAINING UND WETTKAMPF IM SPORT ZUSAMMEN?

11.1 LEISTUNG UND LEISTEN IM SPORT

PERSPEKTIVEN DES LEISTENS IM SPORT

▶ Die **sportliche Leistung** kann aus unterschiedlichen Perspektiven betrachtet werden: z. B. biomechanisch als der Quotient aus Arbeit und der für die Arbeit benötigte Zeit, physiologisch als der Energieumsatz pro Zeiteinheit, psychologisch als leistungsmotiviertes Handeln oder trainingspädagogisch als Einheit von Vollzug und Ergebnis einer sportlichen Bewegungshandlung.

Aufgrund der besonderen Bedeutung des Leistungsbegriffs für das Grundverständnis des Sports sowie der Komplexität des Sachverhalts wird das Problem des Leistens in den Sportwissenschaften aus ganz unterschiedlichen Perspektiven analysiert (vgl. Abb. 11.1).

Abb. 11.1: Perspektiven des Leistens im Sport

In der **Biomechanik** wird Leistung als physikalische Größe aufgefasst. Ihr Formelzeichen „P" leitet sich vom englischen Begriff **Power** ab. Leistung bezeichnet das Maß für die Geschwindigkeit, mit der mechanische Arbeit verrichtet wird. Es gilt: Leistung P = (Arbeit W)/(Zeit t) („Leistung gleich Arbeit durch Zeit"). Die physikalische Einheit der Leistung beträgt Watt.

In **Sportbiologie** und Sportmedizin wird Leistung ebenfalls in der physikalischen Einheit Watt gemessen und in Relation zu physiologischen Kriterien der organischen Leistungsfähigkeit des Herz-Kreislauf-Systems (z. B. die maximale Sauerstoffaufnahme pro Minute) bzw. des Stoffwechsels (z. B. Laktatwert im Blut) interpretiert.

Die **Bewegungslehre** ist an den Prozessen und Strukturen interessiert, die Bewegungsleistungen hervorbringen. Neben den Phasen des Bewegungslernens spielt insbesondere die motorische Koordination für Bewegungsleistungen (z. B. erfolgreicher Flopsprung oder Freiwurf im Basketball) eine leistungsbestimmende Rolle. „Dabei konnte gezeigt werden, dass sich die Bewegungsleistung (z. B. ein Speerwurf) nicht aus einer linearen Abfolge von Teilleistungen aufsummiert, sondern vielmehr eine übersummative Dominanz der Gesamtleistung gegenüber den Teilleistungen besteht" (Prohl, 2003a, S. 335).

Die **Trainingslehre** befasst sich vorrangig mit der systematischen Ansteuerung sportlicher Leistungen. Da es im Trainingsprozess um die Ausbildung einer optimalen Leistung für ganz spezifische Wettkampfsituationen geht, ist deren inhaltliche Bestimmung am Sprachgebrauch des Wettkampfsports ausgerichtet. Beispiele für die sportliche Leistung sind dann die Laufzeit über eine bestimmte Strecke, die Punktbewertung für eine Turnübung oder bei den Bundesjugendspielen in der Leichtathletik, die erzielten Tore in einem Fußballspiel oder die Trefferanzahl im Boxwettkampf.

Aus Sicht der **Sportsoziologie** wird u. a. untersucht, unter welchen Bedingungen in einer Gesellschaft Leistungen erbracht werden. Die erbrachte Leistung bestimmt sich durch Bezug auf das gesellschaftliche Wertesystem. Leistung gilt in der Soziologie darüber hinaus als Differenzierungskriterium im sogenannten *magischen Viereck* aus den vier Begriffen Leistung – Konkurrenz – Gleichheit – Freiheit.

Die **Sportpsychologie** befasst sich mit der sportlichen Leistung vorrangig unter motivations- und lerntheoretischen Gesichtspunkten. Aus Sicht der Motivationspsychologie muss leistungsmotiviertes Handeln im Sport darauf ausgerichtet sein, das individuelle Können zum Ausdruck zu bringen. Das Ergebnis der sportlichen Handlung ist dabei durch eine eigene Leistung verursacht worden und wird auch als solche erlebt. Die Bewertung der sportlichen Leistung basiert auf einem allgemeingültigen Gütemaßstab (Gabler & Mechling, 2003, S. 336).

In der **Sportpädagogik** wird Leistung im Kontext von Bildung und Erziehung thematisiert. Dabei wird den Erfahrungen im Leistungsvollzug (Leistung als qualitativer Prozess) Priorität gegenüber dem Leistungsergebnis (Leistung als Erfolg) beigemessen. Von besonderem pädagogischen Interesse ist die Bezugsnorm, nach der die sportliche Leistung bewertet wird. Der pädagogisch begleitete Prozess der Leistungsentwicklung nimmt seinen Ausgangspunkt von der individuellen Bezugsnorm (Steigerung der eigenen Leistung) über interindividuelle Leistungsvergleiche mit anderen (Wetteifern) hin zu sozialen Bezugsnormen des Wettkampfsports, zu denen im Rahmen des Schulsports z. B. die Bundesjugendspiele zu zählen sind (Prohl, 2003b, S. 336).

Vergleichen Sie die verschiedenen Leistungsbegriffe im Sport und arbeiten Sie Gemeinsamkeiten und Unterschiede heraus.

BEZUGSNORMEN SPORTLICHER LEISTUNG

▶ **Leistung im Sport** kann **als das Ergebnis** einer sportlichen Handlung gesehen werden oder im Sinne einer Tätigkeit **als ein Prozess**. Die Bewertung sportlicher Leistungen wird bestimmt durch die jeweilige **Bezugsnorm** (individuell, sachlich, sozial) (Franke & Prohl, 2003).

Während z. B. die Trainings- und Bewegungslehre, die Biomechanik und die Sportbiologie sportliche **Leistungen als Produkte** in einer spezifischen Anforderungssituation ansehen, versteht die Sportpädagogik **Leisten als Prozess**, bei dem das aktuelle Handeln einer Person in Bezug auf die ihr gegebenen Leistungsmöglichkeiten bzw. in Relation zu möglichen Leistungsfortschritten über einen längeren Zeitraum betrachtet wird. Die Sportpsychologie sieht den Kern leistungsmotivierten Handelns in der Auseinandersetzung mit einem Gütemaßstab.

Leistungen werden aber immer von einzelnen Menschen erbracht, die den gemessenen Werten – je nach Können, Aufgabenschwierigkeit, Tagesform, Anspruchsniveau und äußeren Bedingungen – eine ganz individuelle Bedeutung zuschreiben. Hierbei können verschiedene **Bezugsnormen** zum Tragen kommen. Die Vergleiche können **sachlich** (Vergleich mit objektiven Schwierigkeitsmaßstäben), **individuell** (Vergleich mit eigener bisheriger Leistung) oder **sozial** (Vergleich mit der Leistung anderer) sein.

Beispiel: Bei der Bewertung einer Ausdauerleistung kann auf den Cooper-Test (12-Minuten-Lauf) zurückgegriffen werden. Bewertungstabellen legen die Note eines Kindes fest, sodass seine Note im Vergleich zu anderen Kindern seines Alters ermittelt wird (soziale Bezugsnorm). So entspricht für einen 15-jährigen Jungen eine erreichte Strecke von 2.200 m der Note „befriedigend". Hat der gleiche Junge nach einer Trainingsphase im Vergleich zum ersten Lauf 400 m mehr geschafft, erhielte er eine „zwei". Legt der Lehrer statt eines sozialen Bewertungsmaßstabes eine individuelle Bezugsnorm an, könnte er die gleiche Leistung auch mit „sehr gut" bewerten, da der Schüler eine deutliche Verbesserung gezeigt hat. Geht es dem Lehrer nur darum, dass die Kinder eine bestimmte Zeit laufend durchhalten können und dabei eine Mindestgeschwindigkeit einhalten (z. B. 30 Minuten mit mindestens 6 km/h), legt er eine sachliche Bezugsnorm für die Bewertung der Laufleistung an.

Bezugsnormen sportlicher Leistung im Fechten (kostenfrei)

Beziehen Sie die Merkmale des Leistens im Sport auf verschiedene Sportarten bzw. bewegungskulturelle Aktivitäten (z. B. Leichtathletik, Akrobatik, Basketball, Turnen, Klettern, Inlineskaten etc.) und beurteilen Sie, auf welche Bewegungsfelder diese Merkmale hauptsächlich und auf welche weniger zutreffen.

Beurteilen Sie den schulischen Leistungsbegriff kritisch.

KOMPONENTENMODELL DER SPORTLICHEN LEISTUNG

▶ Im **Komponentenmodell** werden Aspekte der **Kondition, Taktik, Psyche, Technik/ Koordination, Rahmenbedingungen** und **äußere Bedingungen** im Wechselverhältnis zueinander und in Bezug auf die sportliche Leistung betrachtet.

Ehlenz et al. (1998) stellen sportliche Leistung als einen Komplex von sechs unterscheidbaren Komponenten dar, deren Übergange z. T. sehr fließend sind und die sich gegenseitig stark beeinflussen (vgl. Abb. 11.2).

Abb. 11.2: Die sportliche Leistung und ihre möglichen Komponenten (modifiziert nach Ehlenz et al., 1998, S. 12)

Dabei unterscheiden sie die Aspekte Technik (koordinative Fähigkeiten, technische Fertigkeiten), Psyche (Motivation, Volition, Emotion etc.), Taktik (sensomotorische, kognitive und taktische Fähigkeiten), Kondition (Ausdauer, Kraft, Schnelligkeit, Beweglichkeit), äußere Bedingungen (z. B. Wettkampf, Material, Familie, Beruf, Trainer) und Rahmenbedingungen (Talent, Gesundheit, Konstitution).

Komponentenmodell zur sportlicher Leistung

KONDITION UND KOORDINATION IM KONTEXT SPORTLICHER LEISTUNG

Stellen wir uns einmal vor, wir sitzen auf dem Boden und wollen ohne den Einsatz der Hände aufstehen. Dem Ungeübten wird diese Bewegung schwerfallen, aber auch der Geübte wird merken, dass bestimmte Muskeln der unteren Extremitäten und des Rumpfs beim Aufstehen stark beansprucht werden. Doch scheint diese Bewegung nicht nur ein Kraftproblem darzustellen. Die beteiligten Muskeln müssen auch so zusammenarbeiten, dass der Aufstehende sein Gleichgewicht behält. Dieses einfache Beispiel macht deutlich, dass Muskelaktivität also immer auch etwas mit vom Gehirn gesteuerten Informationsprozessen zu tun hat:

▶ Die **Kraft** hängt immer auch mit der Koordination zusammen.

Für geübte Grundschulkinder ist folgende Aufgabe reizvoll: „Werfe den Ball nach oben setze dich hin und fange den Ball im Sitzen. Werfe den Ball anschließend hoch, stehe auf und fange den Ball im Stehen. Wie viele Durchgänge schaffst du hintereinander, ohne den Ball zu verlieren?"

Abb. 11.3: „Auf und ab": eine reizvolle Aufgabe, nicht nur für Kinder

Einige Kinder sind so vom Ehrgeiz gepackt, dass sie über 50 Durchgänge am Stück schaffen (teilweise ohne Einsatz der Hände im Aufstehen). Die Kinder merken nach einer gewissen Zeit, wie das Atmen schwer wird. Das beste Mädchen brach nach 111 (!) Durchgängen in Folge ab und wollte es schnaufend gleich noch einmal versuchen. Die Beanspruchung des Aufstehens wird in dieser Übung zusätzlich erschwert durch das Werfen und Fangen und beansprucht neben der Kraft und Koordination nach einer gewissen Zeit auch die Ausdauer. Ausdauer wird festgelegt als die Fähigkeit, einer Ermüdung zu widerstehen bzw. sich nach der Belastung rasch zu erholen, oder kurz:

▶ **Ausdauer** = Ermüdungswiderstandsfähigkeit + rasche Erholung

Bei Variation der Aufgabenstellung in: „Wer schafft die meisten Durchgänge hintereinander in 30 Sekunden?" wird darüber hinaus auch die Schnelligkeit gefördert. Auch sie steht in enger Verbindung zur Kraft und Koordination:

▶ Die **Schnelligkeit** hängt mit der Kraft und mit der Koordination zusammen.

Kinder, die in der Lage sind, im Sohlenhockstand (Gesäß ist an den Hacken, Sohlen setzten komplett auf) zu stehen, ohne umzufallen, sind bei der „Auf-und-ab-Übung" deutlich im Vorteil. Sie besitzen im Bereich des oberen Sprunggelenks eine bessere Gelenkigkeit und unter Umständen eine bessere Dehnfähigkeit der Wadenmuskulatur. Der Sohlenhockstand macht deutlich: Beweglichkeit steht auch mit der Koordination in Verbindung und setzt sich zusammen aus der Muskeldehnfähigkeit und der Gelenkigkeit. Kurz:

▶ **Beweglichkeit** = Muskeldehnfähigkeit + Gelenkigkeit

In folgender Abb. 11.4 sind die vier Komponenten der sogenannten *Kondition* (lat. „conditio" = Bedingung), die sogenannten *konditionellen Fähigkeiten*, dargestellt. Kurz:

▶ **Kondition** ist Sammelbegriff für Ausdauer, Kraft, Schnelligkeit und Beweglichkeit.

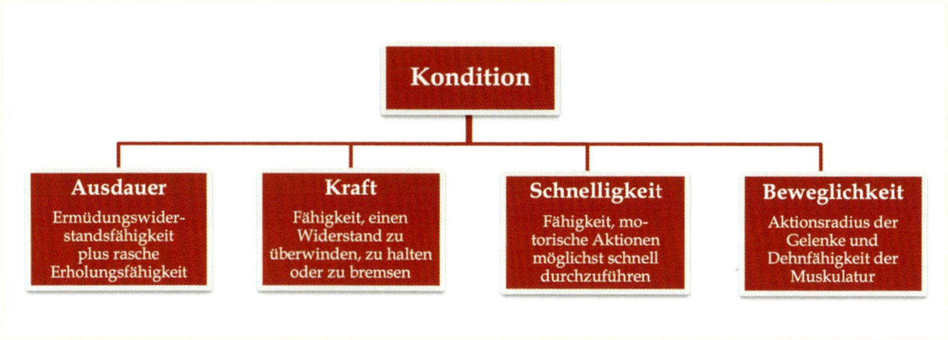

Abb. 11.4: Konditionelle Grundeigenschaften und ihre Definitionen

Die obigen Beispiele zeigen, dass die konditionellen Fähigkeiten – mit Ausnahme der Ausdauer, die weitgehend **energetisch** (über Stoffwechselprozesse) beeinflusst ist – eng mit der Koordination in Verbindung stehen. Kraft, Schnelligkeit und Beweglichkeit werden also auch **informationell** (Steuerung über das zentrale Nervensystem) beeinflusst. Abb. 11.5 verdeutlicht die Steuerungsprozesse der konditionellen Fähigkeiten.

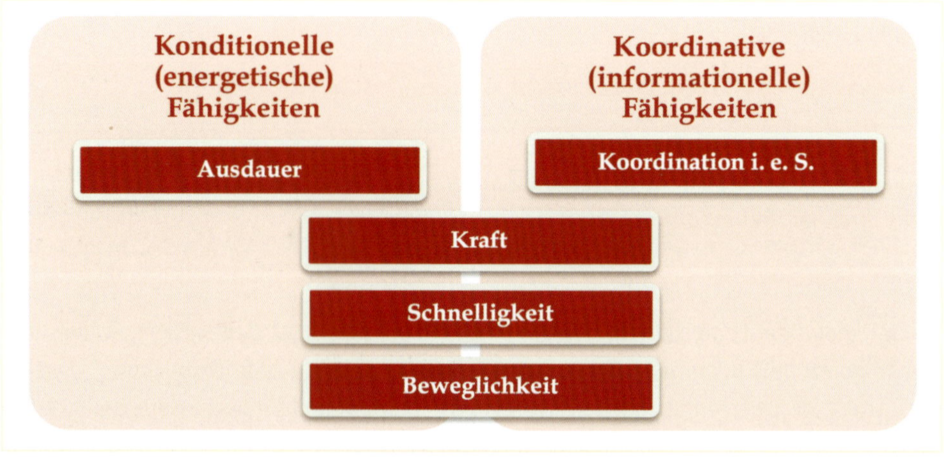

Abb. 11.5: Energetische und informationelle Steuerung der Kondition und der Koordination

11.2 TRAINING UND WETTKAMPF ALS GEGENSTÄNDE DER TRAININGSLEHRE

TRAININGSBEGRIFF

Sportliches Training im Schulsport?

Ein häufiger Ausspruch von Sportlehrern lautet: „In meinem Sportunterricht gibt es kein sportliches Training, da der Sportunterricht an unserer Schule breitensportorientiert ist."

Nehmen Sie kritisch Stellung zu der obigen Aussage. Was bedeutet für Sie Training?

Mancher muss sich hier möglicherweise von einer vorgefassten Meinung befreien, dass sportliches Training ausschließlich im Leistungssport zu finden ist. Der Blick in die Fachliteratur zeigt:

▶ **Sportliches Training** ist die **geplante** und **systematische** Realisation von Maßnahmen **(Trainingsinhalten und -methoden)** zum **nachhaltigen Erreichen** von **Trainingszielen** (z. B. Erhalt, Steigerung oder Wiederherstellung der sportlichen Leistungsfähigkeit) **im** und **durch Sport** (Hohmann et al., 2010, S. 14).

Die obige Definition macht deutlich, dass sportliches Training nicht ausschließlich dem traditionellen Wettkampfsport zugeordnet werden muss. Zwar handelt es sich bei sportlichem Training um ein systematisches und planmäßiges Vorgehen, bei dem es einen Trainingsplan mit Trainingszielen geben muss. Dennoch bleibt die Definition bewusst vage: Es bleibt offen, welche Maßnahmen zur Erreichung der Trainingsziele gemeint sind. Es wird sogar darauf hingewiesen, dass die Ziele sowohl im Sport liegen können als auch durch Sport zu erreichen sind.

Beispiele:

- Der Erwerb eines Sportabzeichens, ein Olympiasieg oder eine Qualifikation für einen Auswahlkader wären Ziele **im Sport**, die durch Training möglichweise erreichbar sind.
- Die Verbesserung der Gesundheit (vgl. Lektionen 21 und 22) oder die Reduktion von Gewaltbereitschaft und Aggression (vgl. Kap. 20.4) sind Trainingsziele, die mit den entsprechenden Maßnahmen **durch Sport** erreicht werden können.

Die Zielrichtung einer **offenen Definition** ist einleuchtend. Training findet im Sport überall dort statt, wo systematische und planmäßige Maßnahmen ergriffen werden, um bestimmte Ziele im und durch Sport zu erreichen. Die Offenheit erstreckt sich auf eine

Vielzahl von Anwendungsfeldern, Trainingszielen und Trainingsinhalten. Die folgende Abb. 11.6 stellt mögliche Felder, Ziele und Inhalte von Training dar.

Anwendungsfelder von Training	Trainingsziele	Trainingsinhalte
• Leistungssport • Schulsport • Gesundheitssport • Behindertensport • Sport in Justizvollzugsanstalten • ...	• Sportliche Erfolge • Gewichtsreduktion • Abtrainieren nach Karriereende • Reduktion von Gewaltbereitschaft • ...	• Ausdauertraining • Wurftraining • Entspannungstraining • Mentales Training • Gerätekrafttraining • Kennenlernspiele • ...

Abb. 11.6: Offenheit von sportlichem Training bezüglich Anwendungsfeldern, Trainingszielen und -inhalten

> Begründen Sie, inwiefern Spiele zum Kennenlernen ein Trainingsinhalt sein können.

Natürlich lässt diese Definition nicht jede Aktivität im Sport als ein sportliches Training gelten. Insbesondere muss ein Training **systematisch** und **planmäßig** sein. Erst wenn Ziele aus einer gewissen Systematik heraus identifiziert und dann mittels methodischer Maßnahmen umgesetzt werden können, darf man dies Training nennen. Daraus entstehen **interessante Zweideutigkeiten** im Sport, die erst bei genauer Analyse der Gesamtsituation interpretiert werden können: Wenn der Sportlehrer den berühmten Ball in die Mitte wirft und die Klassen Fußball spielen lässt, scheint dies mit dem Etikett „Training" unvereinbar zu sein. Sollte diese Entscheidung allerdings im Rahmen einer offenen Vermittlungsstrategie im Fußball Anwendung finden, handelt es sich selbstverständlich um Training. Der Sportlehrer wird die Ausführung des freien Spiels beobachten und anschließend sorgfältig reflektieren.

> Finden Sie „Zweideutigkeiten" aus dem Sportunterricht, die auf den ersten Blick den Aspekt des sportlichen Trainings unerfüllt lassen.

Abschließend sei noch auf das Wort **„nachhaltig"** hingewiesen. Darunter versteht man, dass Training nicht zweckfrei ist, sondern immer bestimmte Ziele verfolgt, die über die eigentliche Realisation (z. B. Verbesserung der Kraft durch ein Unterrichtsvorhaben) hinausgehen. Zweckfreies Spielen oder Sportanimation ist kein Training.

WETTKAMPF ALS GEGENSTAND DER TRAININGSLEHRE

▶ Der **Wettkampf** ist seit Mitte der 1990er-Jahre eine Komponente der Trainingslehre. Sie untersucht u. a. die Struktur des Wettkampfs und die Umsetzung der sportlichen Leistung im Wettkampf.

Der Wettkampf als zweite Komponente des Gegenstands der Trainingslehre ist, historisch gesehen, die jüngste. Erst in den 1990er-Jahren wurde Wettkampf als eigenes Feld der Trainingswissenschaft ins Leben gerufen (Hohmann et al., 2010, S. 28). Bis dahin hat man sich vor allem aus sportartspezifischer Perspektive mit dem Wettkampf beschäftigt. Diese Tatsache verwundert angesichts der großen Bedeutung der Wettkampfleistung für die sportliche Leistung der Sportler.

Die Komponente Wettkampf untersucht spezifische Strukturen von Wettkämpfen, die sich je nach Sportart deutlich unterscheiden. In Kraft- und Ausdauersportarten geht es im Wettkampf im Wesentlichen um die Realisierung der entscheidenden Leistungsvoraussetzungen (z. B. Ausdauer im Marathonlauf). In technisch-kompositorischen Sportarten müssen im Wettkampf hochwertige Fertigkeiten demonstriert werden (z. B. Dreifachsalto im Bodenturnen). Dagegen reicht in Kampfsportarten und in den Sportspielen die Realisierung der eigenen Leistungsvoraussetzung oft nicht aus. Der Wettkampf wird geprägt von einer Interaktion zweier Gegner. Ein Tennisaufschlag kann zwar technisch sehr hochwertig sein, der Erfolg hängt aber immer auch von der Returnfähigkeit des Gegners ab. Daher spricht man in diesen Sportartengruppen vom sogenannten *Primat der Taktik*. Es kommt hier vor allem auf die geschickte Wahl von Handlungsplänen an, die nicht nur die eigenen Möglichkeiten, sondern auch die des Gegners berücksichtigen.

Die Trainingslehre interessiert sich neben Strukturanalysen von Wettkämpfen auch für Modelle der Wettkampfleistung und für die Beschreibung des Wettkampfverhaltens. Darüber hinaus richtet die wissenschaftliche Forschung ihren Fokus auf die Umsetzung der Leistungsvoraussetzungen im Wettkampf, die Strategie und Taktik und die Führung des Sportlers im Wettkampf.

11.3 WECHSELBEZIEHUNG ZWISCHEN LEISTUNG, TRAINING UND WETTKAMPF

Beispiel 1: Ein Hochspringer und sein Trainer bereiten sich auf die EM vor.
Beispiel 2: Ein Basketballtrainer einer Bundesligamannschaft peilt für die kommende Saison einen Nichtabstiegsplatz an.
Beispiel 3: Eine Fußballtrainerin hat sich mit ihrer Bundesligamannschaft für den Europapokal qualifiziert.

Welche Bedeutung haben die Komponenten Leistung, Training und Wettkampf für alle Beteiligten, und wie hängen sie zusammen?

Bisher haben wir die drei Komponenten der Trainingslehre nebeneinander dargestellt und ihre Bedeutung für die Trainingslehre herausgestellt. Wie in Abb. 11.7 dargestellt, besteht auch eine Wechselbeziehung zwischen sportlicher Leistung, Training und Wettkampf.

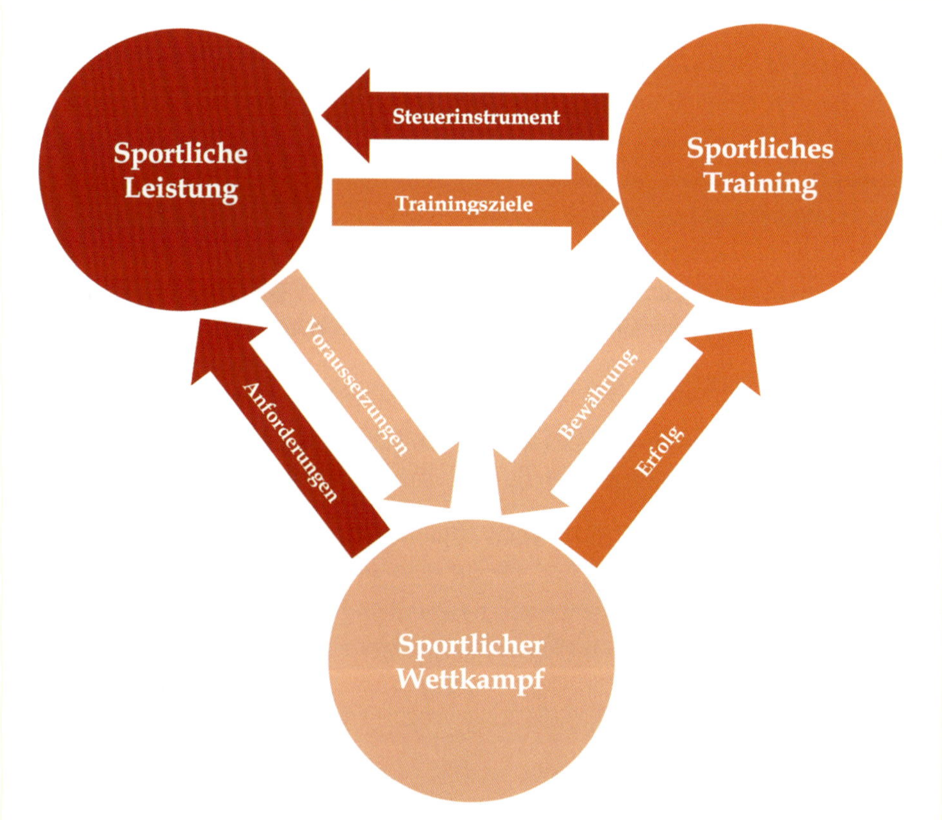

Abb. 11.7: Wechselwirkung zwischen Gegenstandsbereichen der Trainingswissenschaft (modifiziert nach Hohmann et al., 2010, S. 30)

Will man die Beziehung von Leistungsfähigkeit und Training herausstellen, kann man diese am obigen Beispiel des Hochspringers deutlich machen. Möchte man eine bestimmte Fertigkeit wie den Hochsprung optimieren, benötigt der Sportler nicht nur eine gute Technik, sondern beispielsweise auch eine gute Sprungkraft. Zur Verbesserung der Sprungkraft muss ein Sportler u. a. seine Maximalkraft steigern (vgl. Kap. 14.1). Daraus leiten sich Trainingsziele und Trainingsinhalte ab. Wollen Hochspringer und Trainer wissen, ob richtig trainiert wurde, muss der Leistungsfortschritt kontrolliert werden, um unter Umständen Trainingsziele zu korrigieren. Ein Hochspringer hat vielleicht ein zu intensives Muskelaufbautraining (eine Methode zur Verbesserung der Maximalkraft, vgl. Kap. 14.3) betrieben, sodass die Muskelmasse hinderlich für die vertikale Hochsprungbewegung wird. Sportliches Training steuert also immer auch die Leistungsfähigkeit eines Sportlers.

Noch interessanter wird es, wenn man das Dreieck aus der Perspektive des Trainers betrachtet. Der Trainer überblickt im Bereich des Trainings mehr oder weniger alle Vorgänge. Er legt Ziele, Inhalte und Organisation des Trainings fest und trägt daher dort die Hauptverantwortung. Das unmittelbare Ziel des Trainings ist die Einwirkung auf den Leistungszustand des Hochspringers. Bildlich gesprochen, dient Training dazu, das Schwert des Sportlers zu schärfen, damit er gut gerüstet in die Schlacht, d. h. den Wettkampf, ziehen kann. Der Trainer nimmt also primär indirekt über die Leistungsfähigkeit Einfluss auf den Wettkampf.

Dabei wird ein Basketballtrainer deutlich mehr Einfluss nehmen können als der Trainer eines Hochspringers. Gerade in den Sportspielen entsteht hier ein Dilemma. Ist der Gegner übermächtig, kann gegebenenfalls ein sehr gutes Training kurzfristig im Wettkampf kaum sichtbar werden. Insbesondere im Sportspiel Fußball spielt der Faktor Zufall eine große Rolle, sodass der Einfluss der Trainerin noch stärker beschnitten wird, als dies beim Basketballtrainer der Fall ist.

Die Bewertung der Trainerleistung erfolgt primär nicht über die Qualität des Trainings oder das Leistungsniveau des Sportlers bzw. der Mannschaft, sondern meist einzig und allein über das Abschneiden bei Wettkämpfen. Verliert die Fußballtrainerin oder der Basketballtrainier dreimal in Folge, wackelt der Trainerstuhl erheblich. Dieser Sachverhalt kann mit einer Reflexion der drei Gegenstandsbereich der Trainingslehre gut nachvollzogen werden.

▶ **Merksatz:** Sportliche Leistung, sportliches Training und sportlicher Wettkampf hängen wechselseitig miteinander zusammen und können als die **Hauptgegenstände der Trainingslehre** bezeichnet werden.

> Erklären Sie Abb. 11.7 mithilfe von Beispielen aus dem Sport.

11.4 RÜCKBLICK

Leistung und Leisten im Sport

- **Perspektiven des Leistens im Sport:** Sportliche Leistung kann unter naturwissenschaftlicher und gesellschaftswissenschaftlicher Perspektive betrachtet werden.
- **Bezugsnormen sportlicher Leistung:** Leistung im Sport beschreibt entweder das Ergebnis einer sportlichen Handlung oder im Sinne einer Tätigkeit einen Prozess. Teilweise werden unter einer sportlichen Leistung auch die Voraussetzungen für eine bestimmte Handlung gesehen. Die Bewertung sportlicher Leistungen wird durch die jeweilige Bezugsnorm (sachlich, individuell, sozial) bestimmt.
- Das **Komponentenmodell sportlicher Leistung** betrachtet das Wechselverhältnis von Einzelkomponenten, wie Kondition, Koordination und Technik, Psyche, Taktik, Rahmenbedingungen und äußere Bedingungen, untereinander und in Bezug auf die sportliche Leistung.
- **Kondition und Koordination im Kontext sportlicher Leistung:** Kondition ist ein Sammelbegriff für Ausdauer, Kraft, Schnelligkeit und Beweglichkeit. Während die Ausdauer energetisch bestimmt wird, erfolgt eine Verbesserung der Kraft, Schnelligkeit und Beweglichkeit immer auch über ein optimiertes Nerv-Muskel-Zusammenspiel.

Training und Wettkampf als Gegenstände der Trainingslehre

- **Trainingsbegriff:** Sportliches Training umfasst folgende drei Aspekte: Planmäßigkeit und Systematik, Trainingszielerreichung durch Inhalte und Methoden von Training, nachhaltige Zielerreichung durch und im Sport.
- **Wettkampf als Teil der Trainingslehre** untersucht die Struktur des Wettkampfs und die Umsetzung der sportlichen Leistung im Wettkampf.

Wechselbeziehung zwischen Leistung, Training und Wettkampf

- **Hauptgegenstandsbereiche der Trainingslehre:** Sportliche Leistung, sportliches Training und sportlicher Wettkampf hängen wechselseitig miteinander zusammen und sind die Hauptgegenstände der Trainingslehre.

11.5 PRÜFUNGSVORBEREITUNG

Kontrollfragen

1. Nennen Sie Hauptperspektiven des Leistens im Sport.
2. Was versteht man unter Leistung in der Sportbiologie?
3. Was bedeutet leistungsmotiviertes Handeln?
4. Wie betrachtet die Sportpädagogik sportliche Leistung?
5. Erläutern Sie die Bezugsnormen sportlicher Leistung jeweils an einem Beispiel.
6. Erläutern Sie das Komponentenmodell zur sportlichen Leistung.
7. Wie unterscheiden sich Rahmenbedingungen und äußere Bedingungen?
8. Wie ist Kondition im Sport definiert?
9. Welchen Einfluss hat das Nerv-Muskel-Zusammenspiel auf die Kondition?
10. Erklären Sie den Unterschied von Trainingslehre und Trainingswissenschaft.
11. Was bedeutet sportliches Training?
12. Inwiefern kann das „Ball-in-die-Mitte-Werfen" sportliches Training sein?
13. Nennen Sie Beispiele, bei denen es sich um kein sportliches Training handelt.
14. Was versteht man unter Wettkampf als Gegenstand der Trainingslehre?
15. Erklären Sie den Zusammenhang von Training, Wettkampf und Leistung im Sport.

Prüfungsaufgaben

Gehören die Bundesjugendspiele abgeschafft?

In der *Welt* vom 24.05.2015 setzte sich eine Mutter für die Abschaffung der Bundesjugendspiele ein. Die Stadträtin begründet ihren Standpunkt folgendermaßen: „Die Bundesjugendspiele sind nicht mehr zeitgemäß: Der Zwang zur Teilnahme und der starke Wettkampfcharakter sorgen bei vielen Schülern für das Gefühl, vor der Peergroup gedemütigt zu werden." Bundesjugendspiele in ihrer jetzigen Form vermitteln ihrer Meinung nach nicht ein gutes Körpergefühl und sorgen nicht für Spaß, sondern „sie demotivieren Schüler und setzen sie unter sozialen Druck". Kurzum: Ein Wettkampf mit Teilnahmepflicht, „bei dem Einzelne schon vorher wissen, dass sie chancenlos sind, ist sinnlos und unfair".

a) **Erörtern** Sie unter Berücksichtigung des Leistungsbegriffs und persönlicher Erfahrungen, inwiefern die Bundesjugendspiele verbindlicher Teil des Sportunterrichts sein sollen.
b) **Entwickeln** Sie Kompromisslinien der zustimmenden und der ablehnenden Position.

LEKTION 12: WELCHE BIOLOGISCHEN GESÄTZMÄSSIGKEITEN BESTIMMEN SPORTLICHES TRAINING?

12.1 ALLGEMEINE GESETZE ZUR BIOLOGISCHEN ANPASSUNG DURCH TRAINING 268

12.2 TRAININGSPRINZIPIEN 280

12.3 RÜCKBLICK 284

12.4 PRÜFUNGSVORBEREITUNG 285

LEKTION 12: WELCHE BIOLOGISCHEN GESETZMÄSSIGKEITEN BESTIMMEN SPORTLICHES TRAINING?

12.1 ALLGEMEINE GESETZE ZUR BIOLOGISCHEN ANPASSUNG DURCH TRAINING

ANPASSUNG ALS GRUNDVORAUSSETZUNG FÜR SPORTLICHES TRAINING

Einige Beispiele:

1. Wenn ein Fitnesssportler regelmäßig ein Fitnessstudio besucht und plant, seine Maximalkraft zu verbessern, wird er nach wenigen Wochen in der Lage sein, ein höheres Gewicht zu bewältigen.
2. Ein mehrmonatiges Ausdauertraining führt dazu, dass ein Läufer länger am Stück oder eine bestimmte Strecke schneller als zuvor laufen kann. Seine Atmung wird insgesamt viel ruhiger.
3. Ein „blutiger" Anfänger im Badminton wird schon nach wenigen Wochen den Ball im Spiel halten können.
4. Ein Basketballprofi muss zur Saisonvorbereitung etwa 50 Spielsysteme in Angriff und Verteidigung beherrschen.
5. Ein Turner versucht, durch ein spezielles mentales Training, störende Ängste und Anspannung vor einem Wettkampf zu reduzieren.
6. Durch ein altersgemäßes Koordinationstraining kann die Geschicklichkeit und Gewandtheit von älteren Erwachsenen verbessert werden.
7. Ein Fußballer absolviert ein gezieltes, benötigtes Schnelligkeitstraining. Fortschritte lassen sich bereits nach wenigen Wochen verbuchen.
8. Durch regelmäßiges Beweglichkeitstraining können Turnerinnen und Gymnastinnen ihre Beweglichkeit steigern.

Diese Phänomene der sportlichen Leistungssteigerung durch sportliches Training beschreibt man als **Anpassung** oder **Adaptation**. Die Anpassung kann **funktionell** (z. B. Bewegungseinschränkung nach einer Verletzung), **organisch (morphologisch)** (z. B. durch Querschnittsvergrößerung eines Muskels), **neuronal** (z. B. durch Verbesserung in der intramuskulären Koordination), **kognitiv** (z. B. Erlernen einer Taktik), **metabolisch**

(z. B. Enzyme, Strukturproteine) oder **endokrin** sein (z. B. Hormone, Endorphine) sein (vgl. Abb. 12.1). Es gilt:

- **Anpassung** stellt eine Adaptation des gesamten Organismus oder von Teilsystemen des Körpers auf innere (exogene) und äußere (endogene) Anforderungen dar.

Abb. 12.1: Unterschiedliche Parameter der Anpassungserscheinungen durch Sport

Anpassung und Anpassungsfähigkeit gehören zur Evolution und sind wichtige Kennzeichen des Lebens. Anpassungen sind reversibel und müssen ständig aktiv erhalten werden oder auch durch neue erworben werden. Dabei gilt folgender wichtiger Zusammenhang:

- **Merksatz:** Je jünger das Individuum ist, desto schneller und ausgeprägter ist die Anpassungsfähigkeit bzw. **Trainierbarkeit**.

Planung und Durchführung von sportlichem Training kann nur dann gezielt und leistungsoptimierend sein, wenn die Gesetzmäßigkeiten zur Anpassung bekannt sind und daraus entsprechende Trainingsreize abgeleitet werden, die zu einem höheren Funktionszustand führen. Dabei sollen im Folgenden sechs Gesetze zur biologischen Anpassung durch Sport dargestellt werden, die eine übergeordnete Bedeutung für die sportliche Praxis haben (vgl. Friedrich, 2011; Friedmann, 2015):

- **Qualitätsgesetz,**
- **Reizstufen- und Funktionszustandsregel,**
- **Gesetz der Homöostase und der Superkompensation,**
- **Gesetz der Anpassungsfestigkeit,**
- **Gesetz zum Verlauf der Leistungsentwicklung und**
- **Gesetz der Trainierbarkeit.**

QUALITÄTSGESETZ

▶ **Qualitätsgesetz:** Form und Funktion des menschlichen Organismus bedingen sich gegenseitig.

Beispiel 1: Die Unterschenkelmuskulatur eines am Sprunggelenk verletzten Sportlers geht stark zurück, wenn die Funktion des Fußes durch einen Gipsverband eingeschränkt wird.

Beispiel 2: Ein Kraftsportler erreicht durch gezieltes Krafttraining ein deutliches Muskeldickenwachstum, verbunden mit einer Maximalkraftzunahme.

Beispiel 3: Eine durch intensives Ausdauertraining verursachte Herzvergrößerung ermöglicht deutlich stärkere Ausdauerleistungen als ein normal großes Herz.

Die Beispiele machen ein übergeordnetes biologisches Gesetz deutlich, welches für sportmedizinische Anpassungsprozesse gilt. Organische Form und Funktion sind voneinander abhängig (vgl. Abb. 12.2).

Abb. 12.2: Funktionelle und organische Adaptation bedingt sich gegenseitig.

Ein Muskel atrophiert sehr stark (= Form), wenn er z. B. nach einer Verletzung nicht belastet wird (= Funktion). Ein höherer Muskelquerschnitt (= Form) ermöglicht es dem Sportler, ein bestimmtes Gewicht zu stemmen (= Funktion). Trainiert er dieses Gewichtstemmen nun systematisch, so nimmt die Kraft des Muskels (= Form) zu und ermöglicht es ihm, immer größere Gewichte zu bewältigen (= Funktion).

Umgekehrt führt beispielsweise intensives Ausdauertraining (= Funktion) zu morphologischen Veränderungen, wie einem größeren Sportherz (= Form). Durch das größere Herz kann die Herzfrequenz bzw. die Atemfrequenz bei Erhöhung des Schlagvolumens bzw. Atemzugvolumens erniedrigt werden gemäß dem Motto: Volumenarbeit kostet weniger Energie.

REIZSTUFEN- UND FUNKTIONSZUSTANDSREGEL

- **Reizstufenregel:** Unterschwellige Reize bleiben wirkungslos, leicht überschwellige Reize sind funktionserhaltend, stark überschwellige Reize verbessern das Leistungsniveau, zu starke Reize sind funktionsschädigend.

Beispiel 1: Ein Fitnesssportler besucht ein Fitnessstudio und möchte an Muskelmasse zuzulegen. Doch mit welchem Gewicht soll er beginnen? Wie oft muss er dafür pro Woche trainieren?

Beispiel 2: Zwei Freundinnen treffen sich zweimal pro Woche zum Laufen. Ihre 45-minütige Runde nutzen die beiden Frauen auch dazu, Neuigkeiten auszutauschen.

Beispiel 3: Eine 90-jährige Frau arbeitet täglich in ihrem Garten. Ihre Ärztin meinte kürzlich zu ihr: „Wenn ich in Ihrem Alter so fit wäre, könnte ich dem lieben Gott danken!"

Damit es zu Anpassungen kommt, muss ein bestimmtes Maß an Reizintensität und Reizquantität überschritten werden. Bei einem Gerätekrafttraining zur Steigerung der Muskelmasse (Muskelaufbautraining) werden Vorgaben, bezogen auf die Intensität (z. B. 40-60 % der maximal möglichen Intensität) und den Umfang (z. B. fünf Sätze zu 10 Wiederholungen), innerhalb einer Trainingseinheit gegeben (vgl. Kap. 14.3). Darüber hinaus ist eine Regelmäßigkeit des Trainings wichtig (z. B. mindestens 2-3 x pro Woche), wie auch der Lauftreff der Frauen und die Gartenarbeit der 90-jährigen Frau zeigt. In Tab. 12.1 wird dieser Sachverhalt verallgemeinert als Reizstufenregel dargestellt.

Tab. 12.1: Reizstufenregel nach Ruox (nach Steinhöfer, 2008, S. 42)

Belastungsintensität	Biologische Anpassung
Unterschwellige Reize	Keine Wirkung
Schwach überschwellige Reize	Funktionserhaltend
Stark überschwellige Reize	Optimale Anpassungserscheinungen im Sinne physiologischer und anatomischer Veränderungen, Verbesserung des Leistungsniveaus
Sehr stark überschwellige Reize	Funktionsschädigend

- **Funktionszustandsregel:** Je höher der Funktions- bzw. Trainingszustand eines Organs ist, desto größer müssen die Reize zur Erhaltung und zur Steigerung des Funktionszustandes sein.

Beispiel 4: Nach einer gewissen Zeit merkt der Fitnesssportler, dass es zu keinem weiteren Muskelzuwachs kommt. Was ist zu tun?

Beispiel 5: Die beiden Frauen setzen sich zum Ziel, an einem Marathon teilzunehmen. Wie können sie sich darauf vorbereiten?

Automatisch ablaufenden Leistungen (< 15 % der absoluten Leistungsfähigkeit) benötigen ebenso wie eine **physiologische Leistungsbereitschaft** (15-35 %) nur geringe bis mittlere Anstrengungen. Die Mobilisierung **gewöhnlicher Einsatzreserven** (35-65 %) erfordert dagegen ausgeprägte Willenskräfte und geht mit einer starken Ermüdung einher. Die **autonom geschützten Reserven** (65-100 %) sind in der Regel nur in Todesangst, unter Hypnose oder unter Einnahme von Doping zu erreichen. Hier handelt es sich um Leistungen, die bis zur völligen Erschöpfung bis hin zum Tode reichen. Der Übergang von gewöhnlichen Einsatzreserven und autonom geschützten Reserven heißt **Mobilisationsschwelle**.

Je höher der Funktions- bzw. Trainingszustand eines Organs ist, desto größer bzw. umfassender müssen die Reize zur Erhaltung bzw. zur Steigerung sein. Ein gesteigerter Trainingszustand führt automatisch zu einer Erhöhung der Mobilisationsschwelle. Dies bedeutet, dass der Reiz für eine weitere Trainingsanpassung umso höher sein muss, je höher der Trainingszustand eines Sportlers ist (vgl. Abb. 12.3).

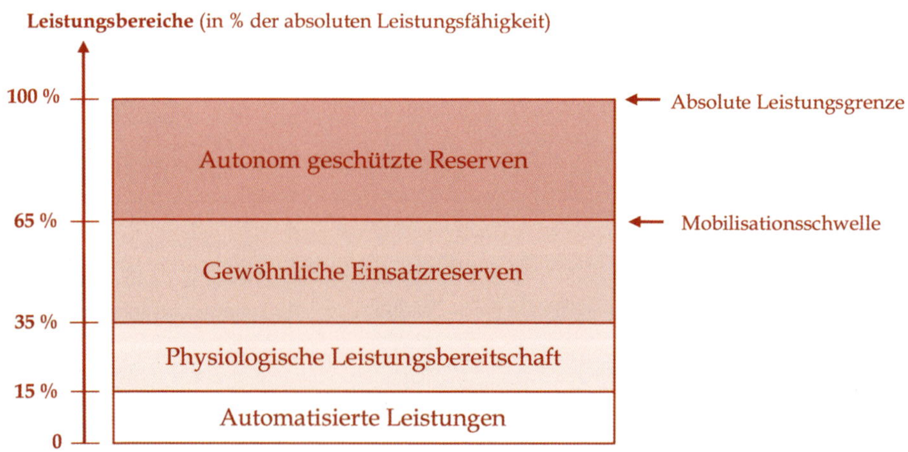

Abb. 12.3: Schematische Darstellung unterschiedlicher Leistungsbereiche (modifiziert nach Weineck, 2010, S. 19)

Für den Fitnesssportler bedeutet dies, dass die Trainingsintensität und der Trainingsumfang gesteigert sowie die Trainingsmethoden individuell angepasst werden müssen (z. B. Einstieg in das Training der intramuskulären Koordination, vgl. Kap. 14.2). Auch für die beiden Läuferinnen steht eine Steigerung von Trainingsumfang und Trainingsintensität auf dem Programm (z. B. intensive Dauermethode, vgl. Kap. 13.6), um die Strapazen eines Marathons bewältigen zu können.

▶ **Anwendung der Reizstufen- und der Funktionszustandsregel in der Praxis:** Kraft- und Ausdauertraining müssen individuell auf die Bedürfnisse eines Menschen ausgerichtet sein. Ein Training kann für einen Einsteiger Anpassungen auslösen, während es für einen Leistungssportler nicht einmal für den Erhalt der Leistung ausreicht. Durch Training kann die Mobilisationsschwelle bei Untrainierten auf 60 %, bei Hochtrainierten auf 90 % gesteigert werden.

GESETZ DER HOMÖOSTASE UND DER SUPERKOMPENSATION

▶ Die biologische Anpassung an einen Trainingsreiz erfolgt in zeitlicher Staffelung:
(1) **Homöostase** (Gleichgewichtszustand),
(2) **Heterostase** (Phase der Abnahme der Leistungsfähigkeit),
(3) **Erholung** (Phase der Wiederherstellung der Leistungsfähigkeit),
(4) **Gegenregulation** (Phase der erhöhten Leistungsfähigkeit) sowie
(5) **Reversibilität** (Umkehrbarkeit).

▶ Ein neuer Reiz sollte auf dem Gipfel der Phase der erhöhten Leistungsfähigkeit erfolgen, da dort die Energiespeicher „übervoll" **(superkompensiert)** sind. Zu kurze Belastungspausen führen langfristig zu einer Abnahme der Leistungsfähigkeit.

Beispiel 1: Den Fitnesssportler packt der Ehrgeiz. Er geht fast jeden Tag trainieren. Anfangs verbessert er seine Maximalkraft deutlich. Doch plötzlich kommt es zum Einbruch. Was ist geschehen?

Beispiel 2: Die beiden Frauen haben sich ordentlich vorbereitet und nach einem Trainingsprogramm aus einem Fachbuch trainiert. Ihren ersten Marathonlauf haben sie gut überstanden. Motiviert von dem Erfolg, melden sich beide Läuferinnen schon eine Woche später für den zweiten Marathon an. Kann das gut gehen?

Anpassungsvorgänge im Körper laufen immer in verschiedenen zeitlichen Phasen ab. Vor einer körperlichen Belastung befindet sich der Körper in einem Fließgleichgewicht, der **Homöostase (Phase 1)**. Es besteht ein Gleichgewicht der Körperfunktionen und des inneren Milieus. Nach einer intensiven Belastung erfolgt eine Störung des Gleichgewichts, es kommt zum Zustand der **Heterostase (Phase 2)**. Es kommt zu vorübergehenden Einbußen der Leistungsfähigkeit. Der Körper versucht, diese Funktionsstörung in der **Erholungsphase (Phase 3)** nach der Reizstufenregel aktiv zu kompensieren, um den Ausgangszustand herzustellen. Anschließend kommt es zu einer **Gegenregulation (Phase 4)**: Neue Strukturen werden gebildet, die Leistungsfähigkeit wird gesteigert, eine neue Homöostase besitzt ein höheres Niveau. Wird nun kein neuer Reiz gesetzt, kommt es zu einem Auspendeln des Leistungsniveaus auf das ursprüngliche Niveau **(Reversibilität, Phase 5)**. Abb. 12.4 stellt die Phasen der Veränderung der Leistungsfähigkeit dar.

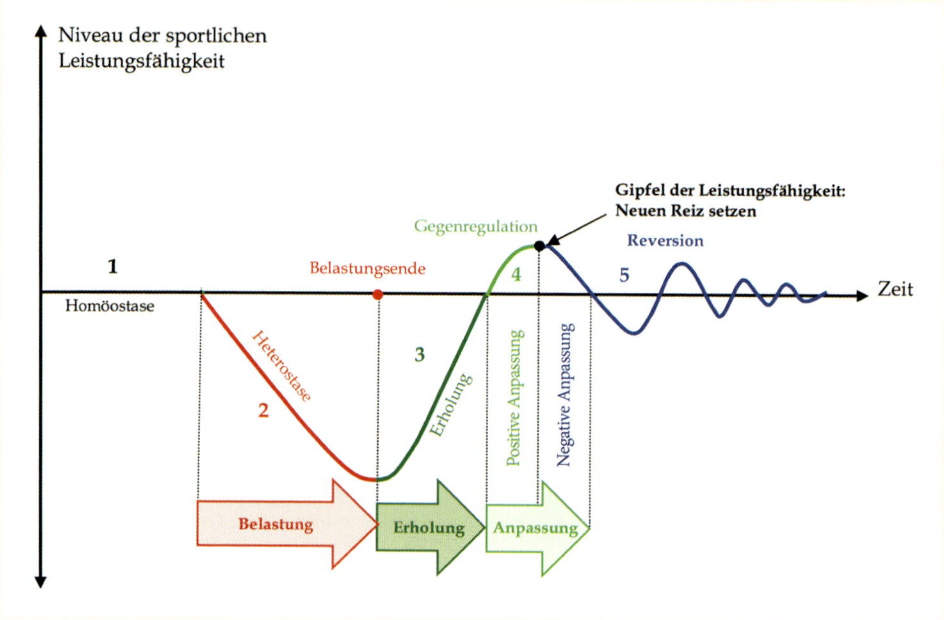

Abb. 12.4: Phasen der Veränderung der Leistungsfähigkeit nach einem Reiz (modifiziert nach Weineck, 2010, S. 52)

Handelt es sich bei der Steigerung der sportlichen Leistungsfähigkeit um Anpassungen im Bereich des Energiestoffwechsels, so spricht man von **Superkompensation**.

▶ Das **Gesetz der Superkompensation** beinhaltet eine überschießende Wiederherstellung der Energiespeicher, die sowohl energetische Phosphate als auch das Glykogen in Muskel und Leber betreffen kann (Weineck, 2010, S. 51).

Die Leistungsfähigkeit kann durch optimale neue Reizsetzung gesteigert werden (vgl. Abb. 12.5 links). Der neue Reiz sollte am Gipfel der erhöhten Leistungsfähigkeit erfolgen. Dort sind die Energiespeicher „übervoll" (superkompensiert), sodass sich ein Sportler letztendlich in einem belastbareren Zustand als zuvor befindet. Die Konsequenz ist eine Steigerung der Leistungsfähigkeit.

Werden die Reize allerdings zu kurz hintereinander gesetzt – wie möglicherweise bei dem Fitnesssportler und ganz sicher bei den beiden Läuferinnen –, kann die Leistungsfähigkeit im zeitlichen Verlauf auch abnehmen (vgl. Abb. 12.5 rechts).

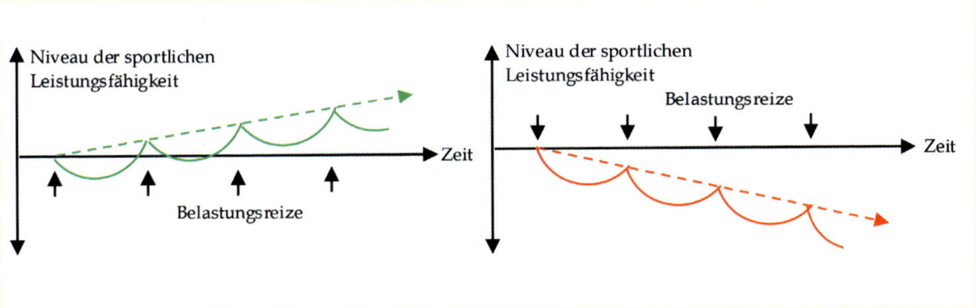

Abb. 12.5: Steigerung (links) bzw. Abnahme (rechts) des Niveaus der sportlichen Leistungsfähigkeit in Abhängigkeit von einer neuen Reizsetzung (modifiziert nach Weineck, 2010, S. 53)

Unter praktischen Gesichtspunkten hat sich im Konditionstraining eine zwei- bis dreimalige Belastung pro Woche bewährt. Das Gesetz der Superkompensation trifft am ehesten auf Glykogenvorräte in der Muskulatur und in der Leber und daher insbesondere auf Ausdauer- und Krafttraining zu. Für andere Bereich des Konditionstrainings, das Technik- und Koordinationstraining sowie kognitive Prozesse, gilt das Superkompensationsprinzip nicht (vgl. Steinhöfer, 2008; Weineck, 2010).

▶ **Merksatz:** Das Gesetz der Superkompensation trifft am ehesten auf Glykogenvorräte in der Muskulatur und der Leber sowie auf Ausdauer- und Krafttraining zu, nicht aber für andere Komponenten der sportlichen Leistung.

Im Kraft- und Schnelligkeitstraining betrifft die optimale Erholungszeit ca. 48-72 Stunden. Im Ausdauertraining sollten zum Auffüllen der Glykogenspeicher zwischen zwei Belastungsreizen mindestens 18-36 Stunden liegen.

GESETZ DER ANPASSUNGSFESTIGKEIT

▶ **Gesetz der Anpassungsfestigkeit:** Ein schnell aufgebautes Leistungsniveau ist weniger stabil und recht störanfällig. Ein über einen längeren Zeitraum kontinuierlich aufgebauter Trainingszustand ist wesentlich weniger beeinflussbar durch äußere Störgrößen. Aerobe Ausdauer und Maximalkraft haben die längsten Resteffekte, Schnelligkeit die kürzesten.

Beispiel 1: Nach fünfjährigem intensiven Krafttraining bricht sich der Fitnesssportler das Bein. Nach achtwöchiger Pause und Gipsbein fängt er wieder mit regelmäßigem Krafttraining an. „Wie lange wird es wohl dauern, bis ich mein altes Niveau erreiche?", fragt sich der Sportler.

Beispiel 2: Die beiden Läuferinnen haben die kompletten Sommerferien mit dem Laufen pausiert, da sie mit ihren Familien im Urlaub waren. Gut erholt, aber mit einem schlechten Gewissen treffen sie sich nach den Ferien zur ersten Laufeinheit. Werden sie ihr übliches Pensum gut schaffen?

Abb. 12.6 zeigt, dass ein 30-wöchiges einmaliges Krafttraining pro Tag nach Trainingsende genauso schnell wieder verschwindet, wie es aufgebaut wurde (Kurve A). Bei den anderen Trainingsgruppen (Kurven B und C) wurde die Kraft wesentlich langsamer aufgebaut. Nach Trainingsende baut sich die Kraft dort wesentlich langsamer wieder ab.

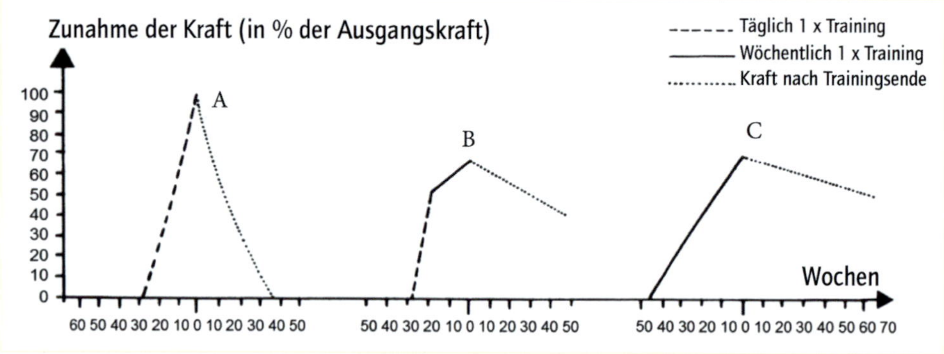

Abb. 12.6: Schnelligkeit des Kraftanstiegs in Abhängigkeit von der Trainingshäufigkeit bzw. das Verhalten der Kraft nach Trainingsende (modifiziert nach Weineck, 2010, S. 411)

Geben Sie für jede Kurve ein Beispiel aus der sportlichen Praxis an. Wo würden Sie den Fitnesssportler und die beiden Läuferinnen einordnen?

Die konditionellen Fähigkeiten bilden sich zeitlich unterschiedlich schnell zurück. Relativ schnell bildet sich die Schnelligkeit zurück. Die Kraftausdauer und die anaerobe Ausdauer sind etwas stabiler. Die längsten Resteffekte haben die Maximalkraft und die Grundlagenausdauer.

▶ **Merksatz:** Langsam aufgebaute Form baut sich langsam ab, schnell erworbene Form baut sich schnell ab.

GESETZ ZUM VERLAUF DER LEISTUNGSENTWICKLUNG

▶ **Das Gesetz zum Verlauf der Leistungsentwicklung** besagt, dass der Leistungsanstieg umso größer ist, je untrainierter der Sportler ist. Die Form eines Athleten kann nicht ins Unendliche steigen, sondern ist durch eine natürliche Grenze begrenzt.

Beispiel 1: Konnte der Fitnesssportler zu Beginn der Trainingsphase fast wöchentlich das Gewicht an den Kraftgeräten steigern, gelingt ihm das nach fünf Jahren Training immer weniger. Wie kommt es dazu?

Beispiel 2: Eine Läuferin entscheidet sich, noch intensiver zu trainieren. Sie geht nun zu Hochphasen vor der Arbeit laufen und ein zweites Mal am späten Nachmittag. Zu Beginn der Trainingsumstellung verbesserte sie ihre Marathonzeit von 3:45:00 h auf eine Zeit unter drei Stunden. Aktuell hat sie eine Zeit von 2:54:17 h. Doch irgendwie verbessert sie sich nicht mehr so schnell wie zu Beginn. Muss sie das Training umstellen?

Je näher ein Sportler seiner optimalen sportlichen Form kommt, desto mühseliger ist eine Leistungssteigerung. Dies liegt daran, dass die sportliche Leistung eines Menschen nicht bis ins Unendliche steigen kann. Die Leistung wird begrenzt durch die maximale Funktionskapazität, die auch von der Begabung und den genetischen Faktoren eines Menschen abhängt.

Umgekehrt durchlaufen Anfänger und Fortgeschrittene eine wesentlich schnellere Leistungsentwicklung, sodass es zu Beginn und in der Mitte eines langfristigen Trainingsprozesses wesentlich schneller zu Anpassungserscheinungen kommt als zum Ende der Leistungsentwicklung.

Die folgende Abb. 12.7 zeigt stellvertretend den exponentiell nach oben beschränkten Anstieg der Kraft in Abhängigkeit vom Trainingsniveau.

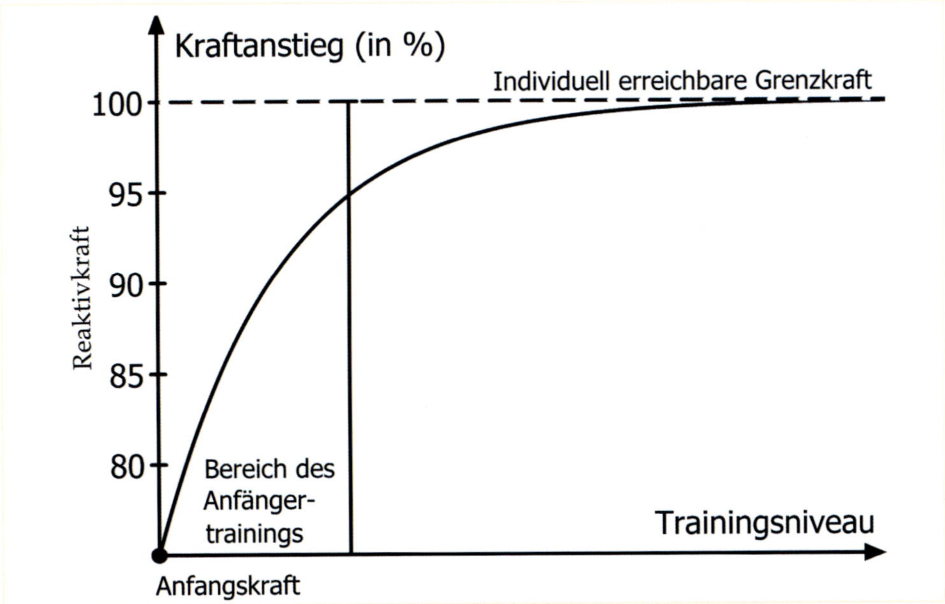

Abb. 12.7: Gesetz zum Verlauf der Leistungsentwicklung, aufgezeigt durch die Zunahme der Reaktivkraft bis zur Grenzkraft unter besonderer Hervorhebung des Anfängerbereichs (modifiziert nach Weineck, 2010, S. 407)

Schon gewusst?
Die provokante Aussage des Marathonpapstes Manfred Steffny (2001, S. 118) „Vorne laufen die Bleistifte, hinten tappen die Radiergummis", macht ein Problem im Marathonlauf deutlich. Insbesondere Marathonläuferinnen neigen zu Untergewicht, manche verfallen der Magersucht. Eine ehemalige Spitzenmarathonläuferin bringt es auf den Punkt: „Jedes Kilo zu viel bedeutet beim Marathon einen Zeitverlust von etwa einer Minute."

GESETZ DER TRAINIERBARKEIT

▶ **Gesetz der Trainierbarkeit:** Ziele, Inhalte und Belastung von sportlichem Training müssen altersgemäß sein und geschlechtsspezifische Gegebenheiten berücksichtigen. Kurz: Die Altersstufe ist das Maß aller Dinge!

Beispiel 1: Der achtjährige Sohn des Fitnesssportlers kickt in einem Fußballverein. Das Training beginnt mit zwei Runden Einlaufen, etwas Gymnastik und Kraftübungen, Torschusstraining und am Ende – wenn noch Zeit bleibt – ein Spiel 8:8. In letzter Zeit geht der Junge nur sehr widerwillig zum Training: „Wir machen immer das Gleiche und spielen so wenig."

Beispiel 2: Eine weit verbreitete Meinung lautet: „Aus hormonellen Gründen kann ein Krafttraining erst begonnen werden, wenn die Jugendlichen das Pubertätsalter erreichen."

Beispiel 3: In einem Verein sollen zwei Gruppen für Grundschulkinder eingerichtet werden: eine Ballspielgruppe und ein Vielseitigkeitstraining. Eine Trainerin möchte beide Angebote für Jungen und Mädchen öffnen, ein Trainer empfiehlt eine Ballspielgruppe nur für Mädchen. Wer hat recht?

Nehmen Sie kritisch Stellung zu den Beispielen.

In einem optimalen Training muss während der gesamten Lebensspanne auf die altersgemäße Belastung und auf eine Trainingsbelastung geachtet werden, die auf das biologische Alter abgestimmt ist. Im Grundschulalter muss ein Training beispielsweise spielerisch angelegt sein und Üben sollte für die Kinder als Möglichkeit erlebt werden, zu zeigen, was sie gut können. Ein sturer Drill – wie in Beispiel 1 – wird Kinder langweilen und vom Sport fernhalten.

▶ **Sensible Phasen** sind Entwicklungsabschnitte, in denen für die Ausprägung bestimmter sportmotorischer Leistungsfaktoren eine besonders günstige Trainierbarkeit besteht (Weineck, 2010, S. 22).

Darüber hinaus ist es für die Festlegung von Inhalten und Zielen immer auch notwendig, Phasen einer optimalen Trainierbarkeit **(sensible Phase)** zu beachten. Für die motorischen Fähigkeiten Schnelligkeit, Maximalkraft, Schnellkraft, aerobe und anaerobe Ausdauer ergeben sich die in Tab. 12.2 dargestellten sensiblen Phasen. Daher ist beispielsweise ein kindgerechtes Krafttraining im Grundschulalter – entgegen der weit verbreiteten Meinung aus Beispiel 2 – sogar erwünscht und für den langfristigen Trainingsaufbau erforderlich.

Tab. 12.2: Modell günstiger Phasen der Trainierbarkeit; je mehr +, umso besser ist die Trainierbarkeit der entsprechenden konditionellen Fähigkeit (nach Steinhöfer, 2008, S. 330).

Konditionelle Fähigkeiten	Altersphasen (Jahre)			
	Kindheit		Jugend	
	6/7-9/10	10/12-12/13	12/13-14/15	14/15-16/18
Schnelligkeit	++++	++++		
Maximalkraft			++++	++++
Schnellkraft	+++	++++		
Aerobe Ausdauer	+++	+++	+++	++++
Anaerobe Ausdauer		++	+++	++++

▶ **Beachten Sie:** Trainingsbelastungen müssen immer nach dem biologischen Alter und nicht nach dem kalendarischen Alter der jungen Sportler ausgerichtet sein, um Leistungspotenziale voll ausschöpfen zu können.

Neben der Altersspezifität müssen sich Trainingsziele und -inhalte immer auch an **geschlechtsspezifischen Merkmalen** orientieren. Ein vielseitig orientiertes Grundschulangebot für Jungen und Mädchen muss Ballspiele genauso anbieten wie turnerische und gestalterische Elemente (vgl. Kap. 19.2).

Das erste und dritte Beispiel macht darüber hinaus deutlich, dass, neben konditionellen, koordinativen und technisch-taktischen Aspekten, vor allem die **Motivation und Leistungsbereitschaft** eine zentrale Rolle im Trainingsprozess einnehmen (vgl. Lektionen 10 und 18). Die Freude am Sport ist dabei als Keimzelle für sportliche Leistung zu sehen.

Ausführliche Informationen zur **Trainingssteuerung im langfristigen Prozess** mit den Aspekten der Spezialisierung und Vielseitigkeit sind unter Zusatzinformationsmaterial ab S. 578 per QR-Code zu erreichen.

12.2 TRAININGSPRINZIPIEN

TRAININGSPRINZIPIEN: WICHTIGE HANDLUNGSORIENTIERUNGEN IN DER TRAININGSLEHRE

▶ **Trainingsprinzipien** stellen allgemeine und übergeordnete Handlungsorientierungen für das sportliche Training bereit (Hohmann et al., 2010).

Als Kernstück der Trainingslehre gelten die Trainingsprinzipien, die übereinstimmend als Handlungsorientierung verstanden werden. Trainingsprinzipien sind als Brücke zwischen theoretischem Wissen und praktischem Handeln zu sehen. Sie stellen eher eine allgemeine Orientierungsgrundlage als eine konkrete Handlungsrichtlinie dar. Die Basis für die Aufstellung von Trainingsprinzipien bilden, neben wissenschaftlichen Erkenntnissen, immer auch trainingspraktische Erfahrungen. In vielen Fällen beruhen Trainingsprinzipien auch auf Aussagen der Trainingslehre, die wissenschaftlich noch nicht abgesichert sind.

Jedes der sechs Gesetze aus Kap. 12.1 beschreibt als übergeordnete trainingswissenschaftliche Gesetzmäßigkeit zur biologischen Anpassung in Trainingssituationen ein Trainingsprinzip, da sich aus jedem Gesetz wichtige trainingspraktische Hinweise ableiten lassen.

▶ **Merksatz:** Die allgemeinen Gesetze zur biologischen Anpassung durch Training sind wichtige Trainingsprinzipien.

Es existieren in der Trainingswissenschaft und Trainingslehre verwirrend viele Einteilungen von Trainingsprinzipien. Schnabel (2014) hat versucht, allgemeine Trainingsprinzipien **nach inhaltlicher Gültigkeit zu kategorisieren**. Dabei ergaben sich drei Kategorien, die in Tab. 12.3 mit einem Prinzipienbeispiel dargestellt werden.

Tab. 12.3: Kategorisierung allgemeiner Trainingsprinzipien nach ihrer inhaltlichen Gültigkeit (vereinfacht nach Schnabel, 2014, S. 261)

Gültigkeitsbereich	Prinzipienbeispiele
Pädagogik und Didaktik, bezogen auf das sportliche Training	• „Vom Leichten zum Schweren" • Einheit von Bildung und Erziehung • Prinzip der Entwicklungs- und Gesundheitsförderung
Trainingsabhängige Leistungsentwicklung	• Gesetz der Trainierbarkeit • Gesetz der Anpassungsfestigkeit
Trainingsabhängige Leistungsentwicklung bestimmter Trainingsinhalte oder in bestimmten Sportarten	• Prinzip des variablen Übens (Techniktraining) • „Spielen und Üben, aber Spielen vor Üben" (Sportspielvermittlung)

Erklären Sie die Prinzipienbeispiele in der Tabelle. Kennen Sie weitere?

PÄDAGOGISCHES LEITPRINZIP ZUR ENTWICKLUNGS- UND GESUNDHEITSFÖRDERUNG

▶ **Prinzip der Entwicklungs- und Gesundheitsförderung:** Das gesamte sportliche Training ist so zu gestalten, dass es die physische, psychische und motorische Entwicklung zu keinem Zeitpunkt hemmt und dabei die Gesundheit allseits fördert.

Bevor eine Darstellung von Trainingsprinzipien zur trainingsbedingten Leistungsentwicklung erfolgt, soll zunächst das **Prinzip der Entwicklungs- und Gesundheitsförderung** als ein übergeordnetes pädagogisches Leitprinzip aufgeführt werden. Sportliches Training ist danach so zu gestalten, dass die gesamte körperliche, seelische und motorische Entwicklung zu keinem Zeitpunkt gehemmt wird. Dabei sollen, neben der Förderung der Gesundheit, auch Risiken zur Gefährdung der Gesundheit weitgehend vermieden werden (vgl. Lektionen 21 bis 23). Dieses Prinzip orientiert sich an einer humanistischen Ethik des Sports (Schnabel, 2014).

KATEGORISIERUNG DER TRAININGSPRINZIPIEN NACH ART DES ANPASSUNGSVORGANGS

Steinhöfer (2008) unterteilt Trainingsprinzipien zur trainingsbedingten Leistungsförderung nach der Art des Anpassungsvorgangs (vgl. Tab. 12.4).

Tab. 12.4: Prinzipien sportlichen Trainings (nach Steinhöfer, 2008)

Prinzipien sportlichen Trainings	
Auslösung der Anpassung	• Prinzip des wirksamen Belastungsreizes • Prinzip der progressiven Belastungssteigerung • Prinzip der Variation der Trainingsbelastung
Festigung der Anpassung	• Prinzip der optimalen Gestaltung von Belastung und Erholung • Prinzip der Wiederholung und Kontinuität • Prinzip der Periodisierung und Zyklisierung
Spezifische Steuerung der Anpassung	• Prinzip der Individualität und Altersgemäßheit • Prinzip der zunehmenden Spezialisierung • Prinzip der regulierenden Wechselwirkung einzelner Trainingselemente

In der folgenden Übersicht (Tab. 12.5) werden Trainingsprinzipien zur trainingsbedingten Leistungsförderung in Ergänzung zu den Ausführungen aus Kap. 12.1 erläutert.

Tab. 12.5: Erklärungen zu wichtigen Trainingsprinzipien (nach Steinhöfer, 2008).

Prinzip ...	Erklärung
... des wirksamen Belastungsreizes	**Die Wirkung eines Reizes hängt von seiner Höhe und vom Trainingszustand der Person ab** (vgl. Reizstufenregel).
... der progressiven Belastungssteigerung	**Steigern Sie Ihre Trainingsbelastung progressiv!** Über einen längeren Zeitraum gleichbleibende Belastungen rufen keine weitere Leistungssteigerung hervor, da sich der Organismus an den Reiz angepasst hat. Die Trainingsbelastung muss also in gewissen Zeitabständen gesteigert werden durch Erhöhung der Trainingshäufigkeit, Erhöhung des Trainingsumfangs innerhalb der Trainingseinheit, Verkürzung der Pausen, Erhöhung der Trainingsintensität, Änderung der Belastungskomponenten, durch höhere koordinative Ansprüche, Zahl der Wettkämpfe.
... der Variation der Trainingsbelastung	**Variieren Sie Ihre Trainingsbelastung!** Gleichartige Trainingsreize über einen längeren Zeitraum können zu einer Stagnation führen. Durch Veränderung des Belastungsreizes kann dies verhindert werden. Diese Variation der Belastungsreize kann sich im Training nicht nur auf Intensitätsänderungen, sondern vor allem auf den Wechsel von Trainingsinhalten, der Bewegungsdynamik, der Pausengestaltung, also auch der Trainingsmethoden, beziehen.
... der optimalen Gestaltung von Belastung und Erholung	**Belastung und Pause müssen zusammen geplant werden** (vgl. Gesetz zur Homöostase und Superkompensation)!
... der Wiederholung und Kontinuität	**Langsam aufgebaute Form baut sich langsam ab, schnell erworbene Form baut sich schnell ab** (vgl. Gesetz zur Anpassungsfestigkeit).
... der Periodisierung und Zyklisierung	**Bauen Sie das Training planmäßig in Trainingszyklen auf!** Das Ganzjahrestraining muss planmäßig aufgebaut sein, damit ein hoher Leistungszuwachs erzielt wird und bei den wichtigsten Wettkämpfen die höchste Leistungsfähigkeit erreicht wird. In der Praxis zählen zur Periodisierung folgende Abschnitte eines Jahres: Vorbereitungsperiode(n), Wettkampfperiode(n), Übergangsperiode(n) (vgl. Zusatzinformationstext: Trainingsplanung im langfristigen Prozess).
... der Individualität und Altersgemäßheit	**Die Altersstufe ist das Maß der Dinge** (vgl. **Gesetz zur Trainierbarkeit**)!

Prinzip ...	Erklärung
... der zunehmenden Spezialisierung	**Das Allgemeine hat stets Vorrang vor dem Speziellen. Aber: Das Allgemeine ist auch immer auf die speziellen Anforderungen einer Sportart auszurichten.** **Beispiel:** Zu Beginn des Trainingsprozesses erfolgt das Krafttraining verstärkt unter dem Aspekt der allgemeinen Kräftigung, wobei alle größeren Muskelgruppen auf ein höheres Leistungsniveau gebracht werden. In Anschluss werden dann die leistungsbestimmenden Muskeln für eine Sportart gezielt geschult. Zum Beispiel könnte bei einem Kugelstoßer die Übung „Drücken in Rückenlage" ergänzt werden durch ein „Drücken in Schrägrückenlage". Weitere Ausführungen werden in Lektion 14 gemacht.
... der regulierenden Wechselwirkung einzelner Trainingselemente	**Beachten Sie alle leistungsbestimmenden Faktoren und deren Zusammenwirken!** **Beispiel:** Im Sportspiel gibt es keine einseitigen Belastungen. Alle wichtigen Leistungsparameter sind je nach Sportspiel und Spielsituation in unterschiedlichen Ausprägungen gefragt. Durch das Berücksichtigen vielseitig orientierter Elemente können negative Effekte ausgeschlossen werden. Ein Sportspiel kann damit auch positiv zur Gesundheitsförderung beitragen (Steinhöfer, 2008, S. 55).

Belastungskomponenten

Detaillierte Informationen zur Trainingssteuerung im langfristigen Prozess kann im Zusatzinformationsmaterial heruntergeladen werden.

12.3 RÜCKBLICK

Allgemeine Gesetze zur biologischen Anpassung durch Training

Anpassung stellt eine Adaptation des gesamten Organismus oder von Teilsystemen des Körpers auf innere und äußere Anforderungen dar. Dabei gelten folgende Gesetze:

- **Qualitätsgesetz:** Spezifische Reize bewirken eine Anpassungssituation.
- **Reizstufenregel:** Anpassungsreaktionen werden nur dann ausgelöst, wenn eine kritische Schwelle der Belastung überschritten wird.
- **Funktionszustandsregel:** Je höher der Funktionszustand bzw. Trainingszustand eines Sportlers ist, desto größer müssen die Trainingsreize zur Erhaltung und zur Steigerung der Leistungsfähigkeit sein.
- **Gesetz der Homöostase und Superkompensation:** Zwischen Belastungsanforderungen und dem Leistungsniveau des Körpers besteht ein dynamisches Gleichgewicht (Homöostase). Durch Belastungsreize ausgelöste Anpassungsprozesse verbessern das Leistungsniveau über das Ausgangsniveau hinaus (Superkompensation).
- **Gesetz der Anpassungsfestigkeit:** Ein langfristig aufgebautes Leistungsniveau ist wesentlich stabiler als ein kurzfristig erarbeitetes Niveau der Leistung.
- **Gesetz zum Verlauf der Leistungsentwicklung:** Mit zunehmendem Leistungsniveau wird der Leistungszuwachs trotz eines größeren Trainingsaufwandes immer geringer.
- **Gesetz der Trainierbarkeit:** Trainierbarkeit und Leistungsfähigkeit hängen vom (biologischen) Alter und vom Geschlecht ab.

Trainingsprinzipien

- **Trainingsprinzipien** stellen allgemeine, übergeordnete Handlungsorientierungen für das sportliche Training dar. Somit sind die allgemeinen Gesetze zur biologischen Anpassung durch Training wichtige Trainingsprinzipien.
- Übergeordnetes Trainingsprinzip ist das **Prinzip zur Entwicklungs- und Gesundheitsförderung**.
- Die übrigen Trainingsprinzipien lassen sich in **Prinzipien zur Auslösung, Festigung und spezifischen Steuerung der Anpassung** differenzieren.
- Aus den Trainingsprinzipien ergeben sich wichtige **Merksätze** für sportliches Training.

12.4 PRÜFUNGSVORBEREITUNG

Kontrollfragen

1. Definieren Sie den Begriff „Anpassung".
2. Was sind Gesetze zur biologischen Anpassung?
3. Was sagt das Qualitätsgesetz aus?
4. Nennen Sie Beispiele für die Reizstufenregel.
5. Was besagt die Funktionszustandsregel?
6. Wie hängen Homöostase, Superkompensation und biologische Anpassung zusammen?
7. Was sagt das Gesetz zur Anpassungsfestigkeit aus?
8. Beschreiben Sie den Verlauf der Leistungsentwicklung bei progressivem Training.
9. Was sind sensible Phasen?
10. Erklären Sie den Begriff „Trainingsprinzip" anhand von Beispielen.
11. Was besagt das Prinzip zur Entwicklungs- und Gesundheitsförderung?
12. Nennen Sie die Prinzipien zur Auslösung der Anpassung.
13. Was besagen die Prinzipien zur Festigung der Anpassung?
14. Was versteht man unter dem Prinzip der zunehmenden Spezialisierung?

Prüfungsaufgaben

Zusammenhang von Trainingsprinzipien

a) **Erläutern** Sie den Zusammenhang zwischen dem Prinzip der progressiven Belastungssteigerung und den Gesetzen über die Reizschwelle und zum Verlauf der Leistungsentwicklung.

b) **Stellen** Sie anhand von sportlichen Beispielen weitere mögliche Zusammenhänge von unterschiedlichen Trainingsprinzipien **dar**.

Trainingsprinzipien

LEKTION 13

WIE ENTSTEHT AUSDAUER?

13.1 GRUNDBEGRIFFE 288

13.2 ENERGIEBEREITSTELLUNG BEI AUSDAUERBELASTUNGEN 292

13.3 KRITERIEN ZUR MESSUNG DER AUSDAUERLEISTUNGSFÄHIGKEIT 304

13.4 STEUERUNG DER INTENSITÄT BEI AUSDAUERBELASTUNGEN 309

13.5 BIOLOGISCHE ANPASSUNGEN DURCH AUSDAUERTRAINING 313

13.6 METHODEN UND INHALTE VON AUSDAUERTRAINING 317

13.7 RÜCKBLICK 328

13.8 PRÜFUNGSVORBEREITUNG 330

LEKTION 13: WIE ENTSTEHT AUSDAUER?

13.1 GRUNDBEGRIFFE

Beispiel: Marie, Yvonne und Claudia gehen im Wald laufen, weil sie für den 5.000-m-Lauf in der Abiturprüfung trainieren wollen. Claudia besucht einen Grundkurs Sport und begleitet die beiden Freundinnen. Marie ist Fußballerin in der B-Juniorinnen-Bundesliga und trainiert täglich. Yvonne ist Schwimmerin, trainiert dreimal die Woche und liebt das Dauerschwimmen. Claudia hat vor zwei Jahren mit Vereinshandball aufgehört. Ihre aktuelle sportliche Aktivität beschränkt sich auf den Schulsport. Die ersten 2 km ihrer Strecke sind bis auf kleinere Steigungen relativ eben. Anfangs haben die Mädchen sich noch angeregt unterhalten. Etwa nach 1 km sprechen nur noch Marie und Yvonne miteinander. Claudia geht bereits nach kurzer Zeit die „Puste" aus. Dann steigt der Waldweg für 200 m stark an. Während Marie den Anstieg ohne größere Probleme schafft, muss Yvonne ordentlich kämpfen, um schnaufend am Gipfel anzukommen. Für Claudia ist die Belastung zu groß. Sie geht den Anstieg hinauf. Während Marie und Yvonne ohne Probleme weiterlaufen können, überlegt die immer noch schnaufende Claudia, den Lauf abzubrechen. Dann kommt schon der nächste Anstieg . . .

DEFINITION VON AUSDAUER

- **Ausdauer** ist die Ermüdungswiderstandsfähigkeit bei lang andauernden Belastungen sowie die Fähigkeit zur Erholung.

Das Beispiel macht deutlich, dass Marie und Yvonne über eine bessere Ausdauer verfügen als Claudia. Sie ermüden nicht so schnell und erholen sich nach einer Pause schneller. Beide Komponenten sind wichtig für eine gute Ausdauerleistungsfähigkeit. Ausdauer setzt sich also aus den beiden Komponenten Ermüdungswiderstandsfähigkeit und rascher Erholungsfähigkeit zusammen.

ARTEN VON AUSDAUER

- Ausdauer kann nach einer Sportspezifik (allgemein, speziell), Art der Energiebereitstellung (aerob, anaerob), der Zeitdauer (KZA, MZA, LZA), der beteiligten Muskulatur (lokal, global), der Belastungsform (statisch, dynamisch) und nach Art der Mischform (z. B. Kraftausdauer) kategorisiert werden.

Das Einführungsbeispiel zeigt noch einen weiteren Aspekt: Obwohl auch Yvonne einen Ausdauersport betreibt, verkraftet sie den Anstieg im Vergleich zur Fußballerin Marie weniger gut. Daher scheint es sinnvoll zu sein, unterschiedliche **Arten der Ausdauer** zu betrachten. Man unterscheidet beispielsweise eine **sportartenübergreifende (allgemeine)** Ausdauer **(Grundlagenausdauer)** und eine **sportartspezifische (spezielle)** Ausdauer. Das Laufen im hügligen Gelände mit den ständig wechselnden Belastungsintensitäten (langsam, schnell) ist dem Fußball näher als eine gleichmäßige Schwimmbewegung im Wasser.

Darüber hinaus wird beim Laufen eine andere Muskulatur belastet als bei der Schwimmbewegung, die sehr stark von der Armzugbewegung abhängt. Man spricht von einer **lokalen Ausdauer**, wenn weniger als ein Sechstel der Muskulatur beteiligt ist. Bei der **globalen Ausdauer** ist mehr als ein Sechstel des Muskelapparats einbezogen.

Die Ausdauer kann auch nach **Aspekten der Energiebereitstellung** (vgl. Kap. 13.2) gegliedert werden. Bei der **aeroben Ausdauer** laufen Stoffwechselprozesse verstärkt mit Sauerstoff ab (z. B. „Laufen ohne Schnaufen"). Bei der **anaeroben Ausdauer** erfolgt der Stoffwechselprozess ohne Sauerstoff. Claudias und Yvonnes Schnaufen lässt darauf schließen, dass die Menge Sauerstoff, die sie aufnehmen, nicht ausreicht, um den kompletten Energiebedarf zu decken.

Eine weitere Unterscheidungsmöglichkeit besteht hinsichtlich der Zeitdauer der Beanspruchung bei höchstmöglicher Belastungsintensität. Man spricht von einer **Kurzzeitausdauer** (KZA), wenn die maximale Ausdauerbelastung ca. 35 Sekunden bis zwei Minuten beträgt. Die **Mittelzeitausdauer** (MZA) umfasst eine erschöpfende Belastungsdauer von zwei bis 10 Minuten. Die **Langzeitausdauer** (LZA) beinhaltet höchstmögliche Ausdauerbelastungen von mehr als 10 Minuten.

Abb. 13.1: Differenzierungsaspekte der Ausdauer (modifiziert nach Eisenhut & Zintl, 2013, S. 35)

Geben Sie Sportarten und Disziplinen an, bei denen die Sportler über eine KZA, MZA oder LZA verfügen müssen. Warum gibt es keine KZA unter 35 Sekunden?

Ferner lässt sich Ausdauer unterteilen nach der **muskulären Belastungsform** (statische und dynamische Ausdauer) und nach **konditionellen Einflussfaktoren** (Mischformen, wie z. B. Kraftausdauer oder Schnelligkeitsausdauer).

Beispiele:

- Wenn sich ein Sportler an die Wand setzt und diese Stellung für mindestens 60 Sekunden hält, wird dabei die statische (haltende) Kraftausdauer vor allem der vorderen Oberschenkelmuskulatur geschult (vgl. Abb. 13.2 links).
- Führt der Sportler eine Minute lang Liegestütze aus oder 20 Barrenstütze („Dips") in Folge, wird dabei die dynamische (überwindende und bremsende Arbeitsweise eines Muskels) Kraftausdauer unter anderem des Ellbogenstreckers beansprucht (vgl. Abb. 13.2 Mitte und rechts).
- Sechs Gruppen absolvieren eine Pendelstaffel gegeneinander. Die Strecke, die ein Schüler absolvieren muss, beträgt 50 m. Aufgrund der Gruppengröße muss jeder Schüler alle 45 Sekunden einen 50-m-Lauf zurücklegen. Die Dauer der Pendelstaffel beträgt fünf Minuten. Ein Schüler muss die Strecke nicht nur möglichst schnell absolvieren, sondern sich gleichzeitig nach 45 Sekunden so weit erholt haben, dass die Strecke anschließend erneut möglichst schnell absolviert werden kann. Bei der Übung wird daher die Schnelligkeitsausdauer beansprucht.

Abb. 13.2: Kraftausdauerübungen. Links: Wandsitzen (statisch, 60 Sekunden); Mitte: Dips (dynamisch, 20 Dips in Folge); rechts: Liegestütze (dynamisch, 60 Sekunden lang)

BEDEUTUNG DER GRUNDLAGENAUSDAUER

▶ Die **Grundlagenausdauer** ist für alle Sportarten und Sportbereiche von Bedeutung und hat eine gesundheitsfördernde Wirkung. Spezielles Ausdauertraining muss an die Bedürfnisse einer Sportart angepasst werden. Im Einzelfall kann eine erhöhte allgemeine Ausdauer auch zu Nachteilen (z. B. Schnelligkeits- und Schnellkraftverlusten) führen.

Wir wissen bereits, dass es die Ausdauer schlechthin nicht gibt. Vielmehr gibt es eine Vielzahl von sportartspezifischen Formen. Als Basis aller Formen wird die sogenannte **Grundlagenausdauer** gesehen. Sie spielt in allen Sportarten eine wichtige Rolle. Sogar Gewichtheber und Schachspieler benötigen eine ausreichend entwickelte Grundlagenausdauer. Im Einzelnen bewirkt die Grundlagenausdauer (Weineck, 2010a, S. 233-234):

- Erhöhung der physischen Leistungsfähigkeit;
- Optimierung der Erholungsfähigkeit;
- Steigerung der psychischen Belastbarkeit;
- konstant hohe Reaktions- und Handlungsschnelligkeit;
- Minimierung von Verletzungen;
- Verringerung technischer Fehlleistungen;
- Vermeidung ermüdungsbedingter taktischer Fehlverhaltensweisen;
- stabilere Gesundheit.

Für Nichtausdauerspezialisten kann es nicht das Hauptziel sein, die Grundlagenausdauer zu optimieren. Er muss das Ausdauertraining an die individuellen Bedürfnisse anpassen. Im Einführungsbeispiel der drei Freundinnen würde man Yvonne wohl eher empfehlen, im Abitur die Ausdauerüberprüfungen im Schwimmen abzulegen statt im Laufen. Claudia sollte zunächst ihre Grundlagenausdauer steigern, bevor sie mit den beiden anderen Mädchen gemeinsam laufen geht. Für Marie ist es wichtig, zu beachten, dass ein Zuviel an Ausdauer unter Umständen die Schnelligkeits- und Schnellkraftleistungen herabsenken kann (vgl. Lektion 15). Daher sollte sie aufgrund ihrer hohen Trainingsbelastung während der Saison keine intensiven Ausdauertrainingseinheiten neben dem täglichen Training absolvieren.

Nachdem wir festgestellt haben, dass es **die** eine Ausdauer nicht gibt und ein Ausdauertraining immer an die Bedürfnisse einer Sportart angepasst werden muss, soll im nächsten Kapitel geklärt werden, wie die Energie für eine Ausdauerbelastung dem Muskel bereitgestellt werden kann. Dabei stoßen wir auf die beiden Begriffe **aerob** und **anaerob**, die gleichzeitig auch einen Differenzierungsaspekt der Ausdauer darstellen.

Arten der Ausdauer

13.2 ENERGIEBEREITSTELLUNG BEI AUSDAUERBELASTUNGEN

Das aktuelle Kapitel beschäftigt sich mit den folgenden beiden Fragestellungen:

- **Woher bezieht der Körper seine „Treibstoffe" für körperliche Belastungen?**
- **Wann und unter welcher Bedingung verbrennt der Körper welche Substrate?**

AEROBE UND ANAEROBE ENERGIEGEWINNUNG

Beispiel 1: Marie, Claudia und Yvonne haben sich zum Schwimmen verabredet. Da Marie und Claudia nicht so schwimmaffin sind, schlägt Yvonne vor, immer nur zwei 50-m-Bahnen am Stück zu schwimmen. Yvonne schwimmt die 100 m mit fast maximaler Intensität und schlägt nach 85 Sekunden an. Marie und Claudia benötigen beide fast doppelt so lang. Alle drei Schwimmerinnen sind stark außer Atem.

Beispiel 2: Am Ende des Trainings beschließt Yvonne, auch die 400 m auf Zeit zu schwimmen. Marie und Claudia schauen zu. Nach 6:00 Minuten kommt sie im Ziel an und ist stolz über ihre gute Zeit. Nach einer kurzen „Verschnaufpause" schwimmt sie sich aus.

Beispiel 3: Zwei Tage später geht Yvonne erneut schwimmen und legt die 800 m in einer Zeit von 14:00 min zurück. Direkt nach dem Rennen bespricht sie ihre Technik und Zwischenzeiten mit dem Trainer.

Wie unterscheiden sich die drei Beispielsituationen hinsichtlich Intensität der Belastung und Sauerstoffverbrauch?

Beginnen wir mit Beispiel 3. Das Schwimmtempo bzw. die Intensität der Belastung ist hier im Vergleich zu den anderen beiden Strecken nicht so hoch. Der Sauerstoffbedarf kann weitgehend gedeckt werden. Man spricht hier von einer **aeroben** (aerob kommt von altgriechisch „aer", das übersetzt „Luft" bedeutet), d. h. mit Sauerstoff ablaufenden Energiegewinnung. Direkt nach dem Rennen ist Yvonne in der Lage, sich mit ihrem Trainer über Technik und Zwischenzeiten zu unterhalten.

Im zweiten Beispiel ist das Tempo so hoch, dass der Sauerstoffbedarf nicht vollständig gedeckt ist. Die Muskeln müssen hier mit einer sogenannten *Sauerstoffschuld* arbeiten, die nach dem Rennen wieder „nachgeatmet" wird (vgl. Infoblock). Yvonne benötigt eine kurze Pause des „Verschnaufens", bevor sie sich ausschwimmt. Dieses Beispiel zeigt, dass es noch einen anderen Weg der Energiegewinnung geben muss als die aerobe Energiegewinnung.

Betrachten wir Beispiel 1. Hier ist das Tempo sehr hoch und der Sauerstoffbedarf wird nicht durch die Sauerstoffaufnahme gedeckt. Die Muskeln arbeiten vorwiegend unter Sauerstoffmangelbedingungen. Daher müssen alle drei Mädchen nach dem Rennen stark schnaufen, um das Sauerstoffdefizit auszugleichen. Diese Art der Energiegewinnung bezeichnet man mit **anaerob** („ohne Luft"). Eine anaerobe Energiegewinnung läuft also ohne Sauerstoff ab. Halten wir fest:

▶ Bei höheren Belastungen dominiert eine ohne Sauerstoff ablaufende, anaerobe Energiegewinnung. Bei niedrigeren Intensitäten erfolgt die Energiebereitstellung vorwiegend mit Sauerstoff, d. h. aerob. Anaerobe Energiegewinnung ist bei hohen Belastungsintensitäten im Bereich der Kurzzeitausdauer (ab ca. 35 Sekunden) mit einem Sauerstoffdefizit verbunden.

In Abb. 13.3 sind die oben beschriebenen Beispielsituationen in stark vereinfachter Weise bildlich dargestellt.

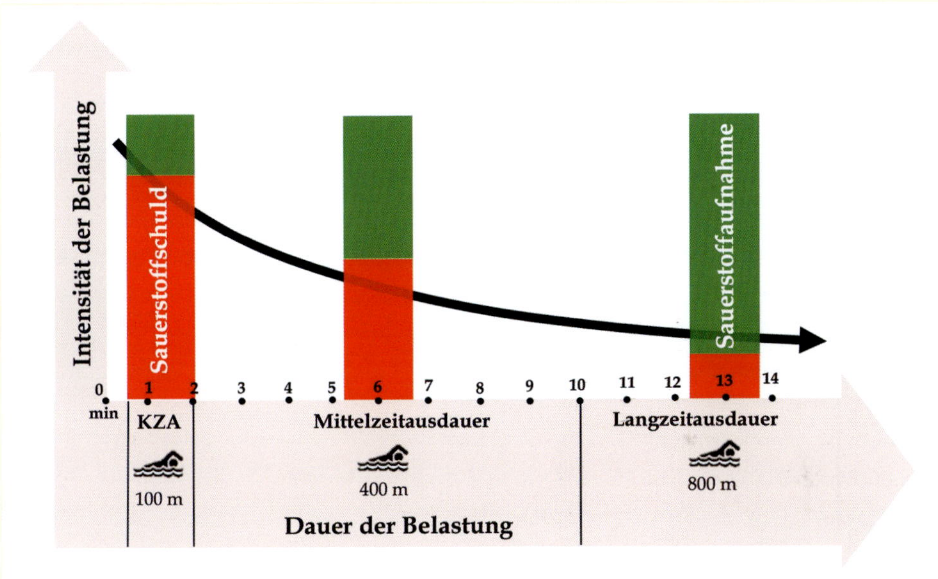

Abb. 13.3: Die aerobe Energiegewinnung mit Sauerstoff erfolgt bei niedrigeren Intensitäten (LZA). Bei hohen Intensitäten (KZA) überwiegt die anaerobe Energiebereitstellung ohne Sauerstoff. Bei mittelhohen Belastungen wird die Energie anaerob und aerob bereitgestellt. Anaerobe Energiegewinnung ist bei hohen Intensitäten im Bereich der KZA mit einem Sauerstoffdefizit verbunden (modifiziert nach Jäger & Oelschlägel, 1980, S. 82).

Wo würden Sie in Abb. 13.3 die 100 m, 200 m, 400 m, 800 m und 1.500 m der weltbesten Schwimmer eintragen? Tragen Sie ebenfalls Läufe von Spitzenleichtathleten über 100 m, 200 m, 400 m, 800 m, 1.500 m und 5.000 m ein. Geben Sie an, welche Art der Energiegewinnung jeweils überwiegt.

Infoblock: Sauerstoffdefizit

Jeder Ausdauersportler kennt folgende Situation: Nach Beendigung einer längeren Ausdauerbelastung hat man noch minutenlang eine erhöhte Atemfrequenz. Zu Beginn einer intensiven Belastung steht dem Organismus zu wenig Sauerstoff zur Verfügung. Er geht zu Beginn der Belastung ein Sauerstoffdefizit ein, das nach Beendigung wieder „abgeatmet" werden muss. Nach Beendigung der Belastung läuft die aerobe Energiegewinnung weiter, die Sauerstoffaufnahme ist größer als der Ruhebedarf (vgl. Abb. 13.4).

Die Sauerstoffmenge, welche nach Beendigung einer Belastung mehr als dem Ruhebedarf entsprechend aufgenommen wird, bezeichnet man als **Sauerstoffdefizit**. Die Sauerstoffmehraufnahme nach Belastungsende dient der erhöhten Aktivität des Herz-Kreislauf-Systems und den folgenden Stoffwechselprozessen:

- Auffüllen der ATP-/KP-Speicher (etwa zwei Minuten lang);
- Auffüllen der Sauerstoffspeicher in Blut- und Muskelzellen;
- Abbau und Verwertung der Milchsäure (50 % in etwa 15 Minuten);
- Energiebereitstellung für die verstärkte Tätigkeit der Herz- und Atemmuskulatur.

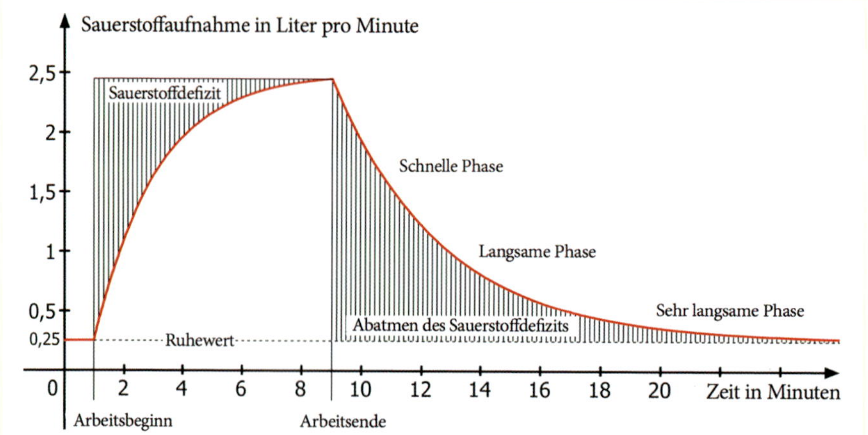

Abb. 13.4: O_2-Aufnahme bei körperlicher Arbeit: Das O_2-Defizit muss nach Belastungsende wieder abgeatmet werden (modifiziert nach De Marées, 2003, S. 377).

Man kann auch einen wissenschaftlichen Zusammenhang bezüglich der Art der Energiebereitstellung und der Belastungsintensität herstellen (vgl. Abb. 13.5). Die **Belastungsintensität** kann im Bereich der Ausdauer durch die Bewegungsgeschwindigkeit, die

Belastungsherzfrequenz, die Blutlaktatwerte und ein subjektives Belastungsempfinden operationalisiert werden (vgl. Kap. 13.5).

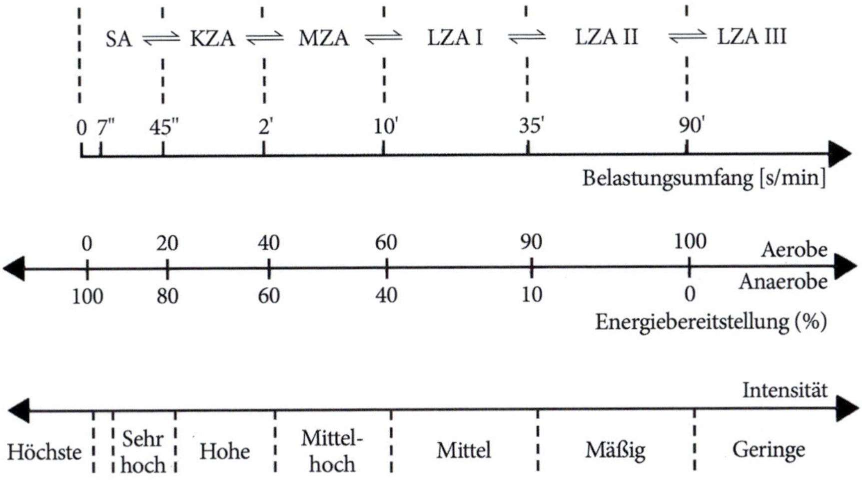

Abb. 13.5: Zusammenhang von Energiebereitstellung und Belastungsintensität (modifiziert nach Weineck 2010a, S. 230)

ENERGIEGEWINNUNG DURCH DEN ABBAU VON PHOSPHATEN

Beispiel: Marie und Yvonne trainieren auch für ihre Basketballprüfung. Sie absolvieren mit vier Mitschülerinnen ein Spiel 3:3 auf einen Korb. Dabei kommt es immer wieder zu kurzen, schnellen Antritten beim Anbieten zum Ball, beim Durchziehen zum Korb oder in der Verteidigung. Zwischendurch entstehen regelmäßig Pausen, da es durch Fouls, Korbwürfe oder Ausbälle zu Spielunterbrechungen kommt. Während die Fußballerin Marie das Basketballspiel ohne größere Probleme absolvieren kann, baut die Schwimmerin Yvonne schon nach kurzer Dauer ab. Ihre Bewegungen werden langsamer, ihre Würfe und Pässe ungenauer, in der Verteidigung kann sie ihre Gegenspielerin nicht halten.

Dieses Beispiel führt uns zur Frage, warum die Schwimmerin Yvonne trotz der regelmäßigen Pausen schon nach kurzer Dauer nicht in der Lage ist, kurze und schnelle Bewegungen konzentriert auszuführen, während dies für die Fußballerin kein Problem darstellt. Um diese Frage zu beantworten, muss zunächst geklärt werden, wie die Energie zum Muskel gelangt.

▶ Spezielle Zellorgane, die sogenannten **Mitochondrien**, versorgen die Muskelzellen mit Energie und werden daher auch als „Kraftwerke" der Zellen bezeichnet.

Muskelfasern benötigen für ihre Bewegung „Treibstoff", denn Bewegung erfordert bekanntlich Energie. Für den Energienachschub sind die Blutgefäße zuständig. Der Treibstoff besteht aus Kohlenhydraten, Fetten und Eiweißen. Die Eiweiße, die für den Baustoffwechsel

(z. B. Muskelwachstum) wichtig sind, werden jedoch nur im Notfall (z. B. bei Hunger, extremer körperlicher Belastung) herangezogen. Die vom Blut gelieferten Nährstoffe enthalten zwar Energie, aber diese Energie ist chemisch gebunden und steht den Zellen nicht direkt zur Verfügung. Ebenso wie das Benzin in einem Motor müssen auch die Nährstoffe zuerst verbrannt werden, um Bewegung zu erzeugen. Das geschieht in speziellen Zellorganen, den sogenannten **Mitochondrien** (vgl. Abb. 13.6).

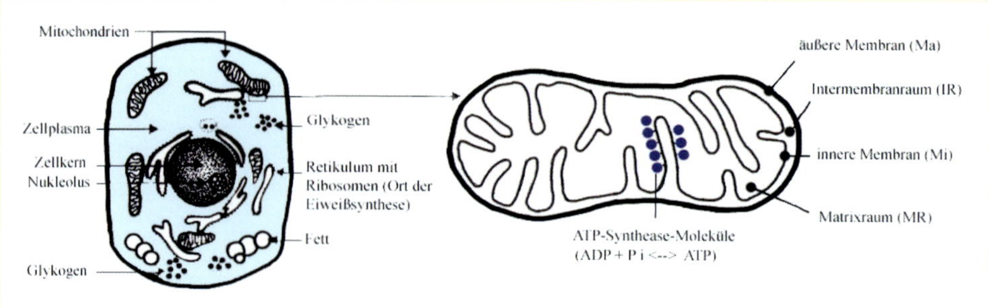

Abb. 13.6: Darstellung einer Zelle mit vergrößertem Querschnitt durch ein Mitochondrium (modifiziert nach De Marées, 2003, S. 358)

▶ Das **Adenosintriphosphat (ATP)** ist der einzige Energielieferant des Muskels. Neben der energetisch-leistungsorientierten Funktion besitzt das ATP auch eine „Muskelweichmacherfunktion".

Die bei der Verbrennung der Nährstoffe gewonnene Energie wird zunächst in einem besonderen Molekül, dem **Adenosintriphosphat (ATP)**, gespeichert. Das ATP wandert dann von den Zellkraftwerken, den Mitochondrien, zu den Myofibrillen, den kleinsten Einheiten des Muskels, in denen die Bewegung erzeugt wird. Das ATP-Molekül sorgt darüber hinaus dafür, dass es nach der Ruderbewegung der Myosinköpfchen deren Wiederloslassen und damit die Fortsetzung des Kontraktionsvorgangs ermöglicht. Zur Erklärung der Muskelkontraktion sei auf Kap. 4.2 verwiesen.

Besonders bei Ausdauerleistungen ist die Energienachlieferung von zentraler Bedeutung. Voraussetzung für jede körperliche Arbeit ist ein reibungsloser **Nachschub** von ATP. Denn die in den Muskelzellen gelagerten Mengen reichen bei starker Beanspruchung gerade für 1-3 Kontraktionen aus. Und auch durch gezieltes Training wachsen die ATP-Depots von Sprintern im Vergleich zu Untrainierten und Ausdauerathleten nur um bis zu 20 %.

Ist der Vorrat erschöpft, zapft die Zelle nach einer festen Hierarchie unterschiedliche Energiequellen an. Zunächst greift sie auf einen Energiezwischenspeicher zurück, das **Kreatinphosphat (KP)**. Mit dessen Hilfe regeneriert sie Adenosintriphosphat aus dem Vorläufermolekül **Adenosindiphosphat (ADP)**. Bei voller Leistung geht allerdings auch der KP-Vorrat nach 6-8 Sekunden zur Neige, wobei Sportler ihn besser ausschöpfen als Untrainierte.

In unserem obigen Beispiel des Spiels 3:3 auf einen Korb kommt es selten zu maximalen Belastungen, die länger als 6-8 Sekunden dauern. Die Energiebereitstellung erfolgt daher in Phasen von maximalen Antritten, intensiven Verteidigungsschritten sowie Sprung- und Wurfaktionen weitgehend über eine Spaltung von ATP und die Resynthese von ATP. Dabei schafft es die Fußballerin Marie deutlich besser, ihre ATP-Speicher aufzufüllen als die Schwimmerin Yvonne.

▶ **Merksatz:** Die Energiegewinnung bei maximalen Belastungen bis acht Sekunden erfolgt weitgehend über den Abbau von Phosphatspeichern.

ENERGIEGEWINNUNG DURCH DEN ABBAU VON GLUKOSE UND FETTEN

Beispiel: Der Sportlehrer des Leistungskurses Sport gibt eine Trainingsform zum Spiel 1:1 als Vorbereitung auf das Sportabitur bekannt (vgl. Tab. 13.1).

Tab. 13.1: Kontrollformen zum Spiel 1:1 (offensiv) und großem Belastungsdruck (Vorschlag für „ambitionierte" Basketballer)*

<table>
<tr><th colspan="5">1:1 + 1 (offensiv)</th></tr>
<tr><td>Beschreibung und Organisation
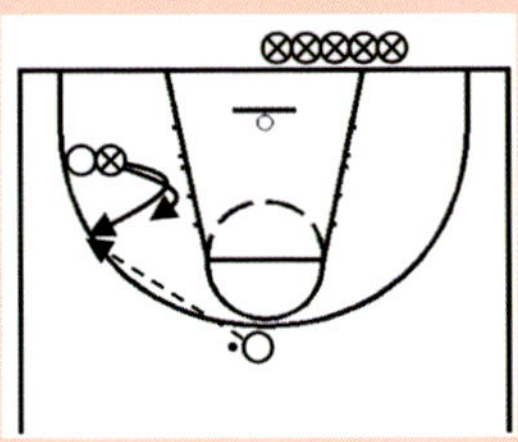</td><td colspan="4">• Ein fester Angreifer muss nacheinander gegen unterschiedliche Verteidiger 1:1 auf einen Korb spielen.
• Er hat pro Angriff einen Wurfversuch.
• Nach dem Wurfversuch muss er sich direkt anbieten, um von einem Passgeber erneut angespielt zu werden.
• Der jeweilige Verteidiger reboundet den Ball, passt ihn sofort zum Passgeber zurück und stellt sich hinten in der „Verteidigerschlange" an.
• Der nächste „frische" Verteidiger versucht, sofort das Anspiel von einem zweiten Zuspieler zu erschweren.</td></tr>
<tr><td>Dauer der Übung</td><td colspan="4">60-90 Sekunden (oder 12 Angriffe)</td></tr>
<tr><td>Bewertung*</td><td colspan="4">• Jeder Treffer zählt einen Punkt.
• Es gibt einen Zusatzpunkt, falls der Angreifer versucht, seinen Gegenspieler durch Täuschungen während des Dribblings zu destabilisieren.</td></tr>
<tr><td></td><td>> 6: sehr gut</td><td>4-5: gut</td><td>3: in Ordnung</td><td>< 3: Üben</td></tr>
</table>

In der Kontrollform zum Spiel 1:1 wird der Angreifer **länger als 6-8 Sekunden** maximal belastet. Der Angreifer muss sich intensiv anbieten, den Verteidiger destabilisieren, sicher abschließen und sich anschließend direkt wieder anbieten. Dabei sind neben dem Abbau der Phosphatspeicher zwei weitere Energiestoffwechsel von Bedeutung.

Bei dem einen werden **Glukose** (vgl. Infoblock, S. 304) sowie die aus Fetten stammenden **Fettsäuren** unter Sauerstoffverbrauch **(„aerob")** verbrannt. Bei dem anderen werden die Glukosemoleküle ohne Sauerstoff **(„anaerob")** abgebaut. Beide Prozesse laufen immer ab, allerdings auf unterschiedlich hohen Touren.

Fließt mit dem **Blut** genug Sauerstoff heran, hat das aerobe System in den Kraftwerken der Zelle, den **Mitochondrien**, Vorfahrt. Im Zusammenspiel einer großen Zahl biochemischer Reaktionen (siehe unten) werden dort Kohlenhydrate und Fettsäuren zu Kohlendioxid abgebaut **(aerobe Glykolyse bzw. Lypolyse)**. Der dabei freigesetzte Wasserstoff wird zu Wasser verbrannt und die gewonnene Energie im ATP gespeichert. Während die aerobe Glykolyse bei einer Belastungsdauer von 2-90 Minuten dominiert, ist die aerobe Lypolyse besonders für lang andauernde Belastungen mit niedriger Intensität von Bedeutung (6-h-Läufe, Ultratriathlon).

Verbraucht die Muskulatur mehr ATP, als der aerobe Energiegenerator liefern kann, tritt – wie im Beispiel der obigen Kontrollform – der anaerobe Stoffwechsel in den Vordergrund. Die Zellen gewinnen ATP, indem sie Glukose über mehrere Zwischenstufen in den **„Ermüdungsstoff" Laktat (Milchsäure)** verwandeln **(anaerobe Glykolyse)**. Die Säure reichert sich in den Muskelfasern und schließlich im Blut an. Die Folge: Der Organismus wird buchstäblich „sauer", die im Stoffwechsel unentbehrlichen Enzyme werden gehemmt, und dem Sportler werden die Beine schwer.

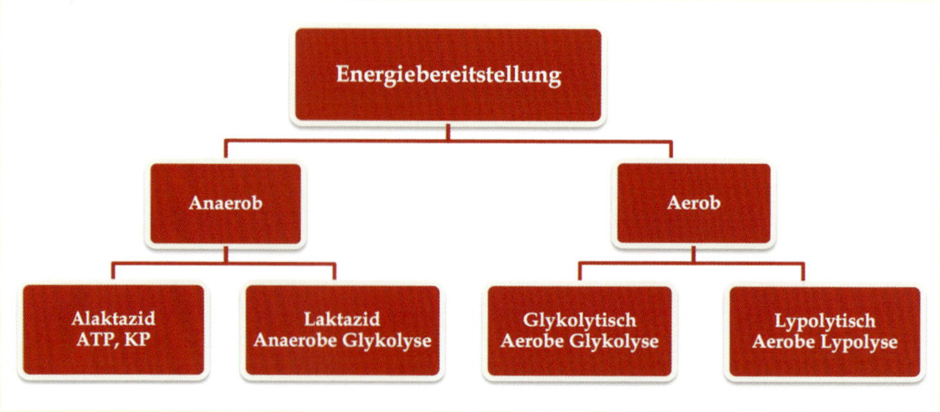

Abb. 13.7: Energiebereitstellung im Muskel

Die Energie für sportliche Leistungen wird nicht unmittelbar aus der Nahrung **(Kohlenhydrate, Fette, Eiweiße)** gewonnen. Das in allen Körperzellen gespeicherte Adenosintriphosphat (ATP) liefert die notwendige Energie. Je nach Beanspruchung können dabei unterschiedliche Phasen der Energiebereitstellung durchlaufen werden. Wichtig dabei ist, ob dies mit ausreichender Sauerstoffaufnahme (aerob) oder unzureichender Sauerstoffaufnahme (anaerob) geschieht und ob dabei Laktat entsteht oder nicht (vgl. Abb. 13.7). Halten wir fest:

- In der obigen Kontrollform zum Spiel 1:1 werden **in den ersten 6-8 Sekunden** der maximalen Belastung die **Phosphatspeicher geleert**. Die Form der Energiegewinnung liefert zwar kurzfristig viel Energie, die Energiemenge ist allerdings beschränkt. Daher erfolgt die Energiegewinnung bei maximaler Belastung **ab 6-8 Sekunden** verstärkt durch Glukose. Dabei stehen zwei Wege zur Verfügung: die **anaerobe und aerobe Glykolyse**.

Der hohe Energiebedarf kann allerdings nicht allein durch die aerobe Glykolyse gedeckt werden, da zu wenig Sauerstoff zur Muskelzelle gelangt. Diese „Lücke" wird **anaerob-laktazid** geschlossen. Der Vorteil dieser Energieerzeugung ist die hohe Energierate (Energiemenge pro Zeiteinheit). Allerdings „versiegt" diese Möglichkeit zur Energiegewinnung bei maximaler Belastung spätestens nach zwei Minuten. Die Muskeln „übersäuern" durch die Bildung von Milchsäure. Der Anteil der anaeroben Glykolyse an der Energiegewinnung ist nach ca. 30 Sekunden maximal. Ab diesem Zeitpunkt muss der Angreifer in der obigen Trainingsform zum 1:1 „beißen", um nicht an Intensität zu verlieren. Nur entsprechend trainierte Basketballer sind in der Lage, die hohe Intensität der Kontrollform zum Spiel 1:1 auch nach 60 Sekunden aufrechtzuhalten. Ungeübte Basketballer werden bereits nach ca. 30 Sekunden deutlich an Intensität verlieren. Die Phosphatspeicher können nicht ausreichend aufgefüllt werden und das Blut übersäuert. Die Folge: Die Beine werden schwer, jeder Antritt fällt schwer, Würfe verlieren an Genauigkeit, es kommt zu Fang- und Dribbelfehlern.

Infoblock: Glukose und Glykogen (aus Eisenhut und Zintl, 2013, S. 48)
Glukose hat die chemische Formel $C_6H_{12}O_6$ und kann auf aerobem Weg unter Zuhilfenahme von O_2 zu CO_2 und H_2O verarbeitet werden. Auf anaerobem Weg wird $C_6H_{12}O_6$ zu Milchsäure ($C_3H_6O_3$), deren Salz **Laktat** genannt wird, umgesetzt. Bei der aeroben Glykolyse wird ein Glukosemolekül 5 x gespalten, bei der anaeroben Glykolyse nur 1 x. Dies erklärt, warum die anaerobe Glykolyse schneller Energie zur Verfügung stellt.

Die Speicherform der Glukose, das **Glykogen**, wird sowohl in der Skelettmuskulatur als Muskelglykogen (ca. 1,5 g pro 100 g Feuchtgewebe) wie auch in der Leber gespeichert. Das Leberglykogen (etwa 75-90 g bei einem normalen Erwachsenen) dient in erster Linie dazu, den Blutzuckerspiegel konstant zu halten und die Funktionsfähigkeit des Zentralnervensystems zu sichern. Nahezu 60 % der durch die Leber an das Blut abgegebenen Glukose sichert den Gehirnstoffwechsel. Bei lang andauernden submaximalen Belastungen (z. B. Marathonlauf) spielt die Glukoseaufnahme des Muskels aus dem durchströmenden Blut – und damit das Leberglykogen – eine bedeutende Rolle. Durch Ausdauertraining können sich die Glykogenbestände in Leber und Muskulatur verdoppeln.

ENERGIEGEWINNUNG BEI EINEM 800-M-LAUF

▶ Bei einer maximalen körperlichen Belastung eines 800-m-Laufs finden drei Stoffwechselprozesse statt, die parallel mit einer zeitlich gestaffelten Akzentuierung ablaufen: anaerob-alaktazide Energiebereitstellung (Phosphatspeicherabbau), anaerob-laktazide Energiebereitstellung (anaerobe Glykolyse) und aerob-alaktazider Abbau von Glukose und Fett-(Säuren) (aerobe Glykolyse und Lypolyse) (vgl. Abb. 13.8).

Man erkennt in Abb. 13.8, dass zunächst alle Energiestoffwechsel in Gang gesetzt werden. Für die ersten 10 Sekunden dominiert die anaerob-alaktazide Energiebereitstellung. Anschließend übernimmt die anaerob-laktazide Energiegewinnung die Führungsrolle, die sie nach ca. 70 Sekunden an die aerobe Energiebereitstellung abgibt. Die anaerobe Glykolyse erreicht nach ca. 30 Sekunden ihr Maximum. Nach ca. zwei Minuten erreicht die aerobe Energiebereitstellung einen Anteil von 50 % an der gesamten Energieerzeugung. Im Folgenden sollen die drei Kurven aus Abb. 13.8 unter Berücksichtigung der chemischen Reaktionsgleichungen erläutert werden.

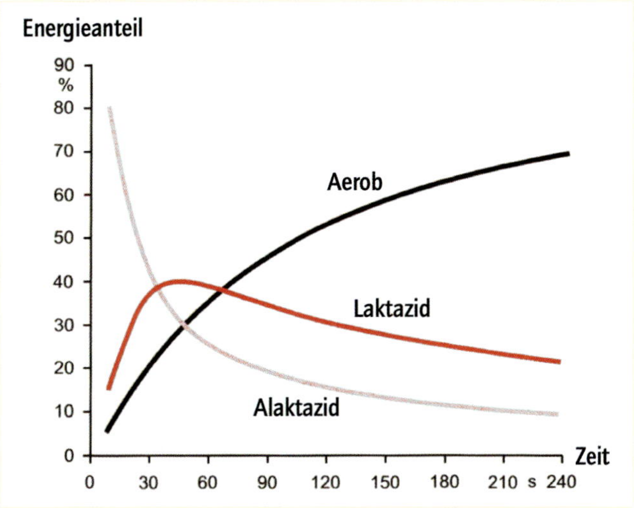

Abb. 13.8: Prozentuale Anteile der anaerob-alaktaziden, anaerob-laktaziden und aeroben Energiebereitstellung bei erschöpfender Belastung zwischen 10 Sekunden und vier Minuten (modifiziert nach De Marées, 2003, S. 370)

Die anaerob-alaktazide Energiebereitstellung (Kurve „alaktazid")

Zunächst zerfällt das in den **Mitochondrien** vorhandene **ATP (ATP-Spaltung)**. Das ATP zerfällt bei der Muskelkontraktion in das Adenosindiphosphat (ADP) und einen Phosphatrest P_i. Der Körper muss dann dafür sorgen, dass neues ATP hergestellt wird. Die Energie eines weiteren Phosphats in der Muskelzelle, des Kreatinphosphats (KP), sorgt kurzfristig dafür, dass aus ADP und P wieder ATP entsteht **(Resynthese von ATP)**.

Erste chemische Reaktion = **Spaltung von ATP:**	$ATP \rightleftharpoons ADP + P_i + Energie$
Zweite chemische Reaktion = **Resynthese von ATP:**	$KP + ADP \rightleftharpoons Kreatin + ATP$

▶ **Merksätze:** ATP ist der einzige Energielieferant des Muskels. Alle nachfolgenden Reaktionen dienen nur zur Wiederauffüllung des ATP-Speichers.

Die anaerob-laktazide Energiebereitstellung (Kurve „laktazid")

Noch bevor die Vorräte an energiereichen Phosphaten verbraucht sind, ist die nächstschnellere Variante des Energiestoffwechsels aktiv geworden, die anaerob-laktazide Energiebereitstellung durch den Abbau von Glukose. Bereits nach einigen Sekunden wird die anaerob-laktazide Energiebereitstellung genutzt. Dieser Weg wird immer dann beschritten, wenn nicht genug Sauerstoff zur Energiegewinnung zur Verfügung steht. Die benötigte Energie steht dabei schnell zur Verfügung, die Energieausbeute ist aber gering, da das Zuckermolekül nicht vollständig zerlegt wird. Es entsteht Milchsäure (Laktat), die schnell zur Ermüdung führt, wenn sie sich verstärkt anhäuft.

Die **Ausbeute von drei Molekülen ATP** aus einem Molekül Glukose ist gering: Der anaerob-laktazide Stoffwechsel arbeitet also in Hinblick auf die Ausnutzung der Nahrungskohlenhydrate unökonomisch. Bei erschöpfenden Anstrengungen mit einer Belastungsdauer von etwa einer Minute wird der anaerob-laktazide Stoffwechsel weitgehend ausgereizt.

Anaerobe Glykolyse: Glykogen $\rightleftharpoons$ **3 ATP** + Milchsäure

Der aerob-alaktazide Abbau von Glukose und Fett-(Säuren) (Kurve „aerob")

Nur wenn genug Sauerstoff zur Verfügung steht, kann die Glukose vollständig abgebaut werden. Dieser Vorgang dauert aber deutlich länger. Die Energieausbeute ist deutlich größer **(31 Moleküle ATP aus einem Glukosemolekül)**.

Aerobe Glykolyse: 1 Glukose + 6 O_2 + 31 ADP + 31 $P_i \rightleftharpoons$ 6 CO_2 + 6 H_2O + **31 ATP**

Die folgende Tab. 13.2 verdeutlicht den Unterschied von anaerober und aerober Glykolyse in Bezug auf wichtige Parameter der Energiebereitstellung.

Tab. 13.2: Gegenüberstellung von aerober und anaerober Glykolyse (modifiziert nach De Marees, 2003, S. 356-357)

	Anaerobe Glykolyse	Aerobe Glykolyse
Laktatbildung	Ja	Nein
Mol ATP/Mol Glukose	3	31
Energiebereitstellung	Schnell	Langsam
Energiemenge pro Zeiteinheit (Leistung)	Groß	Klein
Gesamtenergiemenge	Klein	Groß
Beispiel	100-m-Lauf	10.000-m-Lauf

Auf aerobem Weg können bei lang andauernden Ausdauerbelastungen mit niedriger Intensität zusätzlich auch Fettsäuren abgebaut werden. Dabei erhält man pro Mol einer freien Fettsäure eine hohe ATP-Ausbeute:

1 Mol FFS ergibt **130 Mol ATP**.

Allerdings ist diese Energiebereitstellung nur bei sehr geringer Belastung möglich.

Abb. 13.9 zeigt die Möglichkeiten der Energiebereitstellung bei erschöpfender Belastung in Abhängigkeit von der Belastungszeit an.

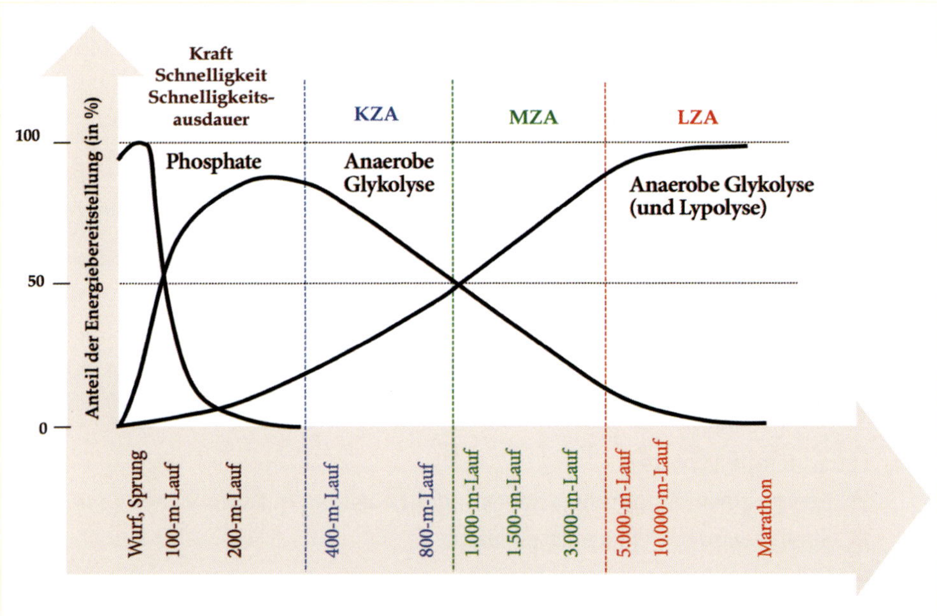

Abb. 13.9: Möglichkeiten der Energiebereitstellung im langfristigen Prozess am Beispiel der Leichtathletik (modifiziert nach Badtke, 1999, S. 63; Autorenkollektiv, 2013, S. 76 nach Laursen, 2010 sowie Eisenhut & Zintl, 2013, S. 36).

Zusammenfassung

▶ Woher bezieht der Körper seine „Treibstoffe" für körperliche Belastungen?

1. **Phosphate** sind nach maximal 10 Sekunden verbraucht.
2. **Kohlenhydrate** reichen je nach Intensität bis zu 90 Minuten.
3. **Fette** haben eine nahezu unerschöpfliche Kapazität.

▶ Wann und unter welcher Bedingung werden welche Substrate verbrannt?

1. Phosphate (ATP = Adenosintriphosphat; KP = Kreatinphosphat):
   - Energiegewinnung erfolgt sofort, ohne O_2 und ist nach 6-8 Sekunden verbraucht.
   - Energiegewinnung ist anaerob-alaktazid (anaerob = ohne O_2, alaktazid = ohne Bildung von Laktat, dem Salz der Milchsäure).
   - Energierate (Leistung = Energiemenge pro Zeiteinheit) ist sehr hoch.

2. Kohlenhydrate bei hoher Belastung ohne Sauerstoff (anaerobe Glykolyse):
   - Energie wird schnell geliefert.
   - Die Energieausbeute ist gering.
   - Ermüdung setzt nach kurzer Zeit ein (ca. 45 Sekunden).
   - Folge: Schnelle Ermüdung durch Milchsäurebildung im Muskel, der Muskel übersäuert und kann nicht mehr kontrahieren. Die Atemfrequenz erhöht sich, der Sportler beginnt zu schnaufen.
   - Die Energiegewinnung wird anaerob-laktazid genannt (anaerob = ohne O_2; laktazid = unter Bildung von Laktat).

3. Kohlenhydrate bei niedriger Belastung mit Sauerstoff (aerobe Glykolyse):
   - Energie wird langsam geliefert.
   - Die Energieausbeute ist hoch.
   - Das Verhältnis der Energieausbeute aerob zu anaerob beträgt etwa 10:1.
   - Folge: geringe Ermüdung.

4. Fette (aerobe Lypolyse):
   - Energiegewinnung erfolgt bei geringer Belastung mit sehr viel O_2 (aerob).
   - Energie wird sehr langsam geliefert.
   - Die Energieausbeute ist sehr groß.
   - Die Energiegewinnung erfolgt unter O_2-Verbrauch ohne Laktatbildung.

5. Gleichzeitiger Ablauf der Energiegewinnungsprozesse:
   - Alle Energiegewinnungsprozesse laufen gleichzeitig auf unterschiedlichen Touren ab, solange die Speicher nicht leer sind.
   - Bei hoher Intensität überwiegen die anaeroben Prozesse (Phosphatspeicherabbau und anaerobe Glykolyse mit Laktatbildung).
   - Bei niedrigen Intensitäten dominieren die aeroben Prozesse (aerobe Glykolyse und Lypolyse).

13.3 KRITERIEN ZUR MESSUNG DER AUSDAUERLEISTUNGSFÄHIGKEIT

Will man die Ausdauerleistungsfähigkeit eines Sportlers messen, stehen im Wesentlichen zwei Kriterien zur Verfügung. Einerseits kann bei Ausdauerbelastungen der **Laktatgehalt im Blut** gemessen werden. Das Erreichen einer Laktatkonzentration von 4 mmol Laktat pro Liter Blut (anaerobe Schwelle) gilt als ein wichtiges Kriterium für die aerobe Ausdauerleistungsfähigkeit. Neben der anaeroben Schwelle beschreibt die **maximale**

Sauerstoffaufnahme für Ausdauerbelastungen von 2-10 Minuten (Mittelzeitausdauer) ein gutes Kriterium für die aerobe Ausdauer.

AEROBE UND ANAEROBE SCHWELLE

- Die **aerobe Schwelle** (AS = Sauerstoff-Steady-State) liegt bei 2 mmol Laktat pro Liter Blut, die **anaerobe Schwelle** (ANS) bei 4 mmol Laktat pro Liter Blut.
- **Unter der AS** ist die Energiebereitstellung aerob.
- **Zwischen der AS und der ANS** wird der aerobe Stoffwechsel durch eine anaerob-laktazide Energiegewinnung unterstützt: Der Sportler fängt an zu schnaufen.
- **An der ANS** stehen Laktatbildung und Laktatabbau gerade noch im Gleichgewicht (Laktat-Steady-State).
- **Über der ANS** steigt die Laktatkonzentration im Blut stark an: Die Beine werden schwer, die Mundatmung setzt ein.
- Die **Intensität** (Laufgeschwindigkeit, Leistung etc.) **an der anaeroben Schwelle** stellt ein gutes Kriterium für die aerobe Leistungsfähigkeit eines Sportlers dar.

Die **aerobe Schwelle (AS)** liegt bei ca. 2 mmol Laktat pro Liter Blut und entspricht somit einer Belastungsintensität, bei welcher der Laktatspiegel diesen Wert gerade übersteigt. Man nennt diese Schwelle auch **Sauerstoff-Steady-State**. Ab dieser Schwelle kann die benötigte Energie nur durch zusätzliche Energiegewinnung aus dem anaerob-laktaziden Stoffwechselweg bereitgestellt werden, der Laktatspiegel beginnt zu steigen. Bei Belastungsintensitäten unterhalb dieser Schwelle erfolgt die Energiegewinnung fast ausschließlich aerob. Der Laktatspiegel bleibt dabei in der Nähe des Ruhewerts.

Im Bereich der aeroben Schwelle beträgt die Herzfrequenz bei einer erwachsenen Normalperson zwischen 120 und 140 Schlägen pro Minute. Ein Anzeichen für das Überschreiten der aeroben Schwelle ist ein gesteigertes Atemzugvolumen (AZV = Volumen, das bei normaler Atmung ein- und ausgeatmet wird, vgl. Information: Wissenswertes zur Atmung und zum Atemsystem unter Zusatzinformationsmaterial), weshalb man im Gesundheitssport und beim Aufwärmen auch vom „Laufen ohne Schnaufen" spricht.

Der **aerob-anaerobe Übergangsbereich (AANÜ)** ist der Bereich zwischen der aeroben und **anaeroben Schwelle (ANS)**, die empirisch auf 4 mmol Laktat pro Liter Blut festgelegt wird. Die Laktatbildung nimmt mit steigender Belastungsintensität zwar zu, jedoch stehen Laktatbildung und Laktatabbau immer im Gleichgewicht. Fängt ein Sportler an zu schnaufen, überschreitet er in der Regel die aerobe Schwelle. Beim Aufwärmen gilt daher: „Laufen, ohne zu schnaufen!"

Bei Belastungsintensitäten an der ANS liegt ein maximales Laktatgleichgewicht vor, d. h., Laktatbildung und Laktatabbau stehen gerade noch im Gleichgewicht. Man nennt diesen Zustand **Laktat-Steady-State**. Eine höhere Belastungsintensität führt zu einem starken Anstieg des Laktatspiegels. Die Sauerstoffaufnahme reicht nicht mehr aus, den Gesamtenergiebedarf zu decken, und es kommt zur schnellen Erschöpfung durch Übersäuerung. Dem Sportler werden die Beine schwer.

Die Belastungsintensität im Bereich der anaeroben Schwelle liegt bei einer normaltrainierten Person bei ca. 175 Schlägen pro Minute und entspricht etwa 80 % der maximalen Intensität. Der Trainierende nimmt das Überschreiten der anaeroben Schwelle anhand der Atemfrequenz (Atemzüge pro Minute) wahr.

Fallen auf einmal einatmen und ausatmen weniger als vier Laufschritte an, wurde in der Regel die anaerobe Schwelle überschritten. Auch ein Einsetzen der Mundatmung kann auf ein Überschreiten der anaeroben Schwelle hinweisen.

In folgender Tab. 13.3 sind Laktatkonzentration im Blut und Herzfrequenz, Atmung sowie Energiegewinnung in Zusammenhang gebracht.

Tab. 13.3: Zusammenhang von Laktatkonzentration im Blut und Herzfrequenz, Atmung und Energiegewinnung (Werte für die Herzfrequenz hängen vom Trainingszustand und vom Alter ab, nach Eisenhut & Zintl, 2013, S. 90)

Bezeichnung	Aerober Bereich	Aerobe Schwelle (AS)	Aerob-anaerober Übergangsbereich (AANÜ)	Anaerobe Schwelle (ANS)	Anaerober Bereich
Laktatkonzentration [mmol Laktat/l Blut]	< 2	2	2-4	4	> 4
Herzfrequenz [1/min]	< 120 (140)	120-140	120 (140)-175	175	> 175
Atmung [Laufschritte/Atemzyklus]	> 8	Ca. 8	4-8	Ca. 4	< 4
Energiegewinnung	Aerobe Glykolyse und Lypolyse		Aerobe und anaerobe Glykolyse	Anaerobe Glykolyse	

Da der Punkt, an dem der Laktatspiegel sehr stark ansteigt, individuell sehr verschieden ist, findet man in der Literatur noch die **individuelle anaerobe Schwelle (IANS)**. Während bei Untrainierten der „kritische" Punkt oberhalb der ANS von 4 mmol Laktat pro Liter Blut liegt (ca. 5-6 mmol Laktat/Liter Blut), befindet er sich bei Trainierten unterhalb der ANS (ca. 2,5-3 mmol Laktat/Liter Blut, vgl. Abb. 13.10)

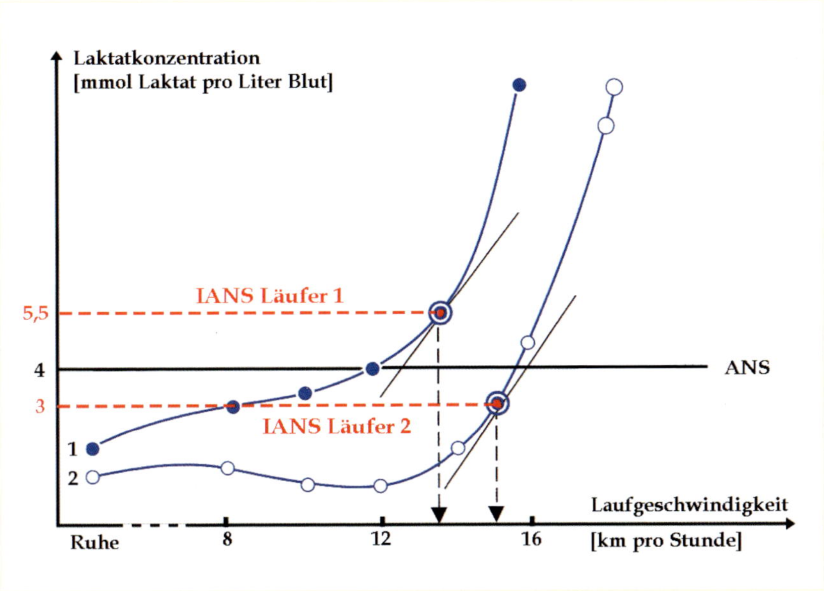

Abb. 13.10: Laktatleistungskurven bei Untrainierten (I) und Hochtrainierten (II) mit individuellen anaeroben Schwellen (IANS). Der kritische Anstieg wurde hier mittels Tangentenmethode ermittelt (modifiziert nach Eisenhut & Zintl, 2013, S. 73).

Im Spitzenbereich werden bei Auslastung des anaerob-laktaziden Stoffwechsels Laktatkonzentrationen bis zu 25 mmol pro Liter im Blut gemessen. In dieser Hinsicht erreichen Untrainierte nur 7-8 mmol pro Liter im Blut.

Aus den bisherigen Überlegungen lässt sich nun folgendes **Kriterium für die aerobe Leistungsfähigkeit** ableiten:

- **Merksatz:** Je größer die Belastungsintensität (Laufgeschwindigkeit, Leistung) ist, mit der ein Sportler die anaerobe Schwelle (ANS) überschreitet, desto besser ist seine aerobe Leistungsfähigkeit (vgl. Abb. 13.11).

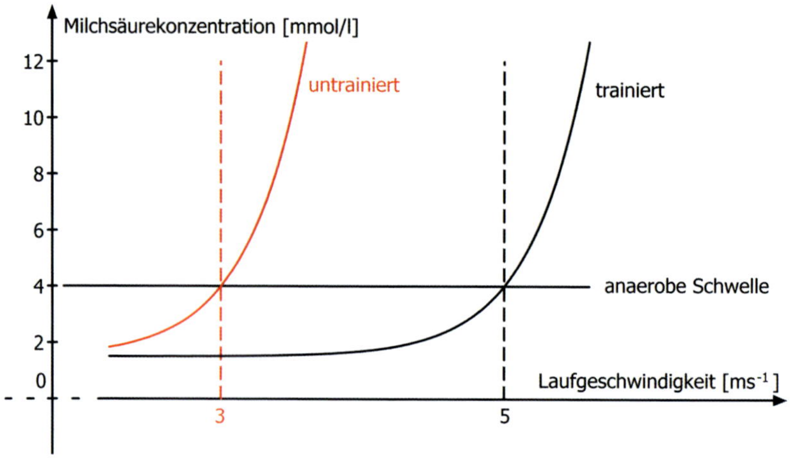

Abb. 13.11: Einfluss von Ausdauertraining auf die Laktatkurven: Kurven A und B sind vom selben Athleten. Kurve A am Anfang einer Trainingsperiode, Kurve B nach einer Trainingsperiode von drei Monaten. Schlussfolgerung: Die Laufgeschwindigkeit bei Laktat 4 mmol/l hat zugenommen. Kurve A: 3 m/s; Kurve B: 5 m/s. Die Kurve hat sich nach rechts verschoben. Das aerobe Leistungsvermögen hat sich deutlich verbessert (modifiziert nach Janssen, 1989, S. 47; aus Weineck, 2010a, S. 323).

MAXIMALE SAUERSTOFFAUFNAHME (VO_2MAX)

- Die **maximale Sauerstoffaufnahme** bezeichnet die maximale Menge an Sauerstoff, die der Organismus innerhalb einer Minute im Rahmen der Energiebereitstellung in den Geweben „verbrauchen" bzw. umsetzen kann (Einheit: ml O_2/min) (De Marées, 2003, S. 232).

- Die **maximale Sauerstoffaufnahme (VO_2max)** stellt ein **Kriterium für die aerobe Ausdauerleistungsfähigkeit** im Bereich der Mittelzeitausdauer (2-10 Minuten) dar.

Detaillierte Informationen zur maximalen Sauerstoffaufnahme finden sich im Zusatzinformationsmaterial.

13.4 STEUERUNG DER INTENSITÄT BEI AUSDAUERBELASTUNGEN

Die Belastungsintensität im Ausdauertraining kann bestimmt werden über die Herzfrequenz, das subjektive Belastungsempfinden, die Atmung, die Bewegungsgeschwindigkeit, den Laktatwert im Blut und den Anteil der maximalen Sauerstoffaufnahme.

In diesem Kapitel wird besonders auf die ersten drei Parameter (Herzfrequenz, subjektives Belastungsempfinden, Atmung) eingegangen, da sie in der Praxis am einfachsten anzuwenden sind und dabei verlässliche Größen der Trainingssteuerung im Ausdauerbereich darstellen. Die Laktatwertbestimmung, das Ermitteln der VO_2max und der Bewegungsgeschwindigkeit an der individuellen anaeroben Schwelle sind in der Durchführung aufwendig und werden meist nur im Leistungssport angewendet.

HERZFREQUENZMESSUNG

Ausdauertrainierte Sportler bewältigen die gleiche Leistung wie untrainierte Menschen mit einer wesentlich geringeren Herzfrequenz. Nach Belastungen erholen sich ausdauertrainierte Sportler schneller als nicht ausdauertrainierte. Außerdem sind ausdauertrainierte Sportler im Training besser belastbar. Ein unverzichtbares Instrumentarium für das Ausdauertraining stellt die **Pulsfrequenzkontrolle** dar. Dadurch kann die individuelle Belastung des Sportlers überprüft werden.

▶ Die Herzfrequenz (kurz: **Puls**) bezeichnet die Anzahl der Herzschläge pro Minute. Der **Ruhepuls** wird nach dem Aufstehen gemessen, der **Belastungspuls** unmittelbar nach der Belastung. Der **Erholungspuls** gibt an, wie gut sich ein Sportler nach einer Belastung erholt.

Der Puls wird mit Zeige-, Mittel- und Ringfinger an der Daumenseite des linken Handgelenks oder an der Halsschlagader oberhalb des Schlüsselbeins gemessen. Dabei werden die Finger nur leicht aufgelegt. Den **Ruhepuls** misst man direkt nach dem Aufstehen. Den **Belastungspuls** ertastet man unmittelbar nach der Belastung, da jede zeitliche Verzögerung das Ergebnis verfälscht. Das liegt daran, dass die Pulsfrequenz nach Belastungsende sehr stark abfällt und sich dann sehr langsam dem Ruhepuls annähert.

▶ Die **Messung des Belastungspulses** erfolgt direkt nach der Belastung 10 Sekunden lang. Diesen Wert multipliziert man mit 6 und erhält als Produkt die Herzfrequenz in Schlägen pro Minute.

Beispiel: Misst man in 10 Sekunden 27 Schläge, so verdreifacht man das Ergebnis zunächst (= 81 Schläge). Die 81 Schläge werden anschließend verdoppelt. Man erhält eine Herzfrequenz von 162 Schlägen pro Minute.

Misst man den Puls nach der Belastung länger als 10 Sekunden, so entspricht das Ergebnis nicht mehr dem Belastungspuls, da der Puls sich zu schnell erholt.

Das Messen der Pulsfrequenz im Training muss mit den Trainingsteilnehmern geübt werden, damit sie auch zuverlässig eingesetzt werden kann. Die Pulsfrequenzkontrolle dient dazu, die Höhe der individuellen Belastung festzustellen, den Erholungsgrad der Sportler zu überprüfen und die exakte Einhaltung von Belastungs- und Pausengestaltung bei der Wiederholungsmethode und der Intervallmethode (z. B. bei einem Circuittraining) zu gewährleisten.

Zur Berechnung der Herzfrequenz bei verschiedenen Trainingsbereichen kann die sogenannte **Karvonen-Formel** (nach dem Finnen M. Karvonen benannt) verwendet werden. Sie berechnet die Herzfrequenz HF_T für die Trainingsbelastung in Abhängigkeit vom $Alter_A$, der Ruheherzfrequenz HF_R (morgens nach dem Aufstehen) und einem Parameter I zwischen 0 und 1, der die Intensität der Ausdauerbelastung angibt. Es gilt:

$$HF_T = (220 - A - HF_R) \cdot I + HF_R$$

HF_T: Herzfrequenz der Trainingsbelastung
HF_R: Herzfrequenz in Ruhe
A: Lebensalter
I: Intensität der Belastung (vgl. Tab. 13.4)

Tab. 13.4: Intensitätsbereiche bei Ausdauerbelastungen (nach Haas, 2013, S. 21)

Intensitätsbereich I	Trainingswirkung
Unter 60 %	Regeneratives Training/Gesundheitstraining (unterhalb der AS)
60-75 %	Aerobes Training (aerobe Glykolyse und Lypolyse; AS)
75-85 %	Training im aerob-anaeroben Übergangsbereich (AANÜ)
Über 85 %	Anaerob-laktazides Training (anaerobe Glykolyse; über der ANS)

Beispiel: $HF_R = 60$; $A = 20$, $I = 60\ \% = 0{,}6 \Rightarrow HF_T = (220 - 20 - 60) \cdot 0{,}6 + 60 = 144$

Ein 20-jähriger Sportler mit einem Ruhepuls von 60 muss für ein aerobes Training mindestens mit einer Herzfrequenz von 144 Schlägen pro Minute trainieren.

Ein Spezialfall der Karvonen-Formel ist die maximale Herzfrequenz, die sich für eine Intensität I = 100 % = 1 ergibt. Es gilt also:

$$HF_{MAX} = (220 - A - HF_R) \cdot 1 + HF_R = 220 - A$$

▶ **Faustregel:** Die **maximale Herzfrequenz** beträgt 220 minus Lebensalter.

Beispiel: Ein 20-Jähriger hat eine maximale Herzfrequenz von 220 – 20 = 200, ein 60-Jähriger eine von 220 – 60 = 160.

Neben dem Belastungs- und Ruhepuls ist noch der sogenannte **Erholungspuls** von Bedeutung. Der Erholungspuls gibt an, wie gut sich ein Sportler nach einer Belastung erholt (Erholungsfähigkeit). Zur Bestimmung des Erholungspulses wird eine Minute nach Belastungsende erneut der Puls gemessen.

▶ **Merkregel:** Der Erholungspuls sollte eine Minute nach Belastungsende um 30-40 Schläge unter dem Belastungspuls liegen.

SUBJEKTIVES BELASTUNGSEMPFINDEN

▶ Durch das **subjektive Belastungsempfinden** kann die Belastungsintensität im Ausdauerbereich sowohl für Geübte als auch für Einsteiger gut reguliert werden.

Das individuelle subjektive Belastungsempfinden stellt eine geeignete und wichtige Steuergröße zur Regulierung der Belastungsintensität dar. Es ist umso zuverlässiger, je besser die Körperwahrnehmung und realistische Selbsteinschätzung eines Sportlers ist. Zur Abschätzung der Belastung (Anstrengung) der Ausdauer schlagen Boeckh-Behrens und Buskies (2002, S. 163) folgende siebenstufige Skala vor (vgl. Tab. 13.5):

Tab. 13.5: Skala für das subjektive Belastungsempfinden bei Belastungen (nach Boeckh-Behrens & Buskies, 2002, S. 163)

Stufe	1	2	3	4	5	6	7
Belastung	Sehr leicht	Leicht	Leicht bis mittel	Mittel	Mittel bis schwer	Schwer	Sehr schwer

Ein gesundheitsorientierter Sportler sollte während des Ausdauertrainings in sich hineinhören und sich so belasten, dass er die Anstrengung „leicht bis mittel" empfindet. Ein Training nach dem subjektiven Belastungsempfinden empfiehlt sich auf für den Neueinsteiger und wenig Trainierten, wobei sich zunächst ein leichtes Anstrengungsempfinden anbietet, um auch eine längere Belastungsdauer durchhalten zu können.

- **Beachten Sie:** Beim gesundheitsorientierten Radfahren im aeroben Bereich kann der Einsteiger über das subjektive Belastungsempfinden mit einem etwas höheren Wert starten, da die subjektive Einschätzung einer „mittleren" Belastung im Gegensatz zum Laufen mit Laktatwerten deutlich unter 4 mmol/l korrespondiert (Boeckh-Behrens & Buskies, 2002, S. 164).

ATEMRHYTHMUS

- Eine Schrittzahl von 6-8 Schritten pro Atemrhythmus, eine Nasenatmung und ein „Laufen ohne zu schnaufen" sind gute Indizien für eine gesundheitsorientierte Ausdauerbelastungsintensität.

Zur Festsetzung der Ausdauerbelastungsintensität kann sehr einfach die Atmung herangezogen werden. Bei leistungsschwächeren, älteren Personen fallen auf **einen Atemrhythmus (Ein- und Ausatemaktion) acht Schritte**. Bei jüngeren Personen verkürzt sich die Schrittzahl auf 6-7 Schritte. Werden pro Atemrhythmus vier und weniger Schritte ausgeführt, ist dies ein sicheres Indiz für das Überschreiten der anaeroben Schwelle.

Neben dem Verhältnis von Schrittzahl pro Atemrhythmus gilt die **Nasenatmung** (Einatmung durch die Nase, Ausatmung durch den Mund) als verlässliches Kriterium für eine aerobe, nicht zu intensive Belastung. Die Mundatmung (Ein- und Ausatmung durch den Mund) ist ein Anzeichen dafür, dass die individuelle anaerobe Schwelle überschritten wird und verstärkt eine anaerobe Energiebereitstellung erfolgt.

Mit der Mundatmung geht meist auch ein **Schnaufen** einher. Das Reden fällt schwer. Daher gilt für ein gesundheitsorientiertes Laufen oder Einlaufen im Schulsport auch der Spruch „Laufen ohne Schnaufen".

Bei intensiver körperlicher Belastung sollte die Atemmittellage in Richtung der Ausatmung verschoben werden, da sich die eingeatmete Frischluftmenge mit weniger verbrauchter Luft in den Alveolen vermischt (Verringerung des Totraums). Dies führt zu einem höheren Sauerstoffgehalt im Alveolarraum und damit zu einer verbesserten Diffusion.

Biologische und sportpraktische Informationen zur Atmung und zum Atemsystem sind unter Zusatzinformationsmaterial ab S. 578 per QR-Code abrufbar..

- Insgesamt lässt sich festhalten, dass es keine universellen Intensitätsvorgaben gibt, die für alle Trainierenden zutreffen. Die dargestellten Belastungsdosierungen über die Herzfrequenz, das subjektive Belastungsempfinden und die Atmung stellen brauchbare und praktikable Empfehlungen für die meisten Fitnessinteressierten dar (vgl. Tab. 13.6).

Tab. 13.6: Möglichkeiten zur Dosierung der Belastungsintensität beim gesundheitsorientierten (aeroben) Ausdauertraining (in Anlehnung an Boeckh-Behrens & Buskies, 2002, S. 166)

Parameter	Laufen	Radfahren	Weitere Disziplinen
Laktat	Bis ca. 4 mmol/l	Bis ca. 4 mmol/l	Bis ca. 4 mmol/l
Herzfrequenz	**Karvonen-Formel** mit 60-75 % Intensität je nach Alter und Leistungsfähigkeit **Faustformel:** Trainingsherzfrequenz = 190/195 minus Lebensalter ± 5	**Karvonen-Formel** mit 60-70 % Intensität je nach Alter und Leistungsfähigkeit **Faustformel:** Trainingsherzfrequenz = 180 minus Lebensalter ± 3	**Karvonen-Formel** mit 60-70 % Intensität je nach Disziplin, Alter und Leistungsfähigkeit
Subjektives Belastungs-empfinden	Leicht Leicht bis mittel Mittel	Leicht bis mittel Mittel Mittel bis schwer	Leicht Leicht bis mittel Mittel
Atmung	Nasenatmung 6-8 Schritte pro Ein- und Ausatemaktion	Nasenatmung	Nasenatmung
Motto	„Laufen ohne Schnaufen" „Sprechend Laufen"	„Radeln ohne Atemnot" „Sprechend Radeln"	„Training ohne Schnaufen" „Sprechend Trainieren"
Wohlbefinden	„Sich wohlfühlen"	„Sich wohlfühlen"	„Sich wohlfühlen"

13.5 BIOLOGISCHE ANPASSUNGEN DURCH AUSDAUERTRAINING

▶ Durch intensives Ausdauertraining bildet sich ein vergrößertes **Sportherz** aus, der **Ruhepuls sinkt**, das **Schlagvolumen verdoppelt sich**.

Der Sauerstoff- und Nährstoffbedarf der Muskulatur steigt unter sportlicher Belastung stark an. Intensives Ausdauertraining führt sowohl zu einer **Vergrößerung des Herzens**, mit damit verbundener Gewichtszunahme, als auch zu einer harmonischen Erweiterung aller vier Herzhohlräume. Parallel dazu kommt es durch Ausdauertraining zu einer Erweiterung der Koronareingänge und zu einer Querschnittzunahme der Herzkranzgefäße.

Bei untrainierten Erwachsenen rechnet man mit einem Schlagvolumen von 60-70 ml in Ruhe. Ausdauertrainierte Sportler können Schlagvolumina von bis zu 200 ml aufweisen. Das Herzminutenvolumen liegt bei 5 l pro Minute bei Untrainierten und erreicht bis zu 25 l pro Minute bei Hochleistungssportlern.

Die **Abnahme der Herzfrequenz in Ruhe** ist ebenfalls ein Kennzeichen der Anpassung an Ausdauerbelastungen. In Ruhe weisen untrainierte gesunde Personen eine Herzfrequenz von 60-80 Schlägen pro Minute auf; bei Hochleistungssportlern werden Ruhepulswerte von 30-40 Schlägen pro Minute erreicht. Die Ausbildung eines Sportherzens ist weder alters- noch geschlechtsspezifisch. Auch Kinder, Jugendliche und Senioren können ein solches Sportherz entwickeln.

Tab. 13.7: Anpassung der Herzparameter durch Ausdauertraining (nach Weineck, 2010a, S. 260-263)

Ausdauer-trainings-zustand	Herzgröße		Schlagvolumen		Herzfrequenz		HMV	
	Gewicht	Volumen	Ruhe	Belastung	Ruhe	Belastung	Ruhe	Belastung
	g	ml	ml		Schläge/min		Liter	
Untrainiert	250-300	600-800	60-90	75-105	60-80	Ca. 200	Ca. 5	Ca. 20
Trainiert	350-500	900-1.300	95-115	170-200	40-60	Ca. 200	Ca. 5	Ca. 40

▶ Ausdauertrainierte weisen eine **verbesserte Kapillarisierung** und **Kollateralenbildung** sowie einen **stabileren Blutdruck** auf als Untrainierte.

Auch die kleinsten Blutgefäße (Kapillaren) erweitern ihr Netz. Es kommt demnach zu Kapillarneubildungen. Weineck (2010b, S. 199) berichtet zusätzlich über **Kollateralenbildung**. Dabei handelt es sich um zusätzliche Querverbindungen im Bereich der Arteriolen, was zu einer weiteren Verbesserung des Versorgungsnetzes bzw. zu einer Optimierung der Blutumverteilung beiträgt. Dieser Kollateralenbildung kommt aus gesundheitlicher Sicht eine besondere Bedeutung zu. Sollte im Rahmen einer Arteriosklerose ein Verschluss auftreten, können die Kollateralen die Hauptströmung übernehmen.

Neben der verbesserten **Kapillarisierung** ist bei Ausdauertrainierten auch eine **Stabilisierung des Blutdrucks** festzustellen.

▶ Bei Ausdauertraining **steigt** die **Anzahl der Mitochondrien** und **verdoppeln sich die Glykogenbestände** in Leber und Muskelzellen.

In der Muskulatur vermehrt sich durch ein Training der Ausdauer die **Zahl der Mitochondrien**. In den Mitochondrien besteht eine **verbesserte Leistungsfähigkeit der Enzyme**. Darüber hinaus werden die **Glykogenspeicher erweitert**. Beim Untrainierten betragen die Glykogenbestände in der Leber 60-100 g und in der Gesamtmuskulatur 200-300 g. Die Werte eines Ausdauertrainierten liegen etwa doppelt so hoch.

Desgleichen findet eine **intrazelluläre** – also unmittelbar verfügbare – **Fettspeichererhöhung** (in Form von eingelagerten Triglyzeridtröpfchen) bis auf das Dreifache bei Ausdauertrainierten im Vergleich zu Untrainierten statt.

Auch die **Myoglobinspeicher** in den langsam zuckenden Muskelfasern (Slow-Twitch-Fasern) werden durch Ausdauertraining erhöht. **Myoglobin** ist für die tiefrote Färbung der ST-Fasern verantwortlich und hat eine 200-fach höhere Bindungskraft zum Sauerstoff als das Hämoglobin. Es unterstützt insbesondere die Sauerstoffdiffusion aus dem Blut in die Muskelzelle und dient als intramuskulärer Sauerstoffspeicher, der ein zu starkes O_2-Defizit bei Belastungsbeginn verhindert.

▶ Durch Ausdauertraining **erhöht sich** das **Blutvolumen**, die **Viskosität** und die **Pufferkapazität des Blutes**.

Im Blut kommt es ebenfalls zu Anpassungserscheinungen. Das **Blutvolumen kann sich** um 1-2 l **erhöhen**. Dadurch steht dem Sportler im Plasma mehr Wasser zur Verfügung, welches den Körper beim Schwitzen kühlen kann. Durch die damit verbundene **Zunahme des Hämoglobins** erhöht sich die **Sauerstofftransportkapazität des Blutes**. Das Blut wird dünnflüssiger **(Viskosität sinkt)** und erleichtert somit dem Herzen die Pumparbeit, sie wird ökonomischer. Durch die gestiegene Blutmenge kann der Sportler mehr Sauerstoff aufnehmen, wodurch er mehr Energie auf aerobem Weg produzieren kann und damit ausdauerleistungsfähiger wird. Darüber hinaus steigert Ausdauertraining die **Pufferkapazität des Blutes** gegen Übersäuerung.

▶ Ausdauertrainierte haben eine **vertiefte Atmung**, ein **vergrößertes Atemminutenvolumen** und weisen eine **erhöhte Entspannungsfähigkeit** auf.

Ausdauertrainierte Sportler zeigen eine **vertiefte Atmung**, ein **vergrößertes Atemminutenvolumen** und eine **erhöhte Vitalkapazität**, die allerdings kein Parameter für eine gute Ausdauerleistungsfähigkeit ist. Abschließend sei noch die **beruhigende Wirkung** von Ausdauertraining auf das zentrale Nervensystem und eine **Steigerung der Entspannungsfähigkeit** zu nennen.

Tab. 13.8: Wirkung von Ausdauertraining auf den Organismus

Wirkungen des Ausdauertrainings	
Herz-Kreislauf-System 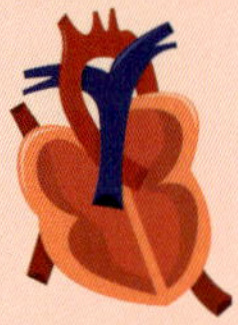	• Vergrößerung des Herzmuskels (Erweiterung der Herzhöhlen) • Verdickung des Herzmuskels • Erhöhung des Schlagvolumens • Erhöhung des Herzminutenvolumens • Verbesserte Sauerstoffaufnahme • Senkung des Ruhepulses • Verbesserte Kapillarisierung • Vergrößerung der arteriovenösen O_2-Differenz • Stabilisierung des Blutdrucks
Muskulaturstoffwechsel 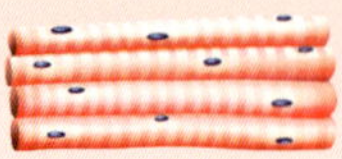	• Erhöhte Zahl der Mitochondrien (v. a. in den ST-Fasern) • Verbesserte Leistungsfähigkeit der Enzyme • Erweiterung der Glykogen- und Fettspeicher • Erhöhung der Myoglobinspeicher in den ST-Fasern
Blut 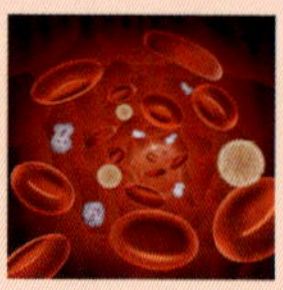	• Vermehrung der roten Blutkörperchen • Vermehrung des Hämoglobins (roter Blutfarbstoff) • Zunahme des Blutplasmas • Erweiterte Pufferkapazität bei Übersäuerung
Lunge und Atmung 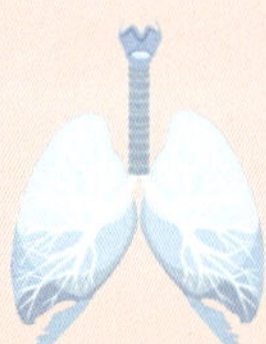	• Vertiefte Atmung • Vergrößerung des Atemminutenvolumens • Erhöhte Vitalkapazität
Nervensystem 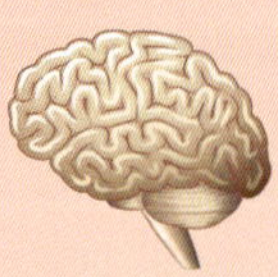	• Beruhigende Wirkung auf das Nervensystem • Steigerung der parasympathischen Aktivität

Biologische Grundlagen zum Ausdauertraining (Atmung und Atmungssystem, Herzkreislauf-System und Kenngrößen des Herzens, Anpassung des Blutes an Ausdauerbelastungen) findet man im Zusatzinformationsmaterial, welches ab S. 578 durch einen QR-Code zu erreichen ist.

13.6 METHODEN UND INHALTE VON AUSDAUERTRAINING

▶ Die drei **Haupttrainingsmethoden in der Trainingslehre** (und speziell beim Ausdauertraining) werden nach Art der Pausengestaltung unterschieden:

- **Dauermethoden** werden **ohne Pausen** durchgeführt.
- **Intervallmethoden** steuern die Belastung durch **„lohnende" Pausen**.
- **Wiederholungsmethoden** benötigen **vollständige Pausen** zwischen den Reizen.

Die drei Hauptmethoden der Trainingslehre sind gleichzeitig auch Ausdauertrainingsmethoden: Dauer-, Intervall- und Wiederholungsmethode unterscheiden sich nach Art der Pausengestaltung (vgl. Abb. 13.12).

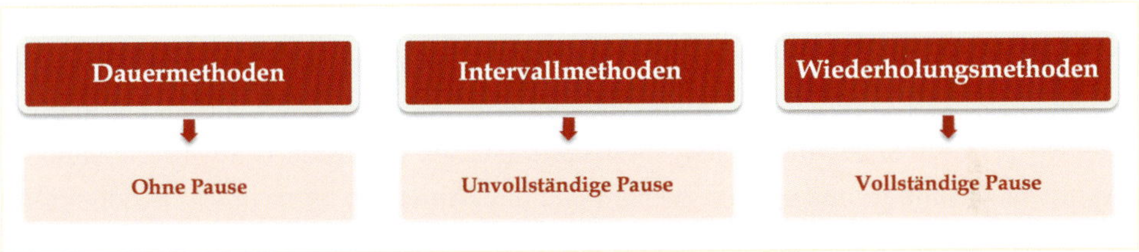

Abb. 13.12: Unterscheidung von Trainingsmethoden nach Art der Pause

Während die Dauermethoden ohne Pause auszuführen sind, liegt zwischen den Belastungsreizen bei der Wiederholungsmethode eine vollständige Pause, d. h., der Sportler erreicht vor dem nachfolgenden Reiz etwa den gleichen Zustand wie zu Belastungsbeginn. Die unvollständige Pause wird oft auch als „lohnende Pause" bezeichnet. Hier startet der nächste Reiz bereits bei einem nicht vollständig erholten Zustand. Die Intervall- und Wiederholungsmethoden finden insbesondere auch beim Kraft- und Schnelligkeitstraining Anwendung (vgl. Kap. 14.3 und Kap. 15.2).

Neben den drei Haupttrainingsmethoden werden zur Steigerung der Ausdauerleistungsfähigkeit **Wettkampfmethoden, Höhentraining und Hügelläufe** angewendet.

DAUERMETHODEN

▶ **Dauermethoden (DM)** sind gekennzeichnet durch lang andauernde und gleichmäßige Ausdauerbelastungsabschnitte ohne Pausen. Die Intensität variiert je nach Zielsetzung der Trainingseinheit zwischen „sehr gering" (extensiv, rein aerob) und „Wettkampftempo" (intensiv/meist anaerob) (vgl. Abb. 13.13).

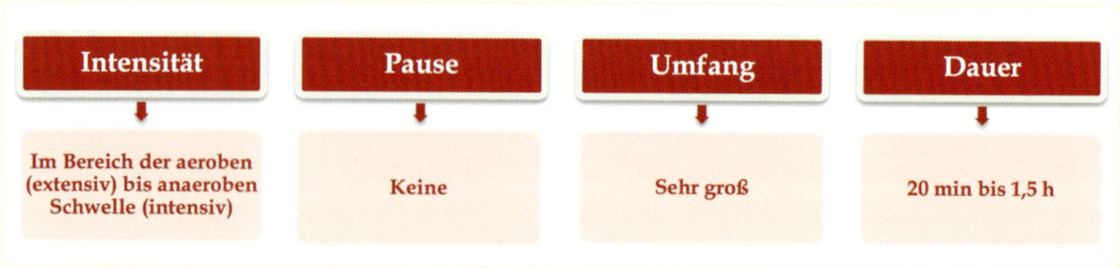

Abb. 13.13: Belastungskomponenten der Dauermethode

Man unterscheidet bei den Dauermethoden, die ohne Belastungspause ausgeführt werden, hinsichtlich eines gleichmäßigen und ungleichmäßigen Lauftempos und spricht daher von **kontinuierlichen** und **variablen Dauermethoden (DM)**. Die kontinuierlichen DM lassen sich nach ihrer Intensität in **extensive** und **intensive DM** differenzieren. Bei den variablen DM unterscheidet man zwischen einem planmäßigen und einem unplanmäßigen (z. B. geländeabhängigen) Intensitätswechsel. Im ersten Fall wird die variable DM mit **Wechselmethode** und im zweiten Fall mit **Fahrtspiel** bezeichnet. Der Übergang zur Intervallmethode ist dabei fließend.

Die folgende Tab. 13.9 stellt die **extensive** und **intensive kontinuierliche DM** sowie die **variable DM** dar.

Tab. 13.9: Belastungskomponenten bei kontinuierlicher und variabler DM (nach Steinhöfer, 2008, S. 242-243)

	Kontinuierliche DM		Variable DM
Tempo	Gleichmäßig		Ungleichmäßig
Intensität	Extensiv	Intensiv	Planmäßig: Wechselmethode unplanmäßig: Fahrtspiel
	Im Bereich der AS (2 mmol Laktat/l) HF 130-160 (Schläge pro Minute) je nach Trainingszustand 45-70 % der VO_2max Subjektives Belastungsempfinden: leicht bis mittel Nasenatmung 6-8 Schritte/ Atemzyklus „Laufen ohne Schnaufen"	Im Bereich der ANS (3-4 mmol Laktat/l) HF 140-180 (Schläge pro Minute) je nach Trainingszustand 75-85 % der VO_2max Subjektives Belastungsempfinden: mittel bis schwer Nasen- und Mundatmung 4-6 Schritte/Atemzyklus	Wechsel zwischen AS und ANS (1,5-5 mmol Laktat/l) HF 130-180 (Schläge pro Minute) je nach Trainingszustand 45-85 % der VO_2max Subjektives Belastungsempfinden: leicht bis schwer Nasen- und Mundatmung 4-8 Schritte/Atemzyklus
Dauer	30-60 Minuten	20-45 Minuten	30-60 (90) Minuten
Training-wirkung	Ökonomisierung des Herz-Kreislauf-Systems Verbesserte Durchblutung Erweiterung der Glykolyse und Lypolyse	Verbesserte Kapillarisierung Aerobe Glykolyse Bessere Ausschöpfung der Glykogenspeicher	Verbesserte Umstellung zwischen anaerober und aerober Glykolyse Bessere Laktatkompensation und -elimination in extensiven Phasen Vergleiche kontinuierliche DM

Für **Spielsportler** eignen sich zur Verbesserung der Ausdauerleistungsfähigkeit in besonderem Maße die variablen DM, da gerade im Handball, Fußball und Basketball eine wechselnde Ausdauerbelastung vorliegt. Da die Belastungswechsel im Sportspiel meist unplanmäßig sind, stellt das **Fahrtspiel** (vgl. Abb. 13.14) eine hervorragende Ausdauertrainingsmethode für Spielsportler dar. Diese unplanmäßige und variable Dauermethode trainiert die für Spieler wichtige Umstellung von aerober zu anaerober Glykolyse und eine verbesserte Laktatelimination in den Erholungsphasen.

Zur Verbesserung der **Grundlagenausdauer** werden aktuell kontinuierliche DM favorisiert. Individualsportler mit einem guten Zeit- und Tempogefühl bevorzugen kontinuierliche DM sowie die Wechselmethode.

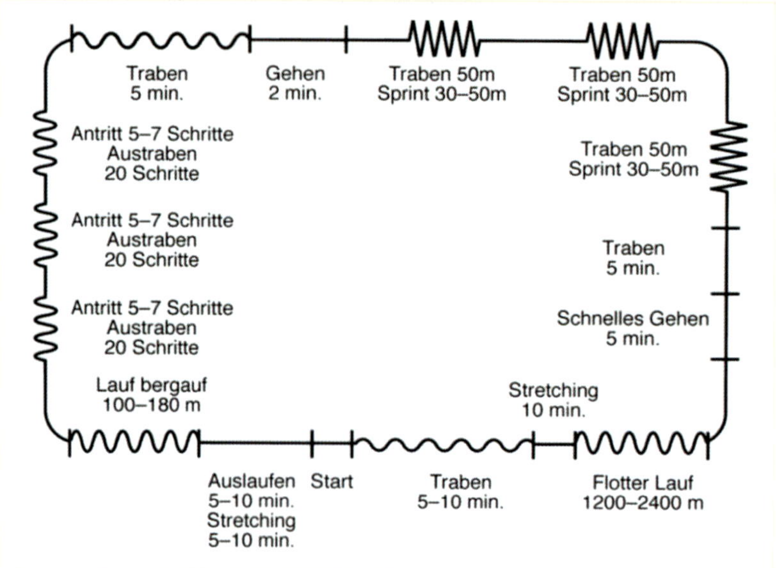

Abb. 13.14: Das Fahrtspiel ist eine weitgehend unplanmäßige und variable Dauermethode (modifiziert nach Nicklaus, 1993, S. 82).

Geben Sie weitere Beispiele für ein Fahrtspiel an.

INTERVALLMETHODEN

▶ **Intervallmethoden (IM)** sind charakterisiert durch eine „lohnende" Pause zwischen den Belastungsphasen, in der die Herzfrequenz auf einen Wert deutlich oberhalb der Herzfrequenz zu Beginn der Belastung sinkt (ca. 120-130 Schläge pro Minute). Bei einer niedrigeren Intensität und einem höheren Umfang spricht man von einer **extensiven IM** (Hauptziel: Verbesserung der aeroben Glykolyse), bei höherer Intensität und etwas niedrigerem Umfang von einer **intensiven IM** (Hauptziel: Verbesserung der gemischten aerob-anaeroben Glykolyse).

Intervallmethoden (IM) zeichnen sich dadurch aus, dass der Trainingsablauf von Pausen unterbrochen wird. Die Pausen werden im Intervalltraining so gewählt, dass sie nicht zur vollständigen Erholung führen. Die Pausenlänge ist vielmehr so zu gestalten, dass die nächste Belastung dann folgt, wenn man sich eine gleiche Belastung gerade eben wieder zutraut. Man nennt solche Pausen **lohnende Pausen**, weil der Körper zu dem genannten Zeitpunkt den wesentlichen Anteil der Erholung nach der vorangegangenen Belastung geschafft hat. Oft wird eine **Herzfrequenz** von 120 Schlägen pro Minute angegeben, die den richtigen Zeitpunkt zur Wiederaufnahme der Belastung bestimmt, dies ist aber nur ein grober Richtwert.

Abb. 13.15 stellt die Intervallmethoden bezüglich der Belastungskomponenten Intensität, Pause, Umfang und Dauer dar, wobei zwischen einer **extensiven** und **intensiven IM** unterschieden wird.

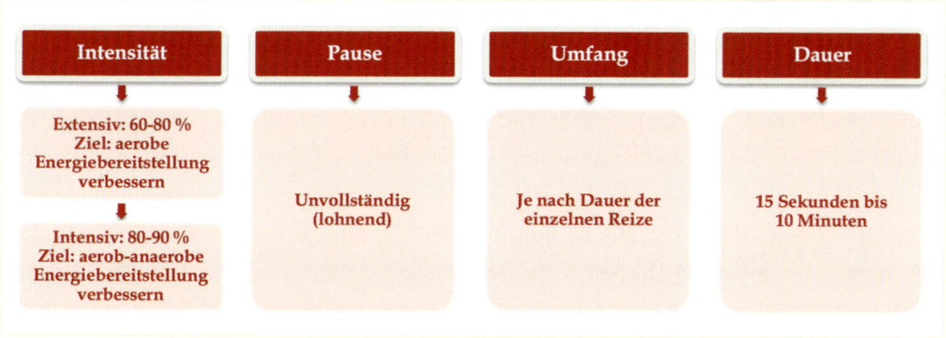

Abb. 13.15: Belastungskomponenten der Intervallmethode

Für Spielsportler (Handball, Basketball und Fußball) empfiehlt Steinhöfer (2008) die in der folgenden Tab. 13.10 dargestellten Belastungsparameter.

Tab. 13.10: Belastungskomponenten bei extensiver und intensiver IM für Spielsportler; ÜP = Pause zwischen zwei Übungen; SP = Pause zwischen zwei Serien (angelehnt an Steinhöfer, 2008, S. 244; Grosser & Zintl, 1994, S. 144-147)

	Extensive Intervallmethode	Intensive Intervallmethode
Intensität	60-80 % der individuellen Maximalgeschwindigkeit auf der jeweiligen Strecke; Laktatwert: 3-4 mmol Laktat/l	80-90 % der individuellen Maximalgeschwindigkeit auf der jeweiligen Strecke; Laktatwert: 4-8 mmol Laktat/l
Dauer	30-180 Sekunden pro Intervallbelastung	15-120 Sekunden pro Intervallbelastung
Pause	ÜP: 45-120 Sekunden; SP: 5 Minuten	ÜP: 1-3 Minuten; SP: 5 Minuten
Belastungsumfang	Hohe Wiederholungszahl	Mittlere Wiederholungszahl
Gesamtumfang	45-60 Minuten (einschließlich Pausen)	30-45 Minuten (einschließlich Pausen)
Trainingswirkung	Sportherzentwicklung, Kapillarisierung, Verbesserung der aeroben Glykolyse, Verbesserung der Laktatelimination	Herzvergrößerung, Aktivierung der gemischten anaerob-aeroben Energiebereitstellung aus Glykogen, Laktatproduktion (ST-Fasern)

Galten die Intervallmethoden eine Zeit lang als die Ausdauertrainingsmethoden, werden aktuell vor allem von **Individualsportlern kontinuierliche Dauerbelastungen** favorisiert. Vor allem die extensive IM ist für **Sportspieler** in der Trainingspraxis weitgehend verzichtbar. Die intensive IM wird dagegen aufgrund ihrer Trainingswirkung bei der Aktivierung der gemischten anaerob-aeroben Energiebereitstellung den höheren, intervallartig auftretenden Sportspielbelastungen deutlich besser gerecht und ist daher für Sportspieler durchaus geeignet. Allerdings setzt die Anwendung dieser Methode eine große Erfahrung bei Trainern und Spielern voraus, da die Belastung sehr genau dosiert werden muss. Für unerfahrene Sportler stellt sie keine geeignete Methode dar.

Beispiel: Ein Basketballer sprintet 3,5 Basketballfeldlängen in 17-20 Sekunden (ca. 100 m). Dies wiederholt er in 3-5 Serien zu fünf Sprintdurchgängen (bis hin zu einer Serie mit 25 Durchgängen!). Zwischen den Sprints macht er eine Wurfpause von 40 Sekunden. Die aktive Serienpause mit Kräftigungsübungen beträgt fünf Minuten. Dauer des Programms: 30-45 Minuten.

WIEDERHOLUNGSMETHODEN

▶ Die **Wiederholungsmethode** ist gekennzeichnet durch eine vollständige Pause zwischen den Belastungen. Sie verbessert besonders die anaerobe Glykolyse (Belastungsdauer: 45-180 Sekunden) und die anaerob-alaktazide Energiegewinnung durch Phosphate (Belastungsdauer: 15-20 Sekunden).

Wiederholungsmethoden (WM) sind eine Trainingsform, bei der mit sehr hohen Intensitäten (90-100 %) trainiert wird. Dies ist nur durch lange und **vollständige** Pausen möglich. Im Mittelpunkt der Trainingswirkungen steht dabei die anaerobe Energiebereitstellung. Die WM eignet sich auch zur Verbesserung der Schnelligkeit. Die Belastungsparameter der Wiederholungsmethode sind in Abb. 13.16 dargestellt.

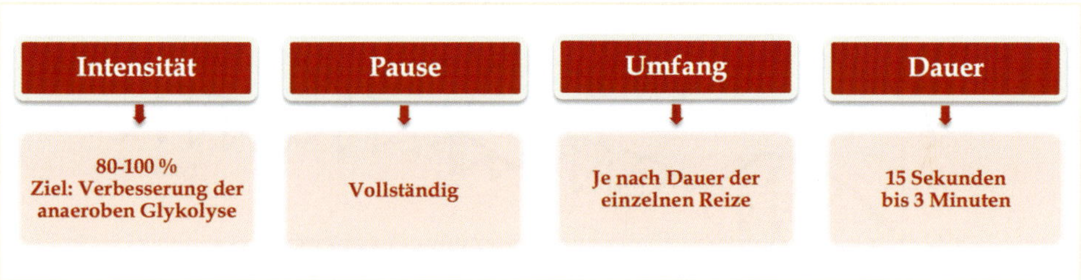

Abb. 13.16: Belastungskomponenten der Wiederholungsmethode

Grosser und Zintl (1994) geben drei Formen der Wiederholungsmethode an, die sich in der Länge der Intervalle (LZI, MZI, KZI) unterscheiden (vgl. Tab. 13.11):

Tab. 13.11: Belastungskomponenten bei der Wiederholungsmethode (nach Grosser & Zintl, 1994, S. 148-150)

	WM mit LZI	WM mit MZI	WM mit KZI
Intensität	75-90 %	80-90 %	90-100 %
Dauer	2-3 Minuten	45-60 Sekunden	15-20 Sekunden
Pause	10-12 Minuten	8-10 Minuten	7-10 Minuten
Umfang	3-5 Wiederholungen	4-6 Wiederholungen	6-8 Wiederholungen
Trainingswirkung	Verbesserung der anaeroben Glykolyse, Steigerung der Laktattoleranz bei mittleren Konzentrationen	Verbesserung der anaeroben Glykolyse, Laktattoleranzzunahme	Verbesserung der anaerob-alaktaziden Energiebereitstellung, schnelle Laktatproduktion in ST-Fasern

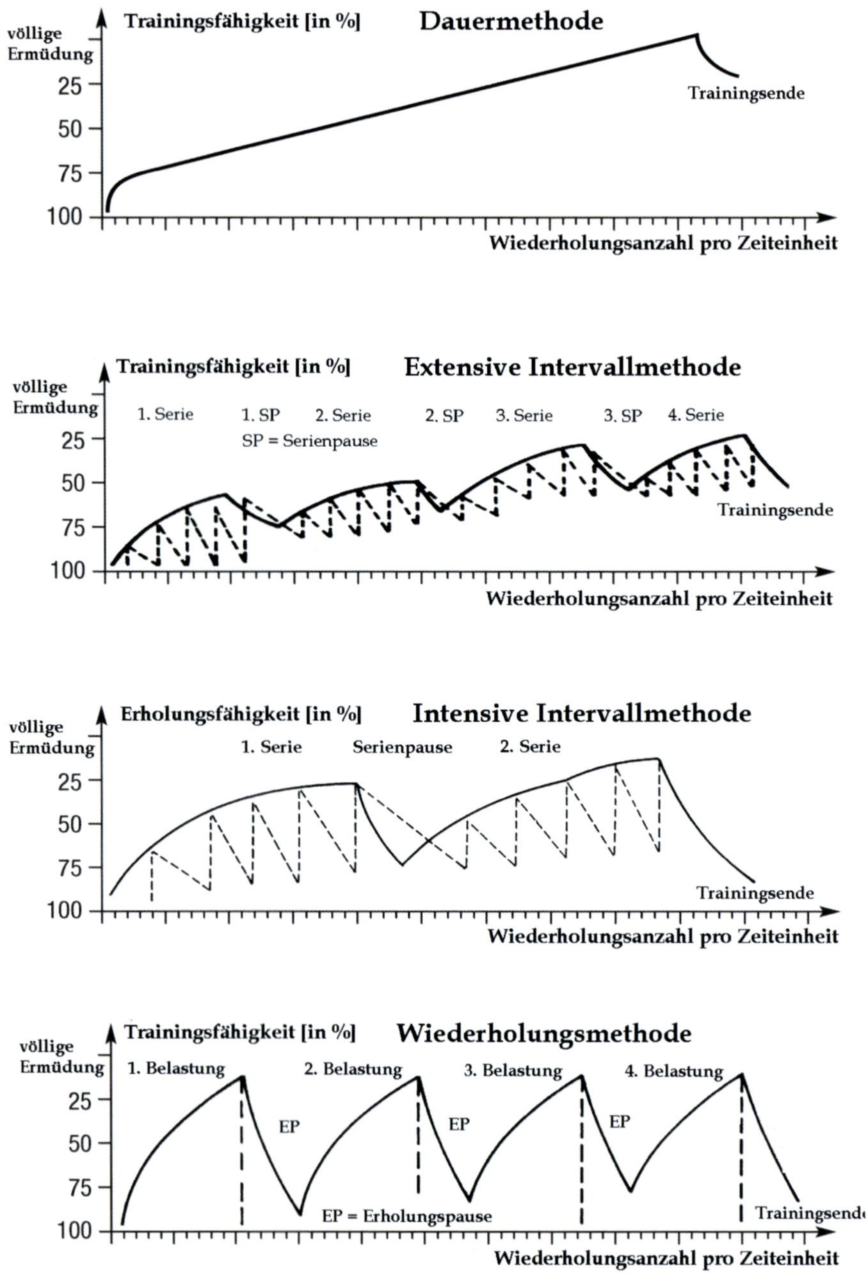

Abb. 13.17: Dauermethode, extensive und intensive Intervallmethode sowie Wiederholungsmethode als Intensitäts-Zeit-Kurven. (modifiziert nach Weineck, 2010a, S. 270, 277-278, 284)

Für **Spielsportler** spielt die Wiederholungsmethode zur Ausdauerschulung eine untergeordnete Rolle, da ein mehrfacher Tempolauf, noch dazu mehrfach wiederholt, nicht dem Anforderungsprofil von Spielsportarten entspricht (Steinhöfer, 2008, S. 245). Die WM eignet sich daher eher für **leichtathletische Mittel- und Langstreckenläufer**.

Die WM steigert enorm die **Willenskraft**, die **höchste individuelle Leistungsbereitschaft** und die **Belastungsverträglichkeit**, sodass aufgrund der pädagogisch-psychologischen Wirkung über eine Aufnahme in ein Trainingsprogramm von Spielsportlern nachgedacht werden könnte. Das folgende erprobte Beispiel verdeutlicht die Wiederholungsmethode im Rahmen der Vorbereitungsphase auf eine Basketballsaison.

Beispiel: Ein Leistungsbasketballer läuft in der Saisonvorbereitung 4 x 1.000 m jeweils in einer Zeit von 3:30 min (entspricht etwa 75-90 % der maximalen Leistungsfähigkeit). Zwischen den Tempoläufen macht er eine aktive Pause von 10 Minuten. Hier führt er sein allgemeines Kräftigungsprogramm durch. Die Dauer des Gesamtprogramms beträgt mit Auf- und Abwärmen etwa 60 Minuten.

Die drei Trainingsmethoden können jeweils als Intensitäts-Zeit-Verlauf durch nebenstehende vier Grafen aus Abb. 13.17 beschrieben werden.

WETTKAMPFMETHODEN, HÖHENTRAINING UND HÜGELLÄUFE

▶ Die **Wettkampfmethode** ist die komplexeste Ausdauertrainingsmethode, da sie alle für die jeweilige Sportart notwendigen speziellen Fähigkeiten und Fertigkeiten schult.

Wettkampfmethoden werden in Form von Trainings- und Aufbauwettkämpfen angewandt. Sie sind durch eine einmalige Belastung mit höchster Intensität gekennzeichnet. Es werden also wettkampfgemäße Funktionszustände des Organismus angestrebt. Dabei werden alle für den Wettkampf notwendigen speziellen Fähigkeiten und Fertigkeiten einer Sportart zugleich geschult.

Beispiel: Will ein Basketballjugendtrainer die basketballspezifische Ausdauer schulen und gleichzeitig eine neue Pressverteidigung einüben, eignen sich Turniere und Freundschaftsspiele in besonderem Maße. Der Wettkampfcharakter sorgt bei den Spielern für eine hohe Motivation und Anstrengungsbereitschaft, die im Training meist nicht zu erreichen ist.

> Erörtern Sie, was hinsichtlich der Entwicklung einer sportspielspezifischen Ausdauer für und gegen häufige Freundschaftsspiele sprechen könnte.

▶ Das **Höhentraining** stellt diejenige Trainingsmethode dar, bei der es von allen Ausdauertrainingsmethoden zur größten relativen Zunahme der roten Blutkörperchen kommt.

Ein **Höhentraining** erzwingt aufgrund des Sauerstoffmangels und der damit verbundenen geringeren Sauerstoffsättigung des Blutes einschneidende Anpassungsveränderungen des gesamten Organismus, die nach Rückkehr ins Flachland eine Steigerung der sportlichen Ausdauerleistungsfähigkeit bewirken können. Für den Ausdauersportler im Hochleistungsbereich ist diese Methode heutzutage eine Selbstverständlichkeit und unabdingbar für die Optimierung der sportlichen Leistungsfähigkeit.

Durch Höhentraining wird die Sauerstofftransportkapazität des Blutes durch die Vermehrung der Erythrozyten entscheidend verbessert! Im Gegensatz zu einem Ausdauertraining im Flachland bewirkt das Höhentraining eine relative Zunahme der Erythrozyten, das heißt, die roten Blutkörperchen nehmen in höherem Maße zu als das Blutplasma. Dies bedeutet, dass es durch Höhentraining zu einer „Eindickung" des Blutes und damit zu einem Anstieg des Hämatokrits kommt (vgl. biologische Grundlagen zum Ausdauertraining unter Zusatzinformationsmaterial).

▶ **Hügelläufe** mit Steigungen von 10-15 % eignen sich bei einer Länge von 150 m und mehr zur Verbesserung der anaeroben Kapazität, während solche mit einer Streckenlänge von mehr als 400 m verstärkt die aerobe Kapazität und die maximale Sauerstoffaufnahme steigern.

Für das Training der speziellen Ausdauer haben sich – nicht erst seit Bekanntwerden von Felix Magaths Trainingsmethoden in Wolfsburg – **Hügelläufe** (Steigung etwa 10-15 °) als besonders effektiv erwiesen. Bei dieser Trainingsform kommt es zu einer besonders intensiven Beanspruchung des Kohlenhydratstoffwechsels, wobei Läufe über 150 m stärkere Milchsäureanstiege bewirken als Läufe über 400 m. Die maximale Sauerstoffaufnahme wird hingegen über 400 m, nicht aber über 150 m gesteigert. Erklärung: Bei den kürzeren Laufdistanzen überwiegt die anaerobe, bei den längeren die aerobe Energiebereitstellung. Je nach Zielsetzung müssen also kürzere (Steigerung der anaeroben Kapazität) oder längere Strecken (Verbesserung der aeroben Kapazität) ausgewählt werden. Zusätzlich wird durch „Bergauflaufen" die Wadenmuskulatur (wegen der intensivierten Fußstreckung) und die Hüftbeugemuskulatur (wegen der vermehrten Kniehubleistung) gekräftigt.

Begründen Sie die Art der Energiebereitstellung bei Hügelläufen von mehr als 150 m bzw. mehr als 400 m.

TRAININGSPYRAMIDE ZUM AUSDAUERTRAINING

▶ **Trainingspyramide zum Ausdauertraining:** Umfangsbetontes aerobes Training bildet die Grundlage für ein intensitätsbetontes und umfangsreduziertes anaerobes Training.

Bei der Festlegung der Inhalte und Methoden muss die **Trainingspyramide zum Ausdauertraining** beachtet werden (vgl. Abb. 13.18). Die Basis im Ausdauertraining ist die aerobe Ausdauerleistungsfähigkeit. Mit einer guten aeroben Basis kann dann anschließend die gemischte aerob-anaerobe und die anaerobe Ausdauer verbessert werden. Je anaerober die Ausdauerschulung ist, desto geringer wird der Trainingsumfang. Dabei werden an der Basis der Pyramide extensive (extensive Dauer- und Intervallmethode) und zur Spitze hin intensive Ausdauertrainingsformen (intensive Dauer- und Intervallmethode sowie Wiederholungsmethode) angewendet.

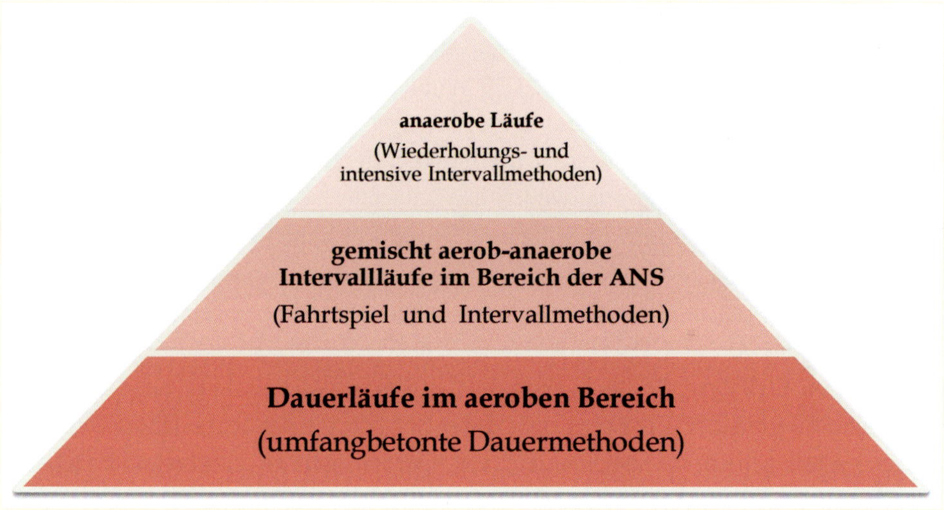

Abb. 13.18: Trainingspyramide zur Ausdauerschulung (modifiziert nach Haas, 2013, S. 54)

Eine Darstellung eines schulischen **Unterrichtsvorhabens zur Ausdauer** und Hinweise für die Erstellung eines **Trainingsplans zur Vorbereitung auf den 5.000-m-Lauf** sind im Zusatzinformationsmatieral ab S. 578 per QR-Code zu erreichen.

13.7 RÜCKBLICK

Grundbegriffe

- **Ausdauer** setzt sich zusammen aus Ermüdungswiderstandsfähigkeit und rascher Erholungsfähigkeit.
- **Arten von Ausdauer:** Ausdauer kann differenziert werden nach der Spezifik, der Art der Energiebereitstellung, der Zeitdauer, der beteiligten Muskulatur, der Belastungsform und nach der Art der Mischform.
- **Grundlagenausdauer** ist für alle Sportarten und Sportbereiche von Bedeutung und besitzt eine gesundheitsfördernde Wirkung.
- **Spezielles Ausdauertraining** muss sich an die Spezifik einer Sportart anpassen.

Energiebereitstellung

- **Energielieferanten:** Phosphate (nach maximal 10 Sekunden verbraucht), Kohlenhydrate (reichen je nach Intensität bis zu 90 Minuten) und Fette (nahezu unerschöpfliche Kapazität) sind die Energielieferanten für körperliche Belastungen.
- **ATP** ist der einzige Energielieferant des Muskels, der durch unterschiedliche Energiebereitstellungsprozesse erzeugt wird.
- **Phosphatspeicherleerung:** Phosphate (ATP und KP) haben eine sehr hohe Energierate, sind aber schnell verbraucht. Die Energiebereitstellung erfolgt bei maximaler Belastung bis maximal 10 Sekunden ohne Sauerstoff und ohne Laktatbildung (anaerob-alaktazid).
- **Anaerobe Glykolyse:** Kohlenhydrate werden bei hoher Belastung ohne Sauerstoff (anaerob) verbraucht. Die Energierate dabei ist hoch, die Ausbeute gering. Die Ermüdung setzt nach ca. 45 Sekunden ein. Der Sportler fängt an zu schnaufen. Es bildet sich Laktat, der Muskel übersäuert und kann spätestens nach zwei Minuten nicht mehr kontrahieren.
- **Aerobe Glykolyse:** Bei niedriger Belastung werden Kohlenhydrate mit Sauerstoff (aerob) verbraucht. Die Energierate ist niedrig. Die Ausbeute ist hoch.
- **Aerobe Lypolyse:** Bei lang andauernder und sehr niedriger Belastung werden Fette zur Energiebereitstellung herangezogen. Die Energierate ist sehr niedrig. Die Energieausbeute sehr hoch.
- **Gleichzeitiger Ablauf der Energiegewinnungsprozesse:** Alle Vorgänge der Energiegewinnung laufen gleichzeitig auf unterschiedlichen Touren ab, solange die Speicher nicht leer sind. Bei hoher Intensität überwiegen die anaeroben, bei niedriger Intensität die aeroben Prozesse.

Messung der Ausdauerleistungsfähigkeit

- Die **aerobe Schwelle (AS)** liegt bei 2 mmol Laktat pro Liter Blut, die **anaerobe Schwelle (ANS)** bei 4 mmol Laktat pro Liter Blut. Der Bereich zwischen 2 und 4 mmol/l Blut heißt **aerob-anaerober Übergangsbereich (AANÜ)**.
- Je höher die Belastungsintensität (Laufgeschwindigkeit, Leistung) ist, mit der ein Sportler die ANS überschreitet, desto besser ist seine aerobe Ausdauerleistungsfähigkeit.

Steuerung der Intensität bei Ausdauerbelastungen

- **Herzfrequenz:** Als Faustregel für die Trainingsherzfrequenz im AANÜ gilt beim Laufen 190 minus Lebensalter, beim Radfahren 180 minus Lebensalter.
- **Subjektives Belastungsempfinden:** Das subjektive Belastungsempfinden kann auf einer Skala von sehr leicht (1) bis sehr schwer (7) operationalisiert werden.
- **Atemrhythmus:** Nasenatmung und 6-8 Laufschritte pro Ein- und Ausatemaktion weisen auf ein Training im AANÜ hin.

Biologische Anpassungen durch Ausdauertraining

- **Herz-Kreislauf-System:** Sportherzbildung, Erhöhung des SV und HMV, verbesserte O_2-Aufnahme, geringerer Ruhepuls, verbesserte Kapillarisierung, Stabilisierung des Blutdrucks.
- **Muskulaturstoffwechsel:** Erhöhte Zahl an Mitochondrien, verbesserte Enzymtätigkeit, Erweiterung der Glykogen- und Fettspeicher, Erhöhung der Myoglobinspeicher in den ST-Fasern.
- **Blut:** Vermehrung der roten Blutkörperchen und des Hämoglobins, Zunahme des Blutplasmavolumens und verbesserte Pufferkapazität des Blutes.
- **Lunge/Atmung:** Vertiefte Atmung, Vergrößerung des AMV, erhöhte Vitalkapazität.
- **Nervensystem:** Beruhigende Wirkung auf das Nervensystem, Steigerung der parasympathischen Aktivität.

Methoden im Ausdauertraining

- **Dauermethoden:** Dauermethoden (DM) werden ohne Pause ausgeführt. Dabei kann das Tempo gleichmäßig oder ungleichmäßig sein.
- **Intervallmethoden:** Intervallmethoden (IM) werden mit einer unvollständigen („lohnenden") Pause zwischen den Belastungsphasen ausgeführt.
- **Wiederholungsmethoden:** Wiederholungsmethoden (WM) werden mit einer vollständigen Pause zwischen den Belastungsphasen ausgeführt.
- **Trainingspyramide zum Ausdauertraining:** Umfangsbetontes aerobes Training bildet die Grundlage für ein intensitätsbetontes und umfangsreduziertes anaerobes Training.

13.8 PRÜFUNGSVORBEREITUNG

Kontrollfragen

1. Was versteht man unter Ausdauer?
2. Nennen und charakterisieren Sie kurz die verschiedenen Arten der Ausdauer.
3. Was versteht man unter Kurzzeit-, Mittelzeit- und Langzeitausdauer?
4. Welche Bedeutung hat die Grundlagenausdauer für die sportliche Leistungsfähigkeit?
5. Welchen Nutzen hat Ausdauertraining für die sportliche Leistungsfähigkeit?
6. Geben Sie Grenzen von Ausdauertraining für die sportliche Leistungsfähigkeit an.
7. Was versteht man unter den Begriffen aerob und anaerob?
8. Wie hängen aerobe/anaerobe Energiegewinnung und Belastungsintensität zusammen?
9. Nennen Sie Ausdauerdisziplinen, die verstärkt eine anaerobe Ausdauer benötigen.
10. Erläutern Sie, was man unter einem Sauerstoffdefizit versteht.
11. Welche Funktionen hat das ATP für den Organismus?
12. Was bedeuten ATP-Spaltung und ATP-Resynthese?
13. Erläutern Sie, wie sich anaerobe und aerobe Glykolyse unterscheiden.
14. Welche kurzfristige körperliche Anpassung erfolgt auf intensives Ausdauertraining?
15. Beschreiben Sie die Energiegewinnung bei einem 800-m-Lauf.
16. Woher bezieht der Körper seine Treibstoffe für körperliche Belastung?
17. Wann und unter welchen Belastungen verbrennt der Körper welche Substrate?
18. Was bedeuten die Abkürzungen AS, AANÜ, ANS und IANS?
19. Erläutern Sie die Bedeutung der ANS und der IANS für Ausdauertraining.
20. Beschreiben Sie den typischen Verlauf einer Laktat-Leistungs-Kurve.
21. Wie unterscheiden sich Laktat-Leistungs-Kurven von Ausdauersportlern und Ungeübten?
22. Nennen Sie die langfristige Adaptation von Ausdauertraining auf das Herz-Kreislauf-System.
23. Wie kann die Belastungsintensität im Ausdauertraining reguliert werden?
24. Erläutern Sie folgende Begriffe: Ruhepuls, Belastungspuls und Erholungspuls.
25. Wie misst man den Belastungspuls?
26. Stellen Sie die Karvonen-Formel dar und wenden Sie diese für ein aerobes Training an.
27. Wie lautet die Faustregel für die maximale Herzfrequenz?
28. Welche Merkregel besteht für den Erholungspuls eine Minute nach Belastungsende?
29. Erklären Sie, was unter subjektivem Belastungsempfinden zu verstehen ist.
30. Welche Unterschiede bestehen beim Belastungsempfinden von Laufen und Radfahren?
31. Wie kann ein Sportler am Atemrhythmus erkennen, dass er aerob trainiert?
32. Wie wirkt sich Ausdauertraining langfristig auf das Herz-Kreislauf-System aus?
33. Beschreiben Sie, wie Ausdauertraining den Muskulaturstoffwechsel beeinflusst.
34. Stellen Sie die langfristigen Anpassungen von Ausdauertraining auf das Blut dar.

35. Nennen Sie die Ausdaueranpassungserscheinungen auf die Lunge und die Atmung.
36. Welche Wirkung hat Ausdauertraining auf das Nervensystem?
37. Wie unterscheiden sich die drei Haupttrainingsmethoden im Ausdauertraining?
38. Beschreiben Sie die Unterschiede zwischen der extensiven und intensiven DM.
39. Warum eignet sich das Fahrtspiel besonders für Spielsportler?
40. Erläutern Sie die Bedeutung der „lohnenden" Pause bei der IM.
41. Charakterisieren Sie die Wiederholungsmethode.
42. Erläutern Sie aus Stoffwechselsicht den Unterschied zwischen DM, IM und WM.
43. Beurteilen Sie, welche Ausdauermethoden sich besonders für Spielsportler eignen.
44. Welche Vorteile bietet das Höhentraining?

Prüfungsaufgaben

Belastungskomponenten von Ausdauertrainingsmethoden

Energiebereitstellung im Basketball

Anaerobe Schwelle und Laktat-Leistungs-Kurven (kostenfrei)

Stoffwechselanforderungsprofil einer Sportart

Jede Sportart bzw. jede Sportdisziplin besitzt ihr spezifisches Stoffwechselanforderungsprofil und bedarf daher eines speziellen Stoffwechseltrainings.

Erklären Sie, wie sich das Stoffwechselanforderungsprofil eines Basketballers von dem eines 800-m-Läufers [100-m-Sprinters, 5.000-m-Läufers, Marathonläufers, Ultratriathleten] unterscheidet.

LEKTION 14
WAS MACHT EIN GUTES KRAFTTRAINING AUS?

14.1	GRUNDBEGRIFFE	334
14.2	AUSWIRKUNG VON KRAFTTRAINING AUF DAS NEUROMUSKULÄRE SYSTEM	343
14.3	METHODEN UND INHALTE VON KRAFTTRAINING	346
14.4	RÜCKBLICK	364
14.5	PRÜFUNGSVORBEREITUNG	366

LEKTION 14: WAS MACHT EIN GUTES KRAFTTRAINING AUS?

14.1 GRUNDBEGRIFFE

DEFINITION VON KRAFT

Nach dem zweiten Axiom von Newton ist Kraft gleich dem Produkt aus Masse und Beschleunigung. Kurz: $F = m \cdot a$. Dieser physikalische Kraftbegriff ist für biomechanische Untersuchungen von Bedeutung (vgl. Kap. 3.2: biomechanische Merkmale). Im Rahmen der Trainingslehre ist man an der biologischen Definition von Kraft interessiert:

- **Kraft** im Sport ist die Fähigkeit des neuromuskulären Systems, durch Innervations- und Stoffwechselprozesse mit Muskelkontraktionen (mit mehr als 30 % des individuellen Kraftmaximums) Widerstände zu überwinden (konzentrische Arbeit), ihnen entgegenzuwirken (exzentrische Arbeit) bzw. sie zu halten (isometrische Arbeit) (Grosser & Zintl, 1994, S. 33; Steinhöfer, 2008, S. 66; Harre, 2014, S. 158).

ARBEITSWEISEN DES MUSKELS

Die Definition der Kraft berücksichtigt drei Arbeitsweisen des kontrahierenden Skelettmuskels (vgl. Kap. 4.2: Muskelkontraktion). Ein Muskel kann **isometrisch (statisch-haltend), konzentrisch (positiv-dynamisch, überwindend)** und **exzentrisch (negativ-dynamisch, nachgebend, bremsend)** arbeiten (vgl. Tab. 14.1).

Bei der **isometrischen Arbeitsweise** treten intramuskuläre Spannungsänderungen auf, ohne dass es zu einer Längenänderung der Muskeln kommt. Der Muskel verkürzt sich gar nicht oder nur minimal. Er wird angespannt, ohne seine Länge zu verändern.

Beispiel: Bleibt man während des Klimmzugs in einer bestimmten Höhe hängen und verharrt einige Zeit in dieser Position, leistet der Muskel statische Arbeit und verkürzt sich isometrisch.

Arbeitet ein Muskel konzentrisch, ändert sich die intramuskuläre Spannung, und der Muskel verkürzt sich dabei. Nähern sich **Ursprung und Ansatz des Muskels** an und verkürzt sich dabei der Muskel, spricht man von **konzentrischer Muskelarbeit**.

Beispiel: Um beim Klimmzug den Körper an der Reckstange hochzuziehen, muss der Oberarm gebeugt werden. Der Bizeps arbeitet konzentrisch.

Bei der **exzentrischen Arbeitsweise** eines Muskels kommt es zu einer Spannungsänderung und Dehnung des Muskels. Wird ein Muskel auseinandergezogen, also während sich Ansatz und Ursprung des Muskels voneinander entfernen, versucht der Muskel, die Bewegung abzubremsen. Hier spricht man von einer **exzentrischen Kontraktion**.

Beispiel: Wird der Körper nach einem Klimmzug wieder herabgelassen, bremst der Bizeps durch seine Kontraktion die Bewegung ab.

Tab. 14.1: Arbeitsweisen eines Muskels (im Beispiel unten bezogen auf den Bizeps des linken Sportlers)

Kontraktionsart	Isometrisch	Konzentrisch	Exzentrisch
Modell	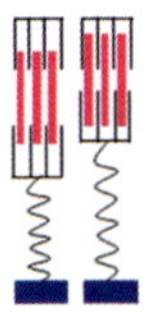	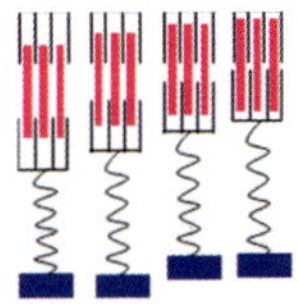	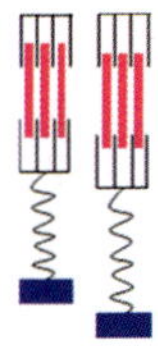
Beispiel	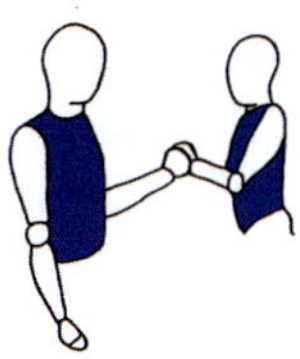 Rechter und linker Sportler kontrahieren ihren Bizeps isometrisch.	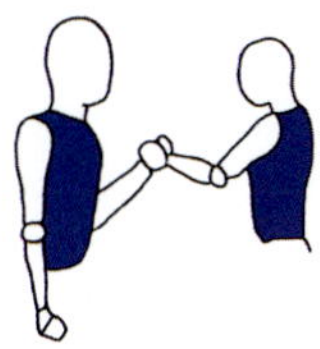 Der linke Sportler kontrahiert seinen Bizeps konzentrisch.	 Der rechte Sportler kontrahiert den Bizeps konzentrisch, der linke Sportler kontrahiert den Bizeps exzentrisch.
Kontraktile Elemente	Kontraktion	Kontraktion	Dehnung
Elastische Elemente	Dehnung	Dehnung	Dehnung
Muskellänge	Bleibt gleich	Verkürzung	Dehnung

MUSKELFASERTYPEN

▶ Ein Mensch besitzt drei Skelettmuskelfasertypen: schnell zuckende FT-, langsam zuckende ST-Fasern und einen Intermediärfasertyp.

Die Skelettmuskelfasern, die bei sportlichen Bewegungen eine zentrale Rolle spielen, werden in drei Typen unterteilt (vgl. Tab. 14.2). Der **helle (weiße) Muskelfasertyp (Fast-Twitch = schnell zuckende Faser = FT-Faser)** kann sehr schnell reagieren und ermöglicht kräftige Kontraktionen. Er ermüdet schnell. Der **dunkle (rote) Muskelfasertyp (Slow-Twitch = langsam zuckende Faser = ST-Faser)** spricht auf Reize langsamer an, hat dabei eine längere Kontraktionszeit und ermüdet sehr viel langsamer. Der dritte Muskelfasertyp ist der **Intermediärtyp (FTO)**, der in seinen Eigenschaften zwischen heller und dunkler Muskulatur angesiedelt ist. Es scheint so, dass sich gerade dieser Typ durch Training tendenziell in die eine oder andere Richtung beeinflussen lässt.

Tab. 14.2: Muskelfasertypen der Skelettmuskulatur

Fasertyp	Muskelquerschnitt	Beispiel
Rote Muskelfaser Typ-I-Faser oder **ST-Faser**: langsam zuckende, ermüdungsresistente Muskelfaser	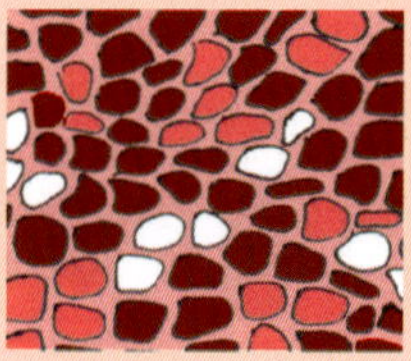	Radfahrer
Intermediärtyp Typ-IIc- oder **FTO-Faser**: schnell zuckende, relativ ermüdungsresistente Muskelfaser	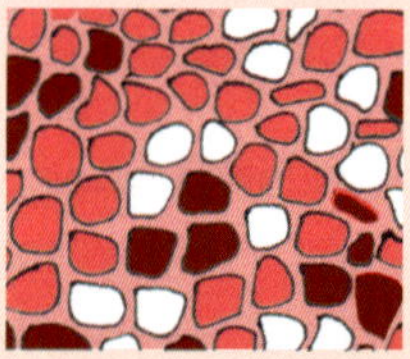	Spielsportler
Weiße Muskelfaser Typ-IIb-Faser: sehr schnell zuckende Muskelfaser mit kurzfristig hoher Kraftleistung	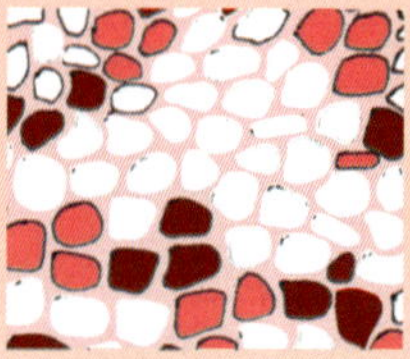	Sprinter

▶ Die Anlage bzw. der prozentuale Anteil der Muskelfasern ist genetisch bestimmt.

Die Verteilung der einzelnen Muskelfasertypen ist genetisch festgelegt. Beim „geborenen" Sprinter überwiegen die weißen FT-Fasern, beim „geborenen" Ausdauertyp die roten

ST-Fasern. Z. B. soll der amerikanische Springer und Sprinter Carl Lewis 90 % FT-Fasern gehabt haben. Im Gegensatz zum schnellen Muskelfasertyp, der kaum vermehrt werden kann, spricht vieles für die Umwandlung der FT-Fasern in ST-Fasern bzw. FTO-Fasern durch Ausdauertraining. Untersuchungen zeigen, dass Athleten, die Sportarten mit zeitlich begrenzter und schneller Muskelarbeit betreiben, mehr weiße Zuckungsfasern haben, während Sportler mit Ausdauersportarten vermehrt rote Zuckungsfasern besitzen.

KRAFTARTEN

Beim derzeitigen Kenntnisstand der Forschung ist eine Einteilung in **Maximalkraft, Schnellkraft, Reaktivkraft** und **Kraftausdauer** sinnvoll. Dabei wird die Maximalkraft als eine „Basiskraft" oder „Grundkraft" dargestellt (vgl. Abb. 14.1).

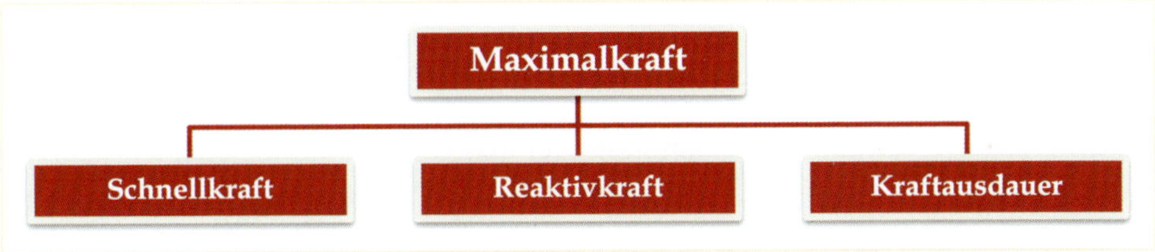

Abb. 14.1: Die Maximalkraft bestimmt die Schnellkraft, Reaktivkraft und Kraftausdauer.

> Ein Gewichtheber, Speerwerfer, Basketballer, Dreispringer, Ruderer und Tischtennisspieler benötigt Kraft. Wie unterscheidet sich die Art der Kraft, die von dem jeweiligen Sportler benötigt wird? Beantworten Sie diese Frage vor und nach Lesen der nachfolgenden Ausführungen.

Maximalkraft

▶ **Maximalkraft** ist die größtmögliche Kraft, die willkürlich gegen einen unüberwindbaren Widerstand ausgeübt werden kann (Grosser & Zintl, 1994, S. 36; Steinhöfer, 2008, S. 82; Harre, 2014, S. 159).

Die Maximalkraft eines Sportlers bezieht sich auf die maximale Krafthöhe, die ein Sportler, bezogen auf eine Bewegung, willentlich aufbringen kann. Die Leistung hängt stark vom Muskelquerschnitt und der inter- bzw. intramuskulären Koordination ab (vgl. Kap. 14.2). Die beiden zentralen Trainingsformen zur Verbesserung der Maximalkraft sind das Muskelaufbautraining (Hypertrophietraining) und das Training der intramuskulären Koordination (IK-Training) (vgl. Kap. 14.3: Maximalkrafttraining).

Beispiel: Ein Hochspringer (Absprung), Basketballer (z. B. Dunking, Rebound, Sprungwurf), Fußballer (z. B. Kopfball) und ein Gewichtheber (u. a. Aufrichten aus der Sitzposition) muss über eine ausgeprägte Maximalkraft im Bereich der Beinstreckerkette verfügen, da hohe Gewichte senkrecht nach oben bewegt werden müssen.

Kraftausdauer

▶ **Kraftausdauer** ist die Ermüdungswiderstandsfähigkeit bei lang andauernden oder sich wiederholenden dynamischen und statischen Kraftleistungen (Grosser & Zintl, 1994, S. 37; Steinhöfer, 2008, S. 86; Harre, 2014, S. 163).

Die Kraftausdauer ist eine Mischung aus Ausdauer- und der Kraftleistungsfähigkeit eines Sportlers. Sie kann je nach Belastungsform mehr zur Ausdauer oder mehr zur Kraft tendieren. In jedem Fall müssen mehr als 30 % des Kraftmaximums aufgebracht werden. Daher berücksichtigt ein Kraftausdauertraining immer auch Ausdauertrainingsmethoden.

Beispiel: Typische Kraftausdauersportarten sind Rudern und Wildwasserkanu. Hier müssen Krafteinsätze in Form von kraftvollen Ruder- und Paddelschlägen möglichst ermüdungsfrei über einen längeren Zeitraum ausgeführt werden.

> Warum ist auch der Eisschnelllauf eine Kraftausdauersportart? Nennen Sie weitere Kraftausdauersportarten, die mehr zur Kraft bzw. mehr zur Ausdauer tendieren.

Schnellkraft

▶ **Schnellkraft** ist die Fähigkeit, optimal schnell Kraft zu bilden und das Kraftmaximum zu erreichen, d. h., den eigenen Körper oder ein Gerät mit höchster Geschwindigkeit zu bewegen, bzw. Widerstände mit höchstmöglicher Kontraktionsgeschwindigkeit zu überwinden (Grosser & Zintl, 1994, S. 37; Steinhöfer, 2008, S. 82; Harre, 2014, S. 162).

Die **Schnellkraft** hängt vom Typ der aktivierten Muskelfasern und von der Kontraktionskraft der eingesetzten Muskelfasern ab. Schnellkraftleistungen werden vor allem von den schnell zuckenden FT-Fasern beeinflusst und hier in besonderem Maße von den stärksten Fasern mit dem größten Querschnitt (Typ FT-IIb). Schnellkraftleistungen können auch als Mischung von Kraft- und Schnelligkeitsleistungen angesehen werden.

Beispiel: Ein Kugelstoßer benötigt beim Ausstoß ein hohes Maß an Schnellkraft im Bereich der Streckerkette (Bein- und Armstrecker), da die Kugel maximal beschleunigt werden muss.

Die Schnellkraft wird in hohem Maße von der Maximalkraft beeinflusst. Folgende plausible Betrachtung macht dies deutlich: Ein Sportler, der sich oder einen Gegenstand gegen einen sehr hohen Widerstand bewegen kann, wird auch in der Lage sein, sich oder einen Gegenstand maximal schnell gegen einen geringeren Widerstand auszuführen.

Beispiel: In einer Partnerübung hält der Hintermann den Vordermann an der Hüfte fest. Nun versucht der Vordermann, maximal zu sprinten. Nach ca. drei Sekunden gibt der Hintermann die Umklammerung auf, sodass der Vordermann ungehindert wegsprinten kann. Je besser der Vordermann in der ersten Phase der Umklammerung widerstehen kann (je höher die Maximalkraft ist), desto schneller kann er anschließend beschleunigen (desto höher ist die Schnellkraft).

Reaktivkraft

▶ **Reaktivkraft** (= exzentrisch-konzentrische Schnellkraft) ist die Fähigkeit, bei Dehnungs-Verkürzungs-Zyklen der Muskulatur einen hohen Kraftstoß zu erzeugen. Es findet eine Kombination von konzentrischer und exzentrischer Arbeitsweise statt, wobei die Zeitspanne von exzentrischer zu konzentrischer Kontraktion unter 200 Millisekunden liegen muss (Grosser & Zintl, 1994, S. 38; Steinhöfer, 2008, S. 86; Harre, 2014, S. 163).

Die **Reaktivkraft** nimmt eine Zwischenstellung zwischen Maximalkraft und Schnellkraft ein. Der Sportler erzeugt in einem Dehnungs-Verkürzungs-Zyklus der Muskulatur einen möglichst großen Kraftstoß. Dabei ist der Zeitraum zwischen der bremsenden und überwindenden Phase der Kraftentwicklung sehr gering (< 200 ms). Die Reaktivkraft hängt von der Maximalkraft und der Kraftbildungsgeschwindigkeit und von der reaktiven Spannungsfähigkeit ab (Steinhöfer, 2008, S. 86).

Beispiel: Ein Basketballspieler schlägt seinen Gegenspieler mit einer Dribbelfinte, stoppt und setzt zum Sprungwurf an. Die Phase zwischen Abstoppen und Absprung muss möglichst kurz sein, um nicht vom helfenden Centerspieler geblockt zu werden.

> Nennen Sie Sportsituationen, bei denen eine ausgeprägte Reaktivkraft notwendig ist.

Start- und Explosivkraft als Zwischenformen von Maximal- und Schnellkraft

▶ Die **Startkraft** beschreibt die Leistung, die 30 ms nach Kontraktionsbeginn erreicht wird, d. h. die Fähigkeit, einen hohen Kraftwert schon zu Beginn der Kontraktion zu erreichen.

Die **Startkraft** basiert auf der Fähigkeit, zum Kontraktionsbeginn möglichst viele motorische Einheiten vom schnell zuckenden Typ FT-IIb zu innervieren und damit eine hohe Anfangskraft einsetzen zu können.

Beispiele: Die Startkraft ist bei Schlagbewegungen in den Partnerspielen, beim Boxen oder einem Antritt nach einer Täuschung im Basketball leistungslimitierend.

▶ Wird eine Kontraktion maximal schnell gegen einen statischen Widerstand erzeugt (z. B. Maximalsprung, maximaler Stoß oder Wurf), entspricht die **Explosivkraft** dem maximalen Kraftanstieg eines Kraft-Zeit-Verlaufs.

Im Gegensatz zur Startkraft ist die **Explosivkraft** in höchstem Maße abhängig von der Maximalkraft. Insbesondere wird auch deutlich, dass die Schnellkraft als der Quotient von Maximalkraft und dazugehöriger Zeit von der Start-, Explosiv- und Maximalkraft abhängig ist.

Beispiele: Die Explosivkraft wird in besonderem Maße beim Kugelstoßen, Gewichtheben und bei Maximalsprüngen benötigt.

▶ **Merksatz:** Bei niedrigen Widerständen dominiert die Startkraft, bei zunehmender Last und damit verlängertem Krafteinsatz die Explosivkraft und bei hohen Lasten schließlich die Maximalkraft.

Nennen Sie Sportsituationen, bei denen eine Start- und Explosivkraft dominiert.

Abb. 14.2 stellt die Wechselbeziehungen der Kraftarten dar, wobei die Maximalkraftausdauer und Schnellkraftausdauer ergänzt wurden.

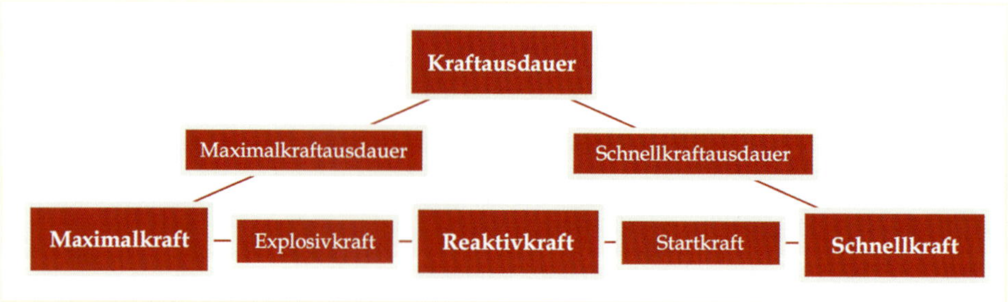

Abb. 14.2: Wechselbeziehung der Haupterscheinungsformen der Kraft (modifiziert nach Steinhöfer, 2008, S. 81)

Absolute und relative Kraft

In der Trainingswissenschaft haben noch die **absolute** und die **relative Kraft** eine besondere Bedeutung.

▶ Die **absolute Kraft** ist das höchstmögliche Kraftpotenzial, das ein Muskel aufgrund seines Querschnitts und seiner Qualität zur Verfügung hat.

Beispiel: Ein Mensch kann in lebensbedrohenden Situationen seine Mobilisationsschwelle überschreiten und die autonom geschützten Reserven ausschöpfen (vgl. Kap. 12.1: Reizschwellengesetz).

▶ Die **relative Kraft** ist die maximale Kraft, die ein Sportler im Verhältnis zu seinem Körpergewicht entwickeln kann. Also: relative Kraft = Maximalkraft/Körpergewicht.

Beispiel: Ein Turner hat insgesamt ein gutes Kraft-Last-Verhältnis und damit eine hohe relative Kraft im Bereich der Stützmuskulatur.

> Nennen Sie Situationen im Sport, bei denen eine relative Kraft bzw. eine absolute Kraft leistungslimitierend sind.

SPORTARTSPEZIFISCHE KRAFTANFORDERUNGSPROFILE

▶ Jede Sportart und Disziplin hat bestimmte Anforderungen an die Kraftkomponente, die in einem Kraftanforderungsprofil zum Ausdruck kommt.

In vielen Sportarten und Disziplinen spielt die Kraft eine entscheidende Rolle (vgl. Tab. 14.3). Ein Gewichtheber ohne entsprechende Maximalkraft wird kaum schwere Gewichte nach oben stemmen können. In vielen Sportarten und Disziplinen ist die Explosivkraft als „Sprungkraft“ leistungsbestimmend. Der Dunking eines Basketballers oder der maximale Sprung zum Kopfball im Fußball setzt eine gute Sprungkraft des Spielsportlers voraus.

▶ **Bemerkung:** Da beim Ausdauerlaufen bei einer normalgewichtigen Person für jeden Schritt weniger als 30 % der maximalen Leistungsfähigkeit benötigt werden, ist dort die Ausdauer und nicht die Kraft leistungsbestimmend.

Tab. 14.3: Ausgewählte Sportarten und die Dominanz bzw. Gewichtung einzelner Kraftarten

Sportart	Maximalkraft	Sprungkraft	Reaktivkraft	Startkraft	Schnellkraft	Kraftausdauer
Badminton				X	X	
Basketball		X	X	X	X	
Biathlon					X	X
Diskuswurf	X	X			X	
Eishockey			X	X	X	X
Fußball		X	X	X	X	(X)
Gewichtheben	X					
Handball		X	X	X	X	
Hochsprung		X	X		X	
Judo		X			X	X
Klettern	X					X
Kugelstoßen	X	X			X	
Radsport						X
Rudern	X					X
Skirennen		X	X			X
Skispringen		X			X	
Schwimmen						X
Tennis				X	X	(X)
Volleyball		X	X		X	

Begründen Sie die Einteilungen aus Tab. 14.3 anhand typischer Bewegungen aus der Sportart bzw. Disziplin. Wann kommt es im Tennis und im Fußball zu Kraftausdauerleistungen?

14.2 AUSWIRKUNG VON KRAFTTRAINING AUF DAS NEUROMUSKULÄRE SYSTEM

▶ Beim **Muskelaufbautraining** verbessert sich in den ersten 2-3 Wochen zuerst die intermuskuläre Koordination, dann die intramuskuläre Koordination (weitere 2-3 Wochen), bevor es zur Querschnittsvergrößerung im Muskel kommt (nach 4-6 Wochen).

Beispiel: Die beiden Sportstudenten Frank und Jan wollen für ihre Leichtathletikprüfung ihre Maximalkraft verbessern und beginnen mit einem entsprechenden Programm. Sie trainieren 3 x pro Woche in einem Fitnessstudio und steigern recht schnell ihr Trainingsgewicht. Frank wundert sich, dass vier Wochen nach Trainingsbeginn trotz Trainingsgewichtzunahme noch kein Muskelzuwachs zu erkennen ist. Jan beruhigt Frank: „Das ist normal. Muskelzuwachs setzt erst nach 4-6 Wochen ein. Vorher verbesserst du schwerpunktmäßig die Koordination."

Die maximale Kraft eines Muskels ist von der Anzahl seiner **Myofibrillen** im physiologischen Querschnitt abhängig. Eine regelmäßige Kraftbeanspruchung führt zu einer **Querschnittsvergrößerung der Muskelfasern (Hypertrophie)**, die dadurch zustande kommt, dass die Anzahl der Myofibrillen in den Muskelfasern zunimmt. Eine Vermehrung von Muskelzellen **(Hyperplasie)** ist umstritten bzw. nicht (eindeutig) belegt.

Die Zunahme der Maximalkraft geht auf muskulärer Seite einher mit einer Querschnittsvergrößerung der Muskelzellen. Auf der anderen Seite spielen auch Steuerungsprozesse des ZNS eine wichtige Rolle. Denn bevor es zur Querschnittvergrößerung kommt, verbessert sich bei einem zielgerichteten Muskelaufbautraining zunächst die intermuskuläre, dann die intramuskuläre Koordination.

▶ **Merksatz:** Die Maximalkraft wird auf der muskulären Ebene durch eine Querschnittszunahme der Muskelzellen und auf der Ebene des Muskel-Nerv-Zusammenspiels durch eine optimierte inter- und intramuskuläre Koordination verbessert.

VERBESSERUNG DER INTERMUSKULÄREN KOORDINATION

Oft machen wir die Erfahrung, dass im Trainingsverlauf die Muskelkraft deutlich stärker anwächst, als es nach dem Ausmaß der Querschnittsvergrößerung anzunehmen wäre. Auch das so baldige Auftreten des Kraftzuwachses ist mit einer Neubildung von Fibrillen allein nicht zu erklären. Diese braucht nämlich wesentlich mehr Zeit (mindestens 4-6 Wochen). Eine Erklärung dafür liefert die Koordination innerhalb des Muskels. Zu Beginn einer Leistungsverbesserung steht immer die Verbesserung der **intermuskulären Koordination** im Vordergrund. Darunter versteht man:

▶ Das Zusammenwirken verschiedener Muskeln und Muskelgruppen innerhalb eines gezielten Bewegungsablaufs wird mit **intermuskulärer Koordination** bezeichnet.

Durch die verbesserte intermuskuläre Koordination kommt es zu einer effektiveren und ökonomischeren Arbeit der jeweils beteiligten Muskeln: Der Trainierende spart Energie und kann dadurch mehr Arbeit leisten.

VERBESSERUNG DER INTRAMUSKULÄREN KOORDINATION

▶ Die synchrone Aktivierung einer größeren Zahl von Muskelzellen innerhalb eines gezielten Bewegungsablaufs führt zu einer verbesserten Innervation der Muskelfasern **(intramuskuläre Koordination)**.

Im nächsten Schritt wird die **intramuskuläre Koordination** optimiert. Sie beinhaltet eine verbesserte Innervation, d. h. eine synchrone Aktivierung einer höchstmöglichen Zahl von Muskelfasern innerhalb eines gezielten Bewegungsablaufs. Der Trainierende kann bei einer willkürlichen Kontraktion mehr Muskelfasern gleichzeitig kontrahieren.

Die synchrone Aktivierung möglichst vieler Muskelfasern bei einer Bewegung lässt sich auf das gleichzeitige Ansprechen möglichst vieler motorischer Einheiten **(Synchronisation)**, das Erfassen einer höheren Anzahl von motorischen Einheiten **(Rekrutierung)** und eine verbesserte Regelung der Impulsfrequenz **(Frequenzierung)** zurückführen.

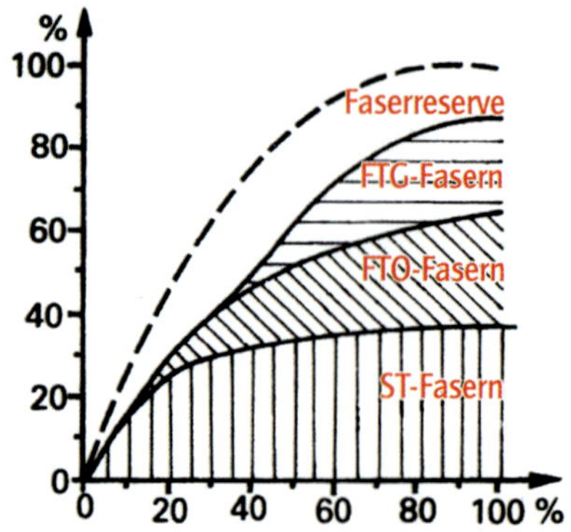

Abb. 14.3: Einbeziehung der Muskelfasertypen in die Bewegung bei ansteigenden Widerständen (ST = Slow-Twitch-Fasern; FTO-Fasern = aerob-glykolytisch ausgestattete Fast-Twitch-Fasern; FTG = anaerob-glykolytisch ausgestattete Fast-Twitch-Fasern) (modifiziert nach Grosser & Zintl, 1994, S. 53).

Etwa ein Drittel der Gesamtkraft wird durch die Rekrutierung, zwei Drittel durch die Frequenzierung erreicht. Im unteren Kraftbereich ist mehr die Rekrutierung von Bedeutung, im oberen Kraftbereich mehr die Frequenzierung der bestimmende Faktor, im Grenzbereich die Synchronisation der motorischen Einheiten. Während im unteren Kraftbereich verstärkt die langsam zuckenden ST-Fasern innerviert werden, kommt es bei einem Krafttraining in einem Trainingsbereich über 80 % der Maximalkraft zu einer fast gleichmäßigen Querschnittsvergrößerung aller Muskelfasertypen (vgl. Abb. 14.3).

QUERSCHNITTSZUNAHME DER MUSKELFASERN

Reicht die rein koordinative Verbesserung zur Maximierung der Kraft nicht aus, dann kommt es schließlich zur **Querschnittszunahme der Muskulatur**. Ganz allgemein lässt sich folgender Merksatz formulieren:

▶ **Merksatz:** Die Kraft des Muskels hängt vor allem von seinem Querschnitt ab.

Insgesamt lässt sich der Mechanismus des Krafttrainings durch Abb. 14.4 darstellen.

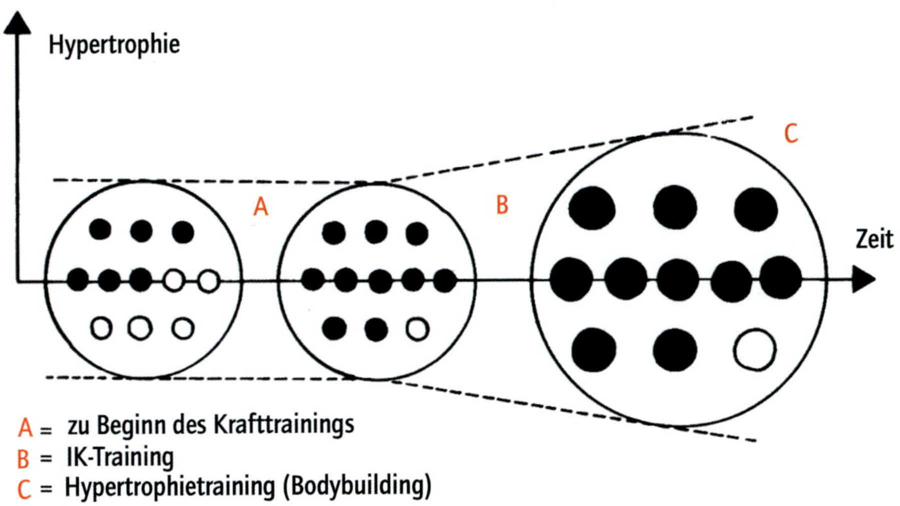

Abb. 14.4: Mechanismus des Krafttrainings: Zuerst kommt es zur verbesserten inter- und intramuskulären Innervation, dann folgt die Muskelhypertrophie. Nicht kontrahierte (●) und kontrahierte Muskelfasern (○) (modifiziert nach Weineck, 2010, S. 392)

Informationen zu Einflussfaktoren von Kraftzuwachs durch Training sowie zu Muskeln und Muskelverletzungen findet man im Zusatzinformationsmaterial, welches ab S. 578 per QR-Code erreichbar ist.

14.3 METHODEN UND INHALTE VON KRAFTTRAINING

ALLGEMEINE GRUNDSÄTZE VON KRAFTTRAINING

▶ **Zentrale Bedeutung der Maximalkraft:** Primäres Ziel von Krafttraining ist die Steigerung der Maximalkraft.

Muskelkraft ist die Grundlage für jegliche Aktivität, in sportlicher sowie gesundheitlicher Sicht. Soll allgemein die Kraft verbessert werden, so muss zunächst als Basis die Maximalkraft gesteigert werden.

▶ **Kräftegleichgewicht zwischen Agonist und Antagonist:** Muskuläre Dysbalancen durch Krafttraining sind zu vermeiden.

Zu beachten ist, dass ein Krafttraining stets Agonist und Antagonist gleichzeitig trainieren sollte. Eine Verschiebung des Kräftegleichgewichts zwischen Muskel und Muskelgegenspieler führt neben einer Leistungsminderung auch zu einer erhöhten Verletzungsanfälligkeit. Solche Kräfteungleichgewichte nennt man auch **muskuläre Dysbalancen** (vgl. Abb. 14.5 und Kap. 16.3).

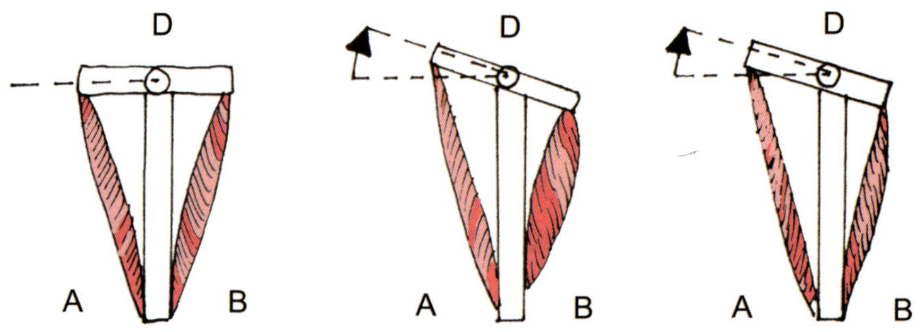

Abb. 14.5: Muskuläre Dysbalancen. Links: Schematische Darstellung des Zustandes einer muskulären Balance. Die antagonistischen Muskeln A und B halten durch ihr Verkürzungsverhältnis das um den Drehpunkt D drehbare Gelenk im Gleichgewicht. Mitte: Muskuläre Dysbalance durch Muskelverkürzung. Der Muskel B hat sich einem spezifischen Reiz mit einer höheren Spannung angepasst. Muskel A ist keinem Reiz ausgesetzt worden, seine Spannung bleibt gleich. Das Verkürzungsverhältnis hat sich verändert, die muskuläre Balance ist gestört. Rechts: Muskuläre Dysbalance durch Muskelverlängerung. Der Muskel A hat sich einem spezifischen Reiz mit einer niedrigeren Spannung angepasst. Muskel B ist keinem Reiz ausgesetzt worden, seine Spannung bleibt gleich. Das Verkürzungsverhältnis hat sich verändert, die muskuläre Balance ist gestört (modifiziert nach Klee, 1995, S. 13).

Beispiel: Ein einseitiges Training des Rückenstreckers ruft eine Verkürzung der Rückenmuskulatur hervor. Die dadurch entstehende Hohlkreuzhaltung verursacht langfristig Schäden an der Wirbelsäule. Daher sollte unbedingt auch die Bauchmuskulatur gekräftigt werden und der Rückenstrecker regelmäßig gedehnt werden.

▶ **Allgemeines Krafttraining** umfasst alle Kraftfähigkeiten und Muskelgruppen. **Spezielles Krafttraining** orientiert sich primär an den Bedürfnissen einer Sportart/Disziplin.

Ein Krafttraining, das alle Muskelgruppen und Kraftfähigkeiten umfasst, wird als **allgemeines Krafttraining** bezeichnet. Allgemeines Krafttraining wird besonders im Kinder- und Jugendsport, Gesundheits- und Fitnesstraining sowie in der Rehabilitation nach Verletzungen angewendet. Allgemeines Krafttraining hat seinen Platz aber auch im Leistungssport. Hier dient es – vergleichbar der Grundlagenausdauer beim Ausdauertraining – als Basis für das Herausbilden spezieller Kraftfähigkeiten.

Spezielles Krafttraining zielt auf die Verbesserung sportartenspezifischer Kraftkomponenten. Ziel ist ein Kraftgewinn in Bezug auf einen ganz bestimmten Bewegungsablauf. Das spezielle Krafttraining wird also bestimmt durch das Kraftanforderungsprofil einer Sportart/Disziplin. In der Darstellung eines Kraftanforderungsprofils werden die besonders beanspruchten Muskeln und Kraftkomponenten berücksichtigt.

Beispiel: Ein Fußballer benötigt eine besonders ausgeprägte Schusskraft (Schnellkraft) sowie für den Kopfball eine ausgeprägte Sprungkraft (Explosivkraft). Ein spezielles Krafttraining verbessert Maximal-, Explosiv- und Schnellkrafttraining der Streckerkette der unteren Extremitäten.

▶ **Belastungsintensität und Bewegungsausführung:** Langsame Bewegungsausführungen bei niedriger Intensität beanspruchen besonders ST-Fasern, hohe Intensitäten und schnelle Ausführungen nutzen eher FT-Fasern.

In Abhängigkeit von der Bewegungsausführung und Belastungsintensität kommt es zu einer Beanspruchung der Muskelfasern. Bei Belastungsintensitäten bis 50 % der maximalen Belastung und bei langsamer Bewegungsausführung werden vorwiegend die ST-Fasern aktiviert. Sollen auch die FT-Fasern beansprucht werden, muss bei langsamer Bewegungsausführung die Intensität deutlich über 60 % der Maximalkraft liegen. Eine möglichst schnelle Ausführung der Bewegung führt ebenfalls zu einer verstärkten Aktivierung der FT-Fasern. Dabei kann die Belastungsintensität je nach Trainingsziel bis auf 30-35 % der maximal möglichen Last reduziert werden.

▶ **Bodybuilding und Körpergewicht:** Krafttraining kann im Kraft- oder Gesundheitssport eingesetzt werden, um ausschließlich Muskelwachstum oder eine Regulierung des Körpergewichts zu erzielen.

Beim Krafttraining im Bodybuilding und beim Krafttraining zum Regulieren des Körpergewichts spielt die Verbesserung spezieller Kraftfähigkeiten nur eine untergeordnete Rolle. Ein Bodybuilder trainiert die einzelnen Muskeln so, dass sie im Muskelquerschnitt zunehmen. Die funktionale Bedeutung der Muskulatur für Bewegungen ist hier völlig unwichtig. Krafttraining kann aber auch eingesetzt werden, um das Körpergewicht zu reduzieren. Ebenso kann Krafttraining helfen, bei Untergewicht eine Steigerung des Körpergewichts zu erreichen.

BELASTUNGSPARAMETER UND ORGANISATIONSFORMEN VON KRAFTTRAINING

▶ Die **Belastungsparameter** für die Krafttrainingsmethoden lauten: Arbeitsweise, Intensität, Krafteinsatz, Dauer einer Übung oder Serie, Pause und Gesamtumfang.

In der Fachliteratur findet man eine Vielzahl von Krafttrainingsmethoden mit unterschiedlichen Bezeichnungen. In Anlehnung an Grosser und Zintl (1994, S. 60-61) und Steinhöfer (2008, S. 99) wähle ich eine einheitliche Notation, die folgende Belastungsparameter enthält:

- **Arbeitsweise** der Muskulatur (exzentrisch, konzentrisch, statisch);
- **Intensität** (in Prozent von der maximal möglichen Last oder als Bewegungsgeschwindigkeit, wobei beide Parameter umgekehrt proportional zueinander sind);
- **Krafteinsatz** (subjektiver Grad der Kraftanstrengung: gering, mittel, hoch, maximal bzw. Borg-Skala);
- **Dauer** einer Übung oder Serie (Zeitangabe oder Wiederholungszahl);
- **Pause** mit Zeitangabe (SP = Serienpause; ÜP = Pause zwischen Einzelübungen; WP = Pause zwischen zwei Wiederholungen);
- **Gesamtumfang**, ausgedrückt in der Serienzahl.

▶ Die üblichen **Organisationsformen** beim Krafttraining sind: Stationstraining, Satztraining und Zirkeltraining.

Beim **Stationstraining** werden sämtliche Serien einer Übung nacheinander durchgeführt.

Beispiel: Der Sportler führt erst fünf Serien zu 12 Wiederholungen Bankdrücken, dann fünf Serien zu 12 Wiederholungen Beinpresse usw. durch.

Beim **Satztraining** besteht ein Satz aus 2-4 Übungen. Diese Übungen werden nacheinander absolviert, bevor die nächste Serie (= Satz) durchgeführt wird.

Beispiel: Fünf Sätze zu 2-4 Übungen mit 12 Wiederholungen bedeuten: Der Sportler führt 12 Wiederholungen Bankdrücken, dann 12 Wiederholungen Beinpresse usw. durch. Dies wiederholt der Trainierende 5 x.

Beim **Zirkeltraining (Kreistraining)** wird ein Zirkel aus mehr als fünf Übungsstationen nacheinander absolviert.

Beispiel: Es werden nacheinander Kraftausdauerübungen (Dauer 30-60 Sekunden) für die Knie- und Fußstrecker (Kastensprünge), Ellbogenstrecker (enge Liegestütze), den Rückenstrecker (in Bauchlage „Petersilie hacken"), die Brustmuskulatur (weite Liegestütze), die Fußstrecker (Prellfedern) und Seilspringen durchgeführt. Dieser Zirkel wird 3 x wiederholt.

In der nachfolgenden Tab. 14.4 werden vorab die zentralen Krafttrainingsmethoden mit ihren wichtigsten Wirkungen dargestellt, bevor diese dann nachfolgend detailliert beleuchtet werden.

Tab. 14.4: Überblick über die wichtigsten Methoden des Krafttrainings (modifiziert nach Friedmann, 2015, S. 83)

Art	Methode	Wirkung	Kraftfähigkeit
Allgemein	**Muskelaufbautraining (MA)** **Einsteiger** • Geringe bis mittlere Intensität • Mittlere bis hohe Wiederholungszahl **Fortgeschrittener** • Mittlere bis hohe Intensität • Mittlere Wiederholungszahl	• Muskelverdickung (Hypertrophie)	• Maximalkraft
Speziell	**Intramuskuläres Koordinationstraining (IK)** • Hohe bis höchste Intensität • Niedrige Wiederholungszahl	• Verbesserung der synchronen Aktivierung motorischer Einheiten	• Maximalkraft • Schnellkraft • Explosivkraft
	Pyramidentraining • Kombinierte Methode: MA- und IK-Training	• MA- und IK-Wirkung	• Maximalkraft • Schnellkraft • Explosivkraft
	Schnellkrafttraining • Maximaler Krafteinsatz • Niedrige bis mittlere Intensität • Mittlere Wiederholungszahl • In Sportspielen technikorientiert (z. B. Wurf- und Sprungübungen)	• Verbesserung der Kontraktionsgeschwindigkeit beider Muskelfasern • Verbesserung der intermuskulären (niedrige Intensität) und intramuskulären Koordination (mittlere Intensität)	• Schnellkraft • Startkraft • Explosivkraft • Maximalkraft
	Reaktivkrafttraining • Maximaler Krafteinsatz • Maximale Intensität (bezogen z. B. auf die Sprungleistung) • Mittlere Wiederholungszahl	• Verbesserung der Kontraktionsgeschwindigkeit beider Muskelfasern • Verbesserung der intramuskulären Koordination	• Reaktivkraft • Explosivkraft • Maximalkraft
	Kraftausdauertraining • Geringe bis mittlere Intensität • Hohe Wiederholungszahl bis hin zur völligen Ermüdung	• Erhöhung der anaeroben Kapazität (mittlere Intensitäten) bzw. der gemischten aerob-anaeroben Kapazität (niedrige Intensitäten)	• Kraftausdauer

MAXIMALKRAFTTRAINING

▶ **Maximalkrafttraining** setzt sich zusammen aus dem Muskelaufbautraining (MA) und dem Training der intramuskulären Koordination (IK).

Die synchrone Aktivierung der höchstmöglichen Zahl von Muskelfasern nennt man **intramuskuläre Koordination**. Voraussetzung für eine optimale Erhöhung der intramuskulären Koordination ist eine große Querschnittsfläche der kontraktilen Muskelfasern, hierbei vor allem der schnellen Fasern. Die Kombination von Muskelaufbautraining (MA) und IK-Training ergibt das eigentliche Maximalkrafttraining (MK) (vgl. Abb. 14.6).

Abb. 14.6: Das Maximalkrafttraining setzt sich aus dem Muskelaufbautraining und dem Training der intramuskulären Koordination zusammen.

Muskelaufbautraining (MA)

▶ **Muskelaufbautraining** ist eine Methode geringer bis mittlerer Intensitäten und hoher Wiederholungszahlen (Einsteigerbereich) bzw. mittlerer bis hoher Intensitäten und mittlerer Wiederholungszahlen (Fortgeschrittenenbereich).

Der erste Schritt zur Maximalkraftsteigerung ist stets eine Muskelfaserquerschnittsvergrößerung mittels des Muskelaufbautrainings (MA). Beim **Muskelaufbautraining (Hypertrophietraining)** arbeitet der Trainierende mit 8-12 Wiederholungen pro Satz, wobei die letzten Wiederholungen subjektiv als „anstrengend" empfunden werden sollten (vgl. Abb. 14.7).

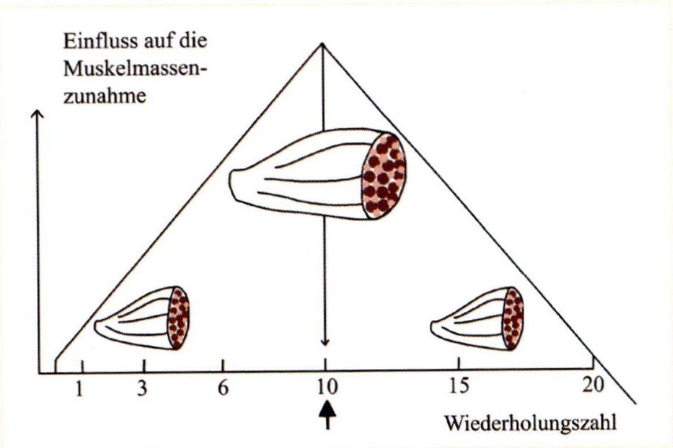

Abb. 14.7: Einfluss der Wiederholungszahl auf die Muskelmasse (modifiziert nach Weineck, 2010, S. 403).

▶ **Regel für die Ausführung einer Wiederholung im Muskelaufbautraining:** eine Zeiteinheit für die konzentrische Phase und zwei Zeiteinheiten für die exzentrische Phase.

Wird bei der Ausführung einer Wiederholung die exzentrische Phase zeitlich gedehnt, kommt es zu einer verbesserten Hypertrophiewirkung im Muskel. Denn in der bremsenden Bewegungsphase kann eine größere Kraft entwickelt werden. Durch die Verlängerung der bremsenden Phase kann daher eine maximale Ausreizung der Muskulatur erreicht werden, was zu einer verbesserten intramuskulären Koordination führt.

Die nachfolgende Tab. 14.5 stellt die wichtigsten Parameter des Muskelaufbautrainings bei unterschiedlichem Leistungsstand dar. Die Belastungskomponenten dienen als Orientierung und müssen in der praktischen Arbeit ständig angepasst werden.

Tab. 14.5: Methoden zum Muskelaufbautraining; differenziert nach dem Leistungsstand; WP = Pausen zwischen zwei Wiederholungen, ÜP = Pause zwischen zwei Übungen, SP = Pause zwischen zwei Serien (angelehnt an Grosser & Zintl, 1994, S. 61-65; Boeckh-Behrens & Buskies, 2002, S. 44; Steinhöfer, 2008, S. 104)

Muskelaufbautraining			
	Anfängermethode	**Fitnessmethode**	**Hypertrophiemethode**
Trainings-methode	Extensive IM	Intensive IM	Intensive IM
Arbeits-weise	Konzentrisch-exzentrisch	Konzentrisch-exzentrisch	Konzentrisch-exzentrisch
Intensität	40-60 %	70-85 %	80-90 %
Krafteinsatz	Mittel	Mittel bis hoch	Hoch
Dauer	8-15 Wiederholungen	8-10 Wiederholungen	5-10 Wiederholungen
Bewegungs-tempo	Langsam bis zügig	Langsam bis zügig	Langsam bis zügig
Umfang	6-8 Serien zu 3-4 Übungen	6-8 Sätze zu 3 Übungen	5-10 zu 3 Übungen
Pause	WP: keine ÜP: lohnende Pause SP: 1-2 Minuten	WP: keine ÜP: 30-60 Sekunden SP: 2-3 Minuten	WP: keine ÜP: 2-3 Minuten SP: 3-5 Minuten

Muskelaufbautraining			
	Anfängermethode	**Fitnessmethode**	**Hypertrophiemethode**
Einsatzgebiet	• Gesundheitssport • Hypertrophie • Rehabilitation • Verletzungsprophylaxe	• Fitnesssport • Hypertrophie • Rehabilitation • Verletzungsprophylaxe	• Bodybuilding • Hypertrophie • Rehabilitation • Verletzungsprophylaxe
Trainingswirkung	**Verbesserung:** • Maximalkraft • Hypertrophie • Koordination • Aerob-anaerobe Energiebereitstellung • Kapillarisierung • U. U. negativer Effekt auf die Explosivkraft	**Verbesserung:** • Maximalkraft • Hypertrophie • Anaerober Energiestoffwechsel • Phosphat- und Glykogenspeicher • U. U. negativer Effekt auf die Explosivkraft	**Verbesserung:** • Maximalkraft • Hypertrophie • Anaerober Energiestoffwechsel • Phosphat- und Glykogenspeicher • U. U. negativer Effekt auf die Explosivkraft

▶ Für **Leistungssportler** stellen die Fitness- und Hypertrophiemethode geeignete Methoden zur Verbesserung der Maximalkraft durch Muskelaufbautraining dar.

Intramuskuläres Koordinationstraining (IK)

▶ **IK-Training** ist eine Methode hoher und höchster Intensitäten und geringer Wiederholungszahlen. Sie eignet sich nur für Fortgeschrittene.

Der untrainierte Mensch ist nicht in der Lage, eine sehr hohe Anzahl seiner **motorischen Einheiten** in der Muskulatur synchron zu aktivieren. Durch intramuskuläres Koordinationstraining kann dies jedoch erreicht werden, was für einen krafttrainierten Sportler zu einem hohen und schnellen Kraftzuwachs führt. Dass es bei dieser Trainingsart zu keinem bzw. eventuell nur zu geringem Muskelzuwachs kommt, ist durch die submaximalen und maximalen Belastungen bedingt, die nur geringe Wiederholungszahlen und somit auch nur eine kurze Belastungsdauer zulassen. Mangels Muskelzuwachs kann in diesem Fall der zu erwartende Kraftgewinn nur auf eine Verbesserung von nervenbezogenen und biochemischen Faktoren zurückgeführt werden.

Voraussetzung für eine Aktivierungserhöhung motorischer Einheiten ist ein Krafttraining mit Belastungen von **über 80 %** der aktuellen maximalen Kraftfähigkeiten. Um einen Anpassungseffekt des neuromuskulären Systems zu gewährleisten, muss z. B. die Belastungsgröße von **90 % in 5-8 Sätzen** mit **2-3 Wiederholungen** trainiert werden.

▶ **Merksatz:** Für Ungeübte ist ein intramuskuläres Koordinationstraining ungeeignet.

Tab. 14.6: Training der intramuskulären Koordination; WP = Wiederholungspause, ÜP = Übungspause, SP = Serienpause. (angelehnt an Grosser & Zintl, 1994, S. 67; Boeckh-Behrens & Buskies, 2002, S. 45; Steinhöfer, 2008, S. 106)

	IK-Training
Trainingsmethode	Wiederholungsmethode
Arbeitsweise	Konzentrisch-exzentrisch
Intensität	90-100 % der maximalen Intensität
Krafteinsatz	Maximal
Dauer	1-5 Wiederholungen
Bewegungstempo	Zügig bei explosivem Krafteinsatz
Umfang	3-5 Serien zu je 3-4 Übungen (30-50 Einzelbelastungen pro Muskelgruppe)
Pause	WP: 5 Sekunden ÜP = SP: 3-5 Minuten
Einsatzgebiet	• Am Ende der Vorbereitungsperiode und besonders in der Wettkampfphase • Schnellkraftdisziplinen • Nicht im Gesundheitstraining, Rehabilitation • Nicht im Kinder- und Jugendtraining
Trainingswirkung	• Intramuskuläre Koordination • Maximalkraft, Explosivkraft, Schnellkraft • Verringerung des Kraftdefizits • Kaum Hypertrophie

Pyramidentraining

▶ Beim **Pyramidentraining** werden MA- und IK-Trainingseinheiten kombiniert: Mit zunehmendem Gewicht nimmt die Zahl der Wiederholungen ab.

Nun lassen sich die beiden Trainingsmethoden MA- und IK-Training kombinieren. Hierbei spricht man von einem kombinierten Maximalkrafttraining, einem sogenannten **Pyramidentraining**. Die Basis dieser Trainingsart ist eine Kombination beider biologischer Möglichkeiten zur Maximalkraftsteigerung, nämlich zum einen durch Hypertrophie der

Muskulatur als Folge eines Trainings mit geringen bis mittleren Widerständen und hohen Wiederholungszahlen und zum anderen durch Verbesserung der intramuskulären Koordination als Folge eines Trainings mit hohen Widerständen und geringen Wiederholungszahlen.

SCHNELLKRAFTTRAINING

▶ **Schnellkrafttraining** ist durch Methoden mittlerer Belastungsintensitäten und Wiederholungszahlen, eine konzentrische Arbeitsweise und eine maximale Ausführungsgeschwindigkeit gekennzeichnet.

Schnellkraft wird als die Fähigkeit des neuromuskulären Systems definiert, dem eigenen Körper oder einem Gegenstand (Schläger, Bälle, Speere, Disken, Kugeln) einen möglichst großen Impuls in möglichst kurzer Zeit zu geben. Hat ein Sportler nur wenig Zeit (weniger als 250 ms), um einen Impuls zu erzeugen, dann ist die Höhe der Startkraft und die Größe des Kraftanstiegs von Bedeutung. Solche Sportarten sind z. B. das Fechten, das Boxen, der Sprint und alle reaktionsabhängigen Sportarten.

Hat ein Sportler Zeit, um einen Impuls zu erzeugen, wie beim Hammer-, Diskus-, Speerwurf, beim Kugelstoßen oder auch bei Sprüngen, die eindeutig mit langen Bodenkontaktzeiten ausgeführt werden können (z. B. Volleyball), tritt die Leistungsfähigkeit der Muskulatur als bestimmende Eigenschaft für die Schnellkraft in den Vordergrund. Bei diesen Sportarten kommt es darauf an, dass die Muskulatur darüber hinaus in der konzentrischen Bewegungsphase große Kräfte aufbringen kann.

Nach diesen Erklärungen ist es günstig, **zwei Definitionen der Schnellkraft** zu unterscheiden, eine Definition, die das Ziel ausdrückt, eine Bewegung in kurzer Zeit auszuführen, und eine Definition, die erkennen lässt, dass man nicht zeitlimitiert einem Gegenstand eine hohe Endgeschwindigkeit erteilen muss.

▶ Die **Schnellkraft für Bewegungen unterhalb 250 ms** ist hauptsächlich die Fähigkeit, möglichst große Kraftwerte innerhalb kürzester Zeit zu erzielen. Sie wird durch die **Schnellkraftmethode** trainiert. Die **Schnellkraft für Bewegungen über 250 ms** ist durch die muskuläre Leistungsfähigkeit bestimmt. Diese Schnellkraft wird hier durch die **Muskelleistungsmethode** trainiert.

Die Effizienz von Schnellkrafttraining ist vor allem von relativ geringen äußeren Widerständen und vollständigen Pausen abhängig. Folgende Tab. 14.7 stellt die beiden Methoden mit ihren Belastungsparametern dar.

Tab. 14.7: Methoden zum Schnellkrafttraining; differenziert nach dem Leistungsstand; WP = Pause zwischen zwei Wiederholungen, ÜP = Pause zwischen zwei Übungen, SP = Serienpause (angelehnt an Grosser & Zintl, 1994, S. 71-72; Boeckh-Behrens & Buskies, 2002, S. 45; Steinhöfer, 2008, S. 112).

	Schnellkraftmethode	Muskelleistungsmethode
Trainingsmethode	Wiederholungsmethode	Wiederholungsmethode
Arbeitsweise	Konzentrisch	Konzentrisch
Intensität	35-50 %	50-60 %
Krafteinsatz	Maximal	Maximal
Dauer	6-8 Wiederholungen Höchstmögliche Geschwindigkeit darf nicht abfallen! Abbruch bei Geschwindigkeitsabfall.	6-8 Wiederholungen Höchstmögliche Geschwindigkeit darf nicht abfallen! Abbruch bei Geschwindigkeitsabfall.
Bewegungstempo	Explosiv schnell	Explosiv schnell
Umfang	4-5 Sätze zu 3-4 Übungen	4-5 Sätze zu 3-4 Übungen
Pause	WP: 5-10 Sekunden (bei alternierenden Bewegungen auch ohne Pause) ÜP = SP: 3-5 Minuten	WP = 5-10 Sekunden ÜP = SP: 2-3 Minuten
Einsatzgebiet	• Am Ende der Vorbereitungsperiode und besonders in der Wettkampfphase • Alle Schnellkraftdisziplinen • Nicht im Gesundheitssport • Kinder und Jugendliche arbeiten mit reduzierte Intensitäten.	
Trainingswirkung	Verbesserung: • Intramuskuläre Koordination • Intermuskuläre Koordination • Maximalkraft, Explosivkraft, Schnellkraft • Kontraktionsgeschwindigkeit der Muskelfasern	

▶ **Merksatz:** In den Sportspielen wird Schnellkrafttraining technikorientiert durchgeführt.

In den **Sportspielen** haben die beiden oben genannten Methoden nicht nur wegen des großen Zeitaufwandes kaum Bedeutung. Viele Trainer bevorzugen oder verwenden gar ausschließlich ein mehr direktes Schnellkrafttraining in Form von Sprung-, Wurf-, Stoß-, Schuss- und Antrittsübungen, das sowohl isoliert als auch im Rahmen eines komplexen Übungs- und Spielphasentrainings durchgeführt wird (vgl. Steinhöfer, 2008, S. 113).

REAKTIVKRAFTTRAINING

▶ Das **Reaktivkrafttraining** ist durch Methoden mit schnellem Dehnungs-Verkürzungs-Zyklus der Muskulatur und durch eine sehr hohe Intensität gekennzeichnet (z. B. Mehrfachsprünge über Geräte).

In sogenannten **Reaktivbewegungen**, wie beispielsweise Niedersprüngen, Absprüngen mit Anlauf und schnellen Laufschritten, tritt der sogenannte **Dehnungs-Verkürzungs-Zyklus** auf. Es kommt hierbei zunächst zu einer kurzen exzentrischen Dehnung der Muskulatur, verbunden mit einem eigenständigen Innervations- und Elastizitätsverhalten, dann zur konzentrischen Phase, in welche die gespeicherte elastische Spannungsenergie und die Reflexinnervation aus der vorhergehenden Phase eingehen. Leistungsbestimmend sind hier, neben den Faktoren Muskelfaserquerschnitt und -zusammensetzung, das Elastizitäts- und Innervationsverhalten von Muskeln, Sehnen und Bändern. Dieses Elastizitäts- und Innervationsverhalten wird auch als **reaktive Spannungsfähigkeit** bezeichnet. Sie ist die Grundvoraussetzung der Reaktivkraft. Die Reaktivkraft selbst kann als eine Sonderform der Schnellkraft gesehen werden. Definitorisch ist deshalb die Reaktivkraft die exzentrisch-konzentrische Schnellkraft bei kürzestmöglicher Kopplung (< 200 ms) beider Arbeitsphasen (= ein Dehnungs-Verkürzungs-Zyklus). Anders ausgedrückt: Reaktivkraft ist die Fähigkeit, einen Impuls in einem Dehnungs-Verkürzungs-Zyklus zu erzeugen.

Beim **Training der Reaktivkraft** ist auf eine langsame Belastungssteigerung zu achten. Bezüglich der Beinmuskulatur stehen zu Beginn ein- und beidbeinige Hüpfübungen auf dem Programm, später folgen Sprungübungen (z. B. Vertikalsprünge über niedrige Hürden). Als Letztes stehen Tief-hoch-Sprünge (**plyometrisches Training**, vgl. Abb. 14.8) auf dem Trainingsprogramm.

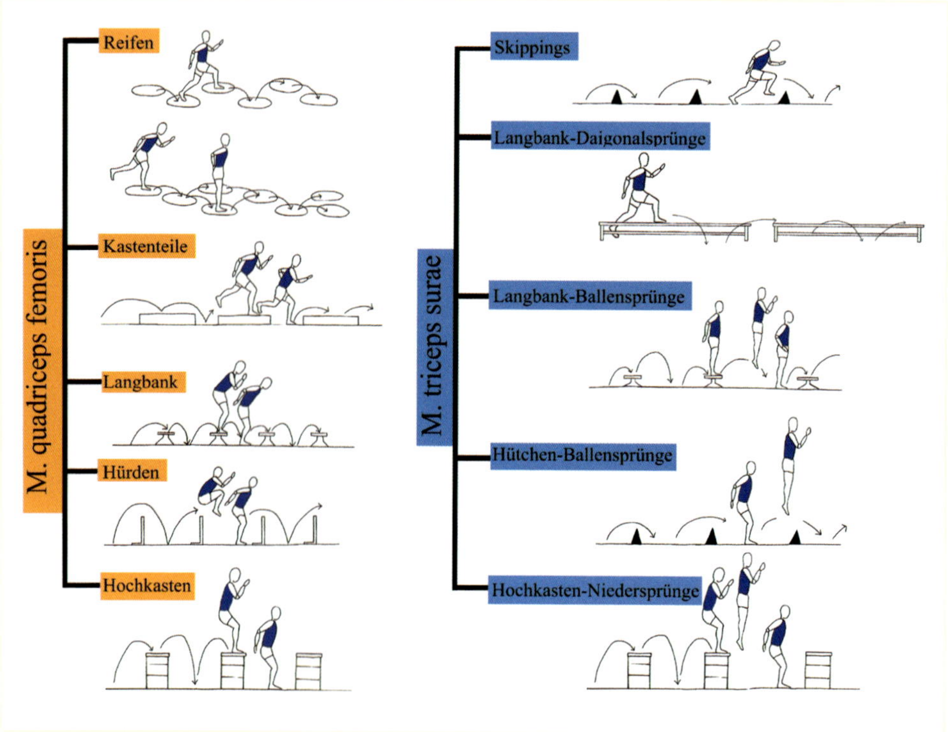

Abb. 14.8: Plyometrische Übungen mit steigendem Schwierigkeitsgrad zur Verbesserung der Kraft der Kniestrecker (modifiziert nach Steinhöfer, 2008, S. 156)

- Für das plyometrische Training ist eine gute Maximalkraftbasis notwendig, weshalb diese Methode im Nachwuchsbereich nicht oder nur in vereinfachten Formen zum Einsatz kommen sollte.

Als Trainingsmethode für die Verbesserung der Reaktivkraft dient die **Wiederholungsmethode** (vgl. Tab. 14.8).

Tab. 14.8: Training der Reaktivkraft; WP = Pause zwischen zwei Wiederholungen; ÜP = Übungspause, SP = Serienpause (angelehnt an Grösser & Zintl, 1994, S. 74; Boeckh-Behrens & Buskies, 2002, S. 45; Steinhöfer, 2008, S. 114)

Reaktivkraftmethode	
Trainingsmethode	Wiederholungsmethode
Arbeitsweise	Konzentrisch-exzentrisch (ohne Umkehrpause)
Intensität	• Maximal bezogen auf die maximale Sprung-, Wurf-, Stoßleistung bei reaktiver Arbeitsleistung • Körpergewicht oder geringe Zusatzlast
Krafteinsatz	Maximal
Dauer	6-10 Wiederholungen (Abbruch bei Bewegungsverlangsamung)
Bewegungstempo	Explosive Bewegungsausführung
Umfang	• Anfänger: 2-3 Sätze • Fortgeschrittene: 3-5 Sätze • Hochleistungssportler: 6-10 Sätze jeweils zu 2-3 Übungen
Pause	WP: 5-10 Sekunden (nur in frischem Zustand ausführen!) ÜP = SP: 5-10 Minuten
Einsatzgebiet	• Ganzjährig, besonders am Ende der Vorbereitungsphase und in der Wettkampfphase • In allen reaktiven Sprungdisziplinen • Nicht: gesundheitsorientiertes Fitnesstraining • Kinder und Jugendliche: vorsichtiger Einsatz
Trainingswirkung	Verbesserung: • Sprungkraft • Reaktivkraft • Hohe Faserrekrutierung • Kaum Hypertrophie

Ein Reaktivkrafttraining mit extrem hohen Belastungen – z. B. Tief-hoch-Sprünge aus großer Fallhöhe und/oder mit extremer Verkürzung der Bremsphase – ist **Spielsportlern** nicht zu empfehlen, da hierbei hohe verletzungsträchtige Belastungsspitzen auftreten und die Belastung nicht den spielspezifischen Anforderungen der Spielsportarten entspricht. Dass sich bei reaktiven Belastungen für die oberen Extremitäten – z. B. bei Würfen und Stößen – andere Kraft-Zeit-Beanspruchungen ergeben, ist belegt.

▶ **Propriozeptives Training** ist für Spielsportler ungemein wichtig, da es die Reaktion auf unvorhergesehene Reize schult und möglichen Verletzungen (z. B. durch Umknicken) vorbeugt.

Wichtiger als das klassische Reaktivkrafttraining ist für Spielsportler das sogenannte **propriozeptive Training** an entsprechenden Geräten (Kippbrett, Therapiekreisel, Airex-Matte®, Minitrampolin usw.), das nicht nur Gleichgewicht sowie Antizipation und Reaktion auf häufig unerwartete Reize schult, sondern gleichzeitig reflexinduziert die Schnellkraft und Bewegungsschnelligkeit zu Bewegungsbeginn – vornehmlich in den ersten 100 ms nach Reizsetzung – verbessert. Genau diese Trainingswirkung ist für Spieler ungemein wichtig, da im Spiel häufig auf unvorhersehbare Reize mit schnellen oder schnellkräftigen Aktionen reagiert werden muss. An dieser Stelle werden die fließenden Übergänge zum Koordinationstraining deutlich.

KRAFTAUSDAUERTRAINING

▶ Beim **Kraftausdauertraining** belastet der Sportler die Muskulatur mit geringen bis mittleren Belastungsreizen und vielen Wiederholungszahlen bis hin zur Erschöpfung.

Kraftausdauer kann je nach Belastungsform mehr ausdauerorientiert sein oder eine stärkere Kraftkomponente besitzen (vgl. Tab. 14.9). Ein Turner hat beispielsweise im Kreuzhang eine extreme Belastung im Bereich der **Maximalkraftausdauer** mit anaerob-laktazider Energiebereitstellung. Ein Ruderer oder sprintender Schwimmer hat mittlere Krafteinsätze zu bewältigen **(dynamische Kraftausdauer mit mittleren Krafteinsätzen)**, die Energiebereitstellung ist gemischt anaerob-aerob. Langstreckenschwimmer benötigen eine **dynamische Kraftausdauer mit geringem Kraftaufwand**. Die Energiebereitstellung ist dort überwiegend aerob.

Tab. 14.9: Zuordnungstendenzen bestimmter Sportarten zu den Polen Ausdauer und Kraft hinsichtlich der Kraftausdauerfähigkeit. Die gestrichelte Linie bedeutet einen fließenden Übergang.

Kraftausdauer		
Ausdauerkomponente		**Kraftkomponente**
Schwimmen, Skilanglauf	Radrennsport, Kajak, Rudern	Kunstturnen, Ringen, Klettern

Die **allgemeine dynamische Kraftausdauer** kann durch die Intervallmethode trainiert werden. Je nach Intensität hat man eine eher aerobe (extensive) oder eher anaerobe (intensive) Trainingswirkung. Wichtig ist die völlige Erschöpfung nach einem Satz. Tab. 14.10 beschreibt die Kraftausdauermethode.

Tab. 14.10: Kraftausdauermethode; WP = Pause zwischen den Wiederholungen, ÜP = Pause zwischen zwei Übungen; SP = Serienpause (angelehnt an Grosser & Zintl, 1994, S. 76-78; Boeckh-Behrens & Buskies, 2002, S. 44; Steinhöfer, 2008, S. 117)

Kraftausdauermethode	
Trainingsmethode	Intervallmethode
Arbeitsweise	Dynamisch = konzentrisch-exzentrisch
Intensität	35-60 % der maximalen Intensität
Dauer	Viele Wiederholungen bis zur völligen Ermüdung
Krafteinsatz	Gering bis mittel
Bewegungstempo	Langsam bis zügig
Umfang	6 Sätze zu je 3-4 Übungen oder 3 Zirkeldurchgänge mit 6-8 Stationen
Pause	WP: keine ÜP: 30-60 Sekunden SP: 1-3 Minuten (höhere Last); 0,5-2 Minuten (geringere Last)
Einsatzgebiet	• Kraftausdauerdisziplinen • Gesundheitsorientiertes Krafttraining • Rehabilitation • Verletzungsprophylaxe • Kompensatorisches Training
Trainingswirkung	• Kraftausdauer • Körperformung • Mittlere Hypertrophie • Anpassungen wie beim Ausdauertraining

▶ Für Spielsportler ist das Kraftausdauertraining nicht die Methode der ersten Wahl.

Die Kraftausdauermethode ist für Sportspieler nur nachrangig geeignet, da Spieler meist schnellkräftige und reaktive zyklische und azyklische Bewegungen bei unterschiedlichen Belastungspausen häufig und über die gesamte Spielzeit erbringen müssen. Die Energiebereitstellung erfolgt dafür meist im anaerob-alaktaziden und teilweise, wenn die Pausen zur Phosphatresynthese nicht ausreichen, im anaerob-laktaziden Bereich. Das Kraftausdauertraining ist zur Verbesserung einer **Kraftausdauerbasis** bei Spielern geeignet (Steinhöfer, 2008, S. 117).

KRAFTTRAINING NACH SUBJEKTIVEM BELASTUNGSEMPFINDEN

▶ Unter **Anstrengungsempfindung** versteht man das subjektive Empfinden einer Person darüber, wie schwer und anstrengend eine vorgegebene Leistung ist (Löllgen, 2005, S. 265).

Neben den bisherigen Trainingsmethoden kann vor allem im Jugend- und Anfängerbereich ein Krafttraining nach subjektivem Belastungsempfinden erfolgen (vgl. Kap. 13.4). Dazu ist es notwendig, das subjektive Belastungsempfinden zu objektivieren. Mithilfe der sogenannten **Borg-Skala** kann der Sportler auf zuverlässige Weise sein Anstrengungsempfinden auf einer Skala eintragen (vgl. Abb. 14.9).

Beispiel: Bei **Krafttrainingseinsteigern** ist es aufgrund der fehlenden inter- und intramuskulären Koordination nicht möglich, das Maximalgewicht zu bewältigen. Ein Trainierender führt daher beim Einstieg in ein systematisches Krafttraining 3-5 Serien zu 10-15 Wiederholungen mit einem Gewicht durch, das er ab der 12. Wiederholung als „etwas anstrengend" bis „anstrengend" (Borg-Skala 13 bis 15) empfindet. Wenn der Sportler mit diesem Gewicht ohne Probleme 3-5 Sätze mit 15 Wiederholungen schafft, kann er das Gewicht ein wenig steigern.

Abb. 14.9: Die Borg-Skala dient dem Objektivieren von subjektiven Empfindungen.

6	
7	→ Sehr, sehr leicht
8	
9	→ Sehr leicht
10	
11	→ Recht leicht
12	
13	→ Etwas anstrengender
14	
15	→ Anstrengend
16	
17	→ Sehr anstrengend
18	
19	→ Sehr, sehr anstrengend
20	

Schon gewusst?

Interessant ist folgendes Merkmal bei der Borg-Skala: Wenn man den Zahlenwert mit dem Faktor 10 multipliziert, erhält man ungefähr die entsprechende Herzfrequenz.

Informationen und Hinweise zum Krafttraining mit Kindern und Jugendlichen sind im Zusatzinformationsmaterial ab S. 578 per QR-Code erreichbar.

14.4 RÜCKBLICK

Grundbegriffe

- **Kraft** ist die Fähigkeit des Nerv-Muskel-Systems, durch Muskelkontraktionen mit mehr als 30 % des individuellen Kraftmaximums Widerstände zu überwinden, zu halten oder ihnen nachzugeben.
- **Arbeitsweisen eines Muskels:** Muskeln können isometrisch (haltend = statisch), konzentrisch (überwindend = positiv-dynamisch) und exzentrisch (bremsend = negativ-dynamisch) arbeiten.
- **Muskelfasertypen:** Man unterscheidet langsam zuckende ST-Fasern, schnell zuckende FT-Faser und den Intermediärtyp der FTO-Fasern. Der prozentuale Anteil der Muskelfasertypen ist genetisch bestimmt.
- **Kraftarten:** Man unterscheidet Maximalkraft, Schnellkraft, Reaktivkraft und Kraftausdauer. Die Maximalkraft ist die Basis für die drei anderen Kraftarten.
- Jede Sportart und Disziplin hat ihr eigenes **Kraftanforderungsprofil**.

Auswirkung von Krafttraining auf das neuromuskuläre System

- Beim Maximalkrafttraining verbessert sich zuerst die inter- und intramuskuläre Koordination, bevor es nach ca. 4-6 Wochen zur Querschnittszunahme der Muskelfasern (Hypertrophie) kommt.
- **Intermuskuläre Koordination:** Das verbesserte Zusammenwirken verschiedener Muskeln und Muskelgruppen innerhalb eines gezielten Bewegungsablaufs spart Energie und ermöglicht einen ökonomischeren Bewegungsablauf.
- **Intramuskuläre Koordination:** Die synchrone Aktivierung einer größeren Zahl von Muskelfasern innerhalb eines gezielten Bewegungsablaufs führt zu einer verbesserten Innervation der Muskelfasern.
- **Hypertrophie:** Die Kraft eines Muskels hängt vor allem von seinem Querschnitt ab.
- **Querschnittszunahme der Muskelfasertypen:** Während im unteren Kraftbereich verstärkt die langsam zuckenden ST-Fasern innerviert werden, kommt es im Intensitätsbereich von über 80 % der Maximalkraft zu einer fast gleichmäßigen Querschnittszunahme aller Muskelfasertypen.

Allgemeine Grundsätze von Krafttraining

- Primäres Ziel von Krafttraining ist eine Verbesserung der Maximalkraft.
- Muskuläre Dysbalancen sind unbedingt zu vermeiden.
- Allgemeines Krafttraining ist Ganzkörperkrafttraining.
- Spezielles Krafttraining orientiert sich an den Bedürfnissen einer Sportart.
- Krafttraining kann das Körpergewicht steigern und senken.

Methoden und Inhalte von Krafttraining

- **Belastungsparameter und Organisationsformen von Krafttraining:** Zu den Belastungsparametern zählen: Arbeitsweise, Intensität, Krafteinsatz, Dauer einer Übung oder Serie, Pause und Gesamtumfang. Häufige Organisationsformen sind Stations-, Satz- und Kreistraining.
- **Trainingsmethoden:** Krafttraining wird nach Prinzipien der Intervall- und Wiederholungsmethoden (IM und WM) ausgeführt.
- **Maximalkrafttraining** setzt sich zusammen aus **Muskelaufbautraining** (Intensität: mittelhoch bis hoch; Wiederholungszahlen: hoch bis mittelhoch) und **IK-Training** (Intensität: maximal; Wiederholungszahl: gering). Beim Pyramidentraining werde MA- und IK-Training kombiniert. Die Maximalkraft wird mittels IM verbessert.
- **Schnellkraftmethoden** sind geprägt durch mittlere Belastungsintensitäten und Wiederholungszahlen, konzentrische Arbeitsweise und maximale Ausführungsgeschwindigkeit. Als Trainingsmethode findet im Schnellkrafttraining die WM Anwendung.
- **Reaktivkrafttraining** ist durch Methoden mit schnellem Dehnungs-Verkürzungs-Zyklus der Muskulatur und durch eine sehr hohe Intensität gekennzeichnet. Die Reaktivkraft wird mithilfe der WM verbessert.
- **Propriozeptives Training** schult die Reaktion auf unvorhergesehene Reize und beugt möglichen Verletzungen vor.
- Die **Kraftausdauer** belastet die Muskulatur des Sportlers bis zur völligen Ermüdung mit geringen bis mittleren Belastungen und hohen Wiederholungszahlen. Die Kraftausdauer wird mithilfe von IM verbessert.
- Das **Anstrengungsempfinden** gibt Auskunft darüber, wie schwer und anstrengend eine Übung ist. Dabei operationalisiert die **Borg-Skala** das subjektive Belastungsempfinden.

14.5 PRÜFUNGSVORBEREITUNG

Kontrollfragen

1. Erläutern Sie den Kraftbegriff.
2. Charakterisieren Sie die drei Arbeitsweisen der Muskulatur.
3. Nennen Sie die drei Skelettmuskelfasertypen.
4. Welche Sportarten benötigen vorwiegend FT-, ST- bzw. FTO-Muskelfasern?
5. Stellen Sie die vier Hauptkraftarten und ihre gegenseitige Abhängigkeit dar.
6. Erläutern Sie den Zusammenhang von Explosivkraft, Startkraft und Kraft-Zeit-Kurve.
7. Erklären Sie die Begriffe absolute Kraft und relative Kraft.
8. Welches Kraftanforderungsprofil hat Hochsprung, Kugelstoßen, Fuß- und Basketball?
9. Welche Auswirkungen hat Krafttraining auf das neuromuskuläre System?
10. Erklären Sie den Unterschied zwischen inter- und intramuskulärer Koordination.
11. Erläutern Sie folgende Begriffe: Synchronisation, Rekrutierung und Frequenzierung.
12. Beschreiben Sie den zeitlichen Mechanismus beim Muskelaufbautraining.
13. Was sind die wichtigsten Belastungsparameter von Krafttraining?
14. Welche Organisationsformen von Krafttraining kennen Sie?
15. Beschreiben Sie die beiden Maximalkrafttrainingsmethoden.
16. Geben Sie die Belastungsparameter eines Einsteiger-Muskelaufbautrainings an.
17. Was versteht man unter Pyramidentraining?
18. Beschreiben Sie die beiden Schnellkraftmethoden.
19. Warum sind die Schnellkraftmethoden für Sportspieler eher ungeeignet?
20. Wie wirkt die Reaktivkraftmethode auf den Organismus?
21. Erläutern Sie die Risiken des plyometrischen Trainings.
22. Geben Sie Übungen für ein Reaktivkrafttraining unterschiedlicher Muskelgruppen an.
23. Nennen Sie begründend ausdauer-, kraft- und kraftausdauerorientierte Sportarten.
24. Beschreiben Sie die Kraftausdauermethode.
25. Warum ist die Kraftausdauermethode für Spieler nicht die Methode der ersten Wahl?
26. Erläutern Sie die folgenden Begriffe: Anstrengungsempfinden und Borg-Skala.

Prüfungsaufgaben

Arten der Kraft im Sport

Krafttraining im Turnen

Auswirkung von Krafttraining auf das Nerv-Muskel-System (kostenfrei)

a) Lena und Louis sind gleich alt und besuchen seit dem Grundschulalter gemeinsam einen Leichtathletikverein. Beide Kinder sind talentiert für die Leichtathletik. Louis schneidet immer ein wenig besser ab als Lena. In der Pubertät werden die Leistungsunterschiede besonders im Sprinten und Weitsprung immer größer, obwohl beide gleich viel trainieren. **Erklären** Sie physiologisch, wie es zu diesen Leistungsunterschieden kommt.

b) **Beschreiben** Sie den Mechanismus zur Verbesserung der Maximalkraft.

c) **Erläutern** Sie, was man unter Muskelhyperplasie versteht. Wie kann sie erreicht werden?

d) Die Trainingswirkungen von Krafttraining können unterschiedlich sein. **Geben** Sie für die Verbesserung der intermuskulären Koordination [intramuskuläre Koordination, Hypertrophie, Energieversorgung des Muskels] ein Trainingsbeispiel und einen Sportbereich **an**, in dem diese Wirkung *in besonderem Maße* erzielt werden soll.

e) **Nennen** Sie für das Rudern [rhythmische Sportgymnastik, Gewichtheben, Sportklettern, Bogenschießen, Skifahren (Abfahrt), Basketball] die in besonderem Maße zu erzielende Trainingswirkung von Krafttraining auf die Muskulatur. Begründen Sie Ihre Entscheidung.

f) **Erklären** Sie, warum die folgenden Zielsetzungen (in Klammern angegeben) sinnvoll sein könnten: Rudern (Energieversorgung des Muskels), rhythmische Sportgymnastik(intermuskuläre Koordination), Gewichtheben (intramuskuläre Koordination), Sportklettern (Hypertrophie).

Methoden im Krafttraining

Koordinative und konditionelle Voraussetzungen im Turnen

LEKTION 15
WIE KANN DIE SCHNELLIGKEIT VERBESSERT WERDEN?

15.1 GRUNDBEGRIFFE 370

15.2 METHODEN UND INHALTE VON SCHNELLIGKEITSTRAINING 373

15.3 RÜCKBLICK 380

15.4 PRÜFUNGSVORBEREITUNG 380

LEKTION 15: WIE KANN DIE SCHNELLIGKEIT VERBESSERT WERDEN?

15.1 GRUNDBEGRIFFE

DEFINITION VON SCHNELLIGKEIT

Physikalisch wird Schnelligkeit als Geschwindigkeit gemessen und mit dem Verhältnis aus Weg und Zeit ($v = \frac{s}{t}$) ausgedrückt. Die biologische Definition der Schnelligkeit nimmt den Begriff der **Geschwindigkeit** und zur Abgrenzung vom Begriff der Schnellkraft auch den Aspekt des **geringen Widerstands** auf.

▶ **Schnelligkeit** bei sportlichen Bewegungen ist die konditionell und koordinativ bestimmte Fähigkeit, auf Reize bzw. Signale schnellstmöglich zu reagieren und/oder zyklische oder azyklische Bewegungen bei geringen Widerständen mit höchster Geschwindigkeit durchzuführen (Steinhöfer, 2008, S. 172).

Zur Erinnerung: Zyklische Bewegungen sind hintereinander folgende, gleiche Bewegungen des gesamten Körpers oder von Teilen des Körpers (z. B. Laufen, Schwimmen, Radfahren). **Azyklische Bewegungen** bestehen aus Einzelbewegungen des gesamten Körpers oder einzelner Körperteile (z. B. Werfen, Springen, Tischtennisschlag).

ARTEN DER SCHNELLIGKEIT

Grosser und Zintl (1994, S. 92) nehmen eine Unterteilung der motorischen Schnelligkeit in die **Reaktionsschnelligkeit, elementare Schnelligkeitsfähigkeiten** und **komplexe Schnelligkeitsfähigkeiten** vor (vgl. Abb. 15.1).

Reaktionsschnelligkeit und elementare Schnelligkeitsformen

Für die Reaktionsschnelligkeit gilt folgende Definition:

▶ **Reaktionsschnelligkeit** ist die Fähigkeit, schnellstmöglich auf Reize zu reagieren.

Beispiele: Start beim 100-m-Sprint, Täuschen im Spiel 1:1 im Basketball.

Unter **elementaren Schnelligkeitsfähigkeiten** versteht man Schnelligkeitsleistungen, die bei zyklischen und azyklischen Bewegungen hauptsächlich über elementare Zeitprogramme bestimmt werden und damit in erster Linie von der Qualität der neuromuskulären Steuer- und Regelprozesse abhängig sind. Ein hohes Schnelligkeitsniveau setzt dabei kurze Zeitprogramme mit Zeiten unter 170 Millisekunden voraus. Man unterteilt dabei nach der Art der Bewegung (zyklisch und azyklisch) und erhält:

- **Aktionsschnelligkeit** ist die Fähigkeit, azyklische Bewegungen mit höchster Geschwindigkeit gegen geringe Widerstände auszuführen.

Beispiele: Schmetterschlag im Tischtennis oder Badminton.

- **Frequenzschnelligkeit** meint die Fähigkeit, zyklische Bewegungen mit höchster Geschwindigkeit gegen geringe Widerstände auszuführen (z. B. Kniehebelauf, fliegende 20-m-Sprints).

Beispiele: Kniehebelauf oder fliegende 20-m-Sprints.

Frequenz- und Aktionsschnelligkeit kommen bei sportlichen Bewegungen gerade in den Sportspielen recht selten vor, da meist auch Kraft- und Ausdauerkomponenten beteiligt sind.

Abb. 15.1: Die motorische Schnelligkeit und ihre möglichen, an der Praxis orientierten Unterteilungen (modifiziert nach Grosser & Zintl, 1994, S. 75)

Komplexe Schnelligkeitsfähigkeiten

Unter **komplexen Schnelligkeitsfähigkeiten** werden schnelle Bewegungsleistungen verstanden, auf die, neben den elementaren Schnelligkeitsfähigkeiten, auch Kraftfähigkeiten, Ausdauerfähigkeiten und bestimmte Bedingungen einen ebenso großen Einfluss haben. Die komplexen Schnelligkeitsleistungen kommen in Bewegungen mit höheren äußeren Widerständen und bei Bewegungen mit ermüdungsbedingtem Leistungsabfall zum Vorschein. Es kommen dabei folgende, **an der Praxis orientierte (nicht wissenschaftlich begründete) Formen** vor:

▶ **Kraftschnelligkeit:** Schnelligkeitsleistungen gegenüber höherem Widerstand in azyklischen Bewegungen.

Beispiele: Absprung nach einem Anlauf, Kugelstoß, Armausstoß, Speerabwurf.

▶ **Kraftschnelligkeitsausdauer** (= Schnellkraftausdauer): Widerstandsfähigkeit gegen ermüdungsbedingten Geschwindigkeitsabfall bei azyklischen Schnellkraftbewegungen.

Beispiele: wiederholte Kampfaktionen, häufige Würfe nacheinander.

▶ **Sprintkraft:** Schnelligkeitsleistungen gegenüber höheren Widerständen in zyklischen Bewegungen.

Beispiele: Beschleunigen beim Sprintlauf, Radfahren, Rudern.

▶ **Sprintausdauer** (= maximale Schnelligkeitsausdauer): Widerstandsfähigkeit gegen ermüdungsbedingten Geschwindigkeitsabfall bei maximalen Schnelligkeitsleistungen in zyklischen Bewegungen.

Beispiele: Maximale Sprints bis zu einer Dauer von maximal 30 Sekunden (bis 250 m).

Handlungsschnelligkeit

Im Bereich der **Sportspiele** findet man neben der motorischen Schnelligkeit noch den technisch-taktisch geprägten Begriff der **Handlungsschnelligkeit**. Steinhöfer (2008, S. 174) definiert die Handlungsschnelligkeit wie folgt:

▶ **Handlungsschnelligkeit** bezeichnet die Fähigkeit, technisch-taktische Handlungen situationsgerecht und präzise in optimaler Zeit und Intensität effektiv zu realisieren (vgl. Tab. 15.1).

Tab. 15.1: Handlungsschnelligkeit (Steinhöfer, 2008, S. 174)

Handlungsschnelligkeit		
Motorische Komponente Neurophysiologische Vorgänge		**Kognitive Komponente** Psychische Vorgänge
Koordinative Anteile	**Konditionelle Anteile**	Prozesse der Informationsaufnahme und -verarbeitung
Intra- und intermuskuläre Koordination	Muskuläre und energetische Faktoren	
Lauf-, Sprung-, Schlag-, Schuss- und Wurftechniken	Antrittsschnelligkeit, Sprung-, Schlag-, Schuss- und Wurfkraft	Reagieren aufgrund von Wahrnehmen, Antizipieren und Entscheiden

Einige Autoren verwenden den Begriff der **Schnelligkeitsausdauer**. Schnelligkeitsausdauer ist im engeren Sinne nur dann als Schnelligkeitsleistung zu verstehen, wenn es um Sprintschnelligkeit bis zu ca. 30 Sekunden geht und maximale Schnelligkeit beinhaltet (vgl. Sprintausdauer). Schnelligkeitsleistungen über diesen Zeitraum hinaus können zwar mit hoher, aber nicht mit höchster Intensität betrieben werden. Insofern müssen sie eher dem Bereich der Ausdauer zugeordnet werden.

VERLAUFSFORMEN BEI SCHNELLIGKEITSLEISTUNGEN

Beschleunigung bedeutet physikalisch die Änderung der Geschwindigkeit in einer bestimmten Zeit (kurz: Beschleunigung = Geschwindigkeit durch Zeit). Die Praxis von Schnelligkeitsleistungen im Sport zeigt, dass Reaktionsleistungen (oft in Verbindung mit Antizipationsleistungen) und Beschleunigungsleistungen ein wesentlicher Aspekt der Schnelligkeit sind. Steinhöfer (2008, S. 174) unterscheidet daher **zwei- und dreiphasige Verlaufsformen** bei Schnelligkeitsleistungen. Tab. 15.2 stellt die beiden Formen dar:

Tab. 15.2: Zwei- oder dreiphasige Verlaufsform bei Schnelligkeitsleistungen (Steinhöfer, 2008, S. 174)

Zweiphasig	Dreiphasig
• Beschleunigungsleistung • Schnelligkeitsleistung	• Reaktionsleistung • Beschleunigungsleistung • Schnelligkeitsleistung
Beispiel: Weitsprung, Kugelstoß	**Beispiel:** Sprint, Sportspiele

Arten von Schnelligkeit

15.2 METHODEN UND INHALTE VON SCHNELLIGKEITSTRAINING

In diesem Abschnitt werden ausgewählte Methoden und Inhalte des Schnelligkeitstrainings beschrieben:

- Beschleunigungs- und Sprintschnelligkeitsmethode,
- Koordinationsmethode,
- Sprintausdauermethode sowie
- Reaktionsmethode.

Anschließend werden wichtige trainingspraktische Grundsätze vorgestellt.

BESCHLEUNIGUNGS- UND SPRINTSCHNELLIGKEITSMETHODE

▶ Der Sprintlauf mit einer Länge von 15-50 m schult das Beschleunigungsvermögen, die anaerobe alaktazide Kapazität und die intermuskuläre Koordination eines Sportlers.

Allgemein wird die Sprintstrecke nach ihren Geschwindigkeitswerten eingeteilt. Dabei unterscheidet man nach Jonath et al. (1995, S. 61) zwischen folgenden Abschnitten:

- **Reaktionsabschnitt** unmittelbar vor dem Startablauf;
- **positiver Beschleunigungsabschnitt** (= Abschnitt bis zur Maximalgeschwindigkeit);
- **gleichförmiger Geschwindigkeitsabschnitt** (= gleichbleibender Geschwindigkeitsabschnitt);
- **negativer Beschleunigungsabschnitt** (= Abschnitt mit Abfall der Geschwindigkeit).

Abb. 15.2 zeigt, dass die Phase bis zum Erreichen der höchsten Geschwindigkeit (Beschleunigungsphase) je nach Leistungsstand etwa 30-40 m (kann bei Topsprintern bis zu 90 m betragen!) dauert. Allerdings ist die Geschwindigkeitszunahme ab 20-30 m nur noch gering, sodass die eigentliche **Beschleunigungsarbeit ca. 30 m** in Anspruch nimmt. Bei den leistungsstärkeren Läufern ist der Geschwindigkeitsabfall nach Erreichen der Maximalgeschwindigkeit wesentlich geringer als beim leistungsschwächeren Athleten. Dies geht einher mit einem längeren gleichförmigen Geschwindigkeitsabschnitt.

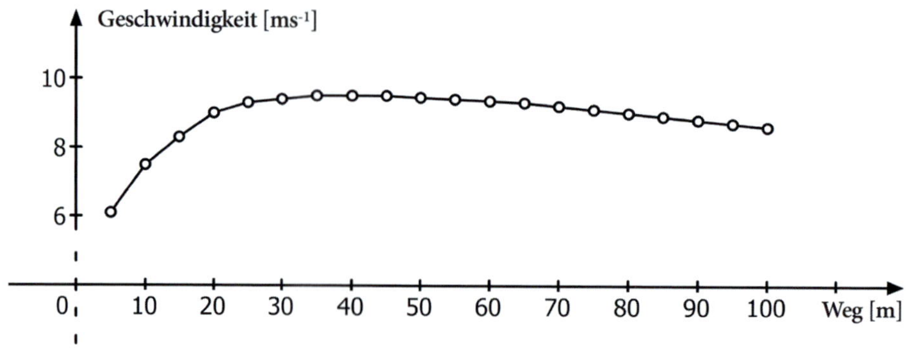

Abb. 15.2: Geschwindigkeits-Weg-Verlauf beim 100-m-Lauf (modifiziert nach Jonath et al., 1995, S. 61).

Beschleunigungs- und Sprintschnelligkeit (= Sprintlauf) werden komplex trainiert, weil die höchste Geschwindigkeit erst nach einer Strecke von ca. 30 m erreicht werden kann. Dafür eignen sich Beschleunigungssprints von 30-40 m Länge. Diese Sprints müssen allerdings unter optimalen, standardisierten äußeren Bedingungen durchgeführt werden. Belastungszeiten von ca. fünf Sekunden werden mit großer Wahrscheinlichkeit von der **anaerob-alaktaziden Energiebereitstellung** abgedeckt und führen deshalb kaum zu Laktatanhäufungen. Daher ergeben sich für das Training der Beschleunigungs- und Sprintschnelligkeit folgende Belastungsparameter nach dem Prinzip der Wiederholungsmethode:

Tab. 15.3: Training der Beschleunigungs- und Sprintschnelligkeit (als Teil der Frequenzschnelligkeit); WP = ÜP = Pause zwischen zwei Sprints, SP = Serienpause (Steinhöfer, 2008, S. 191)

Sprintlauf	
Trainingsmethode	Wiederholungsmethode
Intensität	100 % (= maximale Bewegungsgeschwindigkeit)
Dauer	15-50 m
Bewegungstempo	Maximal schnell
Umfang	3-4 Serien zu 4-5 Sprints
Pause	WP = ÜP: 2-3 Minuten; SP: 4-5 Minuten
Trainingswirkung	• Verbesserung der anaeroben alaktaziden Energiebereitstellung (KP-Speicher) • Verbesserung der intermuskulären Koordination

Für die Pausenlänge zwischen den Belastungsreizen kann folgende Faustregel angewendet werden (Weineck, 2010, S. 686):

▶ **Merksatz:** Beim Training der Beschleunigungs- und Sprintschnelligkeit benötigt man pro 10-m-Sprintlänge ca. eine Minute Pause.

KOORDINATIONSMETHODE

▶ Die **Koordinationsmethode** beinhaltet spezifische Übungen, die gezielt das Zusammenspiel von Agonist und Antagonist bei optimalen Bewegungsamplituden und Bewegungsfrequenzen schulen (Steinhöfer, 2008, S. 194).

Die nachfolgende Tab. 15.4 beschreibt die Koordinationsmethode in ihrer Bewegungscharakteristik, ihren Inhalten und in ihrer Trainingswirkung. Dabei ist unbedingt zu beachten, dass die Übungen korrekt ausgeführt werden und in ausgeruhtem Zustand erfolgen.

Tab. 15.4: Koordinationsmethode (angelehnt an Steinhöfer, 2008, S. 194)

Koordinationsmethode	
Bewegungs-charakteristik	• Wechsel von Anspannung und Entspannung • Kleine und große Bewegungsamplituden • Einfache und simultane Bewegungen • Kurze Bodenkontaktzeiten
Trainings-inhalte	• Koordinationsläufe • Steigerungsläufe • Sprungläufe • Treppenläufe • Sprint-ABC • Sportartenspezifische Koordinationsübungen • Sprünge, Schritte, Antritte in rascher Folge über kleine Hindernisse
Besondere Hinweise	• Alle Übungen müssen in ausgeruhtem Zustand ausgeführt werden. • Es ist auf korrekte Ausführung zu achten (Armarbeit, Körperspannung)
Trainings-wirkung	Verbesserung der inter- und intramuskulären Koordination

SPRINTAUSDAUERMETHODE

▶ Bei der **Sprintausdauermethode** werden Strecken bis maximal 200 m mit maximaler Intensität nach dem Prinzip der Wiederholungsmethode absolviert.

Sprintausdauer (in Abgrenzung zur **Schnelligkeitsausdauer**) wird als die Fähigkeit betrachtet, Leistungen **bis zu ca. 30 Sekunden mit Höchstintensität** durchführen zu können. Bei diesen Leistungen sind weder der Laktatanstieg noch die Sauerstoffschuld die limitierenden Faktoren, sondern mit großer Wahrscheinlichkeit das Nachlassen der differenzierten Steuerung der Bewegungsprogramme (wir bezeichnen diesen Zustand mit dem Begriff **Programmermüdung**). Die Belastung erfolgt mit der höchsten Intensität und langen Erholungspausen nach dem Prinzip der **Wiederholungsmethode**.

REAKTIONSMETHODE

▶ Die Schulung der **Reaktionsschnelligkeit** erfolgt über eine verbesserte Bewegungstechnik und Zeitwahrnehmung.

Die Trainierbarkeit der Reaktionsschnelligkeit hält sich nach Grosser und Zintl (1994, S. 100) in engen Grenzen. Eine Verkürzung der Reaktionsschnelligkeit ist vorwiegend an der Ausprägung der für die Reaktionszeit grundlegenden und angeborenen Komponenten der neuralen Steuerung gebunden und durch **Verbesserung der Bewegungstechnik**, die reaktionsschnell ausgeführt werden soll, gegeben. Außerdem spielt die **Optimierung der Antizipationsfähigkeit (Zeitwahrnehmung)** eine ganz wesentliche Rolle. Das Training von einfachen und komplexen Reaktionen hat also zwei Komponenten:

- Einschleifen der Technik mit Übergang zur Beschleunigungsphase,
- Schulung der Antizipationsfähigkeit (Zeitwahrnehmung).

Das **Starttraining im Sprint** ist ein gutes Beispiel für die **Schulung der Antizipation**, denn hierbei muss gelernt werden, auf unterschiedliche Zeitintervalle zwischen einer Vorankündigung explosiv zu reagieren. Konzentration (= sensorischer Anteil) und optimale Muskelvorspannung (= motorischer Anteil) der Reaktion müssen hierbei verbessert werden.

▶ Bei Spielsportlern erfolgt die Reaktionsschulung insbesondere im Rahmen des Technik- und Taktiktrainings.

In **Spielsportarten** trainiert man häufig mehrere unterschiedliche Reaktionshandlungen hintereinander und schafft so die Voraussetzung für spätere Wahlaktionen auf unterschiedliche Signale.

Beispiele für ein **allgemeines Reaktionstraining** sind: Starts aus unterschiedlichen Körperpositionen, Richtungswechsel und Antritte auf Signale, Bälle fangen, abwehren oder weiterleiten unter Zeitdruck, Hinlegen, Aufstehen, Hochspringen auf Signale, Reaktionsspiele.

Für das Schnelligkeitstraining von Sportspielern reicht diese allgemeine Reaktionsschulung nicht aus. Es bedarf einer spielspezifischen Reaktionsschulung komplexer Handlungen. Da Reaktionsleistungen im Sportspiel häufig unter Zeitdruck erfolgen, muss antizipiert werden. Mit der **Antizipationsmethode** (Steinhöfer, 2003, S. 198) werden spezifische Reaktions- und Antizipationshandlungen (z. B. Feldabwehr im Volleyball, Schussabwehr beim Torwart, Reaktionsleistungen im Basketball im Spiel 1:1) geschult. Es handelt sich um ein Reaktionstraining im Rahmen des Technik- und Taktiktrainings.

TRAININGSPRAKTISCHE GRUNDSÄTZE

In Anlehnung an Weineck (2010, S. 710-711) können die folgenden trainingspraktischen Grundsätze zum Schnelligkeitstraining formuliert werden:

Erhöhte Körperkerntemperatur

Die Körpertemperatur muss bei Schnelligkeitsleistungen erheblich über der Umgebungstemperatur liegen. Es ist erstrebenswert, Körpertemperaturen von 38,5° C zu erreichen, die allerdings eine systematische Aufwärmarbeit von 15-30 Minuten und den Erhalt dieser Temperatur voraussetzen. Die Leistung verbesserte sich bei Untersuchungen dadurch deutlich.

Technische und koordinative Präzision

Zur Verbesserung der Schnelligkeitsleistungen gehört es, dass die Bewegungsabläufe mit großer technischer Präzision durchgeführt werden. Deshalb soll eine Bewegung erst dann schnell durchgeführt werden, wenn die richtige Technik stabilisiert ist.

Elastizität und Entspannungsfähigkeit der Muskulatur

Vor jedem Schnelligkeitstraining muss die Muskulatur dehnfähig gemacht werden, um die inneren Widerstände zu minimieren. Wenn sich ein Muskel kontrahiert, muss sein Antagonist leicht dehnbar sein, um beispielsweise die Gelenkbewegung nicht zu stark zu bremsen. Statisches Dehnen sollte zugunsten des tonisierenden Dehnens vermieden werden (vgl. Kap. 16.2).

Optimale äußere Bedingungen

Die äußeren Trainingsbedingungen müssen zum Einschleifen schneller Bewegungsabläufe optimal gestaltet, organisiert und gesteuert werden, sodass das Training ohne Störfaktoren ablaufen kann. Die Trainingsbedingungen sollten sogar standardisiert werden.

Leistungskontrolle und Feedback

Schnelligkeitstraining sollte ständig unter den Bedingungen von Ergebnisrückmeldungen stattfinden, um Leistungsveränderungen genau zu erfassen (vgl. Lektion 17).

Maximale Willensanspannung

Schnelligkeitstraining muss hoch motiviert und mit dem Willen zur optimalen Leistung durchgeführt werden.

Maximale Geschwindigkeit und Wiederholungsmethode

Schnelligkeitstraining muss mit maximaler Geschwindigkeit durchgeführt werden. Nur ein Sprinttraining mit maximaler Geschwindigkeit bringt über die Aktivierung der „richtigen" Muskelfasern und der „richtigen" Stoffwechselwege ein optimales Trainingsergebnis. Daher muss Schnelligkeit mithilfe der Wiederholungsmethode trainiert werden.

Muskuläre Ermüdung vermeiden

Das Schnelligkeitstraining sollte immer im ersten Teil einer Trainingseinheit oder als separate Einheit, d. h. im Zustand optimaler Leistungsbereitschaft und Leistungsfähigkeit, stattfinden, und es darf keine Ermüdung auftreten. Wenn trotzdem eine Ermüdung stattfindet, ist dies im Sinne des Basketballsports durchaus wünschenswert (z. B. Sprintausdauer, Willenskraft etc.).

Schnelligkeit vor Kraft vor Ausdauer

Das Training der Schnelligkeit sollte in einer Trainingseinheit zeitlich vor dem Training der Kraft und Ausdauer erfolgen (vgl. Kap. 13.2).

Verbindung zum Kraft- und Koordinationstraining

Die Schnelligkeitsleistung hängt in hohem Maße von der Höhe der Maximalkraft, d. h. auch von der Schnellkraftleistung und der inter- und intramuskulären Koordination, ab (vgl. Kap. 14.2 und Kap. 14.3).

Frühzeitige Schulung

Gerade im Kindesalter muss die Schnelligkeit geschult werden. Hier werden im Rahmen eines langfristigen Trainingsaufbaus wichtige koordinative und konditionelle Grundlagen gelegt (vgl. Kap. 5.2 und Kap. 12.1: Gesetz der Trainierbarkeit).

> Begründen Sie die Grundsätze mithilfe biologischer Gesetzmäßigkeiten.

Informationen zu biologischen Grundlagen zur Schnelligkeit sind im Zusatzinformationsmaterial ab S. 578 per QR-Code abrufbar.

15.3 RÜCKBLICK

Grundbegriffe

- **Schnelligkeit** im Sport beschreibt die Fähigkeit, auf Reize schnellstmöglich zu reagieren und/oder Bewegungen bei geringen Widerständen mit höchster Geschwindigkeit auszuführen.
- **Arten der Schnelligkeit:** Man unterscheidet **Reaktionsschnelligkeit** (möglichst schnell auf Reize reagieren), **elementare** und **komplexe Schnelligkeit**. Bei der elementaren Schnelligkeit spricht man bei zyklischen Bewegungen von der **Frequenzschnelligkeit** und bei azyklischen Bewegungen von der **Aktionsschnelligkeit**. Die komplexe Schnelligkeit umfasst an der Praxis orientierte und nicht wissenschaftlich belegte Formen. Im Sportspiel spricht man auch von **Handlungsschnelligkeit**.

Methoden und Inhalte von Schnelligkeitstraining

- Man unterscheidet im Schnelligkeitstraining folgende (Wiederholungs-)**Methoden**: Beschleunigungs- und Sprintschnelligkeitsmethode, Koordinationsmethode, Sprintausdauermethode, Reaktionsmethode.
- **Wichtige trainingspraktische Grundsätze sind u. a.:**
  - Schnelligkeit mit erhöhter Körperkerntemperatur trainieren!
  - Innerhalb einer Trainingseinheit gilt: Schnelligkeit vor Kraft vor Ausdauer!
  - Schnelligkeit immer zusammen mit Koordination und Kraft trainieren!
  - Die Schnelligkeit frühzeitig schulen!

15.4 PRÜFUNGSVORBEREITUNG

Kontrollfragen

1. Was ist Schnelligkeit im Sport?
2. Wie unterscheiden sich Schnelligkeit und Schnellkraft?
3. Erläutern Sie die elementaren und komplexen Schnelligkeitsarten an einem Beispiel.
4. Was bedeutet Reaktionsschnelligkeit?
5. Beschreiben Sie den Unterschied von zwei- und dreiphasigen Verlaufsformen.
6. Begründen Sie den Ausspruch: „Sprinter werden als Sprinter geboren!"
7. Nennen Sie mindestens fünf methodische Grundsätze zum Schnelligkeitstraining.
8. Geben Sie die wesentlichen konditionellen Einflussgrößen der Schnelligkeit an.
9. Warum ist Schnelligkeitstraining nur im maximalen Intensitätsbereich sinnvoll?
10. Nennen Sie wichtige schnelligkeitsbestimmende Faktoren.

11. Stellen Sie den Geschwindigkeitsverlauf des 100-m-Sprints dar.
12. Erläutern Sie die Beschleunigungs- und Sprintschnelligkeitsmethode.
13. Nennen Sie die wichtigsten Belastungsparameter der Methode des Sprintlaufs.
14. Geben Sie die Zielsetzung der Koordinationsmethode und fünf Übungsbeispiele an.
15. Grenzen Sie die Sprintausdauermethode von der Schnelligkeitsausdauermethode ab.
16. Erklären Sie, was man unter einer Reaktionsmethode versteht.
17. Beschreiben Sie die Antizipationsmethode.

Prüfungsaufgaben

Methoden des Schnelligkeitstrainings

Schnelligkeitsanforderungen im 100-m-Sprint und im Basketball

a) **Stellen** Sie den typischen Geschwindigkeits-Zeit-Verlauf eines 100-m-Sprints grafisch **dar**. **Benennen** Sie die vier Phasen und geben Sie die Streckenlängen der Phasen an.
b) **Erklären** Sie, welche Schnelligkeitsarten werden beim 100-m-Lauf benötigt?
c) **Begründen** Sie, welche Schnelligkeitsarten beim 100-m-Lauf durch die folgenden Übungen verbessert werden: Bergabläufe, Sprünge mit Bleiweste, Bergaufläufe, Skipping auf einer Weichbodenmatte, Steigerungsläufe, einbeinige Kniebeugen mit Sandsack, Läufe mit Zugseil (unterstützend), Läufe gegen Zugwiderstand, Antritt nach taktilem Kontakt, maximale Trittgeschwindigkeit auf einem Fahrradergometer ohne Widerstand, Skipping auf einem harten Untergrund mit maximaler Frequenz, 20-m-Sprint (fliegend), Überdistanzläufe. Es sind auch Mehrfachantworten möglich.
d) **Erläutern** Sie die Bedeutung der Maximalkraft für einen 100-m-Sprinter. **Nehmen Sie Stellung** zur Aussage: „Gute Sprinter werden als solche geboren!"
e) **Geben** Sie das Schnelligkeitsanforderungsprofil eines Basketballers **an**. **Erklären** Sie die Bedeutung der Maximalkraft im Basketball.

LEKTION 16
WELCHE WIRKUNGEN ERZIELT EIN TRAINING DER BEWEGLICHKEIT?

16.1	GRUNDBEGRIFFE	384
16.2	BIOLOGISCHE GRUNDLAGEN VON BEWEGLICHKEITSTRAINING	385
16.3	METHODEN UND INHALTE VON BEWEGLICHKEITSTRAINING	392
16.4	RÜCKBLICK	397
16.5	PRÜFUNGSVORBEREITUNG	398

LEKTION 16: WELCHE WIRKUNGEN ERZIELT EIN TRAINING DER BEWEGLICHKEIT?

16.1 GRUNDBEGRIFFE

DEFINITION VON BEWEGLICHKEIT

- **Beweglichkeit** ist die Fähigkeit, willkürliche Bewegungen mit großer Schwingungsweite in bestimmten Gelenken auszuführen. Sie setzt sich aus den Komponenten **Dehnfähigkeit** und **Gelenkigkeit** zusammen.

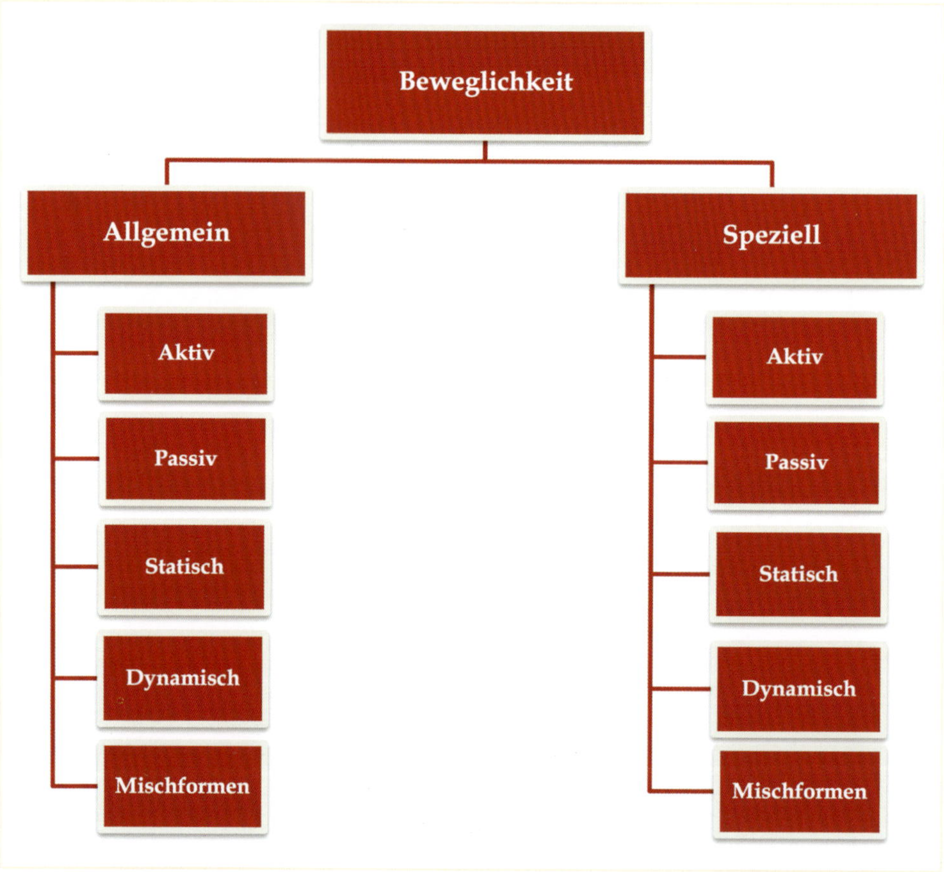

Abb. 16.1: Arten von Beweglichkeit (in Anlehnung an Klee & Wiemann, 2005)

Beweglichkeit (oder auch **Flexibilität**) liegt vor, wenn willkürlich ausgeführte Bewegungen mit einer großen bzw. optimalen Schwingungsweite ausgeführt werden können. Dies betrifft den aktiven Bewegungsapparat (Muskeln). Die optimale Schwingungsweite bezieht sich aber auch auf den passiven Bewegungsapparat (Gelenke, Knorpel, Sehnen, Bänder, Knochen). Im ersten Fall spricht man von **Dehnfähigkeit**, im zweiten Fall von **Gelenkigkeit**.

ARTEN DER BEWEGLICHKEIT

▶ Beweglichkeit kann nach den Unterscheidungskategorien allgemein/speziell, aktiv/passiv und statisch/dynamisch differenziert werden.

In der Praxis unterscheidet man eine **allgemeine** (die wichtigsten Gelenksysteme betreffend) von einer **speziellen** (bestimmte Gelenke betreffend) Beweglichkeit, eine **aktive** (selbstständiges Ausführen der Bewegungen) von einer **passiven** (z. B. mit Partnerunterstützung) Beweglichkeit und eine **statische** (Halten einer Dehnstellung über einen gewissen Zeitraum) von einer **dynamischen** (federnde Ausführung) Flexibilität. Darüber hinaus gibt es noch **Mischformen**, die z. B. in der rhythmischen Sportgymnastik vorkommen (z. B. aktive Einnahme einer Beinspreizung mit anschließender Halteposition = aktiv-statische Beweglichkeit). Die Arten der Beweglichkeit werden in der nebenstehenden Abb. 16.1 dargestellt.

Arten und Bedeutung der Beweglichkeit

16.2 BIOLOGISCHE GRUNDLAGEN VON BEWEGLICHKEITSTRAINING

LEISTUNGSBESTIMMENDE FAKTOREN DER BEWEGLICHKEIT

▶ Beweglichkeit hängt ab von der Gelenkstruktur, der Muskelmasse, dem Muskeltonus, dem Alter und Geschlecht, der Muskeldehnfähigkeit und dem Erwärmungszustand.

Detaillierte Informationen zu Faktoren, welche die Beweglichkeit beeinflussen, sind im Zusatzinformationsmaterial ab S. 578 per QR-Code zu erreichen. Tab. 16.1 gibt einen zusammenfassenden Überblick zu den Einflussfaktoren der Beweglichkeit.

Tab. 16.1: Einflussfaktoren von Beweglichkeit (modifiziert nach Grosser & Zintl, 1994, S. 108)

Bedingtheit	Günstig	Ungünstig
Alter	Kindesalter (bis 12)	Erwachsenenalter
Elastizität der Muskeln, Hüllen und Bänder	Große Dehnfähigkeit, gutes Zusammenspiel von Agonist und Antagonist	Geringe Dehnfähigkeit, ungünstiges Zusammenspiel von Agonist und Antagonist
Muskelerregung, tonische Spannung	Entspannungsfähigkeit	Entspannungshemmung
Emotionale Erregung, psychische Spannung	Geringer Grad	Zu stark und zu lange
Biomechanisch, anatomisch	Optimale Nutzung der gegebenen Hebel und Freiheitsgrade	Nichtnutzen der natürlichen Hebelverhältnisse
Tageszeit	10-12, ab 16 Uhr	Morgenstunden
Außentemperatur	Über 18° C	Unter 18° C
Erwärmung	Ausreichend und langsam gesteigert	Zu wenig und zu schnell herbeigeführt
Ermüdung	Keine Ermüdung	Starke Ermüdung
Training	Bis eine Stunde	Über eine Stunde oder hartes Training

NEUROPHYSIOLOGISCHE EINFLÜSSE BEIM DEHNEN

▶ Beim Dehnen sind drei Reflexe wichtig:

1. Muskeldehnungsreflex der Muskelspindeln im Muskel,
2. autogene Hemmung der Sehnenspindeln und die
3. reziproke Antagonistenhemmung.

Während die Muskelspindeln den Muskel bei einem Dehnungsreiz kontrahieren und gleichzeitig den Antagonisten hemmen, sorgen die Sehnenspindeln bei starken Dehnbelastungen für eine Erschlaffung des gedehnten Muskels und eine Kontraktion des Antagonisten (vgl. Tab. 16.2).

Tab. 16.2: Funktion und Reflexe der Muskel- und Sehnenspindeln

	Muskelspindeln	Sehnenspindeln
Funktion	Längenkontrollsystem	Spannungskontrollsystem
Reflexe bei Dehnung des Agonisten	Kontraktion des Agonisten und Hemmung des Antagonisten	Hemmung des Agonisten und Kontraktion des Antagonisten

Ziel des Dehnens ist es, die durch die Muskelspindeln kontrollierte Muskelspannung (Muskeltonus) zu reduzieren, um so den Bewegungsausschlag zu vergrößern, den Muskel dehnfähiger, elastischer und verletzungsresistenter zu machen. Außerdem soll dadurch ein ökonomischer Energieumsatz bei der Muskelarbeit ermöglicht werden. Die neurophysiologischen Einflüsse nehmen dabei eine entscheidende Rolle ein. Der **Muskelspindelreflex** und der **Hemmreflex der Golgi-Sehnen-Organe** ist dafür verantwortlich, welchen Widerstand der Muskel seiner Dehnung entgegensetzt (vgl. auch Kap. 4.2: Reflex).

Muskelspindeln und Muskelspindelreflex

▶ Die **Muskelspindeln** sind **Dehnungsrezeptoren** dienen als **Längenkontrollsystem** und sorgen für eine Kontraktion des vorher gedehnten Muskels.

Beginnt man, einen Muskel zu dehnen, geben zunächst die kontraktilen Elemente im Muskel nach. Bei weiterer Dehnung werden auch die in der Muskelfaser liegenden Muskelspindeln gedehnt und lösen reflektorisch über den sensorischen Nerv zum Rückenmark und von dort über den motorischen Nerv zurück zu den Muskeln Erregungen aus (vgl. Abb. 16.2). Diese Erregungen bewirken eine Kontraktion in den betreffenden Muskeln. Die Muskelspindeln sind Dehnungsrezeptoren und haben die Aufgabe, durch Zu- und Abschalten von Muskelfasern den Muskeltonus zu beeinflussen. Über den gleichen Mechanismus schüt-

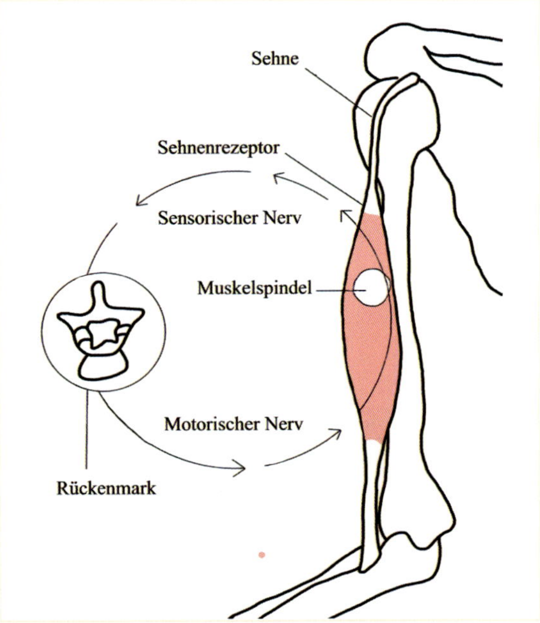

Abb. 16.2: Reflexbogen des Muskeldehnungsreflexes (modifiziert nach Grosser & Zintl, 1994, S. 110)

zen sie die Muskulatur vor allzu starker Überdehnung und beeinflussen indirekt das Maß der muskulären Dehnfähigkeit.

Beispiel: Ein allgemein bekanntes Beispiel für den Muskelspindelreflex ist der **Patellarsehnenreflex**. Dabei werden durch einen Schlag unterhalb der Kniescheibe auf die Kniesehne des Oberschenkelstreckers die in ihm liegenden Muskelspindeln gedehnt, worauf es mit einer Verzögerung von ca. 40 Millisekunden zu einer sichtbaren Kontraktion des Muskels kommt.

Im Kontext von Muskelspindeln und Muskelspindelreflex spielt der **Muskeltonus** der Muskulatur für die Beweglichkeit und das Dehnen eine zentrale Rolle.

▶ Unter dem **Muskeltonus** versteht man die Grundspannung der Muskulatur.

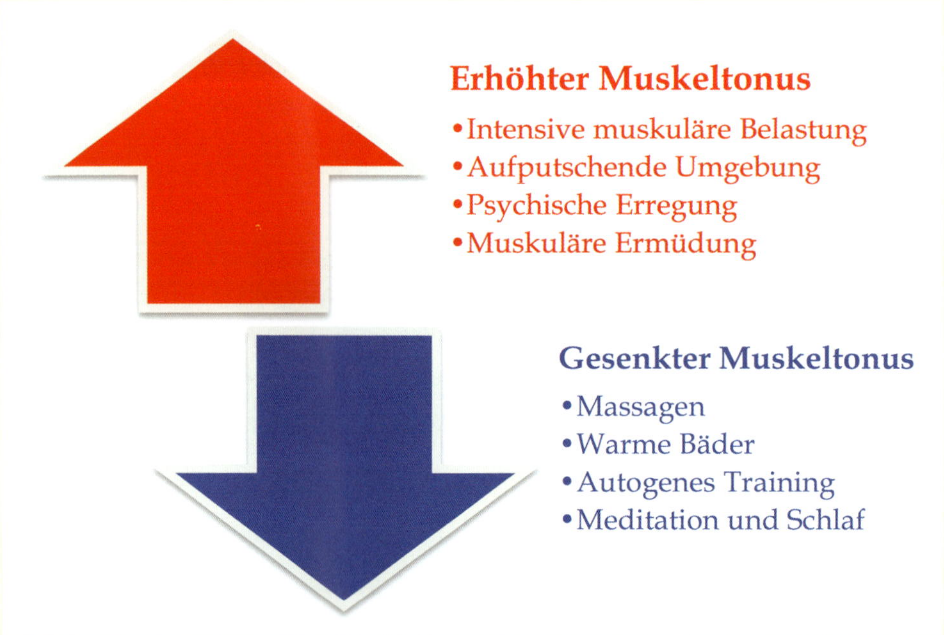

Abb. 16.3: Faktoren, die den Muskeltonus verändern

Die Grundspannung ist z. B. nötig, um aufrecht zu stehen. Für den Muskeltonus bzw. die Entspannungsfähigkeit spielen die Muskelspindeln eine wichtige Rolle. Über die Muskelspindeln erfolgt vom Zentralnervensystem her die Steuerung des Muskeltonus, der je nach Notwendigkeit über die Innervation von mehr oder weniger Muskelfasern erhöht oder gesenkt wird. Für die Dehnungsfähigkeit ist der Muskeltonus bzw. die Muskelentspannungsfähigkeit von Bedeutung, da ein erhöhter Muskeltonus bzw. eine verminderte Entspannungsfähigkeit den muskulären Widerstand für Dehnübungen aller Art heraufsetzen und damit die Beweglichkeit einschränken kann. Dies führt insbesondere bei Sportarten zu einer Leistungsminderung, bei denen vor einer maximal schnellkräftigen Bewegung eine gute Vordehnung der Arbeitsmuskulatur bestehen muss (z. B. Speer- und Diskuswurf). Ermüdung, intensive Belastung und Stress erhöht den Muskeltonus und wirkt sich negativ auf die Beweglichkeit aus. Dagegen senken Wärme, Entspannung und Ruhe die Grundspannung und wirken daher beweglichkeitssteigernd (vgl. Abb. 16.3).

Sehnenspindeln und autogene Hemmung

▶ Die **Sehnenspindeln** sind primär **Spannungsrezeptoren**; sie fungieren als **Spannungskontrollsystem** und bewirken, im Gegensatz zu den Muskelspindeln, eine Erschlaffung des vorher stark gedehnten Muskels.

Wird die Dehnung nun verstärkt fortgesetzt, so treten die sogenannten **Sehnenspindeln (Golgi-Organe)** in Aktion. Dies sind Rezeptoren am Übergang von Muskel und Sehne bzw. in den Sehnen und bewirken über einen ähnlichen Reflexbogen Hemmungen (sogenannte **autogene Hemmungen**). Sie sorgen dafür, dass der gedehnte Muskel erschlafft. Der Muskel kann somit weiter gedehnt werden, und die Sehnen erfahren keine zu hohe Spannungslage.

Beispiel: Beim „Umknicken" des Fußes versuchen die seitlichen Muskeln, zunächst durch eine maximale Kontraktion, den Fuß zu stabilisieren. Aufgrund ihrer unzureichenden Kraft droht in der Folge ein Muskel- bzw. Sehnenabriss. Um dies zu verhindern, kommt es reflektorisch zur Auslösung des inversen Dehnungsreflexes und damit zur völligen Entspannung des Muskels. Nun reißen je nach Krafteinwirkung die Außenbänder teilweise oder komplett. Der biologische Sinn dieses Mechanismus liegt darin begründet, dass ein Bänderriss in der Natur wieder ausheilt, während ein Sehnen- oder Muskelabriss irreversible Funktionseinschränkungen verursacht.

Reziproke Antagonistenhemmung

▶ Die **reziproke Antagonistenhemmung** hemmt den Antagonisten bei starker passiver Dehnung des Agonisten.

Läuft der Muskelspindelreflex beispielsweise an der vorderen Oberschenkelmuskulatur ab, wird die antagonistische rückseitige Oberschenkelmuskulatur gehemmt. Das hat den Effekt, dass die reflektorische Kontraktion des Kniestreckers nicht gestört wird. Es handelt sich dabei um die **reziproke Antagonistenhemmung**. Ebenso wird beim Sehnenspindelreflex die Hemmung des Agonisten (Muskels) verstärkt, da die Sehnenspindeln bei sehr starker Dehnung des Agonisten (Muskelgegenspieler) die Kontraktion des Antagonisten verstärken.

WIRKUNG VON BEWEGLICHKEITSTRAINING

Die positiven Effekte von Beweglichkeitstraining für die sportliche Leistung, für die Bewältigung der Alltagsmotorik und auf die Gesundheit sind unbestritten. Daher verwundert es nicht, dass dem Beweglichkeitstraining in der Vergangenheit zahlreiche Wirkungen zugeschrieben wurden. Einige Wirkungen sind wissenschaftlich nicht belegt, einige Aspekte wurden widerlegt. Als gesichert gilt (Klee & Wiemann, 2005, S. 45-59):

- **Erreichbare Trainingswirkungen sind:**
  - Erhaltung und Verbesserung der Beweglichkeit durch langfristiges Training;
  - Steigerung von Wohlbefinden und Körpergefühl;
  - Wiederherstellung der Beweglichkeit nach Verletzungen;
  - bei angemessener sportspezifischer Anwendung als Teil des Aufwärmens zur Schaffung optimaler Voraussetzungen für die sportliche Leistungsfähigkeit in Training und Wettkampf.
- **Nicht erreichbare Trainingswirkungen sind:**
  - Verringerung der Verletzungsgefahr;
  - Absenken der Muskelspannung;
  - Verbesserung der Entspannungsfähigkeit sowie
  - Behebung von muskulären Dysbalancen durch Beseitigung von Muskelverkürzungen.

Positive Wirkung von Stretching

Viele angenommene positive Wirkungen von Stretchingmethoden (passiv-statisches Dehnen), die sich insbesondere in den Sportspielen als Methode der Wahl eingebürgert haben, sind mit der Aufklärung der Funktion des Titinmoleküls (Zurückführen des Mus-

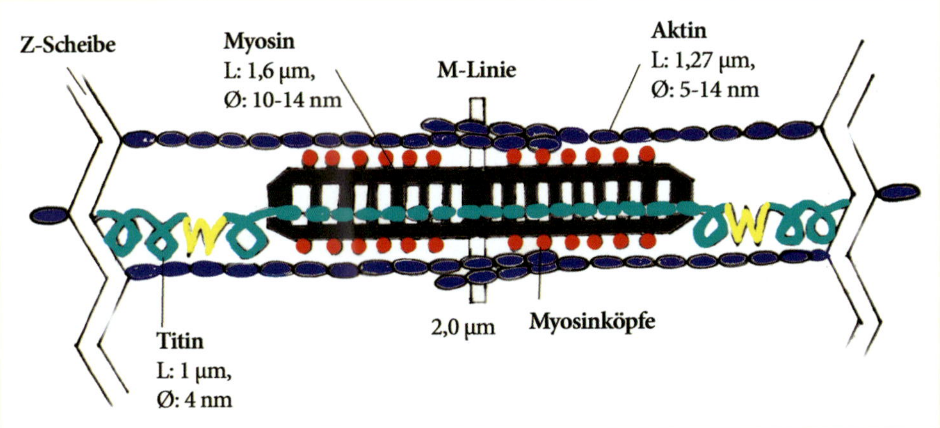

Abb. 16.4: Die fibrilläre Struktur des Sarkomers in schematischer Darstellung (modifiziert nach Klee, 2003, S. 9)

kels nach Dehnung in die Ausgangslänge, vgl. Abb. 16.4) im Sarkomer widerlegt worden (Klee & Wiemann, 2005, S. 31-32).

Dehnen und Verletzungsprophylaxe

Dehnen und damit auch Stretching sind als Maßnahmen zur **direkten** Verletzungsvorbeugung ungeeignet, da die dabei auftretenden Muskelspannungen häufig die eigentlichen Anforderungen in der Sportart übersteigen und muskuläre Verletzungen eher begünstigen. Langfristig passt sich das Bindegewebe an Dehnreize an, es wird zugkräftiger und belastungsresistenter, wodurch Muskelverletzungen vorgebeugt wird. Daher sollte das Beweglichkeitstraining als eigenständiger Trainingsinhalt begriffen werden und nicht als gewohnheitsmäßiger Bestandteil des Aufwärmens.

Stretching und Spielsport

Das Stretching besitzt aus heutiger Sicht gravierende Nachteile, da es unmittelbar nachfolgende Schnelligkeits- und Schnellkraftleistungen merklich beeinträchtigt. Die Einbußen können durch „tonisierende" Übungen reduziert werden (Faigle, 2000, S. 13). Beim aktiv-dynamischen Dehnen kommt es nicht zu diesen Einbußen. Für Spielsportler ist daher das aktiv-dynamische Dehnen die Methode der Wahl. Diese Methode entspricht in besonderem Maße dem Bewegungsprofil der Sportspiele, da die Muskulatur der Spieler in Sportspielaktionen fast ausschließlich dynamisch gedehnt wird.

Dehnen und muskuläre Dysbalancen

Durch Dehnen werden muskuläre Dysbalancen nicht verringert (vgl. Kap. 14.3). Daher sollte stattdessen der zu schwache Muskel gekräftigt werden (Klee & Wiemann, 2005, S. 53).

Dehnen und Muskelkater

Die Entstehung von Muskelkater kann durch Stretching und andere Dehnmethoden nicht verhindert werden (Freiwald, 2000, S. 28-33). Dehnen kann sogar Muskelkatersymptome auslösen (Klee & Wiemann, 2005, S. 58-59 und Infoblock).

Dehnen nach einem intensiven Training

Nach einem intensiven Training sollte nicht direkt statisch gedehnt werden, da unter der Dehnhemmung die Durchblutung der Muskulatur erheblich gesenkt wird und es zu einem verschlechterten Abtransport z. B. von Laktat kommt. Vielmehr sollte nach einer anstrengenden Lauf- und Sprungbelastung ein Auslaufen und ein Lockerungsprogramm stattfinden. Erst dann ist ein leichtes statisches oder dynamisches Dehnen sinnvoll.

Infoblock: Was ist Muskelkater?
Der **Muskelkater** ist eine Verletzung des Muskels und tritt immer dann auf, wenn es aufgrund von ungewohnten Bewegungsabläufen oder wegen Muskelermüdung zu einem Verlust der intra- oder intermuskulären Koordination kommt. Die daraus resultierenden unkoordinierten Muskelkontraktionen führen zu mikroskopisch kleinen **Verletzungen (Mikrotraumen)** in den Muskelfibrillen (Zerreißung der Z-Streifen). Besonders nachgebende (exzentrische) Muskelkontraktionen führen häufig zu Muskelkater. Durch diese Risse dringt langsam Wasser ein, sodass sich nach einiger Zeit (24-36 Stunden) kleine Ödeme im Muskel bilden. Es kommt zum Austritt schmerzauslösender Substanzen (Mediatoren) in den Raum zwischen den einzelnen Muskelfasern (Extrazellularraum), die wiederum zu einer schmerzhaften reflektorischen Verspannung des Muskels führen. Die vom Muskelkater betroffenen Muskeln sind dann steif, hart und eigenartig kraftlos; sie schmerzen bei Bewegungen, aber auch, wenn man auf sie drückt.

Für das Dehnen lassen sich zusammenfassend folgende wichtige **Merksätze** formulieren:

- Kein statisches Dehnen im Bereich des Aufwärmens und vor maximalen Belastungen!
- Verletzungsvorbeugung nur durch Langzeit-Dehnprogramme!
- Im Spielsport ist aktiv-dynamisches Dehnen die Methode der Wahl!
- Nach einem intensiven Training zuerst lockern und dann leichtes Dehnen!
- Stretching verhindert keinen Muskelkater!
- Dehnen behebt **keine** muskulären Dysbalancen!
- Dehnen steigert Wohlbefinden und Körpergefühl!
- Dehnen verbessert **nicht** die Entspannungsfähigkeit der Muskulatur!

16.3 METHODEN UND INHALTE VON BEWEGLICHKEITSTRAINING

DEHNVERFAHREN

In Anlehnung an die Arten der Beweglichkeit unterscheidet man **aktive** und **passive** sowie **dynamische** und **statische Verfahren**. Daher lassen sich die Dehnverfahren in vier Hauptgruppen einteilen (vgl. Tab. 16.3).

Tab. 16.3: Dehnverfahren

Dehnmethoden	Aktiv	Passiv
Dynamisch	Aktiv-dynamisch	Passiv-dynamisch
Statisch	Aktiv-statisch	Passiv-statisch

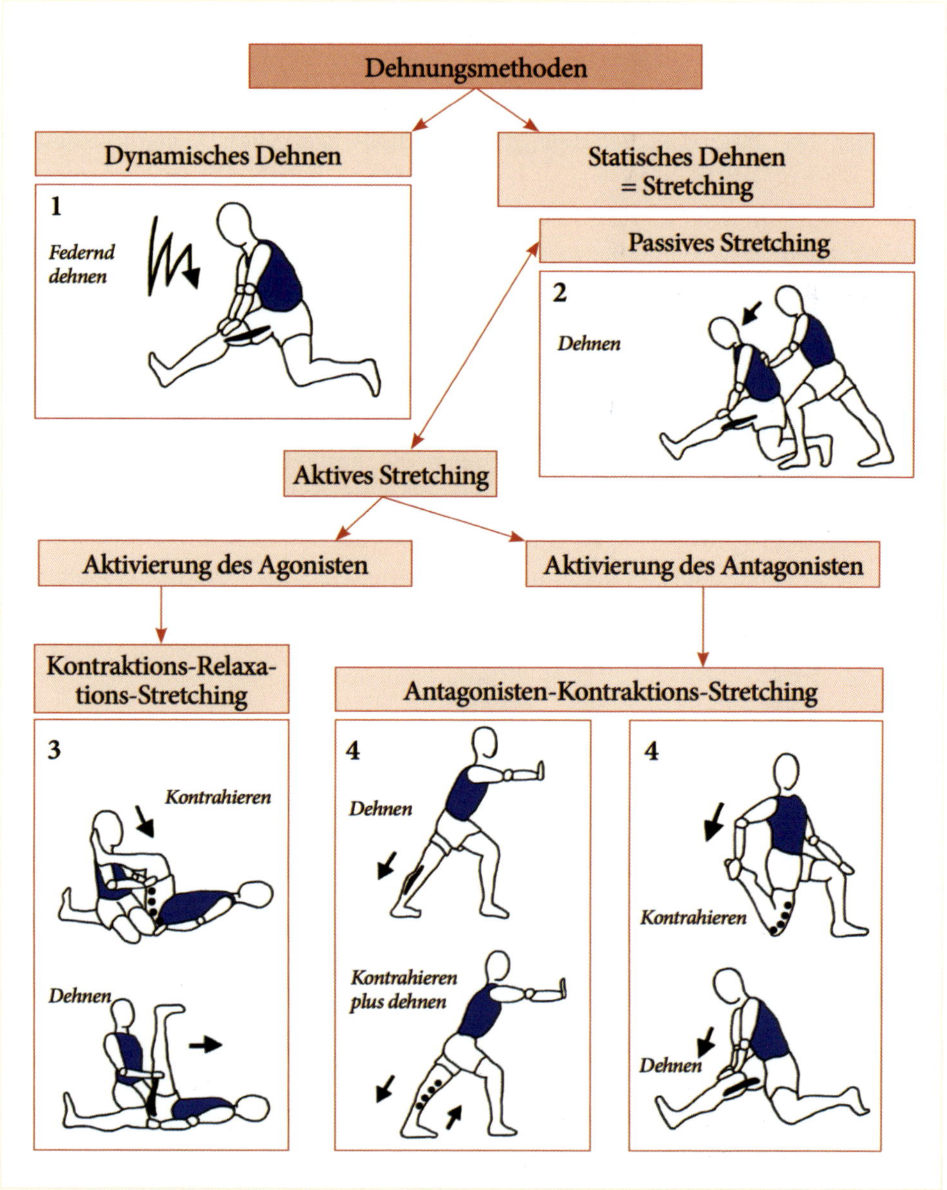

Abb. 16.5: Dehnungsmethoden (modifiziert nach Wiemann & Klee, 1999, S. 41)

Beim **dynamisch-aktiven Dehnen** erfolgt die Dehnungsarbeit über wiederholte, federnde Bewegungen, wobei die Dehnstellung aktiv über den Antagonisten der zu dehnenden Muskeln erreicht wird. Beim **dynamisch-passiven Dehnen** erfolgen federnde Dehnübungen, die durch äußere Kräfte (z. B. durch Partnerhilfe) und nicht über eine Kräftigung des Antagonisten erfolgen. Beim **statisch-aktiven Dehnen** kontrahieren sich die Antagonisten der zu dehnenden Muskeln in die Zieldehnstellung hinein, die anschließend gehalten wird. Beim **statisch-passiven Dehnen** kommt es durch äußere Kräfte (Partnerhilfe o. Ä.) zu einer gehaltenen Dehnstellung.

▶ **Merksatz:** Stretching ist ein Sammelbegriff für alle statischen Dehnmethoden.

Nun sollen zwei besondere Verfahren des Stretchings (statisches Dehnen) vorgestellt werden, die eine autogene Hemmung (Eigenhemmung) und eine reziproke Antagonistenhemmung ausnutzen und als **neuromuskuläre Dehntechniken** bezeichnet werden (vgl. Abb. 16.5).

Anspannen – Entspannen – Dehnung unter Ausnutzung der Eigenhemmung

Bei dieser Methode wird der zu dehnende Muskel vor dem Dehnungsvorgang 1-10 Sekunden maximal isometrisch kontrahiert. Dadurch soll über die Reizung der Sehnenspindeln der Sehnenreflex (autogene Hemmung, vgl. Kap. 16.2) ausgelöst werden, der zu einer Entspannung (Hemmung) des zu dehnenden Muskels führt.

Anspannen – Entspannen – Dehnung unter Ausnutzung der reziproken Hemmung

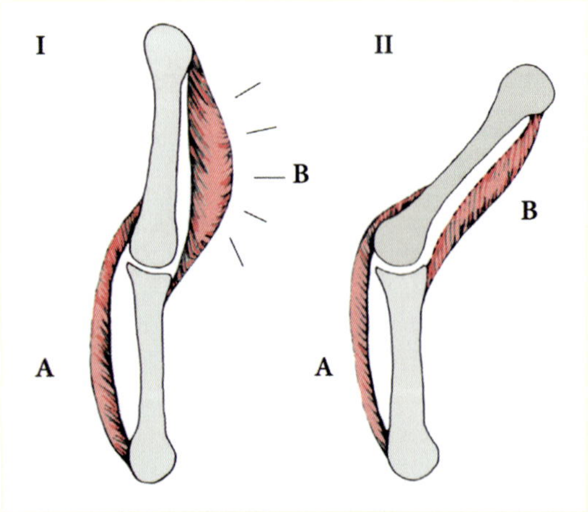

Abb. 16.6: Auslösung der reziproken Entspannung durch eine vorhergehende Kontraktion des Antagonisten: Der in der Folge zu dehnende Muskel (A) wird über eine Kontraktion seines Antagonisten (Muskel B) reflektorisch entspannt (Vorgang I). Dadurch kann beim nachfolgenden Dehnen von Muskel A eine stärkere Dehnungsstellung eingenommen werden (Vorgang II) (modifiziert nach Weineck, 2010, S. 753).

Diese Methode startet mit einer statischen Dehnung eines Muskels. Erreicht der Muskel seine maximale Dehnstellung, wird der Gegenspieler des Muskels maximal kontrahiert. Während der Agonist 10-20 Sekunden kontrahiert, wird die Dehnstellung des Agonisten noch weiter verstärkt. Die maximale Kontraktion des Gegenspielers soll zur Folge haben, dass der zu dehnende Muskel zusätzlich reziprok gehemmt wird und dadurch eine bessere Dehnfähigkeit erreicht wird (vgl. Kap. 16.2 und Abb. 16.6).

Die Dehnverfahren werden unter Berücksichtigung der Belastungsparameter und möglicher Vor- und Nachteile in Tab. 16.4 dargestellt.

Tab. 16.4: Dehnmethoden im Überblick; WZ = Wiederholungszahl; s = Sekunden; MKZ = maximale Kontraktionszeit; DZ = Dehnungszeit (nach Steinhöfer, 2008, S. 279)

Methode	Übungsdurchführung	Umfang	Vorteile	Nachteile
Dynamisch-aktiv	• Rhythmisch mit geringer Geschwindigkeit • Zunehmende Intensität innerhalb der Serie	3-5 Serien WZ: 15-20	• Koordinativer Anteil • Kräftigung • Disziplinspezifisches Üben möglich	• Effektivität setzt hohes Maß an Kontrolle voraus
Dynamisch-passiv	• Rhythmisch-geführt • Langsam ausführen • Zunehmende Intensität innerhalb der Serie	3-5 Serien WZ: 15-20	• Weite Amplituden werden erzielt • Entspannung und Entlastung des übenden Sportlers	• Keine Kräftigung des Antagonisten • Erfahrung des Trainingspartners nötig
Statisch-aktiv	• Langsame Dehnung bis zum Einsetzen eines Spannungsempfindens	15 s WZ: 1-3	• Präzise und kontrollierte Belastung und dadurch Schutz vor Überlastung	• In reiner Form nicht möglich
Statisch-passiv	• Geführte Dehnung mit anschließendem Halten der Position	15 s WZ: 1-3	• Hohe Intensität • Hohe Reizdauer • Gezielte Dehnung • Entspannung der übenden Person	• Keine koordinativen und kräftigenden Anteile vorhanden
Neuromuskuläre Techniken	• Dauerdehnung nach Kontraktion des Agonisten/ Antagonisten	MKZ: 20 s EZ: 2-3 s DZ: 20 s WZ: 1-3	• Gute Kontrolle • Intensive Dehnung	• Großer Zeitaufwand, schwierige Ausführung

STRETCHING-BASISPROGRAMM

- Ein **Stretching-Basisprogramm** berücksichtigt die wesentlichen Muskelbereiche, ist abwechslungsreich und sollte regelmäßig durchgeführt werden.

Ein Stretching-Basisprogramm gehört zum langfristig angelegten Trainingsaufbau eines Sportlers (vgl. Abb. 16.7). Es sollte die wichtigsten Muskelbereiche dehnen und dabei abwechslungsreich sein. Bei der Ausführung sollten folgende Hinweise beachtet werden (Weineck, 2010, S. 767-768):

- Nehmen Sie die abgebildete Dehnstellung ein!
- Verstärken Sie die Dehnung durch Bewegen in Richtung der Pfeile!
- Vermeiden Sie ruckartige Bewegungen („Kein Wippen")!
- Ein leichtes Ziehen im zu dehnenden Muskel ist normal!
- Halten Sie diese Stellung 15-30 Sekunden!
- Atmen Sie regelmäßig und ruhig! Versuchen Sie, sich zu entspannen!

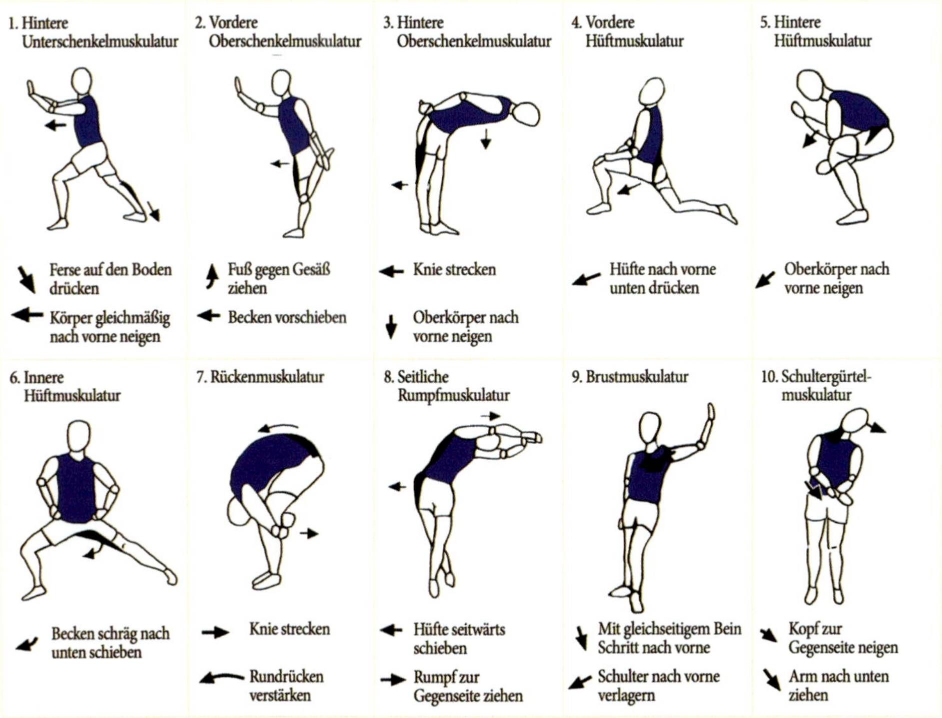

Abb. 16.7: Das Stretching-Basisprogramm „Top Ten" (modifiziert nach Weineck, 2010, S. 769)

16.4 RÜCKBLICK

Grundbegriffe und Einflussfaktoren

- **Beweglichkeit** als Fähigkeit, Bewegungen mit möglichst großer Schwingungsweite auszuführen, setzt sich aus **Dehnfähigkeit** und **Gelenkigkeit** zusammen.
- **Arten der Beweglichkeit:** Man unterscheidet allgemeine/spezielle, passive/aktive und statische/dynamische Beweglichkeit sowie Mischformen.
- Beweglichkeit hängt von folgenden Faktoren ab: Gelenkstruktur, Muskelmasse, Muskeltonus, Alter und Geschlecht, Muskeldehnfähigkeit und Erwärmungszustand.

Neurophysiologische Einflüsse beim Dehnen

- **Muskelspindeln** dienen als Längenkontrollsystem und sorgen durch den **Muskelspindelreflex** für eine Kontraktion des vorher gedehnten Muskels.
- **Sehnenspindeln** fungieren als Spannungskontrollsystem und verursachen durch **autogene Hemmung (Eigenhemmung)** eine Entspannung des vorher stark gedehnten Muskels.
- Die **reziproke Antagonistenhemmung** hemmt den Antagonisten bei starker passiver Dehnung des Agonisten.

Wirkung von Beweglichkeitstraining

- **Erreichbare Trainingswirkungen** sind: Erhaltung und Verbesserung der Beweglichkeit durch langfristiges Training, Steigerung von Wohlbefinden und Körpergefühl, Wiederherstellung der Beweglichkeit nach Verletzungen, Schaffung optimaler Voraussetzungen für die sportliche Leistungsfähigkeit.
- **Nicht erreichbare Trainingswirkungen** sind: Verringerung der Verletzungsgefahr, Absenken der Muskelspannung, Verbesserung der Entspannungsfähigkeit, Behebung von muskulären Dysbalancen.
- **Merksätze:**
  - Kein statisches Dehnen im Aufwärmen und vor maximalen Belastungen!
  - Verletzungsvorbeugung nur durch Langzeit-Dehnprogramme!
  - Im Spielsport ist aktiv-dynamisches Dehnen die Methode der Wahl!
  - Nach einem intensiven Training zuerst lockern und dann leichtes Dehnen!
  - Stretching verhindert keinen Muskelkater!

Methoden und Inhalte von Beweglichkeitstraining

- **Dehnverfahren:** Man unterscheidet aktives/passives, dynamisches/statisches Dehnverfahren sowie neuromuskuläre Dehntechniken.
- Ein **Stretching-Basisprogramm** berücksichtigt die wesentlichen Muskelbereiche, ist abwechslungsreich und sollte regelmäßig durchgeführt werden.

16.5 PRÜFUNGSVORBEREITUNG

Kontrollfragen

1. Unterscheiden Sie Gelenkigkeit von Dehnfähigkeit.
2. Nennen Sie die Arten der Beweglichkeit.
3. Geben Sie Faktoren an, die den Muskeltonus verändern.
4. Nennen Sie die Funktion der Titinfilamente.
5. Geben Sie Einflussgrößen an, welche die Beweglichkeit positiv/negativ beeinflussen.
6. Nennen Sie die Funktionen der Muskel- und Sehnenspindeln.
7. Beschreiben Sie den Muskelspindelreflex.
8. Erklären Sie den Sehnenspindelreflex.
9. Erläutern Sie die Funktion der autogenen Hemmung beim „Umknicken" des Fußes.
10. Beschreiben Sie die reziproke Antagonistenhemmung.
11. Beschreiben Sie erreichbare Trainingswirkungen von Beweglichkeitstraining.
12. Nennen Sie nicht erreichbare Trainingswirkungen von Beweglichkeitstraining.
13. Geben Sie wichtige Merksätze zum Beweglichkeitstraining an.
14. Nennen Sie die vier Hauptgruppen von Dehnmethoden.
15. Stellen Sie zwei neuromuskuläre Dehntechniken dar.

Prüfungsaufgaben

Dies und das zu Methoden des Beweglichkeitstrainings

a) **Begründen** Sie, weshalb Kraft und Beweglichkeit sich gegenseitig beeinflussen.

b) **Geben** Sie Übungen aus dem Schulsport **an**, bei denen aktive/passive bzw. statische/dynamische Beweglichkeit notwendig ist.

c) Sprinter klatschen vor dem Startkommando auf ihre Oberschenkel oder springen hüpfend in die Höhe. Handelt es sich dabei um eine Überreaktion, um ein Ritual oder um eine leistungsfördernde Lockerung der Muskulatur? **Begründen** Sie Ihre Entscheidung.

d) Welchen Stellenwert nimmt Ihrer Einschätzung nach die Beweglichkeit (Kraft, Schnelligkeit, Ausdauer, Koordination) ein (Angabe in %)? **Begründen** Sie diesen Stellenwert.

e) **Bewerten** Sie die Trainingsmethoden zur Verbesserung der Beweglichkeit hinsichtlich ihrer Brauchbarkeit im Schulsport.

f) **Erläutern** Sie am Beispiel Ihrer Spezialsportart (oder einer ausgewählten Sportart bzw. Disziplin) den Begriff der speziellen Beweglichkeit. **Entwerfen** Sie ein Übungsprogramm zur Verbesserung dieser speziellen Beweglichkeit.

LEKTION 17
WIE WERDEN SPORTLICHE LEISTUNGEN GEMESSEN?

17.1 GRUNDLAGEN 402
17.2 AUSDAUERTESTS 404
17.3 KRAFTTESTS 412
17.4 SCHNELLIGKEITSTESTS 415
17.5 BEWEGLICHKEITSTESTS 417
17.6 FOSS-TESTS: SPORTMOTORISCHER TEST DER NRW-SPORTSCHULEN 418
17.7 RÜCKBLICK 422
17.8 PRÜFUNGSVORBEREITUNG 423

LEKTION 17: WIE WERDEN SPORTLICHE LEISTUNGEN GEMESSEN?

17.1 GRUNDLAGEN

SPORTMOTORISCHE TESTS

Umgangssprachlich werden unterschiedliche Verfahren der Leistungsüberprüfung als **Test** bezeichnet. Dies ist irreführend, da **Tests** genau festgelegten Kriterien genügen müssen.

▶ In Anlehnung an Lienert (1969, S. 7) sind **sportmotorische Tests** definiert als wissenschaftliche Prüfverfahren zur Untersuchung sportmotorischer Merkmale, die unter standardisierten Bedingungen ablaufen und das Ziel haben, möglichst genaue (quantitative) Aussagen über den Grad der Merkmalsausprägung zu machen.

Diese Definition beinhaltet, dass Tests

- **standardisiert** sind, d. h. exakt festgelegten und reproduzierbaren Bedingungen genügen müssen (z. B. genaue Testbeschreibung, gleicher Testaufbau);
- **abgrenzbare Merkmale** erfassen (z. B. Sprungkraft, Wurfgenauigkeit, Motivation);
- möglichst **quantitative Messergebnisse** gewährleisten (z. B. Häufigkeiten, Entfernungs- oder Zeitangaben);
- eine **Einordnung** der individuellen Testresultate in die Ergebnisse von **Bezugsgruppen** ermöglichen (Vergleiche mit anderen Testgruppen oder Testpersonen).

GÜTEKRITERIEN SPORTMOTORISCHER TESTS

Weitere wissenschaftliche Kriterien für die Brauchbarkeit von Tests sind die **Hauptgütekriterien** Objektivität, Reliabilität und Validität sowie die **Nebengütekriterien** Normierung, Vergleichbarkeit, Ökonomie und Nützlichkeit.

▶ **Objektivität:** Grad der Unabhängigkeit der Messergebnisse vom Untersucher, den Testbedingungen oder der Auswertung.

Verfahren, die eine Stoppuhr, ein Maßband oder eine Lichtschranke einsetzen, sind in hohem Maße als objektiv einzuschätzen. Dagegen sind Verfahren, die sich auf eine subjektive Beschreibung stützen, meist wenig objektiv.

▶ **Reliabilität:** Zuverlässigkeit, mit der ein Merkmal gemessen wird, und zwar unabhängig davon, ob man dieses Merkmal zu messen beansprucht (Zufallsunabhängigkeit).

Die Reliabilität bringt die Genauigkeit und Beständigkeit der Testleistungen bei wiederholter Durchführung zum Ausdruck. Die Reliabilität kann über verschiedene Verfahren ermittelt werden. Z. B. wird bei der Test-Retest-Methode durch die Wiederholung des Tests der Grad der Übereinstimmung mit den Ergebnissen des ersten Tests festgestellt.

▶ **Validität:** Gültigkeit einer Leistungsmessung, d. h. die Genauigkeit, mit der ein Merkmal oder eine Verhaltensweise gemessen wird, die das Verfahren zu messen beansprucht.

Die Validität eines Tests senkt sich z. B. ab, wenn ein Test zur Überprüfung der Ausdauerleistungsfähigkeit in starkem Maße von den technischen Leistungsvoraussetzungen eines Sportlers abhängt. Dies kann etwa bei der Skatertechnik im Skilanglauf der Fall sein. Dort ist die Validität in Bezug auf das Merkmal „Ausdauerleistungsfähigkeit" ungenügend.

Während die Hauptgütekriterien eines sportmotorischen Tests als unverzichtbar angesehen werden, gelten die **Nebengütekriterien** Normierung, Vergleichbarkeit, Ökonomie und Nützlichkeit als eine „bedingte Forderung".

Weitere Informationen zu sportmotorischen Tests sind im Zusatzinformationsmaterial ab S. 578 zu erreichen.

BEDEUTUNG SPORTMOTORISCHER TESTS

Sportmotorische Tests ermöglichen einen Ist-Soll-Vergleich im kurzfristigen, mittelfristigen und langfristigen Trainingsprozess. Dabei kann der Vergleich **intraindividuell** (Vergleich mit eigenen Leistungen) oder **interindividuell** (Vergleich mit Leistungen anderer) sein (vgl. Kap. 11.1: Bezugsnormen sportlicher Leistung). Daher sind sportmotorische Tests wichtiger Bestandteil der Trainingsplanung und -steuerung (vgl. Information: Trainingssteuerung im langfristigen Prozess unter Zusatzinformationsmaterial). Dennoch gilt der wichtige Merksatz:

▶ Sportmotorische Tests weisen trotz einer Vielzahl von Vorteilen insbesondere in den Sportspielen und in kompositorischen Sportarten gewisse Nachteile auf, die ihre Anwendung begrenzen.

Im Folgenden werden verschiedene sportmotorische Tests im Bereich der Kondition vorgestellt. Darüber hinaus wird der FOSS-Test dargestellt, der von allen Kindern bewältigt werden muss, die in eine Sportklasse einer NRW-Sportschule aufgenommen werden möchten.

Erfassungsbögen (Kostenlos)

17.2 AUSDAUERTESTS

EINFACHE LAUFTESTS

- Der 12-Minuten- (für Ausdauertrainierte) und der Sechs-Minuten-Lauf (für weniger Ausdauertrainierte) stellen gute Überprüfungsformen der aeroben Ausdauerleistungsfähigkeit dar, falls die Strecke bei stets gleicher (höchster) Motivation und gleichen Rahmenbedingungen (Wetter, Ernährung, Vorbelastungszustand etc.) mit gleichmäßigem Tempo gelaufen wird.

Der **Cooper-Test (12-Minuten-Lauf)** stellt den häufigsten Test zur Erfassung der aeroben Leistungsfähigkeit dar, der bei richtiger Durchführung (gleichmäßiges Tempo, kein Endspurt) hochgradig allen Gütekriterien entspricht. Cooper (1968) konnte in seinen Untersuchungen zeigen, dass die erbrachte Leistung mit der VO_2max korreliert. In neueren Untersuchungen konnte gezeigt werden, dass gerade bei weniger Trainierten eine sehr hohe Korrelation zwischen anaerober Schwelle (ANS) und mittlerer Laufgeschwindigkeit besteht. Bei untrainierten Ausdauersportlern wird die Energie im 12-Minuten-Lauf zu 90 % aerob bereitgestellt. Ihre Laktatwerte liegen im Bereich der ANS. Trainierte Ausdauersportler bestreiten den 12-Minuten-Lauf mit Laktatwerten weit über der ANS und damit unter beträchtlichem Einsatz der anaeroben Kapazität (Eisenhut & Zintl, 2013, S. 162). Für den Schulbereich ist jedoch zu beachten:

- Der Cooper-Test ist nur für leistungsstarke Schüler bzw. Leistungskurs-Sport-Teilnehmer geeignet, da er aufgrund des durchgehend hohen Lauftempos – der weniger trainierte Schüler läuft ständig im Bereich der anaeroben Schwelle – psychisch äußerst belastend ist und dadurch nur eine geringe Akzeptanz bei den im Allgemeinen nur mittelmäßig trainierten Schülern besitzt.

Für das Land Baden-Württemberg erhält man folgende Bewertungstabelle zum Cooper-Test in der Abiturprüfung:

Tab. 17.1: Bewertungstabelle zum Cooper-Test im Abitur in Baden-Württemberg (IQ-17.1)

Note	15	14	13	12	11	10	9	8	7	6	5	4	3	2	1	0
Strecke in m (♀)	2.675	2.625	2.575	2.525	2.475	2.425	2.325	2.225	2.125	2.025	1.925	1.825	1.675	1.525	1.375	< 1.375
Strecke in m (♂)	3.175	3.125	3.075	3.025	2.975	2.925	2.825	2.725	2.625	2.525	2.425	2.325	2.175	2.025	1.875	< 1.875

Daher findet sich bei der Überprüfung im Grundschulbereich z. B. der zeitlich verkürzte **Sechs-Minuten-Lauf**, der auch Bestandteil des sportmotorischen Tests MT1 der NRW-Sportschulen ist (vgl. Kap. 17.3).

Neben dem Cooper-Test findet auch ein **1.000-m-**, **3.000-m-** und **5.000-m-Lauf** Anwendung, um die aerobe Ausdauerleistungsfähigkeit zu überprüfen. Hier muss aber beachtet werden, dass die Validität eher gering ist, da diese Tests aufgrund der hohen Anstrengung nicht die aerobe Ausdauer testen, sondern stärker die gemischte aerob-anaerobe Ausdauer. Je kürzer die Laufstrecke ist, desto höher ist der Anteil der anaerob-laktaziden Energiebereitstellungsprozesse.

▶ **Beachten Sie:** In Sportarten, in denen eine andere Fortbewegungsart im Vordergrund steht (Radfahren, Schwimmen, Skifahren, Skilanglauf etc.), sollte die aerobe Ausdauerleistungsfähigkeit sportartspezifisch erfasst werden, da die jeweilige Sportart andere Muskelgruppen als aerobe Leistungsträger beansprucht.

CONCONI-TEST – TRAININGSSTEUERUNG ÜBER DIE HERZFREQUENZ

▶ Durch den **Conconi-Test** wird ein Zusammenhang von Herzfrequenz und Arbeitsintensität hergestellt. Der Läufer steigert kontinuierlich seine Laufgeschwindigkeit, bis er ein gewisses Tempo nicht mehr halten kann. Dort ist der Test für ihn beendet. Der zunächst lineare Verlauf der Herzfrequenz-Laufgeschwindigkeits-Kurve bricht an einem gewissen Punkt **(Deflektionspunkt)** ab. Je später der Abbruch erfolgt, desto besser ist die aerobe Ausdauerleistungsfähigkeit. Der Test eignet sich hervorragend für intraindividuelle Vergleiche eines Sportlers.

Der Conconi-Test erfordert in seiner Durchführung zwar einen gewissen organisatorischen Aufwand, wird aber von den Schülern gerne absolviert, da die „Leidensstrecke" im Gegensatz zum Cooper-Test auf weniger als 100 m reduziert ist. Sobald ein Sportler das vorgegebene Tempo nicht mehr einhalten kann, ist der Test für ihn beendet. Der Test geht auf den Sportphysiologen Francesco Conconi et al. (1982) zurück, der ständiger Begleiter des italienischen Radrennfahrers Francesco Moser auf seinem Weg zum Stundenweltrekord im Januar 1984 in Mexiko-City war.

Durchführungsmodalitäten

Im Allgemeinen fängt man nach einem sehr kurzen Warmlaufen (ca. fünf Minuten) mit 72 Sekunden pro 200 m an. In der Folge wird auf einer 400-m-Bahn alle 200 m das Tempo um zwei Sekunden, später (unter 40 Sekunden pro 200 m) um eine Sekunde gesteigert (vgl. Tab. 17.2). Der Läufer nimmt so lange am Test teil, wie er das vorgegebene Tempo halten kann.

Tab. 17.2: Erfassungsbogen für den Conconi-Test im 400-m-Stadion (Die Geschwindigkeit in $\frac{m}{s}$ erhält man durch den Quotient aus 200 m und Abschnittszeit in Sekunden. Multipliziert man diesen Wert mit 3,6, erhält man die Geschwindigkeit in $\frac{km}{s}$) (modifiziert nach Weineck, 2010, S. 312).*

Messung	Gesamtstrecke in		Abschnittszeit in s		50-m-Pfiff-Zeiten				Geschwindigkeit*		Puls
	m	Runden	200 m	50 m					$\frac{m}{s}$	$\frac{km}{s}$	
1	**200**	**0,5**	72	18	0:18	0:36	0:54	**1:12**	2,78	10	
2	**400**	**1**	70	17,5	1:29,5	1:47	2:04,5	**2:22**	2,86	10,29	
3	**600**	**1,5**	68	17	2:39	2:56	3:13	**3:30**	2,94	10,59	
4	**800**	**2**	66	16,5	3:46,5	4:03	4:19,5	**4:36**	3,03	10,91	
5	**1.000**	**2,5**	64	16	4:52	5:08	5:24	**5:40**	3,13	11,25	
6	**1.200**	**3**	62	15,5	5:55,5	6:11	6:26,5	**6:42**	3,23	11,61	
7	**1.400**	**3,5**	60	15	6:57	7:12	7:27	**7:42**	3,33	12	
8	**1.600**	**4**	58	14,5	7:56,5	8:11	8:25,5	**8:40**	3,45	12,41	
9	**1.800**	**4,5**	56	14	8:54	9:08	9:22	**9:36**	3,57	12,86	
10	**2.000**	**5**	54	13,5	9:49,5	10:03	10:16,5	**10:30**	3,7	13,33	
11	**2.200**	**5,5**	52	13	10:43	10:56	11:09	**11:22**	3,85	13,85	
12	**2.400**	**6**	50	12,5	11:34,5	11:47	11:59,5	**12:12**	4	14,4	
13	**2.600**	**6,5**	48	12	12:24	12:36	12:48	**13:00**	4,17	15	
14	**2.800**	**7**	46	11,5	13:11,5	13:23	13:34,5	**13:46**	4,35	15,65	
15	**3.000**	**7,5**	44	11	13:57	14:08	14:19	**14:30**	4,55	16,36	
16	**3.200**	**8**	42	10,5	14:40,5	14:51	15:01,5	**15:12**	4,76	17,14	
17	**3.400**	**8,5**	40	10	15:22	15:32	15:42	**15:52**	5	18	
18	**3.600**	**9**	39	9,75	16:01,75	16:11,5	16:21,25	**16:31**	5,13	18,46	
19	**3.800**	**9,5**	38	9,5	16:40,5	16:50	16:59,5	**17:09**	5,26	18,95	
20	**4.000**	**10**	37	9,25	17:18,25	17:27,5	17:26,75	**17:46**	5,41	19,46	
21	**4.200**	**10,5**	36	9	17:55	18:04	18:13	**18:22**	5,56	20	
22	**4.400**	**11**	35	8,75	18:30,75	18:39,5	18:48,25	**18:57**	5,71	20,57	

Um beim Test ein stets gleichmäßiges, sich steigerndes Tempo laufen zu können, erfolgt alle 50 m ein Kontrollton (z. B. Pfiff des Lehrers), der dem Läufer das richtige Tempo vorgibt. Es empfiehlt sich, dass zwei Personen im Wechsel die vorgegebene Zeit anpfeifen, um ihre genaue Einhaltung sicherzustellen.

Vor der Durchführung muss auf der 400-m-Bahn alle 50 m eine Markierung (Hütchen) angebracht werden sowie alle 200 m eine besondere Markierung (Hütchen mit anderer Farbe) für die Temposteigerung. Auf die Temposteigerung kann zusätzlich per Zuruf aufmerksam gemacht werden. Daher empfiehlt es sich, die Gruppe in eine Laufgruppe und eine Protokollgruppe zu unterteilen. Jedem Läufer wird ein Protokollant zugewiesen, der jeweils die erfolgreich absolvierte Laufstrecke und die dazugehörige Herzfrequenz auf dem Testprotokollbogen notiert (vgl. Tab. 17.2).

Bemerkung: Markierungen für die Durchführung in der Halle werden in Abb. 17.1 dargestellt.

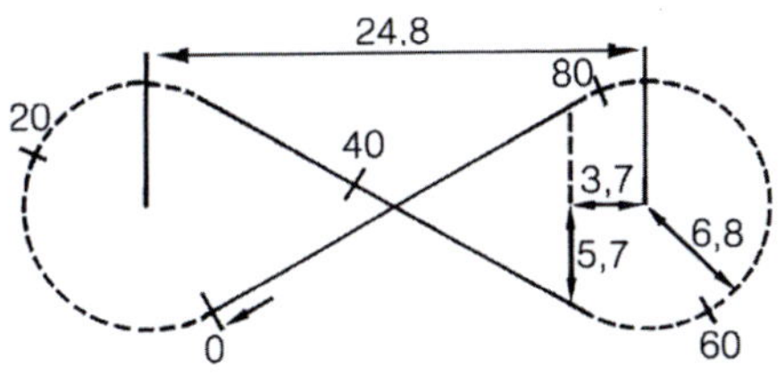

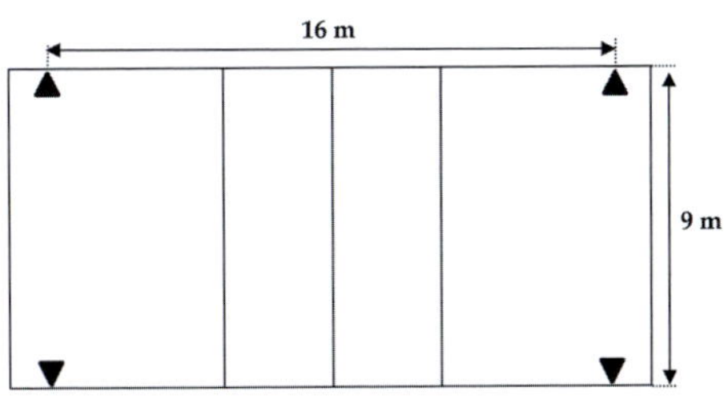

Abb. 17.1: Abmessungen und Laufstrecke für den Conconi-Test in der Halle mit 100-m- (modifiziert nach Weineck et al., 1999, S. 144) oder 50-m-Markierungen

Interpretation

Bemerkung: Die zur Interpretation verwendeten Begrifflichkeiten werden in Kap. 13.2 und Kap. 13.3 erklärt.

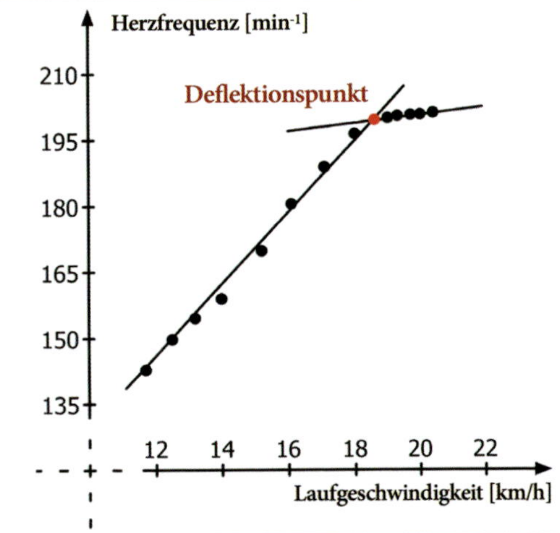

Abb. 17.2: Herzfrequenz-Laufgeschwindigkeits-Kurve bei stufenweise ansteigender Belastung (modifiziert nach Arndt, 1998, S. 32)

Der Conconi-Test basiert auf der Überlegung, dass die Herzfrequenz in einem weiten aeroben Bereich linear mit der Belastungssteigerung ansteigt (ca. 120-170 HF-Bereich), um den erhöhten Sauerstoffbedarf zu decken. Bei Belastungen oberhalb der anaeroben Schwelle steigt die Herzfrequenz in geringerem Maße an: Die Herzfrequenzkurve flacht am sogenannten **Deflektionspunkt** ab (vgl. Abb. 17.2). Das aerobe Energiebereitstellungssystem ist an seine Grenze gelangt. Es kann nicht mehr genügend Sauerstoff für eine weitere Belastungssteigerung aufgenommen werden. Die anaerobe Energiebereitstellung liefert den Mehrbedarf an Energie.

▶ **Merksatz:** Der Ausdauertest nach Conconi eignet sich hervorragend zur Bestimmung der aeroben Ausdauerleistungsfähigkeit und eines individuellen Leistungsfortschritts.

Der Ausdauertest nach Conconi eignet sich über die Feststellung der maximalen Laufgeschwindigkeit hervorragend für die Ermittlung der aktuellen aeroben Ausdauerleistungsfähigkeit. Darüber hinaus können die ermittelten Herzfrequenzkurven im intraindividuellen Vergleich (es werden die Kurvenverläufe eines Läufers miteinander verglichen) wertvolle Hinweise über die Entwicklung der Ausdauerleistungsfähigkeit geben. Wie in den Abb. 17.3a und Abb. 17.3b dargestellt, kommt es durch Ausdauertraining zu einer Verschiebung des Herzfrequenzumschlagpunkts.

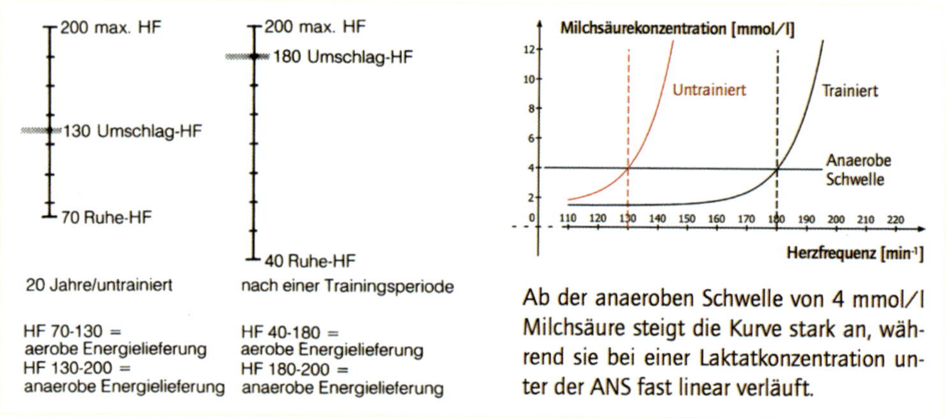

Abb. 17.3a und 17.3b: Veränderung des Umschlagpunkts einer Person vor und nach Ausdauertraining (links). Herzfrequenz-Milchsäure-Kurve im Verlauf des Trainingsprozesses (rechts) (modifiziert nach Janssen, 2003, S. 49 und S. 56).

▶ **Merksatz:** Der Conconi-Test ist nur bedingt für eine Trainingssteuerung über die „unblutig" ermittelte „anaerobe Schwelle" geeignet.

Für die Trainingssteuerung über die „unblutig" ermittelte „anaerobe Schwelle" ist der Conconi-Test jedoch nur bedingt geeignet, da der Deflektionspunkt (das „Abknicken" des vorher linear und bei zunehmender Belastung sprunghaft ansteigenden Herzfrequenzverlaufs, vgl. Abb. 17.2) nicht bei allen Sportlern erkennbar ist (vgl. Abb. 17.4a) und des Öfteren nicht mit der ANS übereinstimmt.

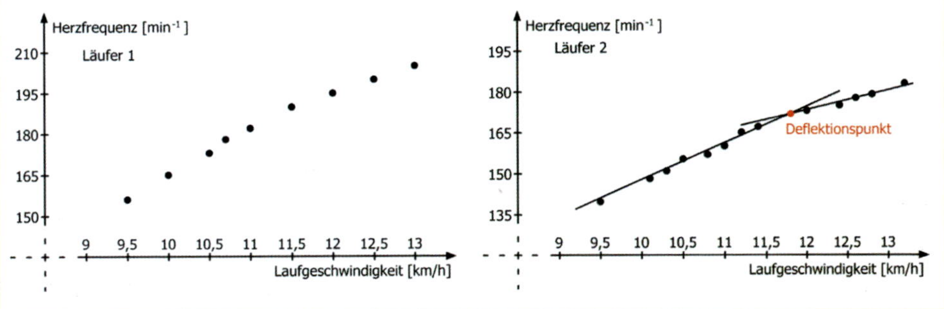

Abb. 17.4a (links) und 17.4b (rechts): Nicht verwertbare (links) und verwertbare (rechts) Conconi-Feldtestergebnisse. Links wird eine nicht verwertbare Kurve dargestellt: Es war dem Läufer nicht möglich, die Geschwindigkeit nahezu linear zu steigern. Rechts ist ein Beispiel einer gut auswertbaren Kurve. Der Deflektionspunkt wurde als Schnittpunkt der beiden Regressionsgeraden ermittelt (modifiziert nach Weineck, 2010, S. 316)

Der Deflektionspunkt verschiebt sich bei zunehmender aerober Ausdauerleistungsfähigkeit nach rechts bzw. bei abnehmender aerober Ausdauer nach links. Je länger der lineare Bereich der Kurven nach dem Deflektionspunkt ist, desto höher ist die anaerobe Kapazität der Testperson (vgl. Abb. 17.5).

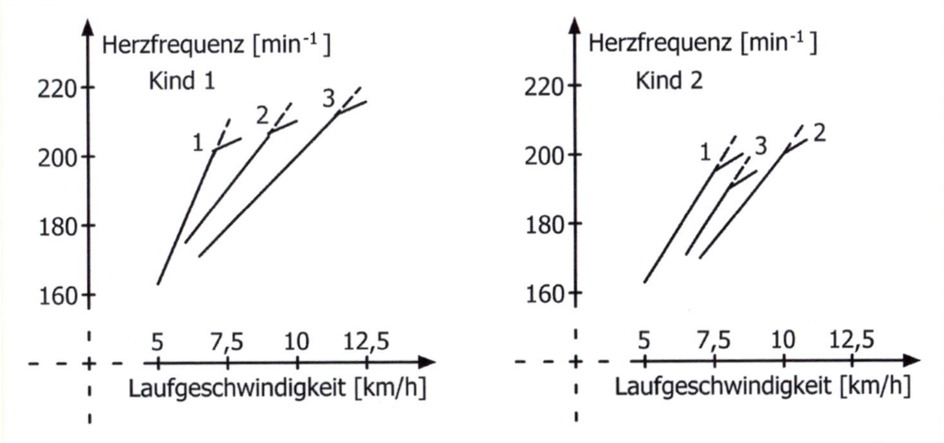

Abb. 17.5: Veränderung der Herzfrequenz-Laufgeschwindigkeits-Relation zu verschiedenen Zeitpunkten im Trainingsprozess von zwei Kindern (1 = Oktober 1986; 2 = Februar 1987; 3 = Mai 1987). Der dritte Test von Kind B wurde nach 40 Tagen Inaktivität aufgrund eines Beinbruchs absolviert (modifiziert nach Weineck, 2010, S. 316).

Auch wenn der Conconi-Test hinsichtlich der Ermittlung der „anaeroben Schwelle" umstritten ist, so liefert die Aufzeichnung der Herzfrequenz dennoch wertvolle Hinweise über den Trainingszustand bzw. die Verbesserung der Ausdauerleistungsfähigkeit, wenn man die Werte ein und desselben Sportlers im Laufe des Trainingsprozesses vergleicht. Je besser die Ausdauerleistungsfähigkeit ist, mit umso geringerer Herzfrequenz kann eine gegebene Laufgeschwindigkeit absolviert werden (Weineck, 2010, S. 317).

LAKTAT-FELDSTUFEN-TEST – TRAININGSSTEUERUNG ÜBER DEN LAKTATSPIEGEL

▶ Beim **Laktat-Feldstufen-Test** wird die Arbeitsintensität stufenweise erhöht. Der Sportler bricht den Test ab, wenn er eine bestimmte Belastung nicht mehr schafft. Am Ende jeder Belastungsstufe wird Blut aus dem Ohrläppchen zur Laktatmessung entnommen. Parallel wird die Herzfrequenz aufgezeichnet. Der Laktat-Stufen-Test ist ein hervorragendes Instrument zur Bestimmung der aeroben Ausdauerleistungsfähigkeit und eignet sich in besonderem Maße zur Trainingssteuerung.

Der Laktat-Stufen-Test ist ein wichtiges Instrument zur Beurteilung der individuellen Leistungsfähigkeit und zur Erstellung von individuellen Trainingsplänen. Der Test kann begleitend bei Laufbelastungen, auf dem Laufband oder dem Fahrradergometer durchgeführt werden. Bei der Testdurchführung auf dem Laufband oder dem Fahrradergometer wird die Belastung (Laufgeschwindigkeit oder Leistung auf dem Fahrrad) in genau definierter Weise bis zur individuellen maximalen Belastbarkeit erhöht. In jeder Belastungsstufe wird am Ohrläppchen Blut zur Bestimmung der Laktatkonzentration entnommen. Mit zunehmender Leistung steigt der Gehalt des Laktates im Blut an.

Dieser Anstieg wird als **Laktat-Leistungs-Kurve** aufgezeichnet und für die Auswertung des Testes verwendet. Die Laktatkurve verläuft zunächst linear, bis sie ab einem bestimmten Punkt schlagartig in die Höhe schießt (vgl. z. B. Abb. 17.3b). Diese Stelle entspricht der (individuellen) anaeroben Schwelle (IANS). Zusätzlich zur Laktat-Leistungs-Kurve kann die **Herzfrequenzkurve** aufgezeichnet werden (vgl. z. B. Abb. 17.2).

Durchführungsmodalitäten

Nach einem etwa fünfminütigen lockeren Aufwärmen startet der Test mit einer niedrigen Intensität (30 Watt auf dem Fahrradergometer). Alle drei Minuten wird die Belastung um einen fixen Betrag (40 Watt) erhöht. Am Ende jeder Belastungsstufe (und zu Beginn und am Ende des Tests) wird der Laktatwert im Blut (Blutentnahme am Ohrläppchen) und die Herzfrequenz ermittelt. Der Test erfolgt bis zur völligen Erschöpfung. Nach der Standarttestmethode nach dem **Hollmann-Schema** erhält man folgende Stufung:

Tab. 17.3: Standardtestmethode nach dem Hollmann-Schema. (Hollmann & Strüder, 2009, S. 347)

Stufe	1	2	3	4	5	6	7	...
Leistung in Watt	30	70	110	150	190	230	270	...
Dauer der Stufe in Minuten	3	3	3	3	3	3	3	...
Blutentnahme in Minuten nach Beginn des Tests	3	6	9	12	15	17	20	...

Interpretation

Anhand der ermittelten Daten können Trainingspläne erstellt werden. Eine Rechtsverschiebung der Laktatkurve im Laufe eines Trainingsjahrs bedeutet eine Verbesserung der Ausdauerleistungsfähigkeit, da weniger Laktat bei gleichen Belastungen anfällt. Das dargestellte Verfahren der Laktatmessung bzw. der Bestimmung der anaeroben Schwelle ist ein in höchstem Maße wichtiges Instrumentarium zur Bestimmung der aeroben Ausdauerleistungsfähigkeit bzw. zur Trainingssteuerung.

Trainingsempfehlungen auf der Basis der Ergebnisse eines Laktat-Feldstufen-Tests

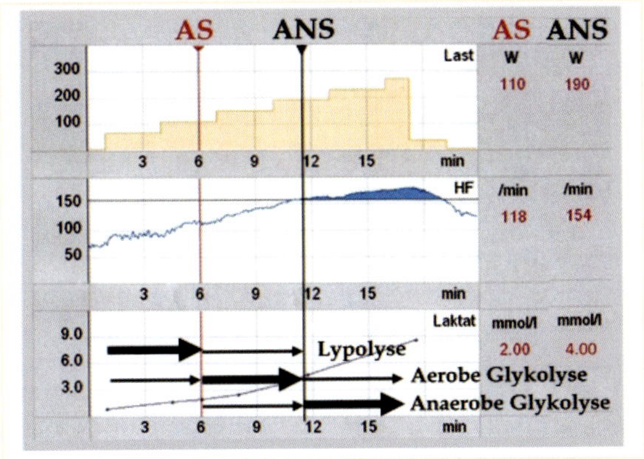

Abb. 17.6: Untersuchungsergebnisse eines Feldstufentests eines 42-jährigen Mannes vom 10.10.2014 im Labor von Dr. Pernice (Düsseldorf). Erklärungen im folgenden Text.

Am 10.10.2014 wurde ein Laktat-Feldstufen-Test mit einem 42-jährigen Mann durchgeführt. Die Einstiegsstufe auf dem Fahrradergometer betrug 70 W. Die Steigerung erfolgte nach dem Hollmann-Schema. Zu unterschiedlichen Zeiten wurde Blut aus dem

Ohrläppchen entnommen. Parallel wurde Herzfrequenz und Blutdruck gemessen. Die nachfolgende Darstellung stellt die wichtigsten Untersuchungsergebnisse dar.

In der linken Abbildung erkennt man, dass der Proband bei einer Herzfrequenz von 118 die aerobe Schwelle von 2 mmol Laktat pro Liter Blut überschreitet. Bei einer Herzfrequenz von 154 Schlägen/min erreicht der Mann seine anaerobe Schwelle von 4 mmol Laktat pro Liter Blut (vgl. rechte Abbildung). Bei einer Herzfrequenz von unter 118 Schlägen/min nutzt der Mann zur Energiegewinnung fast ausschließlich Fette. Liegt der Puls im Bereich zwischen 118 bis 154 Schlägen/min, werden zum größten Teil Kohlenhydrate aerob in Energie umgesetzt. Erst wenn der Belastungspuls über 154 Schlägen/min liegt, gelangt der Mann in den anaeroben Bereich, in dem die Energiegewinnung weitgehend über eine anaerobe Glykolyse unter der Bildung von Laktat erfolgt. Anzumerken ist, dass die Pulswerte für das Radfahren gelten. Der Belastungspuls beim Laufen liegt um ca. 10 Pulsschläge pro Minute höher. Insgesamt ergeben sich für den Mann die folgenden Trainingsempfehlungen:

Tab. 17.4: Belastungsherzfrequenzen bei unterschiedlichen Trainingsausrichtungen. Zu beachten ist, dass die Trainingsherzfrequenzen beim Fahrradfahren und Skilanglauf ca. 8-10 % und beim Schwimmen um ca. 6-7 % niedriger sind als beim Laufen (angelehnt an Eisenhut & Zintl, 2013, S. 179).

	Fahrradfahren	Laufen	Walking, Crosstrainer	Schwimmen
Regenerationstraining	< 118	< 128	< 133	< 120
Grundlagen-ausdauertraining	118-154	128-164	133-169	120-156
Intensives Ausdauertraining	> 154	> 164	> 169	> 156

17.3 KRAFTTESTS

Die konditionelle Fähigkeit „Kraft" kann durch Tests in den Hauptbereichen Maximalkraft, Kraftausdauer und Schnellkraft überprüft werden. An dieser Stelle werden zwei Tests zur Überprüfung der Maximalkraft vorgestellt: der **Handkrafttest** und die **1er-Wiederholung**.

HANDKRAFTTEST

▶ Der **Handkrafttest** mittels Handdynamometer eignet sich als Maximalkrafttest für den Kinder- und Jugendbereich. Seine Ergebnisse korrelieren in hohem Maße mit der maximalen Armkraft sowie der Kraft der Rücken- und Bauchmuskulatur.

Im Kinder- und Jugendbereich sollte aufgrund des hohen Verletzungsrisikos auf Maximalkrafttests verzichtet werden. Einzige Ausnahme ist die Ermittlung der Handkraft, die in hohem Maße mit der Armkraft und der Kraft der Rücken- und Bauchmuskulatur korreliert. Mithilfe eines **Handdynamometers** lässt sich einfach und schnell das allgemeine Maximalkraftniveau feststellen (vgl. Abb. 17.7).

Tab. 17.5 gibt die absoluten und die relativen Kraftwerte der Handmuskulatur von Jungen der Klassen 5-13 an.

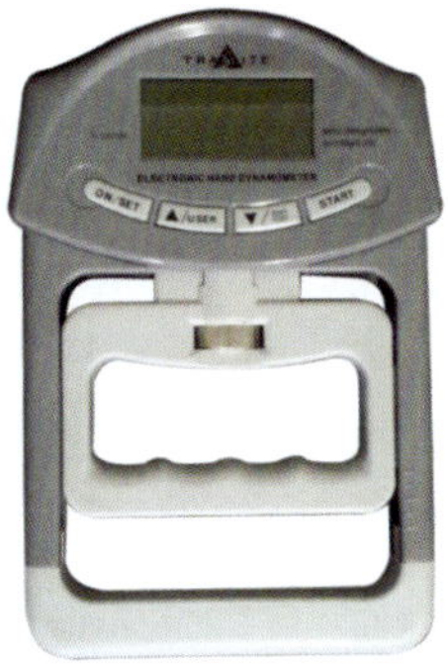

Abb. 17.7: Handdynamometer

Tab. 17.5: Mittelwerte der absoluten (in kg) und relativen Handkraft (in kg pro kg Körpergewicht) der dominanten und nicht dominanten Hand von Jungen der Klassen 5-13 eines Gymnasiums (Weineck et al., 2009, S. 170)

Jahrgang	Absolute Kraft dominante Hand	Absolute Kraft nichtdominante Hand	Relative Kraft dominante Hand	Relative Kraft nichtdominante Hand
5	16,60	14,40	0,43	0,38
6	21,93	19,20	0,45	0,39
7	24,67	21,93	0,50	0,44
8	25,53	22,80	0,47	0,42
9	31,93	33,60	0,64	0,56
10	52,87	47,00	0,74	0,66
11	48,73	43,80	0,69	0,62
12	54,93	49,20	0,69	0,62
13	50,80	45,27	0,71	0,63

Zum Vergleich: Relative Kraftwerte von über 1,0 werden nur bei Kletterern und Turnern erreicht, bei denen das Beherrschen des eigenen Körpers leistungslimitierend ist.

1ER-WIEDERHOLUNG

▶ Die **1er-Wiederholung** überprüft die dynamische Maximalkraft. In der Praxis erfolgt eine Messung über eine höhere Wiederholungszahl mit niedrigerem Gewicht.

Die **1er-Wiederholung** dient zur Überprüfung der dynamischen Maximalkraft. In der Praxis wird aus Gründen der Praktikabilität (u. a. Verletzungsgefahr) die dynamische Maximalkraft über eine höhere Wiederholungszahl mit niedrigerem Gewicht ermittelt. Die folgende Tab. 17.6 stellt dar, welcher Zusammenhang zwischen maximal möglicher Wiederholungszahl x und % der dynamischen Maximalkraft y besteht.

Tab. 17.6: Abhängigkeit von maximaler Wiederholungszahl und % der 1er-Wiederholung. Man erhält einen linearen Zusammenhang $y = 1{,}0278 - 0{,}0278 \cdot x$ (angelehnt an das Skript der Ruhruniversität Bochum zum BA-Seminar „Theorie und Praxis des Konditionstrainings" bei Prof. A. Ferrauti, 42-43, IQ-17.2).

x: Maximal mögliche Wiederholungszahl	y: % der MK
1	100
2	97,22
3	94,44
4	91,66
5	88,10
6	86,10
7	83,32
8	80,54
9	77,76
10	74,98
11	72,20
12	69,42
13	66,64
14	63,86
15	61,08

Tab. 17.7 gibt die dynamische Maximalkraft MK in Abhängigkeit von der maximal möglichen Wiederholungszahl x bei dazugehörigem Gewicht W an.

Tab. 17.7: Abhängigkeit von Maximalkraft MK von maximal möglicher Wiederholungszahl x und dazugehörigem Gewicht W: Setzt man den Ausdruck $y = \frac{W}{MK}$ in die Formel aus der Tab. 17.6 ein, so erhält man die Gleichung $\frac{W}{MK} = 1{,}0278 - 0{,}0278 \cdot x$. Löst man diese Gleichung nach MK auf, ergibt sich: $MK = \frac{W}{1{,}0278 = 0{,}0278 \cdot x}$. (angelehnt an das Skript der Ruhruniversität Bochum zum BA-Seminar „Theorie und Praxis des Konditionstrainings" bei Prof. A. Ferrauti, 42-43, IQ-17.2).

W	50 kg			60 kg			70 kg		
x	5	10	15	5	10	15	5	10	15
MK	56,26 kg	66,68 kg	81,86 kg	67,51 kg	80,02 kg	98,23 kg	78,76 kg	93,34 kg	114,60kg

Zum Nachdenken (oder für mathematisch Interessierte): Warum sollte die Wiederholungszahl x des Gewichts W nicht zu hoch angesetzt werden, sondern im Bereich zwischen 10 ± 5 Wiederholungen liegen?

17.4 SCHNELLIGKEITSTESTS

Im Folgenden werden zwei Tests zur Ermittlung der elementaren zyklischen und azyklischen Schnelligkeit vorgestellt: **Tapping** und **Hoch-Niedersprung**.

TAPPING

▶ Durch **Fußtapping** kann die elementare zyklische Schnelligkeit aussagekräftig überprüft werden.

Zur Registrierung der zyklischen Schnelligkeit als nervale Voraussetzung für hohe Fortbewegungsgeschwindigkeiten ist es notwendig, die Bewegungsamplituden zu minimieren. Das kann mit dem maximal schnellen **Tapping** erfolgen. Dabei kommt es darauf an, mit dem Fuß oder mit der Hand ohne große Bewegungsamplitude so schnell wie möglich auf eine Unterlage zu tippen. Entscheidende Größe ist die Anzahl der möglichen Tappbewegungen pro Zeiteinheit. Beim **Fußtapping**, das aussagekräftiger ist als das **Handtapping**, gelten Frequenzen, die über 12 Hz (Kontakte pro Sekunde) liegen, als perspektivisch günstig (vgl. Tab. 17.8).

Tab. 17.8: Die Fußtappingfrequenzen von Leichtathleten der Spitzenklasse, Handballern, Fußballern sowie Erst- und Fünftklässlern (Weineck, 2010, S. 700)

Tapping (Hz)	6-Jährige	10-Jährige	Leichtathleten	Handballer	Fußballer
Minimum	4,2	5	10,6	7,8	8
Maximum	8,4	11,2	14	11,6	12,8
Mittelwert	6,4	8,4	11,9	10,6	10,5

HOCH-NIEDERSPRUNG

▶ Der **Hoch-Niedersprung** kann als Überprüfungsform für die elementare azyklische Schnelligkeit eingesetzt werden.

Um die Qualität der schnellen Bewegungen zugrunde liegenden Bewegungsprogramme zu kennzeichnen, wurde für azyklische Bewegungen der unteren Extremitäten die Stützzeit bei einem einfachen **Nieder-Hochsprung** als Ausdruck der azyklischen Schnelligkeit nachgewiesen. Dabei erfolgt der Niedersprung aus etwa 20 cm Höhe auf eine Kontaktmatte mit einer sofortigen sauberen Absprungbewegung. Beim Nieder-Hochsprung gelten Kontaktzeiten, die unter 170 ms liegen, als günstig für gute Schnelligkeitsleistungen (vgl. Tab. 17.9).

Tab. 17.9: Kontaktzeiten (in ms) des linken und rechten Fußes beim Nieder-Hochsprung (NHS) von Leichtathleten der Spitzenklasse, Handballern, Fußballern sowie Erst- und Fünftklässlern (Weineck, 2010, S. 702)

NHS (ms)	6-Jährige		10-Jährige		Leichtathleten		Handballer		Fußballer	
	Links	Rechts	Links	Rechts	Links	Rechts	Links	Rechts	Links	Rechts
Minimum	154	131	106	114	126	136	158	148	116	131
Maximum	292	307	275	276	187	174	258	254	240	253
Mittelwert	218	212	176	173	158	153	197	196	185	192

Weiterführende Informationen zu Schnelligkeitstestverfahren findet man im Zusatzinformationsmaterial, welches ab S. 578 per QR-Code zu erreichen ist.

17.5 BEWEGLICHKEITSTESTS

In der Folge soll eine kleine Auswahl an einfach durchführbaren Tests vorgestellt werden, die bei negativem Befund durch entsprechendes Beweglichkeitstraining kompensiert werden sollten.

Überprüfung der Dehnfähigkeit des dreiköpfigen Wadenmuskels: Dieser häufig zur Verkürzung neigende Muskel kann durch die Einnahme einer Hockposition (barfuß, Füße parallel, fußbreiter Abstand = Sohlenhockstand) auf seine Dehnfähigkeit überprüft werden. Ist der Proband nicht in der Lage, die in Abb. 17.8a gezeigte Position einzunehmen, d. h., muss er zum Erreichen der tiefen Hockstellung die Fersen anheben, dann liegt eine Verkürzung der Wadenmuskulatur vor.

Überprüfung der Dehnfähigkeit des geraden Kniestreckers: Dieser Muskel ist sowohl bei Sportlern als auch bei „Büroarbeitern" am häufigsten verkürzt. Testbeurteilung: Erreicht die Ferse mit leichter Partnerunterstützung das Gesäß, dann ist er optimal dehnbar. Beträgt der Abstand trotz Nachhilfe bis zu 15 cm, dann liegt eine leichte Verkürzung vor. Darüber hinaus gehende Abstände bedeuten eine starke Verkürzung (vgl. Abb. 17.8b).

Überprüfung der Dehnfähigkeit des Hüftlendenmuskels: Eine Verkürzung dieses Muskels führt vor allem bei schwacher Bauchmuskulatur zur Hohlkreuzbildung mit nachfolgender Rückenproblematik. Wie beim Kniestrecker ist dieser Muskel gerade bei Fußballern und viel sitzenden Menschen stark verkürzt. Eine Verkürzung liegt dann vor, wenn bei herangezogenem Oberschenkel des Gegenbeins in Richtung Brustkorb das Testbein nach oben geht (meist kommt es auch noch zur Streckung des Unterschenkels) (vgl. Abb. 17.8c).

Überprüfung der Dehnfähigkeit der Schenkelanzieher: In vielen Sportarten zählen die Adduktorenverletzungen zu den häufigsten Verletzungen. Testbeurteilung: Als gute Dehnfähigkeit wird eine Abduktion von 60° betrachtet. 40-60° bedeuten eine leichte, unter 40° eine starke Verkürzung (vgl. Abb. 17.8d).

Überprüfung der Dehnfähigkeit der Sitzbeinunterschenkelmuskulatur: Die Dehnfähigkeit dieser zur Verkürzung neigenden Muskulatur ist gut, wenn ein Bein gestreckt bis 90° ohne Spannungsschmerz in der Kniekehle angehoben werden kann (bei fixiertem Gegenbein). Eine leichte Verkürzung liegt bei 80-90°, eine starke zwischen 60-80° vor (vgl. Abb. 17.8e).

Überprüfung der Dehnfähigkeit des Rückenstreckers: Dieser Muskel ist häufig in der Lendenwirbelsäule verkürzt, was nicht ohne Auswirkung auf die Lendenlordose bleibt und häufig zu Bandscheibenproblemen führt. Die Dehnfähigkeit ist dann gut, wenn der Stirn-Kniescheiben-Abstand 0 bis 10 cm beträgt. Zwischen 10 und 15 cm liegt eine leichte, bei mehr als 15 cm eine starke Verkürzung vor (vgl. Abb. 17.8f).

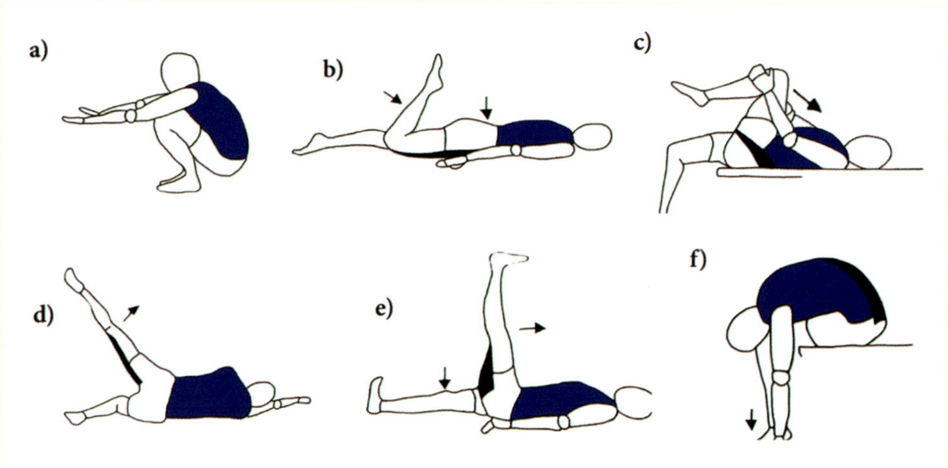

Abb. 17.8a-f: Kontrollformen für die Dehnfähigkeit der Wadenmuskulatur (a), der Kniestrecker (b) und der Hüftbeuger (c) sowie der Schenkelanzieher (d), der Sitzbeinunterschenkelmuskulatur (e) und des Rückenstreckers (f) (modifiziert nach Weineck, 2010, S. 779-783)

17.6 FOSS-TEST: SPORTMOTORISCHER TEST DER NRW-SPORTSCHULEN

▶ Der **FOSS-Tests** dient zur Überprüfung der allgemeinen Fitness und wird verbindlich an allen Sportschulen des Landes NRW durchgeführt.

Der sportmotorische Test MT1 (FOSS-Test) des Landes NRW für NRW-Sportschulen besteht aus acht Testübungen:

- 20-m-Sprint,
- Standweitsprung,
- Situps,
- Liegestütze,
- seitliches Hin- und Herspringen,
- Balancieren rückwärts,
- Rumpfbeuge,
- Sechs-Minuten-Lauf.

Dabei gibt Tab. 17.10 einen genauen Überblick über die Zielsetzungen der Testübungen.

Tab. 17.10: Testaufgaben des MT1 mit Zielsetzung der Kontrollformen (Bilder aus der Handreichung des Landes NRW: Motorischer Test für Nordrhein-Westfalen, IQ-17.3)

Testaufgabe	Getestete motorische Fähigkeit	Beanspruchte Muskulatur
20 m-Sprint	Bewegungsschnelligkeit	Untere Extremitäten
Standweitsprung	Schnellkraft	Untere Extremitäten
Situps	Kraftausdauer	Rumpfmuskulatur
Liegestütz	Kraftausdauer	Obere Extremitäten
Seitliches Hin- und Herspringen	Koordination unter Zeitdruck	Untere Extremitäten
Balancieren rückwärts	Koordination bei Präzisionsaufgaben	Ganzkörper
Rumpfbeuge	Beweglichkeit	Rückwärtige Muskulatur
Sechs-Minuten-Lauf	Aerobe Ausdauer	Untere Extremitäten und Herz-Kreislauf-System

▶ Der **Body-Mass-Index (BMI)** errechnet sich aus dem Quotienten aus Gewicht (in kg) und dem Quadrat der Länge (in m). Als Hinweis auf Übergewicht ist er umstritten.

Neben den acht Testübungen wird noch Größe l (in m) und das Gewicht m (in kg) der Kinder erhoben. Daraus wird der sogenannte Body-Mass-Index (BMI) berechnet:

$$\text{BMI} = \frac{m}{l^2}$$

Beispiel: Ein 1,83 m großer Mann mit einem Gewicht von 85 kg besitzt einen BMI von $\frac{85}{183^2} \approx 25{,}38$ und gilt daher laut WHO als übergewichtig.

Auf der Seite der Weltgesundheitsorganisation WHO wurden 2015 folgende Gewichtsklassenklassifikationen vorgenommen:

Tab. 17.11: Gewichtsklassifikation für Erwachsene nach dem BMI (modifiziert nach WHO, 2015)

Gewichtsklassifikation	BMI in kg/m²
Starkes Untergewicht	≤ 16,0
Mäßiges Untergewicht	16,0-17,0
Leichtes Untergewicht	17,0-18,5
Normalgewicht	18,5-25,0
Präadipositas (Übergewicht)	25,0-30,0
Adipositas Grad I	30,0-35,0
Adipositas Grad II	35,0-40,0
Adipositas Grad III	≥ 40,0

Die Verwendung des BMI für die Diagnose von Untergewicht oder von körperfettbedingtem Übergewicht anhand fest definierter Grenzwerte ist sehr umstritten. Denn ein relativ hohes Körpergewicht und damit ein hoher BMI können auch durch viel Muskelmasse (z. B. haben Männer einen höheren Muskelmassenanteil als Frauen), höhere Knochendichte, stärkere Knochen- und Gelenkdurchmesser, größere Schulterbreite (bei Personen mit gleicher Körpergröße durchaus im Dezimeterbereich) und viele andere Faktoren verursacht sein. Besonders stark trifft dies bei Sportlern zu. Austrainierte Kraftsportler ohne viel Körperfett haben allein aufgrund ihrer Muskelmasse einen hohen BMI.

Beispiel: Die folgende Analyse eines 42-jährigen Mannes mithilfe einer Körperanalysewaage macht deutlich, dass trotz eines hohen BMI von 25,2 kein Übergewicht vorliegt. Denn Muskelmassen- und Fettanteil liegen in einem günstigen Bereich.

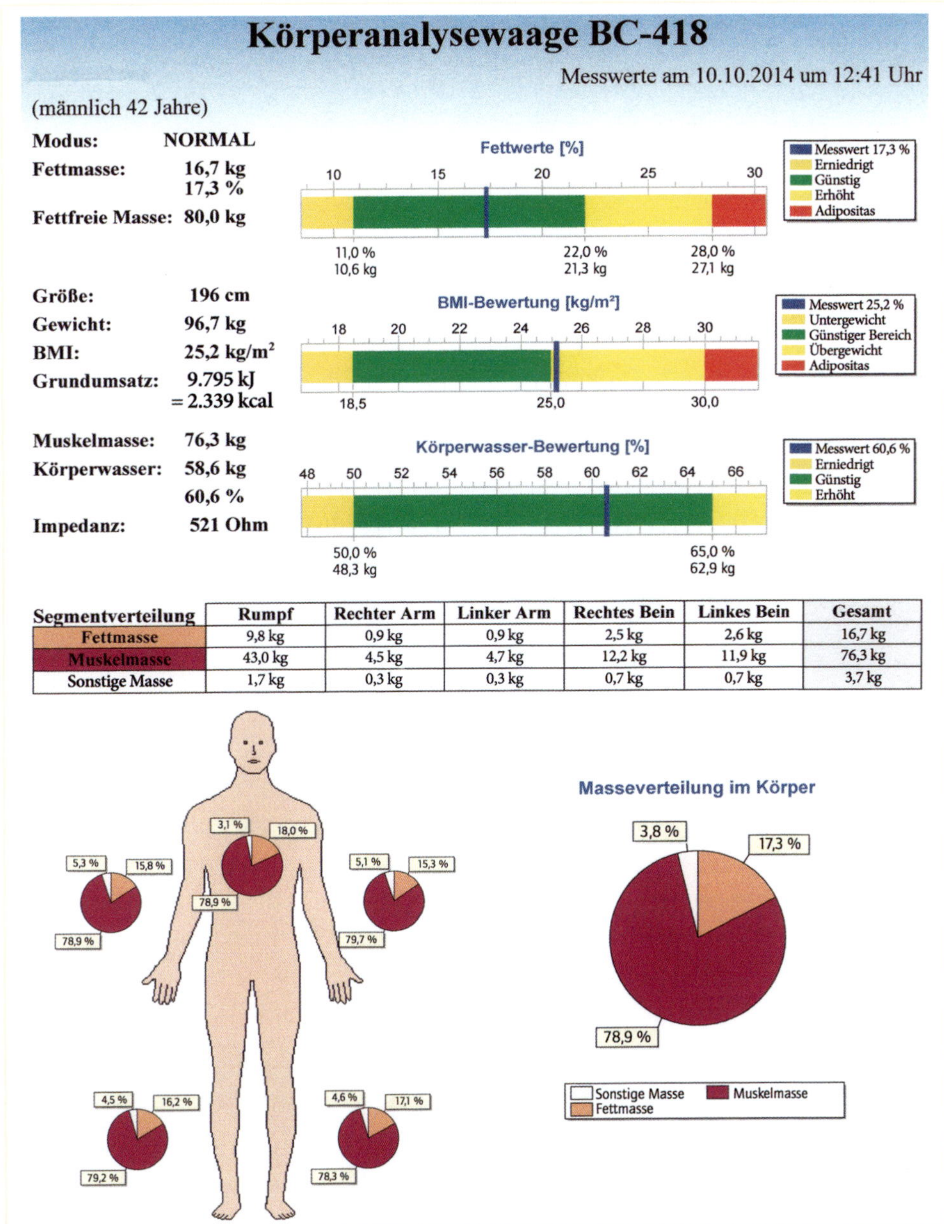

Segmentverteilung	Rumpf	Rechter Arm	Linker Arm	Rechtes Bein	Linkes Bein	Gesamt
Fettmasse	9,8 kg	0,9 kg	0,9 kg	2,5 kg	2,6 kg	16,7 kg
Muskelmasse	43,0 kg	4,5 kg	4,7 kg	12,2 kg	11,9 kg	76,3 kg
Sonstige Masse	1,7 kg	0,3 kg	0,3 kg	0,7 kg	0,7 kg	3,7 kg

Abb. 17.9: Analyse mit einer Körperanalysenwaage

17.7 RÜCKBLICK

Sportmotorische Tests

- **Sportmotorische Tests** sind Kontrollverfahren unter standardisierten Bedingungen zur Erfassung sportmotorischer Merkmale.
- Bei der Durchführung von Tests ist auf die Berücksichtigung der **Hauptgütekriterien** Objektivität, Reliabilität und Validität und die **Nebengütekriterien** Normierung, Vergleichbarkeit, Ökonomie und Nützlichkeit zu achten.
- **Bedeutung sportmotorischer Tests:** Sportmotorische Tests sind zentraler Bestandteil der Trainingssteuerung und ermöglichen inter- und intraindividuelle Leistungsvergleiche.

Ausdauertests

- **Einfache Lauftests:** Der 12-Minuten-Lauf (für Ausdauertrainierte) und der Sechs-Minuten-Lauf (für weniger Ausdauertrainierte) stellt gute Überprüfungsformen der aeroben Ausdauer dar, falls die Strecke bei stets gleich hoher Motivation und gleichen Rahmenbedingungen mit gleichmäßigem Tempo gelaufen wird.
- **Conconi-Test (Trainingssteuerung über die Herzfrequenz):** Der Läufer steigert kontinuierlich seine Laufgeschwindigkeit, bis er ein gewisses Tempo nicht mehr halten kann. Der zunächst lineare Verlauf der Herzfrequenz-Laufgeschwindigkeits-Kurve bricht an einem gewissen Punkt (Deflektionspunkt) ab. Je später der Abbruch erfolgt, desto besser ist die aerobe Ausdauerleistungsfähigkeit. Der Test eignet sich hervorragend für intraindividuelle Vergleiche eines Sportlers.
- **Laktat-Feldstufen-Test (Trainingssteuerung über den Laktatspiegel):** Die Arbeitsintensität wird für den Sportler stufenweise erhöht. Der Sportler bricht den Test ab, wenn er eine bestimmte Belastung nicht mehr schafft. Am Ende jeder Belastungsstufe wird Blut aus dem Ohrläppchen zur Laktatmessung entnommen. Der Laktat-Stufen-Test ist ein hervorragendes Instrument zur Bestimmung der aeroben Ausdauerleistungsfähigkeit und eignet sich in besonderem Maße zur Trainingssteuerung.

Kraft-, Schnelligkeits- und Beweglichkeitstests und FOSS-Test

- Zur Überprüfung der **Maximalkraft** dient die **1er-Wiederholung**. Im Kinder- und Jugendbereich wird meist nur der **Handkrafttest** durchgeführt.
- Eine grundlegende Einschätzung der **elementaren Bewegungsschnelligkeit** kann über das **Fußtapping** und **Nieder-Hochsprünge** erfolgen.
- Die **Beweglichkeit** kann durch **Muskeldehntests** überprüft werden.
- Der **Body-Mass-Index (BMI)** errechnet sich als Quotient aus Gewicht (in kg) und dem Quadrat der Länge (in cm). Als Hinweis für Übergewicht ist er umstritten.

17.8 PRÜFUNGSVORBEREITUNG

Kontrollfragen

1. Was sind sportmotorische Tests?
2. Nennen und erklären Sie die Hauptgütekriterien an einem Beispiel.
3. Geben Sie die Nebengütekriterien unter Angabe eines sportlichen Beispiels an.
4. Erläutern Sie die Bedeutung sportmotorischer Tests.
5. Was sind einfache Lauftests?
6. Was ist beim Cooper-Test zu beachten, wenn er die aerobe Ausdauer überprüfen soll?
7. Beschreiben Sie den Conconi-Test.
8. Welche Bedeutung hat der Conconi-Test für die Ausdauertrainingssteuerung?
9. Geben Sie die Schwellengeschwindigkeit eines gut und gering Ausdauertrainierten an.
10. Stellen Sie den Feldstufen-Laktat-Test dar.
11. Welche Relevanz hat der Feldstufen-Laktat-Test für die Ausdauertrainingssteuerung?
12. Geben Sie Herzfrequenzen für ein Grundlagenausdauertraining an.
13. Was bedeutet 1er-Wiederholung?
14. Warum verwendet man im Kinder- und Jugendbereich nur den Handkrafttest?
15. Wie ermittelt man die Höhe der Maximalkraft (1er-Wiederholung)?
16. Wie lässt sich die elementare Schnelligkeit überprüfen?
17. Geben Sie eine Übung an, welche die Dehnfähigkeit des Wadenmuskels testet.
18. Wie überprüft man die Dehnfähigkeit des geraden Kniestreckers?
19. Geben Sie eine Übung zur Bestimmung der Dehnfähigkeit der Schenkelanzieher an.
20. Beschreiben und erläutern Sie die acht Testübungen des FOSS-Tests.
21. Was ist der BMI?
22. Erörtern Sie die Bedeutung des BMI für Übergewicht.

Prüfungsaufgaben

ANS und Laktat-Leistungs-Kurven

Herzfrequenzkurven beim Conconi-Test

Hauptgütekriterien bei sportmotorischen Tests

0,2 s
0,6 s

LEKTION 18
WAS MOTIVIERT MENSCHEN ZU SPORTLICHEN LEISTUNGEN?

18.1 LEISTUNGSMOTIVIERTES HANDELN 428

18.2 MODELLE ZUR ERKLÄRUNG LEISTUNGSMOTIVIERTEN HANDELNS 431

18.3 RÜCKBLICK 441

18.4 PRÜFUNGSVORBEREITUNG 443

LEKTION 18: WAS MOTIVIERT MENSCHEN ZU SPORTLICHEN LEISTUNGEN?

18.1 LEISTUNGSMOTIVIERTES HANDELN

Das Leisten stellt eine wesentliche Komponente des Sports dar. Dementsprechend wurde das Leistungsmotiv und sein Einfluss beim sportlichen Handeln besonders intensiv erforscht. Ob etwas als Leistung angesehen wird, hängt stark von sozialen und individuellen Bewertungen ab. Die Güte der erzielten Leistung kann im Vergleich mit einer eigenen bisherigen Leistung definiert werden, sich am Erreichen des Handlungsergebnisses orientieren oder im Vergleich mit anderen Personen erfolgen.

▶ **Zur Erinnerung:** Betrachtet man ein sportliches Handlungsergebnis unter der **individuellen Bezugsnorm**, dann wird sie im Vergleich zu früheren eigenen Leistungen bzw. zu einem angenommenen eigenen Könnensniveau bestimmt. Im Rahmen einer **sachbezogenen Bezugsnorm** wird eine sportliche Leistung an den objektiv gegebenen Bewältigungsmöglichkeiten einer spezifischen sportlichen Anforderungssituation bewertet. Die **soziale Bezugsnorm** beurteilt die eigene Leistung im Vergleich mit der Leistung anderer Personen.

Um von einer Leistung zu sprechen, muss ein Ergebnis erzielbar sein, das anhand eines verbindlichen Gütemaßstabs bewertet werden kann. Im Sport gelingt dies besonders gut, weil die Ergebnisse messbar (z. B. 100-m-Sprint), durch Regeln definiert (z. B. Torschuss im Fußball) oder aufgabenimmanent (z. B. Ass im Tennis) sind. In Anlehnung an Scheffer und Heckhausen (2010, S. 53) und Gabler (2004, S. 209-210) liegt **leistungsmotiviertes Handeln** vor, wenn folgende **fünf Bedingungen** erfüllt sind:

Die Handlung führt zu einem objektivierbaren Ergebnis: Die Handlung muss einen Anfang und ein Ende haben. Eine Flanke im Fußball, ein Wurf im Basketball, ein Hochsprung oder eine Turnübung lassen ein objektivierbares Ergebnis erkennen. Tätigkeiten, deren Anfang und Ende kaum markierbar sind (z. B. Jonglieren mit dem Ball am Fuß) werden nicht als Leistungshandlung angesehen, es sein denn, der Jongleur versucht, den Ball möglichst lange hochzuhalten.

Das Handlungsergebnis muss auf einen Gütemaßstab beziehbar sein, der als Bezugsnorm zur Bewertung dient: Gütemaßstäbe orientieren sich im Sport z. B. am c-g-s-System (Zentimeter, Gramm, Sekunde). Aber auch Gestaltungskriterien können zur Leistungsbewertung z. B. einer gymnastischen Übung herangezogen werden. Die Bezugsnorm kann dabei sachbezogen (das Handlungsergebnis als solches), individuell (Vergleich mit einer bisherigen Leistung des Akteurs) oder sozial (Vergleich mit den Leistungen anderer) sein.

Dem Gütemaßstab muss ein Schwierigkeitsmaßstab zugeordnet sein: Um schwierige Aufgaben lösen zu können, z. B. das Laufen einer bestimmten Strecke ohne Pause oder das Turnen eines Saltos vorwärts, bedarf es spezifischer Fähigkeiten und Anstrengungen. Leistungshandlungen müssen daher grundsätzlich gelingen oder misslingen können.

Der Handelnde sieht Schwierigkeits- und Gütemaßstab als verbindlich an: Ein Schüler, der im Sportunterricht Gütemaßstäbe ablehnt oder keine Gütemaßstäbe an sein sportliches Handeln knüpft, wird die Ergebnisse seines Handelns nicht als Leistung betrachten und daher nicht mit Freude oder Enttäuschung auf gelungene und misslungene Handlungen reagieren.

Das Handlungsergebnis muss vom Handelnden als selbst verursacht erlebt werden: Sportliche Handlungen, deren Ergebnisse eher zufällig erfolgen (z. B. Salto vorwärts vom 3-m-Brett nach Ausrutschen auf dem Brett), werden vom Handelnden nicht als Leistung betrachtet. Auch ein Handlungsergebnis, das in erster Linie auf den Gebrauch von Doping zurückzuführen ist, wird nicht als Leistung zu sehen sein.

Abb. 18.1: Bedingungen für leistungsmotiviertes Handeln

In Anlehnung an Alfermann und Stoll (2012, S. 118) lässt sich zusammenfassen:

▶ **Merksatz: Leistungsmotivation bzw. leistungsmotiviertes Handeln** lässt sich als das Bestreben kennzeichnen, eine Aufgabe zu meistern und dabei einen Gütemaßstab zu erreichen oder zu übertreffen, Hindernisse zu überwinden, Ausdauer auch bei Misserfolg zu zeigen und sich selbst für das Leistungsergebnis verantwortlich zu fühlen.

Nicht jedes angestrengte Bemühen, etwas zu schaffen, ist auch leistungsmotiviert. Ein Leistungsziel kann nämlich aus unterschiedlichen Gründen angestrebt werden: Man möchte ein höheres Gehalt bekommen, um sich mehr Annehmlichkeiten zu leisten; man möchte beruflich aufsteigen und dadurch mehr Ansehen und Prestige in der öffentlichen Wahrnehmung erlangen; man strengt sich an, eine Prüfung zu bestehen, um endlich nicht mehr lernen zu müssen. Jede der beschriebenen Situationen kann angestrengtes Arbeitsverhalten auslösen, ohne dass man von Leistungsmotivation sprechen kann. Leistungsmotiviert ist ein Verhalten nur dann, wenn es auf die „Selbstbewertung eigener Tüchtigkeit zielt, und zwar in der Auseinandersetzung mit einem Gütemaßstab, den es zu erreichen oder zu übertreffen gibt. Man will wissen, was einem in einem Aufgabenfeld gelingt und was nicht, und strengt sich deshalb besonders an" (Rheinberg & Vollmeyer, 2012, S. 60).

▶ **Merksatz:** Der Kern der Leistungsmotivation ist die Auseinandersetzung mit einem Gütemaßstab.

Wie wirksam solche Gütemaßstäbe sind, zeigt ein Blick auf Alltagsphänomene. Ein Computerspiel verliert schnell seinen Reiz, wenn der Spieler nicht angezeigt bekommt, wie viele Punkte er bekommt. Ein Freizeitjogger versucht bereits nach wenigen Läufen seine Zeit zu messen, um sie beim nächsten Mal zu unterbieten. Das Anzeigen der Durchschnittsgeschwindigkeit beim Radfahren verändert die Erlebnisqualität und die Fahrweise des Sportlers. Als Anreiz der Zielerreichung genügt der Stolz, etwas Anspruchsvolles geschafft zu haben und die daraus resultierende Zufriedenheit mit der eigenen Tüchtigkeit. In der Alltagssprache wird dieser Sachverhalt auch mit „Erfolgserlebnis" bezeichnet.

Im Folgenden werden drei Motivationsmodelle vorgestellt, die im Zentrum der kognitiven Leistungsmotivationsforschung stehen. Während beim **Risikofaktorenmodell** die beiden Motivtendenzen Hoffnung auf Erfolg (Erfolgsmotiv) und Furcht vor Misserfolg (Misserfolgsmotiv) betont werden, ergänzt die **Attributionstheorie** den Aspekt der Ursachenzuweisung für Erfolg und Misserfolg. Im Bereich der Attributionstheorie ist auch das Modell der Leistungsmotivation angesiedelt, bei dem die Perspektive der Selbstbewertung hinzugefügt wird. Abschließend wird die **Theorie der Zielorientierung** dargestellt, bei der die Dispositionen Aufgaben- und Wettbewerbsorientierung zentrale Begriffe bedeuten.

18.2 MODELLE ZUR ERKLÄRUNG LEISTUNGSMOTIVIERTEN HANDELNS

RISIKOWAHLMODELL

- Es gibt zwei Motivtendenzen des Leistungsmotivs: Hoffnung auf Erfolg **(H_E)** und Furcht vor Misserfolg **(F_M)**. Die Kernaussage des Risikowahlmodells lautet: Erfolgszuversichtliche Menschen suchen sich meist reizvolle und mittelschwere Aufgaben, während misserfolgsängstliche Personen sehr leichte oder sehr schwere Aufgaben auswählen.

Das Risikowahlmodell basiert auf der Leistungsmotivtheorie von Davis McClelland et al. (1953). Dort wird Motivation als das Ergebnis von Motiven angesehen, die jeweils eine annähernde und vermeidende Komponente haben. John Atkinson (1974) entwickelte die Leistungsmotivtheorie zu einer interaktionistischen Motivationstheorie, indem er das Zusammenwirken von **personalen Motiven** und **situativen Anreizen** betrachtete (vgl. Kap. 10.3).

Im Modell von McClelland wird das Leistungsmotiv als Persönlichkeitsvariable mit zwei unterschiedlichen Tendenzen betrachtet, nämlich der aufsuchenden Tendenz im Sinne von **Hoffnung auf Erfolg H_E (Erfolgsmotiv)** sowie der meidenden Tendenz im Sinne von **Furcht vor Misserfolg F_M (Misserfolgsmotiv)**. Je nachdem, welche Tendenz überwiegt, ist eine Person **erfolgszuversichtlich** (hochmotiviert) oder **misserfolgsängstlich** (niedrig motiviert) (Brunstein & Heckhausen, 2010).

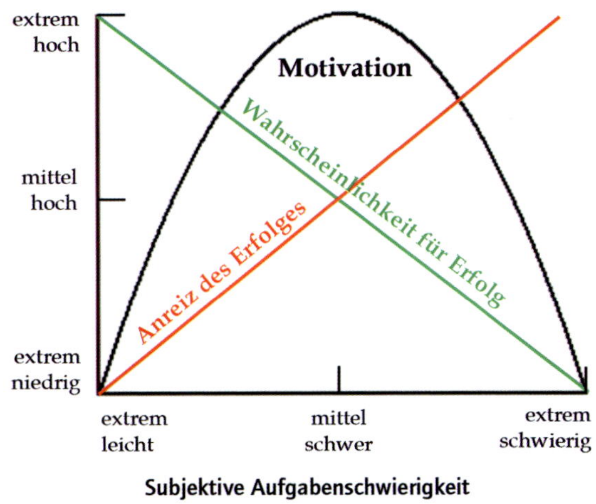

Abb. 18.2: Kurve der aufsuchenden Leistungsmotivation im Risikowahlmodell (modifiziert nach Rheinberg & Vollmeyer, 2012, S. 72)

Aus diesem personalen Ansatz entwickelte Atkinson das Risikowahlmodell, das einer interaktionistischen Sichtweise von Motivation entspricht. Zum Leistungsmotiv treten situative Anreize hinzu, nämlich **Erfolgswahrscheinlichkeit (W)** und der **Anreizwert der Aufgabe (A)**, der von der subjektiven Erfolgswahrscheinlichkeit abhängt. Je größer W ist, desto geringer ist A und umgekehrt (Beckmann & Heckhausen, 2010, vgl. Abb. 18.2).

Grundsätzlich ist zu beachten, dass Charakterisierungen wie „misserfolgsmeidend" oder „erfolgszuversichtlich" in scharf zugespitzter Weise erfolgen. Es ist jeweils zu berücksichtigen, dass eine Dimension wie „Hoffnung auf Erfolg" nicht im mathematischen Sinn als das genaue Gegenteil von „Furcht vor Misserfolg" anzusehen ist (in der Regel bestehen mittlere negative Zusammenhänge zwischen den Dimensionen).

- **Merksatz:** Eine mittelschwere Aufgabe wirkt auf erfolgszuversichtliche Personen sehr motivierend, während misserfolgsängstliche Personen eher sehr leichte oder extrem schwierige Aufgaben aufsuchen.

ATTRIBUTIONSTHEORIEN

Auf der Basis des Risikowahlmodells wurden in den 1970er-Jahren Prozessmodelle der Leistungsmotivation entwickelt, die insbesondere kognitive Zwischenprozesse betonen. Bei der Attributionstheorie handelt es sich um einen sozial-kognitiven Ansatz. Dabei werden **Kausalattributionen**, also Ursachenerklärungen für Erfolg und Misserfolg, besonders hervorgehoben.

- Der Prozess, in dem einem Handlungsresultat eine Ursache zugeschrieben wird, bezeichnet man als **Kausalattribution**.

Insbesondere Bernhard Weiner (1974) und Heinz Heckhausen (Heckhausen & Weiner, 1974) gehören zu den Protagonisten dieses Motivationsansatzes. Nach diesem Modellansatz kommt im Motivationsgeschehen den Annahmen über Erfolg und Misserfolg eine zentrale Bedeutung zu. Dabei können Attributionen zeitlich als Folge und als Ursache von Handlung aufgefasst werden.

Grundmodell der Attributionstheorie

- **Erfolgszuversichtliche Sportler** führen Erfolge auf internal-stabile Faktoren (eigene Anstrengung und Fähigkeit) zurück. In Misserfolgssituationen werden (zum eigenen Selbstschutz) eher variable externale Gründe (z. B. Pech, schlechter Tag, schwacher Schiedsrichter) genannt.

- Dagegen sehen **Misserfolgsängstliche** das eigene Scheitern in internalen stabilen Ursachen (z. B. mangelnde eigene Fähigkeit) begründet. Bei Erfolgen führen misserfolgsängstliche Sportler externale Gründe (Glück, Zufall oder eine zu leichte Aufgabe) an.

Im Prozessmodell der Leistungsmotivation wird davon ausgegangen, dass **vorausschauende Kausalattributionen** in der Phase der Handlungsplanung auftreten, während die **rückblickenden Kausalattributionen** in Form von Interpretation der Leistungsergebnisse im Anschluss an die Leistungshandlung erfolgen. Kausalattributionen haben also prospektiv einen wichtigen Einfluss auf die aktuelle Handlung sowie in der Retrospektive auf zukünftiges Leistungshandeln, wie etwa Aufgabenauswahl und Ausdauer. Darüber hinaus lösen Kausalattributionen auch emotionale Reaktionen wie (Vor-)Freude, Stolz und Angst aus, die aktuelles und zukünftiges Handeln mit beeinflussen.

In Anlehnung an Gabler (2004, S. 207) kann ein Motivationsprozess als Prozessmodell beschrieben werden, bei dem Handlungs- und situative Umweltbedingungen von außen beobachtbar sind. Das Leistungsmotiv ist dabei ein hypothetisches Konstrukt, das nur aus der Person-Umwelt-Interaktion indirekt erschlossen werden kann. Interne Zwischenprozesse beziehen sich sowohl auf die kognitiven Kausalattributionen als auch auf das Auslösen von emotionalen Reaktionen (vgl. Abb. 18.3).

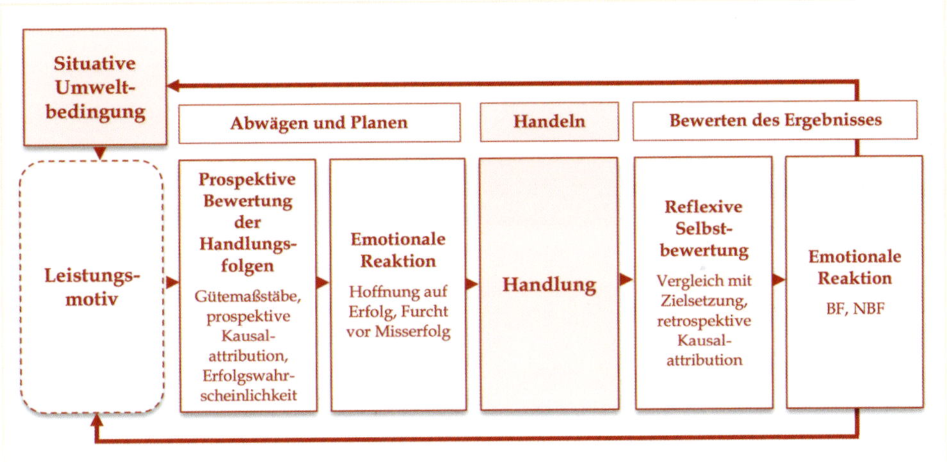

Abb. 18.3: Grundschema zum Ablauf von Motivationsprozessen in einer Leistungssituation. Die dunkel gefärbten Prozesse sind von außen beobachtbar. Das Motiv ist als ein hypothetisches Konstrukt indirekt aus der Person-Umwelt-Interaktion zu erschließen. Die anderen internen Zwischenprozesse laufen sowohl kognitiv als auch emotional ab. HE: Hoffnung auf Erfolg, FM: Furcht vor Misserfolg, BF: Befriedigung, NBF: Nichtbefriedigung (modifiziert nach Gabler, 2004, S. 207)

Bei der **Ursachenklärung von Erfolg und Misserfolg** lassen sich personenbezogene Faktoren (internale Faktoren) und Umweltfaktoren (externale Faktoren) unterscheiden **(Ursachenlokalisation)**. Dabei können Faktoren zeitstabil oder zeitvariabel sein **(Zeitstabilität)**. Man erhält daher zur Klassifikation von Ursachen, mit denen häufig Leistungen erklärt werden, eine 2 x 2-Tabelle (vgl. Tab. 18.1).

Tab. 18.1: Schema zur Klassifizierung von Ursachen, mit denen Leistungen häufig begründet werden (modifiziert nach Rheinberg & Vollmeyer, 2012, S. 82).

Zeitstabilität	Ursachenlokalisation	
	in der Person (internal)	in der Umwelt (external)
Stabil	Fähigkeit	Aufgabenschwierigkeit
Variabel	Anstrengung	Zufall (Glück, Pech)

Bezogen auf einen **Tenniswettkampf**, wurden auf der Basis einer Untersuchung unterschiedliche Ursachen für den Erfolg oder Misserfolg genannt. In Tab. 18.2 werden diese Ursachen zusammengestellt.

Tab. 18.2: Kausalattributionen für Erfolg und Misserfolg in einem Tenniswettkampf (Alfermann & Stoll, 2012, S. 124)

Zeitstabilität	Ursache für den Erfolg und Misserfolg in einem Tenniswettkampf	
	In der Person (internal)	In der Umwelt (external)
Stabil	Wettkampfroutine, Trainingszustand, Ehrgeiz, Talent, Fähigkeit	Trainer, soziale Unterstützung (z. B. Eltern), gegnerische Stärke bzw. Schwäche, Spielklasse
Variabel	Einsatzwille im Spiel, körperliche Verfassung im Spiel, psychische Verfassung im Spiel, Spieltaktik	Glück bzw. Pech, Unterstützung durch Zuschauer, fluktuierende Leistung des Gegners, Wetter und andere Bedingungen

Welche Kausalattributionen könnten für einen Schwimmwettkampf genannt werden?

Zahlreiche Untersuchungen zeigen, dass erfolgszuversichtliche Sportler dazu neigen, Erfolge auf internal-stabile Faktoren, wie die eigenen Fähigkeiten und das Talent, zurückzuführen. Im Falle einer Niederlage führen diese Sportler das Scheitern auf variable Faktoren, wie fehlende Anstrengung oder Pech, zurück. Diese Voreingenommenheit der Ursachenklärung führt dazu, dass diese Sportler Leistungssituationen im Erfolgsfall als äußerst befriedigend empfinden. Im Misserfolgsfall werden Erfolgszuversichtliche möglicherweise Ärger empfinden. Wegen der Zeitvariabilität der Attribution bleibt aber die Zuversicht auf einen Erfolg bei einem erneuten Versuch. Dieses Muster der Ursachenzuschreibung wirkt also motivational äußerst günstig auf Erwartung und Anreiz.

Bei misserfolgsängstlichen Sportlern fällt die Ursachenzuschreibung deutlich ungünstiger aus. Erfolge werden von diesen Sportlern tendenziell auf externale Faktoren (einfache Aufgabenstellung oder Glück) zurückgeführt. Damit haben Erfolgssituationen einen geringeren Belohnungswert. Im Falle des Scheiterns führen misserfolgsängstliche Personen dies etwa auf die eigene mangelnde Begabung zurück. Beide Attributionsmuster führen in zukünftigen vergleichbaren Leistungssituationen zu geringerer Anstrengung.

Neben den beiden Dimensionen „Zeitstabilität" und „Ursachenlokalisation" gilt die **Kontrollierbarkeit** als wesentliche Dimension der Kausalattribution, die sich vor allem auf die weiteren Folgen der Handlung auswirkt. Wenn ein Sportler die Ursache einer Leistung nicht kontrollieren kann, dann unternimmt er keine Anstrengung, diese zu verändern. Für erfolgszuversichtliche Sportler unterliegen Leistungen der eigenen Kontrolle, während misserfolgsängstliche Personen glauben, dass die Ursachen für die eigenen Leistungen nicht kontrollierbar sind.

Selbstbewertungsmodell der Leistungsmotivation

▶ Zusätzlich zu den Aussagen beim Grundmodell der Attributionstheorie gilt: Die **Erfolgs-Misserfolgs-Bilanz** wird bei einem erfolgszuversichtlichen Sportler positiv sein, bei einem misserfolgsängstlichen Athleten negativ, sodass die jeweilige Bilanzierung in beiden Fällen zu einer affektiven Verfestigung der eigenen Leistungsmotivation führt.

Das **Selbstbewertungsmodell der Leistungsmotivation nach Heckhausen** ergänzt die Attributionstheorie durch weitere kognitive Prozesse. Brunstein und Heckhausen (2010, S. 183-185) zeichnen das Leistungsmotiv nicht mehr als eigenschaftsähnliches Persönlichkeitsmerkmal aus, sondern als ein sich stabilisierendes System aus drei Teilprozessen:

- **Zielsetzung,**
- **Ursachenklärungen (Kausalattribution) und**
- **Selbstbewertung.**

Die Zusammenhänge von Motivtendenz und Leistungshandeln sind in Tab. 18.3 dargestellt. Danach neigen Hochmotivierte erstens dazu, die motivational günstige Wahl mittlerer Aufgabenschwierigkeit zu bevorzugen. Zweitens werden Erfolge internal stabil (z. B. mit Talent und Ehrgeiz) und Misserfolge variabel (z. B. mit Pech) erklärt. Drittens werden Erfolge stark mit positiven Affekten (z. B. Glücksgefühl) verbunden. Dies alles zusammen führt dazu, dass die Motivation gesteigert und das Leistungshandeln positiv bekräftigt wird.

Tab. 18.3: Selbstbewertungsmodell der Leistungsmotivation von Heckhausen (modifiziert nach Rheinberg & Vollmeyer, 2012, S. 86)

Komponenten		Motivtendenz	
		Erfolgszuversichtlich	Misserfolgsängstlich
Zielsetzung/Anspruchsniveau		Realistische und mittelschwere Aufgabe	Unrealistische, zu schwere oder zu leichte Aufgabe
Ursachenzuschreibung (Kausalattribution)	**Erfolg**	Anstrengung, eigene Tüchtigkeit	Glück, leichte Aufgabe
	Misserfolg	Mangelnde eigene Anstrengung, Pech	Mangelnde eigene Fähigkeit
Selbstbewertung/Affektbilanz		Positive Bilanz von Erfolg und Misserfolg	Negative Bilanz von Erfolg und Misserfolg

In der folgenden Abb. 18.4 wird das Selbstbewertungsmodell der Leistungsmotivation nach Heckhausen am Beispiel eines hoch motivierten Sportlers dargestellt. Vergleichend wird das Prozessmodell für leistungsmotiviertes Handeln nach Gabler eingefügt (vgl. Abb. 18.3).

Bei misserfolgsängstlichen Personen läuft das Zusammenspiel der drei Teilprozesse in typisch anderer Weise ab. Wenn man realistische Anforderungen meidet, sieht man weder den Zusammenhang zwischen eigener Anstrengung und Handlungsresultat noch das Wachstum der eigenen Tüchtigkeit – sofern es stattfindet. Erfolge bei Aufgaben mit unrealistischer Anforderung werden mit Glück begründet, das Erledigen von leichten Aufgaben wird nicht mit der eigenen Fähigkeit oder Anstrengung in Verbindung gebracht. Befürchtet man, in Leistungssituationen von vornherein unfähig zu sein, so bestätigt jeder Misserfolg dagegen das schlechte Selbstbild der eigenen Fähigkeiten. Entsprechend sind die Attributionsmuster der Misserfolgsängstlichen, Erfolge externalen Faktoren (z. B. Glück) zuzuschreiben und Misserfolge mit zeitstabilen Faktoren (z. B. mangelnde eigene Fähigkeit) zu erklären.

Selbst bei einer Gleichverteilung von Erfolg und Misserfolg resultieren aus diesem Erklärungsmuster negative Selbstbekräftigungsbilanzen: Ein Erfolg bedeutet wenig, ein Misserfolg belastet sehr. Von daher erscheinen Leistungssituationen mit realistischen Anforderungen als unerfreulich und bedrohlich. Sie werden deshalb zugunsten unrealistischer Anforderungen gemieden, was das Selbstbewertungssystem in seinem ungünstigen Funktionszustand weiter stabilisiert und verhindert, dass die eigene Selbstwirksamkeit erlebt werden kann. Statt einer erfolgsbezogenen Handlungsdirektive „Steigerung der eigenen Tüchtigkeit" wählen Misserfolgsmotivierte daher eine misserfolgsbezogene Direktive „Reduzierung von Selbstwertbelastungen" (Brunstein & Heckhausen, 2010, S. 185).

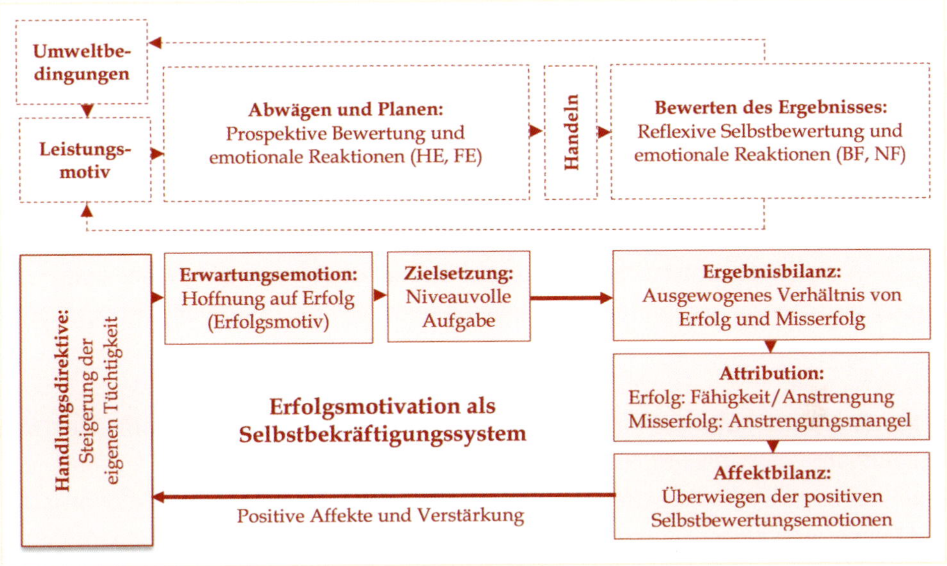

Abb. 18.4: Prozessmodell für leistungsmotiviertes Handeln nach Gabler (oben) und Selbstbewertungsmodell der Leistungsmotivation nach Heckhausen am Beispiel eines Hochmotivierten (unten). Ein erfolgsmotivierter Sportler orientiert sich an der Handlungsdirektive „Steigerung der eigenen Tüchtigkeit" und wählt während des Prozesses von Abwägen und Planen auf der Basis des Erfolgsmotivs Aufgaben mit einem realistischen und anspruchsvollen Niveau. Die Ergebnisbilanz von erfolgreichen und nicht erfolgreichen Handlungen wird bei dem hoch motivierten Sportler ausgewogen sein. Der Sportler begründet das Handlungsergebnis im Erfolgsfall mit internalen Faktoren (Fähigkeit, Anstrengung), im Misserfolgsfall eher mit externalen Ursachen (Pech, mangelnde Anstrengung). Dies führt dazu, dass der Sportler in Bezug auf sein sportliches Handeln überwiegend positive Emotionen verspürt, die im Sinne seiner Handlungsdirektive sein weiteres Handeln positiv verstärken (modifiziert nach Gabler, 2004, S. 207 und Brunstein & Heckhausen, 2010, S. 184).

THEORIE DER ZIELORIENTIERUNG

Die Theorie der Zielorientierung geht davon aus, dass in einem Leistungskontext, wie z. B. Sport, Akteure dadurch motiviert sind, dass sie ihr Können und ihre Kompetenz unter Beweis stellen wollen und dementsprechend den Eindruck von eigener Unfähigkeit vermeiden möchten. Dabei wird zwischen zwei motivationalen Dispositionen unterschieden:

- Die Theorie der Zielorientierung benennt zwei unterschiedliche Zielorientierungen: **Aufgabenorientierung** und die **Egoorientierung** (Wettbewerbsorientierung).

Aufgabenorientierung verfolgt Ziele, die sich direkt auf die Lösung der Aufgabe selbst beziehen, und liegt dann vor, wenn individuell vor allem die Leistungsqualität im Vordergrund steht und ein intraindividueller Bezugsmaßstab herangezogen wird. Das eigene Können wird somit im Vergleich zur bisherigen eigenen Leistung bewertet. Demgegenüber verfolgt **Egoorientierung** (Wettbewerbsorientierung) insbesondere Ziele, die darin bestehen, andere Personen zu übertreffen (sozialer Bewertungsmaßstab). Das eigene Können wird im Vergleich zu anderen bewertet und diese Bewertung ist damit abhängig vom Könnensstand der anderen. Ob jemand in seinem Leistungsstreben eher aufgaben- oder eher egoorientiert ist, wird als gelernte, relativ stabile (Motiv-) Disposition aufgefasst.

In einer Vielzahl von Untersuchungen hat sich herausgestellt, dass Aufgabenorientierung mit intrinsischer Motivation, mit mehr Freude und Spaß am Sport, mit Ausdauer auch nach Misserfolg und mit einer motivational sinnvollen Aufgabenwahl mittlerer Schwierigkeit einhergeht. Insgesamt ähneln aufgabenorientierte Personen den Erfolgszuversichtlichen bzw. Hochmotivierten und den intrinsisch Motivierten, die sich insbesondere von der Aufgabe selbst herausgefordert fühlen, und weniger von möglichen Belohnungen. Tab. 18.4 stellt dar, mit welchen psychischen Merkmalen die beiden motivationalen Dispositionen Aufgabenorientierung und Egoorientierung korrelieren.

Tab. 18.4: Empirische Zusammenhänge zwischen Aufgabenorientierung und Egoorientierung sowie psychischen Merkmalen (aus Conzelmann et al., 2013, S. 282)

Aufgabenorientierung korreliert mit	Egoorientierung korreliert mit
• dem Glauben, dass Erfolg durch Anstrengung bedingt ist. • Motiven der Fähigkeitsentwicklung und Teamzugehörigkeit. • dem Glauben, dass der Zweck sportlicher Aktivität in der Aufgabenbewältigung sowie in der Verbesserung der körperlichen Fitness und des Selbstvertrauens liegt. • Wahrnehmung der eigenen Kompetenz. • positiven Emotionen. • elterlicher Aufgabenorientierung. • verschiedenen Verhaltensdeterminanten.	• dem Glauben, dass der Besitz von Fähigkeiten Erfolg garantiert. • Motiven wie Status, Macht und Anerkennung. • dem Glauben, dass sozialer Status ein zentraler Zweck sportlicher Aktivität ist. • Wahrnehmung der eigenen Kompetenz. • unsportlichen (unfairen) Einstellungen und aggressivem Verhalten im Sport. • elterlicher Egoorientierung.

▶ **Merksatz:** Hoch motivierte (erfolgszuversichtliche) Sportler sind stark aufgabenorientiert, niedrig motivierte (misserfolgsängstliche) Sportler zeigen eher Eigenschaften, die stark mit einer Wettbewerbsorientierung korrelieren.

FOLGERUNGEN FÜR DIE PRAXIS

In Anlehnung an Alfermann und Stoll (2012, S. 138-139) lassen sich praktische Empfehlungen aus den Motivationstheorien ableiten, um die Leistungsmotivation von Sportlern und Schülern zu steigern. Dabei werden folgende Bausteine genannt:

- Schwierigkeitsgrad,
- Zielorientierung,
- Vermittlung „günstiger" Attributionsmuster,
- positive Affektbilanz fördern sowie
- gib Hilfestellung bei Wettbewerbszielen.

Schwierigkeitsgrad

Der Schwierigkeitsgrad sollte so differenziert werden, dass für jedes Mitglied einer Lern- oder Trainingsgruppe die Chance besteht, herausfordernde Aufgaben, aber mit realistischem, also subjektiv mittlerem Schwierigkeitsgrad auszuwählen. Die Aufgaben müssen auf das individuelle Leistungsvermögen abgestimmt sein. Dies bedeutet, dass der Unterricht, das Training, das Sportprogramm so gestaltet wird, dass Bewegungsformen mit unterschiedlichem Schwierigkeitsgrad angeboten bzw. ausgewählt werden können.

Zielorientierung

Leistungsgüteziele sollten im Vordergrund stehen, Wettbewerbsziele nachrangig sein. Aufgabenorientierung muss stärker gefördert werden als Wettbewerbsorientierung, um Spaß und Freude am Sport zu erhalten. Lernen Personen, vorwiegend Aufgabenziele anzustreben, so fördert dies eine positive Motivation. Trainer oder Lehrer sollten daher auch in ihrem Unterricht die Betonung mehr auf die Erreichung von Aufgabenzielen legen als auf Wettbewerbsziele, den individuellen Leistungsfortschritt statt den Vergleich mit anderen betonen und darauf achten, individuell mittelschwere Aufgaben zu stellen bzw. anzubieten, da sie den größten motivationalen Anreiz bieten. Das motivationale Klima sollte somit insgesamt, und das gilt für alle Altersgruppen, die Leistungsverbesserung und Meisterung von Aufgaben stärker hervorheben als den Wettkampf und das Gewinnen. Lediglich im Leistungssport und dort bei Personen mit hoher sportlicher Kompetenz kann neben der Aufgabenorientierung eine gleichzeitige Betonung von Wettbewerbszielen und Leistungsvergleich sinnvoll sein.

Vermittlung „günstiger" Attributionsmuster

Erfolge sollten auf Fähigkeit, Misserfolge auf variable und vorwiegend kontrollierbare Ursachen zurückgeführt werden, insbesondere auf mangelnde Anstrengung. Voraussetzung dafür ist allerdings der richtige Schwierigkeitsgrad, der es ermöglicht, dass die Fähigkeiten für die Meisterung der gestellten Aufgaben prinzipiell vorhanden sind.

Positive Affektbilanz fördern

Indem mehr Aufmerksamkeit auf Erfolge und das Erreichen von Zielen gerichtet wird und damit auch die positiven Affekte nach Erfolg stärker herausgestellt und erinnert werden als Misserfolg und die darauf folgenden negativen Affekte, kann eine positive Bilanz gefördert werden. Dies bedeutet, nicht besonders auf die Fehler und die Misserfolge zu achten und zu reagieren, sondern vorwiegend die Erfolge und das Erreichte zu betonen.

Gib Hilfestellung bei Wettbewerbszielen

Wenn Wettbewerbsziele verfolgt werden (z. B. in Punktspielen oder in anderen Wettkämpfen), so sollten diese an das Können der Beteiligten angepasst sein. Es hat wenig Sinn, eine Anfängerin im Tennis (z. B. als Mitglied eines Teams) bereits in einen Wettkampf zu schicken, in welchem vorwiegend erfahrene Spielerinnen antreten.

18.3 RÜCKBLICK

In dieser Lektion wurden vier Modelle zur Erklärung von leistungsmotiviertem Verhalten vorgestellt:

- Das **Risikowahlmodell** erklärt leistungsmotiviertes Handeln im Sport durch die beiden **Motivtendenzen des Leistungsmotivs** (Hoffnung auf Erfolg und Furcht vor Misserfolg) sowie **intrinsische** und **extrinsische Anreize**.
- Bei den **Attributionstheorien** werden **zusätzlich kognitive Zwischenprozesse** (vorausschauende und rückblickende Ursachenzuweisungen für Erfolg und Misserfolg) akzentuiert.
- Im **Selbstbewertungsmodell** wird Leistungsmotivation als ein **Selbstbekräftigungssystem** aus Zielsetzung, Ursachenklärung und Selbstbewertung dargestellt.
- Die **Theorie der Zielorientierung** akzentuiert Bezugsnormen bei den angestrebten Leistungszielen und unterscheidet die motivationalen Dispositionen **Aufgaben- und Wettkampforientierung**.
- Alle Theorien können Aussagen bzw. Vorhersagen zu Dispositionen, Emotionen und Verhalten in Leistungssituationen von Erfolgszuversichtlichen (Hochmotivierten) und Misserfolgsängstlichen (niedrig Motivierten) machen, die in Tab. 18.5 und Abb. 18.5 zusammengefasst sind.

Tab. 18.5: Zusammenfassung der Aussagen des Risikowahlmodells, der Attributionstheorie und der Theorie der Zielorientierung (aus Alfermann & Stoll, 2012, S. 137)

Risikowahlmodell	Hochmotivierte	Niedrigmotivierte
Motivrichtung	• Erfolgszuversichtlich • Wenig misserfolgsängstlich	• Wenig erfolgszuversichtlich • Misserfolgsängstlich
Ergebnis	• Positive Ergebnisbilanz: Erinnern sich eher an Erfolge als an Misserfolge	• Negative Ergebnisbilanz: Erinnern sich eher an Misserfolge als an Erfolge
Affekte	Positive Affektbilanz: mehr Stolz und Freude als Scham und Enttäuschung	Negative Affektbilanz: mehr Scham und Enttäuschung als Stolz und Freude
Aufgabenauswahl	Suchen Herausforderungen und wählen mittelschwere Aufgaben ($0{,}40 < p < 0{,}60$)	Meiden Herausforderungen und wählen eher leichte ($p > 0{,}75$) oder (zu) schwere Aufgaben ($p < 0{,}25$)
Wettkampf	Leistungen sind im Wettkampf besser/gleich gut wie im Training.	Leistungen sind im Wettkampf schlechter als im Training.

Attributionstheorie	Hochmotivierte	Niedrigmotivierte
Attribution nach Erfolg	Führen Erfolg auf internal stabile Faktoren zurück (Fähigkeit und eigene Begabung)	Führen Erfolg auf externale Faktoren zurück (Glück, leichte Aufgabe, schwacher Gegner)
Attribution nach Misserfolg	Führen Misserfolg auf variable Faktoren zurück (mangelnde Anstrengung, Pech)	Führen Misserfolg auf internal stabile Faktoren zurück (mangelnde Begabung)
Kontrollwahrnehmung	Leistungen unterliegen der eigenen Kontrolle.	Leistungen liegen außerhalb der eigenen Kontrolle.

Zielorientierungstheorie	Hochmotivierte	Niedrigmotivierte
Ziele	Bevorzugen Aufgabenziele	Bevorzugen Wettbewerbsziele
Erfolgsdefinition	Erfolg bedeutet Meistern von Aufgaben (intraindividuelle und sachliche Bezugsnorm)	Erfolg bedeutet Gewinnen, besser zu sein als andere (soziale Bezugsnorm)

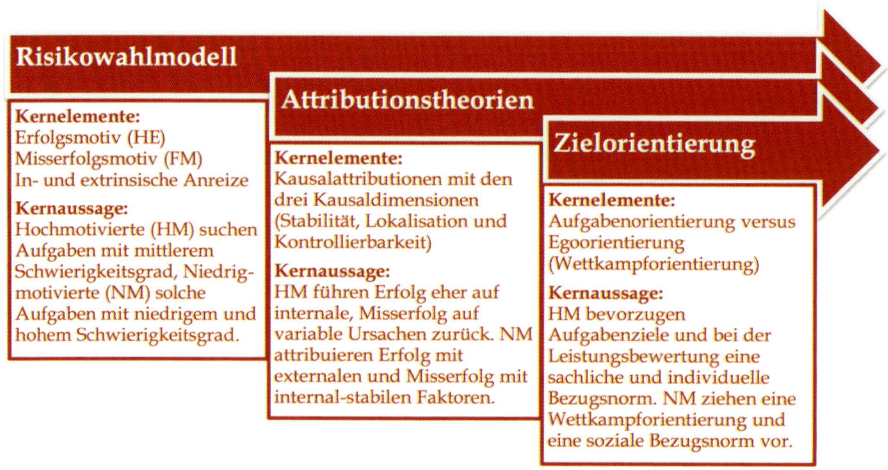

Abb. 18.5: Kernelemente und Kernaussage aktueller Theorien zur Erklärung leistungsmotivierten Verhaltens

Auf der Basis der genannten Theorien können **praktische Tipps** abgeleitet werden:

- Schwierigkeitsgrad anpassen.
- Zielorientierung fördern.
- „Günstige" Attributionsmuster vermitteln.
- Positive Affektbilanz fördern.
- Hilfestellung bei Wettbewerbszielen geben.

18.4 PRÜFUNGSVORBEREITUNG

Kontrollfragen

1. Geben Sie die fünf Bedingungen für leistungsmotiviertes Handeln an.
2. Stellen Sie sportliche Situationen dar, die nicht leistungsmotiviert sind.
3. Erläutern Sie den Begriff der Leistungsmotivation an einem sportlichen Beispiel.
4. Stellen Sie die beiden Tendenzen des Leistungsmotivs dar.
5. Beschreiben Sie das Risikowahlmodell.
6. Geben Sie die Kernaussage des Risikowahlmodells an.
7. Geben Sie an, was unter Attribution zu verstehen ist.
8. Beschreiben Sie den Ablauf einer leistungsmotivierten sportlichen Handlung.
9. Nennen Sie die drei Dimensionen von Kausalattributionen.
10. Geben Sie internal stabile und external stabile Ursachenzuweisungen an.
11. Ordnen Sie Anstrengung und Zufall den Dimensionen Stabilität und Lokalisation zu.
12. Erklären Sie in Bezug auf Kausalattributionen den Begriff Kontrollierbarkeit.
13. Nennen Sie die drei Teilprozesse im Selbstbewertungsmodell der Leistungsmotivation.
14. Beschreiben Sie das Selbstbewertungsmodell der Leistungsmotivation.
15. Erklären Sie die Begriffe Aufgabenorientierung und Egoorientierung.
16. Nennen Sie psychische Merkmale, mit denen Aufgabenorientierung korreliert.
17. Geben Sie psychische Merkmale an, mit denen Egoorientierung korreliert.
18. Erläutern Sie den Zusammenhang von Aufgabenorientierung und Erfolgsmotiv.
19. Stellen Sie die fünf Bausteine zur Steigerung der Leistungsmotivation dar.
20. Erläutern Sie Gemeinsamkeiten und Unterschiede der Motivationsmodelle.
21. Geben Sie die Kernelemente der Motivationsmodelle an.
22. Nennen Sie die Kernaussagen der Motivationsmodelle.

Prüfungsaufgaben

Kausalattributionen

Ablauf einer leistungsmotivierten Handlung

Leistungsmotivationstheorien

TEIL VI

KOOPERATION UND KONKURRENZ

ERKUNDUNGEN 447

LEKTION 19:
WIE ERFOLGT DAS LERNEN UND
LEHREN VON SPORTSPIELEN? 448

LEKTION 20:
WANN IST SPORT AGGRESSIV UND UNFAIR? 472

DBB
15
DiBa

ERKUNDUNGEN

LEKTION 19: WIE ERFOLGT DAS LERNEN UND LEHREN VON SPORTSPIELEN?

Spielen in und mit Regelstrukturen – Sportspiele

Seit den 1970er-Jahren gibt es eine heftige Auseinandersetzung zwischen „Sportpädagogen" und „Traditionalisten", welche Rolle Sportspiele im Schulsport einnehmen sollen. Die „Pädagogen" wollen die Sportspiele als Erziehungsinstrument nutzen und akzentuieren dabei Kooperation, Selbstständigkeit und Konfliktlösefähigkeit, während es den „Traditionalisten" vorwiegend um das Vermitteln des Sportspiels in seiner gewachsenen Struktur geht.

Was könnten Argumente für die jeweilige Position sein? Sammeln Sie innerhalb Ihrer Tischgruppe Argumente. Sehen Sie einen Widerspruch der beiden Positionen? Erläutern Sie Ihren Standpunkt.

Spielidee von Sportspielen

Vereinfachungsstrategien

LEKTION 20: WANN IST SPORT AGGRESSIV UND UNFAIR?

Aggressiv oder nicht? Typische Beispiele aus dem Sport

Aggressionstheorien (kostenfrei)

Hinführung zum Fairnessbegriff

LEKTION 19

WIE ERFOLGT DAS LERNEN UND LEHREN VON SPORTSPIELEN?

19.1	SPIELEN UND SPORTLICHES WETTKÄMPFEN	450
19.2	KONZEPTE ZUR VERMITTLUNG GROSSER SPIELE	455
19.3	RÜCKBLICK	470
19.4	PRÜFUNGSVORBEREITUNG	471

LEKTION 19: WIE ERFOLGT DAS LERNEN UND LEHREN VON SPORTSPIELEN?

19.1 SPIELEN UND SPORTLICHES WETTKÄMPFEN

In diesem Abschnitt wird zunächst beschrieben, was Spielen bedeutet und welche Funktionen und Ziele es erfüllt. Anschließend wird die besondere Bedeutung von Regeln für das sportliche Wettkämpfen herausgearbeitet.

ANTHROPOLOGISCHE ASPEKTE ZUM SPIEL

Die **Anthropologie** befasst sich mit dem Wesen, der Natur und den besonderen Merkmalen des Menschen. Als Wissenschaft tritt sie als eigenständige Disziplin auf oder sie ist auf ein bestimmtes Forschungsgebiet wie den Sport gerichtet. Die anthropologische Betrachtungsweise bezieht sich allerdings nicht nur auf den Menschen als Individuum, sondern berücksichtigt immer auch gesellschaftliche und kulturelle Gegebenheiten.

In Anlehnung an den Sportwissenschaftler Grupe (1982) wird bei der Analyse des Phänomens „Spielen" zwischen Erklärungen zu den **Ursachen** des Spiels, **Strukturmerkmalen** des Spiels sowie **Funktionen und Zielen** von Spielen unterschieden.

Ursachen des Spiels

▶ Spielen ist ein vielschichtiges Phänomen und kann trieb- bzw. instinkttheoretisch, konflikttheoretisch oder sozialisationstheoretisch erklärt werden, wobei kein Ansatz das Phänomen „Spielen" als Ganzes erklären kann.

Spiel und Spielen ist ein vielschichtiges Phänomen. Deshalb verwundert es nicht, wenn man in der Literatur eine Vielzahl von Erklärungsansätzen findet. Beschränkt man sich nun auf Theorien, die von vermeintlichen Ursachen oder Quellen des Spiels ausgehen, können in Anlehnung an Grupe (1982, S. 115) drei Richtungen der Ursachenforschung genannt werden:

- **Triebtheoretische Konzepte** unterstellen, dass dem Spielen ein Trieb oder Instinkt zugrunde liegt. Menschen spielen, weil sie so etwas wie einen Spieltrieb besitzen. Dies wird von zahlreichen Wissenschaftlern allerdings kritisch gesehen, da es Menschen, Menschengruppen und Kulturkreise gibt, die nicht oder nur sehr eingeschränkt spielen.

- **Konflikttheoretische Ansätze** deuten Spiele vor dem Hintergrund eines Konflikts, der vor allem psychoanalytisch erklärt wird. Der Kerngedanke lautet, dass Kinder vor allem deshalb spielen, weil sie im Spiel aktuell erlebte Konflikte auf gefahrlose Weise verarbeiten können.
- **Sozialisationstheoretische Modelle** untersuchen die Wirkung des Spiels besonders vor dem Hintergrund des Einübens wichtiger Kulturtechniken. Diese Ansätze gehen davon aus, dass Kinder und Jugendliche deshalb spielen, weil sie sich auf diese Weise Normen, Werte und Regeln aneignen können. Diese Aneignung erfolgt implizit bzw. „spielerisch-beiläufig" (König, 2013, S. 552).

Merkmale des Spiels

▶ Als Wesensmerkmale des Spiels können Zweckfreiheit, Zwanglosigkeit, Einzigartigkeit, lustvolles Streben nach Wiederholung und Gegenwärtigkeit genannt werden.

In Anlehnung an Grupe (1982) können folgende zentrale Wesensmerkmale des Spiels genannt werden:

- **Zweckfreiheit:** Das Spiel ist zweckfrei, da ein Zweck nur in ihm selbst liegt. Wer spielt, verfolgt Ziele, die innerhalb des Spiels liegen.
- **Zwanglosigkeit:** Das Spiel ist frei von Zwängen und lebensnotwendigen Bedürfnisbefriedigungen. Man muss nicht spielen, im materiellen Sinne ist das Spiel grundsätzlich nutzlos.
- **Einzigartigkeit:** Das Spiel ist existenziell, d. h., es betrifft grundlegend das menschliche Erleben und Handeln, da es nicht ersetzbare Erfahrungen vermittelt.
- **Lustvolles Streben nach Wiederholung:** Das Spiel ist lustvoll, spannend und aufregend und strebt dadurch nach ständiger Selbstwiederholung.
- **Gegenwärtigkeit:** Das Spiel ist dem Augenblick und der Erfüllung der Gegenwart verpflichtet. Gelungenes Spiel macht als solches Spaß (Schmidt, 2003, S. 482).

Wann haben Sie das letzte Mal in der hier dargestellten Weise gespielt? Analysieren Sie diese Situation anhand der dargestellten Merkmale.

Funktionen und Ziele von Spielen

▶ Spiele erlauben ein Abtauchen in eine Illusionswelt, lassen Emotionen und deren Verarbeitung zu, tragen zur personalen und sozialen Entwicklung bei, fördern die moralische Entwicklung und leisten einen positiven Beitrag zur Gesundheitsförderung.

Gelingendes Spielen hat in ihren unterschiedlichen Brauchformen implizit Einfluss auf die Persönlichkeitsentwicklung von Kindern, Jugendlichen und Erwachsenen. Auf der Basis der oben genannten Strukturmerkmale des gelingenden Spiels können Ziele und Funktionen von Spielen beschrieben werden (König, 2013, S. 553):

- **Spiele erlauben Illusion und Fiktion.** Beispiel: Wenn Kinder Situationen oder Personen nachahmen, sind ihrer Vorstellungskraft und Kreativität keine Grenzen gesetzt.
- **Spiele lassen Emotionen und deren Verarbeitung zu.** Beispiel: Die Wut nach einem Foul und die Versöhnung durch „Shakehands".
- **Spiele tragen zur sozialen und personalen Entwicklung bei.** Beispiel: Spieler lernen, Siege und Niederlagen zu akzeptieren und zu relativieren, sie lernen Kooperation und Konkurrenz kennen.
- **Spiele erfordern das Treffen von Vereinbarungen und fordern ein, dass man sich auch an diese Vereinbarungen hält.** Beispiel: Wer auf dem Bolzplatz mitspielen möchte, muss die dort ausgehandelten Regeln akzeptieren und einhalten können.
- **Spiele fördern die moralische Entwicklung.** Beispiel: Wer gemeinsam Spielregeln festlegt, lernt nicht nur, diese als verpflichtend anzusehen, sondern auch die Rechte anderer zu akzeptieren.
- **Spiele leisten einen Beitrag zur Gesundheitserziehung.** Beispiel: Wenn ältere Erwachsene Geschicklichkeitsspiele spielen, tun sie das mitunter, um ihre körperliche Gesundheit zu fördern.

REGELN ALS STRUKTURBESTIMMENDE MERKMALE DES WETTKAMPFSPORTS

Merkmale des sportlichen Wettkämpfens

▶ Der **Wettkampf** ist eine kulturelle Institution, in der Bewegungsaufgaben im Rahmen eines sportartspezifischen Regelwerks zu lösen sind und die gegnerischen Parteien versuchen, gegenseitig den Erfolg der Bewegungshandlung zu verhindern (Güllich & Krüger, 2013, S. 535).

Das Wort „Wettkampf" besteht aus den Wortstämmen „Wett" und „Kampf". Kämpfe finden in allen Bereichen der Gesellschaft statt, von der militärischen Auseinandersetzung, einem Klassenkampf bis hin zu wirtschaftlicher Konkurrenz. In Kämpfen geht es immer darum, „besser zu sein als der andere", wie es der griechische Dichter Homer schon bemerkt hat. Die Agonalität ist ein wesentliches Zeichen der griechischen Kultur und ist bis heute ein Kennzeichen menschlichen Lebens. Das Wetten und die Wette verweisen allerdings auf ein typisches Merkmal des sportlichen Kampfs. Er wurde vor allem in England – dem „Geburtsland" des Sports – durchgeführt, damit reiche Leute zum Teil hohe Summen auf den Sieger eines Wettkampfs im Pferdesport, Boxen, Rudern oder Laufen setzen konnten. Die sogenannten *Gentlemen* hatten nicht nur das

Geld für dieses extravagante Wettvergnügen, sie liebten auch Spannung und Nervenkitzel des Wettkampfs.

Nach dem sportwissenschaftlichen Lexikon handelt es sich bei einem sportlichen Wettkampf um eine Auseinandersetzung zwischen Sportlern und Sportmannschaften nach vorher festgelegten oder vereinbarten Regeln, mit dem Ziel, den Sieger zu ermitteln (Starischka, 2003). Das jeweilige sportartspezifische **Regelwerk** stellt dabei ein Bündel von Normen und Interaktionsmustern dar, in denen das Ziel der Bewegungshandlung, zulässige und unzulässige Bewegungshandlungen und Ausführungsmöglichkeiten zur Zielerreichung, die Materialbeschaffenheit und der Maßstab zum Vergleich unterschiedlicher Leistungen festgelegt werden. So können vier zentrale **Merkmale von Wettkämpfen** gewährleistet werden (Güllich & Krüger, 2013, S. 536):

- Die Regelwerke gewährleisten Chancengleichheit (vgl. Kap. 20.3).
- Die Regeln ermöglichen formale Konkurrenzsysteme und Leistungsvergleiche nach gemeinsam akzeptierten Maßstäben.
- Die Sicherheit und Unversehrtheit der Teilnehmer soll sichergestellt werden.
- Die einfachen Gütekriterien (Zeitminimierung, Distanz-, Gewichts-, Treffer-, Punktemaximierung) und Regelwerke ermöglichen überhaupt das gemeinsame Sporttreiben, da Regeln nicht von Fall zu Fall neu ausgehandelt werden müssen.

Regelmerkmale und Regeltypen

▶ **Regeln** beruhen auf menschlichen **Konventionen** und legen fest, was erlaubt und was nicht erlaubt ist. Im sportlichen Wettkampf werden Regeln meist **unbewusst befolgt**. Regeln sind **veränderbar**. Bei kollektiven Verstößen gegen das bestehende Regelwerk kann es zu neuen Regeln kommen.

Regeln beruhen auf Vereinbarungen, die Menschen getroffen haben. Sie sind nicht angeboren und können daher erlernt werden. Sie regulieren unser Handeln und setzen fest, was unterlassen und was ausgeführt werden darf. Üblicherweise folgen wir bei unserem Handeln unbewusst Regeln. Wir können Fußball spielen und dabei die Regeln einhalten, ohne das gesamte Regelwerk zu kennen. Dabei ist ein Abweichen von Regeln durchaus möglich. Somit ist die Veränderbarkeit deren herausragendes Merkmal. Kollektive Verstöße gegen Regeln können zu neuen Regeln führen.

> Finden Sie Beispiele für Regelveränderungen im Sport aufgrund kollektiver Verstöße gegen das bestehende Regelwerk.

▶ Im Sport kann zwischen **konstitutiven** und **strategischen Regeln**, bezogen auf Inventar, Personal, Raum, Zeit und die Handlungen, unterschieden werden.

In Anlehnung an Digel (1982) kann im Sport zwischen konstitutiven und strategischen Regeln unterschieden werden. Dabei legen die **konstitutiven Regeln** das Regelwerk einer bestimmten Sportart oder Disziplin fest und sind unverzichtbar. **Strategische Regeln** lassen sich an den jeweils verschiedenen taktischen Maßnahmen von Trainern, Spielern und Mannschaften in den verschiedenen Sportarten beobachten. Sie stehen im engen Zusammenhang zu den konstitutiven Regeln. Durch strategische Regeln werden die Spielräume ausgeschöpft, die die konstitutiven Regeln zulassen. Die konstitutiven und strategischen Regeln können weiter ausdifferenziert werden in Regeln in Bezug auf das Inventar, das Personal, den Raum, die Zeit und die Handlungen.

Finden Sie Beispiele für strategische und konstitutive Regeln für jede der Kategorien Inventar, Personal, Raum, Zeit und Handlungen.

Bedeutung von Regelvereinfachungen für die Sportspielvermittlung

Wie oben beschrieben, müssen Regeln einer Sportart oder Disziplin erlernt werden. Gerade in den Spielsportarten ist das Regelwerk sehr komplex. **Regelvereinfachungen** ermöglichen dem Anfänger eine freudvolle Teilnahme am Spiel. Durch einen Verzicht auf die Abseitsregel im Fußball oder die Schrittregel im Basketball und Handball kann das Spiel an die Bedürfnisse der Kinder angepasst werden. Dabei können die Vereinfachungen in Anlehnung an die konstitutiven Regeln von Digel (1982) nach den Inventar-, Zeit-, Raum-, Personal- und Handlungsregeln unterschieden werden (vgl. Abb. 19.1).

Abb. 19.1: Unterscheidungskategorien bei Regelvereinfachungen (modifiziert nach Digel, 1982, S. 57)

19.2 KONZEPTE ZUR VERMITTLUNG GROSSER SPIELE

Zentrale Begriffe in allen Vermittlungskonzepten sind die Begriffe **„Spielidee"**, **„Spielform"** und **„Spielfähigkeit"**. Daher werden diese Begriffe zunächst erläutert, bevor zentrale Vermittlungskonzepte von Sportspielen vorgestellt werden:

- **spielgemäßes Konzept,**
- **integrative Sportspielvermittlung,**
- **genetisches Lernen und Lehren in den Sportspielen sowie**
- **Taktik-Spiel-Konzept.**

Anschließend werden Hinweise zu einer **vielseitig orientierten Sportspielvermittlung** gegeben. Das Kapitel schließt ab mit einer Darstellung des kleinsten gemeinsamen Nenners aller Ansätze und den damit verbundenen **Folgerungen für die Praxis**.

SPIELIDEE – SPIELFORM – SPIELFÄHIGKEIT

Wie hängen Spielidee und Spielform zusammen?

▶ Die **Spielidee** bezeichnet den Kern eines Sportspiels. Eine **Spielform** beinhaltet stets die Spielidee eines Sportspiels.

Bei der Vermittlung von Sportspielen hat sich herauskristallisiert, dass das Sportspielen über den Erwerb von bestimmten Techniken hinausgeht. Alle folgenden Modelle berücksichtigen schon bei der Einführung die **Spielidee** als „Kern" des Spiels (Kuhlmann, 2007, S. 135). Bezogen z. B. auf das Basketballspiel, wird die Spielidee durch zwei wesentliche Merkmale charakterisiert:

- Jede der beiden am Spiel beteiligten Mannschaften versucht, Körbe zu erzielen und solche des Gegners zu verhindern **(Körbe erzielen und Körbe verhindern)**.
- Wenn die eine Mannschaft Körbe erzielen möchte, versucht die andere Mannschaft, dies zu verhindern und umgekehrt **(Korrespondenz und Simultanität)**.

Angriffshandlungen und Abwehrhandlungen beider Mannschaften laufen im Sinne einer Spielidee immer **simultan** ab, und zwar in der Weise, dass Angriffshandlungen der Mannschaft A (Körbe erzielen) immer mit Abwehrhandlungen der Mannschaft B (Körbe verhindern) **korrespondieren** und umgekehrt (Kuhlmann, 2007).

Aus der Spielidee als Kern eines Spiels leitet sich der Begriff der **Spielform** ab. Für Schaller (2012) beinhaltet eine Spielform immer die Spielidee des Zielspiels. Daher verwendet er z. B. für eine Dribbelstaffel den Begriff der **„spielerisch eingekleideten Übungsform"** (Schaller, 2012, S. 27), da sich in dieser Form zwar der Wettbewerbsgedanke wiederfindet, nicht aber die Spielidee des Basketballspiels.

Was bedeutet Spielfähigkeit?

▶ Die **Spielfähigkeit** ist eine komplexe Qualifikation aus spielmotorischer, kognitiver, sozialer und emotional-affektiver Kompetenz.

In der Spielvermittlung großer Spiele geht es vorwiegend um den Erwerb einer Spielfähigkeit. Ganz allgemein heißt das: Herausbilden und Erweitern einer Fähigkeit, die den Beteiligten neue Handlungsmöglichkeiten eröffnet. Es soll gleichzeitig ein freudvolles und befriedigendes Spielerlebnis ermöglicht werden (Kuhlmann, 2007).

König (1997) unterscheidet eine Spielfähigkeit im weiteren und im engeren Sinne. Bei der **Spielfähigkeit im weiteren Sinne** handelt es sich das „Drumherum" des Spiels (Dietrich, 1984, S. 18). Hiermit sind u. a. folgende Qualifikationen gemeint: Spielbedingungen bestimmen und organisieren, gerechte Mannschaften bilden, Unausgewogenheit bezüglich Mannschaftseinteilungen und Raumaufteilungen verändern, Regeln einhalten.

Die **Spielfähigkeit im engeren Sinne** ist gebunden an den Vollzug des Spiels und beinhaltet im Wesentlichen motorisches Können im Umgang mit dem Ball, die Bewältigung des Spielraums mit Partnern und Gegnern sowie Erfahren wichtiger Spielsituationen.

Die Spielfähigkeit im engeren Sinne kann noch einmal in eine Spielfähigkeit differenziert werden, die nur für eine spezielle Spielsportart gilt (z. B. Dribbeln, Torschuss, Verteidigerverhalten am Ball im Basketball) und in eine Spielfähigkeit, die spielsportübergreifend erlernt wurde (z. B. Übersicht behalten, Gegner abdecken, Ball im Spiel halten, sich vom Gegner lösen, Anbieten usw.). Die erste Fähigkeit nennt König (1997) **spezielle Spielfähigkeit**, die zweite heißt **allgemeine Spielfähigkeit**.

Abb. 19.2: Spielfähigkeit im engeren und weiteren Sinne (modifiziert nach Kolb, 2011, S. 69)

SPIELGEMÄSSES KONZEPT

- Das **spielgemäße Konzept** nach Dietrich et al. (2012) nähert sich dem Zielspiel mithilfe einer „Hauptstraße" aus immer komplexer werdenden Spielformen. Gerät das Spielen aufgrund mangelnder technischer Voraussetzungen ins Stocken, kann auf „Nebenstraßen" aus Übungsformen korrigierend eingewirkt werden.

Das spielgemäße Konzept von Dietrich et al. (2012) bricht mit der Forderung, dass ein Sportspiel elementhaft-synthetisch als Summe von Techniken, Taktiken, Kondition und Regelwerk zu vermitteln ist. Die Autoren verfolgen einen ganzheitlichen Ansatz in der Vermittlung vereinfachter Formen des Zielspiels schon von Beginn des Lernprozesses an. Sie prägen so die Begriffe „Spielidee", „Spielform" und **„Spielreihe"** (Anordnung von Spielformen nach methodischen Prinzipien).

Das spielgemäße Vermittlungskonzept orientiert sich an einer „pädagogischen Theorie der Bewegungsspiele", dem Zielspiel in der Form gerecht zu werden, dass die Kinder und Jugendlichen schon von Beginn an die Spielidee des Zielspiels verinnerlichen können (Schaller, 2012, S. 15-18). Dabei sollen die Lernenden eine allgemeine Spielfähigkeit erlangen, die eine Befähigung zur Teilnahme an sportlichen Spielen als komplexe Qualifikation versteht. Üben von sportspielspezifischen Fertigkeiten dient als zusätzliches „Korrektiv". Zusammenfassend wird folgendes Resümee vorgenommen (Schaller, 2012, S. 18):

- „Der Erwerb von **Spielfähigkeit** ist in erster Linie über die **handelnde Auseinandersetzung** mit Sportspielen anzubahnen.
- Wegen des hohen Komplexitätsgrades sind die Sportspiele im Lernprozess zunächst durch vereinfachte, im Schwierigkeitsgrad steigerbare Formen zu repräsentieren, die jedoch eine jeweils **identische Spielidee** aufweisen müssen.
- Neben dem Spielen müssen **Üben** und **Trainieren** als komplementäre Handlungsform durch den gesamten Prozess des Könnenerwerbs hindurch ausreichend vertreten sein."

Am **Beispiel des Sportspiels Fußball** soll nun dargestellt werden, wie eine Sportspieleinführung spielgemäß erfolgen kann. Wie die folgende Abb. 19.3 zeigt, können im regelgerechten Fußballspiel sechs Angriff-Abwehr-Situationen zu drei Grundsituationen zusammengefasst werden.

Abb. 19.3: Grundsituationen im Fußball (modifiziert nach Dietrich 2012, S. 88)

Fußballspielen lernen heißt für Dietrich (2012, S. 89), in den oben genannten drei Grundsituationen angemessen handeln zu können. Aus den drei Grundsituationen leiten sich drei methodische Schritte ab (vgl. Abb. 19.3)

1. Torschussspiele (Grundsituation A),
2. Kampfspiele auf ein Tor (Grundsituation B),
3. Kampfspiele auf zwei Tore (Grundsituation C).

Dabei bilden Spielformen den Hauptinhalt des Unterrichts. Da ein systematisches Üben in Spielformen nicht hinreichend möglich ist, kann während des Lehrgangs auf Übungsaufgaben zurückgegriffen werden. Dabei sollten nur solche Fertigkeiten übend gelehrt werden, „die von Spielern als Mängel empfunden werden, also von einem gemeinsamen Gütemaßstab abweichen. Die Organisation solcher Übungsformen sollte deshalb die gemeinsame analytische Leistung von Lehrer und Schüler sein" (Dietrich, 2012, S. 96).

Das spielgemäße Konzept kann metaphorisch als eine Autofahrt dargestellt werden. Dabei fährt das Auto (Lernender) auf einer „Hauptstraße" (aus Spielformen), um zum Zielort (Zielspiel) zu gelangen. Sollte die „Hauptstraße" wegen Reparaturarbeiten (Probleme in einer Spielform) gesperrt sein, wählt der Fahrer eine Umleitung über „Nebenstraßen" (Üben von Fertigkeiten und speziellen Spielsituationen) zurück zur Hauptstraße.

INTEGRATIVE SPORTSPIELVERMITTLUNG

▶ Die **integrative Sportspielvermittlung** möchte auf der Basis allgemeiner technischer, koordinativer und taktischer Basiskompetenzen den Lernprozess von einer allgemeinen (sportspielübergreifenden) zu einer speziellen (sportspielspezifischen) Spielfähigkeit fördern. Das Lernen erfolgt zuerst sportspielübergreifend (allgemeine Ballschule), dann sportspielorientiert und im dritten Schritt sportspielspezifisch.

In diesem Abschnitt soll stellvertretend für den integrativen Ansatz die (allgemeine) Ballschule von Kröger und Roth (2011) vorgestellt werden.

Von der allgemeinen Ballschule zum Zielspiel

Der zentrale Gedanke einer integrativen Sportspielvermittlung besteht darin, nicht einzelne Sportspiele isoliert zu vermitteln, sondern eine zunächst allgemeine Spielfähigkeit zu entwickeln, die auf der Grundlage von Basisfertigkeiten und -fähigkeiten sportspielübergreifend eingesetzt werden kann. Anschließend verengt sich die Ausbildung hin zur Entwicklung einer speziellen Spielfähigkeit. Dabei nennen Kröger und Roth (2011) drei Stufen:

- **Stufe 1: spielerisch-implizites, sportspielübergreifendes Lernen,**
- **Stufe 2: spielerisch-implizites, sportspielgerichtetes Lernen und**
- **Stufe 3: spielerisch-implizites, sportspielspezifisches Lernen.**

Dabei wird die erste Stufe durch die allgemeine Ballschule repräsentiert. In der zweiten Stufe wird die Ballschule in Rückschlagspiele und Zielschussspiele unterteilt. Anschließend erfolgt im Lernprozess eine sportspielspezifische Ausrichtung in drei Sportspielblöcke. Abb. 19.4 veranschaulicht die Anfängerausbildung in der Ballschule.

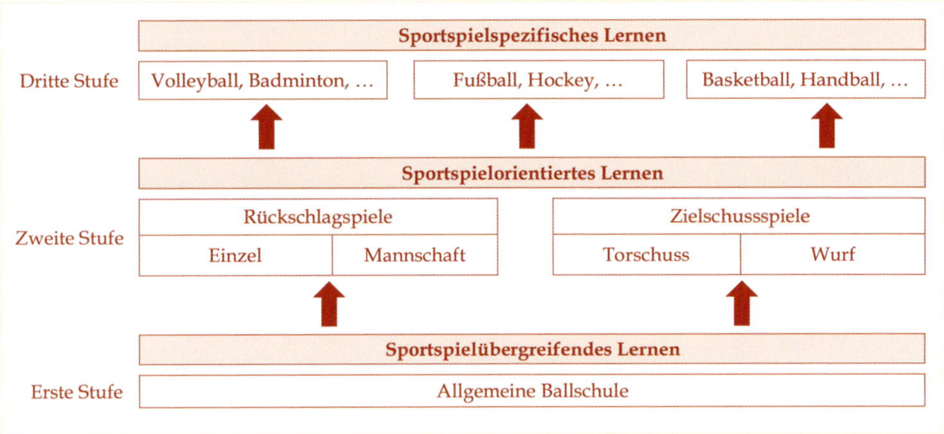

Abb. 19.4: Das hierarchische Modell der Anfängerausbildung in der Ballschule (modifiziert nach Kröger & Roth, 2011, S. 37)

Grundsätze und Ziele

Kröger und Roth (2011) begründen ihren Ansatz vor allem in der Feststellung, dass die „Straßenspielkultur" als eine „natürliche Ballschule" weitgehend ausgestorben sei. Daher folgern die Autoren, dass die Vermittlung von Sportspielen auf systematischem und am Kind orientiertem Weg erfolgen müsse.

Die Autoren des integrativen Ansatzes zur Vermittlung von Sportspielen orientieren sich vor allem an vier **zentralen Leitsätzen**: vom Allgemeinen zum Spezifischen, Prinzip der Entwicklungsgemäßheit, Prinzipien der Vielseitigkeit, Prinzipien der Freudbetontheit.

Auf der Basis dieser Leitsätze wird als **Ziel** einer allgemeinen Ballschule das „Vermitteln von **spielerischen Basiskompetenzen**" genannt. Darunter verstehen die Autoren sportspielübergreifende Komponenten der Spielfähigkeit, die ein breites Fundament für ein schnelles und effektives Lernen in allen Sportspielen anstreben. Hierzu zählen:

- **taktische Basiskompetenzen,**
- **koordinative Basiskompetenzen und**
- **technische Basiskompetenzen.**

Die Zielgruppe der allgemeinen Ballschule sind vor allem Kinder im Grundschulalter. Inhaltlich orientiert sich dieser integrative Ansatz stark an den Kleinen Spielen von Döbler und Döbler (2003). Kröger und Roth (2011, S. 20) fordern:

„Die Kinder sollen (wieder) kreative Spiele lernen sowie allgemeine koordinative und technische Basiskompetenzen entwickeln, bevor sie beginnen, sich zu spezialisieren."

Inhalte und Methoden

Aus den Basiskompetenzen (Zielen) werden mittels Expertenumfragen bestimmte Spielbausteine (Inhalte) abgeleitet. Der Ballschulweg verläuft vom Spielen zum Spielen und Üben. **Methoden** dabei sind **Bausteinspiele** und **Bausteinübungen**.

Tab. 19.1: Zugang, Ziele, Inhalte und Methoden der allgemeinen Ballschule (modifiziert nach Kröger & Roth, 1999, S. 13)

Zugang	Ziele	Inhalte und Methoden
A: Situationsorientiert	Spielen lernen	Reines Spielen in sportspielübergreifenden Taktikbausteinen
B: Fähigkeitsorientiert	Verbesserung der Ballkontrolle	Üben von sportspielübergreifenden Koordinationsbausteinen
C: Fertigkeitsorientiert	Verbesserung der grundlegenden Ballfertigkeiten	Üben von sportspielübergreifenden Technikbausteinen

Bausteinspiele sind Kleine Spiele im Sinne von Döbler und Döbler (2003). Das Ziel der Bausteinspiele ist nicht die Hinführung zu einem bestimmten Sportspiel, sondern in ausgewogener Form bzw. gleicher Gewichtung das Vermitteln der Spielbausteine. Kröger und Roth (2011, S. 27) verweisen darauf, dass freies Spielen und spielerisches Lernen das implizite Lernen („Nebenbeilernen") fördere, sodass auch nicht angeleitetes Spielen wichtige Effekte mit sich brächte.

Dominieren zu Beginn der Anfängerausbildung vor allem Bausteinspiele das Unterrichtsgeschehen, gewinnen zunehmend auch Übungsformen an Bedeutung. Der Hauptschwerpunkt von **Bausteinübungen** ist auf eine Verbesserung motorischer Basiskompetenzen, also auf die Säulen B und C gerichtet. Bausteinübungen sind nicht als Teil einer Übungsreihe zu sehen und nicht an bestimmte Fertigkeiten gebunden.

Die erste Stufe des integrativen Modells der Ballschule stellt die allgemeine Ballschule dar. In Tab. 19.1 werden **zusammenfassend** Zugang, Ziele, Inhalte und Methoden der sportspielübergreifenden allgemeinen Ballschule dargestellt.

Abb. 19.5 stellt einen integrativen Lehrgang aus dem Handball (nach Bucher, 1996) dar.

Abb. 19.5: Integrative Sportvermittlung im Handball nach Bucher (1996) (modifiziert nach Kolb, 2011, S. 75)

GENETISCHES LERNEN UND LEHREN IN DEN SPORTSPIELEN

▶ Die Sportspielvermittlung nach dem Ansatz des **genetischen Lernens** ist gekennzeichnet durch eine schülerorientierte Lösungsfindung (genetisch), durch eine fragend entwickelte Forderung der Selbstständigkeit (sokratisch) und durch zum Fragen anregende Beispiele (exemplarisch).

In diesem Vermittlungskonzept zur Einführung des Basketballspiels bezieht sich Loibl (2006) auf den Ansatz des genetischen Lehrens und Lernens, der nach Wagenschein (1991) einen Vermittlungsweg bezeichnet, der durch drei Prinzipien gekennzeichnet ist:

- **Genetisch** (griechisch „gignomai" = „ursprünglich werdend, entstehend") lehren heißt, die Lernenden am ursprünglichen Problem arbeiten und selbsttätig Lösungen entwickeln lassen.
- **Sokratisch** lehren meint, Selbsttätigkeit der Lernenden fordern, indem Fragen an sie zurückgegeben werden und der Lehrende den Lösungsweg der Lernenden durch Fragen unterstützt und indirekt lenkt.
- **Exemplarisch** lehren bedeutet, das genetisch-sokratische Vorgehen an ausgewählten Beispielen durchzuführen, an denen zentrale und grundlegende Erkenntnisse besonders prägnant gewonnen werden können. Diese Erkenntnisse stellen dann die Basis dar, auf der mit einem klassisch-darlegenden Unterricht weitergearbeitet werden kann.

Der Ausgangspunkt und **motivierende Einstieg** für die Einführung der Sportart Basketball kann ein Spielbesuch oder Videoaufnahmen sein. Anschließend werden **unverzichtbare Grundregeln** und **selbstverständliche Regeln** im Basketball genannt. Einen Überblick liefert Tab. 19.2.

Tab. 19.2: Unverzichtbare Grundregeln und selbstverständliche Regeln im Basketball

Unverzichtbare Grundregeln	Selbstverständliche Regeln
• Ausregel • Foulregel • Schrittfehler • Doppeldribbling • Sprungball	• Zwei Mannschaften spielen gegeneinander. • Jede Mannschaft besteht aus fünf Feldspielern und Auswechselspielern. • Gespielt wird auf zwei Körbe. • Der Ball wird mit der Hand gespielt.

Nun wird nach diesen Regeln gespielt. Die anschließende **Problematisierung** über Fragen wie: „Hat das Spiel Spaß gemacht?", „Was bedeutet es, den Ball zu haben?", zeigt den Spielern, dass viele Spieler kaum Spielanteile, daher auch wenig Spaß am Spiel hatten. Als Ursache könnte die Ungeübtheit der schwächeren Spieler im Wurf und Dribbling genannt werden.

Als **Lösungen** schlagen die Lernenden vor, diese Fertigkeiten zu üben, wie sie es meist schon gewohnt sind. Die Durchführung der entsprechenden Übungsformen zeigt, dass zumindest kurzfristig keine Verbesserungen eintreten. Da auf das Spielen nicht verzichtet werden soll, stellt sich die Frage, wie ohne diese Fertigkeiten gespielt werden kann. Nun wird erneut gemeinsam überlegt, wie die Regeln verändert werden können, damit ein freudvolles Spiel entsteht. **Vorschläge** könnten sein:

- Spiel ohne Dribbling: Nur Passen und Sternschritt ist erlaubt.
- Jeder Spieler muss vor einem Korb 1 x den Ball gehabt haben.
- Großzügiges Auslegen der Schrittregel.

Der **entscheidende Schritt** besteht nach Loibl (2006) darin, dass aus den Grundregeln die Dribbelregel ganz weggelassen wird: **Das Laufen mit dem Ball ist erlaubt.** Diese weitgehende Regelvereinfachung führt u. a. zu folgenden **Effekten** (Loibl, 1996):

- Ungeübte Spieler zeigen Initiative und sind am Spielgeschehen beteiligt.
- Die Aufmerksamkeit richtet sich nicht auf den Ball, sondern auf das Spielgeschehen.
- Komplexe Spielsituationen können durch einen Korbleger gelöst werden.
- Im Spiel 1:1 wird allen Spielern das Freispielen von Mitspielern ermöglicht.
- Insgesamt entwickelt sich eine basketballähnliche Spielstruktur: ein dynamisches Spiel, bei dem die Angreifer als perfekte „Dribbler" dominieren, gegen die die Verteidiger sich anstrengen und sogar gegenseitig helfen müssen.

Der Ablauf eines genetischen Lehrgangs nach Loibl (2006) kann in Abb. 19.6 beschrieben werden. Ausgehend von neuen Spielsituationen, entstehen Probleme, für die im gemeinsamen Dialog zwischen Lernenden und Lehrenden nach Lösungen gesucht wird. Diese Lösungsvorschläge werden erprobt. Im günstigsten Fall führen sie zu einer Lösung des Problems und zu einem freudvollen Üben von taktischen Fähigkeiten und vereinfachten Fertigkeiten in komplexen Spielsituationen. Andernfalls werden neue Lösungen gesucht.

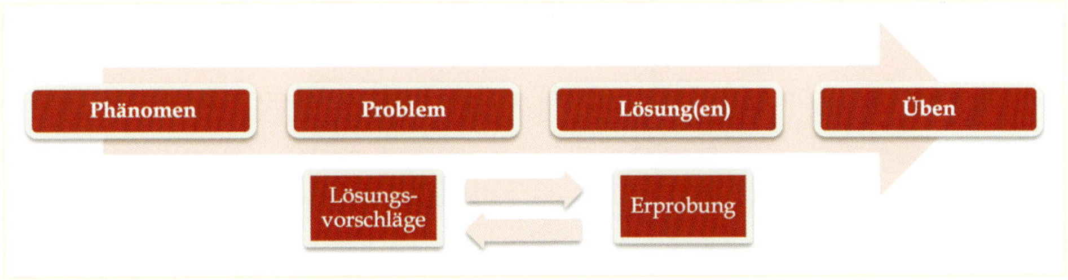

Abb. 19.6: Struktur des genetischen Lehrgangs (modifiziert nach Loibl, 2006, S. 20)

TAKTIK-SPIEL-KONZEPT

▶ Im **Taktik-Spiel-Konzept** ist der Ausgangspunkt eine Spielsituation, zu der die Schüler zunächst selbstständig erarbeiten, WAS zur taktischen Lösung erfolgen muss. Anschließend wird gemeinsam überlegt, WIE die Problemlösung spielnah geübt werden kann.

Die Spielvermittlung nach dem **Tactical Games Approach** geht auf die Amerikaner Mitchell et al. (2006) zurück. Ziel des Taktik-Spielkonzepts ist es, ein besseres Spielverständnis in einer Sportart zu entwickeln und dieses dann auf andere Sportarten der gleichen Sportspielgruppe zu übertragen. Die Autoren teilen die Sportspiele in vier Kategorien ein:

- **Invasionsspiele** (Invasion/Territorial Games): Ziel- und Torspiele mit Invasionsanspruch, wie z. B. Basketball, Handball, Fußball und Hockey;
- **Feld- und Schlagspiele** (Striking/Fielding Games): Laufscorespiele, wie z. B. Baseball, Softball, Brennball und Kricket;
- **Netz-/Wandspiele** (Net/Wall Games): Rückschlagspiele, wie z. B. Badminton, Volleyball, Tennis, Tischtennis, Squash;
- **Zielspiele** (Target Games): Zielspiele ohne Invasionsanspruch, wie z. B. Billard, Bowling, Curling und Bogenschießen.

Beurteilen Sie, inwiefern die vier Kategorien den Gedanken einer Spielidee verfolgen. Geben Sie für jede Kategorie die Spielidee an.

Der Zugang über die Sportspiele erfolgt über Spielformen, die taktisches Verständnis schulen und gleichzeitig taktische Probleme schaffen. Im Lehrgang werden Spielformen in verschiedenen Schwierigkeitsstufen angeboten. Jede Niveaustufe definiert sich durch taktische Probleme und die zur Lösung notwendige „Bewegung ohne Ball" und „Fertigkeiten mit Ball".

Ähnlich wie im genetischen Lernen erfolgt eine Lösungsfindung induktiv. Durch die Spielform soll der Lernende motiviert werden, sich spielerisch mit einem taktischen Problem auseinanderzusetzen. In einer Reflexionsphase sollen mögliche taktische Lösungsmöglichkeiten bewusst gemacht werden. Die **Fragestellungen** sollen dabei folgende drei Kategorien abdecken (Kolb, 2011, S. 72):

1. **Zeit:** Wann ist der beste Moment, um . . .?
2. **Raum:** Wo ist oder wo kann . . .?
3. **Risiko:** Welche Entscheidung ist die sicherste und welche die riskanteste?

In Fertigkeitsübungen werden die benötigten technischen Fertigkeiten und individualtaktischen Fähigkeiten gleichzeitig in spielnahen Situationen geübt und dabei verbessert.

Die Techniken werden so im taktischen Kontext erlernt. Die abschließende Spielform wird wie zu Beginn oder in einer Variante zur ersten Spielform durchgeführt.

Abb. 19.7 beschreibt die Herangehensweise in der Spielvermittlung nach dem Tactical Games Approach für ein taktisches Problem im Fußball.

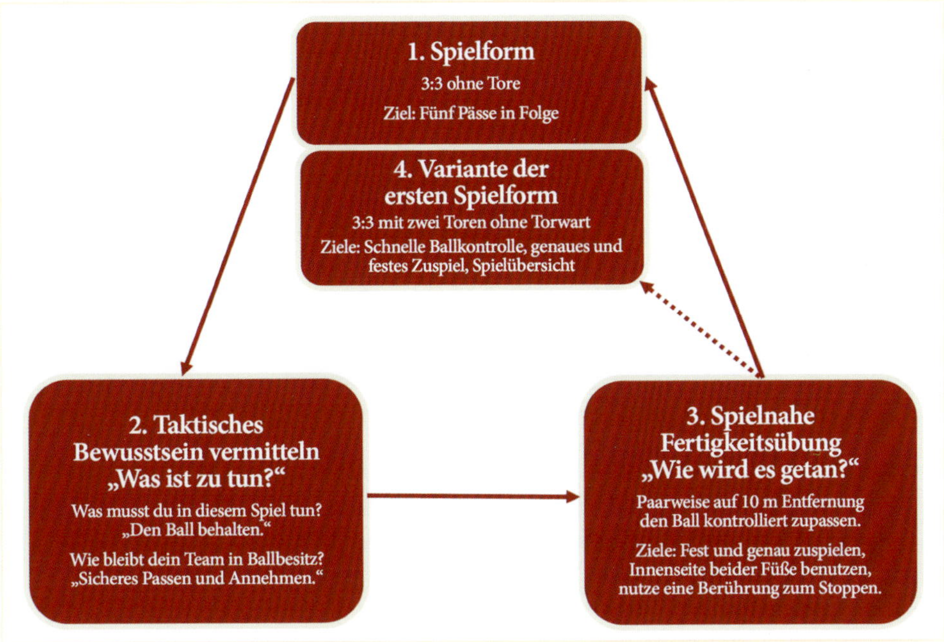

Abb. 19.7: Taktische Herangehensweise an die Spielvermittlung im Fußball nach Mitchell et al., 2006 (modifiziert nach Kolb, 2011, S. 73)

Ein Skript zur **Spielvermittlung im Basketball** mit dem Taktik-Spiel-Konzept ist unter Zusatzinformationsmaterial ab S. 578 per QR-Code abrufbar.

VIELSEITIG ORIENTIERTE SPORTSPIELVERMITTLUNG

Während z. B. Hagedorn et al. (1996) ausdrücklich den Aspekt des Wettkämpfens in der Vermittlung ihres mehrjährigen Ausbildungskonzepts im Basketball in den Mittelpunkt stellen und dabei die Wichtigkeit des Erlernens „richtiger" Techniken betonen, versucht Loibl (2006) eine erlebnisorientierte Annäherung an das Sportspiel Basketball über die Entwicklung von funktionellen Bewegungshandlungen zur Lösung von Spielsituationen. Bei den meisten Vermittlungskonzepten wird der relativ enge Bezug zu spezifischen Adressatengruppen und Zielperspektiven deutlich. Es stellt sich daher die Frage, ob die Eingrenzung auf bestimmte Zielgruppen und Zielperspektiven überwunden werden kann.

Tab. 19.3: Organisation, Materialbedarf, Ablauf, Regeln und Variationen des Handballrugbyspiels.

	Handballrugby
Hauptziele	• Erleben der Spielidee das Handballspiels. • Situatives Anwenden sportspielspezifischer Elementen aus dem Handball. • Erfahren einer fairen Körperbetonung und Härte im Handball. • Verbesserung der spielspezifischen Ausdauer und Schnelligkeit. • Entwickeln einer Spielfähigkeit im engeren und weiteren Sinne.
Organisation	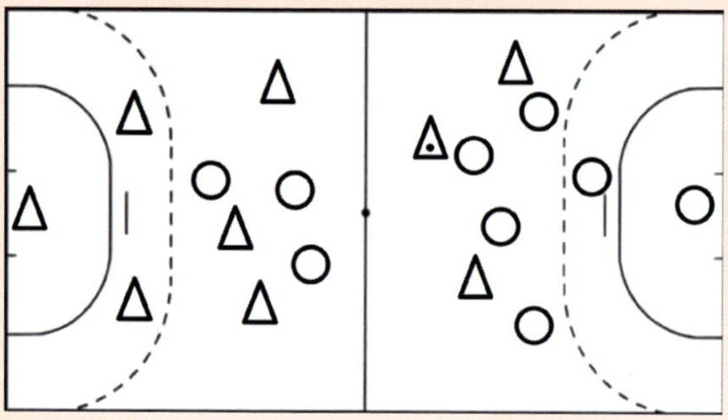
Ablauf, Regeln	• Das Spielfeld wird in ein Vorfeld und ein Rückfeld unterteilt. • Im Vorfeld befinden sich drei Spieler, im Rückfeld ein Torwart und fünf Feldspieler. • Der Handballtorkreis darf nur vom Torwart betreten werden. • Zur Vermeidung von Spielunterbrechungen wird ohne Aus gespielt. • Der Ballbesitzer darf geklammert und zu Boden gedrückt werden. Alle anderen Fouls sind verboten und werden direkt mit einem 7-m-Wurf bestraft. • Das Laufen mit dem Ball ist erlaubt. • Aus dem Rückfeld dürfen keine Tore erzielt werden. • Erzielt ein Vorfeldspieler ein Tor, wechselt er mit einem Rückfeldspieler die Spielfeldhälfte. • Fällt längere Zeit kein Tor, kann durch Unterbrechung ein Wechsel von Spielern in die andere Spielfeldhälfte initiiert werden. • Zu Beginn muss die Lehrperson unbedingt auf das Einhalten der Klammerregel achten (besonders keine Klammern am Hals und von hinten aus vollem Lauf). • Ein zweiter Ball kann mit dem Ausruf „neuer Ball" ins Spiel geworfen werden, wenn viele Spieler an einem Ball zerren und der Spielfluss zu lange gestört wird. Der erste Ball wird zur Lehrperson zurückgerollt. • Dauer bis zu einer kleinen Pause: ca. 5-10 Minuten.
Mögliche Variationen	• Im Anfängerbereich darf der Ball von einem Feldspieler aus dem Handballtorkreis geholt, allerdings hinter dem Kreis auf das Tor geworfen werden. • Je nach Zielsetzung kann die Anzahl der Vorfeld- und Rückfeldspieler verändert werden. Im Sportleistungskurs oder Handballleistungstraining sind zwei Vorfeldspieler gegen sechs Rückfeldspieler des Gegners und Torwart denkbar. • Durch Besetzen in einer Spielfeldhälfte ausschließlich durch Jungen und der anderen Hälfte durch Mädchen ist insbesondere ab Jahrgang 8 ein koedukatives Miteinanderspielen möglich. • Es können leistungsschwächeren Vorfeldspielern zusätzliche „Aufbauspieler" zur Seite gestellt werden, die keine Tore werfen dürfen.

In Anlehnung an Remmert (2006, S. 30) muss ein Vermittlungskonzept durchweg positive Antworten auf die folgenden Kernfragen liefern, um einer universellen Anfängerausbildung zu genügen:

- Wird früh und häufig genug gespielt?
- Ist schon zu Beginn der Spielvermittlung die Spielidee des Zielspiels erlebbar?
- Wann, wie und in welchem Ausmaß werden unverzichtbare technische und taktische Elemente mit in den Lernprozess einbezogen?
- Bietet das Vermittlungskonzept für leistungswillige Kinder die notwendigen Voraussetzungen und Anreize, das erlernte Spiel später auch wettkampfmäßig zu betreiben?
- Ist das Konzept geeignet, unterschiedlichen Zielsetzungen zu entsprechen?

Der Ansatz einer **vielseitig orientierten Sportspielvermittlung** liefert nicht nur Antworten auf die oben gestellten Fragen, sondern ordnet die Sportspielvermittlung in ein vielseitig orientiertes Konzept einer umfassenden Sportvermittlung ein:

▶ Die **vielseitig-orientierte Sportspielvermittlung** möchte möglichst viele Kinder zunächst für den Sport begeistern, vielseitig ausbilden und eine begründete Empfehlung für die Spielsportart abgeben, die sie leistungs- oder freizeitorientiert betreiben möchten.

An dieser Stelle wird der Begriff einer vielseitig orientierten Spielform (als Kern der vielseitig orientierten Sportspielvermittlung) eingeführt:

▶ **Vielseitig-orientierte Spielformen** besitzen folgende Eigenschaften:
- Die Spielidee großer Sportspiele ist erlebbar.
- Es werden von den Kindern viele komplexe Sportspielelemente gefordert.
- Die Spielformen können ohne Motivations- und Intensitätsverlust durch Vereinfachungsstrategien an das Leistungsniveau der Spielenden und verschiedene Zielperspektiven von Sportunterricht angepasst werden.

Vielseitig orientierte Spielformen können in allen zentralen Vermittlungskonzepten (spielgemäßes, integratives, genetisches Konzept und Taktik-Spiel-Konzept) angewendet werden und bieten durch Vereinfachungsstrategien die Möglichkeit einer universellen und freudvollen Einsetzbarkeit in allen Alters- und Leistungsstufen. Eine vielseitig orientierte Spielform stellt das Handballrugbyspiel dar, das in Tab. 19.3 beschrieben wird.

Detaillierte Informationen zu einer vielseitig orientierten Sportspielvermittlung sind im Zusatzinformationsmaterial per QR-Code erreichbar.

VERGLEICH DER MODELLE UND KONSEQUENZEN FÜR DIE PRAXIS

▶ Als kleinster gemeinsamer Nenner aller Konzepte kann herausgestellt werden: Spielen **und** Üben, aber Spielen **vor** Üben.

In Tab. 19.4 werden zu vorgestellten Hauptrichtungen der Spielvermittlung zentrale Vor- und Nachteile herausgearbeitet, falls die Konzepte in ihrer Reinform angewendet werden.

Tab. 19.4: Vor- und Nachteile zentraler Vermittlungsmodelle (angelehnt an Söll, 2011, S. 239-248)

Konzept	Vorteile	Nachteile
Spielgemäßes Konzept	• Motivierend, da zielspielnah • Vermitteln einer speziellen und einer allgemeinen Spielfähigkeit	• Übertragbarkeit des Gelernten in das komplexe Zielspiel fraglich • Üben wird als „lästiges" Übel gesehen
Integratives Konzept	• Keine frühzeitige Spezialisierung • Vermitteln von Spielanlässen • Schulen sportspielübergreifender Skills	• Kinder wollen direkt „richtig" spielen • Zeitaufwendig • Transfer auf das Zielspiel fraglich
Genetisches Konzept	• Kind steht im Zentrum des Lernens • Einbinden Leistungsschwächerer	• Motivationsverlust Leistungsstärkerer • Zeitaufwendig
Taktik-Spiel-Konzept	• Schülerorientiert, da induktiv vermittelt • Motivierend durch frühzeitiges Spielen • Spielnahes Üben möglich	• Üben in spielnahen Situationen wird als „lästiges" Übel gesehen • Rücktransfer in das Zielspiel fraglich
Vielseitig orientierte Spielvermittlung	• Motivierend durch frühzeitiges Spielen • Sehr schülerorientiert • Kinder erkennen ihre Begabungen	• Hohe Qualifikation der Lehrenden notwendig, da zunächst eine breite Sportausbildung forciert wird

Ungeachtet der unterschiedlichen Positionen herrscht Einigkeit in den Forderungen „Spielen **und** Üben!" und dennoch „Spielen vor Üben!" (Roth, 2005, S. 290).

Auf der Grundlage von Regelvereinfachungen (vgl. Kap. 19.1) und unter Bewahrung unverzichtbarer Spielregeln (z. B. Spielidee eines Spiels, Tore im Fußball nicht mit der Hand zu erzielen) können für alle Spielvermittlungskonzepte **allgemeine Grundsätze** formuliert werden (Söll, 2011, S. 243-246):

- Das Spielen soll zu Beginn mit einer möglichst geringen Spielerzahl erfolgen.
- Die für eine Spielfeldgröße optimale Spielerzahl soll nicht überschritten werden.
- Die Spielanteile müssen möglichst gleichmäßig auf alle Teilnehmer verteilt werden.
- Wenn geübt werden muss, soll spielnah und intensiv geübt werden.

Zur Erreichung einer höheren Schüleraktivität beim Spielen und Üben können z. B. folgende **Maßnahmen** eingesetzt werden:

- Einbinden neutraler Spieler im Rückraum, an den Seiten oder in der Spielfeldmitte;
- Erschweren der Verteidigeraufgaben (z. B. Handball nach Basketballregeln);
- Erhöhung der Trefferwahrscheinlichkeit (z. B. Wurf vom Kasten, größere Tore);
- Schaffen von Überzahlsituationen;
- Bevorzugung von Kontinuumübungen (sich wiederholende Endlosübungen);
- Sichern einer ausreichenden Wiederholungszahl beim Üben;
- Vereinfachung der technischen Fertigkeiten (z. B. im Tennis wird der Ball nach Aufprellen auf dem Boden hüfthoch durch Schlagen ins Spiel gebracht);
- Vereinfachung der taktischen Fähigkeiten (z. B. Kleinfeldspiele 2 mit 2 im Volleyball).

Vereinfachung von Fertigkeiten und KAR-Modell

19.3 RÜCKBLICK

Spielen und sportliches Wettkämpfen

- Als **Wesensmerkmale des Spiels** können Zweckfreiheit, Zwanglosigkeit, Einzigartigkeit, lustvolles Streben nach Wiederholung und Gegenwärtigkeit genannt werden.
- Der **Wettkampf** ist eine kulturelle Institution, in der Bewegungsaufgaben im Rahmen eines sportartspezifischen Regelwerks zu lösen sind und die gegnerischen Parteien versuchen, gegenseitig den Erfolg der Bewegungshandlung zu verhindern.
- **Regeln** beruhen auf menschlichen **Konventionen** und legen fest, was erlaubt und was nicht erlaubt ist. Im Sport kann zwischen **konstitutiven** und **strategischen Regeln**, bezogen auf Inventar, Personal, Raum, Zeit und die Handlungen, unterschieden werden. **Regelvereinfachungen** erleichtern Anfängern den Zugang zu den Sportspielen.

Konzepte zur Vermittlung großer Spiele

- Die **Spielidee** ist der Kern eines Spiels. **Spielformen** tragen stets die Spielidee des Zielspiels in sich. Die **Spielfähigkeit** ist eine komplexe Qualifikation aus spielmotorischer, kognitiver, sozialer und emotional-affektiver Kompetenz.
- Das **spielgemäße Konzept** nähert sich dem Zielspiel mithilfe einer „Hauptstraße" aus Spielformen. Auf „Nebenstraßen" aus Übungsformen kann korrigierend eingewirkt werden.
- Die **integrative Sportspielvermittlung** möchte auf der Basis allgemeiner technischer, koordinativer und taktischer Basiskompetenzen den Lernprozess von einer allgemeinen (sportspielübergreifenden) zu einer speziellen (sportspielspezifischen) Spielfähigkeit fördern.
- Die Sportspielvermittlung nach dem **Ansatz des genetischen Lernens** ist gekennzeichnet durch eine schülerorientierte Lösungsfindung (genetisch), durch eine fragend entwickelte Förderung der Selbstständigkeit (sokratisch) und durch zum Fragen anregende Beispiele (exemplarisch).
- Im **Taktik-Spiel-Konzept** ist der Ausgangspunkt eine Spielsituation, zu der die Schüler zunächst selbstständig erarbeiten, was zur taktischen Lösung erfolgen muss. Anschließend wird gemeinsam überlegt, wie die Problemlösung spielnah geübt werden kann.
- Eine **vielseitig orientierte Sportspielvermittlung** möchte möglichst viele Kinder für den Sport begeistern, vielseitig ausbilden und eine begründete Empfehlung für die Spielsportart abgeben, die es betreiben möchte.
- Als **kleinster gemeinsamer Nenner aller Konzeptionen** kann herausgestellt werden: Spielen und Üben, aber Spielen vor Üben.

19.4 PRÜFUNGSVORBEREITUNG

Kontrollfragen

1. Was sind die Merkmale des Spiels und des sportlichen Wettkampfs?
2. Was sind die Merkmale von Regeln im Sport?
3. Erklären Sie den Unterschied zwischen konstitutiven und strategischen Regeln.
4. Geben Sie die fünf Unterscheidungskategorien bei Regelvereinfachungen an.
5. Nennen Sie praktische Beispiele für Regelvereinfachungen in den großen Sportspielen.
6. Stellen Sie den Begriff der Spielidee von Sportspielen dar.
7. Erklären Sie die Spielidee folgender Spiele: Handball, Tchoukball, Baseball.
8. Erklären Sie, was unter einer Spielform zu verstehen ist.
9. Erläutern Sie den Begriff der Spielfähigkeit.
10. Beschreiben Sie die Eckpunkte des spielgemäßen Konzepts.
11. Beschreiben Sie den Zugang, die Ziele, Inhalte, Methoden der allgemeinen Ballschule.
12. Erklären Sie die zentralen Ideen des genetischen Lernansatzes.
13. Was ist die Kernaussage der Taktik-Spiel-Methode?
14. Erklären Sie den Begriff „vielseitig orientierte Spielform" und geben Sie Beispiele an.
15. Stellen Sie Vor- und Nachteile der Spielvermittlungskonzepte vor.
16. Was ist der kleinste gemeinsame Nenner aller Modelle?

Prüfungsaufgaben

Positionen zur Sportspielvermittlung

Klausuraufgabe

Handballrugby

a) **Stellen** Sie die Spielidee des Handballspiels **dar** und **erläutern** Sie anhand des Handballrugbyspiels (vgl. Tab. 19.3) drei Vereinfachungsstrategien.

b) **Erklären** Sie, warum das Handballrugbyspiel im spielgemäßen, integrativen und genetischen Vermittlungskonzept angewendet werden kann und wie dieses Spiel zur Verbesserung der Spielfähigkeit beitragen kann.

LEKTION 20
WANN IST SPORT AGGRESSIV UND UNFAIR?

20.1 AGGRESSION UND AGGRESSIVITÄT 474

20.2 ENTSTEHUNG VON AGGRESSION IM SPORT 480

20.3 FAIRNESS IM SPORT 488

20.4 AGGRESSIONSVERMEIDUNG UND FAIRNESSERZIEHUNG IM SPORT 500

20.5 RÜCKBLICK 505

20.6 PRÜFUNGSVORBEREITUNG 506

LEKTION 20: WANN IST SPORT AGGRESSIV UND UNFAIR?

20.1 AGGRESSION UND AGGRESSIVITÄT

HERLEITUNG DES AGGRESSIONSBEGRIFFS IM SPORT

Häufig werden im Sport bereits solche Handlungen als **aggressiv** bezeichnet, die ein zielstrebiges Angreifen des Gegners oder der gegnerischen Mannschaft beinhalten. Aggressiv in diesem Sinne muss aber nicht unfair sein oder den Gegner schädigen. Die Sportpsychologen bezeichnen zielgerichtete und zupackende Handlungen nicht per se als aggressiv, weil dann die Mehrzahl aller Verhaltensweisen (vor allem im Wettkampfsport) als aggressiv zu bezeichnen wäre. Sportpsychologen beziehen daher bei der allgemeinen Definition von Aggression ausdrücklich den **Aspekt der Schädigung** mit ein. Im *Sportwissenschaftlichen Lexikon* heißt es nach Gabler (2003, S. 21):

- „**Aggressionen** sind Verhaltensweisen, die auf die soziale Umwelt im Sinne einer Schädigung gerichtet sind. Die relative überdauernde Bereitschaft (Motiv), sich aggressiv zu verhalten, wird **Aggressivität** genannt."

Wenn Aggressionen als auf andere Personen gerichtete Verhaltensweisen zu verstehen sind, muss dieses Gerichtetsein genauer erklärt werden. Es ist zu fragen, ob eine Begriffsfestlegung einer aggressiven Handlung eher an der Wirkung (Effekt) oder vorwiegend an der Intention (Ziel) der Handlung auszurichten ist. Ferner muss geklärt werden, ob aggressive Handlungen erst dann vorliegen, wenn eine Schädigung eingetreten ist oder bereits dann, wenn die Absicht zur Schädigung gegeben ist. An zwei Beispielen macht Gabler (2003) deutlich, dass in einer Definition von Aggression die **Absicht der Handlung** zwingend berücksichtigt werden muss.

Beispiel 1: Ein gezielt angesetzter Boxschlag von Spieler A verfehlt den Kopf von Spieler B, da dieser geschickt ausweicht.

Beispiel 2: Beim Eishockeyspiel ist die Gefahr groß, dass sich Spieler aufgrund der Schnelligkeit und Komplexität der Bewegungen – zudem auf schmalen Kufen, glattem Eis, in räumlicher Enge insbesondere vor dem Tor sowie unter Behinderung durch einen langen Schläger und sperrige Kleidung – verletzen, ohne dass demjenigen, der mit dem Verletzten vor dessen Verletzung den letzten Körperkontakt hatte, eine Schädigungsabsicht zugeschrieben werden kann.

Im ersten Beispiel wird deutlich, dass eine Aggressionsdefinition, die sich nur an der Wirkung der Handlung orientiert, das höchst unsportliche Verhalten von Spieler A nicht als aggressive Handlung einstufen würde. Das zweite Beispiel veranschaulicht, dass eine Schädigung, z. B. in Form von Schmerzen oder Verletzungen, eintreten kann, ohne dass dies intendiert gewesen wäre. Das mit dem Körperkontakt verbundene Verhalten müsste jedoch als aggressiv gekennzeichnet werden, würde man den Verhaltenseffekt als Kriterium für die Beurteilung des Verhaltens bevorzugen.

Die bisherigen Überlegungen machen deutlich, dass eine Definition von Aggression die Aspekte der Schädigung und der Absicht zur Schädigung umfasst. Nun wäre noch zu klären, welche Bedeutung der Begriff „Schädigung" im Sport besitzt. Es leuchtet ein, dass die Gleichsetzung des sportlichen Wettkampfs mit Aggression und damit der sozialen Schädigung einer kritischen Analyse nicht standhält. Denn es ist gerade der besondere Reiz der Mannschaftsspiele, den Gegner an der Erreichung seiner sportlichen Handlungsziele zu hindern und gleichzeitig die eigenen Absichten und Motive verfolgen zu können. Dabei wird mithilfe von sportspezifischen Regeln und Normen ein Rahmen abgesteckt, der sportlichen Wettkampf von sozialer Schädigung abgrenzt. Einen wichtigen Gradmesser für die Unterscheidung von aggressiven und nicht aggressiven Handlungen bilden daher das **Regelwerk** und die **Verhaltensnormen** der jeweiligen Sportart. Gabler (2003, S. 25) fasst diesen Gedanken folgendermaßen zusammen:

- „Eine Handlung im Sport kann demnach erst dann als aggressiv bezeichnet werden, wenn die Ziele **nicht** mehr **mit den Normen vereinbar** sind, die von den Akteuren als für sie verbindlich angesehen werden. Ein Abweichen von solchen Normen ist nun jedoch nicht stets mit regelwidrigem Verhalten gleichzusetzen."

Jedes normabweichende Verhalten ist als aggressiv einzustufen, wohingegen auch regelentsprechendes Verhalten aggressiv sein kann. Das Tackling im Rugby, der Bodycheck im Eishockey oder die intensive Kontaktaufnahme beim Rebound im Basketball sind vermeintlich aggressive Verhaltensweisen, werden aber im sportbezogenen Kontext nicht als solche wahrgenommen, da sie innerhalb der Regeln und Normen von allen Beteiligten akzeptiert werden. Würde man aber ein Tackling im Handball oder Basketball durchführen, wäre dies ein grob unsportliches und aggressives Verhalten. Dagegen kann das absichtliche Zielen auf den Kopf des Torwarts beim Sprungwurf im Handball unter Umständen nicht sanktioniert werden, wenn die Schiedsrichter keine Absicht erkannt haben.

Normabweichungen im Sinne „unsportlichen Verhaltens" sind jedoch dann gegeben, wenn ein Sportler versucht, seinen Gegner in dessen Aktionen nicht nur zu behindern **(soziale Behinderung)**, sondern ihn als Person zu schädigen, d. h., wenn der Angriff auf die Schädigung der Person als solcher gerichtet ist **(personale Schädigung)**. Wenn das Ziel der Handlung die Schädigung der Person des Gegners ist, dann kann diese Schädigung nur in Form von körperlicher (oder psychischer) Verletzung und Schmerz erfolgen. Nun ergibt sich nach Gabler (2003, S. 22) folgende Definition:

- „Eine Handlung im Sport ist dann als aggressiv zu bezeichnen, wenn eine Person **in Abweichung von sportlichen Normen** mit dieser Handlung **intendiert**, einer anderen Person Schaden im Sinne einer **personalen Schädigung** zuzufügen, wobei diese Schädigung in Form von körperlicher (oder psychischer) Verletzung und Schmerz erfolgen kann."

KLASSIFIKATION AGGRESSIVER UND NICHT AGGRESSIVER HANDLUNGEN

- Aggressives Verhalten weicht **immer von der sportlichen Norm ab**, kann aber als implizite Aggression (z. B. im Handball auf den Kopf des Torwarts zielen zwecks Einschüchterung) durchaus regelentsprechend sein.

Nicht aggressives Verhalten wird zu aggressivem Verhalten, wenn es von der sportlichen Norm einer Sportart abweicht und auf eine personale Schädigung des Gegners ausgerichtet ist. Ferner können intendierte Handlungen regelentsprechend und regelabweichend sein. Beim norm- und regelabweichenden Verhalten besteht eine Differenzierungsmöglichkeit zwischen impliziten und expliziten intendierten Handlungen. Eine **explizit normabweichende Handlung** zielt auf eine Schädigung des Gegners, während eine **implizit normabweichende Handlung** eine personale Schädigung in Kauf nimmt. Ebenso verhält es sich mit explizit und implizit regelabweichenden intendierten Handlungen. **Explizit regelabweichende Handlungen** finden im Sport eher selten statt, beschreiben sie eine Regelüberschreitung, die als solche vom Schiedsrichter erkannt werden soll. **Implizit regelabweichende Handlungen** nehmen eine Regelabweichung mehr oder weniger in Kauf. Insgesamt ergibt sich ein Klassifikationsraster von aggressiven und nicht aggressiven intendierten Handlungen. Während normentsprechende intendierte Handlungen nicht aggressiv sind, stellen normabweichende zielgerichtete Handlungen aggressive Verhaltensweisen dar. Tab. 20.1 gibt für jede Handlungsklasse ein sportliches Beispiel an.

Tab. 20.1: Beispiele von aggressiven und nicht aggressiven Handlungen unter Berücksichtigung der Klassifikationsbegriffe Norm- und Regelorientierung sowie explizit/implizit (modifiziert nach Gabler, 1987, S. 42)

		Regelentsprechend	Regelabweichend	
			Implizit (Regelverstoß in Kauf nehmen)	Explizit (Regelverstoß beabsichtigen)
Normentsprechend = nicht aggressiv		Zufälliges Berühren der Wurfhand beim Abblockversuch im Basketball	Klammern des ballbesitzenden Kreisläufers im Handball	Taktische Fouls im Basketball zum Stoppen der Uhr
Normabweichend = aggressiv	**Implizit** (körperliche Schädigung in Kauf nehmend)	Handballwurf auf den Kopf des Torwarts zwecks Einschüchterung des Torwarts	Überhartes und unfaires Attackieren des besten gegnerischen Spielers	
	Explizit (körperliche Schädigung beabsichtigen)	Handballwurf auf den Kopf den Torwarts mit dem Ziel einer personalen Schädigung des Torwarts	Faustschlag eines gefoulten Spielers gegen den Foulverursacher (Revanchefoul)	

KATEGORISIERUNG VON AGGRESSION IM SPORT

- Aggression kann in **explizite** (oberstes Ziel: personale Schädigung) und **instrumentelle Aggression** (oberstes Ziel: Leistungsverbesserung, Schädigung in Kauf nehmend) unterteilt werden. Als äußere Erscheinungsform der Aggression ergeben sich **verbale, körperliche** und **symbolische Aggression**. Explizite Aggression wird in der Regel auch mit **Gewalt** gleichgesetzt. **Assertivität** meint selbstbehauptendes Verhalten im Rahmen der sportlichen Norm.

Nachdem in den vorherigen Abschnitten herausgearbeitet wurde, wie sich aggressive von nicht aggressiven Handlungen unterscheiden, sollen nun die Vielfalt der aggressiven Handlungen kategorisiert werden. Gabler (2003) unterscheidet bei aggressiven Handlungen zwischen expliziter und instrumenteller Aggression.

Bei der **expliziten Aggression** ist der Zweck einer solchen Handlung explizit die personale Schädigung eines Sportlers (Gegners), Gegenspielers oder Schiedsrichters (evtl. aber auch von Zuschauern, Trainern etc.). Solche Handlungen können innerhalb, aber auch außerhalb des sportlichen Wettkampfs stattfinden (z. B. nach einem Spiel im Kabinengang). Explizite Aggression kann offen (Revanchefoul) oder verdeckt (verstecktes Schlagen, im Getümmel schlagen) erfolgen. Explizite Aggression kann mit „Gewalt" gleichgesetzt werden (Imbusch, 2002).

Die **instrumentelle Aggression** tritt jedoch im Sport nicht nur deshalb auf, weil das oberste Ziel der aggressiven Handlung die personale Schädigung des Gegners ist, sondern weil die aggressive Handlung zum Zweck der Leistungsverbesserung eingesetzt und hierbei eine mögliche Schädigung des Gegners zugunsten des übergeordneten Leistungsziels implizit in Kauf genommen wird. Instrumentelle Aggression ist (im Vergleich zur expliziten Aggression) als das zentrale Problem des Sports anzusehen, da instrumentell aggressive Handlungen oft verdeckt erfolgen und mehr oder minder regelgerecht sind. Das rücksichtslose Hineingrätschen beim Fußball, das Anziehen des Knies beim Sprungwurf oder das sogenannte **taktische Foul** sind Verhaltensweisen, die Trainer, Mitspieler oder Zuschauer teilweise sogar erwarten.

Gabler (2003) nennt drei äußere **Erscheinungsformen** aggressiver Handlungen: körperliche Aggression, verbale Aggression, symbolische Aggression. **Körperliche Aggression** wird mit den verschiedenen Körperteilen, vor allem mit den Armen und Beinen, aber auch mithilfe der Sportgeräte verübt. **Verbale Aggression**, die in Form von abfälligen Bemerkungen, Fluchen und Drohungen erfolgt, hat eine persönliche Herabsetzung des Gegenspielers, Mitspielers oder Schiedsrichters zum Ziel. **Symbolische Aggression** erfolgt z. B. in Form des Drohens mit der Faust oder dem Schläger, aber auch in Form von abfälligen Handbewegungen, Gesten und Gebärden als symbolische körperliche bzw. verbale Aggression.

Vermeintlich aggressive Verhaltensweisen, die den Normen und Regeln einer Sportart entsprechen und dort nicht als aggressiv wahrgenommen werden (z. B. Positionsbehauptung im Basketball unter dem Korb, Bodycheck im Eishockey), werden als **assertive** (= selbstbehauptend, bestimmt, anmaßend, sich durchsetzend) **Handlungen** bezeichnet (Schlicht & Strauß, 2003). Assertivität und Aggression liegen im Einzelfall nicht weit voneinander entfernt.

Richtet sich die aggressive Handlung gegen die Person selbst, spricht man von einer **Autoaggression**. Dazu zählt im Sport z. B. die Einnahme von Dopingmitteln. Neben der Tatsache, dass der Sportler sich durch Doping einen unfairen Vorteil verschafft und gegen

Gesetze verstößt, verhält er sich auch aggressiv. Er schädigt seinen eigenen Körper. Ein Dopingsünder ist daher zugleich Täter und Opfer. Auch der Konsum von Rauschmitteln und Essstörungen können unter autoaggressive Verhaltensweisen gefasst werden. Nicht selten ist ein gestörtes Körperbild Ursache für autoaggressives Verhalten. Mädchen und Frauen zeigen eher autoaggressives Verhalten als Jungen und Männer.

Arbeitsblatt zum Einüben der Begriffe zur Aggression

EINE KONTROVERS DISKUTIERTE DEFINITION VON AGGRESSION

Der Sportwissenschaftler Tiedemann (2011, S. 5) definiert Aggression im Widerspruch zur gängigen Lehrmeinung in der sportwissenschaftlichen und psychologischen Forschung:

- „*Aggression* ist Teil des bei Tieren und Menschen stammesgeschichtlich begründeten Affekt-Musters, das sie in lebensbedrohlichen Situationen mit Angreifen (statt Fliehen) reagieren lässt; im Laufe der menschlichen Entwicklung ist dieses Affekt-Muster zunehmend (dennoch nur in Grenzen) kulturell formbar und individuell gestaltbar geworden."

Für den Sportwissenschaftler könne der Streit, ob Aggression (oder Aggressivität) angeboren oder erworben sei, beigelegt werden, da die Alternative falsch sei. Aggression gehöre zur menschlichen Grundausstattung. Weiter führt Tiedemann (2011, S. 5) aus: „Die Art und Weise des Einsatzes von oder des Umgangs mit Aggression ist – in Grenzen – formbar, erwerbbar. Und ob aus diesem Potential Konstruktives oder Destruktives folgt, ist auch nicht von vornherein festgelegt. Tiere und Menschen können sich in einer Gefahren- oder Bedrohungs-Situation entscheiden, beispielsweise zwischen Angriff und Flucht; Menschen können sogar jemandem, der sie auf die linke Wange schlägt, die rechte hinhalten."

Unter Berücksichtigung des Handlungsfeldes Sport (vgl. Tiedemanns Sportdefinition in Kap. 1.1) nimmt Tiedemann (2011, S. 6) folgende begriffliche Festlegung vor:

- „*Aggression im Sport* ist ein stammesgeschichtlich begründetes Affekt-Muster, mit dem wir Menschen in einem verhältnismäßig jungen kulturellen Tätigkeitsfeld umgehen müssen."

Bezieht man Aggression auf sportliche Handlungssituationen, seien sie für Tiedemann ein notwendiger Bestandteil der Handlungskonzepte in vielen Kampf- und Ballsportarten. Ohne ein direktes Herantreten an den Konkurrenten könne man sich dort nicht mit ihm auseinandersetzen. Tiedemann (2011, S. 6) führt dies weiter aus: „Im Sprachgebrauch des Sports ist deshalb [. . .] die eigentliche Ambivalenz des Begriffs noch erkennbar. In vielen Sportarten erwarten und fordern Trainer und Zuschauer oft genug von den Sportlern ein ‚aggressiveres' Verhalten. Das Aufsuchen der direkten Körper-Nähe hat nicht notwendig zur Folge, dass die Sportler sich gewaltsam verhielten, solange sie alles vermeiden, womit sie [. . .] den/die anderen schädigen könnten. Um dies zu verhindern, sind in allen Sportarten Regeln vereinbart und in vielen Sportarten Schiedsrichter eingesetzt worden. In gelungenen Fällen von körperlicher, kämpferischer Auseinandersetzung spricht man von einem ‚sauberen' (Zwei-) Kampf – mit Aggressivität, aber ohne Gewalt."

a) Vergleichen Sie Tiedemanns Aggressionsdefinition mit der Gablers.

b) Prüfen Sie Tiedemanns Argumentation unter Einbeziehung ihrer Sportbiografie.

c) Formulieren Sie eine Erwiderung aus der Sicht der gängigen Lehrmeinung.

20.2 ENTSTEHUNG VON AGGRESSION IM SPORT

Seit den 1970er-Jahren beschäftigt sich die Wissenschaft verstärkt mit dem Problem von Sport und Aggression. Im Zentrum der sportbezogenen Untersuchungen stehen meist Kontaktsportarten wie Fußball, Rugby, Eishockey und Boxen. Analysiert werden dabei sowohl das Zuschauer-, Fanverhalten, die Geschehnisse auf dem Spielfeld, im Sportunterricht, zwischen Männern und Frauen in Trainingssituationen, als auch Berichterstattung über und der Einfluss auf Aggressionen und Gewalt (Tietjens, 2006).

Dabei kann die Forschung in Anlehnung an Schlicht und Strauß (2003) in **individuumsbezogene** sowie **gruppen-** und **gesellschaftsbezogene Ansätze** zur Entstehung von Aggression unterschieden werden. In neueren Untersuchungen wird die Aggressionsthematik verstärkt aus einer **motivationspsychologischen Perspektive** durchleuchtet.

Aus Gründen der Übersichtlichkeit werden an dieser Stelle nur die Kernaussagen der Ansätze dargestellt. Eine detaillierte Darstellung der individuums- sowie gruppen- und gesellschaftsbezogenen Ansätze findet man unter dem Zusatzinformationsmaterial, welches durch einen QR-Code zu erreichen ist.

INDIVIDUUMSBEZOGENE ANSÄTZE

In Folgenden werden Erklärungsansätze zur Entstehung von Aggression dargestellt, die alle das Individuum ins Zentrum der Betrachtung stellen. Dazu zählen:

- **Triebtheorie (Freud, 1940; Lorenz, 1963),**
- **Frustrations-Aggressions-Hypothese (Dollard et al., 1939; Berkowitz, 1962) sowie**
- **soziale Lerntheorie (Bandura, 1973).**

Triebtheorie

- Nach der **Triebtheorie** ist Aggression genetisch bedingt, unvermeidbar und kann als internaler Reiz (Spannungszustand, individuelles Erregungspotenzial) angesehen werden. Ein erhöhter Erregungszustand kann durch aggressives Verhalten abgebaut werden (Katharsishypothese). Triebtheoretische Modelle von Aggression sind zum Allgemeingut geworden, werden von der Wissenschaft aber kritisch gesehen.

Frustrations-Aggressions-Hypothese

- Die **Frustrations-Aggressions-Theorie** im Sinne von Berkowitz (1962) besagt, dass Frustration zu einer emotionalen Reaktion (Ärger und Wut) führt, welche die Bereitschaft erhöht, aggressiv zu handeln. **Aggressive Hinweisreize** können Aggression wahrscheinlicher machen, wenn der Aggressor diese wahrnimmt.

Soziale Lerntheorie

- Nach der **sozialen Lerntheorie** wird Aggression im Laufe des Lebens erworben. Soziales Lernen erfolgt vor allem durch Lernen am Modell und Lernen am Erfolg. Kritiker wenden ein, dass Lernen auch auf anderen Wegen (z. B. Lernen durch Einsicht) erfolgen kann und sich Banduras Lerntheorie zu stark an industriellen (westlichen) Gesellschaftssystemen orientiert und damit keine Aussagekraft für alle Gesellschaften hat.

GRUPPENBEZOGENE ANSÄTZE

- **Gruppenbezogene Ansätze** der Aggressionsforschung untersuchen den Zusammenhang von Gruppenzugehörigkeit und aggressivem Verhalten. Die **Theorie der Deindividuation** betont, dass Selbstversunkenheit in einer Gruppe zu aggressivem Verhalten führen kann. In der **Theorie der emergenten Normen** kann dagegen das Verhalten des Individuums von den Normen und Leitbildern einer Gruppe beeinflusst werden. Nach der **Theorie der realistischen Gruppenkonflikte** führen konkurrierende Ziele von Gruppen zu Aggression. Kooperative Handlungen reduziert sie. Die **Theorie der bloßen Zugehörigkeit** stellt heraus, dass allein schon die Gruppenmitgliedschaft zur Diskriminierung und zu Aggressionsverhalten führen kann.

> Geben Sie je ein Beispiel aus dem Sport an, das für die gruppenbezogenen Ansätze der Aggressionsforschung sprechen könnte.

GESELLSCHAFTSBEZOGENE ANSÄTZE

Während die bisherigen Theorien zur Entstehung von Aggression das Individuum und eine Gruppe ins Zentrum der Überlegungen stellen, wird Aggression nun im Kontext gesellschaftlicher, sozialer und struktureller Bedingungen betrachtet.

Im Folgenden werden exemplarisch zwei wichtige Ansätze angesprochen. Das **Konzept der sozialen Schichtung** nach Geiger (1932) besitzt einen sozialisationstheoretischen Hintergrund, während der **Desintegrationsansatz** nach Heitmeyer (1995) sich auf Individualisierungstendenzen und die daraus entstehenden gesellschaftlichen Ambivalenzen bezieht.

Konzept der sozialen Schicht

▶ Das **Konzept der sozialen Schicht** besagt, dass die Zugehörigkeit zu einer gewissen Schicht und deren Lebensstil eng verknüpft ist mit der Einstellung gegenüber aggressivem Verhalten.

Sozialisationstheoretischer Ansatz nach Heitmeyer

▶ Unter **Desintegration** versteht man die Auflösung eines sozialen Zusammenhalts innerhalb einer Gruppe, die sich bei sozialem Wandel und insbesondere bei Modernisierung ergibt. Desintegration führt bei den betroffenen Gruppen und Individuen aufgrund mangelnder Anerkennung auf sozioemotionaler, struktureller und institutioneller Ebene zu Desorientierung, die nach Wilhelm Heitmeyer eine wesentliche Ursache der Entstehung von Aggression und Gewalt ist. Kurz ausgedrückt: Aggression ist ein Versuch der Kompensation sozialer Desintegration und persönlicher Perspektivlosigkeit.

Beurteilen Sie die Ansätze hinsichtlich der Entstehung von Aggression im Sport. Überlegen Sie zuerst, welche aggressiven Handlungen im Sport vorkommen können und beziehen Sie dann die Aussagen der obigen Theorien auf die Beispielsituationen.

MOTIVATIONSPSYCHOLOGISCHE BETRACHTUNGEN

Während sich die sozialpsychologisch orientierte Aggressionsforschung vorwiegend mit den situativen Determinanten von Aggression befasst, wird in jüngerer Zeit die Bedeutung der motivationalen Komponente unterstrichen. An dieser Stelle sollen zwei Aspekte beleuchtet werden: **Aggression als Ergebnis einer Motivanregung** und der **Zusammenhang von Zielorientierung und Aggressionsverhalten**.

Aggression als Ergebnis einer Motivanregung

▶ **Aggressives Verhalten kann als Ergebnis einer Aggressionsmotivanregung** mit den Komponenten Aggressionstendenz und Aggressionshemmungstendenz und unter besonderer Berücksichtigung der Absichtsattribution und entsprechender affektiver Prozesse angesehen werden.

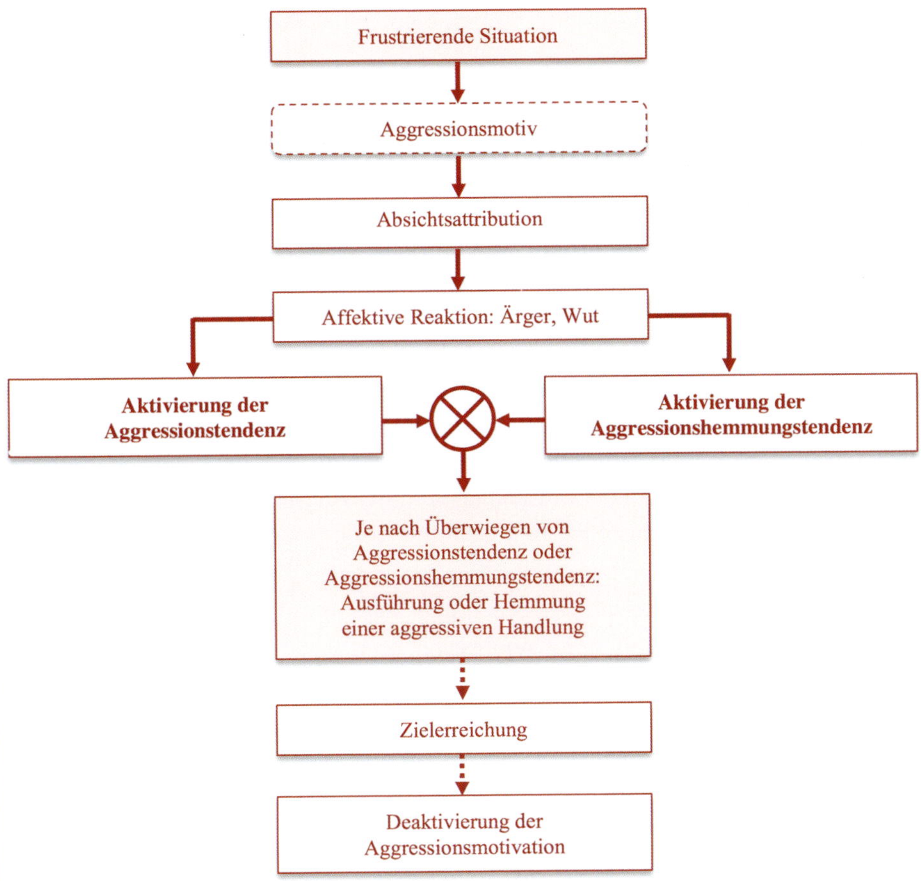

Abb. 20.1 Vereinfachtes Prozessmodell der Aggressionsmotivation (modifiziert nach Beckmann et al., 2009, S. 530)

In Anlehnung an Konrath (1982) und Gabler (2002) kann Aggression als Ergebnis einer Motivanregung, nämlich der Anregung des Aggressionsmotivs, gedeutet werden. Das Aggressionsmotiv besteht – wie auch das Leistungsmotiv – aus zwei Komponenten: der **Aggressionstendenz** und der **Aggressionshemmungstendenz**. Zu aggressivem Verhalten kommt es dann, wenn die Aggressionstendenz größer ist als die Aggressionshemmungstendenz. Vereinfacht kann der Ablauf einer Aggressionshandlung in einer frustrierenden Situation durch ein Prozessmodell beschrieben werden (vgl. Abb. 20.1).

Beispielsituation im Fußball – wie reagiert wohl der gefoulte Spieler?

Am Beispiel einer typischen Situation aus dem Fußball soll die Reaktion des gefoulten Spielers erklärt werden: Ein Angreifer wird durch ein intensives Einsteigen des Verteidigers beim Durchbruch an der Seite zu Fall gebracht. Je nachdem, ob dem Verteidiger eine deutliche Absicht unterstellt wird (Hat er den Angreifer bereits mehrmals gefoult? War es überhaupt erst das erste Foul dieses Spielers? Agiert die gegnerische Mannschaft insgesamt unfair? Ist der Verteidiger bekannt für sein aggressives Einsteigen?), wird die emotionale Reaktion ausfallen (Absichtsattribution).

Beim ersten Foul des Verteidigers überhaupt wird der Angreifer in einer primären Affektreaktion zwar ärgerlich reagieren, aber abhängig von körperlicher Frische und individueller Aggressivität vielleicht noch nicht frustriert sein. Bei einem wiederholten Foulspiel (vielleicht sogar an der Mittellinie) wird der Angreifer in einer Bewertung der Situation eine Absicht unterstellen und weiterhin verärgert sein. Nun wird der Angreifer seine Folgereaktion abwägen. Sollte er schon mit „Gelb" vorbestraft sein, wäre die hemmende Aggressionsmotivation wohl stärker als die aufsuchende Aggressionstendenz. Der Spieler kontrolliert seine Aggression, wird vielleicht ein wenig schimpfen, aber anschließend weiterspielen.

Bei einer aufgeheizten Atmosphäre oder als leicht reizbarer Spieler kann es aber auch dazu kommen, dass die Aggressionstendenz stärker ist als die hemmende Tendenz. Er wird dann zum Verteidiger hinlaufen, könnte ihm einen „Vogel" zeigen (symbolische Aggression), anschließend mit der Brust wegdrücken (physische Aggression) und ihn dabei beschimpfen (verbale Aggression). Sollte der Schiedsrichter den aggressiven Angreifer beruhigen und dem Verteidiger die Gelbe Karte zeigen, kommt es möglicherweise zu einer Deaktivierung der Aggressionsmotivation des gefoulten Angreifers.

Gabler (2002) differenzierte das Modell von Konrath (1982) noch weiter aus, indem er handlungsbegleitende Emotionen, Handlungskontrolle und Selbstbewertungsprozesse in die Handlungsphase aggressiven Handelns mit einbezog (vgl. Abb. 20.2).

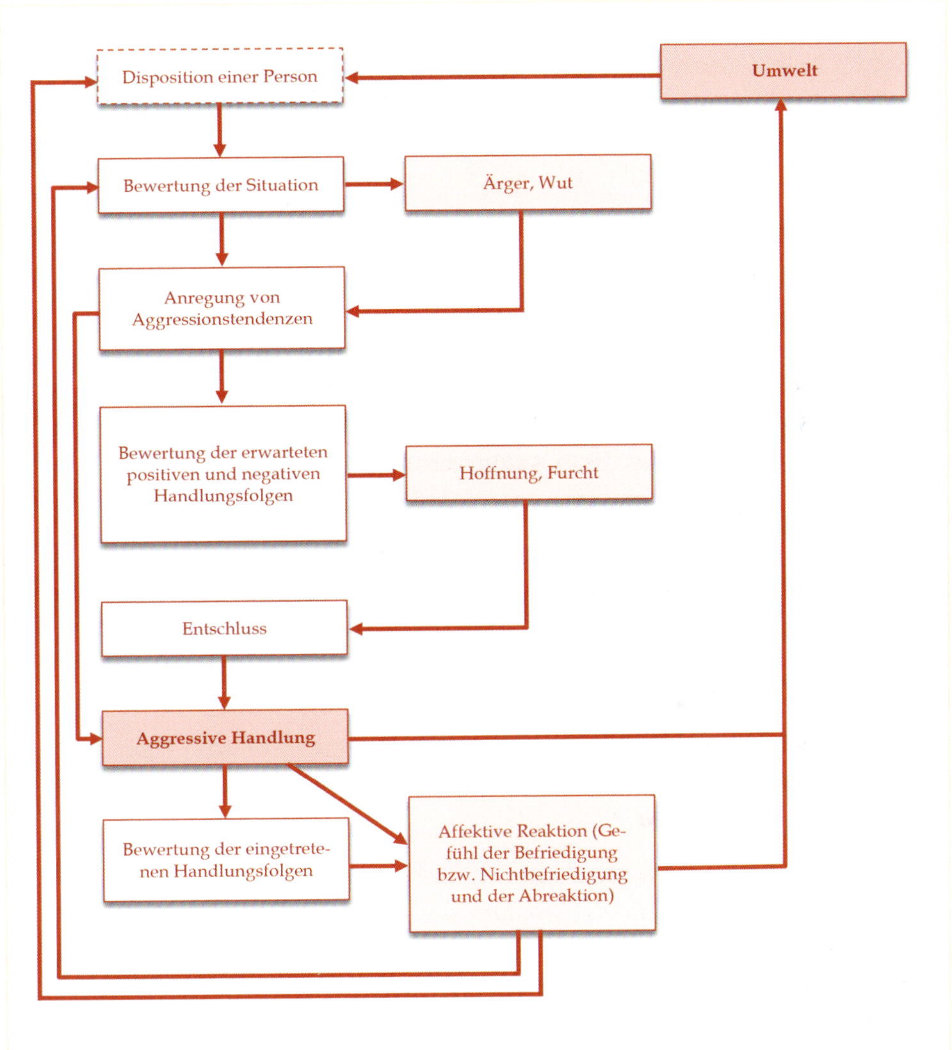

Abb. 20.2: Schema zur exemplarischen Darstellung des Ablaufs in einer Aggressionssituation. Zu beachten ist: Was beobachtbar ist, ist dunkelgrau mit Fettdruck unterlegt; die emotionalen Prozesse, die ebenfalls untereinander aufgeführt sind, sind über Ausdruckserscheinungen (oder physiologische Parameter) beobachtbar und befragbar; die kognitiven Prozesse kommen dagegen nur über Selbstaussagen zum Ausdruck (modifiziert nach Gabler, 2002, S. 117).

Ablauf einer Aggressionsmotivationshandlung (1)

Ablauf einer Aggressionsmotivationshandlung (2)

Zusammenhang von Zielorientierung und Aggressionsverhalten

- Betrachtet man den **Zusammenhang von Zielorientierung in Leistungssituationen und Aggressionsneigung**, lässt sich vermuten, dass egoorientierte Personen eher zu Aggressionen und unfairem Verhalten neigen, während aufgabenorientierte Personen stärker zu positivem Benehmen im Sport tendieren.

Die **Theorie der Zielorientierung** unterscheidet zwei unabhängige Zielorientierungen in Leistungssituationen (vgl. Kap. 18.2). Aufgabenorientierte Personen versuchen, ihre eigenen Fähigkeiten zu verbessern, setzen bei der Bewertung ihrer Leistung eine individuelle und sachliche Bezugsnorm an. Egoorientierte Personen verfolgen das Ziel, besser zu sein als der andere. Während aufgabenorientierte Sportler mit ihrem sportlichen Erfolg Anstrengungsbereitschaft und persönliche Entwicklung verbinden (Leistungsmotiv), sehen egoorientierte Sportler im sportlichen Erfolg Möglichkeiten zum sozialen Aufstieg und finanziellen Zugewinn (Machtmotiv).

Duda et al. (1991) konnten im Basketball nachweisen, dass eine hohe Egoorientierung mit der Bereitschaft einhergeht, unsportliches und aggressives Verhalten einzusetzen, um das Ziel – also zu gewinnen – zu erreichen. Studien im Eishockey, im Handball und im Fußball bestätigen, dass Athleten mit hoher Egoorientierung ein höheres Aggressionspotenzial aufweisen als Athleten mit hoher Aufgabenorientierung bzw. Personen mit hoher Aufgabenorientierung eher ein sportliches Benehmen zeigen (Tietjens, 2006).

ERKLÄRUNGSANSÄTZE IM ÜBERBLICK

Bei der Frage, welche dieser Theorien das Phänomen der Aggression am besten erklären kann, wird man feststellen, dass jede Theorie nur einen Teil des Phänomens erklären kann. Dies ist nicht verwunderlich, wenn man bedenkt, wie vielfältig und facettenreich die Phänomene sind, die von den Autoren unter dem Begriff „Aggression" zusammengefasst werden. Die folgende Tab. 20.2 stellt in Anlehnung an Schlicht und Strauß (2003, S. 124) die wichtigsten Erklärungsansätze zu Aggression und Gewalt dar.

Tab. 20.2: Aggressionsentstehungstheorien im Überblick (nach Schlicht & Strauß, 2003, S. 124)

Individuumsbezogene Theorien		
Ansatz	**Vertreter**	**Kernaussagen**
Genetische Ansätze	Freud (1940), Lorenz (1963)	Aggression ist genetisch bedingt, unvermeidbar und kann als **internaler Reiz** (Spannungszustand, individuelles Erregungspotenzial) angesehen werden. Ein erhöhter Erregungszustand kann durch aggressives Verhalten abgebaut werden **(Katharsishypothese)**.
Frustrations-Aggressions-Theorie	Dollard et al. (1939), Berkowitz (1962)	**Externe Reize** (Frustration und Ärger) können zu Aggression führen. **Aggressive Hinweisreize** (z. B. Fans mit Schalke-Trikots im Fanblock von Borussia Dortmund) erhöhen das Aggressionspotenzial.
Soziale Lerntheorie	Bandura (1973)	Aggressionen gehören zum **erlernten Verhaltensrepertoire** einer Person. Das Lernen von Aggression erfolgt durch **Lernen am Modell** und am **Erfolg**.

Gruppenbezogene Theorien		
Deindividuation	Zimbardo (1969)	**Anonymität** und Versunkenheit in Gruppen und Massen erhöht die Aggressionswahrscheinlichkeit.
Emergente-Normen-Theorie	Turner & Kilian (1972)	**Gruppennormen** bestimmen aggressives Verhalten.
Theorie der realistischen Gruppenkonflikte	Sherif et al. (1955)	**Konkurrierende Ziele** von Gruppen führen zu Aggression. Kooperative Handlungen reduziert sie.
Bloße Zugehörigkeit	Tajfel (1978)	Die **bloße Gruppenmitgliedschaft** führt zur Diskriminierung und zu Aggressionsverhalten.

Gesellschaftsbezogene Theorien		
Konzept der sozialen Schicht	Geiger (1932)	Die **Zugehörigkeit zu einer gewissen Schicht** und deren Lebensstil ist eng verknüpft mit der Einstellung gegenüber aggressivem Verhalten.
Desintegrationsansatz	Heitmeyer (1995)	**Soziale Desintegration** führt zu Aggression und Gewalt, die als ein Versuch der Kompensation persönlicher Perspektivlosigkeit zu sehen ist.

Motivationspsychologische Theorien		
Zielorientierungstheorie	Nicholls (1984)	**Egoorientierte** Personen neigen eher zu Aggression und unfairem Verhalten, **aufgabenorientierte** Personen eher zu positivem sportlichen Benehmen.
Risikowahlmodell und Attributionstheorien	Konrath (1982), Gabler (2002)	Aggressives Verhalten kann als Ergebnis einer Aggressionsmotivanregung mit den Komponenten **Aggressionstendenz** und **Aggressionshemmungstendenz** und unter besonderer Berücksichtigung der **Absichtsattribution** und entsprechender **affektiver Prozesse** betrachtet werden.

20.3 FAIRNESS IM SPORT

EINIGE BEISPIELE AUS DEM SPORT

1. Zinedine Zidane hatte sich in der Verlängerung des WM-Finales 2006 zu einem Kopfstoß gegen Marco Materazzi hinreißen lassen und für seine Tätlichkeit die Rote Karte gesehen. Später entschied Italien das Elfmeterschießen des Endspiels gegen Frankreich für sich. Mehrere Wochen nach dem Eklat gestand Materazzi eine üble Beleidigung von Zidanes Schwester als Auslöser für „Zizous" Ausraster ein (IQ-20.1).
2. Kolumbien erhielt bei der Fußballweltmeisterschaft in Brasilien 2014 mit nur einer Gelben Karte pro Spiel den FIFA-Fair-Play-Preis. In Brasilien sorgte diese Wahl allerdings für Diskussionen: Bei Kolumbien spielte auch Juan Zuniga, der mit seinem Foul für das WM-Aus für Superstar Neymar verantwortlich war (IQ-20.2).
3. Eklat bei den Olympischen Spielen in London 2012: Der Badminton-Weltverband hat acht Spielerinnen aus China, Indonesien und Südkorea wegen unsportlichen Verhaltens disqualifiziert. Sie sollen absichtlich schlecht gespielt und Bälle ins Aus geschlagen haben, um starke Gegner in der K.-o.-Runde zu vermeiden (IQ-20.3).

4. Katrin Green wurde 2011 vom DOSB mit dem Fairnesspreis ausgezeichnet. Die 26-jährige Katrin Green aus Leverkusen, die 2008 bei den Paralympics in Peking Gold im 200-m-Lauf gewonnen hatte, setzte sich bei der Leichtathletik-WM der Behinderten im Januar dieses Jahres in Christchurch/Neuseeland in außergewöhnlicher Weise für ihre schärfste Konkurrentin, die Französin Marie Amelie LeFur, ein. Der Kampfrichter hatte die Spikes von Marie Amelie LeFur beanstandet, die daraufhin in normalen Turnschuhen und mit Tränen in den Augen zum Start kam. Katrin Green erkannte die Probleme der Mitfavoritin und bestand noch kurz vor dem Start darauf, dass die Französin ihre Spikes zurückerhielt. Diese gewann daraufhin Gold. Green, die im Alter von fünf Jahren nach einem tragischen Unfall den linken Unterschenkel verlor, blieb Silber – und die Gewissheit, dass es ein fairer Wettkampf war (IQ-20.4).

Arbeiten Sie aus den vier Zitaten heraus, was Fairness im Sport für Sie ausmacht. Stellen Sie anschließend eine eigene Definition auf.

Die oben dargestellten Zitate stellen die ganze Bandbreite dar, in der Fairness im Sport sichtbar werden kann. Ein Symbol für unfaires Verhalten ist der Kopfstoß des französischen Fußballers Zidane gegen den Italiener Materazzi im Finalspiel der Fußball-WM 2006 (vgl. Abb. 20.3). Die Nachricht, dass der italienische Profi zuvor Zidanes Schwester beleidigt hatte, konnte die körperliche Aggression des Franzosen zwar nicht entschuldigen, machte sie doch zumindest nachvollziehbar. Zu Recht wurden beide Spieler mit vergleichbaren Strafen von der FIFA bestraft.

Abb. 20.3: Kopfstoß eines Ausnahmefußballers als Symbol für unfaires Verhalten

In Shakespeares Tragödie *Macbeth* sprechen die drei Hexen bereits in der ersten Szene des ersten Aktes das wichtige Leitmotiv des Stückes aus („Fair is foul, and foul is fair."), das mit „Gut ist böse, und böse ist gut" übersetzt werden kann. Dieses Motiv verdeutlicht die Scheinmoral im Sport. Gut scheinende Auszeichnungen wie der „Fair-Play-Preis" für die kolumbianische Fußballmannschaft bei der Fußball-WM in Brasilien haben bei genauem Betrachten einen faden Beigeschmack. Es ist mehr als fraglich, ob die Anzahl der Gelben Karten ein Kriterium für Fairness einer Mannschaft im Fußballsport ist. Bedenkt man darüber hinaus das brutale Foul des Kolumbianers Zuniga an dem Brasilianer Neymar, bekommt eine derartige Auszeichnung groteske Züge.

Eine umgekehrte Auslegung von Shakespeares Zitat macht der „Eklat" bei den Olympischen Spielen 2012 in London deutlich. Acht Badmintonspielerinnen wurden disqualifiziert, weil sie die Regeln zu ihren Gunsten „auslegten" und absichtlich schlecht spielten, um für die K.-o.-Runden eine bessere Ausgangsposition zu haben. Bei genauer Analyse der Situation wurde deutlich, dass der „olympische Spielmodus geradezu zu Manipulationen einlädt" (IQ-20.5), wie der Badmintonspieler Marc Zwiebler betonte. Der Publizist Matthias Heitmann meinte in seinem Kommentar „Warum soll Cleverness unfair sein?":

„Ein Leistungssportler ist keine Leistungsmaschine und auch kein ästhetischer Schönspieler. Er will Erfolge erringen und Medaillen gewinnen, denn daran wird er gemessen. Um dies zu erreichen, agiert er taktisch, bestenfalls springt er, wie das sprichwörtliche Pferd, nicht höher, als er muss. Das ist keine Manipulation – so etwas nennt man Cleverness und Effizienz" (IQ-20.6).

Bewerten Sie die Aussage von Matthias Heitmann unter Berücksichtigung Ihrer Definition von Fairness.

Die Auszeichnung des DOSB für die Leichtathletin Katrin Green verdeutlicht, dass uns im Spitzensport durchaus faires Verhalten begegnet. Die Sprinterin setzte sich in empathischer Weise für ihre direkte Konkurrentin ein und nahm dabei eine Niederlage in Kauf.

FAIRNESSBEGRIFF

Was heißt fair?

Heringer (1995, S. 58) definiert **Fairness** und **Unfairness** als jeweils komplementäre Begriffe, die sich rekursiv auf das vermeintlich gemeinsame Ziel des Spiels („Spielen und durch Spielen gewinnen") beziehen: „1. Fair ist alles, was nicht unfair ist. 2. Unfair ist alles, was den Witz des Spiels zerstört. 3. Der Witz des Spiels ist das gemeinsame Ziel der Spieler. 4. Das gemeinsame Ziel ist: Spielen und durch Spielen gewinnen."

Nehmen Sie kritisch Stellung zur Fairnessdefinition von Heringer.

Aspekte der Fairness

▶ **Fairness im Sport** geht über das Einhalten konstitutiver und strategischer Regeln sowie das Berücksichtigen der Spielidee hinaus und beinhaltet die Achtung des Geists der Regeln, das Befolgen von Schiedsrichterurteilen, eine Garantie der Chancengleichheit, ein Bemühen um Chancengerechtigkeit und die Achtung aller am Spiel Beteiligten auch als Person.

Das *Sportwissenschaftliche Lexikon* schreibt: „Fairness ist die Tugend im Sport. Sie ist die moralische Haltung, durch die sowohl das Reglement im Einzelnen wie auch die sportliche Einstellung als solche gewahrt werden. Durch Fairness sichert das Individuum aus eigenem Antrieb den Sinn von Wettkampf und Spiel" (Court, 2003, S. 189).

Unter **Fairness** versteht man in diesem Sinne eine erstrebenswerte und wichtige Charaktereigenschaft, die eine Person befähigt, das sittlich Gute zu tun. Dies bedeutet im Umfeld des Sports neben dem Einhalten der Regeln auch das Bewahren der sportlichen Einstellung. Fairness geht also über die bloße Regelbeachtung hinaus. Der damalige Bundespräsident Richard von Weizsäcker (1986, S. 107) formulierte dies in seiner Rede zu Grundsätzen und Grenzen des Sports als **Geist der Regeln**:

„Verlangt ist nicht nur die formelle Beachtung von Regeln. Nie werden geschriebene Regeln die menschliche Haltung des ‚Fairplay' ersetzen können. Der Sportler, der das Fairplay beachtet, handelt nicht nach dem Buchstaben, er handelt nach dem Geist der Regeln."

Was meinte der ehemalige Bundespräsident konkret mit dem „Geist der Regeln"?

Neben der Regeleinhaltung zeigt sich mit dem Begriff der Chancengleichheit ein zweites Kriterium der Fairness. **Chancengleichheit** bedeutet, dass beide Wettkampfparteien während des Wettkampfs gleiche Chancen auf einen möglichen Sieg haben. Keine Partei darf Vorteile annehmen und keine Nachteile ausnutzen, die sich nicht aus den Regeln ergeben. Da die Regeln nur den Rahmen des Wettkampfs liefern können, ergeben sich viele offene Situationen und Konfliktmöglichkeiten. Die am Wettkampf Beteiligten haben also über die Funktion des Schiedsrichters hinaus einen Spielraum, den sie angemessen ausgestalten können. Für Gerhardt (1995, S. 19) ist Fairness daher der gute und „durch und durch angemessene **Geist des Sports**".

Beispiel 1: Ein Fußballspieler liegt, vom Schiedsrichter unbemerkt, verletzt auf dem Boden. Ein gegnerischer Spieler schießt den Ball zur Spielunterbrechung ins „Aus".

Beispiel 2: Die Sprinterin Katrin Green insistiert beim Kampfgericht darauf, dass ihre Gegnerin Marie Amelie LeFur beim 200-m-Sprint-Finale der Leichtathletik-WM 2011 mit zuvor von einem Kampfrichter beanstandeten Spikes laufen darf.

Beispiel 3: Mit einer Bildfolge bewies der Fotograf Kai Pfaffenbach, dass David Storl bei seinem dritten Versuch nicht (wie zunächst angenommen) auf den Balken getreten hatte. Pfaffenbach zeigte diese Bilder Storl, was der übergeordnete Kampfrichter Andrej Schukow bemerkte. Nach Ansicht der Bildfolge entschied er, dass der Versuch gültig sei. Mit diesem Versuch gewann David Storl wie zwei Jahre zuvor die Goldmedaille (IQ-20.7).

Die drei Beispiele machen deutlich, dass alle Personen im Geist der Regeln und des Sports gehandelt haben. Der Fußballspieler hätte versuchen können, die Verletzung der gegnerischen Mannschaft auszunutzen und in Überzahl ein Tor zu erzielen. Katrin Green hätte das regelgerechte Urteil unkommentiert zur Kenntnis nehmen können. Der Kampfrichter hätte nach Regelstatuten den „Videobeweis" ignorieren können. Im Sinne der Wahrung von Chancengleichheit während des Wettkampfs haben sich alle Personen jenseits der konstitutiven Regeln für eine menschliche und faire Haltung entschieden.

Chancengleichheit im Sport und Sportsgeist bedeutet aber nicht, dass eine Mannschaft oder Person die eigene taktische und technische Überlegenheit im Rahmen der Spielregeln nicht voll und ganz ausschöpfen darf. Fairness berücksichtigt also ausdrücklich auch die „strategischen Regeln" des Spiels (Digel, 2003, S. 533).

Ein drittes Kriterium zur Bestimmung der Fairness im Sport ist die **Achtung des Gegners als Person**. Der Gegner ist kein Feind, sondern er ist ein Spielpartner. Dieses Kriterium leitet sich aus einer funktionalen Perspektive des Sportspiels ab, dass der „unverletzte" Gegenspieler zur Aufrechterhaltung des Wettkampfs notwendig ist. Denn wird der Gegner so verletzt, dass er nicht mehr am Spielgeschehen teilnehmen kann, bricht das System Spiel prinzipiell zusammen. Andererseits sind im Regelwerk der Sportarten implizit auch moralische Werte einer Gesellschaft enthalten. Grobes Foulspiel und verbale Beleidigung wird z. B. in den Sportspielen hart bestraft.

Überträgt man Fairness auf das gesamte Handlungsfeld des Sports, berührt Fairness nicht nur den einzelnen Sportler, sondern auch sein Umfeld. Das obige Beispiel 3 zeigt, dass sich auch ein Kampfrichter und sogar ein Fotograf sportlich fair verhalten können. Aufgrund dieser erweiterten Fassung von Fairness im Sport ergeben sich in Anlehnung an Lenk und Pilz (1989), Digel (2003), Loland (2010) und Müller (2009) folgende (sich teilweise überlappende) **Aspekte von Fairness** (vgl. Abb. 20.4):

- Einhaltung **konstitutiver Regeln**;
- Beachtung **strategischer Regeln**;

- Berücksichtigung der **Regeln zur Sportidee**: Die Beteiligten wollen ein Spiel mit seiner Spiel- und Sportidee auch wirklich spielen.
- Achtung des **Geists der Regeln**;
- Befolgen der **Urteile des Schiedsrichters** oder des Kampfrichters;
- Garantie der **Chancengleichheit** (gleiche Wettkampfbedingungen; keine Ausnutzung eines eigenen Vorteils oder gegnerischen Nachteils jenseits der Spielregeln);
- Bemühen um **Chancengerechtigkeit** (Eliminierung oder Kompensation wesentlicher Ungleichheiten zwischen Personen, die das Individuum nicht kontrollieren kann);
- **Achtung des Gegners** (und auch des Schiedsgerichts) **als Person**.

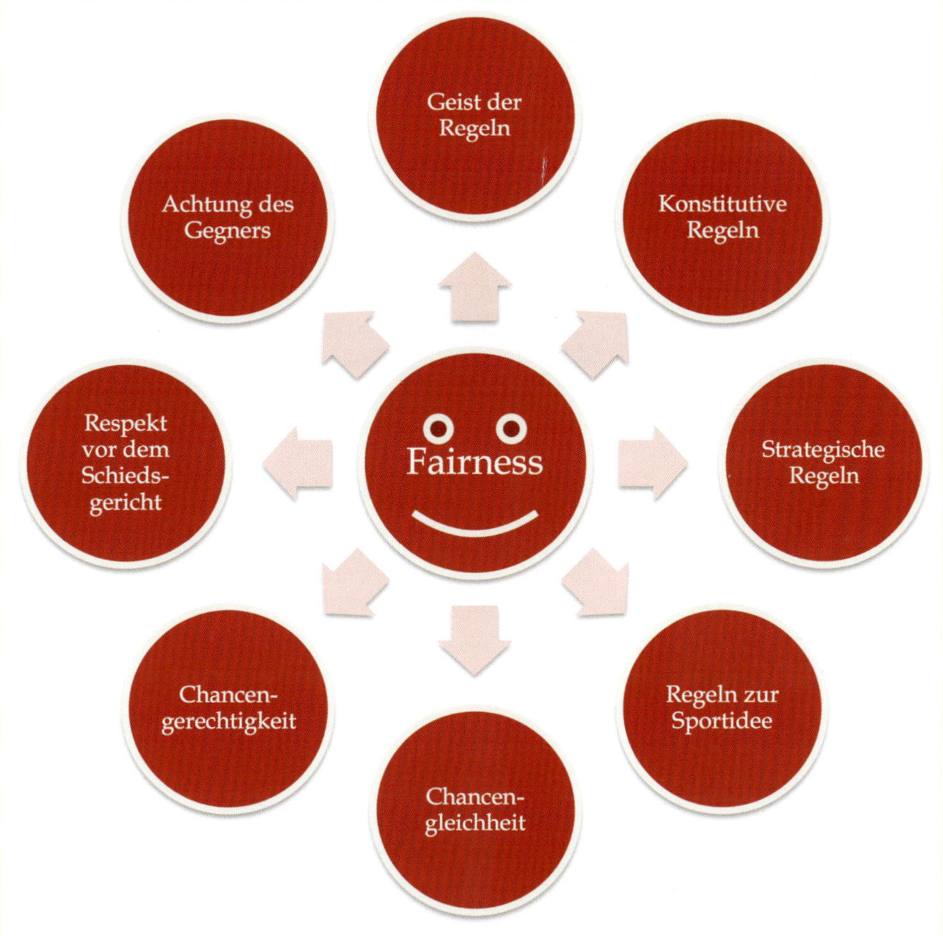

Abb. 20.4: Aspekte von Fairness (modifiziert nach Müller, 2009, S. 266)

Informationen zur Geschichte des Fair-Plays sind per QR-Code unter Zusatzinformationsmaterial einsehbar.

Faire und nicht faire Handlungen

▶ Handlungen im Sport können auf einem Kontinuum zwischen „fair" (sportlich) und „unfair" (unsportlich) eingeordnet werden. Sportliches Handeln kann entweder **fair**, **unfair** oder **weder fair noch unfair** sein. Unfaire Handlungen sind normabweichend und können aggressiv oder betrügerisch sein.

Die obige Definition von Fairness ermöglicht es zwar, faire von nicht fairen Handlungen zu unterscheiden: Geklärt werden muss aber noch, ob nicht faire mit unfairen Handlungen identisch sind und ob es daher für ein faires Verhalten genügt, nicht unfair zu sein. Ein Beispiel soll erläutern, dass es neben fairen und unfairen Handlungen auch solche Handlungen gibt, die weder fair noch unfair sind.

Beispiel: Im Volleyball wird ein Schmetterschlag eines Angreifers A von Mannschaft 1 „Aus" gegeben. Ein abwehrender Spieler B von Mannschaft 2 ist aufgrund seiner Wahrnehmung der Meinung, dass der Ball noch die Linie berührt haben könnte. Nun hat Spieler B die Möglichkeit, die Schiedsrichterentscheidung entweder zu akzeptieren oder sie zu korrigieren.

Dass Spieler B die Entscheidung des Schiedsrichters nicht korrigiert, könnte einerseits den Grund haben, dass er sich nicht völlig sicher ist, ob der Ball noch im Feld war. Andererseits könnte er auch der Meinung sein, dass Schiedsrichterentscheidungen grundsätzlich zu akzeptieren seien und dass sich darüber hinaus mögliche Fehlentscheidungen eines Schiedsrichters im Laufe eines Spiels ausgleichen. Die Entscheidung, den Schiedsrichter nicht zu korrigieren, kann daher als eine Handlung bezeichnet werden, die **weder fair noch unfair** ist.

Im Fall, dass Spieler B die Entscheidung des Schiedsrichters zuungunsten von Mannschaft 2 korrigiert, weil ihn seine Wahrnehmung und prinzipielle Haltung dazu veranlasst, einen subjektiv unangemessenen Vorteil abzulehnen, kann dieses Verhalten als eine **faire** Handlung bewertet werden.

Sportliche Handlungen können auf einem Kontinuum zwischen unfair (unsportlich) und fair angesiedelt werden. In Anlehnung an Gabler (2001) lassen sich dabei drei Kategorien von Handlungen unterscheiden: faire Handlungen, weder faire noch unfaire Handlungen sowie unfaire Handlungen.

Faire Handlungen entsprechen der obigen Fairnessdefinition. Handlungen im Sport, die entweder den allgemeinen Regeln entsprechen oder die nicht regelgerecht und nicht normabweichend sind, können als **weder faire noch unfaire Handlungen** bezeichnet werden. Hierzu gehört z. B. das Übertreten beim Einwurf im Fußball, das Halten im Handball oder gewöhnliche Fouls im Basketball. Solche Handlungen bezeichnet Gabler

(2001, S. 153) auch mit **neutralen** Handlungen. **Unfaire Handlungen** sind normabweichende Handlungen. Dabei kann unterschieden werden zwischen aggressiven Handlungen und betrügerischen Handlungen. Während z. B. das Revanchefoul eine (explizit) **aggressive** und damit offensichtlich unfaire Handlung darstellt, sind Doping, Spielmanipulationen, eine „Schwalbe" im Fußball oder eine „psychologische Kriegsführung" in den Medien (meist verdeckte) **betrügerische** Handlungen, welche die zentrale Norm der Chancengleichheit verletzen.

Tab. 20.3: Handlungskategorien im Kontext von Fairness im Sport (in Anlehnung an Gabler, 2001)

Kategorie	Fair	Weder fair noch unfair	Unfair (normabweichend)	
			Aggressiv	Betrügerisch
Bedeutung	Bewusstes und konsequentes Einhalten der Regeln und der Chancengleichheit sowie Achten des Gegners als Person	Allgemein regelentsprechendes oder regelabweichendes, aber der Norm entsprechendes Verhalten	Bewusst schädigendes (explizit aggressives) oder Schaden in Kauf nehmendes (implizit aggressives) Verhalten	Von der Norm der Chancengleichheit (keinen Vorteil jenseits der Spielregeln ausnutzen) abweichendes Verhalten
Beispiele	Korrigieren einer Schiedsrichterentscheidung zum eigenen Ungunsten	Normales Foul im Basketball, Halten im Handball, Übertreten im Volleyball	Revanchefouls, versteckte Fouls, grob unsportliche Fouls, Beleidigungen	„Schwalbe" im Fußball, Doping, Spielmanipulationen und Wettbetrug

Wie hängen Fairness und Motivation zusammen?

Werden Handlungen nach ihrer Fairness bewertet, hängt dies auch davon ab, ob das Handeln intrinsisch oder extrinsisch motiviert ist. Im ersten Fall handelt eine Person der fairen Handlung wegen, im zweiten Fall aufgrund möglicher Folgen des Handelns. Intrinsisch motiviertes Handeln gilt als sittlich gut, extrinsisch motiviertes faires Handeln meist nur als sittlich richtig.

a) Geben Sie möglichst viele Beispiele aus dem Sport an, bei denen die Handlung intrinsisch bzw. extrinsisch motiviert ist.
b) Arbeiten Sie anschließend mithilfe des Textes unter Zusatzinformationsmaterial (Fairness und Motivation) heraus, welche Art des motivierten Verhaltens vorliegt. Finden Sie weitere Beispiele?

Was ist Pseudofairness im Fußball? (nach Müller, 2011; Mumford, 2010)
Im Fußball gilt es als faires Verhalten, den Ball ins „Aus" zu schießen, sobald ein verletzter Spieler am Boden liegt. Diese faire Geste wird meist mit einer ebenso fairen Geste beantwortet: Die Mannschaft, die den Einwurf zugesprochen bekommt, wirft den Ball zurück zur gegnerischen Mannschaft, die vorher bereits in Ballbesitz war. Die Zuschauer honorieren dieses Verhalten meist mit Applaus. Allerdings wird dieses klassische Beispiel für Fairness im Sport nicht von allen Sportphilosophen positiv bewertet. Warum könnte man von einer Pseudofairness sprechen?

PROBLEME BEI DER REALISIERUNG VON FAIRNESS

Weichling oder fairer Sportsmann?
Alpay Özalan wurde mit einem Fair-Play-Preis der UEFA ausgezeichnet, als er in einem Spiel der Fußball-Europameisterschaft 1996 gegen Kroatien als letzter Mann in der Abwehr den Spieler Goran Vlaović gewähren ließ und nicht die Notbremse zog und Vlaović das einzige und siegbringende Tor für Kroatien erzielte. Özalan sah sich durch die türkischen Medien Kritik ausgesetzt, da nach deren Ansicht ein Foul und die Verhinderung der Torchance taktisch klüger gewesen wäre. Er selbst meinte nach dem Spiel (zitiert nach Gabler, 2001, S. 155): „Ich hätte Vlaović foulen müssen und kann mir selbst nicht vergeben. Für einen Bruchteil der Sekunde habe ich überlegt, ob ich die Notbremse ziehen soll. Bis ich mich entschied, war er schon außer Reichweite." Diese Kritik hatte nachhaltigen Einfluss auf seine weitere persönliche fußballerische Entwicklung. Er wurde in der Türkei als „Weichling" etikettiert und fiel in der Folgezeit durch grobe Fouls und unsportliches Verhalten auf.

Erörtern Sie, inwiefern das Verhalten des türkischen Spielers und der UEFA zu mehr Fairness im Sport beiträgt.

▶ Der Fairnessbegriff im Sport stößt besonders im professionellen Showsport an seine Grenzen. Dort kommt es aufgrund unterschiedlicher Ressourcenverteilung zu einer Ambivalenz von Fairness und Chancengleichheit bzw. Chancengerechtigkeit. Im Jugendsport wird die Fairnesserziehung durch einen zu hohen Erfolgsdruck und eine stark egoorientierte Ausrichtung des Sports erschwert.

Faires Handeln ist immer im Kontext der sportartspezifischen Regeln und Normen, der aktuellen situativen Bedingungen und der übergeordneten gesellschaftlichen Voraussetzungen zu bewerten. Daher ist faires Handeln aus der Außenperspektive oft nicht feststellbar. In Anlehnung an Gabler (2001) und Loland (2010) soll dies an folgenden Aspekten verdeutlicht werden:

- **Erfolgsdruck im Wettkampfsport,**
- **Innenperspektive eines Sportlers und einer Sportart,**
- **situative Zwänge im Wettkampfbetrieb,**
- **Chancengleichheit und Chancengerechtigkeit im sportlichen Wettkampf.**

Erfolgsdruck im Wettkampfsport

Die starke Kommerzialisierung des Sports erzeugt bei den Sportlern einen hohen psychischen Erfolgsdruck. In Konfliktsituationen unter erschwerten Bedingungen (z. B. Fußball-EM im obigen Beispiel des türkischen Fußballprofis Alpay) fällt es einem Sportler besonders schwer, sich zwischen einer fairen und einer unfairen Handlung zu entscheiden. Der Gewaltforscher Pilz (1995, S. 180) beschreibt die ambivalente Beziehung von Erfolgsdruck und Fairness folgendermaßen:

„Anstatt Fairness zu lernen, wird vielen Jugendlichen in den Vereinen gerade das Gegenteil vermittelt. Das plakative Einklagen von Fairplay, die Erziehung zur Fairness fruchten solange wenig, solange der Erfolgsdruck, der auf Sportlern und Sportlerinnen, aber auch Trainern und Trainerinnen lastet, nicht gemindert wird. Solange dies nicht geschieht, sind Unfairness, die Handlungsmoral des ‚fairen Fouls' oder ‚Alles oder Nichts' durchaus sinnhaftes Handeln, das man den Athleten nicht zum Vorwurf machen kann und darf. Solange ist es auch unredlich – um nicht zu sagen ‚unfair' – von den Sportlern Fairplay einzuklagen."

Innenperspektive eines Sportlers und einer Sportart

Das obige Beispiel des türkischen Fußballers Alpay macht deutlich, dass sein Verhalten aus der Außenperspektive als eine faire Handlung beurteilt werden kann, die mit dem Fair-Play-Preis der UEFA belohnt wurde. Zieht man allerdings die Innenperspektive des Sportlers heran, entsprach seine Gesinnung nicht der Fairnessidee.

Zu Beurteilung einer Handlung im Sinne von „fair", „unfair" und „weder fair noch unfair" kann aber auch die Innenperspektive einer Sportart wichtig sein. So entspricht es im Radsport der Norm, dass bei einem Ausreißversuch zweier Radfahrer der zurückliegende Fahrer im Windschatten fahren darf, sodass er bei der Zieleinfahrt am führenden Fahrer vorbeiziehen kann und einen Etappensieg einfährt. Das gleiche Verhalten ist dagegen beim Eintagesrennen anders zu beurteilen. Es ist zwar nicht regelabweichend, als fair gilt jedoch, wenn sich beide Fahrer in der Führungsarbeit abwechseln, um bei der Zielanfahrt gleiche Chancen auf einen Sieg zu haben.

Situative Zwänge im Wettkampfbetrieb

Fairness im Sport wird auch beeinflusst durch situative Zwänge innerhalb des Wettkampfbetriebs. Der schon als deutscher Meister feststehende Tabellenführer schont im Bundesligaspiel gegen einen Abstiegskandidaten seine Kräfte für das wichtige Finale in der Champions League. Damit wird ein anderer Abstiegskandidat, gegen den der Tabellenführer zwei Wochen vorher mit 5:0 die Meisterschaft gesichert hat, benachteiligt. Im Sinne der Chancengleichheit wäre es sportlich fair, wenn der Tabellenführer auch im unwichtig gewordenen Bundesligaspiel mit vollem Einsatz agieren würde.

Chancengleichheit und Chancengerechtigkeit im sportlichen Wettkampf

Chancengleichheit und Chancengerechtigkeit

„Chancengleichheit beschreibt grundsätzlich das Recht auf gleichen Zugang zu bestimmten Lebenschancen. Hieraus resultiert das Verbot zur Diskriminierung aufgrund von Geschlecht, sozialer Herkunft etc. Gleichheit bezeichnet die Übereinstimmung in einem bestimmten Merkmal bei Verschiedenheit in anderen. Ein Beispiel im Sport: Zwei Athleten stehen im 100-m-Sprint an der Startlinie. Gleichheit besteht insofern, dass beide Sportler die gleiche Strecke zu absolvieren haben und für beide dasselbe Regelwerk gilt. Trotzdem sind beide Sportler nicht gleich; und sie haben in einem weiteren Sinn auch nicht dieselben Chancen, weil sie beispielsweise unterschiedliche Talente und Trainingsbedingungen zur Verfügung haben. Chancengleichheit im Sport bedeutet gleiche Chancen im Wettbewerb auf der Grundlage der gültigen Regeln. Diese sollen nach dem ethischen Prinzip des ‚Fair Play' im Sport weitgehende Chancengleichheit gewährleisten. Chancengleichheit ist nicht zu verwechseln mit Chancengerechtigkeit. Um ein Beispiel zu geben: Theoretisch könnte in der Leichtathletik die Hochsprungleistung auch relativ zur Körperhöhe gemessen werden. Das wäre gerechter als die jetzige Regel und nach dem Prinzip der Chancengleichheit, die besagt, dass jeder, ob groß oder klein, dick oder dünn, die prinzipiell gleiche Chance hat, eine Hochsprunglatte zu überqueren – vorausgesetzt, er springt mit einem Bein ab" (aus Emrich et al., 2013, S. 701).

Arbeiten Sie den Unterschied zwischen Chancengleichheit und Chancengerechtigkeit im Sport heraus und bewerten Sie die Begriffe im Hinblick auf sportliche Fairness.

Chancengleichheit im Sport bedeutet formal zunächst, dass alle am Wettkampf beteiligten Personen gleiche Wettkampfbedingungen haben und während des Wettkampfs keine Ausnutzung eigener Vorteile bzw. gegnerischer Nachteile jenseits der Spielregeln erfolgt. Darüber hinaus bedeutet Chancengleichheit aber auch, dass die Vorbereitung auf den Wettkampf unter gleichen Bedingungen abläuft. Ob im kommerzialisierten Sport allerdings gleiche Ressourcen (z. B. Budget, Technik, Material) für alle Beteiligten erreicht werden können, ist fraglich. In diesem Zusammenhang könnte diskutiert werden, inwiefern die in der US-amerikanischen NBA (National Basketball Association) übliche Praxis der Spielereinkäufe, bei der die in der letzten Saison weniger erfolgreichen Mannschaften den ersten Zuschlag auf die spielstärksten Nachwuchsspieler haben, für mehr Chancengleichheit sorgt (Schwier, 2001).

Der Begriff der **Chancengerechtigkeit** lässt sich zurückführen auf den amerikanischen Philosophen John Rawls (1975), dem es um eine gerechte Regelung der Güterverteilung in einer Gesellschaft im Sinne einer gerechten Gesellschaftsordnung geht, in der auch die Situation der sozial Schwächeren berücksichtigt wird. Bezogen auf den Sport, bedeutet **Chancengerechtigkeit** nach Loland (2010) die Eliminierung oder Kompensation wesentlicher Ungleichheiten zwischen Personen, die das Individuum nicht wesentlich kontrollieren und beeinflussen kann und somit das Individuum hierfür nicht verantwortlich gemacht werden kann. Unfairness kann in diesem Sinne entstehen durch externe Bedingungen (z. B. Witterungseinflüsse) oder durch individuelle Gegebenheiten der Sportlerinnen und Sportler (z. B. Körpergröße, Gewicht).

Gabler (2001, S. 156) gibt zu bedenken, dass es sich beim sportlichen Wettkampf um ein von vornherein vereinbartes „Null-Summen-Spiel" handele. „Gewinn und Verlust ergeben in der Summe stets null. [. . .] Was der eine gewinnt, verliert der andere. Im sportlichen Wettkampf soll gerade sportliche Ungleichheit verdeutlicht werden."

Was bedeutet Fairness der Zuschauer?

Geht man einerseits davon aus, dass Parteilichkeit für Zuschauer in Grenzen als normentsprechendes Verhalten (z. B. Beifall für eigene Mannschaft bekunden, Anfeuern) zu beurteilen ist, so muss andererseits festgestellt werden, dass Parteilichkeit z. B. bei Heimspielen zur Beeinträchtigung der Chancengleichheit der Athleten führen kann (z. B. Auspfeifen des Gegners). Faires Verhalten ist in diesem Sinne gegeben, wenn sich die Zuschauer gezielt bemühen, sowohl Leistungen aller Athleten zu unterstützen als zu deren Chancengleichheit beizutragen. Geben Sie sportliche Beispiele an.

Fanausschreitungen im Basketball

20.4 AGGRESSIONSVERMEIDUNG UND FAIRNESSERZIEHUNG IM SPORT

▶ **Aggressionsvermeidung** und **Fairnesserziehung** sind zwei Seiten einer Medaille. Sie zielen beide auf einen **ethisch guten Sport**.

Gabler (2001, S. 149) betrachtet Aggression und Fairness im gleichen Kontext und merkt hinsichtlich einer pädagogischen Perspektive an:

„Betrachtet man den Sport unter ethischen Gesichtspunkten, dann drängt sich nicht nur die Frage auf, welche Untugenden im Sinne böser Handlungen im Sport unterlassen werden sollen, sondern auch, welche Tugenden im Sinne guter Handlungen zu fordern und unter pädagogischen Gesichtspunkten zu fördern sind" (Gabler, 2001, S. 149).

Die Aussage von Hartmut Gabler macht deutlich, dass Aggressionsvermeidung und Fairnesserziehung zwei Seiten einer Medaille darstellen (vgl. Abb. 20.5). Das Begriffspaar Aggressionsvermeidung und Fairnesserziehung steht im Kontext des „ethisch guten Sports".

Abb. 20.5: Zwei Seiten einer Medaille: Fairnesserziehung und Aggressionsvermeidung zielen auf einen ethisch guten Sport.

In diesem Kapitel werden Beispiele aus Schule und Sport vorgestellt, die dazu beitragen können, bösartige Handlungen im Sport zu vermeiden und zu mehr sportlicher Fairness zu erziehen. Abschließend werden Aspekte zur Aggressionsvermeidung und Fairnesserziehung aus der Perspektive des Leistungssports beleuchtet.

PRÄVENTIONSPROGRAMME ZUR AGGRESSIONSVERMEIDUNG

▶ Zur Aggressionsvermeidung werden zahlreiche Programme und Ansätze eingesetzt, die **präventiv** wirken sollen. Darüber hinaus müssen aggressive Handlungen **klar definiert** und **konsequent sanktioniert** werden.

Betrachtet man den Erziehungsprozess zunächst aus der Perspektive der Aggressionsvermeidung, so lässt sich aufgrund der sehr komplexen und multikausalen Gewalt- und Aggressionserscheinungen im Sport ein breites Spektrum an **erzieherischen Interventionen** festmachen. Hierzu zählen z. B.:

- Schulprogramme (z. B. bewegte Schule, gesunde Schule),
- Streitschlichterprogramme,
- Stressmanagementtraining (z. B. Muskelentspannung, Copingstrategien),
- therapeutische Ansätze (z. B. kognitive Verhaltenstherapie),
- Projekte zum Thema Gewalt und Sport,
- Fanprojekte.

Die International Society of Sport Psychology (ISSP) hat ein Positionspapier veröffentlicht, in dem sie **Empfehlungen zur Vermeidung von Aggression** im Sport abgibt. Diese umfassen u. a. folgende Aspekte (IQ-20.8):

- strikte Bestrafung aggressiver Handlungen;
- Vermitteln und Einüben von Fairness bereits im Jugendalter;
- realistischer Umgang der Medien mit Aggression;
- Aggressionsfortbildung aller Akteure (Trainer, Manager, Spieler etc.);
- Teilnahme aller Personen an Anti-Aggressions-Programmen;
- Alkoholverbot bei Sportveranstaltungen.

Speziell für die Schule hat Gabler (1996) folgende Leitlinien aufgestellt, die auf eine Vermeidung von Aggression zielen:

- Aggressive Handlungen müssen zunächst definiert und hinsichtlich ihrer Schwere klassifiziert werden.
- Klare Regeln sollten in Zusammenarbeit mit den Schülern aufgestellt und begründet werden.
- Sanktionen für antisoziales Verhalten müssen konsequent durchgeführt werden.
- Konsequenzen müssen von den Tätern selbst getragen werden.

> Wo ist Ihnen in Ihrer Schulzeit die Aggressionsproblematik begegnet und wie sind Sie bzw. wie sind die Beteiligten damit umgegangen? Vergleichen Sie Ihre Erfahrungen mit den Vorschlägen von Gabler.

Dabei sind zwei Formen der Sanktionsmöglichkeit denkbar: „Zum einen kann repressiv bestraft werden. Zum anderen kann es auch zu Wiedergutmachungs-Akten und Versöhnungsversuchungen kommen. Ein solcher Ansatz macht deutlich, dass der Täter seine Tat prinzipiell missbilligt und damit Normvertrauen und die verletzte Ordnung wiederherstellt" (Gabler, 1996, S. 471).

> Erörtern Sie, in welchen Situationen welche der beiden dargestellten Sanktionsformen Anwendungen finden sollte.

FAIR-PLAY-PROJEKTE

▶ Aufgrund der Zunahme von Fairnessverstößen im Sport werden verstärkt Fairnessprojekte im Sport verfolgt. Der Erfolg moralisch ausgerichteter Kampagnen scheint fraglich. Erfolge im Kleinen ermutigen zum intensiven Eintreten für Fairness im Sport.

Neben der Aggressionsvermeidung betonen Schulen, Sportvereine und Sportverbände aufgrund der Zunahme an Fairnessverstößen (z. B. Doping, vorgetäuschte Fouls, instrumentelle Aggression etc.) immer stärker Fairnessaspekte im Sport. Ein Beispiel für diese Bemühungen ist die Anti-Doping-Kampagne des DOSB („Gemeinsam gegen Doping"), die nicht nur über die gesundheitlichen Risiken von Doping aufklärt, sondern vor allem auch als moralischer Appell zu verstehen ist. Ehemalige Leistungssportler und Funktionäre aus Sport, Politik und Wirtschaft treten – unterstützt durch die Medienlandschaft – vehement gegen Doping ein. Harte Strafen für Dopingsünder und hohe Forschungsgelder für medizinische Nachweisverfahren ergänzen diese Bemühungen. Dass der Erfolg derartiger, vor allem moralisch angelegter Präventionsmaßnahmen auch kritisch gesehen werden kann, wird ausführlich in Kap. 23.3 diskutiert.

Als Beispiel für eine für gelungene Fairnesserziehung im Sport kann die Mini-Liga des Berliner-Basketball-Verbands (BBV) angesehen werden, in der es für alle Akteure (Trainer, Zuschauer, Spieler, Schiedsrichter, Kampfgericht, Freunde) einen klaren Verhaltenskodex gibt, der bereits seit Jahren erfolgreich praktiziert wird. Wer die Spiele dieser Liga besucht, wird feststellen, dass die Kinder in einer familiären und sportlich fairen Atmosphäre ihrer schönsten Sache der Welt nachgehen können. In einem Flyer des BBV werden auch Freunde und Besucher zur Fairness angehalten (IQ-20.9):

- „Wir alle heißen jeden in der Halle herzlich willkommen und behandeln alle mit dem gleichen Respekt.
- Wir wünschen uns kulturelle und sportliche Vielfalt und geben Diskriminierung keinen Raum, sei es durch Ungleichbehandlung, abschätziges Verhalten oder Beleidigung. Rassismus im und um das Spielgeschehen dulden wir nicht.
- Wir verstehen die Aufgaben aller Beteiligten und nehmen ihre Entscheidungen an. Dabei sind wir Vorbilder und wissen, dass Ehrgeiz und Fair Play gemeinsam bestehen können.
- Aus Fehlern lernen wir!
- Wir lassen uns vom Spiel begeistern, erkennen die Leistungen der anderen an und gehen freundlich auseinander."

BEITRÄGE ZUR AGGRESSIONSVERMEIDUNG UND FAIRNESSERZIEHUNG IM LEISTUNGSSPORT

▶ Eine hohe **technisch-taktische Ausbildung** eines Sportlers mit einer **starken Aufgabenorientierung** kann als wichtiger Beitrag zur Erreichung eines ethisch guten Sports angesehen werden.

Der Idealzustand eines ethisch guten Sports ist trotz der zahlreichen Bemühungen der sportlichen Institutionen weit entfernt von der Realität des kommerziellen Showsports. Wenn dort von Akteuren mehr „internationale Härte" eingefordert wird, sollte allerdings nicht nur ein moralischer Gegenappell erfolgen. Eine stärkere Konzentration auf eine bessere technisch-taktische Ausbildung der Sportlerinnen und Sportler könnte unfaire Verhaltensweisen weitgehend überflüssig machen. Die beiden folgenden Beispiele aus dem Fußball und Basketball sollen diese Überlegung verdeutlichen.

Beispiel 1: Ein Verteidiger im Fußball, der aufgrund seiner sportartspezifischen Ausbildung automatisiert hat, seinen Gegner fair vom Ball zu trennen, wird auch in Stresssituationen des Wettkampfs allein schon aus Angst vor Sanktionen eher auf automatisierte faire Verhaltensweisen zurückgreifen können.

Beispiel 2: Ein Angreifer im Basketball könnte auch aus Gründen der Verletzungsvermeidung bestrebt sein, sich unter Zuhilfenahme eines variablen Angriffsrepertoires zu einem Wurf weg vom Gegner entschließen (dem sogenannten **Fadeaway-Sprungwurf**, den Dirk Nowitzki, der weltweit als der Inbegriff von Fairness gilt, perfekt beherrscht), statt den Ball durch überharten und unfairen Körpereinsatz in den Korb zu befördern.

Abb. 20.6: Dirk Nowitzki wird nicht nur für seinen Fadeaway geliebt, sondern insbesondere auch für seine Fairness.

Dies bedeutet allerdings nicht, dass sich durchsetzendes Verhalten im Sport – das oft fälschlicherweise mit aggressivem Verhalten gleichgesetzt wird – unterbleiben soll. Dieses, den sportartspezifischen Regeln entsprechende Verhalten ist Teil des Wettkampfsports. Zu einer (leistungs-)sportlichen Erziehung gehört somit auch dazu, dass eine Person gelernt hat, bis zu welcher Grenze ihr Verhalten assertiv ist und ab wann es aggressiv und damit unfair wird.

Eine breite sportspezifische Ausbildung mit einem angemessenen assertiven Verhalten könnte verstärkt werden durch eine aufgabenorientierte Zielorientierung (vgl. Kap. 18.2). Die sportliche (und nicht nur die!) Leistung eines Menschen wird dabei als das ständige Bemühen verstanden, seine persönliche Grenze zu erreichen. So ließe sich ein Gegengewicht schaffen zur stark egoorientierten Ausrichtung des kommerziellen Showsports.

20.5 RÜCKBLICK

Aggression und Aggressivität

- **Aggression** im Sport ist ein Verhalten, das von einer sportlichen Norm abweicht und darauf abzielt, eine andere Person explizit zu schädigen (**explizite Aggression** = Gewalt, z. B. Revanchefoul) oder eine personale Schädigung der anderen Person implizit in Kauf nimmt (implizite oder **instrumentelle Aggression**, z. B. „Notbremse" im Fußball).
- Die Schädigung kann in Form von **physischer** (z. B. Faustschlag), **verbaler** (z. B. Beleidigung) und **symbolischer Aggression** (z. B. abfällige Gesten) erfolgen. Eine Sonderform der Aggression ist die **Autoaggression**, die gegen sich selbst gerichtet ist (z. B. Doping, Essstörung).
- Vermeintlich aggressive Verhaltensweisen (z. B. Bodycheck im Eishockey), die zur Selbstbehauptung eingesetzt werden, aber der sportlichen Norm entsprechen, werden mit **Assertivität** bezeichnet.
- **Aggressivität** ist die überdauernde Bereitschaft (Aggressionsmotiv), in gegebenen Situationen aggressiv zu handeln.

Entstehung von Aggression im Sport

- **Personale Ansätze:** Erklärt man Aggression auf personaler Ebene, kann Aggression genetisch bedingt als internaler Reiz gesehen werden **(genetische Ansätze)**, die Folge externer Reize wie Frustration und Ärger sein können **(Frustrations- und Aggressionstheorie)** oder durch Lernen am Modell und Erfolg erfolgen **(soziale Lerntheorie)**.
- **Gruppenansätze:** Aggression kann durch die Versunkenheit in der Gruppe **(Deindividuation)**, bestimmte Gruppennormen **(emergente Normentheorie)**, konkurrierende Gruppenziele **(Theorie der realistischen Gruppenkonflikte)** oder eine **bloße Gruppenzugehörigkeit** ausgelöst werden.
- **Gesellschaftsansätze:** Das **Konzept der sozialen Schicht** betont die Zugehörigkeit zu einer Schicht und deren Lebensstil als Ursache für aggressives Verhalten, während der **Desintegrationsansatz** Aggression und Gewalt als Folge sozialer Verunsicherung sieht, die durch Individualisierung und Desintegration hervorgerufen wird.
- **Zusammenhang von Zielorientierung und Aggression:** Egoorientierte Personen neigen eher zu aggressiven Handlungen, während aufgabenorientierte Personen zu fairem Verhalten tendieren.
- **Aggression als Ergebnis einer Motivanregung:** Aggressives Verhalten kann als Ergebnis einer Aggressionsmotivanregung mit den Komponenten Aggressionstendenz und Aggressionshemmungstendenz betrachtet werden.

Fairness im Sport

- **Fairness im Sport** geht über das Einhalten konstitutiver und strategischer Regeln sowie das Berücksichtigen der Spielidee hinaus und beinhaltet die Achtung des Geists der Regeln, das Befolgen von Schiedsrichterurteilen, eine Garantie der Chancengleichheit, ein Bemühen um Chancengerechtigkeit und die Achtung aller am Spiel Beteiligten auch als Person.
- Handlungen im Sport können auf einem Kontinuum zwischen „fair" (sportlich) und „unfair" (unsportlich) eingeordnet werden. Sportliches Handeln kann entweder **fair**, **unfair** oder **weder fair noch unfair** sein. Unfaire Handlungen sind normabweichend und können aggressiv oder betrügerisch sein.
- **Probleme bei der Realisierung von Fairness:** Die Bewertung einer sportlichen Handlung auf Fairness ist stark abhängig von der Situation und der Innenperspektive einer Person und einer Sportart. Im professionellen Showsport kommt es aufgrund unterschiedlicher Ressourcenverteilung zu einer Ambivalenz von Fairness und Chancengleichheit bzw. Chancengerechtigkeit. Im Jugendsport wird die Fairnesserziehung durch einen zu hohen Erfolgsdruck und eine stark egoorientierte Ausrichtung des Sports erschwert.

Aggressionsvermeidung und Fairnesserziehung im Sport

- **Aggressionsvermeidung** und **Fairnesserziehung** gehören zusammen und zielen beide auf einen ethisch guten Sport.
- Zur **Aggressionsvermeidung** werden meist **präventive Programme** eingesetzt. Ergänzend muss aggressives Verhalten **klar definiert** und **konsequent sanktioniert** werden.
- Der Erfolg von moralisch angelegten **Fairnesskampagnen** ist fraglich. Fair-Play-Erziehung gewinnt durch die stärker werdenden Verstöße an Bedeutung und hat ihre Keimzelle im familiären Bereich.
- **Aggressionsvermeidung und Fairnesserziehung im Leistungssport:** Faires Verhalten wird wahrscheinlicher, wenn der Sportler über ein hohes technisch-taktisches Repertoire und eine starke Aufgabenorientierung verfügt.

20.6 PRÜFUNGSVORBEREITUNG

Kontrollfragen

1. Geben Sie eine Definition von Aggression im Sport nach Gabler an.
2. Beschreiben Sie, wie sich aggressive von nicht aggressiven Handlungen unterscheiden.
3. Was bedeuten die Begriffe explizite und implizite (instrumentelle) Aggression?
4. Nennen Sie die drei äußeren Erscheinungsformen von Aggression.

5. Erläutern Sie den Unterschied von Aggression und Assertivität.
6. Erklären Sie, wie Gewalt und Aggression zusammenhängen.
7. Geben Sie drei Beispiele für Autoaggression an.
8. Nennen Sie die vier Haupttheorierichtungen zur Erklärung von Aggression im Sport.
9. Geben Sie die Hauptaussagen der beiden Triebtheorien nach Freud und Lorenz an.
10. Erklären Sie den Begriff Katharsis in Bezug auf die Entstehung von Aggression.
11. Erläutern Sie, was unter Frustration zu verstehen ist.
12. Nennen Sie die Hauptaussagen der Frustrations-Aggressions-Theorie.
13. Nennen Sie Hauptaussage und Hauptkritik an der sozialen Lerntheorie nach Bandura.
14. Nennen Sie die gruppenbezogenen Ansätze zur Aggressionsentstehung.
15. Erklären Sie den Begriff Deindividuation an einem Beispiel.
16. Geben Sie an, was expressive, instrumentelle und regressive Gewalt bedeuten.
17. Beschreiben Sie das gesellschaftsbezogene Modell nach Heitmeyer.
18. Erläutern Sie, wie Aggressivität und Zielorientierung zusammenhängen.
19. Erklären Sie an einem Beispiel den Aggressionsprozess als Aggressionsmotivation.
20. Geben Sie die Fairnessdefinition nach Gabler an und benennen Sie Aspekte von Fairness.
21. Erläutern Sie, wie Gabler faire von nicht fairen Handlungen abgrenzt.
22. Wie hängen Fairness und Aggression zusammen?
23. Geben Sie ein Beispiel für Pseudofairness an.
24. Erklären Sie, wie Fairness und Motivation zusammenhängen.
25. Welche Probleme bestehen bei der Realisierung von Fairness?
26. Nennen Sie Maßnahmen zur Aggressionsvermeidung.
27. Geben Sie Möglichkeiten an, Fair Play im Schulsport zu vermitteln.
28. Nennen Sie Fairnessverstöße im kommerziellen Showsport.

Prüfungsaufgaben

Aggression und Aggressivität im Boxen

Rugby und Fairnesserziehung

Handballrugby und Fair Play

Erörtern Sie, inwiefern „Handballrugby" (vgl. Kap. 19.2, Tab. 19.3) eine geeignete Spielform für den Sportunterricht ist, um Fair Play zu fördern.

TEIL VII

GESUNDHEIT

ERKUNDUNGEN 511

LEKTION 21:
WAS BEDEUTET GESUNDHEIT? 514

LEKTION 22:
INWIEFERN IST SPORT GESUND? 536

LEKTION 23:
WELCHE ROLLE SPIELT DOPING IM SPORT? 558

ERKUNDUNGEN

LEKTION 21: WAS BEDEUTET GESUNDHEIT?

Historische Definitionen von Gesundheit

LEKTION 22: INWIEFERN IST SPORT GESUND?

Karikatur zum Thema Gesundheit und Fitness

Ist Marathonlaufen gesund?

Jedes Jahr starten auf den drei größten Marathonläufen in Köln, Berlin und Frankfurt über 50.000 Menschen. Auf dem weltgrößten Marathon in New York kamen 2013 über 50.000 Läufer ins Ziel. Im Zuge des allmählichen Fitnesstrends hat sich der Marathon als Breitensport etabliert. Krankenkassen wie die AOK und die Techniker Krankenkasse unterstützen die Marathonläufe in Berlin und Düsseldorf.

Im Spitzenbereich werden bei den Frauen Zeiten unter 2:16 h (Engländerin Paula Radcliffe, London-Marathon 2003, 2:15,25 h) und bei den Männern Zeiten von unter 2:03 h gelaufen (Kenianer Dennis Kipruto Kimetto, Berlin-Marathon 2014, 2:02:57 h). Der deutsche „Marathonpapst" Manfred Steffny (2001, S. 118) meinte in seinem Buch *Marathon-Traininglauf* überspitzt: „Vorne laufen die Bleistifte, hinten tappen die Radiergummis."

Was meint Manfred Steffny mit seiner Aussage? Erörtern Sie, ob Marathonlaufen gesund ist.

LEKTION 23: WELCHE ROLLE SPIELT DOPING IM SPORT?

Verführung zum Doping

Ein Verbandsvertreter lädt hinter verschlossenen Türen zu einer Diskussion über die Zukunft eines jungen Langläufers ein. Die Moderation erfolgt über den Verbandsvertreter.

Bereiten Sie die Diskussion innerhalb einer Sechsergruppe vor, indem Sie im Internet nach Argumenten für die jeweilige Position Ausschau halten. Führen Sie dann die Diskussion mit ihrer Sechsergruppe innerhalb Ihrer Klasse vor. Was würde sich ändern, wenn die Diskussion öffentlich wäre (z. B. im Fernsehen).

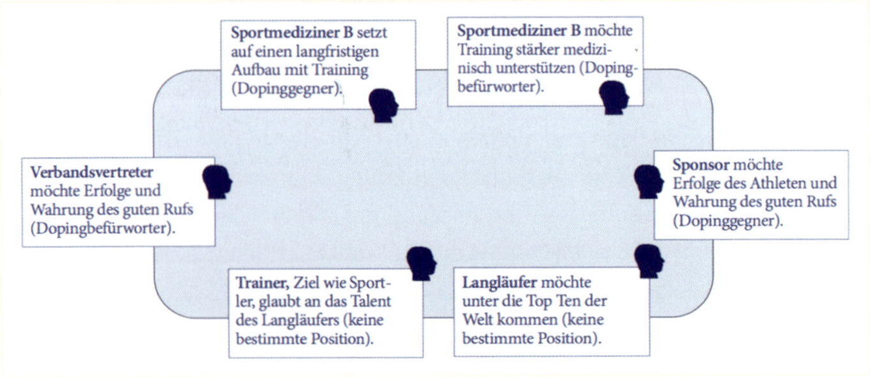

Abb. 23.E.1: Diskussionsrunde zur Zukunft eines Langläufers

Dopingumfrage eines US-Magazins

Diskutieren Sie innerhalb Ihrer Gruppe, welche Gründe zur Einnahme von Doping führen können. Nehmen Sie dann kritisch Stellung zum folgenden Text:

Doping und Chancengleichheit im Sport

„Die Vorstellung des olympischen Sports ist vorwiegend europäisch und nordamerikanisch geprägt. Die Ideale setzen sich aus den antiken Agonen (d. h. immer der Erste, der Beste von allen sein zu wollen), den mittelalterlichen Spielen (mit Ritterlichkeit und Ehre) sowie humanistischen und aufklärerischen Leitbildern (d. h. nahezu unbegrenzt mögliche Perfektionierung des mit gleichen Rechten ausgestatteten Menschen in eine offene Zukunft hinein) zusammen. Sie verlieren ihre bindende Kraft, wenn man sieht, dass Sport vielfach eine kommerzialisierte Form des Broterwerbs ist. Die ursprünglich an das Amateurideal gebundenen Inhalte sind verschwunden, die Form aber ist geblieben. Diskussionen über Doping dürften somit durch erhebliche, interkulturell geprägte Wertkonflikte beeinflusst sein, wenn etwa Akteure mit der Begründung dopen, sie täten dies aus sozialer Verpflichtung, um in einem Entwicklungsland ihren Familienclan existenziell zu sichern. Hier mischt sich die Moral des reichen adligen Amateurs, der Regelsetzer und -kontrolleur in einer Person war, mit den Anforderungen des zum Broterwerb betriebenen Sports eines Berufsathleten, der nicht für den Sport, sondern vom Sport lebt."

Arbeiten Sie die Problematik des Dopingverbots in Bezug auf die Chancengleichheit begründend aus dem obigen Text von Emrich et al. (2013) heraus.

LEKTION 21

WAS BEDEUTET GESUNDHEIT?

21.1 GESUNDHEITSBEGRIFFE 516

21.2 GESUNDHEITSMODELLE 517

21.3 RÜCKBLICK 532

21.4 PRÜFUNGSVORBEREITUNG 533

LEKTION 21: WAS BEDEUTET GESUNDHEIT?

21.1 GESUNDHEITSBEGRIFF

DIMENSIONEN VON GESUNDHEIT

Die Gesundheitsforscherin Franke (2012) hat sich in ihrem Buch *Modelle von Gesundheit und Krankheit* ausführlich mit dem Phänomen **Gesundheit** auseinandergesetzt. Sie berichtet von unterschiedlichen Dimensionen von Gesundheit:

- Gesundheit als Störungsfreiheit,
- Gesundheit als Wohlbefinden,
- Gesundheit als Leistungsfähigkeit und Rollenerfüllung,
- Gesundheit als Gleichgewichtszustand (Homöostase),
- Gesundheit als Flexibilität (Heterostase),
- Gesundheit als Anpassung,
- Gesundheit als höchstes Gut,
- Gesundheit als relativer Wert,
- Gesundheit als Geschenk, Leistung oder Pflicht.

Auf der Basis der Gesundheitsdefinition der WHO von 1948, die Gesundheit als einen individuellen Zustand des körperlichen und psychosozialen Wohlbefindens betrachtet, kam es zu einem Paradigmenwechsel im Gesundheitsverständnis. Gesundheit wurde nicht mehr eindimensional als das Freisein von Krankheiten und Gebrechen betrachtet, sondern als ein individueller mehrdimensionaler Zustand des Wohlbefindens. In der Ottawa-Charta der WHO von 1986 wurde die politische Dimension von Gesundheit akzentuiert: Gesundheit „wird von Menschen in ihrer alltäglichen Umwelt geschaffen und gelebt. Gesundheit entsteht dadurch, dass man sich um sich selbst sorgt und für andere sorgt, dass man in die Lage versetzt ist, selber Entscheidungen zu fällen und eine Kontrolle über die eigenen Lebensumstände auszuüben" sowie dadurch, dass die Gesellschaft Bedingungen herstellt, die dies ihren Bürgern ermöglicht. Bis heute hat sich das Gesundheitsverständnis in Medizin, Soziologie, Psychologie und Sportwissenschaft deutlich verfeinert. In der aktuellen wissenschaftlichen Diskussion wird Gesundheit als mehrdimensionaler und dynamischer Zustand beschrieben.

GESUNDHEIT ALS MEHRDIMENSIONALER ZUSTAND

Der Gesundheitspsychologe Becker (2006) beschreibt Gesundheit als mehrdimensionalen Zustand über körperliche und psychische Indikatoren. Zu den Indikatoren zählen das subjektive körperliche und psychische Wohlbefinden/Missbefinden, körperliche und psychische Leistungsfähigkeit, physiologische und biochemische Parameter (z. B. Blutdruck, Blutzucker, Cortisol) sowie Merkmale des Verhaltens (z. B. Essen, Schlafen, soziales Rollenverhalten) und Anatomie und Aussehen (z. B. Körperbau, Körpergewicht, Farbe der Haut). Auf der Basis der Indikatoren sind Personen nicht „entweder gesund oder krank", sondern können auf physischer und psychischer Ebene zwischen den Polen „zurzeit krank" und „zurzeit gesund" eingestuft werden.

GESUNDHEIT ALS DYNAMISCHER ZUSTAND

Die Soziologen Hurrelmann und Richter (2013, S. 147) sehen Gesundheit als einen Gleichgewichtszustand zwischen Anforderungen und Bewältigungskompetenzen (Ressourcen) an, der in jeder Lebenslage hinterfragt werden muss. Nach ihrer Ansicht ist Gesundheit ein dynamischer Zustand, der z. B. durch Alltagsanforderungen (z. B. Arbeit, Schule, Sport, Familie) und durch sich ändernde Ressourcen (z. B. Fitness, Selbstkonzept, Einkommen) ständig aus dem Gleichgewicht gebracht wird und daher immer wieder neu stabilisiert werden muss.

▶ **Merksatz:** Der Begriff „Gesundheit" wird in der aktuellen Forschung mehrperspektivisch und dynamisch unter Einbeziehung einer körperlichen, seelischen und sozialen Gesundheit betrachtet.

Im Folgenden werden verschiedene Modelle von Gesundheit vorgestellt, die einer medizinisch (Risikofaktorenmodell) bzw. sozialwissenschaftlich (Salutogenesemodell, SAR-Modell, Konzept zur Gesundheitsförderung) orientierten Gesundheitsdefinition entsprechen.

21.2 GESUNDHEITSMODELLE

Im Folgenden werden vier Modelle vorgestellt, die Gesundheit aus unterschiedlichen Perspektiven beschreiben:

- Risikofaktorenmodell,
- Salutogenesemodell nach Antonovsky,
- systemisches Anforderungs-Ressourcen-Modell nach Becker sowie
- Konzept zur Gesundheitsförderung nach Beckers.

RISIKOFAKTORENMODELL

Nennen Sie Risikofaktoren, die zu Beschwerden und Krankheiten führen können. Beschreiben Sie Maßnahmen, um diesen Faktoren vorzubeugen.

▶ Das **Risikofaktorenmodell** betrachtet Gesundheit aus der Perspektive des kranken Menschen und konzentriert sich dabei auf psychische und physische **Risikofaktoren**, die mit Krankheiten im Zusammenhang stehen sowie auf **Schutzfaktoren**, die Krankwerden verhindern sollen.

Risikofaktoren und Schutzfaktoren

Das Risikofaktorenmodell ist wahrscheinlich das in der Medizin am weitesten verbreitete und bekannteste Gesundheitsmodell. Im Zentrum dieses Modells stehen Faktoren, die – wissenschaftlich nachgewiesen – die Entstehung bestimmter Krankheiten hervorrufen können. In breit angelegten Studien wird der Begründungszusammenhang von **Risikofaktoren** und Erkrankungen untersucht (Graf, 2012, S. 379):

▶ **Risikofaktoren** sind „Faktoren, die statistisch mit bestimmten Erkrankungen in Zusammenhang stehen. Sie erhöhen das Risiko, von einer Erkrankung betroffen zu werden, stehen aber [. . .] nicht unbedingt in einem Kausalzusammenhang."

Beim Risikofaktorenmodell wird davon ausgegangen, dass Beschwerden und Erkrankungen aus ungünstigen Bedingungen des physischen Zustands und der aktuellen Lebenssituation einer Person abgeleitet werden können. Gleichzeitig führen nach diesem Modell Interventionen bei den physischen und psychosozialen Bedingungen zu einer nachhaltigen Verbesserung der Gesundheitslage.

Beispiel: Die Ursache der Arteriosklerose (pathologische Veränderungen an den Gefäßwänden) ist nicht bekannt. Es gibt eine Vielzahl potenzieller, sogenannter *kardiovaskulärer Risikofaktoren* (z. B. Rauchen, Bluthochdruck, Fettstoffwechselstörung). Diese Risikofaktoren stellen **keine Ursache** dar, **begünstigen** aber das Entstehen einer Erkrankung, hier der Arteriosklerose (vgl. auch Information: Risikofaktoren im Sport unter Zusatzinformationsmaterial).

Prinzipiell können Risikofaktoren in drei Gruppen eingeteilt werden (Graf, 2012, S. 380):

- **Konstitutionelle Risikofaktoren** werden als unveränderbare Risikofaktoren bezeichnet (Lebensalter, Geschlecht, ethnische Herkunft, genetische Belastung).
- **Externe Risikofaktoren** ergeben sich aus den Lebensbedingungen, wie Rauchen, Bewegungsmangel, Fehlernährung.

- **Interne Risikofaktoren** beschreiben Zustände, die schon eine innere Erkrankung darstellen und das Risiko einer Arteriosklerose erhöhen (Bluthochdruck, Diabetes mellitus oder Fettstoffwechselstörung).

Die bekanntesten externen Risikofaktoren sind **Bewegungsmangel** (als Auslöser weiterer Risikofaktoren), **Übergewicht** und **Rauchen**, die wichtigsten internen Risikofaktoren sind **Bluthochdruck**, **Zuckerkrankheit**, **Fettstoffwechselprobleme** oder **Herz-Kreislauf-Probleme** (vgl. Abb. 21.1). In Kap. 22.1 (Risikofaktoren) wird der Zusammenhang von Risikofaktoren und sportlicher Aktivität thematisiert.

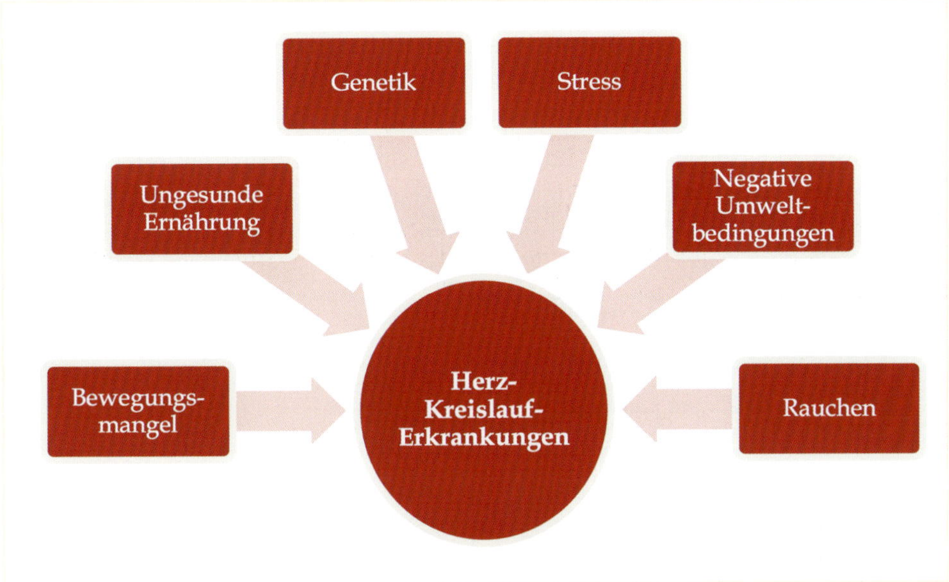

Abb. 21.1: Zusammenwirkung von Risikofaktoren für Herz-Kreislauf-Erkrankungen

Den Risikofaktoren stehen sogenannte **Schutzfaktoren** gegenüber. Darunter versteht man:

▶ **Schutzfaktoren** vermindern die Gefahr einer Erkrankung.

Beispiel: Ein wichtiger Schutzfaktor für Arteriosklerose ist z. B. sportliche Aktivität.

Entwicklung des Risikofaktorenmodells

Bei der Entwicklung des Risikofaktorenmodells (beginnend in den 1960er-Jahren) können nach Franke (2012, S. 139) zwei Phasen identifiziert werden. In der **ersten Phase** geht es vornehmlich darum, die Risikofaktoren zu identifizieren. Neben den konstitutionellen Faktoren wie Geschlecht, genetische Disposition, konstitutive Veranlagung wurden in Studien enge Zusammenhänge von Faktoren wie Bluthochdruck, Übergewicht, Rauchen sowie Bewegungsarmut mit bestimmten Erkrankungen festgestellt. Es zeigte sich nun, dass allein die Kenntnisse über bestimmte Risikofaktoren nicht ausreichten, wenn nicht auch das entsprechende Verhalten erforscht würde, welches zu diesen Risikofaktoren führt. Diese Erkenntnis leitete die **zweite Phase** ein, die sich darauf konzentrierte, herauszufinden, unter welchen Bedingungen Menschen Verhaltensweisen realisieren, die zu den bekannten Risikofaktoren führen. Zentral waren Fragen wie: Unter welchen Bedingungen isst eine Person zu viel, trinkt zu viel Alkohol, treibt zu wenig Sport, raucht usw.?

Ein typisches Ergebnis der Risikoforschung

„Frauen, die pro Tag ein bis zwei Zigaretten rauchen, weisen gegenüber Nichtraucherinnen ein zweifach erhöhtes kardiovaskuläres Mortalitätsrisiko auf. Bei Männern erhöht ein gleich niedriger Zigarettenkonsum das kardiovaskuläre Mortalitätsrisiko nicht signifikant. Das Risiko für einen Herzinfarkt bei Frauen wird zudem noch erheblich gesteigert, wenn die Frau die Pille nimmt: Während jeder der Einzelfaktoren das Risiko für das Auftreten um das Zwei- bis Vierfache steigert, führt die Kombination beider Faktoren zu einem vierzigfach erhöhten Risiko" (Landtag NRW, 2004, S. 187-188).

Erörtern Sie, inwiefern der obige Bericht zu einem gesünderen Verhalten in der Bevölkerung beitragen kann.

Kritische Auseinandersetzung mit dem Risikofaktorenmodell

Ein Hauptkritikpunkt am Risikofaktorenmodell ist die Eindimensionalität des Modells. Das Risikofaktorenmodell konzentriert sich ausschließlich auf die biomedizinische Betrachtung des Einzelnen und darauf, gesundheitsgefährdende Parameter zu verändern. Der Einfluss des sozialen Umfelds und der Interaktion mit ihm bleibt weitestgehend unberücksichtigt.

Ein weiterer Kritikpunkt setzt am Unterschied von Erkenntnis und Umsetzung der Erkenntnis an. Zwischen der Einsicht, dass es besser ist, mit dem Rauchen aufzuhören, ein Kondom zu benutzen oder mit dem Trinken aufzuhören, und der tatsächlichen Verhaltensänderung liegen Welten. Erschwerend kommt hinzu, dass gefasste Vorsätze schnell gebrochen werden mit dem Hinweis, dass die Statistik wenig über den Einzelfall aussagt. Sprüche wie: „Helmut Schmidt war Kettenraucher und ist weit über 90 Jahre alt geworden" oder: „Der 30-jährige, sportlich fitte und sich gesund ernährende Mann ist durch einen plötzlichen Herztod gestorben", bestätigen diese Haltung.

Die dem Risikofaktorenmodell verpflichtete Präventionsforschung geht davon aus, dass die Kenntnis krankheitsverursachender Bedingungen ermöglicht, diese zu beseitigen und dem Kranken zu Gesundheit zu verhelfen. Kritiker halten diese Annahme für falsch: „Eine Wegnahme negativer Faktoren muss nicht automatisch in Positivem resultieren" (Franke, 2012, S. 184).

▶ **Merksatz:** Zwar kommt dem Risikofaktorenmodell im Kontext der Krankheitsbehandlung und Prävention eine große Bedeutung zu, doch ist sein Beitrag für ein vertieftes Verständnis von Gesundheit (etwa im Sinne der Gesundheitsdefinition der WHO) begrenzt, da Gesundheit ausschließlich als Abwesenheit von Krankheit betrachtet wird und die Gesundheitsressourcen weitgehend außer Acht gelassen werden.

Nennen Sie Ihnen bekannten Risikofaktoren für den Herzinfarkt und skizzieren Sie am Beispiel des Herzinfarkts die Grundidee des Risikofaktorenmodells.

Rund um das Risikofaktorenmodell

SALUTOGENESEMODELL NACH ANTONOVSKY

▶ Mit dem **Salutogenesemodell** wird ein Perspektivwechsel vorgenommen von der Krankheits- zur Gesundheitsdynamik. Das Salutogenesemodell betrachtet dementsprechend Faktoren, die zur Gesundheit beitragen.

Das Wort „Salutogenese" wurde von dem amerikanisch-israelischen Medizinsoziologen Antonovsky als Gegenbegriff zur „Pathogenese" eingeführt. Beide Begriffe haben ihre Wurzeln im Griechischen und Lateinischen: **Genese** bedeutet **Entstehung** und **Entwicklung**, **Pathos Krankheit** und **Salus Gesundheit**. Daher bezeichnet **Pathogenese** die Entstehung von Krankheit und Salutogenese die Entstehung von Gesundheit. Das Salutogenesemodell wendet sich dementsprechend Faktoren und Prozessen zu, die die Gesundheit erhalten und fördern, im Gegensatz zum Pathogenesemodell, welches sich um das Verständnis von Faktoren bemüht, die zu Krankheiten führen.

Die wesentlichen Bestandteile des Salutogenesemodells sind:

- **Heterostase,**
- **Gesundheits-Krankheits-Kontinuum (HEDE-Kontinuum),**
- **Stressoren und Widerstandsressourcen sowie**
- **Kohärenzgefühl.**

Steckbrief von Aaron Antonovsky (aus Franke, 2012, S. 170)
Aaron Antonovsky wurde 1923 als Sohn jüdischer Eltern in Brooklyn geboren, studierte Soziologie und kam eher zufällig mit der Medizinsoziologie in Berührung. 1960 emigrierte er gemeinsam mit seiner Frau Helen nach Israel, wo er zunächst diverse Projekte im Bereich der Stressforschung durchführte.

Eines dieser Projekte hatte ethnische Unterschiede in der Verarbeitung der Menopause bei in Israel lebenden, aber in anderen Ländern geborenen und aufgewachsenen Frauen zum Thema. Unter den untersuchten Frauen befanden sich auch Frauen, die in nationalsozialistischen Konzentrationslagern überlebt hatten und die nach allen Kriterien psychischer und physischer Gesundheit recht gesund waren. Dass sie es geschafft hatten, ihr Leben neu aufzubauen, empfand Antonovsky als Wunder – und der Erforschung dieses Wunders des Gesundbleibens widmete er von da an sein Engagement.

Er arbeitete später als Professor an der Negev-Universität in Beer-Sheva, wo er eine an den Bedürfnissen von Patientinnen und Patienten orientierte Medizinausbildung einführte. Antonovsky war aktiv in der israelischen Friedensbewegung „Peace Now". Er starb 1994 in Beer-Sheva.

Heterostase

▶ **Heterostase** bedeutet, dass Krankheit als eine normale Erscheinung des Lebens gesehen wird und nicht als Abweichung von der Normalität. Aus salutogenetischer Sicht geht es darum, das Ungleichgewicht zu akzeptieren und zu überwinden.

Unter **Heterostase** versteht man in seiner ursprünglichen Form ein Ungleichgewicht innerhalb eines Systems. Heterostase ist der Gegenbegriff zur **Homöostase** (griechisch: homoiostasis – Gleichstand). Beide Begriffe haben wir bereits in Kap. 12.1 (Gesetz zur Homöostase und Superkompensation) kennengelernt.

Antonovsky (1997) bezeichnet mit Heterostase die Idee, dass Krankheit eine normale Erscheinung des Lebens ist und keine Abweichung von der Normalität. Dies ist ein entscheidender Unterschied zum Pathogenesemodell, bei dem Gesundheit als Normalzustand betrachtet wird und Krankheit als Abweichung von der Normalität.

Franke (2012, S. 171) beschreibt in Anlehnung an die Darstellungen von Antonovsky (1997) das Salutogenesemodell mit einer Metapher eines Flusses: „Dieser Fluss fließt nicht gerade, er hat Biegungen und unterschiedliche Fließgeschwindigkeiten, Stromschnellen und Strudel. Flussabwärts weist er Turbulenzen auf, und von denen im

Fluss schwimmenden Menschen kämpfen einige verzweifelt darum, den Kopf aus dem Wasser zu halten. Einige schaffen es, aus eigener Kraft ans Ufer zu kommen, andere müssen von Lebensrettungsspezialisten herausgezogen werden und vor dem Ertrinken gerettet werden."

Pathogenesekonzepte beruhen auf der Annahme, ein Mensch könnte die meiste Zeit seines Lebens an Land gehen und müsste sich nur selten in Ausnahmefällen (nämlich, wenn er krank ist) die Füße im Fluss nass machen. Im salutogenetischen Konzept hingegen sind Heterostase, Krankheit, Leiden und Tod inhärente Bestandteile des Lebens. Um im obigen Bild zu bleiben: Wir alle sind von der Empfängnis bis zu dem Zeitpunkt, an dem wir die Kante des Wasserfalls passieren und sterben, im Fluss des Lebens.

Gesundheits-Krankheits-Kontinuum (HEDE-Kontinuum)

▶ Das **HEDE-Kontinuum** hebt die Gegensätzlichkeit von Krankheit und Gesundheit auf und betrachtet Gesundheit als dynamischen Zustand.

Während sich das Risikofaktorenmodell vornehmlich mit den Menschen befasst, die krank sind, konzentriert sich die Gesundheitsforschung auch auf diejenigen, die es schaffen, auf einem Kontinuum zwischen Gesundheit und Krankheit möglichst nah am gesunden Pol zu bleiben. Antonovsky bezeichnete die Eckpunkte des Kontinuums als „health-ease" und „dis-ease". Franke (2012, S. 172) übersetzt dieses Wortspiel ins Deutsche mit „Gesundheit" und „Ent-Gesundheit".

Im Bild des Flusses bedeutet dies, dass die Risikofaktorenforschung sich vornehmlich damit beschäftigt, ertrinkende Menschen zu retten, während die salutogenetische Forschung untersucht, mit welchen Fertigkeiten und Fähigkeiten es Menschen schaffen, den Fluss des Lebens zu meistern.

Die Kriterien zur Bestimmung der Position auf dem HEDE-Kontinuum können subjektive und objektive Parameter eines umfassenden und ganzheitlichen Befunds sein. Zu den objektiven Parametern zählen medizinische, psychologische und logopädische Befunde. Wichtige subjektive Kriterien sind Befinden, Schmerzerleben und subjektiv erlebte Funktionstüchtigkeit. Hinsichtlich jeder Dimension kann sich ein Mensch auf einer anderen Stelle des Kontinuums befinden (vgl. Abb. 21.2).

Abb. 21.2: HEDE-Kontinuum

Krankheit ist aus salutogenetischer Sicht weder der Ausfall eines Systems noch ein abgrenzbares, isoliertes Ereignis, sondern wird im Sinne einer „Ent-Gesundung" („dis-ease") als Prozess verstanden, der in die Lebensbiografie eines Menschen eingebunden ist. Die betroffene Person ist nicht der Krankheitsträger, sondern eine Person, deren Prozess des Krankwerdens nur durch ein breites Wissen über ihre gesamte innere und äußere Situation gelingt. Dabei sind Schutzfaktoren als seine gesunden Anteile zu verstehen.

Das Salutogenesemodell impliziert auch, dass der Mensch immer in einem gewissen Maß gesund ist. Selbst wenn ein Mensch sich in einigen Bereichen nahe am Krankheitspool befindet, kann er in anderen Bereichen durchaus gesund sein. Für die Bewegung auf dem Kontinuum sind Stressoren und der Umgang mit ihnen von zentraler Bedeutung.

> Tragen Sie sich auf dem Krankheits-Gesundheits-Kontinuum ein, wie gesund oder krank Sie sich einschätzen. Begründen Sie kurz Ihre Entscheidung.

Stressoren und Widerstandsressourcen

- **Stressoren** bedeuten aus Sicht der Salutogenese nicht etwas grundsätzlich Schädliches. Ein erfolgreicher Umgang mit ihnen sorgt zusammen mit den **Widerstandsressourcen** dafür, dass sich ein Mensch auf dem HEDE-Kontinuum stärker in Richtung des gesunden Pols bewegt.

Stressoren sind nach Antonovsky (1997, S. 125) Anforderungen, auf die der Organismus keine direkt verfügbaren automatischen oder adaptiven Antworten hat. Diese (negativen) Stressoren sind im alltäglichen Leben allgegenwärtig. Aus salutogenetischer Sicht sind sie aber nicht grundsätzlich schädlich. Ein erfolgreicher Umgang mit ihnen kann aber auch gesundheitsfördernd sein. Ob Stress positiven oder negativen Einfluss auf einen Menschen hat, hängt von der Art des Stressors und der Bewältigung ab. Erfolgreiche Stressbewältigung sorgt dafür, dass sich ein Mensch auf dem HEDE-Kontinuum in Richtung des gesunden Pols bewegt (vgl. Zusatzinformationsmaterial: Was ist Stress?

Die Faktoren, die dafür sorgen, dass diese Bewegung in Richtung des gesunden Pols gelingt, heißen **Widerstandsressourcen**. Dabei wird zwischen **gesellschaftlichen** und **individuellen Ressourcen** unterschieden (vgl. Tab. 21.1). Der im Risikofaktorenmodell gebrauchte Begriff der **Schutzfaktoren** (Faktoren, die das Risiko einer Krankheit vermindern) kann trotz der diametralen Zugangsweise als gleichwertiger Begriff angesehen werden.

Tab. 21.1: Widerstandressourcen (aus Franke, 2012, S. 173)

Widerstandsressourcen	Beispiel
Gesellschaftliche Widerstandsressourcen	Politische und ökonomische Stabilität, Frieden, intakte Sozialstrukturen, funktionierende Gesellschaft
Individuelle Widerstandsressourcen	
Kognitive Ressourcen	Wissen, Intelligenz und Problemlösefähigkeit
Psychische Ressourcen	Selbstvertrauen, Ich-Identität, Selbstsicherheit, Optimismus
Physiologische Ressourcen	Konstitutive, anlagebedingte oder erworbene körperliche Stärken, Fertigkeiten und Fähigkeiten
Ökonomische und materielle Ressourcen	Geld, finanzielle Unabhängigkeit und Sicherheit, Zugang zu Dienstleistungen, sicherer Arbeitsplatz

Beispiele:

- Ein Angestellter, der in Lage ist, dem ständig unbezahlte Überstunden einfordernden Chef freundlich, aber bestimmt mitzuteilen, dass er im Ausnahmefall bereit ist, zu helfen, ansonsten aber auf Einhaltung der Arbeitszeiten besteht, schützen psychische Schutzfaktoren vor Überarbeitung und Ausbeutung.
- Eine allein erziehende Mutter, die sich einen Babysitter leisten kann, kommt erst gar nicht in die Situation, sich bestimmten Stresssituationen aussetzen zu müssen.

Nennen Sie für jede Widerstandsressource aus Tab. 21.1 ein Beispiel. Erläutern Sie, welche Widerstandsressourcen in Ihrem Leben aktuell wichtig sind.

Geben Sie an, wann Sie in den letzten drei Tagen das Wort Stress benutzt haben. Beschreiben Sie, was Ihnen Stress gemacht hat.

Nehmen Sie einen Block, Ihr Notebook oder sonst etwas zum Schreiben und notieren Sie in den nächsten drei Tagen, wann Sie das Wort „Stress“ verwendet oder gehört haben.

Kohärenzgefühl

Kohärenzgefühl

▶ Das **Kohärenzgefühl** beschreibt ein Vertrauen in sich und in die Welt und setzt sich aus drei Faktoren zusammen: Verstehbarkeit, Handhabbarkeit und Bedeutsamkeit.

Neben der Heterostase, dem HEDE-Kontinuum sowie den Stressoren und Schutzfaktoren nannte Antonovsky einen weiteren zentralen Bestandteil des Salutogenesemodells: **Kohärenz**. Das **Kohärenzgefühl** bezeichnet ein Vertrauen in die Welt und wird von drei Faktoren bestimmt: **Verstehbarkeit**, **Handhabbarkeit** und **Bedeutsamkeit**. Ein Gefühl von starkem Vertrauen in die Welt liegt darin begründet, dass wir einen Sinn sehen, in der Welt zu sein (Bedeutsamkeit), dass wir die Zusammenhänge des Erfahrens verstehen (Verstehbarkeit) und damit umgehen können (Handhabbarkeit). Es ist daher das „Kohärenzgefühl", das im Mittelpunkt des Salutogenesemodells von Antonovsky (1997) steht. Das Ausmaß der Überzeugung ist der entscheidende Parameter für die Platzierung auf dem Gesundheits-Krankheits-Kontinuum.

Unser Kohärenzgefühl wird eher gering sein, wenn wir keine Lebensbereiche haben, die uns wichtig sind. Diese Lebensbereiche können wir aber nur dann entwickeln, wenn wir gleichermaßen Grenzen ziehen und für uns irrelevante Bereiche ausklammern. Entscheidend ist aber, dass es solche Lebensbereiche überhaupt gibt, die, subjektiv gesehen, für uns wichtig sind. Gleichzeitig dürfen die Grenzen aber nicht so eng gesteckt werden, dass folgende vier Bereiche ausgeschlossen werden: die eigenen Gefühle, die unmittelbare Beziehung zu anderen Menschen, die wichtigste eigene Tätigkeit und existenzielle Fragen (Franke, 2012, S. 177).

Das Kohärenzgefühl lässt sich nach Antonovsky (1997, S. 105-114) nach dem jungen Erwachsenenalter kaum noch verändern. Menschen, die bis zu diesem Alter ein hohes Kohärenzgefühl entwickelt haben, sind in der Lage, den kontinuierlichen Angriffen durch Stressoren durch die Aktivierung von Widerstandsressourcen zu widerstehen und damit ihre Gesundheit aufrechtzuerhalten. Personen mit niedriger Kohärenz laufen dagegen Gefahr, zunehmend schwächer zu werden. Sie sind weder in der Lage, mithilfe ihrer Schutzfaktoren den Stressoren auszuweichen, noch können sie Erfolge im Umgang mit Stressoren erleben. Anforderungen, die für den einen als Herausforderung oder „Klacks" eingestuft werden, bedeuten für den anderen unüberwindbare Überforderungssituationen.

Bezüglich des Salutogenesemodells lässt sich zusammenfassend festhalten (vgl. Abb. 21.3):

- Das Salutogenesekonzept betrachtet Krankheit als normale Erscheinung des Lebens und nicht als Abweichung von der Normalität (Heterostase). Ein ausgeprägtes Kohärenzgefühl führt zusammen mit den Widerstandsressourcen zu einer positiven Verarbeitung von Stressoren und damit zur Reduzierung des aktuellen Spannungszustandes. Es hebt die Betrachtung von Gesundheit und Krankheit als zwei Gegensätze auf und veranschaulicht sie stattdessen mit einem Gesundheits-Krankheits-Kontinuum.

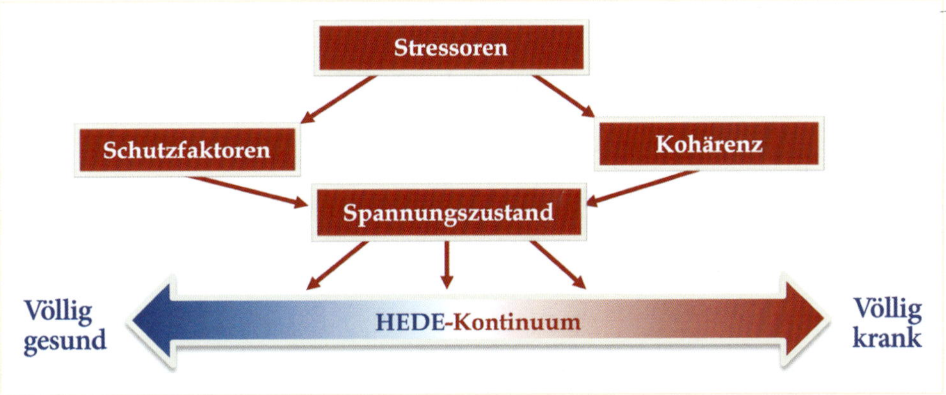

Abb. 21.3: Das Salutogenesemodell nach Antonovsky (1997, S. 184-185) (stark vereinfacht)

Versetzen Sie sich in die Rolle einer leitenden Krankenschwester, des Leiters einer Behindertenwerkstatt oder einer Erziehungsberatungsstelle, der Verwaltungschefin einer Klinik oder irgendeiner anderen Einrichtung des Gesundheitswesens und überlegen Sie, welche Maßnahmen Sie im Sinne des Salutogenesemodells einführen könnten, um die Gesundheit der Klientel und der Mitarbeiterinnen und Mitarbeiter zu fördern. Vergessen Sie auch nicht Ihre eigene Gesundheit (aus Franke, 2012, S. 17).

Kritische Betrachtung des Salutogenesemodells

- Das Salutogenesemodell vernachlässigt Faktoren, die als positive Ressourcen direkt auf die Gesundheit wirken (z. B. Humor, Optimismus). Darüber hinaus trifft das Modell von Antonovsky (1997) keine fundierten Aussagen über einen guten Gesundheitszustand. Ebenso wird der Zusammenhang von physischer und psychischer Gesundheit weitgehend ausgeklammert.

Das Salutogenesemodell konzentriert sich auf die Bewältigung von stresshaften Anforderungen mithilfe von Widerstandsressourcen, vernachlässigt aber die Faktoren, die als positive Ressourcen direkt auf die Gesundheit wirken. Dazu zählt die Fähigkeit, zu genießen und sich etwas Gutes zu tun, Humor, Optimismus und die Fähigkeit zu verzeihen. Die Variablen erleichtern nicht nur die Anpassung an Stress, sondern sie tragen aktiv zu einem größeren Maß an Gesundheit bei (Franke, 2012, S. 180-181 und Exkurs zum Fluss des Lebens).

Des Weiteren interessiert sich das Salutogenesemodell weniger für das Konstrukt einer guten Gesundheit, als für die Frage, wie jemand nicht krank wird. Daher verwundert es nicht, dass das Salutogenesemodell keine fundierten Aussagen über das gesamte Spektrum von sehr schlechter bis sehr guter Gesundheit treffen kann. Darüber hinaus wird im salutogenetischen Ansatz die „Frage nach der psychischen Gesundheit und ihrer Beziehung zur physischen Gesundheit weitgehend ausgeklammert" (Becker, 2006, S. 36).

Franke (2012, S. 184-185) schließt ihre (positive) Betrachtung zum Salutogenesemodell mit einer persönlichen Einschätzung. In einer eher ichbezogenen Gesellschaft mit den so einseitigen Werten wie „Autonomie, Selbstwirksamkeit, Selbststeuerung, Kompetenz, Selbstbestimmung und Autarkie" ist das Wissen, „sich auf andere Menschen wirklich verlassen zu können, zu wissen, dass man auf jemand anderen wirklich zählen kann", nicht nur ein sozialer Wert, „sondern eine Stress reduzierende Variable". Eine weitere Stärke des salutogenetischen Modells ist, „dass es den Tod nicht ausschließt. Sterben ist Bestandteil des Lebens, und bis zu dem Tod ist irgendetwas in uns noch gesund. Dies ist nicht nur eine philosophische Aussage, sondern auch eine Haltung mit erheblicher praktischer Relevanz für den Umgang mit Menschen mit chronischen, letalen Erkrankungen und in der Sterbebegleitung."

Vergleich des Risikofaktorenmodells mit dem Salutogenesemodell

Bengel et al. (2001, S. 35) haben die grundlegenden Annahmen des pathogenetischen und des salutogenetischen Modells gegenübergestellt. Hierdurch wird der Fortschritt in der dynamischen Denkweise deutlich, die durch das Salutogenesemodell von Antonovsky erreicht wurde. In Tab. 21.2 werden die Gegenüberstellungen veranschaulicht:

Tab. 21.2: Grundlegende Annahmen des pathogenetischen und des salutogenetischen Modells (modifiziert nach Bengel et al., 2001, S. 35)

Annahmen in Bezug auf	Pathogenesemodell	Salutogenesemodell
Selbstregulierung des Systems	Homöostase	Überwindung der Heterostase
Gesundheits-/Krankheitsbegriff	Dichotomie	Kontinuum
Reichweite des Krankheitsbegriffs	Pathologie der Krankheit	Krankheitsgeschichte
Gesundheits-/Krankheitsursachen	Risikofaktoren, Stressoren	Ressourcen, Kohärenzgefühl
Wirkung von Stressoren	Potenziell krankheitsfördernd	Krank- und gesundheitsfördernd
Intervention	Einsatz wirksamer Heilmittel („Wunderwaffen")	Aktive Anpassung, Risikoreduktion, Ressourcenentwicklung
Funktion von Gesundheitssport	Krankheitsprävention	Gesundheitsförderung

SYSTEMISCHES ANFORDERUNGS-RESSOURCEN-MODELL NACH BECKER

▶ Nach den Überlegungen von Becker (2006) könnte man zu folgender Definition von Gesundheit kommen: Gesundheit ist ein dynamischer Gleichgewichtszustand zwischen alltäglichen Anforderungen (z. B. Schule, Beruf, individuelle Bedürfnisse, Risikofaktoren, Ziele) und Ressourcen (z. B. Selbstkonzept, Fitness, gesunde Ernährung, soziales Umfeld), der in körperlicher, seelischer und sozialer Hinsicht auf einem Kontinuum zwischen den Polen „zurzeit völlig krank" und „zurzeit völlig gesund" pendeln kann.

Das SAR-Modell des Gesundheitspsychologen Becker (2006) stellt eine Weiterentwicklung des Salutogenesemodells dar (vgl. Abb. 21.4). Grundlegend für das SAR-Modell ist folgende Annahme: „Der Gesundheitszustand eines Menschen hängt davon ab, wie gut es diesem gelingt, externe und interne Anforderungen mithilfe externer und interner Ressourcen zu bewältigen" (Becker, 2006, S. 40), inwiefern also Bewältigungsverhalten erfolgreich oder nicht erfolgreich ist.

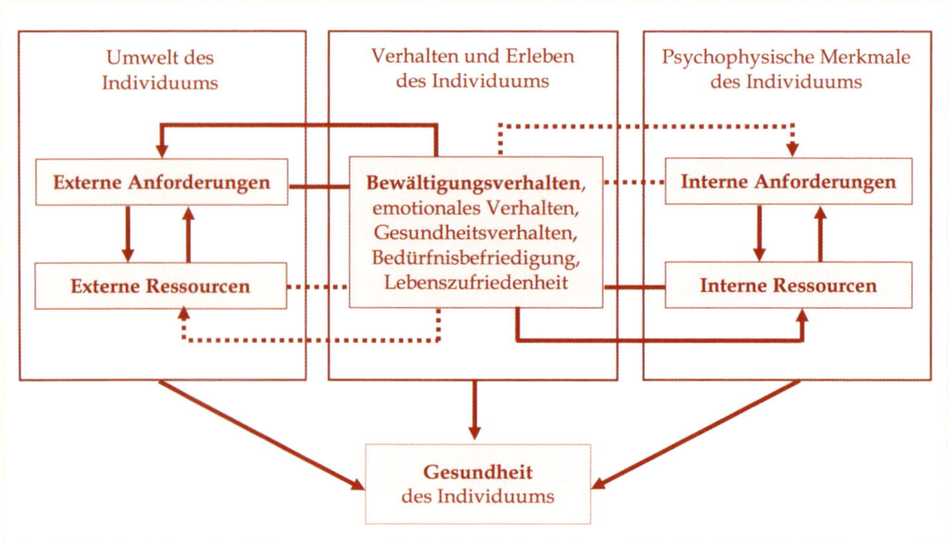

Abb. 21.4: Systemisches Anforderungs-Ressourcen-Modell (modifiziert nach Becker, 2006, S. 40)

Dabei versteht man unter **Anforderungen** Bedingungen, mit denen sich ein Individuum auseinandersetzen muss. **Externe Anforderungen** sind solche in der Umwelt (berufliche und soziale Anforderungen). **Interne Anforderungen** resultieren aus Umwelteinflüssen, Bedürfnissen (z. B. nach Anerkennung, Selbstverwirklichung, Geborgenheit oder auch nach Schlaf, Bewegung und Nahrung), Zielen (z. B. in Schule, Beruf oder Sport), Werten und Normen eines Menschen. Werden externe und interne Anforderungen im Vergleich zu den zur Verfügung stehenden Schutzfaktoren vom Menschen als zu hoch eingestuft, werden diese Anforderungen als Stressoren erlebt. Diese Stressoren lösen beim Menschen negative Emotionen (z. B. Angst) in Verbindung mit bestimmten Körperreaktionen (z B. Schweißausbruch) aus und veranlassen zum Handeln.

Zur Bewältigung von Anforderungen greift das Individuum auf Ressourcen zurück. **Interne Ressourcen** können physischer (z. B. Konstitution oder Fitness) oder psychischer (z. B. Wissen, Stimmung, Selbstkonzept, Kohärenzgefühl) Art sein. **Externe Ressourcen** werden u. a. unterschieden in soziale (z. B. Beziehungen, Unterstützungen), materielle (z. B. Einkommen) oder ökologische (z. B. gesunde Nahrung) Ressourcen.

Werden die Anforderungen an den Menschen dauerhaft sehr viel höher eingeschätzt als die Ressourcen, entstehen negative Gefühle, Lebensunzufriedenheit, Veränderung des Konsum- (z. B. Genuss von Alkohol) und Freizeitverhaltens (z. B. sozialer Rückzug) und, damit verbunden, eine starke Beeinträchtigung von psychischer und physischer Gesundheit. Hingegen tragen wohldosierte Anforderungen und die Bewahrung und Vergrößerung der Ressourcen sowie die erfolgreiche Bewältigung externer und interner Anforderungen zu Wohlbefinden, Lebensfreude und körperlicher und seelischer Gesundheit bei.

Konzept zur Gesundheitsförderung nach Beckers

▶ Gesundheitsförderung im Sinne des Gesundheitsforschers Beckers (2007) zielt auf die Entwicklung einer biologischen Funktionsfähigkeit, soziokulturelle Leistungsfähigkeit und individuelle Gestaltungsfähigkeit.

Beckers (2007) entwickelt in der Tradition des Salutogenesemodells einen Ansatz zur Gesundheitsförderung, bei dem der Fokus vor allem auf den Schulsport gelegt wird. Während Antonovsky (1997) seine Blickrichtung in besonderem Maße auf den Umgang mit Stressoren und Stressresistenz lenkt, beschreibt Beckers (2007) konkret die Potenziale einer aktiven Gesundheitsförderung in und durch Sport. Gesundheit beinhaltet für Beckers (2007) drei wesentliche Aspekte:

- **biologische Funktionsfähigkeit,**
- **soziokulturelle Leistungsfähigkeit sowie**
- **individuelle Gestaltungsfähigkeit.**

Biologische Funktionsfähigkeit bezieht sich auf das möglichst einwandfreie Funktionieren der Organsysteme als Voraussetzung für weitere Funktionen und Leistungsebenen. Ist diese Funktionsfähigkeit teilweise eingeschränkt, führt dies in vielen Fällen auch zu starken Beeinträchtigungen in der soziokulturellen Leistungsfähigkeit und der individuellen Gestaltungsfähigkeit.

Die **soziokulturelle Leistungsfähigkeit** beschreibt die Voraussetzungen eines Menschen zur Bewältigung der privaten, beruflichen und sozialen Anforderungen. „Sie umfasst die Optimierung der körperlichen Belastbarkeit ebenso wie Fähigkeit und Bereitschaft zu zielgerichtetem Handeln" (Beckers, 2007, S. 22).

In Anlehnung an den Gestaltungsbegriff aus Kap. 7.2 versteht Beckers (2007) unter der **individuellen Gestaltungsfähigkeit** die persönliche Kompetenz eines Menschen, die eigenen subjektiven Wünsche („Wollen") und die vorhandenen Ressourcen („Können") mit den äußeren Anforderungen der Lebenswelt („Sollen") angemessen in Einklang zu bringen.

▶ **Merksatz:** Subjektive Gesundheit liegt vor, wenn „Sollen", „Können" und „Wollen" im Gleichgewicht stehen.

Zum Herausbildung einer individuellen Gestaltungsfähigkeit trägt eine Sensibilisierung der Wahrnehmung genauso bei, wie der sinnvolle Umgang mit Verhaltensmustern und Regeln. Sport, und insbesondere der Schulsport, bietet dafür besonders geeignete, risikoarme Übungsfelder.

21.3 RÜCKBLICK

Gesundheitsbegriff

- **Gesundheit** ist in der aktuellen Gesundheitsforschung ein mehrdimensionaler und dynamischer Zustand unter Einbeziehung der körperlichen, seelischen und sozialen Gesundheit.

Gesundheitsmodelle

- Das **Risikofaktorenmodell** hat ein enges Gesundheitsverständnis und betrachtet Gesundheit als die Abwesenheit von Krankheit. Das Pathogenesemodell berücksichtigt vor allem Risikofaktoren für Krankheiten und besitzt in der Krankheitsbehandlung und der Krankheitsprävention eine zentrale Bedeutung. Die bekanntesten **externen Risikofaktoren** sind Bewegungsmangel, Übergewicht und Rauchen, die wichtigsten **internen Risikofaktoren** sind Bluthochdruck, Zuckerkrankheit, Fettstoffwechselprobleme und Herz-Kreislauf-Probleme.
- Das **Salutogenesemodell** beschreibt die Entstehung von Gesundheit und verwendet einen mehrdimensionalen und dynamischen Gesundheitsbegriff. Die wesentlichen Bestandteile des Salutogenesemodells sind die **Heterostase**, **Gesundheits-Krankheits-Kontinuum**, **Stressoren** und **Widerstandsressourcen** sowie das **Kohärenzgefühl**. Krankheit wird als normale Erscheinung des Lebens gesehen, die Gegensätzlichkeit von Krankheit und Gesundheit wird aufgehoben, Kohärenzgefühl (Verstehbarkeit, Handhabbarkeit und Bedeutsamkeit) und der Aufbau von Widerstandsressourcen führt insgesamt zu einem Abbau von Stressoren.
- Becker sieht in seinem **Systemischen-Anforderungs-Ressourcen-Modell** Gesundheit als einen dynamischen Gleichgewichtszustand zwischen alltäglichen Anforderungen und Ressourcen, der in körperlicher, seelischer und sozialer Hinsicht zwischen den Polen „zurzeit völlig krank" und „zurzeit völlig gesund" pendeln kann.
- **Gesundheitsförderung** nach Beckers (2007) möchte besonders die individuelle Gestaltungsfähigkeit erweitern. Darunter ist die Fähigkeit einer Person zu verstehen, Anforderungen, Wünsche und Ressourcen in Einklang zu bringen.

21.4 PRÜFUNGSVORBEREITUNG

Kontrollfragen

1. Was versteht man unter einem engen und einem weiten Gesundheitsverständnis?
2. Stellen Sie die Gesundheitsdefinition der WHO aus dem Jahr 1946 dar.
3. Erklären Sie die Begriffe Risikofaktoren und Schutzfaktoren.
4. Nennen Sie konstitutionelle, externe und interne Risikofaktoren.
5. Wie wirken Risikofaktoren und Herz-Kreislauf-Erkrankungen zusammen?
6. Was ist Arteriosklerose?
7. Nennen Sie die wichtigsten Risikofaktoren für Arteriosklerose.
8. Nennen Sie Vor- und Nachteile des Risikofaktorenmodells.
9. Geben Sie die Bestandteile des Salutogenesemodells an.
10. Erklären Sie die Begriffe Heterostase und Homöostase.
11. Nennen Sie die vier Unterkategorien von individuellen Widerstandsressourcen.
12. Geben Sie Beispiele für gesellschaftliche und psychische Widerstandsressourcen an.
13. Was versteht man unter Kohärenz?
14. Nennen Sie Kritikpunkte am Salutogenesemodell von Antonovsky.
15. Erklären Sie die Begriffe Pathogenese und Salutogenese.
16. Erklären Sie die Begriffe interne und externe Anforderungen bzw. Ressourcen.
17. Beschreiben Sie das SAR-Modell.
18. Wie lautet die Kernaussage des Modells zur Gesundheitsförderung?
19. Was bedeutet individuelle Gestaltungsfähigkeit?

Prüfungsaufgaben

Kritik am Gesundheitsbegriff der WHO

In der Gründungsakte der WHO von 1946 findet sich folgende Definition: „Gesundheit ist der Zustand des völligen körperlichen, psychischen und sozialen Wohlbefindens und nicht nur das Freisein von Krankheit und Gebrechen." Es fallen folgende vier Kernaspekte auf:

a) **Erklären** Sie, warum es sich bei Gesundheit um eine subjektive Einschätzung handelt.
b) **Beurteilen** Sie, warum Gesundheit als Idealstatus definiert wird.
c) **Erklären** Sie, warum Gesundheit als mehrdimensional bestimmt wird.
d) Gesundheit und Krankheit werden diametral gegenübergestellt.
e) **Erklären** Sie, wie man zu den vier Kernaspekten der Definition von Gesundheit der WHO von 1946 kommt.
f) **Beurteilen** Sie die Definition kritisch.

Salutogenese- und Pathogenesemodell im Vergleich (kostenfrei)

SAR-Modell

Informationen zu einem weiteren Gesundheitsmodell, dem Resilienz-Modell, findet man unter dem Zusatzinformationsmaterial, welches durch einen QR-Code zu erreichen ist.

LEKTION 22
INWIEFERN IST SPORT GESUND?

22.1 WIRKUNGSZUSAMMENHÄNGE VON SPORT UND GESUNDHEIT 538
22.2 FITNESS UND FITNESSTRAINING IM KONTEXT VON SPORT UND GESUNDHEIT 550
22.3 RÜCKBLICK 555
22.4 PRÜFUNGSVORBEREITUNG 556

LEKTION 22: INWIEFERN IST SPORT GESUND?

22.1 WIRKUNGSZUSAMMENHÄNGE VON SPORT UND GESUNDHEIT

Sport und **Gesundheit** sind zwei Begriffe, die unzertrennbar miteinander verbunden sind. Dies bedeutet nicht, dass bei jedem Sport das Gesundheitsmotiv an vorderster Stelle steht: Eine Skifahrerin, ein Fallschirmspringer und eine Boxerin betreiben ihre Sportarten nicht primär aus einem Gesundheitsmotiv heraus, sondern eher aus der Freude an Bewegung, Natur, Entspannung, Wagnissituationen oder Wettkampf. Ebenso ist offenbar nicht jede sportliche Betätigung gleichermaßen gesund. Nicht wenige Menschen glauben sogar an den Spruch „Sport ist Mord!".

Abb. 22.1: „Sport ist Mord!" ist ein beliebter Ausspruch von Sportmuffeln und soll angeblich auf einen Ausspruch von Winston Churchill („no sports") zurückgeführt werden können. Andere behaupten, dass das Zitat aus der Römerzeit stammt. Die Gladiatorenkämpfe wurden in der damaligen Zeit als ein Sport auf Leben und Tod angesehen (modifiziert nach Bild: IQ-22.1).

Zahlreiche Untersuchungen in der Sportwissenschaft belegen, dass die pauschale Aussage „Sport stärkt die Gesundheit!" nicht aufrechterhalten werden kann. In einer Vielzahl von Studien konnte nur ein „Nichtzusammenhang" zwischen Sporttreiben und Verbesserung des Gesundheitszustandes festgestellt werden. Dennoch zeigen viele Studien auch, dass eine richtig strukturierte Durchführung der sportlichen Aktivität relevant für Aspekte der physischen und psychischen Gesundheit ist (Bös & Brehm, 2006).

In diesem Abschnitt werden zunächst Ressourcen beschrieben, von denen angenommen wird, dass sie gesundheitsfördernd wirken und durch (gesundheits-)sportliche Aktivität beeinflussbar sind. Dabei wird zwischen **physischen** und **psychosozialen Gesundheitsressourcen** unterschieden. Anschließend wird der Zusammenhang von sportlicher Aktivität und Risikofaktoren sowie Wohlbefinden diskutiert. Am Ende des Abschnitts wird ein Modell vorgestellt, das zusammenfassend die Wirkungszusammenhänge von sportlicher Aktivität und Gesundheit bzw. Wohlbefinden darstellt.

PHYSISCHE RESSOURCEN

Informieren Sie sich in den Lektionen zum Ausdauer- und Krafttraining über die Anpassungsprozesse von gezieltem Training der Ausdauer und der Kraft.

- Die konditionellen Fähigkeiten Ausdauer und Kraft sind die beiden entscheidenden **physischen Gesundheitsressourcen**. Ein gesundheitsorientiertes Sportprogramm sollte aber immer auch koordinative und beweglichkeitsorientierte Elemente berücksichtigen. Vor Beginn eines ganzheitlichen Fitnesstrainings sollte immer eine sportärztliche Untersuchung erfolgen.

Physische Gesundheitsressourcen machen sich an den konditionellen Fähigkeiten Ausdauer, Kraft, Schnelligkeit, Beweglichkeit und Koordination fest. Als Hauptkomponenten für das Aufrechterhalten und Wiederherstellen von Gesundheit haben sich die Kraft und die Ausdauer als die beiden wichtigsten physischen Ressourcen herausgestellt.

Ausdauer

Ausdauer kann kurz als Ermüdungswiderstandfähigkeit verstanden werden. Ein regelmäßiges Ausdauertraining führt zu einer Reihe von körperlichen Anpassungsprozessen, wie im Kapitel zum Ausdauertraining detailliert dargestellt wird. In der Muskulatur kommt es zu einer Verbesserung des Fett- und Kohlenhydratstoffwechsels und zu einer Steigerung von Fettabbauprozessen. Das Immunsystem wird gestärkt durch eine verbesserte Regulation von Entzündungsprozessen. Weiterhin kommt es zu einer ökonomischeren Herzarbeit und zu einem geringeren Sauerstoffbedarf, arterieller Blutdruck und Ruhepuls sinken. Über die Aktivierung von Gehirnfunktionen kommt es durch regelmäßiges Ausdauertraining zu positiven Auswirkungen in der Stimmungslage. Insbesondere bei älteren und alten Menschen führt die Steigerung der Ausdauerleistungsfähigkeit zu einer besseren Bewältigung des Alltags und ist daher ein wichtiger Beitrag zu einem umfassenden körperlichen und psychosozialen Wohlbefinden. Durch Ausdauertraining wird von allen motorischen Hauptbeanspruchungsformen sowohl die Sterblichkeit als auch die Krankheitshäufigkeit am stärksten verringert.

Hollmann und Strüder (2012, S. 414) geben eine Empfehlung für die **Mindestbelastung** für ein **gesundheitsorientiertes Ausdauertraining** bei einer Normalperson:

- Eine **leichte und mittlere Intensität** ist ausreichend, um durch Bewegungsmangel hervorgerufenen Krankheiten entgegenzuwirken und darüber hinaus durch trainingsbedingte Anpassungserscheinungen gesundheitlichen Schutz zu erlangen. Dabei sollte der **Energieverbrauch** während der sportlichen Aktivität eine Größenordnung von **1.500-2.000 kcal pro Woche** erreichen.

Kraft

Die Muskulatur erzeugt **Kraft** durch Erzeugung von Spannung. Kraft tritt in der Regel mit den beiden Fähigkeiten Schnelligkeit und Ausdauer gemeinsam auf. Da Kraft ebenso wie die Ausdauer zum größten Teil energetisch bestimmt ist, können für das Kraftausdauertraining ähnliche Anpassungserscheinungen beobachtet werden wie beim Ausdauertraining. Bei höheren Kraftanteilen kommt es darüber hinaus zu einem ausgeprägten Wachstum der Skelettmuskulatur (vgl. Kapitel zum Krafttraining). In Verbindung mit der Schnelligkeit und bei höherem Krafteinsatz ist die Auswirkung auf den aktiven Bewegungsapparat von besonderer Bedeutung. Halte- und Stützarbeit und Bewegungen können einfacher durchgeführt werden. Eine muskuläre Stabilität entlastet darüber hinaus den passiven Bewegungsapparat (Knochen, Bindegewebe, Sehnen, Knorpel). Durch die schnellkräftigen Krafteinsätze kommt es darüber hinaus zu einer Verdichtung der Knochenstruktur und damit zu einer höheren Bruchfestigkeit der Knochen.

Hollmann und Strüder (2012, S. 656-657) geben folgende E**mpfehlungen für gesundheitsorientiertes Krafttraining**:

- Vor dem Beginn eines Krafttrainings sollte die **internistische Unbedenklichkeit** abgeklärt werden, da es durch Krafttraining z. B. zu einem enormen kurzfristigen Blutdruckanstieg kommt. Im Rahmen eines umfassenden Fitnesstrainings (vgl. Kap. 22.2) reicht unter dem Gesichtspunkt eines möglichst hohen gesundheitlichen Nutzens einerseits und eines geringen Risikos andererseits nach einer entsprechenden Anpassungsphase ein **dreimaliges Krafttraining pro Woche** mit einem **Umfang von 20 Minuten** aus. Körperstabilisierende Übungen sollten in ein derartiges Programm eingebettet sein.

Schnelligkeit, Beweglichkeit und Koordination

Trotz der herausragenden Bedeutung der beiden Komponenten Ausdauer und Kraft sollte das Training der **Beweglichkeit**, **Schnelligkeit** und **Koordination** in einem gesundheitsorientierten Training nicht fehlen. Eine Verbesserung und eine Stabilisierung der Beweglichkeit in Verbindung mit einer guten Koordination bedeutet für einen Menschen mehr Bewegungsfreiheit im Alltag und bei älteren Menschen z. B. eine gute Sturzprophylaxe. Komplexe Alltagsbewegungen können bei entsprechend ausgebildeter Beweglichkeit, Schnelligkeit, Kraft und Koordination insgesamt besser bewältigt werden.

PSYCHOSOZIALE GESUNDHEITSRESSOURCEN

▶ **Psychosoziale Ressourcen**, wie ein gutes Stimmungsmanagement oder ein positives Selbstkonzept, tragen zu guter psychosozialer Gesundheit bei und können durch sportliche Aktivitäten positiv beeinflusst werden.

In der Gesundheitspsychologie werden folgende psychosozialen Ressourcen genannt: **Selbstkonzept, Körperkonzept, Selbstwirksamkeit, sozialer Rückhalt, Stimmung** und **Motivation** (Brehm & Wagner, 2006). Im Folgenden soll exemplarisch der Einfluss von **sportlicher Aktivität** auf die Stimmung und das **Selbstkonzept** dargestellt werden und damit indirekt auf die psychische Gesundheit.

Stimmung und Stimmungsmanagement

Aktuelle und dauerhafte **Stimmungen** sind emotionale Zustände einer Person. Man unterscheidet dabei **positive** (gute Laune, Ruhe, Gelassenheit) und **negative** (depressive Verstimmung, Ärger) Stimmungen. Daher ist die Stimmung eines Menschen einerseits

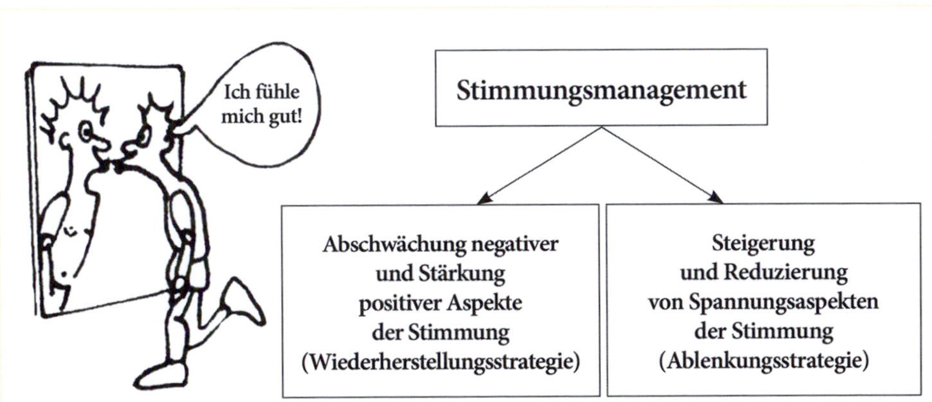

Abb. 22.2: Beeinflussung der emotionalen Situation durch Stimmungsmanagement (modifiziert nach Brehm, 2006, S. 324)

als Gesundheitsressource anzusehen, andererseits auch der Ausdruck eines psychischen Wohlbefindens. Sportliche Aktivität kann als Instrument eines **Stimmungsmanagements** angesehen werden. Dabei unterscheidet Brehm (2006) **Wiederherstellungs- und Ablenkungsstrategien** (vgl. Abb. 22.2).

Insbesondere gezielte Fitnessaktivitäten können eine ausgleichende und wiederherstellende Funktion einnehmen und tragen zur Abschwächung negativer Stimmungen und zum Aufbau positiver Stimmungen bei (Wiederherstellungsstrategie).

Sport, und besonders Wettkampfsport, kann ablenkend wirken, indem er zunächst zu einer enormen Erhöhung von positiven und negativen Stimmungen führt. Im Verlauf oder nach dem Wettkampf löst sich der erhöhte Stimmungszustand wieder auf (Ablenkungsstrategie).

Selbstkonzept

Das **Selbstkonzept** ist das Bild, das ein Mensch von sich selbst hat. Dabei unterscheidet man zwischen **kognitivem, emotionalem, sozialem** und **physischen Selbstkonzept (Körperkonzept)**, bei dem der Mensch ein Bild von seiner körperlichen Erscheinung und seiner körperlichen Fitness hat (vgl. Abb. 22.3).

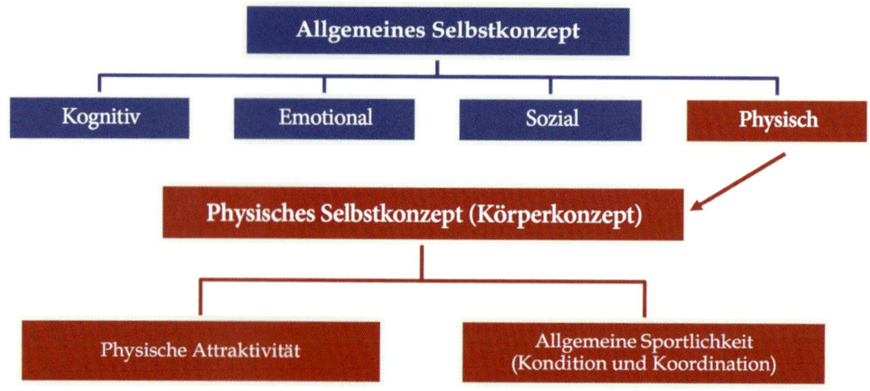

Abb. 22.3: Hierarchisches Modell des Selbstkonzepts (modifiziert nach Alfermann & Wagner, 2006)

Die Funktionen des Selbstkonzepts liegen u. a. in der Verarbeitung selbstgezogener Informationen und der Steuerung des eigenen Verhaltens. Es ist daher eine wichtige Ressource zum Bewältigen von Anforderungen. Wer ein positives Selbstbild von sich hat, wird eher bereit sein, Anforderungen aktiv anzugehen und Widerstände zu überwinden. In diesem Sinne kann ein positives Körperkonzept dazu beitragen, dass ein Mensch sich dauerhaft sportlich betätigt. Zufriedenheit mit dem eigenen Körper kann von ihm als Quelle eines psychischen Wohlbefindens empfunden werden (Alfermann & Wagner, 2006).

Das Selbstkonzept entwickelt sich in ständiger Auseinandersetzung mit der Umwelt. Ein Körperkonzept entwickelt sich auf der Basis sportlicher Erfahrungen (Erfolg, Misserfolg, motorisches Können, erbrachte Leistung), durch Rückmeldungen von Trainern, Lehrern und Übungsleitern sowie durch soziale Vergleiche mit Mitschülern. Es ist daher anzunehmen, dass sportliche Aktivitäten einen wesentlichen Beitrag zur Entwicklung des Selbst- und Körperkonzepts haben.

Nennen Sie Strategien, die bei Ihnen zu einer verbesserten Stimmungslage führen.

Nennen Sie zentrale Bestandteile eines kognitiven, emotionalen und sozialen Selbstkonzepts.

RISIKOFAKTOREN

- Allgemeines aerobes Ausdauertraining wirkt präventiv auf Bluthochdruck, Fettstoffwechselstörung und Übergewicht. Angemessenes Kraft- und Beweglichkeitstraining beugt Osteoporose, Bandscheibenvorfall und Rückenschmerzen vor. Umgekehrt führen Übergewicht, Bewegungsmangel, Fehlernährung und Stress zu erhöhtem Krankheitsrisiko und zu einer verringerten Lebenserwartung.

Das U.S. Departement of Health and Human Services gab 2008 einen komprimierten Überblick über die physiologischen Wirkungen des Sporttreibens von Erwachsenen auf Erkrankungen heraus. Dabei wurde eine Rangliste nach der Stärke der Evidenz (beginnend mit der größten Wirkung) erstellt (vgl. Aufgabe 4). Es besteht laut dieser Studie vor allem ein starker Zusammenhang von sportlicher Aktivität und der Lebensdauer sowie der Wahrscheinlichkeit, nicht an Herz-Kreislauf-Erkrankungen zu leiden.

Sportliche Aktivitäten, wie gesundheitssportliche Aktivitäten, Garten- und Handwerksarbeiten, beugen zahlreichen Krankheiten vor. Im Umkehrschluss ist Bewegungsmangel und gesundheitsgefährdendes Verhalten ein wichtiger Risikofaktor für zahlreiche Erkrankungen und verringert dadurch die Lebenserwartungen (Töpper & Voigt, 2011, S. 105-108).

Die Risikofaktoren des aktiven und passiven Bewegungsapparats (z. B. muskuläre Dysbalancen) können durch die Gesundheitsressourcen Kraft und Beweglichkeit zur Vorbeugung eines Bandscheibenvorfalls, Osteoporose und Rückenschmerzen dienen (Herbsleb & Puta, 2010).

Zusammenhang von sportlicher Aktivität und Risikofaktoren (IQ-22.2, p. 9)

„Strong evidence:

- Lower risk of early death
- Lower risk of coronary heart disease
- Lower risk of stroke
- Lower risk of high blood pressure
- Lower risk of adverse blood lipid profile
- Lower risk of type 2 diabetes
- Lower risk of metabolic syndrome
- Lower risk of colon cancer
- Lower risk of breast cancer
- Prevention of weight gain
- Weight loss, particularly when combined with reduced calorie intake
- Improved cardiorespiratory and muscular fitness
- Prevention of falls
- Reduced depression
- Better cognitive function (for older adults)

Moderate to strong evidence:

- Better functional health (for older adults)
- Reduced abdominal obesity

Moderate evidence:

- Lower risk of hip fracture
- Lower risk of lung cancer
- Lower risk of endometrial cancer
- Weight maintenance after weight loss
- Increased bone density
- Improved sleep quality"

Nennen Sie für Sie überraschende Ergebnisse der Studie. Begründen Sie Ihre Antwort.

In Hinblick auf die vier **„klassischen" Risikofaktoren des Herz-Kreislauf-Systems** (Bluthochdruck, Fettstoffwechselstörung, Übergewicht, gestörte Glukosetoleranz) wirkt insbesondere allgemeines aerobes Ausdauertraining und Kraftausdauertraining präventiv. Der Sport wirkt so auf den Körper ein, dass die Risikofaktoren erst gar nicht auftreten. Aber auch bei vorliegenden Risikofaktoren wirkt gesundheitssportliche Aktivität förderlich: Der Blutdruck wird gesenkt, der „schlechte" LDL-Cholesterinwert sinkt, der „gute"

HDL-Cholesterinwert steigt, Übergewicht wird reduziert. Ferner führt Sport zu einem ökonomischeren Arbeiten des autonomen Nervensystems: Der (anregende) Sympathikus arbeitet weniger, der (beruhigende) Parasympathikus arbeitet stärker. Die Kombination von sportlicher Aktivität **und** ausgewogener Ernährung ist besser wirksam als körperliche Aktivität **oder** gesunde Ernährung allein.

Detaillierte Informationen zum Zusammenhang von Risikofaktoren und Sport findet man im Zusatzinformationsmaterial, welches per QR-Code abrufbar ist.

WOHLBEFINDEN

Wohlbefinden und Gesundheit

a) Beschreiben Sie, was Sie unter „Wohlbefinden" verstehen.
b) Wie erkennen Sie, dass Sie sich wohlfühlen?
c) Gibt es einen Unterschied zwischen Wohlbefinden und Gesundheit? Begründen Sie.

▶ **Wohlbefinden** ist ein subjektiver Ausdruck einer physischen, psychischen und sozialen Gesundheit und kann als subjektives Regulativ der objektiv messbaren Gesundheit angesehen werden.

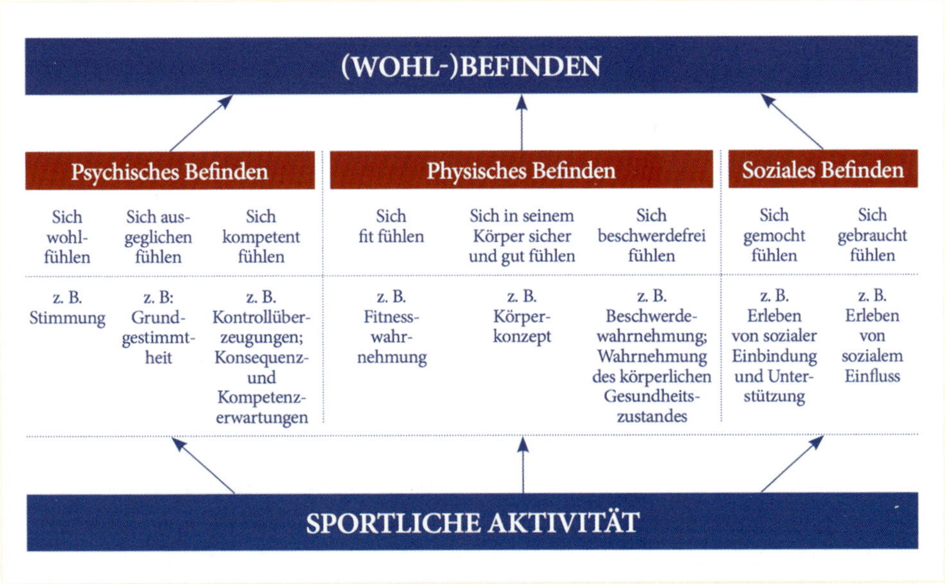

Abb. 22.4: Zusammenhang zwischen (Wohl-)Befinden und sportlicher Aktivität (nach Brehm & Wagner, 2006, S. 105)

Ein Mensch, der subjektiv zufrieden ist mit der eigenen Gesundheit, fühlt sich wohl. Zufrieden ist ein Mensch dann, wenn er die eigene Fitness, sozialen Rückhalt und Stimmung als positiv empfindet. Allerdings entscheiden nicht Ärzte oder Experten über das Wohlbefinden eines Menschen, sondern nur die Person selbst. Brehm und Wagner (2006) beschreiben daher **körperliches Wohlbefinden** als sich fit fühlen, **psychisches Wohlbefinden** als sich ausgeglichen, positiv gestimmt und kompetent fühlen und **soziales Wohlbefinden** als sich gemocht, eingebunden und gebraucht fühlen. Damit ist Wohlbefinden ein **subjektiver** Ausdruck einer physischen, psychischen und sozialen Gesundheit. Wohlbefinden kann als subjektives Regulativ einer objektiv messbaren Gesundheit angesehen werden. Abb. 22.4 stellt den Zusammenhang zwischen sportlicher Bewegung und Wohlbefinden dar.

Schätzen Sie Ihr eigenes aktuelles physisches, psychisches und soziales Wohlbefinden ein. Was sind die Gründe für Ihre Wahrnehmung?

Erläutern Sie die Funktion des Begriffs „Wohlbefinden" im Wirkungsgefüge von Sport und Gesundheit.

MODELL DER WIRKUNGSZUSAMMENHÄNGE VON SPORT UND GESUNDHEIT

Beschreiben Sie mithilfe von Abb. 22.5 die Wirkungszusammenhänge von sportlicher Aktivität und Gesundheit und erläutern Sie mithilfe von Beispielen die Funktion aller vertikalen, horizontalen und diagonalen Pfeile sowie des gestrichelten rechteckigen Rahmens.

▶ Wohldosierte und reflektierte sportliche Aktivität kann als positiver Beitrag zur persönlichen Gesundheit angesehen werden.

Die bisherigen Überlegungen zum Zusammenhang von Sport und Gesundheit legen nahe, dass sportliche Aktivität nicht grundsätzlich gesund ist. Bei angemessener und systematischer Belastungsgestaltung (z. B. Dauer, Häufigkeit, Umfang, Intensität) kann sportliche Betätigung in verschiedenen Gesundheitsbereichen (z. B. Fitness, Gesundheitsförderung durch Aufbau und Stabilisierung psychosozialer Ressourcen, Prävention von Risikofaktoren) unter Beachtung der jeweiligen Zielgruppe (z. B. fit versus nicht fit, trainiert versus untrainiert, krank versus gesund) zu positiven Gesundheitswirkungen führen. In der folgenden Abb. 22.5 ist ein Modell angegeben, das Wirkungsannahmen von sportlicher Aktivität und Gesundheit wiedergibt.

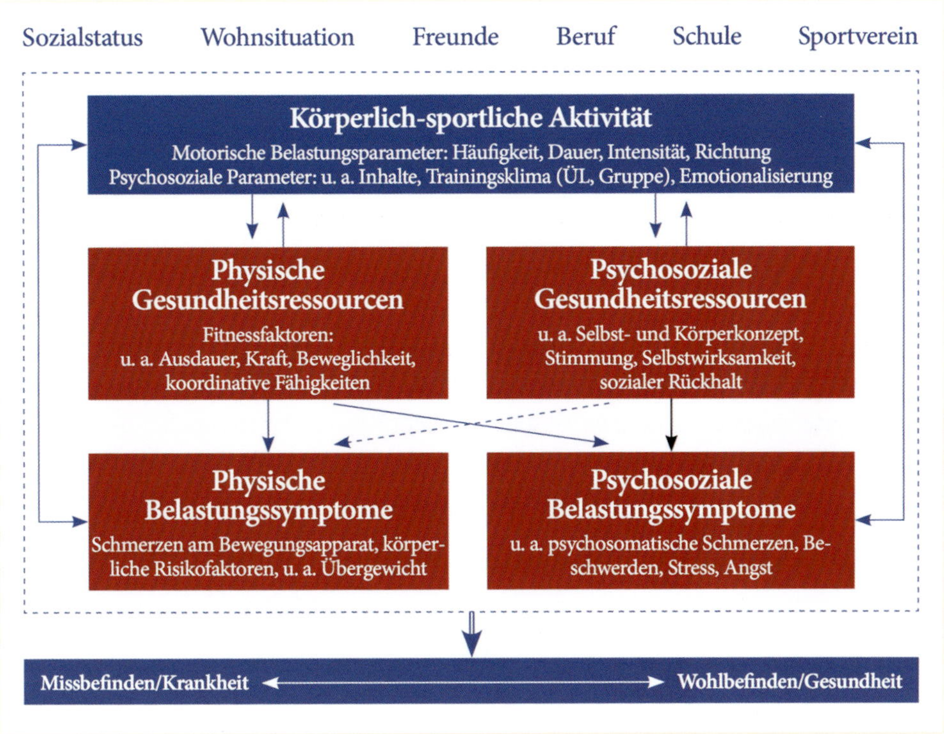

Abb. 22.5: Wirkungsannahmen von sportlicher Aktivität und Gesundheit (aus Brehm et al. 2008, S. 36)

Abschließend sollten am **Beispiel** des Inlineskatings die Ambivalenz von Verletzungsrisiko und Gesundheitsförderung deutlich gemacht werden (vgl. Lektion 9). Inlineskating ist als Sportart mit überwiegendem Training der allgemeinen aeroben Ausdauer gut geeignet, um z. B. Risikofaktoren wie Arteriosklerose oder Übergewicht vorzubeugen. Zugleich birgt das Inlineskating aber auch ein erhebliches Sturz- und Unfallrisiko. Darüber hinaus kann es zu Überbelastungen der Knie kommen, wenn die Belastung nicht entsprechend dosiert ist oder ein entsprechendes Ausgleichstraining betrieben wird. In diesem Sinne kann Sport selbst zum Risikofaktor werden, der bei ungünstiger Entwicklung zu Überlastungsschäden, Verletzungen oder chronischen Schmerzen führen kann. Durch einen bewussten und verantwortungsvollen Umgang mit diesem Risiko kann Inlineskating allerdings zum Kohärenzgefühl des sportlich Aktiven beitragen und einen wichtigen Beitrag zur persönlichen Gesundheit leisten.

Geben Sie weitere sportliche Beispiele an, bei denen die Ambivalenz von Verletzungsrisiko und Gesundheitsförderung deutlich werden.

GESUNDHEITSSPORT

Im *Sportwissenschaftlichen Lexikon* heißt es (Brehm, 2003):

- **Gesundheitssport** zielt auf **Gesundheitswirkungen**, **Verhaltenswirkungen** und **Verhältniswirkungen**. Diese werden systematisch geplant und gesteuert. Sportliche Aktivitäten in den Bereichen Wettkampfsport, Funsport und Fitnesssport können zwar auch gesund sein, sind damit aber noch kein Gesundheitssport.

In Kap. 1.2 haben wir bereits erwähnt, dass der Gesundheitssport in einem funktionalistischen Sportmodell verortet ist. Sport wird dabei zum Zwecke der Gesundheit getrieben. Auf der Basis eines umfassenden Gesundheitsbegriffs und der dazugehörigen Gesundheitsmodelle sowie angenommener Wirkungszusammenhänge von Sport und Gesundheit wird nun dargestellt, welche Ziele Gesundheitssport verfolgt.

Ziele von Gesundheitssport

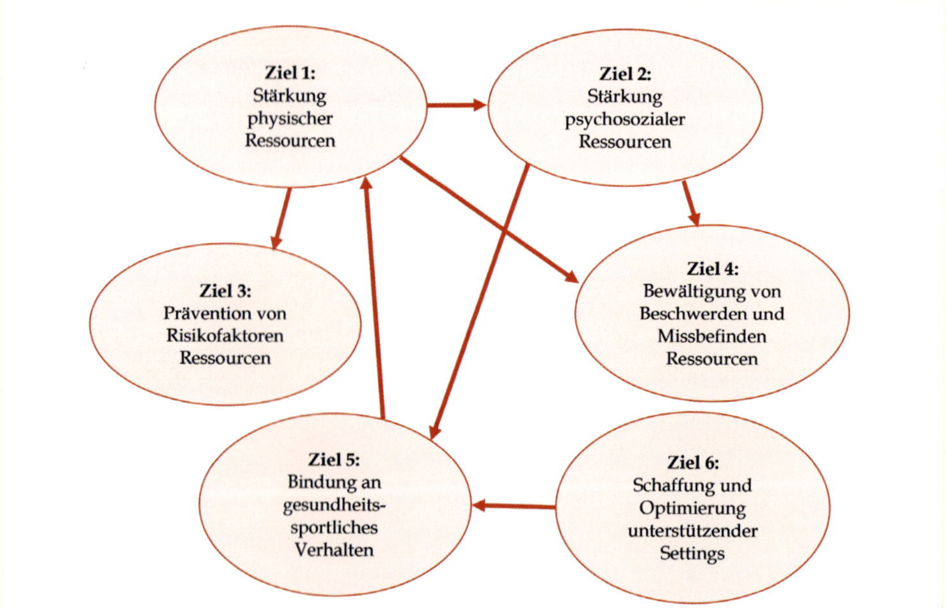

Abb. 22.6: Kernziele von Gesundheitssport und ihre Wechselbeziehungen (modifiziert nach Bös & Brehm, 2006, S. 21)

In Anlehnung an Bös und Brehm (2006) lassen sich sechs Kernziele des Gesundheitssports formulieren, die in gegenseitiger Wechselwirkung stehen (vgl. Abb. 22.6):

- Kernziel 1: Stärkung physischer Gesundheitsressourcen.
- Kernziel 2: Verminderung von Risikofaktoren.
- Kernziel 3: Stärkung psychosozialer Gesundheitsressourcen.
- Kernziel 4: Bewältigung von Beschwerden und Missbefinden.
- Kernziel 5: Bindung an gesundheitssportliches Verhalten.
- Kernziel 6: Schaffung und Optimierung unterstützender Settings.

Erklären Sie die Wechselbeziehungen der Kernziele unter Berücksichtigung der Ihnen bekannten Gesundheitsmodelle. Würden Sie noch Pfeile ergänzen?

Erläutern Sie, warum Wettkampfsport, Fun- und Fitnesssport zwar in irgendeiner Weise gesund sind, aber damit noch kein Gesundheitssport sind.

Gesundheitssport im Kontext von Gesundheitsförderung und Krankheitsprävention

Der Gesundheitssport ist eine wichtige Säule für die Krankheitsprävention und die Gesundheitsförderung. Beide wollen einen Gesundheitsgewinn erzielen, aber auf unterschiedliche Weise.

Die beiden Begriffe sollen an einem **Beispiel** erläutert werden:

„Ausdauertraining (als präventive Maßnahme) bewirkt durch seinen organischen Effekt beispielsweise, den kardialen Risikofaktoren – Bluthochdruck, hohen Blutfett- und Blutzuckerwerten –, die als primäre Risikofaktoren des Herzinfarkts gelten, vorzubeugen. Andersherum wird im salutogenetischen Sinne eine gestärkte Ausdauerleistungsfähigkeit als Schutzfaktor verstanden. Interventionsformen beider Formen müssen daher als ergänzend verstanden werden" (Haisch et al., 2009; vgl. Abb. 22.7).

Abb. 22.7: Zwei Seiten einer Medaille: Krankheitsprävention und Gesundheitsförderung

Erläutern Sie an weiteren Beispielen (wie dem Ausdauertraining), wie Interventionsmaßnahmen im Sinne der Krankheitsprävention bzw. der Gesundheitsförderung interpretiert werden können.

Detaillierte Informationen zum Modell der Krankheitsprävention und Gesundheitsförderung findet man unter Zusatzinformationsmaterial.

22.2 FITNESS UND FITNESSTRAINING IM KONTEXT VON SPORT UND GESUNDHEIT

Die Begriffe **Fitness** und **Fitnesstraining** werden in der gesundheits- und sportwissenschaftlichen Forschung genauso benutzt wie in Lifestylemagazinen und in den kommerziellen Medien. Im abschließenden Kapitel soll der Fitnessbegriff in das Wirkungsgefüge von Sport und Gesundheit eingeordnet werden.

FITNESSBEGRIFF

- Ein **umfassender Fitnessbegriff** lässt Fitness und Gesundheit zu gleichbedeutenden Begriffen werden. Wird der Begriff der **Fitness enger gefasst**, stehen körperliche Aktivität und Lebensstil sowie Fitness, Gesundheit und Wohlbefinden in einer engen Wechselbeziehung, besitzen aber im konkreten Einzelfall unabhängige Komponenten. So kann man z. B. hohe Punkte beim Fitnesstest erreichen, aber gleichzeitig an einer ernsthaften Krankheit wie Diabetes mellitus erkrankt sein.

Der Begriff **Fitness** stammt aus dem Englischen und bezeichnet im Allgemeinen die Lebenstauglichkeit eines Menschen sowie dessen aktuelle Eignung für beabsichtigte Handlungen. In diesem Sinne umfasst Fitness eines Menschen alle Persönlichkeitsdimensionen und Handlungsfelder. Präzisierungen dieser allgemeinen Zielsetzung sind abhängig von der Analyse der herrschenden Lebensbedingungen bzw. spezieller Situationen und den Lebenskonzepten der Person sowie der Gesellschaft (Kayser, 2003).

So benötigt z. B. ein Bauer im Hochland von Peru eine andere Fitness als ein Büroangestellter in einer Dienstleistungsgesellschaft. Meine Oma ist mit 92 Jahren immer noch fit im Kochen und Rätseln, sie geht einkaufen, arbeitet im Garten und kann ihr Leben im Wesentlichen selbstbestimmt meistern. Sie hat aber wegen ihrer Osteoporose und Arthrose Probleme, sich selbst zu waschen. Dort braucht sie Hilfe. Trotzdem sagte ihre Ärztin zu ihr: „Ich wäre froh, wenn ich in Ihrem Alter noch so fit wäre!" Ebenso kann ein körperlich fitter Mensch in einem anderen (lebensnotwendigen) Bereich nicht fit sein, wie uns die nachfolgende Karikatur humorvoll deutlich macht (vgl. Abb. 22.8).

Abb. 22.8: Nur die Besten überleben! (modifiziert nach IQ-22.4)

Im **Sport** hat die Dimension **körperliche** bzw. **motorische Fitness** eine besondere Bedeutung. In Abhängigkeit von verschiedenen Situationsanalysen, Wertbezügen (z. B. Jugendlichkeit, Schönheit, Leistung, Gesundheit, Vitalität) und Bezugsfeldern (z. B. Beruf, Sport, Freizeit) lassen sich unterschiedliche Konzeptionen für die körperliche Fitness herausbilden. Auf der Basis der allgemeinen körperlichen Leistungsfähigkeit unterscheiden sich diese Konzepte durch die Akzentuierung der Leistungsorientierung, der Trainingsinhalte, der Trainingsmethoden sowie einem Trend zu einem Minimal- oder Maximalprogramm.

In der **Sportmedizin** wird im Fitnessbegriff die psychische und physische Dimension zusammengefasst:

▶ **Fitness** ist der Zustand einer im psychischen und physischen Bereich guten Leistungsbereitschaft für eine spezifische Aufgabe (Hollmann & Strüder, 2012, S. 127).

In Anlehnung an Kayser (2003, S. 200) lassen sich folgende **Beispiele für Fitnesskonzepte** finden, die je nach spezifischer Aufgabe der Fitness unterschiedliche Akzentuierungen zuweisen:

- Prävention gegenüber Krankheiten;
- Aufhalten und Verschieben von Alterungsprozessen;
- Optimierung der sportlichen Leistungsfähigkeit;
- Aufbau, Erhaltung und Steigerung des körperlichen Wohlbefindens;
- Aufbau von sozialen Kontakten und Schaffung von Anerkennung durch andere;
- Beitrag zur Selbstverwirklichung über motorische Aktivität;
- Programme, die aus einer Kombination der obigen Beispiele bestehen.

Nennen Sie Beispiele für die verschiedenen Fitnesskonzepte. Welche Fitnesskonzepte haben Sie bereits kennengelernt? War das Kennenlernen mit einer bestimmten Lebenssituation verbunden? Waren Ihre Erfahrungen positive? Erläutern Sie Ihre Antworten.

FITNESSTRAINING

▶ **Fitnesstraining** zielt auf die Verbesserung oder Erhaltung der körperlichen Fitness und ist damit Teil des funktionalistischen Sports. Fitnesstraining konkretisiert sich in unterschiedlichen Fitnessprogrammen (z. B. Trimm-Aktion, Angebote in Fitnessstudios, „Personal Trainer") und wurde in der Vergangenheit stark von Fitnesstests und deren Testaufgaben (z. B. Kraus-Weber-Test, Cooper-Test) beeinflusst. Sowohl das Bodybuilding als auch das Training zum Erhalt der Motorik im Alter zählen zum Fitnesstraining und verdeutlichen somit den umfassenden Begriff des Fitnesstrainings (Kayser, 2003).

Die Fitnessbewegung hat ihren Ursprung in den Vereinigten Staaten, wo man 1953 mithilfe des sogenannten **Kraus-Weber-Tests** (vgl. Infoblock) festgestellt hat, dass amerikanische Kinder eine deutlich schlechtere Fitness aufwiesen als die europäischen Kinder. Es folgten Fitnesswellen wie Aerobic, Stretching oder Wandern und Laufen („Walking" und „Jogging").

Infoblock: Kraus-Weber-Test

Beim Kraus-Weber-Test wurde in sechs Übungen die statische Kraftausdauer der Rumpfmuskulatur überprüft. Die Durchführung besteht in einem Heben und Halten des Oberkörpers bzw. der Beine in der Rücken- und in der Bauchlage. Dabei wird die Dauer der Haltezeit registriert und bewertet. Dieser Test mit seinen Ergebnissen war der Startschuss für die heutige Fitnessbewegung.

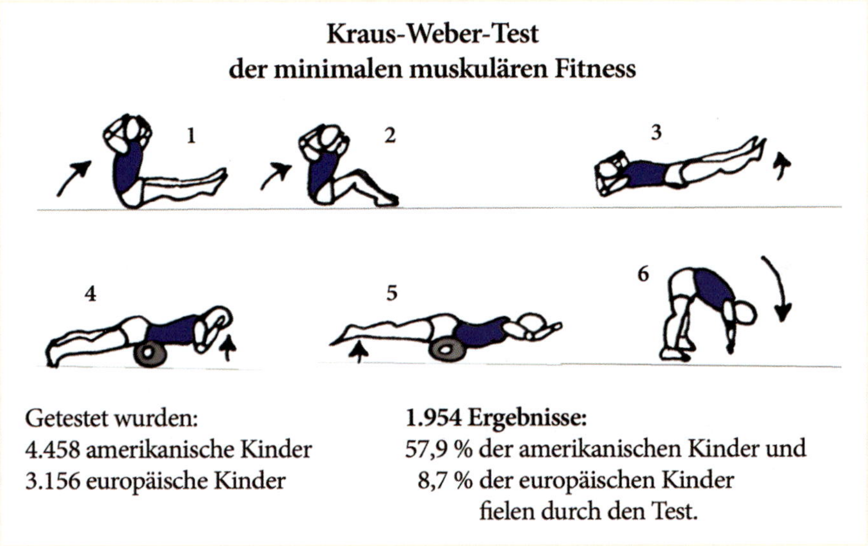

Abb. 22.9: Klaus-Weber-Test (modifiziert nach IQ-22.4)

An die Tradition der Fitnesstests schließen sich auch viele Fitnessstudios an, deren Gerätepark eher Teststationen als den traditionellen Sportarten verpflichtet ist. Die Teststation wird zur Trainingsstation.

In Deutschland wurden schon Anfang der 1970er-Jahre vom Deutschen Sportbund Programme zur Förderung des Gesundheitsbewusstseins in der Bevölkerung durchgeführt. Die Aktionen „Trimm Dich durch Sport" (1970, Motivationskampagne mit dem Maskottchen „Trimmy", vgl. Abb. 22.10), „Ein Schlauer trimmt die Ausdauer" (1975), „Spiel mit – da spielt sich was ab" (1979), „Trimming 130 – Bewegung ist die beste Medizin" (1983, Formel für gesundes Sporttreiben = 130 Pulsschläge pro Minute während der Ausdauerbelastung), „Im Verein ist Sport am schönsten" (1987) oder „Deutschland bewegt sich" (2003) werden ergänzt von Wettbewerben wie „Sport pro Gesundheit" (2003) und dem „Deutschen Sportabzeichen".

Abb. 22.10: Die „Trimm Dich"-Kampagne mit dem Maskottchen des DOSB, „Trimmy", startete 1970 (©DOSB IQ-22.5)

Die **Motive** für Fitnesstraining sind vielfältig (vgl. Lektionen 1 und 10): Im Rahmen einer Krankheitsprävention oder Gesundheitsförderung steht der Abbau von Risikofaktoren bzw. der Aufbau von Gesundheitsressourcen mit dem Ziel eines Gesundheitsgewinns im Vordergrund **(Gesundheitsmotiv)**. Ausgangspunkt von Fitnesstraining kann aber auch die Freude an einer Verbesserung und Stabilisierung der allgemeinen körperlichen Leistungsfähigkeit sein **(Leistungsmotiv)**. Das Bedürfnis nach Bewegung und körperlicher Anstrengung **(Bewegungsmotiv)** kann ebenso Motor für Fitnesstraining sein wie die Erhaltung und Steigerung der beruflichen Partizipation (Kombination von Gesundheits- und Leistungsmotiv). Gerade das Bodybuilding und der Schönheitswahn in den kommerziellen Medien zielt bei vielen Sporttreibenden auf das **Erreichen von** bestimmten **Schönheitsidealen** (**Machtmotiv**, vgl. Information: Schönheitsideale unter Zusatzinformationsmaterial). Die zahlreichen Kursangebote in Fitnessstudios und die vielen Reisemöglichkeiten für Individualreisende mit Aktivurlaubswünschen orientieren sich am Wunsch nach Geselligkeit **(Anschlussmotiv)**.

Die Verbesserung der allgemeinen körperlichen Leistungsfähigkeit steht im engen Zu-sammenhang mit der physischen Fitness. Dazu sollen besonders die Komponenten Ausdauer, Kraft, Beweglichkeit und Koordination verbessert werden. **Ziele** eines gezielten Fitnesstrainings sind daher besonders die Optimierung des Herz-Kreislauf-Systems (Ausdauertraining), eine Ausbildung der Muskulatur (Krafttraining), eine verbesserte Beweglichkeit (Flexibilitätstraining) und eine Stabilisierung der Gewandtheit (Koordinationstraining). Darüber hinaus kann gerade in einer Gesellschaft mit immer mehr Stressoren das Ausgleichen der nervalen Belastung ein wichtiges Ziel von Fitnesstraining sein (Entspannungstechniken).

Vergleichen Sie Fitnesstraining und Gesundheitstraining und benennen Sie Unterschiede.

Nennen Sie Ihre perönlichen Motive für das Training Ihrer körperlichen Fitness.

22.3 RÜCKBLICK

Wirkungszusammenhänge von Sport und Gesundheit

- **Physische Gesundheitsressourcen:** Ein gesundheitsorientiertes Sportprogramm sollte neben den Komponenten Ausdauer und Kraft stets auch Elemente mit koordinativen und beweglichkeitsorientierten Elementen berücksichtigen. Vor Beginn eines ganzheitlichen Fitnesstrainings sollte stets eine sportärztliche Untersuchung erfolgen.
- **Psychosoziale Ressourcen:** Ein gutes Stimmungsmanagement und ein positives Selbstkonzept trägt zu guter psychosozialer Gesundheit bei und kann durch sportliche Aktivitäten positiv beeinflusst werden.
- **Risikofaktoren:** Allgemeines aerobes Ausdauertraining beugt Bluthochdruck, Fettstoffwechselstörung und Übergewicht vor. Angemessenes Kraft- und Beweglichkeitstraining wirkt präventiv auf Osteoporose, Bandscheibenvorfall und Rückenschmerzen. Umgekehrt führt Übergewicht, Bewegungsmangel, Fehlernährung und Stress zu erhöhtem Krankheitsrisiko und einer verringerten Lebenserwartung.
- **Wohlbefinden** ist ein subjektiver Ausdruck einer physischen, psychischen und sozialen Gesundheit und ergänzt regulierend die objektiv messbare Gesundheit.
- Wohldosierte und reflektierte sportliche Aktivität kann als positiver Beitrag zur persönlichen Gesundheit/Wohlbefinden angesehen werden.
- **Gesundheitssport** zielt auf systematisch geplante und gesteuerte Gesundheitswirkungen, Verhaltenswirkungen und Verhältniswirkungen. Sportliche Aktivitäten in den Bereichen Wettkampfsport, Funsport und Fitnesssport können zwar auf irgendeine Weise gesund sein, sind damit aber noch kein Gesundheitssport.

Fitness und Fitnesstraining im Kontext von Sport und Gesundheit

- **Fitnessbegriff:** In der Literatur finden sich alle Relationen von Fitness und Gesundheit. Der weiteste Fitnessbegriff lässt Fitness und Gesundheit im Sinne der WHO-Definition zu Synonymen werden. Wird der Begriff der Fitness enger gefasst, stehen körperliche Aktivität und Lebensstil sowie Fitness, Gesundheit und Wohlbefinden in einer engen Wechselbeziehung, besitzen aber im konkreten Einzelfall unabhängige Komponenten.
- **Fitnesstraining** zielt auf die Verbesserung oder Erhaltung der körperlichen Fitness, ist Teil des funktionalistischen Sports und wurde in der Vergangenheit stark von Fitnesstests und deren Testaufgaben beeinflusst. Sowohl das Bodybuilding als auch das Training zum Erhalt der Motorik im Alter zählt zum Fitnesstraining.

22.4 PRÜFUNGSVORBEREITUNG

Kontrollfragen

1. Was sind physische Gesundheitsressourcen?
2. Nennen Sie Mindestbelastungen für ein gesundheitsorientiertes Ausdauertraining.
3. Beschreibungen Sie Anpassungen von Ausdauertraining.
4. Was ist beim Einstieg in ein Krafttraining zu beachten?
5. Geben Sie psychische Gesundheitsressourcen an.
6. Erläutern Sie den Begriff Körperkonzept.
7. Welche Sportarten sind gut geeignet zur Förderung der Gesundheit? Begründen Sie.
8. Wie hängen Sport und Gesundheit zusammen?
9. Geben Sie die sechs Ziele von Gesundheitssport an.
10. Definieren Sie Fitness aus sportmedizinischer Sicht.
11. Stellen Sie den weiten und einen engen Fitnessbegriff dar.
12. Beschreiben Sie, wie die Fitnessbewegung entstanden ist.
13. Nennen Sie Beispiele für Fitnessprogramme.
14. Geben Sie die Motive für Fitnesstraining an.
15. Nennen Sie die Hauptziele von Fitnesstraining.

Prüfungsaufgaben

Ausdauersportarten im Gesundheitssport

a) **Beurteilen** Sie die Sportart Aerobic [Badminton, Basketball, Bergwandern, Bodybuilding, Eislaufen, Fußball, Gymnastik, Handball, Indiaka, Inlineskating, Jogging, Judo, Karate, Kanu, Kegeln, Radfahren, Saunen, Schwimmen, Skilauf (alpin), Skilanglauf, Squash, Tanzsport, Tauchen, Tennis, Tischtennis, Triathlon, Volleyball, Walking, Wassergymnastik] hinsichtlich ihrer Eignung für den Gesundheitssport (sehr gut geeignet, gut geeignet, geeignet, eher ungeeignet, ungeeignet). Kriterien: Auswirkungen auf den passiven Bewegungsapparat, Verletzungsgefährdung, Bluthochdruck, Anpassung des HKS.

b) **Nennen** Sie gut und bedingt geeignete sowie ungeeignete Sportarten bei Hypertonie. Begründen Sie Ihre Auswahl.

Inhalte und Ziele einer Sporttherapie

Sportarten im Gesundheitssport

Ist Klettern gesund?

Ist Marathonlaufen gesund?

LEKTION 23
WELCHE ROLLE SPIELT DOPING IM SPORT?

23.1	DEFINITION VON DOPING	560
23.2	WIRKUNG VON DOPING AUF DEN ORGANISMUS UND DIE PSYCHE	563
23.3	BEGRÜNDUNGEN FÜR DAS DOPINGVERBOT IM WETTKAMPFSPORT	569
23.4	SOZIOLOGISCHE ERKLÄRUNGSANSÄTZE FÜR DOPING	573
23.5	RÜCKBLICK	575
23.6	PRÜFUNGSVORBEREITUNG	576

LEKTION 23: WELCHE ROLLE SPIELT DOPING IM SPORT?

23.1 DEFINITION VON DOPING

Der Begriff **Doping** geht auf das englische Wort **dope** zurück, was als Verb übersetzt „verabreichen" heißt und in der substantivischen Übersetzung „Rauschgift" bedeutet. Es erschien erstmalig im Jahr 1889 in einem englischsprachigen Wörterbuch und stand für eine Mischung aus verschiedenen Schmerzmitteln und Opium zum Einsatz bei Pferderennen (vgl. Prokop, 1970).

In Dopingkreisen ist die Bezeichnung **Doping** inzwischen ein Synonym geworden für die Unachtsamkeit desjenigen, der sich erwischen lässt. Diese begriffliche Deutung scheint etymologisch untermauert zu werden. So stammt der Begriff „dop" aus der Kaffernsprache, einem südafrikanischen Bantudialekt der Ureinwohner Afrikas, und bezeichnet dort einen starken alkoholischen Schnaps (Schröder & Dahlkamp, 2003, S. 256). Das dazugehörige Adjektiv „dopy" steht für benebelt, dusselig und dämlich.

Der Vorsitzende der Britischen Gesellschaft für Sportmedizin, Sir Arthur Porrit, sagte einst:

- „Doping zu definieren, ist sehr schwierig, wenn nicht gar unmöglich, und dennoch weiß jeder, der Leistungssport betreibt, oder der Dopingmittel verabreicht, genau, was es bedeutet. Die Definition liegt nicht in Worten, sondern in der charakterlichen Integrität" (Krauss, 2000, S. 19).

Erläutern Sie die Aussage von Sir Arthur Porrit zur Dopingdefinition.

Auch die Soziologen und Dopingforscher Bette und Schimank (2006, S. 143) weisen auf die Schwierigkeit einer eindeutigen begrifflichen Festlegung hin: „Doping gehört zu jenen Sachverhalten, bei denen keinesfalls von vorneherein klar ist, dass alle dasselbe darunter verstehen."

Die Sportmediziner Hollmann und Strüder (2012, S. 554) weisen darauf hin, dass eine allen wissenschaftlichen Ansprüchen genügende Definition von Doping aus „somatisch-psychisch-juristischen Gründen" nicht existieren kann. Daher definieren sie Doping aus einer an der Praxis orientierten Perspektive:

▶ „**Doping** beinhaltet den Versuch der körperlichen Leistungssteigerung mit chemischen, pharmakologischen oder physikalischen Methoden, die laut Liste des betreffenden Sportfachverbandes oder des Internationalen Olympischen Komitees verboten sind."

> Erklären Sie, was Hollmann und Strüder mit „somatisch-psychisch-juristischen Gründen" meinen könnten.

Trotz der unterschiedlichen Begriffsbestimmungen haben alle Definitionen dennoch eine Gemeinsamkeit: Jede einzelne Definition versteht Doping als Einsatz von Präparaten und Methoden, die gegen sportethische Normen verstoßen und auf eine Steigerung der Leistung, unter Billigung etwaig auftretender Gesundheitsschäden, abzielen (Daumann, 2003, S. 215).

Im Nationalen-Anti-Doping-Code (NADC) 2015 der Nationalen Anti Doping Agentur (NADA) heißt es (IQ-23.1, S. 3-8):

> „**Doping** wird definiert als das Vorliegen eines oder mehrerer der nachfolgend [. . .] festgelegten Verstöße gegen Anti-Doping-Bestimmungen:
>
> - „Vorhandensein einer **verbotenen Substanz**, ihrer Metaboliten (Zwischenprodukte) oder Marker (eindeutig identifizierbare DNA-Abschnitte) [. . .],
> - Der Gebrauch oder der Versuch des Gebrauchs einer **verbotenen Substanz** oder einer **verbotenen Methode** durch einen Athleten [. . .],
> - Umgehung der Probenahme oder die Weigerung oder das Unterlassen, sich einer Probenahme zu unterziehen [. . .],
> - Meldepflichtverstöße [. . .],
> - Die **unzulässige Einflussnahme** oder der Versuch der **unzulässigen Einflussnahme** auf irgendeinen Teil des Dopingkontrollverfahrens [. . .],
> - Besitz einer **verbotenen Substanz** oder einer **verbotenen Methode** [. . .],
> - Das Inverkehrbringen oder der Versuch des Inverkehrbringens von einer **verbotenen Substanz** oder einer **verbotenen Methode** [. . .],
> - Die Verabreichung oder der Versuch der Verabreichung an Athleten von **verbotenen Substanzen** oder **verbotenen Methoden innerhalb des Wettkampfs** oder **außerhalb des Wettkampfs** die Verabreichung oder der Versuch der Verabreichung von **verbotenen Methoden** oder **verbotenen Substanzen**, die **außerhalb des Wettkampfs** verboten sind [. . .],
> - Tatbeteiligung [. . .],
> - Verbotener Umgang" (z. B. mit wegen Dopings gesperrten Trainern).

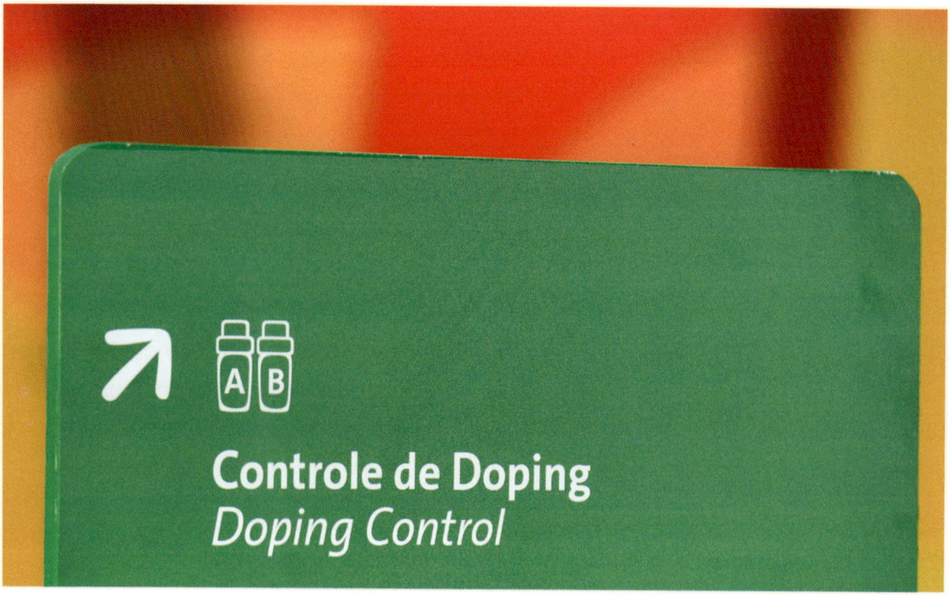

Abb. 23.1: Eine Verweigerung einer Dopingkontrolle gilt als Dopingverstoß.

Diese Definitionen lassen erkennen, dass einerseits eine gewisse Willkür der zu einem gegebenen Zeitpunkt als unerlaubt definiert Substanzen und/oder Methoden besteht, andererseits die Definition aufgrund technischer und pharmazeutischer Innovationen ständig angepasst werden muss. 1999 wurde die **Welt Anti-Doping Agentur (WADA)** gegründet. Seit dem 1.1.2004 wird die Liste der verbotenen Wirkstoffe und der verbotenen Methoden entsprechend dem Welt-Anti-Doping-Code (WADC) als Standard veröffentlicht und jährlich aktualisiert. Zur Aufnahme eines Wirkstoffs oder einer Methode auf die Liste der WADA müssen mindestens zwei der drei Kriterien (K1) bis (K3) erfüllt sein (IQ-23.2, S. 30):

(K1) Die sportliche Leistung kann gesteigert werden.
(K2) Es besteht ein gesundheitliches Risiko für den Sportler.
(K3) Es liegt ein Verstoß gegen den Geist des Sports vor.

Bemerkung: Werden verbotene Substanzen und Mittel zur Leistungssteigerung im Freizeit- und Breitensport eingesetzt, spricht man von einem **Medikamentenmissbrauch** (vgl. Zusatzinformationsmaterial).

23.2 WIRKUNG VON DOPING AUF DEN ORGANISMUS UND DIE PSYCHE

▶ Unter **Doping** versteht man den Gebrauch verbotener Substanzen und Methoden. Diese verbotenen Substanzen und Methoden werden durch den **Welt-Anti-Doping-Code** (WADC) der Welt Anti-Doping Agentur (WADA) jährlich neu festgelegt.

Der WADC umfasst drei Bereiche: **verbotene Substanzen**, **verbotene Substanzen in bestimmten Sportarten** und **verbotene Methoden**. Tab. 23.1 stellt die drei Bereiche dar.

Tab. 23.1: Verbotsliste der WADA 2015 (IQ-23.3, S. 2-10)

Verbotenen Substanzen	Verbotene Substanzen in bestimmten Sportarten	Verbotene Methoden
• Nicht zugelassene Substanzen • Anabole Wirkstoffe • Hormone und verwandte Substanzen • Beta-2-Antagonisten • Hormonantagonisten und Modulatoren • Diuretika und maskierende Substanzen • Stimulantien • Narkotika • Cannabinoide • Glukokortikoide	• Alkohol • Betablocker	• Erhöhung des Sauerstofftransfers • Chemische Manipulation • Physikalische Manipulation • Gendoping

VERBOTENE SUBSTANZEN

▶ Zu den **verbotenen Substanzen** gehören Stoffe, die grundsätzlich nie verwendet werden dürfen (z. B. anabole Wirkstoffe wie EPO, Anabolika und weitere Hormone, Beta-Antagonisten, Diuretika) und solche, die nur während der Wettkämpfe untersagt sind (z. B. Narkotika, Aufputschmittel, Cannabis, Cortisol).

Die WADA unterteilt die verbotenen Substanzen insgesamt in neun Klassen. Die Klassen S0 bis S5 enthalten Substanzen, die **grundsätzlich verboten** sind (bzw. die nur bis zu einer bestimmten Grenzmenge zugelassen sind oder zu denen eine therapeutische Ausnahmegenehmigung benötigt wird). Die Klassen S6 bis S9 sind **immer in Wettkämpfen** verboten. Die folgende Tab. 23.2 gibt Auskunft über die verbotenen Substanzen und deren Wirkung auf den Organismus.

Tab. 23.2: Grundsätzlich verbotene bzw. immer in Wettkämpfen verbotene Substanzen, die nur bis zu einer bestimmten Grenzmenge zugelassen sind oder zu denen eine therapeutische Ausnahmegenehmigung benötigt wird (IQ-23.3, S. 2-6, 8-9).

	Grundsätzlich verbotene Substanzen	Definition bzw. Wirkungen
S0	**Nicht zugelassene Substanzen** (z. B. Designerdrogen, nur bei Tierversuchen als wirksam nachgewiesene Substanzen)	Arzneimittel, die in der Entwicklung sind, vom Markt genommen wurden oder nur in vorklinischen Studien für den menschlichen Nutzen nachgewiesen sind.
S1	**Anabole Substanzen** (z. B. Wachstumshormone EPO, Insulin, Testosteron, HCG)	Wirkstoffe, die eiweißaufbauende (anabole) und regenerative Wirkung haben und teilweise auch auf die inneren und äußeren Geschlechtsmerkmale einer dopenden Person wirken können (androgene Wirkung).
S2	**Hormone und verwandte Substanzen** (z. B. anabol-androgene Steroide, Clenbuterol)	
S3	**Beta-2-Antagonisten** (z. B. Kortison)	Bronchienerweiternde und teilweise anabole Wirkstoffe, die aktivierend auf den Sympathikus wirken.
S4	**Hormonantagonisten und -modulatoren** (z. B. Stoffwechselmodulatoren)	Substanzen, welche die Hormonwirkungen und Enzymreaktionen beeinflussen und nicht die sportliche Leistung steigern, sondern die Nebenwirkungen bei der Einnahme anaboler Substanzen reduzieren sollen.
S5	**Diuretika und andere Maskierungsmittel** (z. B. Glycerol)	Harntreibende Mittel, die zur Gewichtsreduzierung vor Wettkämpfen mit unterschiedlichen Gewichtsklassen (z. B. im Gewichtheben) oder zur beschleunigten Ausscheidung von Dopingsubstanzen eingesetzt werden.

	In Wettkämpfen verbotene Substanzen	Definition bzw. Wirkungen
S6	**Stimulantien** (z. B. Adrenalin, Ephedrin, Amphetamin)	Meist vor einem Wettkampf angewendete und in einer Urinprobe gut nachweisbare Aufputschmittel.
S7	**Narkotika** (z. B. Heroin, Morphin)	Substanzen, die schmerzstillende und psychogene Wirkungen (Beseitigung von Angst und Unlust, euphorisierende und psychisch dämpfende Wirkung) haben.
S8	**Cannabinoide** (z. B. Cannabis und THC)	Hanfähnliche Substanzen, die meist eine beruhigende, eine entspannende und eine den Appetit anregende Wirkungen auf den Organismus haben können.
S9	**Glukokortikoide** (z. B. Cortisol)	Entzündungshemmende und immunsuppressive Steroidhormone aus den Nebennieren, die den Stoffwechsel, den Wasser- und Elektrolythaushalt, das Herz-Kreislauf-System und das Nervensystem beeinflussen.

Es kann eine Reihe von gravierenden **Nebenwirkungen** auftreten, welche die regelmäßige Einnahme verbotener Substanzen im höchsten Maße bedenklich erscheinen lassen. Das Gefahrenpotenzial vergrößert sich enorm, wenn die Einnahme ohne entsprechende medizinische Kenntnisse erfolgt. Zu den unerwünschten Wirkungen zählen (Hollmann & Strüder, 2012, S. 558):

- Wachstum von Herzmuskelzellen,
- Verringerung der Herzmuskelkapillarisierung,
- Abnahme des „guten" HDL- und Zunahme des „schlechten" LDL-Cholesterins,
- Auflösung quer gestreifter Muskulatur,
- Steroidakne,
- Abnahme des Hodenvolumens,
- Reduktion der Spermatogenese,
- Gynäkomastie (Vergrößerung der Brustdrüse des Mannes),
- Leberzellveränderung,
- Förderung der Arteriosklerose mit Herzinfarkt in jungem Alter,
- Einschränkung der Libido,
- Virilisierung (Vermännlichung) bei Frauen (Haarausfall, Vertiefung der Stimme, Akne),
- vorzeitiger Verschluss der Wachstumsfugen bei Jugendlichen,
- Regelstörung mit Ausbleiben der Monatsblutung bis hin zur Unfruchtbarkeit,
- gesteigerte Aggressivität bis hin zur Gewalttätigkeit,
- depressive Verstimmungen und Depressionen nach Absetzen der Präparate.

Anabole Steroide

Anabole Steroide (z. B. Diabanol oder Anadrol) haben eine **anabole** und **androgene Wirkung**. Anabole Steroide wirken auf den Eiweißstoffwechsel. Durch die Einnahme anaboler Steroide wird Eiweiß in der Muskulatur aufgebaut, was in Verbindung mit Training zum Muskelwachstum führt. Des Weiteren wird die Regenerationsfähigkeit verbessert. Die androgene Wirkung der anabolen Steroide ist ein unerwünschter Nebeneffekt, weswegen versucht wird, den androgenen Anteil der Steroide gering zu halten. Die androgene Wirkung bezeichnet den Einfluss auf die inneren und äußeren Geschlechtsmerkmale sowie die Psyche.

Die einstmals geheim gehaltenen Testbefunde in der ehemaligen DDR über Unterschiede sportlicher Leistungen ohne und mit Anabolikaeinnahme sind nach Einsicht in die Stasiakten in Anlehnung an Hollmann und Strüder (2012, S. 558) in Tab. 23.3 dargestellt.

Tab. 23.3: Leistungssteigerung durch Anabolika beim Diskuswurf und 100-m-Sprint. Die höheren prozentualen Leistungssteigerungen bei Frauen sind auf den niedrigeren Testosteronspiegel bei Frauen zurückzuführen, wodurch die artifizielle Testosteronvermehrung einen stärkeren Effekt ausüben kann (Hollmann & Strüder, 2012, S. 558).

Disziplin	Frauen	Männer
Diskuswurf	10-20 m	10-12 m
Hammerwurf	–	6-10 m
Speerwurf	8-15 m	–
100-m-Sprint	0,4-0,8 s	0,2-0,4 s
400-m-Lauf	4-5 s	–
800-m-Lauf	5-10 s	–
1.500-m-Lauf	7-10 s	–

Beispiele:

- **800-m-Zeiten der Frauen:** 1983 lief die Tschechin Jarmila Kratochvilova einen 800-m-Weltrekord in 1:53,28 min. Das letzte Mal lief 2009 die Südafrikanerin Caster Semenya mit 1:55,45 min eine Zeit unter 1:56 min. Die deutsche Jahresbestzeit 2015 erreichte Fabienne Kohlmann in 1:58,34 min.
- **400-m-Zeiten der Frauen:** Den Weltrekord über 400 m der Frauen hält die deutsche Marita Koch in 47,60 s (1985). Aktuell laufen die schnellsten 400-m-Läuferinnen knapp über 49 s. Die deutsche Jahresbestleistung 2015 beträgt 52,04 s.

EPO-Doping

An dieser Stelle sei noch auf die spezielle Wirkung des Hormons **Erythropoetin (EPO)** hingewiesen. Dieses Hormon wird normalerweise in den Nebennieren gebildet und ist für die Steigerung des Blutvolumens und die Bildung von roten Blutkörperchen zuständig. Es verbessert daher entscheidend die Ausdauerleistungsfähigkeit, da die Sauerstofftransportfähigkeit erhöht wird. Seit 1990 wird das synthetisch hergestellte Hormon als Dopingmittel in Ausdauersportarten verwendet. Durch Blutverdünner kann der Nachweis von EPO verschleiert werden, weshalb deren Verwendung ebenfalls auf der Dopingliste steht.

Bei Zuführung hoher Dosen von EPO kann es auch bei gleichzeitiger Zugabe von Blutverdünnern durch das Verkleben der roten Blutkörperchen zur **Bluteindickung** (Verschlechterung der Blutviskosität), zu **höherem Blutdruck** und zu einer **Thrombosegefährdung** sowohl im Gehirn als auch im Herzen kommen (Schänzer, 2012, S. 883). Hollmann und Strüder (2012, S. 559) vermuten, dass manche ungeklärten Todesfälle auf solche Vorgänge zurückzuführen seien.

Diese These wird dadurch gestützt, dass allgemein bekannt ist, dass sich die Rennfahrer während der Etappenrennen regelmäßig nachts auf den Hotelgängen getroffen haben, um durch Auf- und Abgehen der Gänge die Blutzirkulation in Gang zu halten und damit dem Risiko einer Thrombose entgegenzuwirken. Allerdings gab es immer wieder „eingeschlafene" Fahrer – man spricht in Fahrerkreisen von „Eingeschlafenen" –, die am nächsten Morgen nicht mehr aufgewacht sind, weil das Herz während des Schlafens stehen geblieben ist (IQ-23.4; IQ-23.5).

▶ **Merksatz:** Die Einnahme der verbotenen Substanzen weist **erhebliche Nebenwirkungen** auf, die im Extremfall auch zum Tod führen können.

Alkohol und Betablocker

In einigen Sportarten sind während der Wettkämpfe **Alkohol** und **Betablocker** verboten. Alkohol steigert, in geringen Mengen eingenommen, die Konzentrationsfähigkeit. Betablocker blockieren die Betarezeptoren und können so die Wirkung des „Stresshormons" Adrenalin und des Neurotransmitters Noradrenalin hemmen. Die wichtigsten Wirkungen von Betablockern sind die Senkung der Ruheherzfrequenz und des Blutdrucks, weshalb sie bei der medikamentösen Therapie vieler Krankheiten, insbesondere von Bluthochdruck und koronarer Herzkrankheit, eingesetzt werden. Tab. 23.4 stellt dar, in welchen Sportarten die Einnahme von Alkohol und Betablockern während des Wettkampfs untersagt ist.

Tab. 23.4: Alkohol und Betablocker sind in bestimmten Sportarten wegen ihrer beruhigenden und konzentrationssteigernden Wirkung während der Wettkämpfe verboten. Im Bogenschießen und Schießsport sind Betablocker auch außerhalb des Wettkampfs verboten (IQ-23.3, S. 10).

Alkohol ist während des Wettkampfs verboten in folgenden Sportarten	Betablocker sind während* des Wettkampfs verboten in folgenden Sportarten
• Flugsport • Bogenschießen • Automobilsport • Motorradsport • Motorbootsport	• Bogenschießen* • Automobilsport • Billard • Darts • Golf • Schießsport* • Skisport • Unterwassersport *Auch außerhalb der Wettkämpfe verboten

VERBOTENE METHODEN

▶ Zu den grundsätzlich **verbotenen Methoden** gehören z. B. Blutdoping, Gendoping und Manipulationen der Dopingproben.

Blutdoping

Blutdoping bezeichnet als Methode die Infusion von Fremdblut, von Eigenblut (das zuvor dem eigenen Körper entnommen wurde) sowie von Konzentraten von Erythrozyten (roten Blutkörperchen) (Hollmann & Strüder, 2012, S. 559).

Im Sinne der Verabreichung verbotener Substanzen fällt natürlich auch die Zuführung des Hormons Erythropoetin (EPO) unter diese Klasse verbotener Methoden. Blutdoping ist seit den 1960er-Jahren bekannt und wird seit Ende der 1960er-Jahre angewandt. Hollmann und Strüder (2012, S. 559) beschreiben die Vorgehensweise:

„Man entnimmt etwa 1,2 l Blut und lagert das mit Konservierungsstoffen angereicherte Erythrozytenkonzentrat in einem Kühlschrank. Der Athlet trainiert weiter und hat nach etwa drei Wochen wieder einen normalen Blutbefund bezüglich des Hämoglobingehalts. Einige Tage vor dem Wettkampf wird das Erythrozytenkonzentrat rückinfundiert. Hierdurch steigt der Erythrozytengehalt im Blut, somit die Sauerstoffbindungsfähigkeit des Blutes und damit die Ausdauerleistungsfähigkeit. Man darf davon ausgehen, dass zahlreiche Platzierungen in Weltmeisterschaften oder in Olympischen Spielen z. B. im Skilanglauf und in leichtathletischen Langlaufdisziplinen durch Blutdoping entschieden worden sind."

Weiterführende Informationen zur Wirkungsweise einer Vermehrung des Erythrozytengehalts im Blut findet man in Kap. 13.5 und unter Zusatzinformationsmaterial (Information: Blut und Anpassung des Blutes an körperliche Belastung).

Die Gefahren und Risiken liegen im Transfusionsverfahren, da es bei Fremdbluttransfusionen zum Auftreten von allergischen Reaktionen, Nierenschädigungen sowie zur Übertragung von Infektionskrankheiten (z. B. Hepatitis und Aids) kommen kann (Schänzer, 2012, S. 896). Ferner kommt es bei der Blutentnahme zu einer Schwächung des Immunsystems, verbunden mit Fieber (Hollmann & Strüder, 2012, S. 559).

▶ Bemerkung: Eine legale Maßnahme zur Steigerung des Erythrozytengehalts im Blut stellt das Höhentraining dar.

Chemische und physikalische Manipulation

Unter **chemischer** und **physikalischer Manipulation** versteht man Methoden zur Veränderung oder der zu erwartenden Veränderung der Integrität und Validität von in Dopingkontrollen verwendeten Proben (Weineck, 2010, S. 949-951).

Es sind verschiedene chemische und physikalische Manipulationsmöglichkeiten zur Maskierung von Dopingeinnahmen im Sport bekannt und z. T. auch nachgewiesen worden. Bei der chemischen Manipulation wird versucht, durch die Zugabe von Chemikalien bzw. Enzymen zur Urinprobe Dopingsubstanzen durch Oxidations- und Abbauprozesse zu zerstören und einen Dopingnachweis zu verhindern. Gängige Methoden bei der physikalischen Manipulation sind die Abgabe eines Fremdurins durch Täuschung des Kontrolleurs bzw. mittels Katheterisierung, der Austausch des Urinfiltrats in der Blase gegen eine negative Urinprobe zeitnah zur Dopingkontrolle (Schänzer, 2012, S. 897).

Gendoping

Der Begriff **Gendoping** bezeichnet die nicht therapeutische (d. h. nicht zur Heilung einer Krankheit eingesetzte) Anwendung von Genen, Genelementen und/oder Zellen, welche die Leistungsfähigkeit des Athleten erhöhen können. Ein Beispiel für eine nicht therapeutische Anwendung ist die Einschleusung von Genen, welche die Aktivität von Proteinenzymen und damit die Kraftentwicklung erhöhen (Weineck, 2010, S. 951-955).

Neben der Verbotsliste der WADA wurde 2015 von der NADA eine **Beispielliste von erlaubten Medikamenten** herausgebracht (IQ-23.6). Diese 32-seitige Broschüre regelt den Einsatz von zulässigen Medikamenten (z. B. Cortison enthaltende Asthmamedikamente, Schmerzmittel) und führt alle zulässigen Medikamente auf.

23.3 BEGRÜNDUNGEN FÜR DAS DOPINGVERBOT IM WETTKAMPFSPORT

Arbeiten Sie aus den Kriterien (K1), (K2) und (K3) für die Aufnahme von Substanzen und Methoden auf die Dopingliste der WADA die Hauptargumente „Gesundheit", „Fairness" und „Natürlichkeit" heraus.

Aus den Kriterien (K1), (K2) und (K3) (vgl. Kap. 23.1), von denen mindestens zwei erfüllt sein müssen, damit eine Substanz oder Methode verboten wird, leiten sich Argumente hinsichtlich der Aspekte „Gesundheit", „Fairness" und „Natürlichkeit" ab, die im Folgenden kritisch hinterfragt werden sollen.

GESUNDHEITSARGUMENT

Gedankenexperiment

Emrich et al. (2013, S. 699) stellen ein Gedankenexperiment auf: „Man stelle sich vor, was es bedeutet, wenn das bekannte Dopingmittel EPO tatsächlich die Konzentration und geistige Leistungsfähigkeit von Menschen förderte, deshalb von Studierenden zur Verbesserung ihrer Leistungen in Klausuren eingesetzt würde, aber Kaderathleten im nationalen Anti-Doping-System davon ausgeschlossen blieben und deshalb Konkurrenznachteile im Studium erlitten."

Bewerten Sie das Gedankenexperiment in Bezug auf das Gesundheitsargument.

▶ **Doping ist verboten, weil die eingenommenen Substanzen der Gesundheit des Sportlers Schaden zufügen (können).**

Das **Gesundheitsargument** überzeugt keineswegs uneingeschränkt. Trotz der Risiken und Nebenwirkungen der verbotenen Substanzen tauchen doch einige Widersprüche und Probleme auf. Emrich et al. (2013, S. 698) weisen darauf hin, dass es eine Reihe von Sportarten gibt, in den sportliche Aktivitäten existieren, die dem Gegner sozial legitimiert Körperverletzungen zufügen (z. B. Boxen und Kampfsportarten) bzw. das Risiko auf eine erhebliche eigene Gesundheitsgefährdung erhöhen (z. B. Automobilsport, Ski alpin).

Im Bereich des Spitzensports gibt es auch sportarttypische Verhaltensweisen, deren gesundheitliche Wirkungen höchst problematisch sind. Dazu zählt z. B. das „Gewichtmachen" in der Sauna zur schnellen Reduktion des Körpergewichts vor Wettkämpfen mit Gewichtsklasseneinteilungen (z. B. Judo). Wie schädlich eine am Körpergewicht orientierte Verhaltensweise sein kann, zeigen die Fälle von Essstörungen im Bereich der rhythmischen Sportgymnastik oder des Skispringens.

Es gibt Formen des Dopings, die zumindest auch präventiv wirken können und damit mittelbar auf die sportlichen Leistungen einwirken. „Hierzu gehören z. B. das Doping zur Verkürzung der notwendigen Regenerationszeit, zur Vermeidung von Übertraining und zur Erhaltung der Belastungsfähigkeit bei einer extrem harten Serie von Wettbewerben. Einen Grenzfall stellt hier die Verwendung ansonsten verbotener Substanzen zur schnelleren Wiederherstellung der Muskelkraft nach schweren Verletzungen und/oder Operationen dar, wenn etwa Fußballprofis nach schweren Kreuzbandverletzungen schneller wiedereingesetzt werden und das Risiko einer erneuten Verletzung gesenkt werden kann" (Emrich, et al., 2013, S. 699).

- **Grenzen des Gesundheitsarguments:** Das Gesundheitsargument steht im Widerspruch zu teilweise legitimen, aber gesundheitsschädlichen sportlichen Aktivitäten einiger Sportarten (z. B. Boxen, Ski alpin) und zu sportarttypischen schädlichen Verhaltensweisen (z. B. Gewichtsreduktion). Darüber hinaus können Substanzen auf der Dopingliste die Gefahr von Übertraining und das Risiko von erneuten Verletzungen deutlich mindern und noch größeren Schaden vom Athleten abwenden.

FAIRNESS- UND CHANCENGLEICHHEITSARGUMENT

- **Doping ist verboten, da durch die Einnahme verbotener Substanzen die Herstellung gleicher Chancen zu Beginn eines sportlichen Wettkampfs gefährdet wird.**

Dabei versteht man unter **Chancengleichheit** zu Beginn eines Wettkampfs die chancengleichen Startvoraussetzungen, sodass der Ausgang nur durch **unterschiedliches Talent** und **unterschiedliche Anstrengung** bestimmt werden darf (vgl. Kap. 20.3).

Das Fairness- und Chancengleichheitsargument erweist sich nur dann als geeignet, wenn sichergestellt ist, dass Dopingkontrollen erstens international überall wirksam durchgeführt werden und zweitens die Wahrscheinlichkeit hoch ist, dass die Dopingsünder auch bestraft werden. Gelingt dies nicht, so werden die Unterschiede in der Dopingbekämpfung der verschiedenen Länder ausgenutzt, um sich einen Vorteil zu verschaffen. Dieser Sachverhalt führt dazu, dass Sportler aus Ländern mit strengen Dopingkontrollen sich subjektiv benachteiligt fühlen und daher Doping zum Zweck der Nachteilvermeidung für sich legitimieren. Auf der Basis dieser Überlegungen wurden zahlreiche spieltheoretische Analysen zum Doping erstellt (detaillierte Informationen zum Thema „Doping im Kontext der Spieltheorie" findet man im Zusatzinformationsmaterial).

Begrenzt man die Geltung des Fairness- und Chancengleichheitsarguments ausschließlich auf Doping, so werden auch ungleich verteilte Chancen außerhalb des Wettkampfs deutlich. Unterschiedliches Einkommen der Sportler, unterschiedliche Qualität der Sportinfrastruktur und unterschiedliche nationale Förderstrukturen könnten als Argumente der in dieser Hinsicht benachteiligten Sportler angeführt werden, die den Einsatz von Doping legitimieren.

Die Freigabe von Doping könnte unter dem Aspekt der Chancengleichheit auch insofern problematisch sein, als dann zwar jeder dopen könnte, dies allerdings wiederum von den ökonomischen Möglichkeiten des Einzelnen abhängt. Darüber hinaus würde man die Sportler vom Sieg ausschließen, die nicht dopen wollen.

▶ **Grenzen des Fairness- und Chancengleichheitsarguments:** Die Hauptprobleme des Arguments der Chancengleichheit liegen in unterschiedlichen ökonomischen und infrastrukturellen Möglichkeiten der Athleten sowie den länderabhängig unterschiedlich strengen Kontrollen. Beides begünstigt zur Nachteilsvermeidung die subjektive Legitimation von Doping. Ein Legalisieren von Doping widerspricht ebenfalls dem Chancengleichheitsargument, da erstens ökonomische Vorteile zu effizienterem Doping führen könnten und zweitens nicht dopende Sportler vom Sieg ausgeschlossen werden.

NATÜRLICHKEITSARGUMENT

▶ **Doping ist verboten, da durch den Einsatz von verbotenen Substanzen die Authentizität der sportlichen Leistung verletzt wird.**

Authentizität der sportlichen Leistung meint, dass sportliche Spitzenleistungen nur auf **natürliche**, dem Menschen gegebene **Möglichkeiten**, wie sportliches Talent, Anlagen, Training und Motivation, zurückgeführt werden dürfen.

Das Natürlichkeitsargument überzeugt auch nicht völlig. Warum ist Blutdoping mit EPO verboten, aber die Einnahme von Kreatin in hohen Dosen, die nicht durch den Verzehr von Fleisch zugeführt werden können, erlaubt? Ebenso kann nach einem Achillessehnenriss die Sehne durch einen operativen Eingriff belastbarer gemacht werden.

Nicht jede künstliche Manipulation wird als Doping gesehen. So ist zum Beispiel das Training in Unterdruckkammern erlaubt, um die natürlichen Vorteile der kenianischen Hochebene zu kompensieren. EPO wäre insofern auch als Substitut zu sehen für den Ausgleich des Nachteils der Flachland- zu den Hochlandbewohnern.

Anti-Doping-Bestimmungen aufgrund der Grenzwerte des Hämatokrits zwingen die Sonderbegabten, ihren natürlichen Vorteil z. B. im Ausdauersport zu begrenzen. Dagegen wurde die Idee, Körpergewicht und Körpergröße in leichtathletischen Disziplinen wie Diskuswurf oder Körpergröße im Basketball zu begrenzen, nicht umgesetzt. In diesen Sportarten kommen genetische Ausnahmen leistungsfördernd zur Geltung, während dies in anderen Bereichen verboten bleibt.

▶ **Grenzen des Natürlichkeitsarguments:** Das Natürlichkeitsargument stößt dort an seine Grenzen, wo „künstliche" Manipulationen (z. B. operative Eingriffe nach Verletzungen, Training in Druckkammern) erlaubt werden oder natürliche Vorteile von Hochbegabten begrenzt werden (z. B. Grenzwerte des Hämatokrits).

23.4 SOZIOLOGISCHE ERKLÄRUNGSANSÄTZE FÜR DOPING

▶ Die Dopingproblematik kann aus soziologischer Sicht einerseits aus der Perspektive des selbst entscheidenden Athleten **(Homo oeconomicus)** betrachtet werden. Andererseits kann der Sportler auch als eher abhängige Person im dopingbelasteten System Leistungssport **(Homo sociologicus)** angesehen werden. Die Soziologie richtet den Blick auf das Schaffen von äußeren und inneren Bedingungen, die Dopingmissbrauch unwahrscheinlich werden lassen.

Bei der Erklärung der Einnahme von verbotenen Substanzen im Wettkampfsport lassen sich in der Soziologie zwei Hauptrichtungen ausmachen. Emrich et al. (2013, S. 707) nennen Ansätze auf der Basis des **methodologischen Kollektivismus** als auch des **methodologischen Individualismus**.

Im ersten Fall wird Doping als systemimmanentes Problem des Spitzensports insgesamt verstanden. Der einzelne Athlet ordnet sich den sozialen Zwängen des Systems teilweise unreflektiert unter und wird als ein in seiner Entscheidungsfreiheit eingeschränktes Individuum verstanden **(„Homo sociologicus")**.

Bei individualistischen Erklärungsansätzen wird Doping aus dem Blickwinkel des absichtsgeleiteten Handelns des einzelnen Athleten innerhalb eines Systems von Interaktionsbeziehungen mit anderen Athleten betrachtet. Der „mittlere" Athlet wird als **„Homo oeconomicus"** gesehen, der persönliche Kosten-Nutzen-Analysen innerhalb des Systems Spitzensport aufstellt, um zu entscheiden, ob Doping mehr Vorteile (z. B. soziale und materielle Absicherung, Gefühl des Sieges etc.) mitbringt als Nachteile (z. B. Strafrisiko, Gesundheitsgefährdung etc.).

Während die Massenmedien, Sportpolitik und Pädagogik die Dopingproblematik unter moralisch-ethischen Fragestellungen betrachten, die Sportmediziner Verfahren suchen, um Doping aufzudecken, nähert sich die Soziologie dem Dopingmissbrauch zunächst amoralisch.

Die Soziologen Bette und Schimank (2006) arbeiten **intervenierende Bedingungen** heraus, in denen die Einnahme von Doping unwahrscheinlicher wird (vgl. Tab. 23.5). So kann z. B. eine relative Verletzungsfreiheit durch eine gute physiotherapeutische Betreuung, ein außergewöhnliches Talent für eine Sportart oder die Einbettung in ein stabiles soziales Umfeld dazu beitragen, dass Dopingmissbrauch ausbleibt.

Tab. 23.5: Intervenierende Bedingungen als Moraläquivalente (nach Bette & Schimank, 2006, S. 129)

Intervenierende Bedingungen als Moraläquivalente
• Angst vor Krankheit, Sucht und bleibenden Krankheiten.
• Angst vor Entdeckung und sozialer Diffamierung.
• Abschreckung durch ein funktionierendes Dopingkontrollsystem.
• Einbettung in ein sozial-moralisches Milieu.
• Außergewöhnliches Körper- und Talentkapital.
• Relative Verletzungsfreiheit.
• Positionsalternativen durch Herkunft und/oder Ausbildung.
• Zutrittsschwierigkeiten zu Gruppen mit unerwünschtem Verhalten.
• Geldknappheit.

Diskutieren Sie innerhalb der Gruppe, inwiefern moralische Appelle an jugendliche Leistungssportler im Rahmen von Erziehungsmaßnahmen Doping wirkungsvoll verhindern können.

In den meisten Fällen gerät der dopende Sportler selbst als einziger Beteiligter ins Abseits, hat finanzielle Nachteile zu erleiden und verliert seinen öffentlichen guten Ruf. Massenmedien und moralische Instanzen aus Sport und Politik stellen den Sportler an den Pranger. Ist das gerecht? Erörtern Sie unter Berücksichtigung soziologischer Erklärungsansätze, ob die öffentliche Verurteilung gerecht ist.

23.5 RÜCKBLICK

Definition von Doping

- **Dopingdefinition aus medizinischer Sicht:** Doping beinhaltet aus medizinischer Sicht den Versuch der körperlichen Leistungssteigerung mit chemischen, pharmakologischen oder physikalischen Methoden, die laut Liste des betreffenden Sportfachverbandes oder des Internationalen Olympischen Komitees verboten sind.
- **Dopingdefinition der NADA:** Nach den Regeln der Nationalen Anti Doping Agentur liegt Doping vor, wenn in mindestens einem Punkt gegen die Anti-Doping-Bestimmungen verstoßen wird. Verstöße sind neben der Einnahme verbotener Substanzen und dem Verwenden verbotener Methoden z. B. auch Meldepflichtverstöße oder der Besitz verbotener Substanzen.
- **Aktualisierung der Dopingliste:** Die Dopingliste der Welt Anti-Doping Agentur wird aufgrund technischer und pharmazeutischer Weiterentwicklungen ständig angepasst.
- **Welt-Anti-Doping-Code:** Der WADC umfasst verbotene Substanzen, verbotene Substanzen in einigen Sportarten, verbotene Methoden.

Wirkung von Doping auf den Organismus und die Psyche

- **Gesundheitliche Risiken:** Eine übermäßige Einnahme von **anabolen Steroiden** führt z. B. zum Wachstum von Herzmuskelzellen, zu einer verringerten Herzmuskelkapillarisierung, zur Auflösung quer gestreifter Muskulatur, Unfruchtbarkeit, Einschränkung der Libido, zu gesteigerter Aggression, Depression. Die Einnahme des **Hormons EPO** kann trotz zusätzlicher Zugabe von Blutverdünnern durch Verklebung der roten Blutkörperchen zur Bluteindickung, zu erhöhtem Blutdruck oder einer lebensbedrohlichen Thrombosegefährdung führen.

Begründungen für das Dopingverbot im Wettkampfsport

- Die drei **Hauptargumente für ein Dopingverbot** sind das Gesundheitsargument, das Fairness- und Chancengleichheitsargument sowie das Natürlichkeitsargument. Die Tragfähigkeit dieser Hauptargumente wird in der Sportwissenschaft kritisch gesehen.

Soziologische Betrachtung der Dopingproblematik

- Statt einseitiger moralischer Appelle richtet die Soziologie den Blick auf das Schaffen von äußeren und innere Bedingungen, die Dopingmissbrauch unwahrscheinlich werden lassen.

23.6 PRÜFUNGSVORBEREITUNG

Kontrollfragen

1. Wie ist Doping aus medizinischer Sicht definiert?
2. Was bedeuten NADA und NADC bzw. WADA und WADC?
3. Wann liegt Doping laut der NADA bzw. WADA vor?
4. Wie lauten die Kriterien zur Aufnahme einer verbotenen Substanz auf die Dopingliste?
5. Nennen Sie fünf Substanzgruppen verbotener Substanzen auf der Dopingliste.
6. Wie wirken anabole Wirkstoffe?
7. Was sind Diuretika und warum werden sie eingenommen?
8. Welche Nebenwirkungen bestehen bei Einnahme anaboler Wirkstoffe?
9. Warum werden Alkohol und Betablocker in bestimmten Sportarten verboten?
10. Was ist EPO und welche Gefahren bestehen bei der Zuführung hoher Dosen?
11. Beschreiben Sie Blutdoping und geben Sie die Gefahren an.
12. Was ist Gendoping?
13. Nennen Sie die drei Hauptargumente gegen Doping.
14. Geben Sie einen Aspekt an, der das Gesundheitsargument relativiert.
15. Wo liegt das große Problem des Arguments der Chancengleichheit?
16. Welche Grenzen des Natürlichkeitsarguments bestehen?
17. Was bedeuten die Begriffe „Homo sociologicus" und „Homo oeconomicus"?
18. Geben Sie intervenierende Bedingungen an, die Doping unwahrscheinlicher machen.

Prüfungsaufgaben

Dopingmittel (kostenfrei)

Wirkung von Testosteron und Blutdoping

a) Trotz verschärfter Dopingkontrollen werden im Spitzensport häufig anabole Steroide, wie z. B. das Sexualhormon Testostoron, zur Leistungssteigerung eingenommen bzw. injiziert. **Nennen** Sie je fünf physiologische androgene und anabole Wirkungen von Testosteron. **Geben** Sie auch die Nebenwirkungen **an**.

b) Im Ausdauersport wird vielfach versucht, die sportliche Leistung durch die Verwendung von Blutdoping zu steigern. **Stellen** Sie kurz Vorteile, Gefahren und Risiken dieser Praktiken **dar**.

EPO-Doping

a) Die Tour de France ist durch Dopingvorwürfe in Verruf geraten. **Geben** Sie einen Überblick über die Wirkungsweise des Erythropoetins (EPO) sowie der möglichen Gesundheitsrisiken bei EPO-Missbrauch und **erläutern** Sie die Problematik der Nachweisbarkeit.

b) **Erörtern** Sie, inwiefern das deutsche Fernsehen die Berichterstattung beenden soll, solange es gehäuft zu Dopingverstößen kommt.

NRW-Abituraufgabe zum Doping 2010

ZUSATZINFORMATIONSMATERIAL

Zusatzinformationstexte zu Teil II-VII

Dieser QR-Code verweist auf das Zusatzinformationsmaterial, welches kostenfrei heruntergeladen werden kann. Im Folgenden wird eine Übersicht über die Inhalte des Zusatzinformationsmaterials gegeben:

TEIL II: BEWEGUNGSSTRUKTUR UND BEWEGUNGSLERNEN

BEDEUTUNG BIOMECHANISCHER MERKMALE FÜR DIE SPORTPRAXIS
KRAFT-ZEIT-KURVEN BEI SPORTLICHEN GRUNDSPRÜNGEN
BEWEGUNGSRHYTHMUS UND BEWEGUNGSKOPPLUNG
FUNKTIONALE BEWEGUNGSANALYSE
BIOMECHANISCHE ANALYSE DES POSITIONSWURFS IM BASKETBALL
MOTORIKGESETZE
WAHRNEHMUNGSANALYSATOREN
INFORMATIONSVERARBEITUNG UND MOTORISCHE PROGRAMME
SELBSTORGANISATION SPORTLICHER BEWEGUNGEN
KOORDINATIONSMODELLE IM VERGLEICH
SPORTMOTORISCHES LERNEN UND GEDÄCHTNIS
UNTERSCHEIDUNGSMERKMALE MOTORISCHER LERNPHASEN
VERMITTLUNG OFFENER FERTIGKEITEN
AUTOMATISIERUNG UND STABILISIERUNG VON FERTIGKEITEN
FERTIGKEITSVERMITTLUNG IM KONTEXT SYSTEMDYNAMISCHER ANSÄTZE

TEIL III: BEWEGUNGSGESTALTUNG

BEGRIFFLICHE BESTIMMUNG DES GESTALTUNGSPHÄNOMENS
METHODIK TÄNZERISCHER CHOREOGRAFIE
METHODIK DER TANZIMPROVISATION

TEIL IV: WAGNIS UND VERANTWORTUNG

TRENDSPORTARTEN: VOM SPORTLICHEN TREND ZUM MASSENPHÄNOMEN
TRENDSPORT MACHT SCHULE
EMOTIONEN UND KOGNITIONEN IM SPORT
MOTIVATION UND VOLITION

TEIL V: LEISTUNG

TRAININGSSTEUERUNG IM LANGFRISTIGEN PROZESS
MAXIMALE SAUERSTOFFAUFNAHME (VO_2MAX)
BIOLOGISCHE GRUNDLAGEN ZUM AUSDAUERTRAINING
WIE TRAINIERE ICH AUF EINEN 5000-M-LAUF?
AUSDAUERTRAINING IN DER GYMNASIALEN OBERSTUFE
EINFLUSSFAKTOREN VON KRAFTZUWACHS DURCH TRAINING
KRAFTTRAINING MIT KINDERN UND JUGENDLICHEN
MUSKELN IM SPORT UND MUSKELVERLETZUNGEN
EINFLUSSFAKTOREN DER SCHNELLIGKEIT
LEISTUNGSBESTIMMENDE FAKTOREN DER BEWEGLICHKEIT
GRUNDLAGEN ZU SPORTMOTORISCHEN TESTS
MATHEMATISCHE MODELLIERUNGEN ZUM RISIKOWAHLMODELL

TEIL VI: KOOPERATION UND KONKURRENZ

TAKTIK-SPIEL-METHODE IM BASKETBALL
VIELSEITIG ORIENTIERTE SPORTSPIELVERMITTLUNG
KONSTRUKTIVE KRITIK AM BESTEHENDEN AGGRESSIONSBEGRIFF
AGGRESSIONSTHEORIEN
GESCHICHTE DES FAIR PLAYS
WIE HÄNGEN FAIRNESS UND MOTIVATION ZUSAMMEN?

TEIL VII: GESUNDHEIT

WAS IST STRESS?
RESILIENZMODELL
RISIKOFAKTOREN UND SPORT
KRANKHEITSPRÄVENTION UND GESUNDHEITSFÖRDERUNG
SCHÖNHEITSIDEALE
DOPING IM KONTEXT DER SPIELTHEORIE
MEDIKAMENTENMISSBRAUCH IM FREIZEIT- UND BREITENSPORT

LITERATUR

Literaturangaben zu Teil II-VII

PRÄSENTATIONSMATERIAL

Power-Point-Präsentation zu Lektion 1 (Kostenfrei)

Power-Point-Präsentation zu Lektion 3 (Kostenfrei)

Power-Point-Präsentation zu Lektion 12 (Kostenfrei)

Power-Point-Präsentation zu den Teilen II-VII

OPERATORENLISTE

Operatoren	Definitionen	AFB
analysieren	Unter gezielten Fragestellungen Elemente, Strukturmerkmale und Zusammenhänge herausarbeiten und die Ergebnisse darstellen	II
angeben/ nennen	Ohne nähere Erläuterungen aufzählen	I
anwenden/ übertragen	Einen bekannten Sachverhalt, eine bekannte Methode auf eine neue Problemstellung beziehen	II – III, vorw. II
auseinander-setzen mit...	Nach ausgewiesenen Kriterien ein begründetes eigenes Urteil zu einem dargestellten Sachverhalt und/oder zur Art der Darstellung entwickeln	III
auswerten	Daten oder Einzelergebnisse zu einer abschließenden Gesamtaussage zusammenführen	II – III, vorw. II
begründen	Einen angegebenen Sachverhalt auf Gesetzmäßigkeiten zurückführen bzw. hinsichtlich Ursachen und Auswirkungen nachvollziehbar Zusammenhänge herstellen	II-III
beschreiben	Strukturen, Sachverhalte oder Zusammenhänge unter Verwendung der Fachsprache in eigenen Worten wiedergeben	I – II, vorw. I
beurteilen	Zu einem Sachverhalt ein selbstständiges Urteil unter Verwendung von Fachwissen und Fachmethoden aufgrund von ausgewiesenen Kriterien formulieren und begründen	III
bewerten	Eine eigene Position nach ausgewiesenen Normen und Werten vertreten	III
darstellen	Erkannte Zusammenhänge, Sachverhalte und Arbeitsverfahren strukturiert und fachsprachlich einwandfrei wiedergeben	I-II
einordnen/ zuordnen	Mit erläuternden Hinweisen in einen genannten Zusammenhang einfügen	I-II
entwerfen	Ein Konzept in seinen wesentlichen Zügen prospektiv/planend darstellen	III

Operatoren	Definitionen	AFB
entwickeln	Eine Skizze, eine Hypothese, ein Experiment, ein Modell oder eine Theorie schrittweise weiterführen und ausbauen	II – III, vorw. III
erklären	Ein Phänomen oder einen Sachverhalt auf Gesetzmäßigkeiten zurückführen	II – III, vorw. II
erläutern	Nachvollziehbar und verständlich veranschaulichen	II
erörtern	Ein Beurteilungs- oder Bewertungsproblem erkennen und darstellen, unterschiedliche Positionen und Pro- und Kontra-Argumente abwägen und mit einem eigenen Urteil als Ergebnis abschließen	III
heraus-arbeiten	Aus den direkten und indirekten Aussagen eines Textes einen Sachverhalt, eine Position erkennen	II
in Beziehung setzen	Zusammenhänge unter vorgegebenen oder selbst gewählten Gesichtspunkten begründet darstellen	II – III, vorw. II
problema-tisieren	Widersprüche herausarbeiten, Positionen oder Theorien hinterfragen	III
prüfen/ überprüfen	Eine Meinung, Aussage, These, Argumentation bzw. einen Sachverhalt nachvollziehen und auf der Grundlage eigener Beobachtungen oder eigenen Wissens beurteilen	III
skizzieren	Sachverhalte, Strukturen oder Ergebnisse kurz und übersichtlich darstellen mithilfe von z. B. Übersichten, Schemata, Diagrammen, Abbildungen, Tabellen	I-II
Stellung nehmen	Siehe „beurteilen" und „bewerten"	III
Stellung nehmen aus der Sicht von.../eine Erwiderung formulieren aus der Sicht von...	Aus Sicht einer bekannten Position eine unbekannte Position, Argumentation oder Theorie kritisieren oder infrage stellen	III
vergleichen/ gegen-überstellen	Nach vorgegebenen oder selbst gewählten Gesichtspunkten Gemeinsamkeiten, Ähnlichkeiten und Unterschiede ermitteln und darstellen	II – III, vorw. II
zusammen-fassen	Wesentliche Aussagen komprimiert und strukturiert wiedergeben	I-II

STICHWORTVERZEICHNIS

A

Adenosindiphosphat (ADP) 296, 301
Adenosintriphosphat (ATP) 105, 296, 299
Adipositas 420
Aerob 275, 279, 288ff., 292ff., 302ff.
Aerob-anaerober Übergangsbereich (AANÜ) 329
Aerobe Schwelle (AS) 305ff., 329, 412
Aggression (Definition, körperliche, symbolische, instrumentelle, explizite, implizite, verbale) 474ff., 480ff.
Aggressionsmotiv 483f., 505
Aggressionstheorien (individuumsbezogene, gruppenbezogene, gesellschaftsbezogene, motivationspsychologische) 447, 505
Aggressivität 474ff.
Agonist 346, 375, 386f., 389f., 394ff.
Aktionsschnelligkeit 371, 380
Alaktazid 300ff., 374
Allgemeine Ballschule 119, 458f., 461
Anabole Steroide 565, 575
Anaerob 276, 279, 288f., 292f., 298, 300ff.
Anaerobe Schwelle (ANS) 305ff., 412
Angstlust 209, 212ff.
Anpassung = Adaptation (funktionell, morphologisch, kognitiv, neuronal, metabolisch, endokrin) 268ff., 284
Anreize 215f., 431, 435, 441
Anschlussmotiv 32f., 229, 234, 241, 554
Antagonist 346, 375, 386ff., 394f.
Antizipationsfähigkeit 377
Arbeitsweise des Muskels (exzentrisch, konzentrisch, statisch) 334ff., 348
Arteriosklerose 314, 518f., 547
Arterio-venöse Sauerstoffdifferenz (AVO_2D) 316
Atemminutenvolumen (AMV) 315f.
Atemrhythmus 312, 329
Atemsystem 305, 312
Atemzugvolumen (AZV) 305

Atmung 305, 309, 312f., 315f., 319, 329
Attribution 210, 430, 432ff., 442
Attributionstheorien .... 430, 432ff.
Aufgabenorientierung 437ff., 486, 503
Ausdauer .... 290ff., 408ff., 539ff., 553ff.
Ausdauerarten (aerob, anaerob, Kurzzeitausdauer, Langzeitausdauer,
Mittelzeitausdauer, allgemein, speziell, lokal,
global, statisch, dynamisch) 275f., 279, 289, 293, 308
Ausdauerleistungsfähigkeit (Kriterien zur Messung) .... 304ff., 315, 326f., 329, 404ff.
Ausdauermethoden .... 361ff., 376ff.
Ausholbewegung 39, 68, 72ff., 79f., 86
Automatisierung von Fertigkeiten 579
Azyklische Bewegung 85, 87, 362, 370f., 416

B

Belastungsdauer 289, 298, 302, 312
Belastungsempfinden (subjektiv) 329, 362
Belastungsintensität 289, 293ff., 305f., 311, 347
Belastungskomponenten .... 318f., 321ff.
Belastungsparameter 322f., 348ff., 365
Belastungspuls .... 309ff.
Belastungsreiz 282, 317, 360
Betablocker .... 567f.
Bewegungsanalyse (biomechanisch, funktional, morphologisch) 65ff., 83ff., 89ff.,
Beweglichkeit (Definition, Arten, passiv, aktiv, dynamisch,
statisch, Mischformen, Einflussfaktoren) .... 258, 384ff.
Beweglichkeitstests .... 417ff.
Bewegung .... 27, 36ff.
Bewegungsaufgabe 50, 578
Bewegungsbeschreibung .... 36ff.
Bewegungsharmonie .... 88f.
Bewegungslehre .... 44ff.
Bewegungsmerkmale (Bewegungsrhythmus, Bewegungskopplung,
Bewegungsfluss, Bewegungspräzision, Bewegungskonstanz,
Bewegungsstärke, Bewegungstempo) .... 83ff., 87ff.
Bewegungsmotiv 32f., 554
Bewegungsrhythmus 83f., 87f., 92, 140, 578

Bewegungsumfang 88, 92, 140, 143
Bewegungswissenschaft .... 44ff.
Bezugsnormen sportlicher Leistung (individuelle, sachbezogene, soziale) 254ff., 264
Biomechanik 48ff., 65ff., 92
Biomechanische Merkmale (Länge, Geschwindigkeit, Beschleunigung, Winkel, Winkelgeschwindigkeit, Winkelbeschleunigung, Masse, Kraft, Impuls, Kraftstoß, Drehwiderstand, Drehmoment, Drehimpuls, Drehmomentenstoß) .... 66ff.
Biomechanische Prinzipien (P. der Anfangskraft, P. des optimalen Beschleunigungsweges, P. der Gegenwirkung, P. der räumlichen und zeitlichen Koordination von Einzelimpulsen, P. der Impulserhaltung, P. der Modulation und Kinetion, P. der optimalen Tendenz im Beschleunigungsverlauf) .... 68ff.
Blut .... 298ff., 306f., 315f.
Blutdoping 568
Blutkörperchen (rote, weiße) 316, 325f., 329, 568
Body-Mass-Index (BMI) 420

C

Chancengerechtigkeit .... 493, 496f., 498f.
Chancengleichheit 491ff., 498f., 506
Choreografie 182ff., 578
Conconi-Test 405ff., 422
Cooper-Test .... 404f.
Counter Movement Jump (CMJ) 72f., 76, 578

D

Dauermethoden (extensiv, intensiv, kontinuierlich, variabel) 317ff., 320, 324
Deflektionspunkt .... 405, 408f.
Dehnen (statisch, dynamisch, aktiv, passiv, neuromuskulär) ....
Dehnungsreflex .... 378, 386ff., 391ff.
Dehnungsrezeptoren 387
Dehnverfahren 392ff., 397
Differenzielles Lernen und Lehren 578
Diuretika .... 563f.
Doping .... 558ff.
Drop Jump (DJ) 74, 578
Druckbedingungen (Präzisionsdruck, Zeitdruck, Belastungsdruck, Situationsdruck, Komplexitätsdruck) .... 41, 47, 54f., 123ff.

E

Egoorientierung 437f., 486
Eigenhemmung 394f., 397
Einer-Wiederholung 412, 414f.
Emergenz 100, 112f., 578
Emotionen 578
Endphase 49f., 84,
Energiebereitstellung (aerob, anaerob) 292ff.
EPO-Doping 566f.
Erfolgs-Misserfolgs-Bilanz 435
Erfolgszuversichtlich 431f., 434f.
Erholungspuls 309, 311
Ermüdung 257, 288, 298, 304, 378
EVA-Prinzip 98ff.
Explosivkraft 339ff., 350
Exterozeptoren 102ff.

F

Fairness (Definition, Aspekte) 488ff.
Fairness- und Chancengleichheitsargument 571f.
Fair Play 488f., 493, 496f., 579
Fair-Play-Projekte 502f.
Feinkoordination 106f., 139, 141ff.
Feinstkoordination 142
Fettanteil 421
Fette 295, 297ff., 304, 328, 412
Fitness 550ff.
Fitnesstest 550, 552f.
Fitnesstraining 550ff.
Flow 194, 202, 216f., 225
Freiheitsgradeproblem 98, 113
Frequenzschnelligkeit 371, 380
Frustrations-Aggressions-Hypothese 480f., 487
Funktionsfähigkeit (biologische) 300, 531
Funktionszustandsregel 271ff.
Furcht vor Misserfolg 235f., 430ff., 441

G

Ganzheitsmethode ... 144ff.
Ganz-Teil-Ganz-Methode ... 144ff.
Gedächtnis ... 578
Gelenkigkeit ... 257f., 384f.
Gendoping ... 563, 568f.
Generalisiertes motorisches Programm (GMP) ... 110, 578
Genetisches Lernen ... 455, 462f.
Gesetz der Homöostase und Superkompensation ... 270, 273ff.
Gesetz der Trainierbarkeit ... 278f.
Gesetz zum Verlauf der Leistungsentwicklung ... 276f.
Gesetz zur Anpassungsfestigkeit ... 275f.
Gestalten und Gestaltung ... 166ff., 175ff.
Gestaltungsfähigkeit (individuelle) ... 167, 170, 531
Gestaltungsfähigkeit ... 169ff.
Gestaltungskriterien (Gestaltungsparameter) ... 174f.
Gestaltungsprinzipien ... 175ff.
Gesundheit (Definition, Dimensionen) ... 508ff.
Gesundheitsargument ... 570f.
Gesundheitsmotiv ... 32f., 234, 538, 554
Gesundheitsressourcen (psychosoziale) ... 539, 541ff.
Gesundheitssport ... 29, 548ff.
Gewalt ... 477, 488, 501
Glukokortikoide ... 563f.
Glukose ... 297ff.
Glykogen ... 274f., 300, 314ff.
Glykogenspeicher ... 275, 315, 319, 353
Glykolyse (anaerob, aerob) ... 298ff., 302, 304, 320f.
Golgi-Organe ... 389
Grobkoordination ... 139ff.
Grundlagenausdauer ... 289, 290f., 320, 328, 347
Grundsprünge (Drop-Jump, Countermovement-Jump, Squat-Jump) ... 74, 578

H

Hämoglobin ... 315f., 329
Handkrafttest ... 413f.
Handlungsschnelligkeit ... 291, 372ff.
Hauptfunktionsphase ... 90f., 156, 578
Hauptgütekriterien (Validität, Objektivität, Relialibität) ... 402f., 422

Hauptphase 49f., 84ff., 92
HEDE-Kontinuum .... 521, 523ff.
Herz 270, 314f., 316
Herzfrequenz (maximale) .... 305f., 309ff., 321, 329, 405f.
Herz-Kreislauf-System 294, 316, 329, 544
Herzminutenvolumen (HMV) 314, 316
Heterostase .... 522f.
Hilfsfunktionsphase 90f., 93, 578
Hoffnung auf Erfolg .... 431ff.
Hollmann-Schema .... 410f.
Homöostase 522, 529
Hormone .... 269, 563f.
Hypertrophie 337, 343, 345, 351

I

Improvisation (Improvisationsgrade, Improvisationstechniken) .... 184ff.
Individuelle anaerobe Schwelle (IANS) 307, 312
Informationsanforderungen (taktil, akustisch, taktil, vestibulär, kinästhetisch) .... 47, 54f., 123ff.
Informationsverarbeitung 98ff., 110f., 578
Integrative Sportspielvermittlung .... 455, 458f.
Intensität 309ff., 540
Intermuskuläres Koordinationstraining (IK-Training) .... 350, 353f.
Intervallmethoden (extensiv, intensiv) .... 317, 321f.
Invarianten eines GMP 110ff., 114f., 146, 148ff., 578

K

Kapillarisierung 314, 316, 565
Karvonen-Formel 310f., 313
Kausalattribution (vorausschauende, rückblickende) .... 432ff.
Kognitionen 578
Kohärenz und Kohärenzgefühl .... 213, 521, 526ff.
Kollateralenbildung 314
Komponentenmodell der sportlichen Leistung .... 255f.
Komposition 168f., 184
Konstitutive Elemente des Sports 26, 90
Koordination (Definition, intermuskulär, intramuskulär) .... 118ff.
Koordinations-Anforderungs-Regler-Modell (KAR-Modell) .... 47, 123ff.

Koordinative Fähigkeiten (Gleichgewichtsfähigkeit, Rhythmisierungsfähigkeit, Kopplungsfähigkeit, kinästhetische Differenzierungsfähigkeit, Umstellungsfähigkeit, Reaktionsfähigkeit, Orientierungsfähigkeit) ..... 46f., 119ff.
Koordinative Grundfähigkeiten (Gleichgewichtsfähigkeit, Rhythmisierungsfähigkeit, Kopplungsfähigkeit, kinästhetische Differenzierungsfähigkeit, Orientierungsfähigkeit) ..... 120ff.
Körperkerntemperatur 377
Körperkonzept ..... 541ff.
Körperschwerpunkt 64, 82
Kraft (physikalisch, trainingswissenschaftlich, Arten) ..... 334ff., 412ff.
Kraftarten (Maximalkraft, Schnellkraft, Kraftausdauer, Reaktivkraft, Explosivkraft, Startkraft, absolute Kraft, relative Kraft) ..... 337ff.
Kraftausdauer ..... 337ff.
Kraftausdauertraining ..... 360ff.
Krafttests ..... 412ff.
Krafttraining (Grundsätze, allgemeines, spezielles) ..... 334ff., 346ff.
Krankheitsprävention 549ff., 583

L

Laktat ..... 298ff., 313, 391, 410ff.
Laktat-Feldstufen-Test ..... 410ff.
Laktat-Leistungs-Kurve 307, 410
Laktatspiegel 305ff, 410
Laktat-Steady-State ..... 305ff.
Laktazid 299ff, 310, 360, 405
Lauftests (einfache) ..... 404f.
Leistung (allgemein, sportlich) ..... 251ff., 256, 262ff.
Leistungsmotiv ..... 428ff.
Leistungsmotivation 428ff., 441
Lernphasen und Lernphasenmodell ..... 139ff.

M

Machtmotiv 234, 239, 241, 554
Manipulation (chemisch, physikalisch) 490, 495, 569
Maximale Sauerstoffaufnahme (VO_2max) 253, 305, 308, 326
Maximalkraft ..... 263, 279, 337f.
Maximalkrafttest 413
Maximalkrafttraining ..... 351ff.
Methodische Prinzipien ..... 147ff.

Methodische Übungsreihe (funktional, serielle, programmierte) ..... 154ff.
Milchsäure ..... 294, 298ff.
Misserfolgsängstlich 210, 236, 431ff., 436
Mitochondrien ..... 104, 295f., 298, 301, 315f.
Mobilisationsschwelle ..... 272f.
Motivation ..... 211ff., 227ff.
Motive (Definition, explizite, implizite) und Motivtendenz ..... 211ff., 227ff.
Motoneuron ..... 106, 108f.
Motorik 44f., 98ff., 109
Motorikgesetze 578
Motorische Einheit 106f., 340
Motorische Kontrolle 98, 102, 141
Motorische Systeme 100ff., 114
Motorisches Programm 110ff., 578
Mundatmung 305f., 312
Muskel ..... 48, 51, 74, 80, 98ff., 104ff., 120, 339ff., 343ff.
Muskelaufbautraining (MA-Training) ..... 343, 350ff.
Muskelerregung 386
Muskelfaser (Muskelzelle) 74, 104ff., 336, 343
Muskelfasertypen (FT-Fasern, ST-Fasern, FTO-Fasern) ..... 336f.
Muskelkater ..... 391f.
Muskelkontraktion ..... 101, 104ff.
Muskelspindeln und Muskelspindelreflex ..... 74, 102, 386ff.
Muskeltonus ..... 50, 385, 387f.
Muskelverletzung 579
Muskuläre Dysbalancen 346, 391, 543
Myofibrille 104, 296, 343
Myoglobin 315f., 329
Myosin und Myosinfilament 70, 104f., 296

N

Narkotika ..... 563f.
Nasenatmung ..... 312f.
Nationale Anti Doping Agentur (NADA) 575
Nationaler-Anti-Doping-Code (NADC) 561
Natürlichkeitsargument 572
Nerven ..... 100ff., 106f.
Nervensystem (sympathisch, parasympathisch) 101, 123, 316, 329
Neuromuskuläre Dehntechniken 394

P

Pädagogische Perspektiven ... 33, 225
Parameter eines GMP ... 110, 578
Patellarsehnenreflex ... 44, 107, 112, 388
Pathogenese und Pathogenesemodell ... 521ff., 529, 534
Phosphate ... 274, 295ff., 323
Phosphatspeicher ... 297ff., 328, 353
Plyometrisches Training ... 357f.
Puls ... 173, 309ff., 316, 412, 553
Programmbreite und Programmbreitenverringerung ... 147, 148ff.
Programmlänge und Programmlängenverkürzung ... 147ff., 153, 155f.
Propriozeptives Training ... 360
Propriozeptoren ... 102f.
Pufferkapazität des Blutes ... 315f.
Pyramidentraining ... 350, 354

Q

Qualitätsgesetz ... 270f.
Querbrückenzyklus ... 105

R

Reaktionsschnelligkeit ... 370, 376
Reaktivkraft ... 277, 337, 339f., 350, 357ff.
Reaktivkrafttraining ... 357ff.
Reflex ... 101, 107ff., 114, 386
Regeln (strategisch, konstitutiv) ... 452ff., 470, 491f.
Regelwerk ... 26f., 99, 452ff., 457, 475
Reizstufenregel ... 271ff.
Reizsuchverhalten ... 212, 214
Reliabilität ... 402f.
Ressourcen (interne, externe, psychische, physische) ... 499, 506, 524, 529ff.
Reziproke Antagonistenhemmung ... 386, 389, 394
Rhythmus ... 83, 122, 150, 173, 184ff., 312, 578
Risiko und Risikosport ... 206ff., 211ff.
Risikofaktoren ... 518ff., 539, 543ff.
Risikofaktorenmodell ... 430, 518ff.
Risikowahlmodell ... 216, 431f.
Rotationsbewegung ... 66f., 76
Ruhepuls ... 309ff., 316, 539

S

Salutogenesemodell ... 517, 521ff.
Satztraining ... 348f.
Sauerstoff ... 289, 292ff., 304, 315, 328, 408
Sauerstoffaufnahme (Definition, maximale, relative, absolute) ... 253, 299, 305f., 308, 316, 578
Sauerstoffschuld (Sauerstoffdefizit) ... 292, 376
Schädigung (personale) ... 475ff.
Schnaufen ... 304f., 312ff.
Schnelligkeit (Definition, Arten) ... 369ff.
Schnelligkeitsfähigkeiten (elementare, komplexe) ... 370ff.
Schnelligkeitstests ... 415ff.
Schnelligkeitstraining ... 373ff.
Schnellkraft ... 279, 338ff., 370, 412, 419
Schnellkrafttraining ... 347, 350, 355ff., 365
Schutzfaktoren ... 518ff., 524ff.
Sechs-Minuten-Lauf ... 404f., 418f.
Sehnenspindeln ... 102, 386f., 389, 394
Selbstbewertungsmodell ... 435ff.
Selbstkonzept ... 517, 529f., 541ff.
Sensation Seeking ... 214f.
Sensible Phasen ... 123, 278f.
Sensorische Systeme ... 100f., 113
Skelettmuskel ... 104ff., 334, 336
Spannungsrezeptoren ... 389
Spezialisierung (frühzeitige, späte) ... 279, 283, 486
Spiel (Merkmale, Ursachen, Ziele, Merkmale) und Spielen ... 25, 29, 450ff.
Spielfähigkeit ... 455ff.
Spielform und Spielreihe ... 455f.
Spielgemäßes Konzept ... 457f.
Spielidee ... 455f.
Spielmotiv ... 32ff.
Sport (Definition) ... 24ff.
Sportherz ... 270, 313f., 322, 329
Sportmodelle (Funktionalistisches Sportmodell, traditioneller Wettkampfsport, expressives Sportmodell, professioneller Showsport, traditionelle Spiel- und Sportkultur, differenziertes Sportmodell, Pyramidenmodell) ... 26ff.
Sportmotorik ... 98ff.
Sportmotorische Fertigkeiten ... 46f.

Sportmotorische Tests (Definition, Bedeutung, Vorteile, Nachteile, Grenzen, Arten) ... 402f., 418
Sportmotorisches Lernen ... 133, 138
Sportspielvermittlung ... 455, 458f., 465ff.
Squat Jump (SQ) ... 73f., 578
Stationstraining ... 348f.
Stimmung und Stimmungsmanagement ... 530, 539, 541ff.
Stressoren ... 521, 524ff., 554
Stretching ... 390ff., 396
Stretching-Basisprogramm ... 396
Stützmotorik ... 108f., 114
Superkompensation und Superkompensationsprinzip ... 270, 273ff.

T

Taktik ... 255f., 268
Taktik-Spiel-Konzept (Tactical Games Approach) ... 455, 464f.
Tanzimprovisation ... 191ff.
Tapping (Handtapping, Fußtapping) ... 415f.
Technik ... 118ff.
Teillernmethode ... 144ff.
Trainierbarkeit ... 47, 269f., 278f.
Training (sportliches) ... 268ff.
Trainingslehre und Trainingswissenschaft ... 259ff., 280f., 317
Trainingsplanung ... 403
Trainingsprinzipien ... 280ff.
Trainingswirkung ... 310, 322f., 353f., 360f., 375f., 390
Translationsbewegung ... 60f., 92
Trendsportart (Definition, Merkmale) ... 219ff.
Triebtheorie ... 480f., 578

U

Übergewicht ... 420f., 519, 543ff.
Übersäuerung ... 306, 315f.
Umfang ... 125, 140, 176, 271, 321, 540, 546
Unproduktivität ... 26ff.
Untergewicht ... 278, 348, 420
Ursachenklärung (von Erfolg und Misserfolg) ... 433ff.

V

Verbotene Methoden und verbotene Substanzen .... 562ff., 568f.
Vereinfachungsstrategien .... 128, 147ff.
Verletzungsprophylaxe 391
Vielseitig orientierte Spielform .... 467f.
Viskosität des Blutes 315, 566
Vitalkapazität 315f., 329
Volition 578
Vorbereitungsphase 49f., 84, 86f., 325, 359

W

Wagnis und Wagnissport .... 198ff.
Wahrnehmungsanalysator (akustisch, optisch, taktil,
vestibulär kinästhetisch) 40, 102f., 129
Welt Anti-Doping Agentur (WADA) und Welt-Anti-Doping-Code (WADC) 562f., 575
Wettbewerbsorientierung .... 430, 437ff.
Wettkampf (sportlicher, als Teil der Trainingslehre) und Wettkampfmethode .... 450ff.
Widerstandsressourcen .... 521, 524ff.
Wiederholungsmethode 310, 317, 323ff., 359, 375f., 378
Wohlbefinden .... 516f., 539f., 545f.

Z

Zielmotorik .... 108f.
Zielorientierung 430, 437ff., 482, 486
Zirkeltraining .... 348f.
Zyklische Bewegung .... 85ff., 148, 153, 370f.

BILDNACHWEIS

Coverfotos: Christian Schweihofen, Christian Beier, Jörn Meyer, Thinkstock,

Fotos Innenteil: dpa: S. 46 links, 57, 101, 111, 135, 181, 200, 446, 489, 504, 562
Thinkstock: S. 13, 513
Adobe Stock: S 14, 46 rechts, 160, 178, 349, 425, 508, 510, 535
Christian Schweihofen: S. 162
Jörn Meyer: S. 163, 198, 207, 290, 413
Andreas Horn: S. 70 rechts, 244, 249
Christian Beier: S. 36, 444

Grafiken:

Henrike Reher: S. 48-49, 51-52, 56, 60, 63-64, 67, 70-71, 73, 76-77, 79-82, 85, 87, 89, 91, 94, 99, 106, 115, 130-131, 147, 150-151, 156, 159, 185, 195, 257, 296, 320, 335-336, 346, 351, 358, 387, 390, 393-394, 396, 418, 538, 541, 551, 553

AdobeStock: S. 104

Jörn Meyer: S. 105, 411, 421

DOSB: S. 554

Aufmacher: Thinkstock

Cover: Sannah Inderelst

Umschlaggestaltung: Katerina Georgieva

Layout: Eva Feldmann

Satz: www.satzstudio-hilger.de

Lektorat: Dr. Irmgard Jaeger, Riccardo Rip

WEITERE TITEL DER EDITION SCHULSPORT

Landessportbund NRW, Ministerium für Schule und Weiterbildung NRW & Tanzsportverband NRW

GESTALTEN – TANZEN – DARSTELLEN IN SCHULE UND VEREIN

152 Seiten, 14,8 x 21 cm, in Farbe

81 Fotos, 14 Abb., 5 Tab.

Paperback mit Fadenheftung

ISBN: 978-3-89899-208-4

€ [D] 24,95/€ [A] 25,70

Landessportbund NRW, Sportjugend NRW, NRW Judo-Verband e. V. & Ringerverband NRW (Hrsg.)

RINGEN UND KÄMPFEN ZWEIKAMPFSPORT

Handreichung für die Schulen der Primarstufe und der Sekundarstufe I

184 Seiten, 14,8 x 21 cm, in Farbe

168 Fotos, 65 Tabellen

Paperback mit Fadenheftung

ISBN: 978-3-89899-155-1

€ [D] 18,95/€ [A] 19,50

Auch als E-Book erhältlich.

Harald Lange & Martin Baschta

FITNESS IM SCHULSPORT

336 Seiten, 16,5 x 24 cm, in Farbe

201 Fotos, 63 Abb., 19 Tab.

Klappenbroschur

ISBN: 978-3-89899-779-9

€ [D] 24,95/€ [A] 25,70

Auch als E-Book erhältlich.

Jürgen Schmidt-Sinns

ALTERNATIVES TURNEN IN SCHULE & VEREIN

Bewegungskünste – Erlebnissport

376 Seiten, 16,5 x 24 cm, in Farbe

810 Fotos, 5 Abb.

Klappenbroschur

ISBN: 978-3-8403-7514-9

€ [D] 35,-/€ [A] 36,-

Auch als E-Book erhältlich.

MEYER & MEYER
Fachverlag GmbH
Von-Coels-Str. 390
52080 Aachen

Telefon	02 41 - 9 58 10 - 13
Fax	02 41 - 9 58 10 - 10
E-Mail	vertrieb@m-m-sports.com
Website	www.dersportverlag.de

Unsere Bücher erhalten Sie online oder bei Ihrem Buchhändler.

MEYER & MEYER VERLAG